KT
Kaiser Taschenbücher
161

DIETRICH BONHOEFFER WERKE

Herausgegeben von
Eberhard Bethge, Ernst Feil,
Christian Gremmels, Wolfgang Huber,
Hans Pfeifer, Albrecht Schönherr,
Heinz Eduard Tödt (†),
Ilse Tödt

Sechster Band

DIETRICH BONHOEFFER

Ethik

Herausgegeben von
Ilse Tödt, Heinz Eduard Tödt (†),
Ernst Feil und Clifford Green

CHR. KAISER

Die Erforschung der zeitgeschichtlichen Probleme der »Ethik« und anderer Bände der DBW wurde durch die Robert Bosch Stiftung zwei Jahre lang gefördert. Die Forschungsstätte der Evangelischen Studiengemeinschaft (FEST) in Heidelberg hat insbesondere durch die Freistellung ihres Kollegiumsmitglieds Ilse Tödt von anderen Aufgaben zur Entstehung dieses Bandes und anderer DBW-Bände entscheidend beigetragen.

Die Deutsche Bibliothek – CIP-Einheitsaufnahme

Bonhoeffer, Dietrich:
Werke / Dietrich Bonhoeffer. Hrsg. von Eberhard Bethge... – Taschenbuchausg. –
Gütersloh: Kaiser

Bd. 6 Ethik / hrsg. von Ilse Tödt... – 1. Aufl. der Taschenbuchausg. – 1998
(Kaiser-Taschenbücher; 161)
ISBN 3-579-05161-X

ISBN 3-579-05161-X

1. Auflage der Taschenbuchausgabe, 1998
»Dietrich Bonhoeffer Werke«, Band 6 (2. Auflage, 1998)

Umschlaggestaltung: Ingeborg Geith, München
Gesamtherstellung: Clausen & Bosse, Leck
Gedruckt auf chlorfrei gebleichtem Werkdruckpapier
Printed in Germany

Inhalt

Vorwort der Herausgeber

I

„Bitte erlauben Sie mir, daß ich auf diesem Wege noch einmal Ihre Zeit in Anspruch nehme, hauptsächlich um wirklich alles zur beschleunigten Klärung meines Falles getan zu haben. ... Sie werden daher, sehr verehrter Herr Oberkriegsgerichtsrat, verstehen, daß mir im Blick auf meinen Beruf, aber auch auf meine Angehörigen und rein persönlich alles daran liegt, zu klären, *ob* hier wirklich Fehler gemacht wurden und wenn ja, *wer* sie gemacht hat. Es besteht nach Ihren Worten der Verdacht, meine Freistellung [vom Wehrdienst] sei erfolgt, um mich der Geheimen Staatspolizei zu entziehen, die mir im September 40 ein Redeverbot und Meldepflicht auferlegt hat. ... [Dabei] hatte ich mich, um allen weiteren Konfliktsstoff zu vermeiden, in die bayrischen Berge zu einer großen wissenschaftlichen Arbeit zurückgezogen, dies auch pflichtgemäß der Staatspolizei gemeldet und hatte hier wirklich garnichts mehr zu befürchten. Da mir kirchlicherseits mitgeteilt worden war, daß man ein gewisses Interesse daran habe, daß ich an mein Buch ‚Nachfolge' die Darstellung einer ‚konkreten evangelischen Ethik' anschlösse und da ich von jeher vorwiegend als wissenschaftlicher Theologe gearbeitet habe, konnte ich mich auch kirchlich mit meiner damaligen Tätigkeit wohl zufrieden geben."[1] So formulierte im Wehrmachtuntersuchungsgefängnis Tegel der Häftling Dietrich Bonhoeffer für einen Brief an den Untersuchungsführer Oberkriegsgerichtsrat Dr. Manfred Roeder. Ihm saß er bei den Vernehmungen im Berliner Reichskriegsgericht zwischen April und August 1943 gegenüber, und ihm wollte er durch wohldosierte Bemühtheit verschleiern, daß alle drei am 5. April 1943 verhafteten Angehörigen der Bonhoeffer-Familie, er selbst, seine Schwester Christine und vor allem deren Mann Hans von Dohnanyi, Mitwisser und Mittäter in der Verschwörung gegen Hitler waren. So fügte er in ein

---

[1] Sommer 1943 DBW 16, 408–410.

sorgfältig konstruiertes Erklärungengespinst Äußerungen ein, die echt und von Gewicht waren. Er hatte in der Tat an einer „konkreten evangelischen Ethik" im Anschluß an sein Buch „Nachfolge" gearbeitet.[2]

In Bonhoeffers erstem aus dem Tegeler Gefängnis geschmuggelten Brief an Eberhard Bethge vom 18. November 1943 stand: „Persönlich mache ich mir Vorwürfe, die Ethik nicht abgeschlossen zu haben (zum Teil ist sie wohl beschlagnahmt)".[3] Im Dezember schrieb er: „Manchmal denke ich, ich hätte nun eigentlich mein Leben mehr oder weniger hinter mir und müßte nur noch meine Ethik fertigmachen."[4] Die Haftzeit hindurch beschäftigten ihn seine „Ethik"-Themen, zum Beispiel das „Oben/Unten" beim Schreiben des Dramenfragments im Sommer 1943 und dann Anfang 1944 „das 19. Jahrhundert in Deutschland", wofür ihm an einer guten Dilthey-Kenntnis lag;[5] der Vater Karl Bonhoeffer äußerte in einem Brief an Eberhard Bethge, daß Dietrich Bonhoeffer „jetzt", im Sommer 1944, Dilthey „für seine Ethik studiert".[6] Als Bonhoeffer im August 1944 an einer „Bestandsaufnahme des Christentums" für eine geplante „nicht über 100 Seiten lange" Arbeit schrieb, erklärte er Bethge auf Anfrage, daß diese kleinere Arbeit „gewissermaßen ein Vorspruch und zum Teil eine Vorwegnahme der größeren ist"[7] – seiner „Ethik".

In der theologisch-kirchlichen Biographie Bonhoeffers bedeutet die „Ethik" den Versuch, gewonnene Erkenntnisse und erlittene Erfahrungen in ein gegenwartsbezogenes theologisches Konzept münden zu lassen. Ethik sah er als „seine Lebensaufgabe" an.[8] Den Manuskripten für die „Ethik" ist das Ringen

---

[2] Vgl. DBW 16, 410, und im vorliegenden Band S. 86f.

[3] 18. 11. 1943 WEN 147.

[4] 15. 12. 1943 WEN 182.

[5] Vgl. 2. 2. 1944 WEN 229. Bonhoeffers Lektüre von Büchern Wilhelm Diltheys untersuchten gleichzeitig Christian Gremmels (s. Ders., Mündigkeit) und Ernst Feil (vgl. Ders., Die Theologie Dietrich Bonhoeffers, 355–368 u. ö.).

[6] 30. 7. 1944 WEN 409. Dietrich Bonhoeffer las damals den Dilthey-Band „Weltanschauung und Analyse des Menschen seit Renaissance und Reformation", eine Sammlung von Einzelaufsätzen aus den neunziger Jahren des neunzehnten Jahrhunderts.

[7] 23. 8. 1944 WEN 428, dazu Entwurf für eine Arbeit WEN 413.

[8] E. Bethge, Dietrich Bonhoeffer (= DB), 804.

mit den Schwierigkeiten eines Neuentwurfs anzumerken, der die Theologie weiterführen und zugleich dem Leben in Deutschland und Europa nach Hitler eine sinnvolle Perspektive eröffnen sollte.

Aus dem Schreiben an seiner ,,Ethik" heraus wurde Bonhoeffer am 5. April 1943 verhaftet. Die Zettel, die Bethge auf Bonhoeffers Schreibtisch fand, die seit 1940 entstandenen ,,Ethik"-Aufzeichnungen und auch das Manuskript, an dem Bonhoeffer zuletzt arbeitete und das vorübergehend bei der Gestapo war, wurden versteckt und überdauerten so die Wirren und Gefährdungen der Endjahre des Dritten Reiches. Aus der frühen Nachkriegszeit berichtet Bethge: ,,Mich trug ein fast ungeduldiges Grundgefühl: Wenn nur bald die Freunde und die theologische Welt zu lesen bekommen, was Bonhoeffer unter den besonderen Bedingungen der Nazizeit ... weitergedacht hatte", wie er in Neuland vorzustoßen versuchte![9] Bereits im August 1945 auf der Kirchenkonferenz in Treysa, zu der Bethge Otto Dibelius begleitete,[10] stellte sich der Kontakt Bethges mit dem Chr. Kaiser Verlag her. Der künftige Verlagsleiter Fritz Bissinger war zu dieser Konferenz ,,getrampt", das heißt er hatte die Fahrt, da es ein öffentliches Verkehrssystem noch nicht wieder gab, auf den Kohlen eines Güterzugs liegend unternommen.

Als Bethge zur Vorbereitung der Publikation die Manuskripte sortierte und entzifferte, begleitete ihn die ,,erwartungsvolle Aufmerksamkeit" der Eltern Karl und Paula Bonhoeffer. ,,Immer wieder fragten sie beide, wie weit ich denn sei. Sie wußten sehr wohl, wie wichtig Dietrich seine ,Ethik' gewesen war."[11] Anteil nahmen Bischof George Bell von Chichester, Dietrich Bonhoeffers väterlicher Freund, und, durch den englischen Bischof bestärkt, in Berlin Bischof Otto Dibelius, der Bethge damals zu seinem Referenten gemacht hatte. Bei der

---

[9] E. Bethge, In Zitz, 250f.

[10] Vgl. E. Bethge, Otto Dibelius, 187.

[11] E. Bethge, In Zitz, 252. Probleme, die den Vater Karl Bonhoeffer als Arzt im Dritten Reich bedrängten, waren von Dietrich Bonhoeffer besonders in dem Manuskript ,,Das natürliche Leben" behandelt worden, vgl. S. 209–211 (Zwangssterilisation); s. auch S. 293f. Eine der wenigen frühen Rezensionen der ,,Ethik" erschien 1950 im Heft 9 der Zeitschrift ,,Der Nervenarzt".

vorläufigen Ordnung der „Ethik"-Papiere und der Textherstellung half vor allem Frau Anni Lindner. Das Buch kam 1949 heraus; Bethges Vorwort ist auf den 9. April 1948 datiert, den Tag, an dem sich der Tod Bonhoeffers zum dritten Mal jährte.

Die Entstehung der „Ethik"-Manuskripte hatte Bethge, anders als das Werden von Bonhoeffers „Nachfolge" im Finkenwalder Predigerseminar 1935–1937, nur sporadisch, nicht kontinuierlich miterlebt. Vom Buch „Nachfolge" her wußte er aber: „Bonhoeffers Bücher sind nicht nach einem festgelegten unabänderlichen Plan von Kapitel zu Kapitel vorgeschritten, sondern aus vielen Einzelbearbeitungen der Sache allmählich zu einem Ganzen zusammengewachsen."[12] Für die Drucklegung war es nötig, die Manuskripte, von denen manche nicht zu Ende geschrieben und einige geplante noch nicht einmal begonnen waren, in begründeter Weise anzuordnen. Auf einem der Zettel, auf denen Bonhoeffer sich für die „Ethik" Notizen gemacht hatte, erkannte Bethge die Titel einer Reihe vorhandener Manuskripte wieder. Anni Lindner, die die ungeordnet vorgefundenen Zettel durchnumerierte, gab diesem die Nummer 38. Nach der Reihenfolge, in der auf Zettel Nr. 38 Manuskript-Titel notiert sind, richtete Bethge sich bei der ersten Drucklegung. Damit war aber nur ein Teil der vorliegenden Manuskripte erfaßt. Die übrigen ordnete Bethge so hintereinander, wie sie nach seinen damaligen Vermutungen entstanden waren.[13] Vorsichtig warnte er: „Dieses Buch ist nicht die Ethik, die Dietrich Bonhoeffer erscheinen lassen wollte." Nur Teile sind es, „die noch ungeordnet vor dem Zugriff [der Gestapo] in Sicherheit gebracht und die aus Gartenverstecken wieder ausgegraben werden konnten".[14] Doch war er 1948/49 überzeugt, die vorhandenen Teilstücke eines Ganzen, Fragmente von Bonhoeffers Buch über Ethik, der Öffentlichkeit vorzulegen.

Nach dem Erscheinen erfuhr Bethge „zunächst eine gewisse Enttäuschung, daß dem Buch weder von der Fachwelt (kaum

---

[12] E. Bethge, Vorwort vom 9. April 1948, abgedruckt in der neugeordneten Ausgabe E^6 11 f.

[13] Die Druck-Anordnung von 1949 (E^1) wie auch die veränderte von 1963 (E^6) zeigt die Anordnungen-Synopse unten S. 470.

[14] E. Bethge, Vorwort vom 9. April 1948, E^6 11.

Besprechungen!) noch von den Leserkreisen die Beachtung zuteil wurde, mit der ich gerechnet hatte".[15] Groß, ja lebensbestimmend für viele wurde das Interesse an Bonhoeffer erst durch die Briefe und Aufzeichnungen aus der Haft, deren Veröffentlichung unter dem Titel „Widerstand und Ergebung" Bethge und der Chr. Kaiser Verlag 1951 wagten. Sie fanden in der Weltchristenheit und über sie hinaus Verbreitung wie wohl kein anderes Buch eines deutschen Theologen.[16] Nun wuchs auch das Interesse an der „Ethik" in erstaunlichem Maße.

Als die sechste Auflage der „Ethik" anstand, war die „Diskussion um Bonhoeffers theologische Entwicklung auf die Gefängnisbriefe hin" in vollem Gange.[17] Man vermutete eine Entwicklung Bonhoeffers in einer bestimmten Richtung, nämlich: „Von der Kirche zur Welt".[18] Bethge ließ sich zu der Theorie bewegen, daß Bonhoeffer im Laufe der Jahre 1939 bis 1943 mehrfach neu angesetzt hätte, ein „Ethik"-Buch auszuarbeiten. Durch eine Umordnung der „Ethik"-Manuskripte unternahm er den Versuch, „Bonhoeffers vier jeweilige Neuansätze in ihrer zeitlichen Folge zu zeigen".[19] Im Vorwort machte er deutlich, daß nicht für alle Manuskripte eine genaue Datierung möglich ist. Das Manuskript „Die Liebe Gottes und der Zerfall der Welt" rückte er an den Anfang mit der Begründung, es sei dem Buch „Nachfolge" von 1937 nahe. Hier hatte die Vermutung von der Entwicklung Bonhoeffers den Ausschlag gegeben; denn mit Nähe zur „Nachfolge" war angedeutet: dicht bei der Kirche und noch wenig weit auf dem Wege zur Welt. Leise Zweifel, ob dieses Manuskript wirklich als erster Ansatz zu einem „Ethik"-Buch geschrieben sei, sind in Bethges Vorwort zu spüren. Die Ansätze-Theorie ließ, entgegen Bethges Absicht, die

---

15 E. Bethge, In Zitz, 253.

16 Vgl. André Dumas' Formulierung (in dem von H. E. Tödt u. a. herausgegebenen Band ökumenischer Briefe und Beiträge für Eberhard Bethge 1979 „Wie eine Flaschenpost", 127): „Seine Briefe, emporgestiegen aus Nacht und Nebel, tauchten auf wie eine ins Meer geworfene Flaschenpost, die endlich ihre Adressaten erreicht hat."

17 E. Bethge, Vorwort vom Juli 1962 zu E^6, 14.

18 So formuliert im Titel der Dissertation Hanfried Müllers, die als Buch 1961 erschien. Heinrich Vogel hatte diesen Titel angeregt.

19 E. Bethge, Vorwort zu E^6, 14.

Folgerung zu, daß aus jedem Ansatz ein anderes Buch über Ethik hervorgegangen wäre, ja daß später Begonnenes frühere, abgebrochene Anfänge hätte ersetzen sollen. In der Anordnung der 6. Auflage von 1963 ist Bonhoeffers „Ethik" seither verbreitet worden.[20]

Erst in den achtziger Jahren begann eine neue Phase der Arbeit an den „Ethik"-Originalmanuskripten und speziell an dem Problem ihrer Anordnung. Clifford Green machte den Anfang mit einem Beitrag für die Internationale Bonhoefferkonferenz in Oxford 1980. Ernst Feil belegte in einem Vortrag in Halle an der Saale Ende 1981, daß ein Beginn der Arbeit Bonhoeffers an der „Ethik" vor Mai 1940 unwahrscheinlich sei. Peter Möser schrieb 1982 Überlegungen für die neue Ausgabe der „Ethik" nieder, und Green führte eine schriftliche Diskussion mit ihm. Seine eigenen Forschungen setzte Green unter besonderer Berücksichtigung der Originalpapiere fort. 1985 wurden die gesamten „Ethik"-Aufzeichnungen einschließlich aller Streichungen unter Beteiligung Eberhard Bethges durch Herbert Anzinger und besonders durch Ilse Tödt neu entziffert.[21] Bonhoeffers Aufzeichnungen für seine „Ethik" sind inzwischen über das Bundesarchiv Koblenz, wo der Nachlaß bis Ende 1985 auf Microfiches gesichert wurde, unter Archivbedingungen zugänglich.[22]

---

[20] Im Chr. Kaiser Verlag ^{12}1988. Übersetzungen: engl. 1955; dänisch 1959; französisch 1965, ^{3}1989; spanisch 1968; italienisch 1969, ^{3}1983; portugiesisch 1988. E^6 in englischer Sprache gaben ab 1964 verschiedene Verlage heraus. Die 16 DBW-Bände englisch als „Dietrich Bonhoeffer Works" veröffentlicht seit 1996 Fortress Press, Minneapolis. DBW 6 italienisch erschien 1995 bei Editrice Queriniana, Brescia, im Rahmen der von Alberto Gallas betreuten achtbändigen (DBW 1–8) Ausgabe „Opere di Dietrich Bonhoeffer".

[21] Siehe zusammenfassend C. Green, The Text of Bonhoeffer's *Ethics*. Eine genaue Klassifizierung der für die „Ethik"-Aufzeichnungen benutzten Papiersorten, erstellt durch Clifford Green, ist in der Bibliothek des Union Theological Seminary in New York deponiert. Dort befindet sich ebenfalls die 1985 von Ilse Tödt angefertigte handschriftliche Transkription längerer Streichungen in den „Ethik"-Manuskripten. Ilse Tödt hatte als einzige unter den Herausgebern ständigen Zugang zu Bonhoeffers Original-Aufzeichnungen.

[22] Vgl. das von Dietrich Meyer in Zusammenarbeit mit Eberhard Bethge erstellte Verzeichnis „Nachlaß Dietrich Bonhoeffer". Die Sigle NL verweist auf die Nachlaß-Mappen, NL A bedeutet: von Bonhoeffer verfaßtes Schriftstück.

Nun galt es, eine möglichst sachgemäße, nicht durch Interpretationstheorien gesteuerte Anordnung der „Ethik"-Manuskripte zu finden. Auf Argumente der Art, daß die inhaltliche Schlüssigkeit bei dieser oder jener Anordnung größer sei, wurde bewußt verzichtet. Die Gefahr der Irreführung durch eine Theorie, wie sie bei der 6. Auflage der „Ethik" nicht auszuschließen war, mußte vermieden werden. Ausschlaggebend sollte das sein, was an den „Ethik"-Aufzeichnungen objektiv zu beobachten ist. Die äußerlichen, formalen Dinge und der für sie geschärfte Blick bekamen einen hohen Stellenwert, ähnlich wie bei detektivischer Spurensuche.

Als besonders ergiebig erwiesen sich die mehr als hundert Notizzettel zur „Ethik". In Vorbereitung der ersten Ausgabe der „Ethik"-Manuskripte hatte jeder dieser Zettel eine Nummer zwischen 1 und 123 bekommen; die Zahlen 90 bis 99, reserviert für eventuelle Ergänzungen, wurden nicht benutzt. Einige der Zettel gehören, wie sich im Laufe der Zeit herausstellte, nicht zu den „Ethik"-Manuskripten. Ein Beispiel ist der Doppelbogen, der die Nummer 122 erhielt. Auf ihm stehen Notizen zur Weiterarbeit Ende 1943 an dem Tegeler Aufsatzfragment zu „Was heißt die Wahrheit sagen".[23] Hingegen gehört ein „Tegeler" Zettel[24] zu einem „Ethik"-Manuskript. Die 25 „Ethik"-Zettel, die Bethge nach Bonhoeffers Verhaftung im April 1943 vom Schreibtisch einsammelte und mit dem Vermerk „Schrbt." versah, tragen durchweg hohe Ziffern. Sonst besagen die Zettel-Nummern über die Reihenfolge, in der die Notizen geschrieben wurden, fast nichts. Nach der neuen Entzifferung 1985 wurden die Zettel untereinander sowie mit den „Ethik"-Manuskripten und mit anderen Schriftstücken aus dem Bonhoeffer-Nachlaß nach Inhalt und Aussehen viele Male verglichen. Daraus ergaben sich Einblicke in die Abfolge ihrer Entstehung. Die Zusammenschau der Zettel mit den „Ethik"-Manuskripten half dann, die Schreibreihenfolge der Manuskripte zu rekonstruieren.[25]

Die „Ethik"-Aufzeichnungen liegen in den Mappen NL A 71–75; 71 und 72 enthalten die Manuskripte, 73–75 die Zettel zur „Ethik".

[23] Vgl. 15. 12. 1943 WEN 183; DBW 16, 619–629.

[24] Dritter Zettel in der Mappe mit den im Gefängnis Tegel geschriebenen Notizen: NL A 86,3.

[25] Auch über Planungen der Sachreihenfolge, als unterschieden von der

Präzise Entstehungsdaten kennen wir für die im Winter 1940/41 geschriebenen Manuskripte; denn Bonhoeffer berichtete zu der Zeit in Briefen über den Fortgang der Arbeit.[26] Sicher ist auch, welche Manuskriptgruppe unmittelbar vor Bonhoeffers Verhaftung entstand; sie steht auf durchnumerierten Bögen, von denen die letzten auf dem Schreibtisch lagen. Für die übrigen Manuskripte erschloß Ilse Tödt aus Beobachtungen an ihnen selbst in Verbindung mit Beobachtungen an den Zetteln, in welcher Folge nacheinander sie geschrieben wurden.

Einen Anhaltspunkt bot zum Beispiel das benutzte Papier. Eberhard Bethge registrierte schon bei der ersten Bearbeitung die verschiedenen Papiersorten, die etwa durch Wasserzeichen oder Blattgröße identifizierbar sind. Auf ,,Ethik"-Zetteln Bonhoeffers vermerkte er, wann Papier der betreffenden Sorte als Briefpapier diente. Man tat gut daran, diese Daten zu berücksichtigen, so unwahrscheinlich mancher Zeithinweis auf den ersten Blick auch erschien, wie etwa die Papiersorten-Verbindung zwischen dem Manuskript ,,Kirche und Welt I." und einem Brief vom Herbst 1942.[27] Oft erwiesen zusätzliche Beobachtungen, wie aufschlußreich Bethges Angaben waren. Beachtung verlangte außer der Sorte auch die Qualität des Papiers. Papier wurde im Kriege zunehmend knapp, und neu hergestelltes Papier war poriger, dunkler, brüchiger als Friedensware. Wenn in einem Manuskript solches minderwertige Papier vorkommt, mußte die Annahme, daß es früh entstanden sei, in Zweifel gezogen werden. Papier von Kriegsbeschaffenheit taucht im Zusammenhang der Manuskripte ,,Die Liebe Gottes und der Zerfall der Welt" und ,,Kirche und Welt I." auf, die Bethge bei der neuen Druckanordnung der ,,Ethik" 1962 auf 1939/40 ansetzte. Gegen diese Frühdatierung erhoben sich bei der Papierbeobachtung Bedenken. Zusätzlich zur Papiersorte und -qualität war das Schriftbild, die Tintenschattierung, die Füllfederbreite und die Blei-, Kopier- und Farbstiftbenutzung zu berücksichtigen, je für sich geringfügige Details, die aber Aussagekraft gewan-

---

Schreibreihenfolge, gaben ,,Ethik"-Zettel einige Auskünfte. Das Herausgeber-Nachwort enthält darüber einen Abschnitt (S. 447–455).

[26] In der Zeittafel im Anhang sind Angaben dieser Art zusammengestellt.

[27] Siehe S. 343 in Anm. 4.

nen, wenn andere Indizien mit ihnen zusammenstimmten. Dazu mußten die Original-Manuskripte und -Zettel immer neu in Augenschein genommen werden. Hinzu kamen als Datierungsindizien Bezugnahmen auf Bücher, die erst nach einem bestimmten Zeitpunkt im Handel oder in Bonhoeffers Besitz waren, inhaltliche Anklänge in Briefen und anderes mehr. Es wurde darauf geachtet, daß Schlüsse nicht aus Einzel-Beobachtungen, sondern aus der Konvergenz einer Mehrzahl von Beobachtungen gezogen wurden. Nach jahrelanger Detailarbeit ergab sich aus dem Mosaik vielfältig zusammenstimmender Indizien ein Bild der Zeiträume, in denen fünf voneinander zu unterscheidende Gruppen von „Ethik"-Manuskripten entstanden.

In der vorliegenden Ausgabe als Band 6 der Dietrich Bonhoeffer Werke sind die „Ethik"-Manuskripte chronologisch nach den Entstehungszeiträumen angeordnet. Eine Ausnahme von der Regel der Chronologie wurde bei der Manuskriptgruppe gemacht, die Bonhoeffer im ersten Zeitraum zu schreiben begann. Teile dieser Manuskripte hätten streng genommen erst nach den im zweiten Zeitraum geschriebenen Manuskripten abgedruckt werden müssen, da Bonhoeffer erst dann an ihnen weiterarbeitete. Doch erschien ein Auseinanderreißen mitten im Text der Manuskripte „Christus, die Wirklichkeit und das Gute. Christus, Kirche und Welt" und „Erbe und Verfall" wenig vernünftig, und auch das Manuskript „Schuld, Rechtfertigung, Erneuerung" gehört eindeutig in die Reihe der Vervollständigungsarbeiten an den Manuskripten des ersten Zeitraums.[28] Abgesehen von dieser Ausnahme entspricht die Anordnung der Manuskripte ihrer erschlossenen Schreibreihenfolge.

Die Indizien und ihre Verknüpfungen, die zur Erschließung der Schreibreihenfolge führten, können an dieser Stelle nicht in vollem Umfang dargestellt werden. Einige ausgewählte Indizien werden im Anschluß an das folgende Schema zu den Entstehungszeiträumen angeführt, um einen Eindruck davon zu vermitteln, wie die Zuordnung von Manuskripten zu bestimmten Zeiträumen zustande kam. Herausgeberanmerkungen zu den

[28] Vgl. die Herausgeberanmerkungen zu S. 51, S. 116 und S. 125.

Manuskripten geben genauere Auskunft. Im Schlußabschnitt des Herausgebernachworts werden Indizien erörtert, die darauf schließen lassen, daß Bonhoeffer für seine Manuskripte in einem ,,Ethik"-Buch eine Sachreihenfolge gewählt hätte, die sich von der Schreibreihenfolge unterscheidet.

Rekonstruktion der Entstehungsfolge von Dietrich Bonhoeffers ,,Ethik"-Manuskripten

Zeitraum I
Sommer 1940 bis 13. November 1940

„Christus, die Wirklichkeit und das Gute. Christus, Kirche und Welt" (DBW 6, 31–51 und 60f)

,,Ethik als Gestaltung"

September/Oktober:

,,Erbe und Verfall"...[29]

Zeitraum II
17. November 1940 bis 22. Februar 1941

,,Die letzten und die vorletzten Dinge"

Ab 9. Dezember:

,,Das natürliche Leben"...

Zwischenperiode
April bis Ende 1941

,,Staat und Kirche"[30]

Vervollständigung der im Zeitraum I begonnenen Manuskriptgruppe:

---

[29] Drei Punkte hinter dem Titel eines Manuskripts bedeuten: Das Manuskript war zu dem angegebenen Zeitpunkt (noch) unabgeschlossen.

[30] Rechtsbündig stehen Titel von Manuskripten, die zeitlich und thematisch mit den ,,Ethik"-Manuskripten zusammenhängen und – bis auf ,,Nach zehn Jahren" – in den bisherigen Ausgaben der ,,Ethik" Bonhoeffers im Anhang abgedruckt waren; siehe jetzt DBW 16. Das Original des Textes ,,Staat und Kirche" ist verschollen, es fehlte bereits, als 1956 die ,,Ethik"-Manuskripte in Harvard auf Microfilm aufgenommen wurden. In die vorliegende Ausgabe, die die Original-Manuskripte zur „Ethik" wiedergibt, ist „Staat und Kirche" nicht einbezogen. Der Text nach E^1 ist abgedruckt in DBW 16, 500–535.

… „Erbe und Verfall" (DBW 6, 116–124)
„Schuld, Rechtfertigung, Erneuerung"
Einschub in „Christus, die Wirklichkeit und das Gute …"

Zeitraum III
Anfang bis Sommer 1942
,,Die Geschichte und das Gute" 1. Fassung …
,,Die Geschichte und das Gute" 2. Fassung
,,‚Personal'- und ‚Sach'ethos"
Nach dem 10. August 1942:
,,Die Lehre vom primus usus legis …"

Zeitraum IV
Bis Jahresende 1942
,,Die Liebe Gottes und der Zerfall der Welt"
,,Kirche und Welt I."…
,,Über die Möglichkeit des Wortes der Kirche an die Welt" …
Gegen Jahresende 1942:
,,Nach zehn Jahren"[31]

Zeitraum V
Anfang 1943 bis 5. April 1943
,,Das ‚Ethische' und das ‚Christliche' als Thema"
,,Das konkrete Gebot und die göttlichen Mandate"…
In der Haft 1943:
,,Was heißt die Wahrheit sagen?"

Die vier Manuskripte, die wir dem *Zeitraum I* zuordnen, stehen nun wieder wie in Bethges erster Druckanordnung 1949 zusammen. Das Schriftbild, die blauschwarze Tinte und das Schreibpapier der ursprünglichen, in sich abgeschlossenen Fassung von ,,Christus, die Wirklichkeit und das Gute. Christus, Kirche und Welt" und des Beginns von ,,Ethik als Gestaltung" entsprechen einander genau. Papier der hier benutzten Sorte – linierte Bögen einfacher Qualität – taucht in keinem anderen

[31] Von Bethge den Briefen und Aufzeichnungen aus der Haft „Widerstand und Ergebung" vorangestellt (WEN 11–27).

,,Ethik"-Manuskript auf. Von den beiden im Erscheinungsbild sehr ähnlichen Manuskripten wird dasjenige, das vollständig auf Papier dieser Sorte geschrieben ist, vor demjenigen entstanden sein, bei dessen Schreiben Bonhoeffer zu einer anderen Papiersorte, karierten Bögen, wechselte. ,,Christus, die Wirklichkeit ..." ist demnach das zuerst begonnene ,,Ethik"-Manuskript.[32] Bethge hatte 1949 ,,Ethik als Gestaltung" vorangestellt, weil der Titel dieses Manuskripts als erster auf dem ,,Ethik"-Zettel Nr. 38 steht. ,,Christus, die Wirklichkeit und das Gute. Christus, Kirche und Welt" ließ er an der Stelle folgen, an der auf diesem Zettel die Stichworte ,,Kirche und Welt" auftauchen.[33] Den Zettel Nr. 38 verband Bethge mit Bonhoeffers Bemerkung in einem Brief aus Klein-Krössin im Oktober 1940: ,,... ich schreibe die Disposition des Ganzen".[34] Infolgedessen sah er in den Stichworten dieses Zettels eine Art Inhaltsübersicht für das geplante ,,Ethik"-Buch. Jedoch ist der Brief entstanden, als Bonhoeffer schon nicht mehr linierte Bögen, wie auch für den Zettel Nr. 38, sondern karierte Bögen benutzte. Auf kariertem Papier endet ,,Ethik als Gestaltung" und beginnt ,,Erbe und Verfall". Der Brief vom 9. Oktober 1940, in dem Bonhoeffer berichtet, daß seine Arbeit an der ,,Disposition des Ganzen" noch mehrere Tage in Anspruch nehmen würde, ist auf diesem karierten Papier geschrieben ebenso wie eine Reihe von Zetteln, auf denen unter anderem die Ettal-Manuskripte vorbereitet sind.[35]

Die im *Zeitraum II* entstandene Manuskriptgruppe, ,,Die letzten und die vorletzten Dinge" und ,,Das natürliche Leben", ist durch Erwähnungen in Briefen Bonhoeffers klar datiert. Das Schriftbild, das sich deutlich von anderen ,,Ethik"-Manuskripten unterscheidet, liefert nahezu den Indizienbeweis für einen

---

[32] Bonhoeffer bezeichnete es beim Abfassen von ,,Die Geschichte und das Gute" 1942 als das ,,1. Kapitel" nach dem derzeitigen Planungsstand der Sachreihenfolge, s. S. 222.

[33] Titelformulierungen auf Zettel Nr. 38 sind: ,,Ethik als Gestaltung ... ' Erbe und Verfall ... ' Schuld und Rechtfertigung ... ' Kirche und Welt(gestaltung) ...", u. a.

[34] 9. 10. 1940 DBW 16, 66; E. Bethge, Vorwort vom 9. April 1948, E[6] 12.

[35] Zettel Nr. 61 (Überschrift: „*Die vorletzten Dinge*"), Nr. 50 („Das natürliche Leben"), Nr. 62–69 (zu „Bildung", „Das Gute" bzw. „Das Böse").

Vorgang, nämlich für den Kauf – vermutlich in München – eines neuen Füllfederhalters und neuer Tinte: Im Kloster Ettal schrieb Bonhoeffer mit blauer, nicht blauschwarzer Tinte und mit einer spitzen Feder.

Es ist sehr unwahrscheinlich, daß die im Zeitraum I angelegten, auf Zettel Nr. 38 genannten Manuskripte „Erbe und Verfall" und „Schuld, Rechtfertigung, Erneuerung" noch vor dem 17. November 1940, dem Beginn des Ettal-Aufenthalts, hätten fertiggestellt werden können. Unter anderem das Stichwort „Machiavellismus"[36] im Manuskript „Erbe und Verfall" läßt auf die Lektüre von Gerhard Ritters Buch „Machtstaat und Utopie" zu Machiavelli und Thomas Morus schließen. Dieses Buch kam erst im November 1940 in den Buchhandel. Der Schlußteil von „Erbe und Verfall", das Manuskript „Schuld, Rechtfertigung, Erneuerung" und der Einschub in das Manuskript „Christus, die Wirklichkeit ...", die im Erscheinungsbild übereinstimmen – sie sind mit blauschwarzer Tinte auf Abreißblock-Bögen geschrieben –, werden in der Zeit nach dem Ettal-Aufenthalt entstanden sein. Deutliche Übereinstimmungen beweisen, daß für einen Teil des Einschubs in „Christus, die Wirklichkeit ...", für den Abschnitt über die Mandate, der Text „Staat und Kirche" die Vorlage war.[37] Die Entwicklung der Mandatelehre in Bonhoeffers „Ethik" begann demnach nicht schon 1940 im Zeitraum I, sondern 1941.

Im *Zeitraum III* sind zwei Fassungen des Manuskripts „Die Geschichte und das Gute" entstanden. In beiden Fassungen ist der erste Manuskriptbogen mit „15.", der zweite mit „16." numeriert und so fort. Für die neue chronologische Anordnung der „Ethik"-Manuskripte 1962 suchte Bethge nach einem Manuskript mit den Bogenzahlen eins bis vierzehn, das vor die „15." passen würde. Als er es in Gestalt des Manuskripts „Christus, die Wirklichkeit ..." gefunden zu haben meinte – dessen letzter Bogen trägt die Zahl „14 a" –, nahm er an, daß dieses Manuskript und „Die Geschichte und das Gute" im zeitlichen Anschluß aneinander geschrieben wären. Durch die Ver-

---

[36] Siehe S. 121.

[37] Siehe z. B. S. 58 Anm. 82: Ein Satz aus „Staat und Kirche" ist mit dem Begriff „Mandate" umformuliert.

knüpfung über die „15." bekam „Christus, die Wirklichkeit..." einen Ort im zweitletzten Drittel der „Ethik"-Ausgabe. Ganz befriedigt war Bethge von der Verknüpfungs-Hypothese nicht. Er vermerkte im Vorwort, daß für „Die Geschichte und das Gute" andersartiges Konzeptpapier als für „Christus, die Wirklichkeit..." benutzt ist.[38] Der Unterschied der Papiersorten läßt Zweifel aufkommen, ob die „15." mit einer Schreibreihenfolge zu tun hat. Die Zweifel werden bestärkt durch ein auffallendes weiteres Indiz: eine große, unterstrichene „15." auf dem „Ethik"-Zettel Nr. 31. Die Zahl hätte nicht eigens notiert werden müssen, wenn die Manuskripte „Christus, die Wirklichkeit..." und „Die Geschichte und das Gute" nacheinander entstanden und durchnumeriert worden wären. Fällt die Annahme dieser zeitlichen Verknüpfung weg, dann kann „Christus, die Wirklichkeit..." an den Platz gemäß der Schreibreihenfolge rücken, für den die Papiersorte und das Schriftbild zeugen: ganz an den Anfang des Schreibens an „Ethik"-Manuskripten.

Welche der beiden Fassungen von „Die Geschichte und das Gute" im Zeitraum III zuerst geschrieben wurde, lehrt schon der Augenschein, und zwar durch einen Unterschied der Tintenfarbe. Die erste Fassung ist zunächst mit blauschwarzer Tinte, gegen Ende aber mit klarblauer Tinte geschrieben. Die Tintenschattierungen sind deutlich voneinander zu unterscheiden, weil beide Farbnuancen in einer Textveränderung übereinanderstehen.[39] Mit der klarblauen Tinte sind die Passagen angestrichen, die in der zweiten Fassung wiederkehren. Die zweite Fassung sowie alle Manuskripte, die in der vorliegenden Ausgabe den Zeiträumen IV und V zugeordnet werden, sind mit klarblauer Tinte und normal breiter Feder geschrieben. Dieses Tintenschattierungs-Indiz stimmte mit anderen Indizien zusammen, zum Beispiel mit dem Datum eines Briefes auf besonderem Papier, das die Abfassung des Manuskripts „Kirche und Welt I." in der zweiten Hälfte des Jahres 1942 wahrscheinlich machte.[40]

---

[38] Vgl. E. Bethge, Vorwort vom Juli 1962 zu E^6, 15.
[39] Siehe S. 240 Anm. 82.
[40] Vgl. S. 343 in Anm. 4.

Im *Zeitraum IV* stehen die Manuskripte „Die Liebe Gottes ..." und „Kirche und Welt I." hintereinander wie in Bethges beiden Druckanordnungen 1949 und 1963, obwohl kein inhaltlicher Zusammenhang besteht. Für das Ende des ersten und den Anfang des zweiten dieser Manuskripte ist eine in keinem anderen Manuskript vorkommende Papiersorte verwendet: Doppelbögen mit Wasserzeichen „Dokumentenpapier". Das gleichbleibende Schriftbild bestätigt, daß die Manuskripte in einem fortlaufenden Arbeitsgang entstanden.[41] Das gleiche dunkle Kriegs-Papier wie für den „Ethik"-Zettel Nr. 20 mit Notizen zu „Kirche und Welt I." ist für die Skizze „Über die Möglichkeit des Wortes der Kirche an die Welt" benutzt. Diese Skizze, eine Vorform für ein Manuskript, ist, wie zugehörige Zettel zeigen – zum Beispiel der Zettel Nr. 10 auf einem Bogen „Dokumentenpapier"[42] –, mit den Manuskripten der Zeiträume IV und V eng verbunden.[43]

Das Jahr 1942, das die Arbeitszeiträume III und IV umfaßt, war für Bonhoeffer überwiegend unruhig. Statt kontinuierlicher Weiterarbeit an konkreter Ethik entstanden vervollständigende Zusatz-Manuskripte. Bethges frühe Charakterisierung hat sich als zutreffend erwiesen: Bonhoeffers „Ethik"-Buch wäre „zu einem Ganzen zusammengewachsen"[44] aus den schon vorhandenen Manuskripten und Anschluß- oder Vorspann-Stücken wie denen, die in den Zeiträumen III und IV niedergeschrieben, begonnen oder skizziert wurden. Auch im *Zeitraum V*, 1943 bis zur Verhaftung im April, experimentierte Bonhoeffer nicht mit einer neuen Sicht von Ethik insgesamt, sondern bereitete die Ausarbeitung seiner 1941 begonnenen Mandatelehre vor.

Als auf der Konferenz aller Sektionen des Internationalen

[41] Die Bögen der Manuskripte „Die Liebe Gottes ..." und „Kirche und Welt I." sind nicht fortlaufend, sondern in jedem Manuskript auf eine besondere, von allen übrigen Manuskripten abweichende Weise numeriert, was auf Trennung dieser Manuskripte voneinander in einer geplanten Gesamtanordnung deutet.

[42] Vgl. S. 364 Anm. 36.

[43] Unter den Herausgebern blieb eine Unsicherheit über die Aufnahme der Skizze in DBW 6 bestehen.

[44] E. Bethge, Vorwort vom 9. April 1948, E^6 12.

Bonhoeffer-Komitees in Amsterdam im Juni 1988 die neu rekonstruierte Schreibreihenfolge der „Ethik"-Manuskripte vorgestellt wurde, unterstrich Bethge in einem öffentlichen Begrüßungswort, daß nun, wie bei Bonhoeffer oft, der Auftakt, das Manuskript „Christus, die Wirklichkeit und das Gute ...", im Grunde schon alles Kommende in sich berge: Ethik im Blick auf die *eine* Wirklichkeit in Christus.

II

Wir legen dem Druck in diesem Band 6 der Dietrich Bonhoeffer Werke die Manuskripte zugrunde, die in den Nachlaß-Mappen *NL A 71 und 72* archiviert sind. Die „Ethik"-Manuskriptseiten haben durchgehend DIN-A-4-Format.[45] Sie sind, mit Ausnahme der Skizze „Über die Möglichkeit des Wortes der Kirche an die Welt", mit Tinte beschrieben, alle in Bonhoeffers schwer entzifferbarer deutscher Handschrift, die er nur benutzte, wenn er nicht für einen Briefpartner, sondern für sich selbst schrieb,[46] und durchweg, bis auf die zuletzt entstandenen, stark überarbeitet. Bonhoeffers Urteil über ein in der Haft entstandenes eigenes Manuskript trifft auf seine „Ethik"-Manuskripte ebenso zu: „... kaum leserlich ... (ich muß ja komischerweise beim Produzieren immer deutsch schreiben und außerdem die Korrekturen!)".[47]

Die Entzifferung der Manuskripte wurde seit 1985 durch Ilse Tödt mehrfach geprüft und präzisiert. Ob Bonhoeffer ein Wort als männlich oder sächlich, in der Mehrzahl oder Einzahl meinte, ob also vor dem Wort „der" oder „das", am Wortende

---

[45] Die Abweichungen gegenüber den Norm-Maßen 210 x 297 mm betragen höchstens wenige Zentimeter (Kanzleiformat: 210 x 330 mm; das von Bethge als „italienisch" charakterisierte Sonderformat: 225 x 283 mm), in den meisten Fällen nur Millimeter. Im Unterschied hierzu ist der Text „‚Personal'- und ‚Sach'-Ethos" auf Papier im DIN-A-5-Format geschrieben, ein Anzeichen dafür, daß er zu einem anderen Zweck geschrieben wurde als für das „Ethik"-Buch.

[46] Vgl. im Brief an Bethge 5. 5. 1944 WEN 313. Briefe schrieb Bonhoeffer mit lateinischen Buchstaben.

[47] 23. 8. 1944 WEN 428.

„m" oder „n", „e" oder kein „e" steht, ist von der Schrift her oft ununterscheidbar und muß vom Zusammenhang her erschlossen werden. Das Ergebnis fiel bei der jetzigen Entzifferung hin und wieder anders aus als in den bisherigen Druckfassungen. Größere Lese-Irrtümer der früheren Entzifferung ließen sich zweifelsfrei aufklären. Manche der in der ersten Ausgabe 1949 gedruckten Irrtümer, die Verwirrung stifteten – zum Beispiel „Sein" statt „Nein"[48] –, sind im Laufe der Jahre verbessert worden. Beim Neusatz der sechsten, neugeordneten Ausgabe 1963 kamen störende Auslassungen von Satzteilen sowie nur vermeintliche Verbesserungen hinzu, etwa die Großschreibung „an sich seiendes Gutes oder Böses", obwohl „gutes oder böses ... Prinzip" gemeint ist.[49] Von den bis zur vorliegenden Ausgabe stehengebliebenen Irrtümern sei nur das sinn-dunkle „Märchen" erwähnt vom „Baum", der sich „seines fehlenden Schmuckes schämt".[50]

Diese Ausgabe folgt möglichst getreu Bonhoeffers Schreibweise, auch wo sie mit den schon damals geltenden Duden-Richtlinien nicht übereinstimmt („garnicht", „social"), und seiner eigenwilligen Zeichensetzung; nur wenn über der Zeile Wörter eingefügt sind, wonach regelmäßig kein Komma im Manuskript steht, ist nötigenfalls ein Komma zugesetzt. Wörter und Wortteile, deren Auslassung offensichtlich ein Versehen ist, werden in eckigen Klammern ergänzt. Öfters sind Wörter im Umkreis von Einfügungen und auch vom Seitenende am folgenden Seitenanfang wiederholt; diese Wiederholungen werden stillschweigend getilgt. Abkürzungen und auch Kürzel, die Bonhoeffer benutzt, zum Beispiel „K" für „Kirche", sind aufgelöst, ausgenommen seine Abkürzungen für die biblischen Schriften. Bonhoeffers Bibelstellenangaben haben im Manuskript die Form „Kol 1_{16}", „1 Kor $13_{2.3}$"; im Druck sind die Verszahlen nicht tiefgestellt, sondern durch Komma von der Kapitelangabe getrennt. Nach der Angabe von Bibel-Kapiteln ließ Bonhoeffer manchmal Raum frei, offenbar um später die

[48] Vgl. S. 262 Anm. 49. Diesen und andere Fehler meldete Ernst Feil dem Verlag um 1970.

[49] S. 267 und Anm. 66.

[50] Welches „Märchen" Bonhoeffer meinte, ist jetzt S. 304 und Anm. 10 nachzulesen.

Verszahl nachzutragen; wenn der Vers eindeutig auszumachen war, ist die Zahl im Text in eckigen Klammern eingefügt. Griechische Wörter schrieb Bonhoeffer durchweg, wie im Apparat seines griechischen Neuen Testaments, ohne Akzente, und so erscheinen sie auch im Druck. Die Anmerkungen markierte Bonhoeffer in den Manuskripten durch hochgestellte Anmerkungsziffern mit Punkt und runder Klammer dahinter und begann auf einer neuen Seite wieder mit „$^{1.)}$“; im Druck bekommen sie eine runde Klammer (ohne Punkt) und werden innerhalb des jeweiligen Manuskripts durchgezählt.

Auch die *Anmerkungen der Herausgeber*, im Text angezeigt durch hochgestellte Ziffern ohne runde Klammer dahinter, werden innerhalb der einzelnen Manuskripte durchgezählt, und zwar in der Lese-Reihenfolge, die Bonhoeffers Anmerkungen einbezieht. Die Herausgeberanmerkungen stehen im Band gedruckt mit halbfetter Ziffer davor jeweils als letztes unten auf den Seiten.

Eine Auswahl der Beobachtungen an den Manuskripten wird in Herausgeberanmerkungen mitgeteilt. Nur wenige der sehr zahlreichen Streichungen sind dokumentiert worden; meist berücksichtigte Bonhoeffer selbst das von ihm Gestrichene sorgfältig bei der oft ausführlicheren Neuformulierung. Eine lange Streichung nahe dem Ende des zuletzt entstandenen Manuskripts wird vollständig wiedergegeben,[51] um einen Vergleich mit dem umgearbeiteten Text und so einen Einblick in Bonhoeffers Umgang mit Streichungen zu ermöglichen.

Zu den Bibelstellen sind Bonhoeffers griechisch-lutherdeutsches Neues Testament[52] und seine Lutherbibel[53] konsultiert worden. Wenn dort Stellen angestrichen sind, wird dies vermerkt. Irrtümliche Stellenangaben im Manuskript werden im Drucktext beibehalten und in Herausgeberanmerkungen berichtigt. Auf deutliche Abweichungen von der Lutherübersetzung wird aufmerksam gemacht.

Die Auseinandersetzung mit Gedanken anderer Autoren führte Bonhoeffer, wie bei seinem Buch „Nachfolge“, über-

---

[51] Siehe Anm. 57 auf S. 409 f.
[52] Sigle: „Nestle“.
[53] Sigle: LB.

wiegend ohne Namensnennung. Auf „Ethik"-Zetteln sind etliche Namen und zuweilen Buchtitel genannt, in den Manuskripten hingegen nur äußerst selten. Um herauszufinden, mit welchen Büchern Bonhoeffer sich für seine „Ethik" beschäftigt hat und auch wann er sie lesen konnte, haben die Herausgeber die von Eberhard Bethge gesammelten Informationen[54] weiterverfolgt sowie die Titel in Bonhoeffers Restbibliothek[55] durchgesehen. Auch darüber hinaus wurden Bezugnahmen auf Bücher entdeckt. Eine Kenntnis derjenigen Gedanken, die Bonhoeffer aus Büchern kritisch aufgreift oder überbietet, trägt zum Verständnis seiner Argumentation bei. Zum Beispiel zeigt sich im Vergleich mit den vortrefflichen philosophischen Traktaten Josef Piepers klar die christologische Vertiefung, die Bonhoeffer erreicht. Herausgeberanmerkungen weisen Fundorte in den betreffenden Büchern nach. Wenn bestimmte Stellen in Bonhoeffers Exemplaren angestrichen oder auf andere Weise hervorgehoben sind, wird dies nach Möglichkeit vermerkt.

Texte von Bonhoeffer selbst, auf die er in „Ethik"-Manuskripten aufbaute, werden in Herausgeberanmerkungen genannt. Da das Schreiben an Manuskripten für ein „Ethik"-Buch durch die Verhaftung abrupt beendet wurde, die gedankliche Arbeit daran aber in der Haft weiterging, wird hin und wieder auch auf Äußerungen Bonhoeffers zu „Ethik"-Themen nach dem 5. April 1943 hingewiesen. Solche Querverweise im Werk Bonhoeffers beruhen in vielen Fällen auf der Gesamtdarstellung der Theologie Bonhoeffers durch Ernst Feil.[56] Querverweise innerhalb des vorliegenden Bandes haben ein „S." vor der Seitenzahl.

Einige Herausgeberanmerkungen informieren über die Umstände, unter denen Bonhoeffer die „Ethik"-Manuskripte schrieb. Die Verknüpfung mit zeitgeschichtlichen Ereignissen wird an ausgewählten Beispielen verdeutlicht.

Darüber hinaus werden in den Herausgeberanmerkungen

---

[54] Siehe DB 803 f.

[55] Die nach Sachgebieten gegliederte Liste der noch vorhandenen Bücher Bonhoeffers, im Verzeichnis „Nachlaß Dietrich Bonhoeffer" auf den Seiten 176–237, wird zitiert mit der Sigle NL-Bibl.

[56] Die Sigle ThDB kennzeichnet diese Benutzung des Buches „Die Theologie Dietrich Bonhoeffers" im Sinne eines Gesamtregisters.

Übersetzungen fremdsprachiger Ausdrücke und kurzer Texte sowie einige Erklärungen für Lehnwörter unter Angabe der Herkunftsprache angeboten. Würde es sich wie bei der Dissertation und Habilitationsschrift Bonhoeffers um eine rein akademische Schrift handeln, wären manche Erläuterungen nicht erforderlich. Doch die „Ethik" spricht eine breitere Leserschaft an. Die Herausgeber haben sich bemüht, so zu erklären und zu kommentieren, daß auch Personen, die in fremden Kulturen und unter veränderten Zeitumständen leben, Bonhoeffer möglichst genau verstehen können. Er hat seine „Ethik" kommenden Generationen nicht nur in Deutschland, sondern in der Ökumene zugedacht.

Die beiden ersten Seiten des „Ethik"-Manuskripts „Erbe und Verfall" sind als *Faksimile* beigegeben, um Bonhoeffers Schreib- und Arbeitsweise anschaulich zu machen.[57] Eine *Zeittafel* bietet einen Überblick über Ereignisse und über Äußerungen Bonhoeffers während der Arbeit an den „Ethik"-Manuskripten. Die *Synopse der Manuskript-Anordnungen* zeigt die Veränderungen in der Reihenfolge von der ersten Druckfassung bis zur jetzigen Ausgabe.

Das *Literaturverzeichnis* enthält im ersten Teil, der von Bonhoeffer benutzte Bücher nennt, auch Angaben, die für die Datierung von Interesse sind, wie zum Beispiel ein eingetragenes Kaufdatum. Der zweite Teil gibt die von den Herausgebern benutzte Literatur an, darunter die Schriften Bonhoeffers, die in der Ausgabe Dietrich Bonhoeffer Werke erschienen sind. Der dritte Teil nennt weitere Literatur zu Bonhoeffers „Ethik".

Das *Abkürzungsverzeichnis* löst Siglen und andere Kürzel möglichst vollständig auf, um auch Lesern, die nicht im deutschen Sprachraum beheimatet sind, Unklarheiten zu ersparen. Am Ende des Abkürzungsverzeichnisses sind Zeichen erklärt wie zum Beispiel der gerade Strich „|", der im Text die Seitenwenden der 6. Auflage der „Ethik" von 1963 markiert; die *Innenpaginierung* gibt die Seitenzahlen dieser 6. Auflage an, die bis zu der vorliegenden Ausgabe unverändert blieben, und für die erste Fassung des Manuskripts „Die Geschichte und das

---

[57] Siehe S. 91 f, vor dem Beginn von „Erbe und Verfall".

Gute" die Seitenzahlen des Abdrucks von 1960 in Band 3 der ,,Gesammelten Schriften" Dietrich Bonhoeffers.

Unter den *Registern* – Bibelstellen, Personen, Sachen und Orte – ist das Namensregister anders gestaltet als in den Bänden 1–5 der Dietrich Bonhoeffer Werke. Es enthält ausgewählte biographische Angaben zu Personen, die für Bonhoeffers Arbeit an ,,Ethik"-Manuskripten Bedeutung haben. Personen, die nicht allgemein bekannt sind, darunter besonders Zeitgenossen Bonhoeffers, werden ausführlicher vorgestellt. Jüngere Personen, auch die Autoren von nach 1945 entstandenen Büchern, erscheinen im Register nur namentlich, ohne weitere Angaben.

Die Herausgeber haben in je anderer Weise für die vorliegende Ausgabe gearbeitet. Die Textherstellung unmittelbar aufgrund der Originalmanuskripte, das Recherchieren für Herausgeberanmerkungen, die Erarbeitung von Rekonstruktionen der Schreib- und Sachreihenfolge, das Entwerfen von Vorwort- und Nachwortteilen fiel verschiedenen Personen zu. Vorwort und Nachwort sowie Herausgeberanmerkungen wurden teilweise aus Entwürfen mehrerer Personen zusammengefügt. Auf Konsultationen und durch Korrespondenz war gegenseitige Information und Kritik möglich. Allerdings gab es zum ausführlichen Debattieren strittiger Punkte keine Gelegenheit, und es konnte auch nicht die Arbeit eines jeden von jedem anderen noch einmal nachvollzogen werden. Ein hoher Grad an Einmütigkeit in bezug auf Anordnung und Kommentierung wurde erreicht. Der Beschluß über die Darbietungsweise in DBW 6 fiel am 10. Dezember 1986 mit Eberhard Bethge. Es blieben Unsicherheiten und Meinungsverschiedenheiten, die außer einzelnen Kommentierungsfragen die Entstehungsreihenfolge, die Zahl der aufzunehmenden Texte und die Hypothese zu Bonhoeffers Anordnungsplan 1943 betreffen. Dies ist bei einem unabgeschlossenen Werk wie der „Ethik" unvermeidlich und wird zum Weiterforschen anregen. Bei Überprüfungen durch den Nachvollzug der Arbeit an den Original-Aufzeichnungen haben sich hier vorgelegte Ergebnisse bewährt.

Wolfgang Huber übernahm als Gesamtherausgeber mit Rat und Tat Mitverantwortung für diesen Band der Dietrich Bonhoeffer

Werke. Treue Helfer haben vielerlei Details zur vorliegenden Ausgabe beigetragen. Sie dürfen hier ungenannt bleiben; unseres Dankes sind sie gewiß. Ausdrücken möchten wir an dieser Stelle unseren tiefen Dank gegenüber Eberhard Bethge. Ihn mußte das Werden dieser neuen Gestalt der ,,Ethik" ganz besonders bewegen. Stärker als jedes Befremden über Veränderungen blieb sein Bestreben, den authentischen Text seines Freundes zu präsentieren, blieb vor allem seine Herzlichkeit.

Für die Herausgeber Hannover
Ilse Tödt Pfingsten 1991

Bonhoeffers Notizen zur „Ethik" sind veröffentlicht als Ergänzungsband zu DBW 6: Dietrich Bonhoeffer, Zettelnotizen für eine „Ethik", Gütersloh 1993. Alle DBW-Bände geben als Innenpaginierung die Seitenzahlen der vorangehenden Veröffentlichungen an. Datierungen ermöglichen die Zuordnung zu den Dokumentenbänden DBW 9 = 1918–1927; 10 = 1928–1931; 11 = 1931–1932; 12 = 1932–1933; 13 = 1933–1935; 14 = 1935–1937; 15 = 1937–1940; 16 = 1940–1945. Die Bände DBW 9–15 enthalten im Anhang eine Synopse der sowohl in dem betreffenden DBW-Band als auch in den Gesammelten Schriften (GS) abgedruckten Texte. Die Synopse in DBW 16 nennt auch die entsprechenden Seitenzahlen vom Anhang der 6. Auflage der „Ethik" (E^6) und von Briefentwürfen aus der Haft 1943, die früher in der Neuausgabe von „Widerstand und Ergebung" (WEN) standen. Die Briefe und Aufzeichnungen aus der Haft, die in der vorliegenden Ausgabe von DBW 6 nach WEN zitiert werden, sind über die Daten und die Innenpaginierung in DBW 8 zu finden.

Dietrich Bonhoeffer

ETHIK

Manuskripte in rekonstruierter Entstehungsfolge

Christus, die Wirklichkeit und das Gute. Christus, Kirche und Welt.[1]

Es ist eine Zumutung sondergleichen, die an jeden, der das Problem einer christlichen Ethik auch nur zu Gesicht bekommen will, gestellt werden muß, die Zumutung nämlich, die beiden Fragen, welche ihn überhaupt zur Beschäftigung mit dem ethischen Problem führen: ,,wie werde ich gut?" und ,,wie tue ich etwas Gutes" von vornherein als der Sache unangemessen aufzugeben,[2] und statt dessen die ganz andere, von jenen beiden unendlich verschiedene Frage nach dem Willen Gottes zu stellen.[3] Diese Zumutung ist darum so einschneidend, weil sie eine Entscheidung über die letzte Wirklichkeit und damit eine Glaubensentscheidung voraussetzt.[4] Wo sich das ethische Problem wesentlich in dem Fragen nach dem eigenen Gutsein und nach dem Tun des Guten darstellt, dort ist bereits die Entscheidung für das Ich und die Welt als die letzten Wirklichkeiten gefallen. Alle ethische Besinnung hat dann das Ziel, daß Ich gut bin und daß die Welt (– durch mein Tun –) gut wird. Zeigt es sich aber,

---

1 Die Überschriften sind im Unterschied zu den Titeln in allen anderen ,,Ethik"-Manuskripten nicht unterstrichen und wohl nachträglich über den Textbeginn gesetzt. Das Ms ist mit Tinte in deutscher Schrift geschrieben wie alle ,,Ethik"-Manuskripte. Die ursprüngliche Fassung des Ms ohne den späteren Einschub S. 51–60 steht auf linierten Bögen einfacher Qualität. □ **2** Vgl. auf dem ,,Ethik"-Zettel Nr. 41: ,,*Nicht*: wie handle ich gut?" Der Zettel hat die Überschrift ,,*Begründungen der christlichen Ethik*" und nennt als ersten Begründungs-Punkt: ,,Dankbarkeit". Ein Text Bonhoeffers ,,Von der Dankbarkeit des Christen" wurde im Juli 1940 als Teil des Monatsbriefes des pommerschen Bruderrates an Pfarrer der Bekennenden Kirche vervielfältigt, DBW 16, 490–493. □ **3** Gestr.: „Es ist ja nicht so, daß das was mich gut macht oder was ich als Gutes erkenne Gottes Wille ist. Sondern allein der Wille Gottes macht mich und macht eine Sache gut. Der Wille Gottes ist der alleinige Ursprung des Guten." □ **4** Gestr.: „: ist das letzte Wirkliche mein Ich und die Welt oder Gott? das heißt rede ich solange unwirklich über mich selbst und über die Welt, also auch über mein Gutwerden und mein Gutestun, als ich nicht mich selbst und die Welt eingebettet in die Wirklichkeit Gottes erkenne?" Vgl. K. Barth, Das Wort Gottes, 146, im Vortrag von 1922 „Das Problem der Ethik in der Gegenwart".

daß diese Wirklichkeiten des Ich und der Welt selbst noch eingebettet liegen in eine ganz andere letzte Wirklichkeit, nämlich die Wirklichkeit Gottes, des Schöpfers, Versöhners und Erlösers,[5] dann tritt das ethische Problem sofort unter einen völlig neuen Aspekt. Nicht, daß ich gut werde noch daß der | Zustand der Welt durch mich gebessert werde ist dann von letzter Wichtigkeit, sondern daß die Wirklichkeit Gottes sich überall als die letzte Wirklichkeit erweise. Daß also Gott sich als das Gute erweist, auf die Gefahr hin, daß dabei ich und die Welt als nicht gut, sondern als durch und durch böse zu stehen kommen, wird mir dort zum Ursprung des ethischen Bemühens, wo Gott als letzte Wirklichkeit geglaubt wird. Alle Dinge erscheinen ja im Zerrbild, wo sie nicht in Gott gesehen und erkannt werden. Alle sogenannte Gegebenheiten[6], alle Gesetze und Normen sind Abstraktionen[7], so lange nicht Gott als die letzte Wirklichkeit geglaubt wird. Daß aber Gott selbst die letzte Wirklichkeit ist, ist wiederum nicht eine Idee, durch die die gegebene Welt sublimiert werden soll, ist also nicht die religiöse Abrundung eines profanen Weltbildes, sondern es ist das gläubige Ja zu dem Selbstzeugnis Gottes, zu seiner Offenbarung. Handelte es sich bei Gott nur um eine religiöse Idee, so wäre nicht einzusehen, warum nicht hinter dieser angeblichen „letzten" Wirklichkeit auch noch eine allerletzte Wirklichkeit der Götterdämmerung, des Göttertodes bestehen sollte.[8] Nur sofern die letzte Wirk-

---

5 Die Termini ‚*Schöpfer, Versöhner, Erlöser*' entsprechen in Wahl und Reihenfolge Karl Barths Gliederung der Kirchlichen Dogmatik, vgl. KD I/1, 404, 419, 470, Überschriften zu §§ 10–12: „Gott als Schöpfer", „als Versöhner", „der Erlöser". Nach der vorgesehenen Gesamtgliederung sollte KD III die Schöpfungslehre, KD IV die Versöhnungslehre, KD V die Erlösungslehre behandeln. Charakteristisch im Vergleich zu lutherischer Tradition ist die zentrale Verwendung von ‚*Versöhnung*' statt „Rechtfertigung" und die konsequent eschatologische Auffassung von ‚*Erlösung*', vgl. KD I/1, 486 f. □ 6 Ersetzt: „scheinbare Realitäten". Vgl. DBW 4 (N), 88 u. ö. □ 7 Ersetzt: „nur Schein, unwirklich". Zur Kritik Bonhoeffers an ‚*Abstraktion*' und ‚*Idee*' s. ThDB 90–99. □ 8 Richard Wagners Operntitel „Götterdämmerung" machte die (falsche) Übersetzung von „Ragnarök" (isländisch: „Götterverhängnis", ein Begriff der nordgermanischen Mythologie) allgemein bekannt. Vgl. bei F. Nietzsche u. a. Zarathustra [Teil] I, Abschnitt „Von der schenkenden Tugend" [Punkt] 3, Werke VI, 115 [in der Kritischen Gesamtausgabe (= KGW) VI, 1, 98]: „*Todt sind alle Götter: nun wollen wir, daß der Übermensch lebe.*"

lichkeit Offenbarung, das heißt Selbstzeugnis des lebendigen Gottes ist, ist ihr Anspruch erfüllt.[9] Dann aber fällt an dem Verhältnis zu ihr die Entscheidung über das Lebensganze. Ihre Erkenntnis ist nicht nur ein stufenweises Fortschreiten zur Entdeckung innerer tieferer Wirklichkeiten, sondern diese Erkenntnis ist der Wende- und Angelpunkt aller Wirklichkeitserkenntnis überhaupt. Die letzte Wirklichkeit erweist sich hier zugleich als die erste Wirklichkeit, Gott als der Erste und der Letzte, als das A und das O.[10] Alles Sehen und Erkennen der Dinge und Gesetze ohne Ihn wird zur Abstraktion, zur Loslösung vom Ursprung und vom Ziel. Alles Fragen nach dem eigenen Gutsein beziehungsweise dem Gutsein der Welt wird unmöglich ohne vorher die Frage nach dem Gutsein Gottes gestellt zu haben, denn was sollte ein Gutsein des Menschen | und der Welt ohne Gott für eine Bedeutung haben? Da aber Gott als letzte Wirklichkeit kein anderer ist als der, der sich selbst bekundet, bezeugt, offenbart, also als Gott in Jesus Christus, so kann die Frage nach dem Guten nur in Christus ihre Antwort finden.

Der Ursprung der christlichen Ethik ist nicht die Wirklichkeit des eigenen Ich, nicht die Wirklichkeit der Welt, aber auch nicht die Wirklichkeit der Normen und Werte, sondern die Wirklichkeit Gottes in seiner Offenbarung in Jesus Christus. Das ist die Zumutung, die redlicherweise vor allem anderen an jeden gestellt werden muß, der sich das Problem einer christlichen Ethik angelegen sein lassen will. Sie stellt vor die letzte Entscheidungsfrage, nämlich mit welcher Wirklichkeit wir in unserem Leben rechnen wollen, mit der Wirklichkeit des Offenbarungswortes Gottes oder mit den sogenannten Realitäten des Lebens, mit der göttlichen Gnade oder mit den irdischen Unvollkommenheiten, mit der Auferstehung oder mit dem Tod. Diese Frage selbst, die kein Mensch von sich aus, aus eigener Wahl entscheiden kann, ohne sie falsch zu entscheiden, setzt schon die gegebene Antwort voraus, daß nämlich Gott, wie auch immer wir uns entscheiden, schon sein Offenbarungswort geredet hat und daß wir auch in der falschen Wirklichkeit

9 Gestr.: „Ob dies geglaubt oder geleugnet wird, daran hängt alles – mit Ausnahme der Tatsache der Offenbarung." □ 10 Apk 22,13; vgl. 1,8.

garnicht anders leben können als von der wahren Wirklichkeit des Wortes Gottes. Die Frage nach der letzten Wirklichkeit versetzt uns also bereits in eine solche Umklammerung durch ihre Antwort, daß wir uns garnicht mehr entwinden können. Sie trägt uns selbst mitten hinein in die Wirklichkeit der Offenbarung Gottes in Jesus Christus, aus der sie herkommt.

Das *Problem der christlichen Ethik ist das Wirklichwerden der Offenbarungswirklichkeit Gottes in Christus unter seinen Geschöpfen*, wie das Problem der Dogmatik die Wahrheit der Offenbarungswirklichkeit Gottes in Christus ist.[11] An die Stelle, die in aller anderen Ethik durch den Gegensatz von Sollen und Sein, von Idee und Realisierung, von Motiv | und Werk bezeichnet ist,[12] tritt in der christlichen Ethik die Beziehung von Wirklichkeit und Wirklichwerden, von Vergangenheit und Gegenwart, von Geschichte und Ereignis (Glaube) oder um anstelle des vieldeutigen Begriffes den eindeutigen Namen der Sache selbst auszusprechen: von Jesus Christus und Heiligem Geist.[13] Die Frage nach dem Guten wird zur Frage nach dem

11 Gestr.: „Es geht also in der christlichen Ethik um wirkliches Geschehen. Damit sprengt sie von vornherein alle Grenzen, die jeder anderen Ethik gesetzt sind." Auf dem „Ethik"-Zettel Nr. 71 hat Bonhoeffer notiert: „Wir finden heute vor: ‚christliche Ethik' – gelöst vom christlichen Dogma. Christliches Handeln, das sich seiner Christlichkeit garnicht mehr bewußt ist. Erst in letzter Zeit fragt man wieder nach dem Grund des eigenen Handelns und kommt so zurück zum Dogma, zur Kirche. Um Vereinigung von beiden geht es, Zurückführung zum Glauben. Der ethische Bestand ist noch allgemeiner als der dogmatische." □ **12** ‚*Sollen und Sein*' vgl. „is" („ist") und „ought" („sollte") bei David Hume (dazu Chr. Frey, Theologische Ethik, 72). Von „Verwirklichung" (vgl. S. 38) der ‚*Idee*' spricht G. W. F. Hegel, z. B. Religionsphilosophie nach Lasson XIV, 156. Zu ‚*Motiv*' im Sinne von Beweggrund vgl. am Anfang des folgenden Absatzes ‚*allein der Wille ... gut*': s. Immanuel Kant, Grundlegung zur Metaphysik der Sitten, BA 1 (Werke IV, 18): „Es ist überall nichts in der Welt, ja überhaupt auch außer derselben zu denken möglich, was ohne Einschränkung für gut könnte gehalten werden, als allein ein *guter Wille*." □ **13** ‚*Wirklichwerden*' der ‚*Wirklichkeit*' vgl. DBW 1 (SC), 89: „*Aktualisierung*" der „*Realität*". Die erste Überschrift dieses „Ethik"-Ms modifiziert durch Voranstellen von „Christus" den Titel eines Buches von Josef Pieper: „Die Wirklichkeit und das Gute". Piepers Text beginnt mit den Sätzen: „Alles Sollen gründet im Sein. Die Wirklichkeit ist das Fundament des Ethischen. Das Gute ist das Wirklichkeitsgemäße." (13) Den zweiten und den dritten Satz hat Bonhoeffer in seinem Exemplar unterstrichen.

Teilhaben an der in Christus offenbarten Gotteswirklichkeit. Das Gute ist nun nicht mehr eine Bewertung des Seienden, also etwa meines Wesens, meiner Gesinnung, meiner Handlungen oder auch eines Zustandes in der Welt, es ist nicht mehr ein Prädikat, das einem an sich Bestehenden, Seienden zugesprochen wird, sondern das Gute ist das Wirkliche selbst,[14] das heißt nicht jenes abstrakte, von der Wirklichkeit Gottes gelöste Wirkliche, sondern das Wirkliche so wie es in Gott allein Wirklichkeit hat. Das Gute ist nicht ohne dieses Wirkliche, ist also keine allgemeine Formel, und dieses Wirkliche ist nicht ohne das Gute. Gutseinwollen gibt es nur als Verlangen nach dem in Gott Wirklichen. Ein Gutseinwollen an sich, gewissermaßen als Selbstzweck, als Lebensberuf, verfällt der Ironie der Unwirklichkeit, aus dem echten Streben nach dem Guten wird hier die Streberei des Tugendboldes. Das Gute an sich ist kein selbständiges Lebensthema, es wäre als solches die tollste Don Quijoterie.[15] Nur an der Wirklichkeit teilnehmend haben wir teil am Guten.

Der alte Streit, ob allein der Wille beziehungsweise der geistige Akt beziehungsweise die Person gut sein könne oder ob auch die Leistung, das Werk, der Erfolg, der Zustand gut genannt werden dürfe, welches von beiden dem anderen vorangehe, welchem die größere Wichtigkeit zukomme, dieser Streit, der auch in die Theologie eingedrungen ist und hier wie anderswo schwere Verirrungen hervorgerufen hat, geht von einer gründlich verkehrten Fragestellung aus. Er zerreißt, was ursprünglich und wesentlich eins ist, nämlich das Gute und das | Wirkliche, den Menschen und sein Werk. Der Einwand, auch Jesus habe in seinem Wort über den guten Baum, der gute

14 Vgl. Thomas von Aquin, STh I [quaestio („Frage")] 5 [articulus („Artikel")] 3: „Respondeo dicendum, quod omne ens, in quantum est ens, est bonum" („Die Antwort lautet, daß jedes Seiende, insoweit es ist, gut ist"). Vgl. auch G. W. F. Hegel, Rechtsphilosophie § 141 (in der Jubiläumsausgabe: Seite 223). – Bonhoeffer präzisiert später, 1942, seine Aussage, s. S. 261: „*die Wirklichkeit*" ist „nicht ein Neutrum, sondern *der Wirkliche*". □ **15** Zu Cervantes' Roman „Don Quijote" vgl. S. 66 f. Der Titelheld, der wie ein fahrender Ritter aus Ritterromanen dem Guten zu Hilfe eilen will, kämpft in phantastischer Verkennung der Wirklichkeit mit Lanze und Schwert unter anderem gegen Windmühlenflügel, zwei Hammelherden und einige Schläuche roten Weines.

Früchte bringe[16] diese Unterscheidung von Person und Werk im Auge gehabt, entstellt den Sinn dieses Wortes Jesu in sein genaues Gegenteil. Nicht, daß erst die Person und dann das Werk gut sei, sondern daß *nur beide zusammen* gut oder schlecht, also beide zusammen nur als Einheit zu verstehen sind, ist hier gemeint.[17] Dasselbe gilt von der Unterscheidung, die der amerikanische Religionsphilosoph Reinhold Niebuhr mit den beiden Begriffen moral man und immoral society[18] bezeichnet hat. Die hier gemeinte Scheidung von Individuum und Gesellschaft ist ebenso abstrakt, wie die zwischen Person und Werk. Hier wird untrennbares auseinandergerissen und jedes Teil, das als solches tot ist, für sich betrachtet. Die Folge ist jene vollendete ethische Aporie, die heute unter dem Namen der ,,Sozialethik" figuriert.[19] Wo freilich das Gute in der Konformität eines Seienden mit einem Gesollten gesehen wird, dort muß der massivere Widerstand, den die Gesellschaft dem Gesollten entgegensetzt, eine ethische Bevorzugung des Individuums vor der Gesellschaft mit sich führen. (Umgekehrt legt gerade dieses Ergebnis es nahe, in diesem Begriff des Ethischen seine soziologische Herkunft aus dem Zeitalter des Individualismus zu wittern.)[20] Die Frage nach dem Guten darf nicht verengt werden zu der Untersuchung von Handlungen auf ihre Motive beziehungsweise auf ihre Erfolge durch Anlegen eines bereits fertigen ethi-

16 Mt 7,17. □ **17** Vgl. Christologievorlesung (Höreraufzeichnung) 1933 DBW 12, 291. □ **18** Dt.: „moralischer Mensch", „unmoralische Gesellschaft". Bonhoeffer nahm während seines Studienaufenthalts am Union Theological Seminary in New York 1930/31 an drei Kursen Reinhold Niebuhrs teil (vgl. Übersicht DBW 10, 642). Dessen 1932 erschienenes Buch „Moral Man and Immoral Society" las er für die Arbeit an der „Nachfolge", 13. 7. 1934 DBW 13, 171. □ **19** Der Name taucht auf im Untertitel des Buches Alexander von Oettingens 1886: „Die Moralstatistik und die christliche Sittenlehre. Versuch einer Socialethik". Ernst Troeltsch behandelte 1912 die „Soziallehren" in der Christentumsgeschichte. Zu der ‚*Aporie*' (Griech., „Weglosigkeit", nicht auflösbarer Mangel) einer Ethik, die den einzelnen von der Gemeinschaft isolieren will, vgl. auch unten den Anfang der ersten Fassung des Ms „Die Geschichte und das Gute", S. 218f. Im Vorwort zu Reinhold Seebergs Buch „Christliche Ethik" rühmt der Sohn Erich Seeberg 1936 seinen Vater als „Bahnbrecher einer christlichen Sozialethik" (Seite VI), die „sich besser und richtiger auf einer nationalsozialistisch geformten Grundlage der Schöpfungsordnungen entwickeln läßt, als auf dem Boden von demokratisch oder liberalistisch gestalteten Lebensordnungen" (Seite V). □ **20** Einklammerungen dieser Art in Manuskripten Bonschen Maßstabes. Eine Gesinnungsethik bleibt ebenso an der Oberfläche wie eine Erfolgsethik.[21] Denn welches Recht hätten wir, bei der Gesinnung als letztem ethischen Phänomen stehen zu bleiben und uns der Erkenntnis zu entziehen, daß eine ,,gute" Gesinnung auf sehr dunklen Hintergründen des menschlichen Bewußtseins und Unterbewußtseins erwachsen kann und daß oft aus ,,guter Gesinnung" das Schlimmste geschieht? und wie die Frage nach | dem Motiv des Handelns sich zuletzt im unentwirrbaren Vergangenen verliert, so entschwindet auch die Frage nach dem Erfolg schließlich immer im Nebel der Zukunft. Nach beiden Seiten hin gibt es keine feste Grenze und nichts berechtigt uns,[22] an irgendeinem von uns selbst willkürlich gesetzten Punkt halt zu machen, um zu einem definitiven Urteil zu kommen. Es wird eine Bedürfnisfrage sein, die von den Zeitläuften abhängig ist, wenn man praktisch immer wieder zu solchen willkürlichen Festsetzungen kommt und ob diese dann auf der Linie der Motivethik oder der Erfolgsethik liegen. Grundsätzlich hat die eine vor der anderen nichts voraus, weil in beiden die Frage nach dem Guten abstrakt gestellt und von der Wirklichkeit gelöst wird. Das Gute ist nicht die Übereinstimmung zwischen einem uns – durch Natur oder Gnade – zur Verfügung gestellten Maßstab und dem von mir als Wirklichkeit bezeichneten Seienden, sondern das Gute ist die Wirklichkeit und zwar die in Gott gesehene, erkannte Wirklichkeit selbst. Der Mensch mitsamt seinen Motiven und Werken, mitsamt seinen Mitmenschen, mitsamt der ihn umgebenden Kreatur, das heißt die Wirklichkeit als Ganze, in Gott gehaltene, ist mit der Frage nach dem Guten umfaßt. Das göttliche: siehe, es war sehr gut,[23] meinte das Ganze der Schöpfung. Das Gute verlangt nach dem Ganzen, nicht nur nach der ganzen Gesinnung, sondern auch nach dem ganzen Werk, nach dem ganzen Menschen mitsamt den ihm gegebenen Mitmenschen.

---

hoeffers bedeuten wohl: Streichung erwogen. □ **21** Eine *‚Erfolgsethik'* – den Ausdruck benutzt M. Scheler, Formalismus, 109 [in den Gesammelten Werken (= GW) II, 131] – beurteilt ein Verhalten nach den voraussichtlichen Resultaten, eine *‚Motivethik'* (vgl. S. 37,17) nach den Beweggründen. Bei M. Weber, Politik als Beruf, 539f, heißt der Gegenbegriff zu „gesinnungsethisch": „verantwortungsethisch". □ **22** Gestr.: „gerade bei der Frage nach dem *Guten*". □ **23** Gen 1,31.

Was sollte es auch bedeuten, daß nur ein Teil gut genannt wird, also etwa das Motiv, während das Werk schlecht ist oder umgekehrt? *Der Mensch ist ein unteilbares Ganzes nicht nur als Einzelner in seiner Person und seinem Werk*, sondern *auch als Glied der Gemeinschaft* der *Menschen und der Kreaturen*, in der er steht. Dieses unteilbare Ganze, das heißt diese in Gott gegründete und erkannte Wirklichkeit, hat die Frage nach dem Guten im Auge. „Schöpfung" heißt dieses un- | teilbare Ganze seinem Ursprung nach, seinem Ziel nach heißt es Reich Gottes. Beides ist uns gleich entfernt und gleich nah, denn die Schöpfung Gottes und das Reich Gottes ist uns allein gegenwärtig in Gottes Selbstoffenbarung in Jesus Christus.[24]

Teilbekommen an dem unteilbar Ganzen der Gotteswirklichkeit ist der Sinn der christlichen Frage nach dem Guten. An dieser Stelle bedarf es um der Vermeidung eines Mißverständnisses willen der weiteren Klärung dessen, was hier unter Wirklichkeit verstanden ist.

Es gibt eine Begründung der Ethik auf dem Wirklichkeitsbegriff, die von der christlichen völlig verschieden ist, nämlich die positivistisch-empiristische. Sie versucht den Normbegriff gänzlich aus der Ethik auszuschalten, weil sie in ihm nur die Idealisierung tatsächlicher und für das Leben zweckmäßiger Verhaltungsweisen sieht: Das Gute ist imgrunde nichts als das Zweckmäßige, Nützliche, der Wirklichkeit Dienliche.[25] Es gibt infolgedessen kein allgemeingültiges, sondern nur ein unendlich mannigfaltiges jeweils von der „Wirklichkeit" her bestimmtes Gutes. Der Vorzug dieser Auffassung vor der idealistischen[26] besteht in ihrer unzweifelhaft größeren „Wirklichkeitsnähe". Das Gute besteht hier nicht in einer unmöglichen „Verwirklichung"[27] von Unwirklichem, in der Realisierung ethischer

---

24 Gestr.: „Die Frage nach dem Guten als die Frage nach dem Wirklichen ist die Frage nach Jesus Christus." □ 25 Vgl. im Bericht Bonhoeffers über seinen Studienaufenthalt in New York 1930/31 zu William James, John Dewey u. a. („diese radikal empirischen Denker"): „ . . . die Wahrheit als absolute Norm alles Denkens erfährt ihre Begrenzung durch das, was sich ‚in the long run as useful' [„auf lange Sicht als nützlich"] erweist" (DBW 10, 269). □ 26 Gemeint ist die Philosophie des Deutschen Idealismus um die Wende vom 18. zum 19. Jahrhundert, besonders die Philosophie Hegels. □ 27 Vgl. auf „Ethik"-Zettel Nr. 53: „Das Problem der ‚*Verwirklichung' des Guten* in der Welt ist prinzipiell

Ideen, sondern die Wirklichkeit selbst lehrt, was gut ist. Die Frage ist nur, ob die hier gemeinte Wirklichkeit dazu imstande ist, diese Forderung zu erfüllen. Dabei zeigt es sich, daß der der positivistischen Ethik zugrundeliegende Wirklichkeitsbegriff der vulgäre Begriff des empirisch Feststellbaren ist, der die Leugnung jeder Begründung dieser Wirklichkeit in der letzten Wirklichkeit, in Gott, einschließt. Diese vulgär verstandene Wirklichkeit ist aber darum ungeeignet zum Ursprung des Guten zu werden, weil sie nichts als den völligen Verfall an das Jeweilige, Gegebene, Zufällige, augenblicklich Zweck- | mäßige verlangt, weil sie die letzte Wirklichkeit nicht erkennt und so die Einheit des Guten zerstört und preisgibt.

Anders spricht die christliche Ethik von der Wirklichkeit, die der Ursprung des Guten ist. Sie meint dabei die Wirklichkeit Gottes als letzte Wirklichkeit außer und in allem Bestehenden, sie meint damit auch die Wirklichkeit der bestehenden Welt, die allein durch die Wirklichkeit Gottes Wirklichkeit hat. Daß die Wirklichkeit Gottes nicht selbst wieder eine Idee ist, entnimmt der christliche Glaube aus der Tatsache, daß diese Wirklichkeit Gottes sich selbst bezeugt und offenbart hat mitten in der wirklichen Welt. *In Jesus Christus ist die Wirklichkeit Gottes in die Wirklichkeit dieser Welt eingegangen.* Der Ort, an dem die Frage nach der Wirklichkeit Gottes wie die nach der Wirklichkeit der Welt zugleich Beantwortung erfährt, ist allein bezeichnet durch den Namen: Jesus Christus. In diesen Namen ist Gott und die Welt beschlossen. In ihm hat alles seinen Bestand (Kol 1,16). Von nun an kann weder von Gott noch von der Welt recht geredet werden ohne von Jesus Christus zu reden. Alle Wirklichkeitsbegriffe, die von ihm absehen, sind Abstraktionen. Alles Denken über das Gute, in dem das Gesollte gegen das Seiende oder das Seiende gegen das Gesollte ausgespielt wird, ist dort überwunden, wo das Gute Wirklichkeit geworden ist, in Jesus Christus. Jesus Christus läßt sich weder mit einem Ideal,

---

nicht zu lösen. Es kann nur geschehen (vom Evangelium her)." Alfred Dedo Müllers „Ethik", 1937 erschienen, trägt den Untertitel: „Der evangelische Weg der Verwirklichung des Guten"; Müller versteht Ethik „als wissenschaftliche *Lehre vom evangelischen Weg der Verwirklichung* des Guten. Wir stellen uns damit mitten in den Verwirklichungswillen unserer Zeit, auch den politischen, hinein" (a.a.O., 19).

einer Norm, noch mit dem Seienden identificieren. Die Feindschaft des Ideals gegen das Seiende, die fanatische Durchführung einer Idee gegen ein sich sträubendes Seiendes[28] kann dem Guten ebenso fern sein wie die Preisgabe des Gesollten an das Zweckdienliche. Sowohl das Gesollte als das Zweckdienliche empfängt in Christus einen ganz neuen Sinn. Die Unversöhnlichkeit des Gesollten und des Seienden gegeneinander findet in Christus, das heißt in der letzten Wirklichkeit, ihre Ver- | söhnung. An dieser Wirklichkeit teilzunehmen ist der echte Sinn der Frage nach dem Guten.

In Christus begegnet uns das Angebot, an der Gotteswirklichkeit und an der Weltwirklichkeit zugleich teil zu bekommen, eines nicht ohne das andere. Die Wirklichkeit Gottes erschließt sich nicht anders als indem sie mich ganz in die Weltwirklichkeit hineinstellt, die Weltwirklichkeit aber finde ich immer schon getragen, angenommen, versöhnt in der Wirklichkeit Gottes vor. Das ist das Geheimnis der Offenbarung Gottes in dem Menschen Jesus Christus.[29] Die christliche Ethik fragt nun nach dem Wirklichwerden dieser Gottes- und Weltwirklichkeit, die in Christus gegeben ist, in unserer Welt. Nicht als wäre „unsere Welt" irgendetwas außerhalb der Gottes- und Weltwirklichkeit, die in Christus ist, als gehörte sie nicht auch schon zu der in ihm getragenen, angenommenen, versöhnten Welt, nicht also als müßte nun doch irgendein „Prinzip" auf unsere Verhältnisse und unsere Zeit erst noch angewendet werden.[30] Es wird vielmehr danach gefragt, wie die – auch uns und unsere Welt längst in sich beschlossen haltende – Wirklichkeit in Christus als jetzt gegenwärtige wirke beziehungsweise wie in ihr zu leben sei. Es geht also darum, *an der Wirklichkeit Gottes und der Welt in Jesus Christus heute*[31] *teilzuhaben* und das so, daß

28 Vgl. DBW 4 (N), 180: „Die Idee fordert Fanatiker, die keinen Widerstand kennen und achten." Hitler und viele seiner Gefolgsleute bekannten sich leidenschaftlich zum Fanatismus. □ **29** Gestr.: „Er ist die Quelle aller Wirklichkeitserkenntnis schlechthin." In den vorangehenden Sätzen ist die Grundfigur der christologischen Theologie Bonhoeffers formuliert: das Aufeinanderverweisen von Gottes- und Weltwirklichkeit, das in Christus, ‚*eines nicht ohne das andere*', begegnet. □ **30** Zur Abweisung von ‚*Prinzip*'-Anwendung vgl. ThDB 90–99 (Abschnitt „Abstraktion und Idee"), bes. 98 mit Anm. 47, und 108. □ **31** Vgl. S. 87 („*heute und hier*").

ich die Wirklichkeit Gottes nie ohne die Wirklichkeit der Welt und die Wirklichkeit der Welt nie ohne die Wirklichkeit Gottes erfahre.

Indem wir auf diesem Wege weiterschreiten wollen, stellt sich uns wie ein Koloß ein Großteil des traditionellen christlich-ethischen Denkens hindernd entgegen. Seit den Anfängen christlicher Ethik nach der neutestamentlichen Zeit ist die vorherrschende, bewußt oder unbewußt alles bestim- | mende, Grundvorstellung des ethischen Denkens die des Aneinanderstoßens von zwei Räumen, von denen der eine göttlich, heilig, übernatürlich, christlich, der andere aber weltlich, profan, natürlich, unchristlich ist.[32] Den ersten Gipfelpunkt erreicht diese Vorstellung im hohen Mittelalter, den zweiten in dem pseudoreformatorischen Denken der Nachreformationszeit. Das Wirklichkeitsganze zerfällt in zwei Teile und das ethische Bemühen geht um die rechte Beziehung der beiden Teile zueinander. In der Hochscholastik wird das Reich des Natürlichen dem Reich der Gnade unterworfen,[33] im Pseudoluthertum wird die Eigengesetzlichkeit der Ordnungen dieser Welt gegen das Gesetz Christi proklamiert,[34] im Schwärmertum tritt die Ge-

32 Siehe Augustins Werk De civitate dei (vom ,,Gottesstaat"). Zur Entgegensetzung zweier ‚Reiche' bei und nach Augustin vgl. U. Duchrow, Christenheit und Weltverantwortung. □ **33** Zur ‚*Hochscholastik*' (13. Jahrhundert) zählt besonders Thomas von Aquin; zu dessen Verhältnisbestimmung von Natur und Gnade vgl. STh I 1, 8 ad 2. □ **34** ‚*Pseudolutherisch*' nennt Bonhoeffer eine Lehre, die sich als lutherisch bezeichnet, aber nicht authentisch lutherisch ist. Zur Verkehrung der Lehre durch Luthers ,,Schüler" s. DBW 4 (N), 36–40. Die lutherischen Theologen Werner Elert und Paul Althaus waren mitverantwortlich für, bzw. hatten unterzeichnet, den gegen das Konzept der Barmer Theologischen Erklärung vom 31. Mai 1934 gerichteten Ansbacher Ratschlag vom 11. Juni 1934, dessen Punkt 3 heißt (K. D. Schmidt, Bekenntnisse 1934, 103): ,,Das Gesetz, ‚nämlich der unwandelbare Wille Gottes' [Formula Concordiae Epitome VI, 6, in: BSLK 795,12 f], ... verpflichtet uns auf die natürlichen Ordnungen, denen wir unterworfen sind, wie Familie, Volk, Rasse (d. h. Blutzusammenhang)". Um eine Verbindung von national(sozialistisch)em Denken und Christentum bemühten sich z. B. Emanuel Hirsch und Reinhold Seeberg. Bonhoeffer aber lag schon 1932 DBW 11, 311 („Zur theologischen Begründung der Weltbundarbeit"), an der „Abwehr des Gedankens, daß es gottgewollte Eigengesetzlichkeiten des Lebens gebe, die der Herrschaft Jesu Christi entzogen wären". Die Orientierung an eigengesetzlichen natürlichen Ordnungen oder Schöpfungsordnungen schließt eine maßgebliche Bedeutung des ‚*Gesetzes* meinde der Erwählten gegen die Feindschaft der Welt zum Kampf für die Errichtung des Reiches Gottes auf Erden an.[35] Überall wird damit die Sache Christi zu einer partiellen, provinziellen Angelegenheit innerhalb des Wirklichkeitsganzen. Es wird mit Wirklichkeiten außer der Wirklichkeit in Christus gerechnet. Zu diesen Wirklichkeiten gibt es infolgedessen auch einen eigenen Zugang, neben Christus her. So wichtig man die Wirklichkeit in Christus auch nehmen mag, sie bleibt immer eine Teilwirklichkeit neben anderen Wirklichkeiten.

Durch diese Aufteilung des Wirklichkeitsganzen in einen sakralen und einen profanen,[36] einen christlichen und einen weltlichen Bezirk wird nun die Möglichkeit der Existenz in nur einem dieser Bezirke geschaffen, einer geistlichen Existenz also, die nicht an der weltlichen Existenz teilhat, und einer weltlichen Existenz, die für sich eine Eigengesetzlichkeit in Anspruch nehmen kann und diese gegen den sakralen Bezirk zur Geltung bringt. Der Mönch und der Kulturprotestant des 19. Jahrhunderts repräsentieren diese beiden Möglichkeiten.[37] Die gesamte

---

Christi', wie es z. B. in der Bergpredigt verkündigt ist, in ihnen aus. Dem Lutheraner Bonhoeffer gilt insbesondere diese Aufteilung des Wirklichkeitsganzen in zwei Räume als ein Merkmal des Pseudoluthertums seiner Zeit. Zu ‚*Eigengesetzlichkeit*' vgl. W. Huber, „Eigengesetzlichkeit" und „Lehre von den zwei Reichen"; F. W. Graf, Kulturluthertum. □ **35** Als ‚*Schwärmer*', Schwarmgeister (heute auch genannt: linker Flügel der Reformation) wurden Gruppen bezeichnet, die sich früh von der reformatorischen Bewegung abspalteten. Bonhoeffer schrieb über sie im Brief an Gerhard Leibholz am 7. 3. 1940 DBW 15, 299: „Die Schwärmer wollten die Welt auf Liebe, auf der Bergpredigt aufbauen, Luther sah darin eine Verwechslung von Reich Gottes und irdischem Reich, die gefährlichste chaotische Konsequenzen haben mußte." □ **36** ‚*Sakral*' (von lat. sacer, „heilig"): von der Welt ausgesondert; ‚*profan*' (Lat.): das ‚vor' dem heiligen Bezirk Liegende. □ **37** Zu ‚*Mönchtum*' im verfehlten Sinne vgl. z. B. DBW 4 (N), 34; s. ThDB 275 f. ‚*Kulturprotestantismus*': eine seit dem 19. Jahrhundert in weiten Teilen des Protestantismus herrschende Tendenz, biblische und christliche Traditionen den modernen kulturellen Gegebenheiten anzupassen. Sie wurde seit Anfang der zwanziger Jahre besonders von der Dialektischen Theologie scharf kritisiert (das Leben in der modernen Kultur habe sich übermächtig gegenüber dem Anspruch des Evangeliums auf das ganze Leben des Menschen verselbständigt). Vgl. dazu F. W. Graf, Kulturprotestantismus. – Im Vortrag „Dein Reich komme" am 19. 11. 1932 DBW 12, 267 wählte Bonhoeffer die Bezeichnungen „Hinterweltlertum" und „Säkularismus" als „die beiden Seiten derselben Sache – *nämlich, daß Gottes Reich nicht geglaubt wird*". Vgl. ThDB 307.

mittelalterliche Geschichte kreist um das Thema der Herrschaft des geistlichen Raumes über den weltlichen, des regnum gratiae über das regnum naturae,[38] wie die Neuzeit | durch eine immer fortschreitende Verselbständigung des Weltlichen gegenüber dem Geistlichen charakterisiert ist. Solange Christus und die Welt als zwei aneinanderstoßende, und einander abstoßende Räume gedacht werden, bleiben dem Menschen nur folgende Möglichkeiten: unter dem Verzicht auf das Wirklichkeitsganze stellt er sich in einen der beiden Räume, er will Christus ohne die Welt oder die Welt ohne Christus. In beiden Fällen betrügt er sich selbst. Oder aber der Mensch will in beiden Räumen zugleich stehen und wird damit der Mensch des ewigen Konflikts, wie ihn die nachreformatorische Zeit hervorgebracht hat und wie er sich selbst immer wieder als die *einzige* der Wirklichkeit gemäße Gestalt christlicher Existenz ausgegeben hat.[39]

So schwierig es nun sein mag, sich dem Bann dieses Raumdenkens zu entziehen, so gewiß ist es doch, daß es sowohl dem biblischen wie dem reformatorischen Denken zutiefst widerspricht, und daß es daher an der Wirklichkeit vorbeigeht. Es gibt nicht zwei Wirklichkeiten, sondern *nur eine Wirklichkeit*, und das ist die in Christus offenbargewordene Gotteswirklichkeit in der Weltwirklichkeit. An Christus teilhabend stehen wir zugleich in der Gotteswirklichkeit und in der Weltwirklichkeit. Die Wirklichkeit Christi faßt die Wirklichkeit der Welt in sich. Die Welt hat keine eigene von der Offenbarung Gottes in Christus unabhängige Wirklichkeit. Es ist eine Verleugnung der Offenbarung Gottes in Jesus Christus, ,,christlich" sein zu wollen ohne ,,weltlich" zu sein,[40] oder weltlich sein [zu][41] wollen, ohne die Welt in Christus zu sehen und zu erkennen. Es gibt daher nicht zwei Räume, sondern nur *den einen Raum der Christuswirklichkeit*, in dem Gottes- und Weltwirklichkeit mit-

38 Dt.: „Reich der Gnade", „Reich der Natur"; ‚*regnum*' („Reich") enthält eine räumliche Komponente. □ **39** Solches ‚*Konflikt*'-Denken fand Bonhoeffer u. a. bei Friedrich Naumann, vgl. S. 236 Anm. 69; zu Bonhoeffers theologischer Abweisung dieses Denkens vgl. z. B. DBW 4 (N), 61–63; 1939/40 DBW 15, 532 (zu Ps 119, 19). □ **40** „ohne ‚weltlich' zu sein" ersetzt: „und doch die Wirklichkeit der Welt zu verachten". □ **41** Eckige Klammern stehen um Worte oder Wortteile, die im Ms versehentlich ausgelassen sind.

einander vereinigt sind. So ist das Thema der zwei Räume, das die Geschichte der Kirche immer wieder beherrscht hat, dem Neuen Testament fremd. Hier geht es allein um das Wirklichwerden der Christuswirklichkeit in der von ihr schon umschlossenen, besessenen, innegehabten, gegen- | wärtigen Welt. Nicht zwei miteinander konkurrierende Räume stehen neben einander und machen sich gegenseitig die Grenzen streitig, sodaß die Grenzfragen immer wieder die entscheidenden der Geschichte wären, sondern die ganze Weltwirklichkeit ist bereits in Christus hineingezogen, in ihm zusammengefaßt und nur von dieser Mitte her und auf diese Mitte hin geht die Bewegung der Geschichte.[42]

Das Raumdenken versteht die Begriffspaare weltlich – christlich, natürlich – übernatürlich, profan – sakral, vernünftig – offenbarungsgemäß als letzte statische Gegensätze, mit denen bestimmte einander ausschließende Gegebenheiten bezeichnet sind. Es verkennt die ursprüngliche Einheit dieser Gegensätze in der Christuswirklichkeit und setzt an ihre Stelle die nachträglich erzwungene Einheit eines die Gegensätze umspannenden sakralen oder profanen Systems. Dabei bleibt die statische Gegensätzlichkeit erhalten. Ganz anders kommen diese Dinge von der erkannten Gottes- und Weltwirklichkeit in Christus her zu stehen. Die Welt, das Natürliche, das Profane, die Vernunft ist hier von vornherein in Gott hineingenommen, all dies existiert nicht „an und für sich",[43] sondern es hat seine Wirklichkeit nirgends als in der Gotteswirklichkeit in Christus. Es gehört nun zum wirklichen Begriff des Weltlichen, daß es immer schon in der Bewegung des Angenommenseins und Angenommenwerdens von Gott in Christus gesehen wird. Wie in Christus die Gotteswirklichkeit in die Weltwirklichkeit einging, so gibt es das Christliche nicht anders als im Weltlichen, das „Übernatürliche" nur im Natürlichen, das Heilige nur im Profanen, das Offenbarungsmäßige nur im Vernünftigen. Die in Christus gesetzte Einheit[44] von Gottes- und Weltwirklichkeit (wiederholt

---

42 Vgl. bes. Christologievorlesung 1933 DBW 12, 307–311; ThDB 167–176. □ **43** Wiederkehrende Formulierung bei Hegel, vgl. z.B. Religionsphilosophie nach Lasson XII, 31 (von Bonhoeffer durchgearbeitet, s. IBF 8, 48). □ **44** Unter ‚*Einheit*' ist im Ms eine geschwungene Unterstreichung, erhöhtes Fragezeisich oder genauer) verwirklicht sich immer wieder an den Menschen. Dennoch ist das christliche nicht identisch mit dem Weltlichen, das Natürliche mit dem Übernatürlichen, das Offenbarungsgemäße mit dem Vernünftigen, sondern | besteht vielmehr zwischen beidem eine allein in der Christuswirklichkeit und das heißt im Glauben an diese letzte Wirklichkeit gegebene Einheit. Diese Einheit wird dadurch gewahrt, daß das Weltliche und das Christliche etc. sich gegenseitig jede statische Verselbständigung des einen gegen das andere verbieten, daß sie sich also polemisch zu einander verhalten[45] und gerade darin ihre gemeinsame Wirklichkeit, ihre Einheit in der Christuswirklichkeit bezeugen. Wie Luther das Weltliche polemisch gegen die Sakralisierung der römischen Kirche ins Feld führte, so muß diesem Weltlichen in dem selben Augenblick, in dem es in Gefahr steht, sich zu verselbständigen wie es bald nach der Reformation geschah und im Kulturprotestantismus seinen Höhepunkt erreichte, vom Christlichen, vom ,,Sakralen" her polemisch widersprochen werden. Es handelt sich dann in beiden Fällen um genau denselben Vorgang, nämlich um den Hinweis auf die Gottes- und Weltwirklichkeit in Jesus Christus. Wie aber Luther gegen das sich verselbständigende, sich von der Wirklichkeit in Christus lösende Christliche mit Hilfe des Weltlichen im Namen einer besseren Christlichkeit protestierte, so muß auch der heutige polemische Gebrauch des Christlichen gegen das Weltliche im Namen einer besseren Weltlichkeit geschehen und darf gerade nicht wieder in eine selbstzweckliche statische Sakralität führen. Allein in diesem Sinn einer polemischen Einheit darf Luthers Lehre von den Zwei Reichen aufgenommen werden und ist sie wohl auch ursprünglich gemeint.[46]

---

chen hinter dem Wort; beides zeigt Bedenken Bonhoeffers gegen seine eigene Formulierung. Vgl. später, 1942, S. 265 die Ersetzung des Ausdrucks durch „Versöhnung". □ **45** *‚Polemisch'* (von griech. πόλεμος, „Krieg" oder „Streit") nennt Bonhoeffer ein Verhältnis zwischen zwei Kontrahenten, in dem um die Aufdeckung von Defiziten gerungen wird. Vgl. S. 46f u.ö.: Bonhoeffer pflegt Extreme mit ihrer jeweils konträren Verkehrtheit einander gegenüberzustellen, um das relativ Richtige auf beiden Seiten miteinander in Beziehung zu setzen (Hinweis auf diese methodische Eigenart: Alberto Gallas). □ **46** Vgl. Christologievorlesung 1933 DBW 12, 310: „Solange Christus auf Erden war, war er ganz allein Reich Gottes. Da er gekreuzigt wurde, ist seine Gestalt zerrissen als [Reich] zur Rechten und Linken Gottes", in Kirche und Staat. Zu „Reich mit der linken

Das Raumdenken als statisches Denken ist – theologisch gesprochen – gesetzliches Denken. Das ist leicht zu zeigen. Wo das Weltliche als selbständiger Bezirk für sich zu stehen kommt, dort ist die Tatsache des *Angenommenseins* der Welt in Christus und also die Begründung der Weltwirklichkeit in der Offenbarungswirklichkeit und damit das aller Welt geltende Evangelium geleugnet. Die Welt wird nicht als in | Christus von Gott versöhnte erkannt, sondern sie ist ein Bereich, der noch ganz unter der Forderung des Christlichen steht beziehungsweise der mit einem eigenen Gesetz dem Gesetze Christi entgegentritt. Wo andererseits das Christliche als selbständiger Bezirk auftritt, dort verweigert man der Welt die Gemeinschaft, die Gott in Jesus Christus mit ihr eingegangen ist. Ein christliches Gesetz, das das Gesetz der Welt verurteilt, wird hier aufgerichtet und gegen die Welt, die Gott mit sich versöhnt hat, unversöhnlich zu Felde geführt. Wie aber jede Gesetzlichkeit in Gesetzlosigkeit, Nomismus in Antinomismus, Perfektionismus in Libertinismus mündet,[47] so auch hier. Eine Welt, die für sich bestehend dem

---

Hand" vgl. Martin Luther, Predigten 1532 Nr. 54, 3. Adventsonntag [15. Dezember], WA 36, 385,6–9: „So lautet lex [„Gesetz"]. Ist wol auch unsers herr Gotts reich, sed [„aber"] ist ein zeitlich gesetze und regiment, aber er wil gleichwol haben, das man es hallt, und ist das Reich mit der lincken hand". Der nach Luther in den reformatorischen Kirchen beinahe ganz verschwundene, im Neuluthertum etwa seit 1900 gelegentlich wieder verwendete Begriff der ‚*Zwei Reiche*' wurde in Deutschland vom Beginn des Kirchenkampfs 1933 an geradezu zu einem konfessionellen (‚lutherischen') Merkmal. In der hier vorherrschenden dichotomischen, zertrennenden Form diente die Zwei-Reiche-Lehre den Kirchen zur Abweisung von Mitverantwortung für Unrecht im politischen Raum. Das Argument, es sei der Kirche nicht erlaubt, der weltlichen Obrigkeit in den Arm zu fallen, bekam eine Funktion der Entlastung und Selbstrechtfertigung für alle, die offensichtliches staatliches Unrecht protestlos hinnahmen. □ 47 ‚*Nomismus*': gesetzliches Verhalten; das neutestamentlich-griech. Wort ‚Nomos' wird traditionell mit ‚Gesetz' wiedergegeben. Nach lutherischer Tradition gilt die reuevolle Erkenntnis, daß kein Mensch das Gesetz vollkommen (‚*perfekt*') erfüllt, als Vorbedingung für die glaubende Annahme des evangelischen Zuspruchs der Gnade. Die Meinung, daß die Gnade allein zur Geltung kommen müsse, verführt oft zu ‚*libertinistischer*', zügelloser Abweisung des Gesetzes. Die Begriffe erscheinen in Bonhoeffers Text „The Religious Experience of Grace and the Ethical Life" („Die religiöse Gnadenerfahrung und das ethische Leben") 1930/31 DBW 10, 416–423, bes. 417–420. ‚*Gesetz*'/‚*gesetzlich*' ist nicht natur- oder sozialwissenschaftlich, sondern theologisch gebraucht. Im Neuluthertum hatte seit dem Ende des 19. Jahrhunderts die in der Theologie

Gesetz Christi entnommen ist, verfällt der Bindungslosigkeit und Willkür. Eine Christlichkeit, die sich der Welt entzieht, verfällt der Unnatur, der Unvernunft, dem Übermut und der Willkür.

Wird somit von dem Glauben an die Offenbarung der letzten Wirklichkeit in Jesus Christus her das ethische Raumdenken überwunden, so bedeutet das, daß es kein wirkliches Christsein außerhalb der Wirklichkeit der Welt und keine wirkliche Weltlichkeit außerhalb der Wirklichkeit Jesu Christi gibt. Es gibt keinen Rückzugsort des Christen von der Welt, weder äußerlich noch in der Sphäre der Innerlichkeit. Jeder Versuch der Welt auszuweichen muß früher oder später mit einem sündigen Verfall an die Welt bezahlt werden.[48] (Es ist dabei eine Erfahrungstatsache, daß dort wo die groben Sünden der Sexualität überwunden sind, die ebenso grobe aber von der Welt weniger verpönte Sünde der Habsucht, der Geldgier[49] in Blüte steht.) Die Pflege einer von der Welt unberührten christlichen Innerlichkeit wird für die Augen des weltlichen Beobachters meist etwas tragikomisches haben; denn die scharfsichtige Welt erkennt sich dort selber am deutlichsten wieder, wo die christliche Innerlichkeit sie im Selbstbetrug am fernsten wähnt. Wer sich zu der | Wirklichkeit Jesu Christi als der Offenbarung Gottes bekennt,

---

des Apostels Paulus und des Reformators Luther zentrale Unterscheidung von Gesetz und Evangelium sich mit neuzeitlichen Gedanken verbunden. Man entdeckte in der Welt unbedingt verpflichtende Gesetze, sah diese begründet in Gottes (Schöpfer-)Gesetz und erklärte, daß der am Anspruch dieser Gesetze scheiternde Mensch zu Christus als seinem Erlöser hingetrieben würde. Gesetzliches Denken findet in den Gesetzes-Forderungen (Imperativen) das charakteristisch ‚Christliche', nicht in der Versöhnung durch Christus (Indikativ als allererste Begründung von Forderungen an den Menschen). □ **48** Vgl. DBW 4 (N), 261 zu Luthers Protest „gegen die Verweltlichung des Christentums in der Klosterexistenz"; 70f zur ausweichenden *‚innerlichen'* Freiheit von weltlichen Gütern. Vgl. auch die Herleitung des Kapitalismus aus der ‚innerweltlichen Askese' im Calvinismus durch M. Weber, Die protestantische Ethik und der Geist des Kapitalismus (in: Gesammelte Aufsätze zur Religionssoziologie I), z.B. 84–163: „Die religiösen Grundlagen der innerweltlichen Askese". Bonhoeffer urteilte in „Das social gospel" („Das soziale Evangelium") 1932 DBW 12, 206: Diese Herleitung „stimmt zweifelhaft". □ **49** Zur Verbindung von Hurerei (πορνεία) und Habgier (πλεονεξία) in den neutestamentlichen Lasterkatalogen vgl. DBW 4 (N), 281: „Die Unersättlichkeit des Begehrens ist beiden gemeinsam".

der bekennt sich im selben Atemzug zu der Wirklichkeit Gottes und zu der Wirklichkeit der Welt; denn er findet in Christus Gott und die Welt versöhnt. Eben darum aber ist der Christ auch nicht mehr der Mensch des ewigen Konflikts, sondern wie die Wirklichkeit in Christus *eine* ist, so ist er, der zu dieser Christuswirklichkeit gehört, auch selbst ein Ganzer. Seine Weltlichkeit trennt ihn nicht von Christus, und seine Christlichkeit trennt ihn nicht von der Welt. Ganz Christus angehörend steht er zugleich ganz in der Welt.

Indem wir so das Raumdenken von der Christuswirklichkeit her kommend hinter uns lassen wollen, stellt sich uns doch noch eine wichtige Frage: gibt es wirklich keine letzten statischen Gegensätze und also Räume, die definitiv von einander getrennt sind? Ist nicht die Kirche Jesu Christi ein solcher Raum, der von dem Raum der Welt geschieden ist?[50] und schließlich, ist nicht das Reich des Teufels ein solcher Raum, der in das Reich Christi niemals eingeht?

Ohne Zweifel liegen im Neuen Testament Aussagen über die Kirche vor, die der Vorstellung eines Raumes entsprechen. Man denke an die Darstellung der Kirche als Tempel, als Bau, als Haus, auch als Leib. Es geht daraus hervor, daß dort wo die Kirche als sichtbare Gemeinde Gottes auf Erden beschrieben werden soll, die Raumvorstellung nicht vermieden werden kann. In der Tat nimmt die Kirche in der Welt einen bestimmten Raum ein, der durch ihre Gottesdienste, durch ihre Ordnungen, durch ihr gemeindliches Leben bestimmt ist,[1)] und diese Tatsache ist es ja, von der das Raumdenken überhaupt seinen Ausgang nimmt. Es wäre sehr gefährlich, dies zu übersehen und so die Sichtbarkeit der Kirche abzuleugnen und sie zu einer rein spirituellen Größe | herabzuwürdigen. Damit wäre die Tatsache der Offenbarung Gottes in der Welt außer Kraft gesetzt und Christus selbst würde spiritualisiert. Es gehört zur Offenbarung Gottes in Jesus Christus, daß sie Raum in der Welt ein-

1) Vgl. Nachfolge.[51]

50 Vgl. die zweite Überschrift dieses Ms (S. 31): „Christus, Kirche und Welt". □ 51 Siehe DBW 4 (N), 241 ff (bis 263); die Seiten 241–268 und (in der Bergpredigt-Auslegung) 110–115 sind beidemal mit „Die sichtbare Gemeinde" überschrieben.

nimmt. Aber es wäre allerdings grundverkehrt, diesen Raum nun einfach empirisch zu deuten. Wenn Gott in Jesus Christus Raum in der Welt beansprucht, – und sei es nur in einem Stalle, weil „sonst kein Raum in der Herberge" war[52] – so faßt er in diesem engen Raum zugleich die ganze Wirklichkeit der Welt zusammen und offenbart ihren letzten Grund. So ist auch die Kirche Jesu Christi der Ort – das heißt der Raum – in der Welt, an dem die Herrschaft Jesu Christi über die ganze Welt bezeugt und verkündigt wird. Dieser Raum der Kirche ist also nichts für sich selbst Bestehendes, sondern etwas immer schon weit über sich Hinausgreifendes, eben weil es nicht der Raum eines Kultvereins[53] ist, der um seinen eigenen Bestand in der Welt zu kämpfen hätte, sondern weil es der Ort ist, an dem von Begründung aller Wirklichkeit in Jesus Christus Zeugnis gegeben wird. Die Kirche ist der Ort wo bezeugt und ernstgenommen wird, daß Gott die Welt in Christus mit sich selbst versöhnt hat,[54] daß Gott die Welt so geliebt hat, daß er seinen Sohn für sie hingab.[55] Der Raum der Kirche ist nicht dazu da, um der Welt ein Stück ihres Bereiches streitig zu machen, sondern gerade um der Welt zu bezeugen, daß sie Welt bleibe, nämlich die von Gott geliebte und versöhnte Welt. Es ist also nicht so, daß die Kirche ihren Raum über den Raum der Welt ausdehnen wollte oder müßte, sie begehrt nicht mehr Raum als sie braucht, um der Welt mit dem Zeugnis von Jesus Christus und von ihrer Versöhnung mit Gott durch ihn zu dienen. Die Kirche kann ihren eigenen Raum auch nur dadurch verteidigen, daß sie nicht um ihn, sondern um das Heil der Welt kämpft. Andernfalls wird die Kirche zur „Religionsgesellschaft",[56] die in eigener Sache kämpft, und da- | mit

52 Lk 2,7; im „Nestle" ist von Bonhoeffer mit Bleistift unterstrichen: „sonst keinen Raum". □ **53** ‚*Kultverein*' als religionsgeschichtlicher Begriff: Vereinigung zur Verehrung einer bestimmten Gottheit oder heiligen Größe. Im „Reichsgau Wartheland", durch den Angriff gegen Polen 1939 erobert, beschränkten die Nationalsozialisten mittels Verordnung vom 14. März 1940 die kirchlichen Gemeinden auf den Status von Kultvereinen, um der überlokalen Kirche ihren in Deutschland traditionellen öffentlich-rechtlichen Status zu nehmen; vgl.l Bonhoeffer dazu 1941 DBW 16, 229. □ **54** Vgl. II Kor 5,19. □ **55** Vgl. Joh 3,16. □ **56** Vgl. DBW 1 (SC), 79f („das empirische Phänomen ‚Kirche'" als „Religionsgesellschaft"). Bei Gruppen, die sich in der Befriedigung menschlicher religiöser Bedürfnisse selbst genügen, sah Bonhoeffer das Defizit, daß Gottes an die ganze Menschheit verweisender Auftrag unbeachtet bleibt.

aufgehört hat, Kirche Gottes in der Welt zu sein. So ist der erste Auftrag an die, die zur Kirche Gottes gehören, nicht etwas für sich selbst zu sein, also etwa eine religiöse Organisation zu schaffen oder ein frommes Leben zu führen, sondern Zeugen Jesu Christi an die Welt zu sein. Dazu rüstet der Heilige Geist diejenigen aus, denen er sich gibt. Daß ein solches Zeugnis an die Welt nur in rechter Weise geschehen kann, wenn es aus einem geheiligten Leben in der Gemeinde Gottes her kommt,[57] ist dabei die selbstverständliche Voraussetzung. Dennoch [unter]scheidet[58] sich ein rechtes geheiligtes Leben in der Gemeinde Gottes von jeder frommen Nachäffung dadurch, daß es den Menschen zugleich zum Zeugnis an die Welt führt. Wo dieses verstummt, dort ist das ein Zeichen der inneren Fäulnis der Gemeinde, wie das Ausbleiben der Frucht das Zeichen des Absterbens des Baumes ist.

Will man also vom Raum der Kirche sprechen, so muß man sich dessen bewußt bleiben, daß dieser Raum in jedem Augenblick schon durchbrochen, aufgehoben, überwunden ist durch das Zeugnis der Kirche von Jesus Christus. Damit aber bleibt alles falsche Raumdenken als für das Verständnis der Kirche verderblich ausgeschlossen.

Nun ist bisher von der Welt immer im Sinne der in Christus mit Gott versöhnten Welt die Rede gewesen, es ist von der Wirklichkeit immer als der von Gott angenommenen, in ihm bestehenden, versöhnten Wirklichkeit gesprochen worden, und in diesem Sinne mußte das Raumdenken abgelehnt werden. Damit bleibt aber noch die Frage offen, ob nicht die ,,Welt", sofern hierunter die unter die Gewalt des Teufels geratene ,,arge" Welt[59] verstanden wird, ob nicht die sündige Wirklichkeit als ein gegen die Kirche beziehungsweise gegen das Reich Christi aufgerichteter Raum aufgefaßt werden muß. Ist also nicht der letzte statische Gegensatz, der das Raumdenken rechtfertigt,

---

57 Vgl. das Kapitel ,,Die Heiligen" in DBW 4 (N), 269–296; s. auch S. 412, am Ende des letzten ,,Ethik"-Ms. Ein ,*geheiligtes*' Leben ist nicht frei von Fehlern und Sünde, aber es wird bestimmt durch Sündenvergebung und den Willen, den zu bezeugen, durch den es geheiligt und insofern in besonderer Weise geprägt wird. □ **58** Im Ms versehentlich: ,,entscheidet". □ **59** Vgl. die Anspielung in der Vaterunser-Auslegung DBW 4 (N), 163, auf Martin Luthers Großen Katechismus, BSLK 689 (Erlöse uns von ,,dem Argen").

der Gegensatz von Christusreich und | Teufelsreich?[60] So sehr diese Frage im ersten Augenblick eine Bejahung zu fordern scheint, so ist sie doch bei näherem Zusehen in sich selbst nicht eindeutig. Christus und sein Widersacher, der Teufel, sind einander ausschließende Gegensätze, doch so, daß auch der Teufel wider Willen Christus dienen muß und als der das Böse wollende immer wieder das Gute tun muß,[61] sodaß der Raum des Teufels immer nur unter den Füßen Jesu Christi ist. Soll nun aber unter dem Reiche des Teufels jene Welt verstanden werden, die „im Argen liegt",[62] also die unter die Gewalt des Teufels geratene Welt, so hat gerade hier das Raumdenken wieder seine Grenze. Denn die „arge Welt" ist es ja eben, die in Christus mit Gott versöhnt ist und die nun nicht im Teufel, sondern doch wieder in Christus ihre letzte und eigentliche Wirklichkeit hat. Die Welt ist nicht zwischen Christus und dem Teufel aufgeteilt, sondern sie ist ganz und gar die Welt Christi, ob sie es erkennt oder nicht. Auf diese ihre Wirklichkeit in Christus hin ist sie anzusprechen und ist so die falsche Wirklichkeit, die sie in sich selbst oder im Teufel zu haben meint, zu zerstören. Die böse, finstere Welt darf nicht dem Teufel preisgegeben werden, sondern[63] [muß] gerade für den in Anspruch genommen werden,

---

60 Vgl. O. Dittrich, Geschichte der Ethik IV, 74, mit Bezug auf Luther: „... wo das Heil des Christen direkt in Frage steht, spricht er von ‚*Gottes Reich*' *im Gegensatz zu ‚des Teufels Reich*'". Vgl. U. Duchrow, Christenheit und Weltverantwortung, 456–478, zu Luthers Übernahme der augustinischen Unterscheidung von civitas dei („Reich Gottes") und civitas diaboli („Reich des Teufels"). □ **61** J. W. von Goethe, Faust. Der Tragödie erster Teil, Verse 1335 f, Mephistopheles: „Ein Teil von jener Kraft, / Die stets das Böse will und stets das Gute schafft." □ **62** I Joh 5,19 b: „... die ganze Welt liegt im Argen". Der Vers ist in LB mit Kopierstift angestrichen. □ **63** Die ursprüngliche Fortsetzung auf dem Beginn eines neuen Bogens („sondern" ist dort wiederholt), gestr.: „sondern sie muß als die von Gott geliebte, versöhnte Welt angesehen und angesprochen werden. Von Christus her verbietet sich damit die räumliche Abgrenzung einer christlichen von einer verteufelten Welt. Christus hat die ganze Welt in sich aufgenommen, getragen und mit Gott versöhnt." Das Gestrichene ist ersetzt durch den Anfang eines wohl etwa ein Jahr später entstandenen Einschubs, der S. 51,21 beginnt und S. 60,27 endet. Dieser Einschub steht auf Abreißblock-Bögen, abgetrennt an einer durchlochten Linie (Perforation), mit „FSH"-Wasserzeichen, wie sie für S. 120 bis zum Ende des Ms „Schuld, Rechtfertigung, Erneuerung" S. 136 benutzt sind. Die S. 62 beginnende Ms-Gruppe bis S. 136 entstand mit hoher Wahrscheinlichkeit früher als der im folgenden abgedruckte Einschub.

der sie sich durch sein Kommen ins Fleisch, durch sein Sterben und Auferstehen erworben hat. Christus gibt nichts von dem auf, was er erwarb, sondern er hält es fest in seinen Händen. Von Christus her verbietet sich damit die Aufteilung in eine verteufelte und eine christliche Welt. Jede statische Abgrenzung eines Bereiches, der dem Teufel, von einem Bereich, der Christus gehört, leugnet die Wirklichkeit, daß Gott die ganze Welt in Christus mit sich versöhnt hat.

Daß Gott die Welt in Christus geliebt und mit sich versöhnt hat, ist die zentrale Verkündigung des Neuen Testaments. In ihr ist vorausgesetzt, daß die Welt der Versöhnung mit Gott bedürftig, doch von sich aus nicht fähig ist. Die An- | nahme der Welt ist ein Wunder der göttlichen Barmherzigkeit. Darum ist das Verhältnis der Gemeinde zur Welt ganz und gar bestimmt durch das Verhältnis Gottes zur Welt. Es gibt eine Liebe zur Welt, die Feindschaft gegen Gott ist (Jac 4[,4] [I] Joh 2,[15][64]), weil sie am Wesen der Welt an sich und nicht aus der Liebe Gottes zur Welt entspringt. Die Welt „an sich", so wie [sie] sich selbst versteht und wie sie sich gegen die Wirklichkeit der ihr geltenden Liebe Gottes in Jesus Christus wehrt, ja diese verwirft, ist dem Gericht Gottes über alle Christusfeindschaft verfallen. Sie steht mit der Gemeinde im Kampf auf Leben und Tod. Dennoch ist es der Auftrag und das Wesen der Gemeinde, gerade dieser Welt ihre Versöhnung mit Gott zuzusprechen und ihr die Wirklichkeit der Liebe Gottes zu enthüllen, gegen die sie blind wütet. So wird auch und gerade die verlorene und gerichtete Welt unaufhörlich in das Christusgeschehen hineingezogen.

Es ist schwer ein Bild preiszugeben, in das man Gedanken und Begriffe einzuordnen sich gewöhnt hat. Dennoch müssen wir über das Bild der beiden Räume hinauskommen, und es fragt sich nun, ob wir an seine Stelle ein ebenso einfaches und einleuchtendes Bild setzen können.

Vor allem werden wir unseren Blick auf das Bild des Leibes Jesu Christi selbst, des Menschgewordenen, Gekreuzigten und

---

64 Im Ms: „Jac 4 [Zwischenraum] Joh 2,17". Im „Nestle" steht zu Jak 4,4 der Querverweis auf I Joh 2,15. Wo Bonhoeffer leeren Raum ließ, um eine Verszahl später nachzutragen, wird die Versangabe, sofern sie eindeutig festzustellen war, im Text in eckigen Klammern ergänzt.

Auferstandenen,[65] richten müssen. Im Leibe Jesu Christi ist Gott mit der Menschheit vereint, ist die ganze Menschheit von Gott angenommen,[66] ist die Welt versöhnt mit Gott. Im Leibe Jesu Christi nahm Gott die Sünde aller Welt auf sich und trug sie. Es gibt kein Stück Welt und sei es noch so verloren, noch so gottlos, das nicht in Jesus Christus von Gott angenommen, mit Gott versöhnt wäre. Wer den Leib Jesu Christi im Glauben anschaut, der kann nicht mehr von der Welt reden, als sei sie verloren, als sei sie von Christus getrennt, der kann sich nicht mehr in klerikalem[67] Hochmut von der Welt trennen. Die Welt gehört zu Christus und | nur in Christus ist sie, was sie ist. Sie braucht darum nichts geringeres als Christus selbst. Alles wäre verdorben, wollte man Christus für die Kirche aufbewahren, während man der Welt nur irgendein, vielleicht christliches, Gesetz gönnt. Christus ist für die Welt gestorben, und nur mitten in der Welt ist Christus Christus. Es ist nichts als Unglaube, der der Welt – gewiß aus gut gemeinten pädagogischen Gründen, die doch immer einen leichten Beigeschmack von Klerikalismus haben – weniger geben will als Christus. Hier wird mit der Fleischwerdung, mit dem Kreuzestod, mit der leiblichen Auferstehung nicht Ernst gemacht, der Leib Christi wird verleugnet.

Wird nun aber vom Neuen Testament der Begriff des Leibes Christi auf die Gemeinde übertragen,[68] so ist auch damit keineswegs etwa in erster Linie die Absonderung der Gemeinde von der Welt zum Ausdruck gebracht, sondern es ist ganz im Zuge der neutestamentlichen Aussagen über die Fleischwerdung Gottes in Christus gerade dies bezeugt, daß im Leibe Christi alle Menschen angenommen, beschlossen, getragen sind und daß die Gemeinde der Glaubenden eben dies der Welt durch Worte und Leben kundzutun hat. Nicht die Absonderung von der Welt, sondern das Hineinrufen der Welt in die

---

65 Vgl. im Schlußkapitel „Das Bild Christi" von DBW 4 (N), 297–304, bes. 301: „*Gestalt* des *Menschgewordenen*, des *Gekreuzigten* und des *Verklärten*". Zu ‚*Bild*' vgl. auch J. Pieper, Die Wirklichkeit und das Gute, 52 (in Bonhoeffers Exemplar stark unterstrichen und zwei Seitenstriche): „Das ‚Bild' des Wirklichen liegt dem ‚Plan' aller Verwirklichung voraus." □ **66** Vgl. DBW 4 (N), 227 f, 301. □ **67** Von kirchen-lat. clerus in der Bedeutung „auserwählter Stand". □ **68** Vgl. z. B. Röm 12,5. Dazu DBW 4 (N), 231–235.

Gemeinschaft dieses Leibes Christi, zu dem sie in Wahrheit schon gehört, ist hier gemeint. Daß dieses Zeugnis der Gemeinde der Welt fremd ist und daß die Gemeinde mit diesem Zeugnis sich selbst als der Welt fremd erfährt, ist erst eine immer wieder eintretende Folge der im Leibe Christi gegebenen Gemeinschaft mit der Welt. Abgesondert ist die Gemeinde von der Welt durch nichts anderes als dadurch, daß sie die Wirklichkeit des von Gott Angenommenseins, die aller Welt gehört, glaubend über sich gelten läßt und eben darin als aller Welt geltend bezeugt.

Der Leib Jesu Christi, wie er sich uns besonders am Kreuz darstellt, zeigt dem Glauben ebensowohl die Welt in ihrer | Sünde und ihrem Geliebtsein von Gott wie die Gemeinde als die Schar derer, die ihre Sünde erkennen und sich Gottes Liebe gefallen lassen.

Diese in Christus begründete Zusammengehörigkeit von Gott und Welt, die eine statisch-räumliche Abgrenzung nicht zuläßt, hebt nun doch die Unterschiedenheit von Gemeinde und Welt nicht auf. So stellt sich die Frage, wie diese Unterschiedenheit zu denken sei ohne in die räumlichen Vorstellungen zurückzufallen. Hier muß die Bibel selbst um Rat gefragt werden und sie hält ihre Antwort bereit.[69]

Die Welt ist, wie alles Geschaffene, durch Christus und auf Christus hin geschaffen und hat ihren Bestand allein in Christus (Joh 1,10 Kol 1,16). Ohne Christus von der Welt zu sprechen, ist leere Abstraktion. Die Welt steht in Beziehung auf Christus, ob sie es weiß oder nicht. Diese Beziehung der Welt auf Christus wird konkret in bestimmten *Mandaten Gottes* in der Welt. Die Schrift nennt vier solche Mandate: *die Arbeit, die Ehe, die Obrigkeit, die Kirche.*[70] Wir sprechen von göttlichen Mandaten

---

69 Gestr.: „Es geht nicht um von einander getrennte Räume, sondern um verschiedene *Mandate Gottes.*" □ **70** Reihenfolge zunächst: „Ehe" vor „Arbeit", wie in „Staat und Kirche" im Abschnitt 4 „Die Obrigkeit und die göttlichen Ordnungen in der Welt" DBW 16, 523–527, auf dem Bonhoeffer hier, S. 54–60, aufbaut unter Modifizierung des Mandate-Begriffs (vgl. dort 525: „Ehe und Arbeit stehen ... unter einem bestimmten göttlichen Mandat", sind demnach nicht selbst Mandate). Der Text „Staat und Kirche" und der Mandate-Abschnitt in diesem „Ethik"-Ms entstanden nach Bonhoeffers Ettal-Aufenthalt. Zu mandatum (lat., „Auftrag") vgl. z. B. Joh 13,34; ἐντολή in diesem Vers statt von göttlichen Ordnungen, weil damit der Charakter des göttlichen Auftrages gegenüber dem einer Seinsbestimmung deutlicher heraustritt. Gott will in der Welt Arbeit, Ehe, Obrigkeit, Kirche, und er will dieses alles durch Christus, auf Christus hin und in Christus, jedes in seiner Weise. Gott hat die Menschen unter alle diese Mandate gestellt, nicht nur jeden Einzelnen unter je eines derselben, sondern alle Menschen unter alle vier. Es gibt also keinen Rückzug aus einem ,,weltlichen" in einen ,,geistlichen" ,,Raum", sondern es gibt nur ein Einüben des christlichen Lebens unter jenen 4 Mandaten Gottes. Es geht auch nicht an, die ersten drei Mandate als ,,weltlich" dem letzten Mandat gegenüber abzuwerten. Es handelt sich eben mitten in der | Welt um ,,*göttliche*" Mandate, ob es sich um die Arbeit, die Ehe, die Obrigkeit oder die Kirche handelt. Göttlich sind diese Mandate allerdings allein um ihrer ursprünglichen und

---

(LB: „Gebot") wird in der Vulgata, der lateinischen Bibelübersetzung, mit ‚mandatum' wiedergegeben. Die Lehre von mandata dei („Aufträgen Gottes") gehört der Rechtstradition seit dem Mittelalter an. Vgl. Chr. E. Luthardt, Kompendium der theologischen Ethik (von Bonhoeffer in Ettal zu Rate gezogen, s. S. 192 u. ö.), 201: „1. Die Norm des sittlichen Handelns ist der Wille Gottes ... 2. Zum Begriff des guten Werks gehört daher das mandatum divinum" („der göttliche Auftrag"). G. Krause, Art. Bonhoeffer, in: TRE VII, 64 Anm. 4, verweist auf das Vorkommen des Ausdrucks bei A. F. C. Vilmar, Dogmatik II, 271–282 Abschnitt „Vom geistlichen Amt", wo allerdings „Mandat" speziell auf das geistliche Amt bezogen ist; Vilmar a. a. O., 275f, zitiert *„mandatum Christi"* aus „Artikel 8 der A. C. (nebst Apologie)" und *„mandatum dei"* aus „Art. 28 der A. C.", der Confessio Augustana. Adolf Harleß (der Name ist zusammen mit „v. Öttingen", „Dittrich" und „O. Piper" auf Bonhoeffers „Ethik"-Zettel Nr. 75 notiert) nennt in seiner „Christlichen Ethik" im § 51, „Die Grundformen irdischer, gottgeordneter Gemeinschaft ...", Ehe (und, aus ihr hervorgehend, Familie), Staat und Kirche, die als dreifaches Abbild der urbildlichen Wahrheit in Wechselbeziehung stehen (211f). Diese drei Gemeinschaftsformen entsprechen Luthers „drei Orden (tres ordines)", wie u. a. Ottmar Dittrich sie in seiner „Geschichte der Ethik" (IV, 65) anführt: ordo ecclesiasticus, politicus, parentum (inclusive oeconomia) („kirchlicher, politischer, Eltern-‚Orden', [letzterer] einschließlich des Wirtschaftens"). Für das bei Bonhoeffer hinzutretende Mandat „Arbeit" vgl. O. Dittrich, a. a. O., 73: „Auch der *Ursprung der gottgefälligen Arbeit* liegt also für Luther *in der Ehe*", nämlich als dem Mittelpunkt des wirtschaftenden „Hauses" (οἶκος). Bonhoeffer überführt die Mandate aus der traditionellen lutherischen Ordnungs- und Stände-Lehre in den dynamischen Zusammenhang des geistlichen und weltlichen Regimentes Gottes in der Welt, so daß das auftraggebende Wort Gottes entscheidend ist, nicht der soziologische Bestand.

endlichen Beziehung auf Christus willen. Losgelöst von dieser Beziehung, ,,an sich", sind sie ebensowenig göttlich wie die Welt ,,an sich" göttlich ist. Arbeit ,,an sich" ist nicht göttlich, aber Arbeit um Jesu Christi willen, um des göttlichen Auftrages und Zieles willen ist göttlich. Allein weil Gott um Christi willen den Menschen die Arbeit befohlen und ihr eine Verheißung gegeben hat, ist die Arbeit göttlich. Die Göttlichkeit der Arbeit läßt sich also nicht im Hinblick auf ihre allgemeine Nützlichkeit, ihren Wert,[71] sondern allein im Hinblick auf den Ursprung, den Bestand und das Ziel der Arbeit in Jesus Christus begründen. Ebenso verhält es sich mit den anderen Mandaten. Nur als Mandate Gottes sind sie göttlich, nicht aber schon durch ihr faktisches Gegebensein in dieser oder jener konkreten Gestalt. Nicht weil Arbeit, Ehe, Obrigkeit, Kirche, *ist*, ist sie göttlich *geboten*, sondern weil sie von Gott *geboten* ist, darum *ist* sie, und nur sofern ihr Sein – bewußt oder unbewußt – dem göttlichen Auftrag unterworfen ist, ist es göttliches Mandat. In der beharrlichen und willkürlichen Durchbrechung des Auftrages durch die konkrete Gestalt der Arbeit, der Ehe, der Obrigkeit, der Kirche, erlischt das göttliche Mandat im konkreten Fall. Dennoch empfängt durch das göttliche Mandat auch das konkrete Seiende eine relative Rechtfertigung. Nicht jede Verfehlung gegen den göttlichen Auftrag entkleidet die konkrete Gestalt der Arbeit, der Ehe, der Obrigkeit, der Kirche schon grundsätzlich des göttlichen Mandates. Die bestehende Ehe, Obrigkeit etc. hat immer einen relativen Vorrang vor dem noch nicht Bestehenden.[72] Einzelne Verfehlungen geben nicht[73] das Recht, das Bestehende zu beseitigen, zu vernichten. Vielmehr kann es hier nur um die Rückkehr zu der echten Unterordnung unter das göttliche Mandat gehen, um die Wiederherstellung echter Verantwortung gegenüber dem göttlichen Auftrag. Diese

---

71 Gestr.: „das heißt durch einen Blick auf die Welt, begründen, sondern allein durch". □ 72 Vgl. später 1942 DBW 16, 252: „… das Bestehende hat ein Vorrecht gegenüber der Veränderung, es sei denn daß ich die Notwendigkeit der Veränderung mit Gewißheit erkenne." □ 73 „geben [gestr.: „noch"] nicht" ersetzt: „heben die göttliche Autorität" [noch nicht auf]. Für den Widerstand bedeutete diese Einsicht, daß nicht einzelne verbrecherische Handlungen des NS-Regimes zu Umsturzplanungen berechtigten, sondern nur der notorische, anhaltende, geradezu prinzipielle Unrechts-Charakter dieses Regimes.

echte Verantwortung besteht in der Ausrichtung der | konkreten Gestalt der göttlichen Mandate auf ihren Ursprung, ihren Bestand und ihr Ziel in Jesus Christus.

Das Mandat der Arbeit begegnet uns nach der Schrift schon beim ersten Menschen. Adam soll den Garten Eden „bauen und bewahren" (1 M 2,15). Auch nach dem Sündenfall bleibt die Arbeit ein Mandat göttlicher Zucht und Gnade (1 M 3,17–19). Im Schweiße des Angesichts ringt der Mensch dem Acker seine Nahrung ab und alsbald umfaßt der Bereich der menschlichen Arbeit alles vom Acker[bau][74] über die Wirtschaft bis zur Wissenschaft und zur Kunst (1 M 4,17 ff). Es geht bei der Arbeit, die im Paradies begründet ist, um ein mitschöpferisches Tun der Menschen. Es wird durch sie eine Welt der Dinge und Werte geschaffen, die zur Verherrlichung und zum Dienst Jesu Christi bestimmt ist. Es ist keine Schöpfung aus dem Nichts, wie die Schöpfung Gottes, aber es ist ein Schaffen von Neuem aufgrund der ersten Schöpfung Gottes.[75] Kein Mensch kann sich diesem Mandat entziehen. Denn in dem was der Mensch hier in göttlichem Auftrage arbeitet, entsteht jenes Abbild der himmlischen Welt, das den Menschen, der Jesus Christus erkennt, an jene Welt erinnert. Die erste Schöpfung Kains war die Stadt, das irdische Gegenbild der ewigen Stadt Gottes.[76] Es folgt die Erfindung der Geigen und Flöten, die uns auf Erden den Vorschmack der himmlischen Musik gewähren.[77] Es folgt die Förderung und Verarbeitung der metallenen Schätze aus den Gruben der Erde, teils zur Zierde des irdischen Hauses, wie auch die himmlische Stadt von Gold und Edelsteinen prangt,[78] teils zur Herstellung des Schwertes der vergeltenden Gerechtig-

74 An der entsprechenden Stelle in „Staat und Kirche", DBW 16, 526, steht: „Ackerbau". □ **75** Der Gedanke des nachfolgenden, aber durchaus selbsttätigen Mitschaffens des Menschen mit Gott dem Schöpfer wird bei Luther als cooperatio hominis cum deo („Mitarbeit des Menschen mit Gott") entwickelt. Vgl. M. Luther, De servo arbitrio (Vom unfreien Willen). 1525 (WA 18, 754, 1–16). Luther achtet darauf, daß das Subjekt des Schaffens immer primär Gott bleibt. Zu ‚*Schöpfung aus dem Nichts*' vgl. DBW 3 (SF), 31–34. □ **76** In LB hat Bonhoeffer in Gen 4,17 mit Tinte unterstrichen: „eine Stadt". ‚*Stadt Gottes*': vgl. Apk 21,2. Im Ms ist hierzu am Rand notiert: „Nomaden?" In Gen 4,20 wird die Herkunft derer genannt, „die in Hütten wohneten und Vieh zogen", also der Hirtennomaden. □ **77** Gen 4,21. □ **78** Vgl. Apk 21,18–21.

keit.[79] Durch das göttliche Mandat der Arbeit soll eine Welt entstehen, die – darum wissend oder nicht – auf Christus wartet, auf Christus ausgerichtet ist, für Christus offen ist, ihm dient und ihn verherrlicht. Daß es das Geschlecht Kains[80] ist, das dieses Mandat erfüllen soll, wirft bereits den tiefsten Schatten auf alle menschliche Arbeit. |

Ebenso wie die Arbeit begegnet uns das Mandat der Ehe nach der Schrift schon beim ersten Menschen. In der Ehe werden die Menschen eins vor Gott, wie Christus mit seiner Kirche eins wird. „Das Geheimnis ist groß" (Eph 5,31 f). Solchem Einswerden gibt Gott den Segen der Fruchtbarkeit, der Erzeugung neuen Lebens. Der Mensch tritt mitschaffend in den Willen des Schöpfers ein. Durch die Ehe werden Menschen erzeugt zur Verherrlichung und zum Dienste Jesu Christi und zur Mehrung seines Reiches. Das bedeutet, daß die Ehe nicht nur die Stätte der Erzeugung, sondern auch der Erziehung der Kinder zum Gehorsam Jesu Christi ist. Die Eltern sind für das Kind Gottes Stellvertreter als seine Erzeuger und seine Erzieher im Auftrage Gottes. Wie in der Arbeit neue Werte, so werden in der Ehe neue Menschen geschaffen zum Dienst Jesu Christi. Weil aber der erste Sohn der ersten Menschen, Kain, fern vom Paradies geboren und zum Brudermörder wird, darum fällt auch hier schon ein dunkler Schatten auf Ehe und Familie in dieser unserer Welt.

Das göttliche Mandat der Obrigkeit[81] setzt die göttlichen Mandate der Arbeit und der Ehe schon voraus. Sie findet in der Welt, die sie beherrscht, die zwei Mandate vor, durch die Gott der Schöpfer seine Schöpfermacht ausübt und auf [die] sie darum notwendig angewiesen ist.[82] Die Obrigkeit kann nicht selbst Leben oder Werte erzeugen, sie ist nicht schöpferisch, sie

---

79 Vgl. Gen 4,22 („allerlei Erz- und Eisenwerk") und Gen 4,23f (Vergeltung). □ **80** Von Kain, der seinen Bruder totschlug, handelt Gen 4,17–24. □ **81** Zu ‚*Obrigkeit*' als neutestamentlich-theologischem Begriff vgl. den Beginn von „Staat und Kirche" DBW 16, 506f: „... im Begriff der Obrigkeit sind allein die Regierenden gemeint. ... Sie ist nur von oben her zu verstehen." □ **82** Dieser Satz ist am Rand zugefügt; „die zwei Mandate" ersetzt: „zwei Ordnungen". Mit „Ordnungen" formuliert steht der Satz im Text „Staat und Kirche" DBW 16, 524; auch dort fehlt das (hier oben im Text in eckigen Klammern eingefügte) „die".

hält das Geschaffene in seiner ihm durch Gottes Auftrag zuteilgewordenen Ordnung, sie schützt es, indem sie Recht setzt in Anerkennung der göttlichen Mandate und indem sie diesem Recht mit der Macht des Schwertes Geltung verschafft.[83] So wird die Ehe zwar nicht durch die Obrigkeit, aber vor der Obrigkeit geschlossen. Die großen Bereiche der Arbeit werden nicht von der Obrigkeit selbst gepflegt, aber sie unterstehen ihrer Aufsicht und in gewissen – erst später darzulegenden[84] – Grenzen ihrer Lenkung. Niemals darf die | Obrigkeit selbst zum Subjekt dieser Arbeitsbereiche werden wollen, ohne das göttliche Mandat derselben wie auch ihr eigenes ernstlich zu gefährden. Durch Rechtsetzung und Schwertgewalt bewahrt die Obrigkeit die Welt für die Wirklichkeit Jesu Christi. Jedermann ist dieser Obrigkeit Gehorsam schuldig[85] – um Christi willen.

Im Unterschied zu den drei genannten Mandaten geht es in dem göttlichen Mandat der Kirche um den Auftrag, die Wirklichkeit Jesu Christi in Verkündigung, kirchlicher Ordnung und christlichem Leben wirklich werden zu lassen, es geht also um das ewige Heil der ganzen Welt. Das Mandat der Kirche erstreckt sich über alle Menschen und zwar innerhalb aller anderen Mandate. Wie der Mensch zugleich Arbeiter, Ehegatte, Untertan ist, wie sich hier ein Mandat mit den anderen im Menschen überschneidet und wie es dabei um die gleichzeitige Erfüllung aller dieser Mandate geht, so greift auch das kirchliche Mandat in alle diese genannten Mandate hinein, wie umgekehrt der Christ zugleich Arbeiter, Ehegatte, Untertan ist. Jede Aufteilung in getrennte Räume verbietet sich hier. Der ganze Mensch steht vor der ganzen irdischen und ewigen Wirklichkeit, wie sie Gott in Jesus Christus für ihn bereitet hat. Nur in

---

83 Zu ‚*Schwert*‘ vgl. S. 57f (Auslegung von Gen 4,22.23f); s. auch DBW 4 (N), 134 zu Mt 5,38: Recht unter dem „Schutz der Vergeltung“. Der Obrigkeit, d. h. der Staatsgewalt, wird damit eine strikte Grenze gesetzt. Sie ist nicht berechtigt, aufgrund eines Totalitätsanspruchs das Leben in den zwei mitschöpferischen Mandaten nach ihrem Willen umzuschaffen. Die Praxis des NS-Regimes wird damit grundsätzlicher theologischer Kritik unterworfen. □ **84** In „Staat und Kirche“ an entsprechender Stelle DBW 16, 526: „(hier nicht näher darzulegenden)“. Später, 1943, plante Bonhoeffer, das „Miteinander, Füreinander und Gegeneinander“ der Mandate zu besprechen, s. S. 398. □ **85** Vgl. Röm 13,1.

der vollen Erwiderung auf das Ganze des Angebotes und des Anspruches kann der Mensch dieser Wirklichkeit entsprechen. Eben dies, daß es sich in allen übrigen Mandaten nicht um Aufteilung und Zerreißung des Menschen, sondern um den ganzen Menschen vor Gott, dem Schöpfer, Versöhner und Erlöser handele, daß also die Wirklichkeit in aller Mannigfaltigkeit zuletzt doch *eine* ist, nämlich in dem menschgewordenen Gott Jesus Christus, eben dies hat die Kirche der Welt zu bezeugen. Die göttlichen Mandate in der Welt haben nicht den Sinn, den Menschen in endlosen Konflikten aufzureiben, sondern sie zielen gerade auf den ganzen Menschen, wie er in Wirklichkeit vor Gott steht. Der Mensch ist nicht der | Ort, an dem die Unvereinbarkeit dieser göttlichen Mandate sich erweisen soll, sondern vielmehr wird erst und allein in ihm und zwar in konkretem Leben und Handeln die Einheit des ,,an sich" das heißt theoretisch Unvereinbaren geschaffen, das aber freilich nicht anders als indem der Mensch sich durch Jesus Christus vor die vollzogene Wirklichkeit der Menschwerdung Gottes, der Versöhnung der Welt mit Gott in Krippe, Kreuz und Auferstehung Jesu Christi stellen läßt. So dient gerade die Lehre von den göttlichen Mandaten – die in der Gestalt einer Lehre von den ,,Ständen"[86] zu einer gefährlichen Zerreißung des Menschen und der Wirklichkeit zu führen droht –[87] dazu, den Menschen vor die *eine* und ganze Wirklichkeit zu stellen, wie sie uns in Jesus Christus offenbar wird. So mündet auch hier wieder alles in die Wirklichkeit des Leibes Jesu Christi, in dem Gott und Mensch eins wurden.[88]

Wir sprachen anfangs davon, daß an die Stelle der Frage nach dem eigenen Gutsein und dem Gutestun die Frage nach dem Willen Gottes treten müsse. Der Wille Gottes aber ist nichts

86 Auf dem ,,Ethik"-Zettel Nr. 1 ist das Wort ‚*Stände*' gestrichen und die Streichung durch Unterpunktierung rückgängig gemacht; das Wort ‚Mandat' erscheint auf dem Zettel nicht. Weniger ablehnend als hier, S. 60, spricht Bonhoeffer S. 393f von ,,Stand" und von ,,Ordnung" (vgl. S. 54f) im Zusammenhang mit seinem Verständnis von ‚Mandat'. Die traditionelle Ständelehre gilt Bonhoeffer nicht nur als statisch, undynamisch, sondern auch als Gefährdung der Einheit des Menschen und seiner Wirklichkeit. □ **87** Gestr.: ,,zu der Überwindung jeder Aufteilung menschlicher Verantwortlichkeiten [ersetzt: ,,Pflichten"]". □ **88** Hier endet der S. 51,21 beginnende Einschub.

anderes als das Wirklichwerden der Christuswirklichkeit bei uns und in unserer Welt. Der Wille Gottes ist also weder eine Idee, die erst nach Realisierung verlangte, er ist vielmehr selbst schon Wirklichkeit in der Selbstoffenbarung Gottes in Jesus Christus. Der Wille Gottes ist aber auch nicht einfach identisch mit dem Seienden, sodaß Unterwerfung unter das Seiende seine Erfüllung wäre, er ist vielmehr eine Wirklichkeit, die im Seienden und gegen das Seiende immer neu wirklich werden will. Der Wille Gottes ist bereits von Gott selbst erfüllt, indem er die Welt mit sich versöhnte in Christus. Es wäre der gefährlichste Rückfall in ein abstraktes Denken, von der Wirklichkeit dieser Erfüllung absehen zu wollen und eine eigene Erfüllung an ihre Stelle zu setzen. Es kann nach der Erscheinung Christi in der Ethik nur noch um eines gehen, nämlich an der Wirklichkeit des er- | füllten Willens Gottes teilzubekommen. Aber auch dieses Teilbekommen ist nur aufgrund der Tatsache möglich, daß in der Erfüllung des Willens Gottes in Christus bereits auch ich selbst mit eingeschlossen und das heißt mit Gott versöhnt bin. Die Frage nach dem Willen Gottes fragt nicht nach einem Verborgenen, Unerfüllten, sondern nach dem Offenbargewordenen, Erfüllten. Sie bleibt aber darin doch eine echte Frage, daß ich selbst und die Welt, die mich umgibt, durch die Offenbarung, durch die Erfüllung in diese Frage gestellt bin.

Der Wille Gottes, wie er in Jesus Christus offenbar und erfüllt wurde, umfaßt das Ganze der Wirklichkeit. Zugang zu diesem Ganzen, ohne sich von dem Mannigfaltigen zerreißen zu lassen, gibt es allein im Glauben an Jesus Christus, „in dem die ganze Fülle der Gottheit leibhaftig wohnt“ (Kol 2,9 1,19), „durch den alles versöhnt ist, es sei auf Erden oder im Himmel“ (Kol 1,20), dessen Leib, nämlich die Gemeinde, die Fülle dessen ist, der alles in allen erfüllt (Eph 1,23[89]). Der Glaube an diesen Jesus Christus ist die alleinige Quelle alles Guten.

89 Vgl. die Anspielung auf diesen Vers und Kol 2,9 in DBW 4 (N), 234.

Ethik als Gestaltung[1]

Nur selten mag eine Generation jeder theoretischen und programmatischen Ethik so uninteressiert gegenübergestanden haben wie die unsere. Die akademische Frage eines ethischen Systems erscheint als die überflüssigste aller Fragen. Das hat seinen Grund nicht etwa in einer ethischen Indifferenz unserer Zeit, sondern gerade umgekehrt in einer bisher in der abendländischen Geschichte nie dagewesenen Bedrängnis durch die Fülle der Wirklichkeit konkreter ethischer Fragen. In einer Zeit, in der die Festigkeit der bestehenden Lebensordnungen höchstens die kleinen, meist nicht aufgedeckten Sünden menschlicher Schwäche zuließ und der Verbrecher als der Unnormale den entsetzten oder mitleidigen Blicken der Gesellschaft entzogen wurde, konnte das Ethische als theoretisches Problem interessant sein.[2] Heute gibt es wieder Bösewichter und Heilige, und zwar in aller Öffentlichkeit. Aus dem Grau in Grau des schwülen Regentages ist die schwarze Wolke und der helle Blitz des Gewitters geworden. Die Konturen sind überscharf. Die Wirklichkeit enthüllt sich[3]. Die Gestalten Shakespeares gehen um. Der Bösewicht und der Heilige aber haben wenig oder nichts mit ethischen Programmen zu tun, sie steigen aus Urgründen empor, sie reißen mit ihrem Erscheinen den höllischen und den göttlichen Abgrund auf, aus dem sie kommen und lassen uns in nie geahnte Geheimnisse kurze Blicke tun. Schlimmer | als die böse Tat ist das Böse-sein. Schlimmer ist es wenn ein Lügner die Wahrheit sagt als wenn ein Liebhaber der Wahrheit lügt, schlimmer wenn ein Menschenhasser Bruderliebe übt als wenn ein

1 Dieses Ms ist von seinem Anfang bis S. 72,3 auf linierten Bögen geschrieben wie das ursprüngliche (also noch nicht durch den Einschub S. 51–60 erweiterte) Ms „Christus, die Wirklichkeit und das Gute" und stimmt mit diesem Ms auch in der Tintenfarbe, Federbreite und Schreibweise überein. Von S. 72,4 an sind bei gleichbleibendem Schriftbild karierte Bögen benutzt. Der Text S. 62–90 ist ein thematisch zu Ende geführtes Ms. □ **2** Gestr.: „Die Frage nach dem ‚Guten an sich' konnte erörtert werden, ohne daß dadurch die bestehende Lebensordnung im geringsten gefährdet worden wäre." □ **3** Gestr.: „, und alles je Gedachte, ja alles Gewünschte zerfällt vor ihr zum Nichts".

Liebhaber der Menschen einmal vom Haß überwältigt wird. Besser als die Wahrheit im Munde des Lügners ist noch die Lüge, besser als die Tat der Bruderliebe des Menschenfeindes ist der Haß.[4] Es ist also nicht die eine Sünde wie die andere. Sie haben verschiedenes Gewicht. Es gibt schwerere und leichtere Sünde. Der Abfall wiegt unendlich viel schwerer als der Fall.[5] Die glänzendsten Tugenden des Abgefallenen sind nachtschwarz gegen die dunkelsten Schwächen der Treuen.[6]

Daß das Böse in der Gestalt des Lichtes, der Wohltat, der Treue, der Erneuerung, daß es in der Gestalt des geschichtlich Notwendigen, des sozial Gerechten erscheint,[7] ist für den schlicht Erkennenden eine klare Bestätigung seiner abgründigen Bosheit. Den ethischen Theoretiker dagegen macht es blind. Mit seinen vorgefaßten Begriffen vermag er das Wirkliche nicht aufzunehmen, geschweige daß er dem ernstlich begegnen könnte, dessen Wesen und Kraft er garnicht erkennt. Der einem ethischen Programm Verschriebene muß seine Energien sinnlos verpuffen und selbst sein Martyrium wird für seine Sache kein Quell der Kraft noch für den Bösen eine Bedrohung sein. Aber merkwürdig genug, nicht nur der ethische Theoretiker und Programmatiker verfehlt seinen Gegner, sondern auch der Böse

---

4 Auf dem ,,Ethik"-Zettel Nr. 80 ist notiert: ,,*Es ist besser, wenn der Wahrhaftige lügt, als wenn der Lügner die Wahrheit spricht* – paradox ausgesprochen! Ebenso mit *Dienst am Nächsten*". Der Gedanke steht ebenfalls auf ,,Ethik"-Zettel Nr. 23, dort zusammen mit anderen Vorformulierungen für das Ms ,,Ethik als Gestaltung". □ **5** ‚*Fall*' hier – vgl. auch S. 65 – im Sinn von I Kor 10,12: ,,... wer sich läßt dünken, er stehe, mag wohl zusehen, daß er nicht falle." ‚*Abfall*' bezeichnet in dem ‚*Heute*', von dem Bonhoeffer spricht, auch die auf Dauer gestellte Kollaboration mit den nationalsozialistischen Machthabern, also die praktische Zustimmung zu ihrer achristlichen Weltanschauung. □ **6** Unter Anlehnung an die sieben jetzt folgenden Absätze S. 63–66 verfaßte Bonhoeffer später, Ende 1942, Teile von ,,Nach zehn Jahren. Rechenschaft an der Wende zum Jahr 1943", vgl. WEN 12–14. □ **7** Vgl. 1941 DBW 16, 538 (zu W. Patons Buch „The Church and the New Order"): „... der tiefste Grund der ethischen Verwirrung [im gegenwärtigen Deutschland] liegt vielmehr in der Tatsache, daß die höchste Ungerechtigkeit, wie sie im nationalsozialistischen Regime verkörpert ist, sich in das Gewand relativer historischer und sozialer Gerechtigkeit kleiden konnte. ... es konnte nur noch eine kleine Schar sein, die gerade hier [in Hitler] den Satan in der Gestalt des Engels des Lichtes erkannte." II Kor 11,14 (LB): „... er selbst, der Satan, verstellet sich zum Engel des Lichtes."

selbst vermag seinen Nebenbuhler kaum zu erkennen. Gegenseitig gehen sie einander in die Falle. Nicht Gerissenheit, Bescheid wissen über alle Schliche, sondern allein schlichtes Stehen in der Wahrheit Gottes und ein im Blick auf sie einfältig und klug gewordenes Auge erfährt und erkennt die ethische Wirklichkeit.[8]

Erschütternd ist das Versagen der *Vernünftigen*,[9] die weder den Abgrund des Bösen noch den Abgrund des Heiligen zu | sehen vermögen, die in bester Absicht mit etwas Vernunft das aus den Fugen gehende Gebälk wieder zusammenbringen zu können glauben. In ihrem mangelnden Sehvermögen wollen sie beiden Seiten Recht widerfahren lassen, und werden so zwischen den aufeinanderprallenden Gewalten zerrieben ohne das Geringste ausgerichtet zu haben. Bitter enttäuscht über die Unvernünftigkeit der Welt sehen sie sich zur Unfruchtbarkeit verurteilt, treten resigniert zur Seite oder verfallen haltlos dem Stärkeren.

Erschütternder noch ist das Scheitern alles ethischen *Fanatismus*. Mit der Reinheit seines Wollens und seines Prinzips glaubt der Fanatiker der Macht des Bösen entgegentreten zu können. Aber weil es zum Wesen des Fanatismus gehört, daß er das Ganze des Bösen aus dem Auge verliert und wie der Stier auf das rote Tuch statt auf dessen Träger zustößt muß er schließlich ermüden und unterliegen. Der Fanatiker verfehlt sein Ziel. Ob sein Fanatismus auch den hohen Gütern der Wahrheit oder der

8 Vgl. DBW 4 (N), 167f, zu Mt 6,22 („Auge einfältig“, ἁπλοῦς), und a. a. O., 205 („klug und einfältig zugleich“), zu Mt 10,16. Wie wenig die NS-Führung die Gegnerschaft aus ethischen Überzeugungen begriff, zeigt die entsetzte Überraschung nach dem 20. Juli 1944, als sie entdeckte, wie verbreitet und wie alt die Widerstandsplanungen waren. Die Sicherheitsdienst-Berichte über die „Lage im Reich“ (vgl. H. Boberach, Berichte des SD) zeigen einerseits eine Überschätzung z. B. kirchlich oppositioneller Regungen und andererseits den mangelnden Blick für die wirklich gefährlichen Gegner. □ **9** Nicht mit Opportunisten befaßt sich Bonhoeffer, sondern mit Trägern bedeutender ethischer und humanistischer Traditionen. Sechs verhaltensleitende Orientierungen nennt er bis S. 66, vgl. die Stichworte dort. Das ist kein Überblick über Ethik-Traditionen; vielmehr ordnet er konkrete Beobachtungen zu der Frage: Wie ist das Versagen und Scheitern so vieler Deutscher gegenüber den offensichtlichen Verbrechen des NS-Regimes zu begreifen, wenn die Menschen selbst sich doch als Vertreter hoher Güter verstehen?

Gerechtigkeit dient, so verfängt er sich früher oder später im Unwesentlichen, Kleinen und geht dem klügeren Gegner ins Netz.

Einsam erwehrt sich der Mann des *Gewissens* der Übermacht der Entscheidung fordernden Zwangslagen. Aber das Ausmaß der Konflikte, in denen er zu wählen hat – durch nichts beraten und getragen als durch sein eigenstes Gewissen –, zerreißt ihn. Die unzähligen ehrbaren und verführerischen Verkleidungen und Masken, in denen das Böse sich ihm nähert, machen sein Gewissen ängstlich und unsicher, bis er sich schließlich damit begnügt statt eines guten Gewissens ein salviertes[10] Gewissen zu haben, bis er also sein eigenes Gewissen belügt, um nicht zu verzweifeln; denn daß ein böses Gewissen heilsamer und stärker sein kann als ein betrogenes Gewissen, das vermag der Mann, dessen einziger Halt sein Gewissen ist, nie zu fassen.

Aus der verwirrenden Fülle der möglichen Entscheidungen | scheint der sichere *Weg der Pflicht* herauszuführen. Hier wird das Befohlene als das Gewisseste ergriffen, die Verantwortung für den Befehl trägt der Befehlsgeber, nicht der Ausführende. In der Beschränkung auf das Pflichtgemäße aber kommt es niemals zu dem Wagnis der freien, auf eigenste Verantwortung hin geschehenden Tat, die allein das Böse im Zentrum zu treffen und zu überwinden vermag. Der Mann der Pflicht wird schließlich auch dem Teufel gegenüber noch seine Pflicht erfüllen müssen.

Wer es aber unternimmt, in *eigenster Freiheit*[11] in der Welt seinen Mann zu stehen, wer die notwendige Tat höher schätzt als die Unbeflecktheit seines eigenen Gewissens und Rufes, wer dem fruchtbareren Kompromiß ein unfruchtbares Prinzip oder auch dem fruchtbaren Radikalismus eine unfruchtbarere Weisheit des Mittelmaßes zu opfern bereit ist, der hüte sich, daß ihn nicht gerade seine vermeintliche Freiheit schließlich zu Fall bringe. Er wird leicht in das Schlimme willigen, wohl wissend,

---

10 ‚*Salviert*' deutet hier eine verdrängende Selbstbeschwichtigung an; vgl. „salvavi animam meam" („ich habe meine Seele gerettet"). □ **11** Ersetzt: „*freier Verantwortung*"; so noch S. 66,20 f. Diese und weitere kleinere Veränderungen in diesem Abschnitt sind mit klarblauer Tinte vorgenommen, offenbar für den Text „Nach zehn Jahren", vgl. WEN 13.

daß es schlimm ist, um das Schlimmere zu verhüten und er wird dabei nicht mehr zu erkennen vermögen, daß gerade das Schlimmere, das er vermeiden will, das Bessere sein kann. Hier liegt ein Urstoff des Tragischen.

Auf der Flucht vor der öffentlichen Auseinandersetzung erreicht dieser und jener die Freistatt einer *privaten Tugendhaftigkeit*. Er stiehlt nicht, er mordet nicht, er bricht nicht die Ehe, er tut nach seinen Kräften Gutes. Aber in seinem freiwilligen Verzicht auf Öffentlichkeit weiß er die erlaubten Grenzen, die ihn vor dem Konflikt bewahren, genau einzuhalten. So muß er seine Augen und Ohren verschließen vor dem Unrecht um ihn herum. Nur auf Kosten eines Selbstbetruges kann er seine private Untadeligkeit vor der Befleckung durch verantwortliches Handeln in der Welt reinerhalten. Bei allem, was er tut, wird ihn das, was er unterläßt, nicht zur Ruhe kommen lassen. Er wird entweder an | dieser Unruhe zugrunde gehen oder zum heuchlerischsten aller Pharisäer[12] werden.

Wer dürfte solches Versagen und Scheitern schmähen wollen? Wer wüßte sich nicht hier oder dort mitgetroffen? Die Vernunft, der ethische Fanatismus, das Gewissen, die Pflicht, die freie Verantwortung, die stille Tugend sind Güter und Haltungen hohen Menschentums. Es sind die Besten, die so mit allem, was sie können und sind, untergehen. Die unvergängliche Gestalt des Don Quijote, des „Ritters von der traurigen Gestalt",[13] der ein Rasierbecken für einen Helm und einen elenden Klepper für ein Streitroß nimmt, der für die erwählte Gebieterin seines Herzens, die garnicht existiert, in unablässigen Kampf zieht, wird gegenwärtig. So sieht das abenteuerliche Unternehmen einer alten gegen eine neue Welt, einer vergangenen gegen eine gegenwärtige Wirklichkeit, eines edlen Phantasten gegen die Übermacht des Gewöhnlichen aus. Auch der tiefe Bruch, der zwi-

---

12 Bei dem Ausdruck ‚*Pharisäer*' war man sich durchweg nicht bewußt, daß er eine Gruppe hochachtbarer jüdischer Frommer bezeichnete. In der seit Jahrhunderten üblichen, häufig auf Lk 18,9–14 zurückgeführten, einseitig abwertenden Weise verwendet Bonhoeffer den Ausdruck hier. Vgl. aber S. 311–320. □

13 Im ersten Teil des Meisterwerks von Miguel de Cervantes Saavedra trägt ‚*Don Quijote*' auch den Beinamen ‚*Ritter von der traurigen Gestalt*'. Vgl. S. 35 („Don Quijoterie"). Cervantes' vollständige Werke in spanischer Sprache hatte Bonhoeffer 1928 in Barcelona geschenkt bekommen, s. DBW 10, 122.

schen den zwei Teilen der großen Erzählung liegt, ist insofern charakteristisch, als sich der Erzähler im zweiten Teil, der erst nach vielen Jahren dem ersten folgte,[14] gegen seinen Helden auf die Seite der lachenden, gemeinen Welt schlägt. Zu billig ist es, die Waffen zu schmähen, die wir von unseren Vätern erbten, mit denen sie große Dinge vollbrachten, die aber dem gegenwärtigen Kampf nicht mehr genügen können. Nur der Gemeine kann die Schicksale des Don Quijote ohne Teilnahme und Rührung lesen.

Dennoch gilt es, die rostigen mit den blanken Waffen zu vertauschen. Nur wer hier Einfalt und Klugheit miteinander zu verbinden vermag, kann bestehen. Aber was ist Einfalt? was ist Klugheit? Wie wird aus beiden eins? Einfältig ist, wer in der Verkehrung, Verwirrung und Verdrehung aller Begriffe[15] allein die schlichte Wahrheit Gottes im Auge behält, wer nicht ein Dipsychos, ein Mann zweier Seelen (Jac 1[,8]), ist, sondern der Mann des ungeteilten Herzens.[16] Weil er Gott kennt und hat, darum hängt er an den Ge- | boten, an dem Gericht und an der Barmherzigkeit, die täglich neu aus Gottes Mund gehen. Nicht gefesselt durch Prinzipien, sondern gebunden durch die Liebe zu Gott ist er frei geworden von den Problemen und Konflikten der ethischen Entscheidung. Sie bedrängen ihn nicht mehr. Er gehört ganz allein Gott und Gottes Willen. Weil der Einfältige nicht neben Gott auch auf die Welt schielt, darum ist er imstande frei und unbefangen auf die Wirklichkeit der Welt zu schauen. So wird die Einfalt zur Klugheit. Klug ist, wer die Wirklichkeit sieht, wie sie ist, wer auf den Grund der Dinge sieht. Klug ist darum allein, wer die Wirklichkeit in Gott sieht. Erkenntnis der Wirklichkeit ist nicht dasselbe wie Kenntnis der

---

14 Teil I erschien 1605, Teil II 1615. □ **15** Die NS-Propaganda manipulierte die Sprache mit hoher Virtuosität. Vgl. dazu V. Klemperer, LTI [Lingua Tertii Imperii („Sprache des Dritten Reiches")]. □ **16** In Bonhoeffers „Nestle" ist ἀνὴρ δίψυχος („Mann mit zwei Seelen") in Jak 1,8 und δίψυχοι („ihr mit zwei Seelen") in Jak 4,8 mit Bleistift unterstrichen. Vgl. J. W. von Goethe, Faust I, Vers 1112: „Zwei Seelen ... in meiner Brust". Schon im Finkenwalder Predigerseminar – vgl. Nachschrift der neutestamentlichen Vorlesung 1936/37, s. DBW 4 (N), 294 Anm. 82 – und dann wieder im Brief vom 29./30. 1. 1944 WEN 225, zu Adalbert Stifters Roman „Witiko", unterscheidet Bonhoeffer δίψυχος und τέλειος („vollkommen", „ganz"), vgl. Jak 1,4 (... τέλειον, im „Nestle" ebenfalls unterstrichen).

äußeren Vorgänge, sondern das Erschauen des Wesens der Dinge. Nicht der Bestinformierte ist der Klügste. Gerade er steht in Gefahr über dem Vielerlei das Wesentliche zu verkennen. Andererseits vermittelt oftmals die Kenntnis einer scheinbar geringfügigen Einzelheit den Blick in die Tiefe der Dinge. So wird der Kluge sich das bestmögliche Wissen um die Vorgänge zu verschaffen suchen, ohne doch davon abhängig zu werden. In dem Tatsächlichen das Bezeichnende zu erkennen ist Klugheit. Der Kluge kennt die begrenzte Empfänglichkeit der Wirklichkeit für Prinzipien; denn er weiß, daß die Wirklichkeit nicht auf Prinzipien aufgebaut ist, sondern in dem lebendigen schaffenden Gott ruht. So weiß er auch, daß der Wirklichkeit nicht mit den reinsten Prinzipien, aber auch nicht mit dem besten Wollen zu helfen ist, sondern nur mit dem lebendigen Gott. Prinzipien sind nur Werkzeuge in der Hand Gottes, die bald als untauglich weggeworfen werden. Der befreite Blick auf Gott und auf die Wirklichkeit, wie sie in Gott allein Bestand hat, vereinigt Einfalt und Klugheit. Es gibt keine rechte Einfalt ohne Klugheit und keine Klugheit ohne Einfalt.[17]

Das kann sehr theoretisch klingen und ist es auch, solange | nicht deutlich wird, wo diese Haltung ihren Grund in der Wirklichkeit hat und also wirklich werden kann. „Seid klug wie die Schlangen und ohne Falsch wie die Tauben" ist ein Wort Jesu (Mth. 10,16) und wird daher wie jedes seiner Worte nur durch ihn selbst ausgelegt. Mit ungeteiltem Blick auf Gott und auf die Wirklichkeit der Welt zu schauen vermag kein Mensch, solange Gott und die Welt zerrissen sind. Es bleibt bei aller Bemühung doch ein Schielen vom einen zum anderen. Weil es aber einen Ort gibt, an dem Gott und die Weltwirklichkeit miteinander versöhnt sind, an dem Gott und der Mensch eins geworden sind, darum und darum allein ist es möglich, Gott und die Welt mit demselben Blick ins Auge zu fassen. Dieser Ort liegt nicht irgendwo jenseits der Wirklichkeit im Reiche der Ideen, sondern er liegt mitten in der Geschichte als göttliches Wunder, er liegt in Jesus Christus, dem Weltversöhner.[18] Als Ideal ist die

17 Zu ‚*Einfalt*' und ‚*Klugheit*' s. die Auslegung von Mt 10,16 in DBW 4 (N), 204 f. □ **18** Vgl. II Kor 5,19, zitiert in DBW 4 (N), 272 f: „Gott war in Christo und versöhnte die Welt mit sich selbst".

Einheit von Einfalt und Klugheit ebenso zum Scheitern verurteilt wie alle anderen Versuche vor der Wirklichkeit zu bestehen, es ist ein unmögliches, höchst widerspruchsvolles Ideal. Gegründet aber in der Wirklichkeit der mit Gott versöhnten Welt in Jesus Christus gewinnt das Gebot Jesu Sinn[19] und Wirklichkeit. Wer Jesus Christus ansieht, sieht in der Tat Gott und die Welt in einem, er kann fortan Gott nicht mehr sehen ohne die Welt und die Welt nicht mehr ohne Gott.[20]

Ecce homo – sehet welch ein Mensch![21] In ihm geschah die Versöhnung der Welt mit Gott. Nicht durch Zertrümmerung, sondern durch Versöhnung wird die Welt überwunden. Nicht Ideale, Programme, nicht Gewissen, Pflicht, Verantwortung, Tugend, sondern ganz allein die vollkommene Liebe Gottes vermag der Wirklichkeit zu begegnen und sie zu überwinden. Wiederum ist es nicht eine allge- | meine Liebesidee, sondern die wirklich gelebte Liebe Gottes in Jesus Christus, die das vollbringt. Diese Liebe Gottes zur Welt zieht sich nicht aus der Wirklichkeit zurück in weltentrückte edle Seelen, sondern sie erfährt und erleidet die Wirklichkeit der Welt aufs härteste. Am Leibe Jesu Christi tobt sich die Welt aus. Der Gemarterte aber vergibt der Welt ihre Sünde. So geschieht die Versöhnung. Ecce homo.

Die Gestalt des Versöhners, des Gottmenschen Jesus Christus, tritt in die Mitte zwischen Gott und Welt, tritt in den Mittelpunkt alles Geschehens.[22] An ihr enthüllt sich das Geheimnis der Welt wie sich in ihr das Geheimnis Gottes offenbart. Kein Abgrund des Bösen kann dem, durch den die Welt mit Gott versöhnt wird, verborgen bleiben. Aber der Abgrund der Liebe Gottes[23] umfaßt auch noch die abgründigste Gottlo-

---

19 Ersetzt: „Wahrheit". □ **20** Gestr., neuer Absatz (nur vier Worte): „Die Gestalt Jesu Christi". Vgl. S. 80–90. □ **21** Vgl. Joh 19,5, in LB von Bonhoeffer unterstrichen: „Sehet, welch ein Mensch!" – Vgl. S. Kierkegaard, Der Einzelne, 70: „Das ist eigentlich kein wahrer Christ, dessen Leben nicht dieses: ecce homo ausdrückt." „Ecce homo" ist auch der Titel einer Schrift Nietzsches, Werke Zweite Abtheilung (Nachgelassene Werke) XV, 1–127 [KGW VI, 3, 253–372]. – Gestr.: „Er ist der einzige, der in der Weltwirklichkeit bestehen kann, denn in". □ **22** Vgl. DBW 3 (SF), 78f: Vor dem Fall steht Gott in der Mitte; 107: der Verheißung der Schlange trauend findet sich nach dem Fall der Mensch allein in der Mitte. DBW 4 (N), 47: „Nur der Mittler, der Gottmensch kann in die Nachfolge rufen." □ **23** Gestr.: „aus dem er kommt".

sigkeit der Welt. In unbegreiflicher Umkehrung alles gerechten und frommen Denkens erklärt Gott sich selbst für schuldig an der Welt und löscht damit die Schuld der Welt aus; tritt Gott selbst den demütigenden Versöhnungsgang an und spricht damit die Welt frei; will Gott schuld sein an unserer Schuld, nimmt er Strafe und Leiden, die die Schuld über uns gebracht hat, auf sich. Gott steht ein für die Gottlosigkeit, die Liebe für den Haß, der Heilige für den Sünder. Nun gibt es keine Gottlosigkeit, keinen Haß, keine Sünde mehr, die Gott nicht auf sich selbst genommen, erlitten und abgebüßt hätte. Nun gibt es keine Wirklichkeit, keine Welt mehr, die nicht mit Gott versöhnt und in Frieden wäre.[24] Das tat Gott in seinem lieben Sohn Jesus Christus. Ecce homo![25]

Ecce homo – seht den menschgewordenen Gott, das unergründliche Geheimnis der Liebe Gottes zur Welt. Gott liebt den Menschen. Gott liebt die Welt. Nicht einen Ideal- | menschen, sondern den Menschen wie er ist, nicht eine Idealwelt, sondern die wirkliche Welt. Was uns verabscheuungswürdig ist in seiner Widergöttlichkeit, wovor wir uns zurückziehen in Schmerz und Feindschaft, der wirkliche Mensch, die wirkliche Welt, das ist für Gott Grund unergründlicher Liebe, damit vereint er sich aufs innigste. Gott wird Mensch, wirklicher Mensch. Während wir uns bemühen, über unser Menschsein hinauszuwachsen, den Menschen hinter uns zu lassen, wird Gott Mensch und wir müssen erkennen, daß Gott will, daß auch wir – Menschen, wirkliche Menschen seien. Während wir unterscheiden zwi-

---

24 Vgl. die Ausführungen DBW 4 (N), 272 f. □ **25** Gestr.: „Ecce homo – seht den Weltversöhner. Er ist Mensch wie wir. In ihm und in ihm allein ruht das göttliche Ja zum Menschsein. Gott wurde Mensch." Ersetzt: „Ecce homo – seht in ihm den menschgewordenen Gott. Gott nimmt sich der Menschheit an, [gestr.: „So tief beugt sich der Heilige, Allmächtige, Ewige, daß er"] ja er nimmt selbst das Wesen, das Schicksal, die Not". Ersetzt: „Ecce homo – seht diesen Menschen an, der ein Mensch ist wie wir, in Armut geboren, im Handwerk erzogen, ein Mann, ein Kämpfer, ein Unterliegender, ein Sterblicher. Erkennt in ihm Gott, der sich der Menschheit annimmt. Erkenne jeder Einzelne und erkenne die ganze Menschheit in ihm sich selbst, die eigene Natur, das eigene Bild. Jesus Christus ist nicht nur der Einzelne, sondern in ihm ist die ganze menschliche Natur, ihr Wesen, ihr Schicksal, ihr Sein vor Gott zusammengefaßt. Was an ihm geschieht, geschieht an uns, an jedem Menschen." Vgl. DBW 4 (N), 301 (im Kapitel „Das Bild Christi").

schen Frommen und Gottlosen, Guten und Bösen, Edlen und Gemeinen, liebt Gott unterschiedslos den wirklichen Menschen. Er duldet es nicht, daß wir die Welt und die Menschen einteilen nach unseren Maßstäben und uns zu Richtern über sie aufwerfen. Er führt uns ad absurdum,[26] indem er selbst wirklicher Mensch wird und ein Genosse der Sünder, und indem er uns damit zwingt, Gottes Richter zu werden. Gott tritt auf die Seite des wirklichen Menschen und der wirklichen Welt gegen alle ihre Verkläger.[27] Er läßt sich mit dem Menschen, mit der Welt verklagen und macht so seine Richter zu den Angeklagten.

Aber es [ist] nicht genug damit gesagt, daß Gott sich der Menschen annimmt. Dieser Satz ruht auf einem unendlich viel tieferen, in seinem Sinn undurchdringlicheren, nämlich: daß Gott in der Empfängnis und Geburt Jesu Christi die Menschheit leibhaftig angenommen hat. Gott überhebt seine Liebe zu den Menschen jedes Vorwurfs der Unechtheit und des Zweifels und der Ungewißheit, indem er selbst in das Leben der Menschen eingeht als Mensch, indem er Natur, Wesen, Schuld[28] und Leiden[29] des Menschen leibhaftig auf sich nimmt und trägt. Aus Liebe zum Menschen wird Gott Mensch. Er sucht sich nicht den vollkommensten Menschen, um sich mit ihm zu verbinden, sondern er nimmt menschliches Wesen an, wie es ist.[30] Jesus Christus ist nicht die Verklärung hohen Men- | schentums,[31] sondern das Ja Gottes zum wirklichen Menschen, nicht das leidenschaftslose Ja des Richters, sondern [das] barmherzige Ja des Mitleidenden. In diesem Ja ist das ganze Leben und die ganze Hoffnung der Welt beschlossen. In dem Menschen Jesus Christus ist das Urteil über die ganze Menschheit ergangen, wiederum nicht das teilnahmslose Urteil des Richters, sondern das barmherzige Urteil dessen, der das Geschick der ganzen Menschheit selbst durchleidet und trägt. Jesus ist nicht *ein* Mensch, sondern *der* Mensch. Was an ihm geschieht, geschieht

26 ‚*Ad absurdum führen*‘: als unstimmig nachweisen (von lat. absurdus, „mißtönend“). □ **27** Nach Apk 12,9f LB ist „der Teufel und Satanas“ mitsamt seinen Engeln „der Verkläger unserer Brüder“. □ **28** Ersetzt: „Schicksal“. □ **29** Ersetzt: „Strafe“. □ **30** Vgl. DBW 4 (N), 228. □ **31** Vgl. den Ausdruck ‚*hohes Menschentum*‘ auch S. 66.

am Menschen, geschieht an allen und darum auch an uns. Der Name Jesus schließt die ganze Menschheit und den ganzen Gott in sich.

Die Botschaft von der Menschwerdung Gottes greift eine Zeit, in der bei den Bösen wie bei den Guten die Menschenverachtung oder Menschenvergötzung letzter Schluß der Weisheit ist, im Zentrum an.[32] Im Sturm enthüllen sich die Schwächen der menschlichen Natur deutlicher als im stillen Fluß ruhiger Zeiten. Angst, Gier[33], Unselbständigkeit und Brutalität erweisen sich angesichts ungeahnter Bedrohungen und Chancen bei der überwältigenden Mehrzahl als die Triebfedern ihres Handelns. Der tyrannische Menschenverächter macht sich in solchem Zeitpunkt das Gemeine des menschlichen Herzens leicht zunutze, indem er es nährt und ihm andere Namen gibt: Angst nennt er Verantwortung, Gier heißt Strebsamkeit[34], Unselbständigkeit wird zur Solidarität, Brutalität zum Herrentum.[35] So wird im buhlerischen Umgang mit den Schwächen der Menschen das Gemeine immer neu erzeugt und vermehrt. Unter den heiligsten Beteuerungen der Menschenliebe treibt die niedrigste Menschenverachtung ihr finsteres Geschäft. Je gemeiner das Gemeine wird, ein desto willigeres und schmiegsameres Werk-

---

32 Dieser Satz und das Folgende (bis S. 73,20 ,, . . . selbst überläßt") ersetzt und erweitert eine Streichung von acht Zeilen und vier Worten: ,,Die Menschwerdung Gottes macht die Menschenverachtung unmöglich. Das ist in Zeiten, in denen sich die Verächtlichkeit des Menschen in besonderer Weise bloßstellt, eine Erkenntnis von höchster Wichtigkeit. Der Menschenverächter sieht den Menschen vorwiegend in seinen schwachen, niedrigen und gemeinen Seiten. Er kann daraus einen doppelten Schluß ziehen: entweder sich die Menschen unter Appell an ihre niedrigsten Instinkte zunutze machen und sie damit noch gemeiner machen als sie sind oder sich angeekelt von den Menschen zurückziehen und sie sich selbst überlassen." Die vier letzten Worte dieser Streichung stehen auf der Rückseite eines linierten Bogens, auf der die Tinte von der Vorderseite her stark durchgefärbt hat. In ,,Ethik"-Manuskripten kommt liniertes Papier hiernach nicht mehr vor. Einige ,,Ethik"-Zettel auf liniertem Papier, z. B. Nr. 38 und Nr. 1, sind vermutlich später als diese Ms-Stelle geschrieben. Die Fortsetzung des Ms steht auf karierten Bögen (jede zweite Linie verstärkt) von ähnlich einfacher Papierqualität wie die linierten Bögen. □ **33** Ersetzt: ,,Eitelkeit". □ **34** Ersetzt: ,,Eitelkeit heißt berechtigter Stolz". Görings eitles Gebaren – prunkvolle Uniformen, Orden und Ehrenzeichen – wurde in der deutschen Bevölkerung heimlich verspottet. □ **35** Das Hitler-Regime züchtete insbesondere in der SS ein durch Brutalität geprägtes sogenanntes ‚*Herrentum*'.

zeug ist es in der Hand des Tyrannen. Die kleine Zahl der Aufrechten wird mit Schmutz beworfen. Ihre Tapferkeit heißt Aufruhr, ihre Zucht Pharisäertum, ihre Selbständigkeit[36] | Willkür, ihr Herrentum Hochmut[37]. Dem tyrannischen Menschenverächter gilt Popularität als Zeichen höchster Menschenliebe, sein heimliches, tiefes Mißtrauen gegen alle Menschen versteckt er hinter den gestohlenen Worten wahrer Gemeinschaft. Während er sich vor der Menge als einer der ihren bekennt, rühmt er sich selbst in widerwärtigster Eitelkeit und verachtet das Recht jedes Einzelnen. Er hält die Menschen für dumm und sie werden dumm,[38] er hält sie für schwach und sie werden schwach, er hält sie für verbrecherisch und sie werden verbrecherisch. Sein heiligster Ernst ist frivoles Spiel, seine biedermännisch beteuerte Fürsorglichkeit ist frechster Zynismus. Je mehr er aber in tiefer Menschenverachtung die Gunst der von ihm Verachteten sucht, desto gewisser erweckt er die Vergötterung seiner Person durch die Menge. Menschenverachtung und -vergötzung liegen dicht beieinander.[39] Der Gute aber, der dies alles durchschaut, der sich angeekelt von den Menschen zurückzieht und sie sich selbst überläßt, der lieber für sich selbst seinen Kohl baut als sich im öffentlichen Leben gemein zu machen, erliegt doch derselben Versuchung der Menschenverachtung wie der Böse. Seine Menschenverachtung ist zwar vornehmer, aufrichtiger, aber auch unfruchtbarer, tatenärmer. Vor der Menschwerdung Gottes kann sie ebenso wenig bestehen wie die tyrannische Menschenverachtung. Der Menschenverächter verachtet, was Gott geliebt hat, ja er verachtet die Gestalt des menschgewordenen Gott[es] selbst.[40]

---

36 Ersetzt: ,,Freiheit". ☐ **37** Ersetzt: ,,Anmaßung". Bei der ‚*kleinen Zahl der Aufrechten*' im Dritten Reich rechnet Bonhoeffer mit oppositionellem echtem Herrentum. ☐ **38** Auf dem ,,Ethik"-Zettel Nr. 23: ,,Schuldhafte Dummheit". Zu Dummheit vgl. im Text ,,Nach zehn Jahren", WEN 16–18. ☐ **39** Bis hierher wird in diesem Abschnitt die ,,Führer"-Demokratie des Dritten Reiches, die pervertiert-plebiszitäre Herrschaft Hitlers, in ihren Grundzügen skizziert. Die große Zustimmung, die Hitler im deutschen Volk fand, gab der Erwartung keinen Raum, daß ein Aufstand der Volksmassen das Regime beseitigen würde, und ließ eine Einführung von Demokratie Weimarer oder westlicher Art gleich nach Beseitigung Hitlers als gefährlich erscheinen. Vgl. zu William Patons Buch „The Church and the New Order" 1941 DBW 16, 541. ☐ **40** Ersetzt: „ja was Gott selbst geworden ist."

Es gibt aber auch eine aufrichtig gemeinte Menschenliebe, die der Menschenverachtung gleichkommt. Sie beruht auf der Beurteilung des Menschen nach den in ihm schlummernden Werten, nach seiner tiefsten Gesundheit, Vernünftigkeit, Güte. Meist wird diese Menschenliebe in ruhigen Zeiten wachsen, aber auch in den großen Krisen kann das gelegentliche Aufleuchten dieser Werte zum Grund einer schwer errungenen aufrichtig gemeinten Menschenliebe wer- | den. Mit erzwungener Nachsicht wird das Böse in Gutes umgedeutet, das Gemeine übersehen, das Verwerfliche entschuldigt. Aus mancherlei Gründen scheut man ein klares Nein, bejaht man schließlich alles.[41] Man liebt ein selbstgemachtes Bild des Menschen, das kaum noch eine Ähnlichkeit mit der Wirklichkeit hat und man verachtet damit schließlich doch wieder den wirklichen Menschen, den Gott geliebt und dessen Wesen er angenommen hat.

Den wirklichen Menschen kennen und ihn nicht verachten, das ist allein durch die Menschwerdung Gottes möglich. Der wirkliche Mensch darf vor Gott leben und wir dürfen den wirklichen Menschen neben uns vor Gott leben lassen ohne ihn zu verachten oder zu vergöttern. Nicht als wäre der wirkliche [Mensch] ein Wert für sich, sondern allein darum weil Gott den wirklichen Menschen geliebt und angenommen hat. Der Grund der Liebe Gottes zum Menschen liegt nicht im Menschen, sondern allein in Gott selbst. Der Grund aus dem wir als wirkliche Menschen leben dürfen und den wirklichen Menschen neben uns lieben dürfen, liegt wiederum allein in der Menschwerdung Gottes, in der unergründlichen Liebe Gottes zum Menschen.

Ecce homo – seht den *von Gott gerichteten Menschen*! Die Gestalt des Jammers und des Schmerzes.[42] So sieht der Weltversöhner aus. Die Schuld der Menschheit ist auf ihn gefallen, sie stößt ihn in Schande und Tod unter Gottes Gericht. So teuer

---

41 Im Blick auf die Nationalsozialisten wurde solches illusionäre Verhalten schon seit der Weimarer Zeit vielfach geübt. Vgl. auch die Nachgiebigkeit des britischen Premierministers Neville Chamberlain Hitler gegenüber: Statt eines ‚*klaren Nein*' zu Hitlers Eroberungspolitik, von der Österreich und die Tschechoslowakei schon betroffen waren, erfolgte am 29. 9. 1938 das Abkommen von München, von dem Chamberlain irrigerweise ‚Frieden für unsere Zeit' erwartete. □ **42** Gestr.: „, seht den Gekreuzigten."

wird Gott die Versöhnung mit der Welt. Nur indem Gott an sich selbst das Gericht vollzieht[43], kann Friede werden zwischen ihm und der Welt und zwischen Mensch und Mensch.[44] Das Geheimnis aber dieses Gerichtes, dieses Leidens und Sterbens, ist die Liebe Gottes zur Welt, | zum Menschen. Was Christus widerfuhr, das widerfuhr in ihm allen Menschen. Nur als von Gott gerichteter kann der Mensch vor Gott leben, nur der gekreuzigte Mensch ist im Frieden mit Gott. In der Gestalt des Gekreuzigten erkennt und findet der Mensch sich selbst. Von Gott angenommen, im Kreuze gerichtet und versöhnt, das ist die Wirklichkeit der Menschheit.

Die Gestalt des Gerichteten und Gekreuzigten[45] bleibt einer Welt, in der der Erfolg das Maß und die Rechtfertigung aller Dinge ist, fremd und im besten Falle bemitleidenswert. Die Welt will und muß durch den Erfolg überwunden werden. Nicht Ideen oder Gesinnungen, sondern die Taten entscheiden. Der Erfolg allein rechtfertigt geschehenes Unrecht[46]. Die Schuld vernarbt im Erfolg.[47] Es ist sinnlos, dem Erfolgreichen seine Methoden vorzuwerfen. Man bleibt damit im Vergangenen und währenddessen schreitet der Erfolgreiche weiter von Tat zu Tat, gewinnt die Zukunft und macht das Vergangene unwiderruflich. Der Erfolgreiche schafft Tatbestände, die nie mehr rückgängig zu machen sind, was er zerstört, ist nie wiederherzustellen, was er aufbaut, hat mindestens in der folgenden Generation das Recht des Bestehenden für sich. Keine Anklage kann die Schuld, die der Erfolgreiche durchschritt, wiedergutmachen. Die Anklage verstummt im Laufe der Zeit, der Erfolg bleibt und bestimmt die Geschichte. Die Richter der Geschichte spielen neben ihren Gestaltern eine traurige Rolle. Die Geschichte geht über sie hinweg. Keine irdische Macht

---

43 ,,Gott . . . vollzieht" ersetzt: ,,er [gestr.: ,,selbst"] als Menschgewordener alle Schuld und alles Leiden der Welt auf sich nimmt". □ **44** Gestr.: ,,Erst am Kreuz ist Friede. Christus ist unser Friede (Eph 2,14)." □ **45** Gestr.: ,,als des Weltversöhners und Weltüberwinders". □ **46** Gestr.: ,, , Gewalttat und Lüge". □ **47** Auf dem ,,Ethik"-Zettel Nr. 60 ist ,, . . . im Sein vernarbt" exzerpiert aus J. Maritain, Die Zukunft der Christenheit, 323 f: Verjährung ,,legitimiert einen tatsächlichen Zustand, der Folge des Bö- | sen ist, wenn . . . so viele weitere Verflechtungen mit menschlichem Wohl sich ergeben haben, . . . daß es schließlich im Sein *vernarbt* ist". Vgl. S. 134 f.

kann es wagen den Satz, daß der Zweck die Mittel heilige, so freimütig und selbstverständlich für sich in Anspruch zu nehmen wie die Geschichte dies tut.

Bei dem Gesagten handelt es sich um Tatsachen, noch nicht um Bewertungen.[48] Es gibt drei verschiedene Verhaltungsweisen der Menschen und Zeiten zu diesen Tatsachen.

Wo die Gestalt eines Erfolgreichen besonders sichtbar in Er- | scheinung tritt, dort verfällt die Mehrzahl der *Vergötzung des Erfolges*. Sie wird blind für Recht und Unrecht, Wahrheit und Lüge, Anstand und Niedertracht. Sie sieht nur noch die Tat, den Erfolg. Das ethische und intellektuelle Urteilsvermögen stumpft ab vor dem Glanz des Erfolges[49] und vor dem Verlangen, an diesem Erfolg irgendwie teilzubekommen. Es fehlt sogar die Erkenntnis, daß die Schuld im Erfolg vernarbt, eben weil die Schuld garnicht mehr erkannt wird.[50] Der Erfolg ist das Gute schlechthin. Diese Haltung ist allein im Zustand des Berauschtseins echt und verzeihlich. Nach eingetretener Ernüchterung ist sie nur mit tiefer innerer Verlogenheit, mit bewußtem Selbstbetrug zu erkaufen. Es kommt dann zu einer inneren Verderbnis, aus der es schwerlich eine Gesundung gibt.

Dem Satz, daß der Erfolg das Gute sei, tritt der andere gegenüber, der die Bedingungen eines bleibenden Erfolges ins Auge faßt, nämlich daß nur das Gute erfolgreich sei. Hier wird das Urteilsvermögen dem Erfolge gegenüber gewahrt, hier bleibt Recht Recht und Unrecht Unrecht. Hier drückt man nicht im entscheidenden Augenblick ein Auge zu, um es erst nach geschehener Tat wieder zu öffnen. Auch wird hier ein Gesetz der Welt bewußt oder unbewußt erkannt, demgemäß Recht, Wahrheit, Ordnung auf die lange Sicht beständiger sind

---

48 Vgl. S. 77f: Maßstab der ‚*Bewertungen*' wird die Gestalt des Gekreuzigten sein. □ **49** Ersetzt: „der Anbetung des Erfolgreichen". □ **50** Vgl. G. Ritter, Machtstaat und Utopie, (in der Darstellung der Staatslehre Machiavellis) 25: „Die Menschen beurteilen den Mächtigen, der ja keinen Richter über sich hat, immer nur nach dem Erfolg"; 32: „... vor dem Willen zum Erfolg ... fallen moralische Grundsätze, Überzeugungen, laut verkündete Ideale meist sehr rasch zu Boden – oder sie werden ‚angepaßt'". Ritters Buch enthält verschlüsselte Bezüge auf Verhältnisse im Dritten Reich. Als überwältigender Erfolg Hitlers wurde die Kapitulation Frankreichs im Juni 1940 erlebt, vgl. DB 766–768.

als Gewalttat[51], Lüge und Willkür. Dennoch führt diese optimistische These in die Irre: entweder müssen die geschichtlichen Tatsachen gefälscht werden, um die Erfolglosigkeit des Bösen nachzuweisen und man wird dabei sehr rasch wieder bei dem umgekehrten Satz, daß der Erfolg das Gute sei, ankommen, oder aber man scheitert angesichts der Tatsachen mit seinem Optimismus und endet bei einer Verketzerung aller geschichtlichen Erfolge.

Daß aller Erfolg vom Bösen sei, ist dann das ewige Lamento[52] der Ankläger der Geschichte. In unfruchtbarer und phari- | säischer Kritik am Geschehenen kommt man selbst nie zur Gegenwart, zum Handeln, zum Erfolg und sieht gerade darin wieder die Bestätigung der Schlechtigkeit des Erfolgreichen. Ohne es zu wollen macht man aber auch hier den Erfolg zum – wenn auch negativen – Maßstab aller Dinge und es ist kein wesentlicher Unterschied, ob der Erfolg der positive oder der negative Maßstab aller Dinge ist.

Die Gestalt des Gekreuzigten setzt alles am Erfolg ausgerichtete Denken außer Kraft; denn es ist eine Verleugnung des Gerichtes. Weder der Triumph der Erfolgreichen noch auch der bittere Haß der Gescheiterten gegen die Erfolgreichen wird zuletzt mit der Welt fertig. Jesus ist gewiß kein Anwalt der Erfolgreichen in der Geschichte, aber er führt auch nicht den Aufstand der gescheiterten Existenzen[53] gegen die Erfolgreichen. Es geht bei ihm nicht um Erfolg oder Mißerfolg, sondern um das willige Annehmen des Gerichtes Gottes. Nur im Gericht gibt es Versöhnung mit Gott und unter den Menschen. Allem um Erfolg und Mißerfolg kreisenden Denken stellt Christus den von Gott gerichteten Menschen, den Erfolgreichen wie den Erfolglosen, gegenüber. Weil Gott den Menschen vor sich bestehen lassen will aus lauter Liebe, darum richtet er ihn. Es ist ein Gericht der Gnade, das Gott in Christus über den Menschen bringt. Dem Erfolgreichen gegenüber erweist Gott im Kreuz Christi die Heiligung des Schmerzes, der Niedrigkeit, des Scheiterns, der

---

51 Ersetzt: „Unrecht". □ **52** Wehklage; eigentlich: Klagelied in der alten italienischen Oper. □ **53** Vgl. F. Nietzsche, Zur Genealogie der Moral, Erste Abhandlung, 7, Werke VII, 313 [KGW VI, 2, 282] : „. . . daß nämlich mit den Juden *der Sklavenaufstand in der Moral* beginnt".

Armut, der Einsamkeit, der Verzweiflung. Nicht als hätte dies alles einen Wert in sich selbst. Aber es empfängt seine Heiligung durch die Liebe Gottes, die dies alles als Gericht auf sich nimmt. Das Ja Gottes zum Kreuz ist das Gericht über den Erfolgreichen. Der Erfolglose aber muß erkennen, daß nicht seine Erfolglosigkeit, nicht seine Pariastellung[54] als solche, sondern allein die Annahme des Gerichtes der göttlichen Liebe ihn vor Gott bestehen läßt. Daß dann gerade das Kreuz Christi, also sein Scheitern an der Welt, wiederum zum ge- | schichtlichen Erfolg führt, ist ein Geheimnis des göttlichen Weltregiments, aus dem keine Regel gemacht werden kann, das sich aber in dem Leiden seiner Gemeinde hier und dort wiederholt.

Allein im Kreuz Christi und das heißt als gerichtete kommt die Menschheit zu ihrer wahren Gestalt.[55]

Ecce homo – seht den von Gott angenommenen, von Gott gerichteten, von Gott zu einem neuen Leben erweckten Menschen, seht den Auferstandenen! Gottes Ja zum Menschen hat sein Ziel gefunden durch Gericht und Tod hindurch. Gottes Liebe zum Menschen war stärker als der Tod. Ein neuer Mensch, ein neues Leben, eine neue Kreatur ist durch Gottes Wunder geschaffen. „Das Leben behielt den Sieg, es hat den Tod bezwungen".[56] Die Liebe Gottes wurde des Todes Tod und des Menschen Leben. In Jesus Christus, dem Menschgewordenen, Gekreuzigten und Auferstandenen, ist die Menschheit neu geworden. Was an Christus geschah, ist an allen geschehen; denn er war *der* Mensch. Der neue Mensch ist geschaffen.

Das Wunder der Auferstehung Christi hebt die Vergötzung des Todes, wie sie unter uns herrscht, aus den Angeln. Wo der Tod das Letzte ist, dort verbindet sich die Furcht vor ihm mit dem Trotz. Wo der Tod das Letzte ist, dort ist das irdische Leben alles oder nichts. Das Trotzen auf irdische Ewigkeiten gehört dann zusammen mit einem leichtfertigen Spielen mit dem Leben, krampfhafte Lebensbejahung mit gleichgültiger Le-

---

54 Der südindische, ins Englische übernommene Ausdruck ‚*Paria*' steht für Menschengruppen, die durch Mächtige unterdrückt und mißachtet sind. □ **55** Der Text von „Die Gestalt des Gekreuzigten ..." (S. 77,18) bis hierher ist die Reinschrift-Überarbeitung einer gestrichenen Ms-Seite. □ **56** Vgl. im Kirchenlied „Christ lag in Todesbanden" (EG.BP 57,4; EG 101,4: „... den Tod verschlungen").

bensverachtung. Nichts verrät die Vergötzung des Todes deutlicher als wenn eine Zeit für die Ewigkeit zu bauen beansprucht und doch in ihr das Leben nichts gilt,[57] wenn man große Worte spricht über einen neuen Men- | schen, eine neue Welt, eine neue Gesellschaft, die heraufgeführt werden soll, und wenn dieses Neue alles nur in einer Vernichtung des vorhandenen Lebens besteht. Die Radikalität des Ja und des Nein zum irdischen Leben offenbart, daß nur der Tod etwas gilt. Alles erraffen oder Alles wegwerfen, das ist die Haltung dessen, der fanatisch an den Tod glaubt.[58]

Wo aber erkannt wird, daß die Macht des Todes gebrochen ist[59], wo das Wunder der Auferstehung und des neuen Lebens mitten in die Todeswelt hineinleuchtet, dort verlangt man vom Leben keine Ewigkeiten, dort nimmt man vom Leben, was es gibt, nicht Alles oder Nichts, sondern Gutes und Böses, Wichtiges und Unwichtiges, Freude und Schmerz, dort hält man das Leben nicht krampfhaft fest, aber man wirft es auch nicht leichtsinnig fort, dort begnügt man sich mit der bemessenen Zeit und spricht nicht irdischen Dingen Ewigkeit zu, dort läßt man dem Tod das begrenzte Recht, das er noch hat. Den neuen Menschen und die neue Welt aber erwartet man allein von jenseits des Todes her, von der Macht, die den Tod überwunden hat.

Der auferstandene Christus trägt die neue Menschheit in sich, das letzte herrliche Ja Gottes zum neuen Menschen. Zwar lebt die Menschheit noch im Alten, aber sie ist schon über das Alte hinaus, zwar lebt sie noch in einer Welt des Todes, aber sie ist schon über den Tod hinaus, zwar lebt sie noch in einer Welt der Sünde, aber sie ist schon über die Sünde hinaus. Die Nacht ist noch nicht vorüber, aber es tagt schon.[60]

---

57 Hitler plante in seinem ,,Tausendjährigen Reich" in der Architektur wie im Politischen in einer chiliastischen (auf tausend Jahre vorblickenden) Perspektive ohne zeitliche Grenze. Zugleich sollte ,,lebensunwertes Leben" vernichtet werden, was 1940/41 in der ,,Euthanasie"-Mordaktion geschah; vgl. dazu S. 184. □
58 Zeichen solchen Glaubens waren z. B. der Totenkopf an der schwarzen SS-Uniform und der Totenkult, der mit den Gefallenen der NS-Bewegung und der ,,Blutfahne" sowie im NS-Liedgut (vgl. das Horst-Wessel-Lied ,,Die Fahne hoch ...") getrieben wurde. □ **59** Ersetzt: ,,daß der Tod entthront ist". □
60 Vgl. das Adventslied „Die Nacht ist vorgedrungen" von Jochen Klepper 1938, EG 16.

Der von Gott angenommene, gerichtete, zu neuem Leben erweckte Mensch, das ist Jesus Christus, das ist in ihm die ganze Menschheit, das sind wir. Die Gestalt Jesu Christi allein ist es, die der Welt siegreich begegnet. Von dieser Gestalt geht alle Gestaltung einer mit Gott versöhnten Welt aus.[61] |

Das Wort ,,Gestaltung" erregt unseren Argwohn. Wir sind der christlichen Programme überdrüssig, überdrüssig auch der gedankenlosen, oberflächlichen Parole eines sogenannten praktischen Christentums anstelle eines sogenannten dogmatischen Christentums.[62] Wir haben gesehen, daß die gestaltenden Kräfte in der Welt von ganz anderer Seite her kommen als vom Christentum, und daß das sogenannte praktische Christentum in der Welt mindestens ebenso versagt wie das sogenannte dogmatische. Es muß also unter ,,Gestaltung" etwas ganz anderes verstanden werden als wir gewöhnt sind darunter zu verstehen, und in der Tat spricht die Heilige Schrift in einem uns zunächst ganz fremden Sinne von Gestaltung. Nicht um Weltgestaltung durch Planung und Programme geht es ihr in erster Linie, sondern es geht ihr bei aller Gestaltung allein um die eine Gestalt, die die Welt überwunden hat,[63] um die Gestalt Jesu Christi. Gestaltung gibt es nur von ihr aus, und nun wiederum nicht so, daß die Lehre Christi oder die sogenannten christlichen Prinzipien in direkter Weise auf die Welt angewendet und die Welt nach ihnen gestaltet werden sollte. Gestaltung gibt es vielmehr allein als Hineingezogenwerden in die Gestalt Jesu Christi, als *Gleichgestaltung mit der einzigen Gestalt des Menschgewordenen, Gekreuzigten und Auferstandenen.*[64] Das geschieht nicht

---

61 Vgl. die Überschrift auf dem ,,Ethik"-Zettel Nr. 1: ,,*Grundlagen und Aufbau der mit Gott versöhnten Welt*". □ **62** Auf ,,Ethik"-Zettel Nr. 23: ,, ,praktisches Christentum'!?" Die ursprünglich auch an dieser Textstelle (S. 80,8 f) stehenden Anführungszeichen um ,*praktischen Christentums*' sind gestrichen. Seit der Aufklärung bzw. dem Pietismus wird ,*praktisches*' dem ,*dogmatischen*', an lehrhaft formulierten Glaubenssätzen orientierten Christentum gegenübergestellt. Die ökumenische Bewegung ,,Life and Work", die 1925 in Stockholm zu ihrer ersten Konferenz zusammenkam, hieß im Deutschen ,,Bewegung für Praktisches Christentum". □ **63** Vgl. Joh 16,33. □ **64** Im Ms am Rand: ,,Schriftzitat". Vgl. DBW 4 (N), 263 (zu Röm 12,2: μεταμορφοῦσθε, ,,laßt euch zu einer andern Gestalt verwandeln") und 297–301. Das Wort ,,gleichgestaltet" ist in Bonhoeffers Exemplar des Werkes von Fr. H. R. Frank, System durch Anstrengungen „Jesus ähnlich zu werden", wie wir es auszudrücken pflegen, sondern dadurch, daß die Gestalt Jesu Christi von sich aus so auf uns einwirkt, daß sie unsere Gestalt nach ihrer eigenen prägt (Gal 4,9)[65]. Christus bleibt der einzige Gestalter. Nicht christliche Menschen gestalten mit ihren Ideen die Welt, sondern Christus gestaltet die Menschen zur Gleichgestalt mit ihm. Wie aber die Gestalt Christi dort verkannt wird, wo er wesentlich als der Lehrer für ein frommes und gutes Leben ver- | standen wird,[66] so wäre auch die Gestaltung des Menschen falsch verstanden, wo man in ihr nur die Anweisung zu einem frommen und guten Leben sähe. Christus ist der Menschgewordene, der Gekreuzigte und der Auferstandene, als den ihn der christliche Glaube bekennt. In seine Gestalt verwandelt[67] zu werden, ist der Sinn der Gestaltung von der die Bibel spricht.[68]

Gleichgestaltet mit dem Menschgewordenen – das heißt wirklicher Mensch sein. Der Mensch soll und darf Mensch sein. Alles Übermenschentum,[69] alles Bemühen über den Menschen in sich hinauszuwachsen, alles Heroentum, alles halbgöttliche Wesen fällt hier vom Menschen ab; denn es ist unwahr. Der wirkliche Mensch ist weder ein Gegenstand der Verachtung noch der Vergötterung, sondern ein Gegenstand der Liebe Gottes. Die Mannigfaltigkeit des Schöpferreichtums Gottes wird hier nicht durch falsche Uniformität, durch Zwingen des Menschen unter ein Ideal, einen Typus, unter ein bestimmtes Menschenbild, vergewaltigt.[70] Der wirkliche Mensch darf in Freiheit

---

der christlichen Sittlichkeit, Erste Hälfte, 416, unterstrichen; a. a. O. 415 f: „Nun aber ist das | Charakteristische des Christenlebens, daß es aus Christo herausgezeugt Christi Typus an sich trägt, seinem Leben gleichgestaltet wird." Mit Frank hatte Bonhoeffer sich als Student für ein Referat am 19. 11. 1926 beschäftigt, vgl. DB 118 f. □ **65** Gemeint ist: Gal 4,19. Abgelehnt wird eine imitatio („Nachahmung") Christi als vom Menschen ausgehende Aktivität. Zum Gleichgestaltetwerden vgl. das Stichwort Passivität S. 225 und 340. □ **66** Zur Abwehr des „kulturprotestantischen" Verständnisses Jesu Christi als ‚*Lehrer*' vgl. ThDB 96 Anm. 41. □ **67** Im Ms am Rand: „Schriftzitat"; Bethge nannte für die Druckfassung die Stellen: II Kor 3,18; Phil 3,10; Röm 8,29; 12,2. □ **68** Zum Folgenden vgl. DBW 4 (N), 301–302: „*Menschengestalt*", „*Todesgestalt*" und Gestalt des „*Verklärten und Auferstandenen*". □ **69** F. Nietzsche, Zarathustra I, Vorrede 3 und 4, Werke VI, 12–18 [KGW VI, 1, 8–12], u. ö.; vgl. auch S. 70,23. □ **70** Vgl. in einer Nachschrift aus dem Finkenwalder Predigerdas Geschöpf seines Schöpfers sein. Gleichgestaltet mit dem Menschgewordenen sein bedeutet der Mensch sein dürfen, der man in Wirklichkeit ist. Schein, Heuchelei, Krampf, Zwang etwas anderes, besseres, idealeres zu sein als man ist, ist hier abgetan. Gott liebt den wirklichen Menschen. Gott wurde wirklicher Mensch.

Gleichgestaltet mit dem Gekreuzigten – das heißt von Gott gerichteter Mensch sein. Der Mensch trägt das Todesurteil Gottes, das Sterbenmüssen vor Gott um der Sünde willen täglich mit sich herum. Er bezeugt es mit seinem Leben, daß vor Gott nichts bestehen kann es sei denn im Gericht und in der Gnade. Der Mensch stirbt täglich den Tod des Sünders.[71] Er trägt die Narben, die Wundmale, die die Sünde ihm schlägt demütig an Leib und Seele. Er kann sich über keinen anderen Menschen erheben oder sich ihm zum Vorbild set- | zen; denn er erkennt sich als den größten aller Sünder. Die Sünde der anderen vermag er zu entschuldigen, seine eigene nie. Alles ihm auferlegte Leiden trägt er in der Erkenntnis, daß es ihm dazu dient, mit seinem eigenen Willen zu sterben und Gott über sich rechthaben zu lassen. Allein indem er Gott über sich und gegen sich Recht gibt, ist er vor Gott recht. „Unter Leiden prägt der Meister in die Herzen, in die Geister sein allgeltend Bildnis ein."[72]

Gleichgestaltet mit dem Auferstandenen – das heißt vor Gott ein neuer Mensch sein. Er lebt mitten im Tode, er ist gerecht mitten in der Sünde, er ist neu mitten im Alten. Sein Geheimnis bleibt der Welt verborgen. Er lebt, weil Christus lebt, und allein in Christus. „Christus ist mein Leben".[73] Solange die Herrlichkeit Christi verborgen ist, ist auch die Herrlichkeit seines neuen Lebens „mit Christus verborgen in Gott" (Kol 3,2)[74]. Aber der Wissende schaut hier und da schon einen Schimmer des Zu-

---

seminar 1935, s. DBW 4 (N), 218 Anm. 8: „Gottes Schöpferherrlichkeit und -reichtum schafft nicht Typen". □ **71** Vgl. I Kor 15,31 („ich sterbe täglich"); M. Luther im Kleinen Katechismus zur Taufe, BSLK 516: täglich „sterben mit allen Sunden". Viele Anklänge hieran in DBW 4 (N), s. dort im Bibelstellenregister. □ **72** Aus dem Kirchenlied „Endlich bricht der heiße Tiegel" nach K. F. Harttmann EG.BP 340,2; nicht in EG. □ **73** Phil 1,21. Im Ms keine Stellenangabe, nur ein „x" am Rand. □ **74** Richtig: Vers 3b. Im Ms ein „x" am Rand als Merkzeichen für: noch prüfen.

künftigen. Der neue Mensch[75] lebt in der Welt, wie jeder andere; er unterscheidet sich oft nur in wenigem von den anderen Menschen. Er legt es auch nicht darauf an, sich herauszuheben, sondern allein Christus herauszuheben um seiner Brüder willen. Verklärt in die Gestalt des Auferstandenen trägt er hier nur das Zeichen des Kreuzes und des Gerichtes. Indem er es willig trägt, erweist er sich als der, der den Heiligen Geist empfangen hat und mit Jesus Christus in unvergleichlicher Liebe und Gemeinschaft geeint ist.

Die Gestalt Jesu Christi gewinnt Gestalt im Menschen. Der Mensch gewinnt keine eigene, selbständige Gestalt, sondern was ihm Gestalt gibt und in der neuen Gestalt erhält ist immer nur die Gestalt Jesu Christi selbst. Es ist also keine Nachäffung, keine Wiederholung seiner Gestalt, sondern seine eigene Gestalt, die im Menschen Gestalt gewinnt. Wiederum wird der Mensch nicht in eine ihm fremde Gestalt, in die Gestalt Gottes, sondern in seine eigene, ihm zugehö- | rige und wesentliche umgestaltet. Der Mensch wird Mensch, weil Gott Mensch wurde.[76] Aber der Mensch wird nicht Gott. Nicht er also konnte und kann den Wandel seiner Gestalt vollbringen, sondern Gott selbst verwandelt seine Gestalt in die Gestalt des Menschen, damit der Mensch zwar nicht Gott, aber Mensch vor Gott werde.

In Christus war die Gestalt des Menschen vor Gott neugeschaffen. Es war keine Sache des Ortes, der Zeit, des Klimas, der Rasse, des Einzelnen, der Gesellschaft, der Religion oder des Geschmacks, sondern die Sache des Lebens der Menschheit schlechthin, daß sie hier ihr Bild und ihre Hoffnung erkannte. Was an Christus geschah, war an der Menschheit geschehen. Es ist ein Geheimnis, für das es keine Erklärung gibt, daß nur ein Teil der Menschheit die Gestalt ihres Erlösers erkennt.[77] Das

---

75 Vgl. auf „Ethik"-Zettel Nr. 38: „Der neue Mensch (individuell und kollektiv) Christus, Antriebe, Leben im Leib Christi." □ **76** Daß der Mensch auf Grund der Inkarnation, der Menschwerdung Gottes in Jesus Christus, in vollem Sinne Mensch werde, ist im Protestantismus um 1940 eine seltene Überzeugung. □ **77** Die Auffassung, daß auch abgesehen von menschlichem ‚*Erkennen*' das Christusgeschehen alle Menschen betrifft, legt den Gedanken vom unbewußten Christentum nahe, vgl. S. 162 Anm. 95.

Verlangen des Menschgewordenen[78] in allen Menschen Gestalt zu gewinnen, bleibt bis zur Stunde ungestillt. Er, der die Gestalt *des* Menschen trug, kann nur in einer kleinen Schar Gestalt gewinnen: das ist seine Kirche.

„Gestaltung" heißt daher in erster Linie Gestaltgewinnen Jesu Christi in seiner Kirche. Es ist die Gestalt Jesu Christi selbst, die hier Gestalt gewinnt. In tiefer und klarer Bezeichnung der Sache selbst nennt das Neue Testament die Kirche den Leib Christi.[79] Der Leib ist die Gestalt. So ist die Kirche nicht eine Religionsgemeinschaft von Christusverehrern, sondern der unter Menschen gestaltgewordene Christus. Leib Christi aber darf die Kirche heißen, weil im Leibe Jesu Christi wirklich *der* Mensch und also alle Menschen angenommen sind. Die Kirche trägt nun die Gestalt, die in Wahrheit der ganzen Menschheit gilt. Das Bild, nach dem sie gestaltet wird, ist das Bild der Menschheit. Was sich in ihr ereignet, geschieht vorbildlich und stellvertretend für alle Menschen.[80] Es kann aber nicht deutlich genug gesagt werden, daß auch die Kirche nicht eine eigene, selbständige Gestalt | neben der Gestalt Jesu Christi ist, daß sie also nie in eigener, selbständiger Weise Recht, Autorität, Würde für sich in Anspruch nehmen kann neben Jesus Christus. Die Kirche ist nichts als das Stück der Menschheit, in dem Christus Gestalt wirklich gewonnen hat. Es geht ganz und gar um die Gestalt Jesu Christi und um keine Gestalt neben ihm. Die Kirche ist der menschgewordene, gerichtete, zu neuem Leben erweckte Mensch in Christus. Sie hat es also zunächst garnicht wesentlich mit den sogenannten religiösen Funktionen des Menschen zu tun, sondern mit dem ganzen Menschen in seinem Dasein in der Welt mit allen seinen Beziehungen. Es geht in der Kirche nicht um Religion,[81] sondern um die Gestalt Christi und ihr Gestaltwerden unter einer Schar von Menschen. Lassen wir

78 Ersetzt: „Weltversöhners". □ **79** Z.B. I Kor 12,27; Eph 1,22f; Kol 1,18.24. Vgl. DBW 1 (SC), 86f, 255; DBW 4 (N), 227–239 (Kapitel „Der Leib Christi"). Im Ms am Rand: „Leib Jesu Christi? Abendmahl?" Vgl. DBW 4 (N), 230 u. ö. □ **80** Vgl. zu *‚Vorbild'* DBW 4 (N), 303f, und a. a. O. 84 zu *‚Stellvertretung'*; zu letzterem auch DBW 1 (SC), 91f u. ö. □ **81** Vgl. DBW 1 (SC), 97; Vorlesung „Das Wesen der Kirche" (Höreraufzeichnung) 1932 DBW 11, 250: „Auch [die] christliche Religion kann Ausnahmecharakter [vom Alltag] besitzen, aber Gott nicht."

uns auch nur um das Geringste von dieser Sicht abbringen, so fallen wir unvermeidlich zurück in jene Programmatik ethischer oder religiöser Weltgestaltung, von der wir ausgingen.

Wir haben erkannt: Von Gestaltung kann in einer christlich-ethischen Besinnung immer nur im Blick auf die Gestalt[82] gesprochen werden. Gestaltung ist nicht ein von dieser Gestalt irgendwie zu lösender selbständiger Prozeß oder Zustand. Es gibt nur eine Gestaltung von und zu dieser Gestalt Jesu Christi. Der Ausgangspunkt christlicher Ethik ist der Leib Christi, die Gestalt Christi in der Gestalt der Kirche[83], die Gestaltung der Kirche nach der Gestalt Christi. Nur indem das, was an der Kirche geschieht, in Wahrheit der ganzen Menschheit gilt, gewinnt der Begriff der Gestaltung – indirekt – seine Bedeutung für alle Menschen[84]. Nun aber wiederum nicht so als würde die Kirche sozusagen als Vorbild für die Welt hingestellt, sondern nur so kann von Gestaltung der Welt gesprochen werden, daß die Menschheit auf ihre wahre Gestalt, die ihr zugehört, die sie schon empfangen hat, die sie nur nicht begreift und annimmt, nämlich auf die Gestalt Jesu Christi hin, die ihr ge- | hört, angesprochen[85] und so – gewissermaßen vorwegnehmend – in die Kirche hineingezogen wird. Es bleibt dabei, daß auch dort, wo weltgestaltend geredet wird,[86] allein die Gestalt Jesu Christi gemeint ist.

Die Gestalt Christi ist eine und dieselbe zu allen Zeiten und an allen Orten. Auch die Kirche Christi ist Eine[87] über alle Menschengeschlechter hinweg. Dennoch ist Christus nicht ein Prinzip, demgemäß alle Welt gestaltet werden müßte. Christus ist nicht der Verkündiger eines Systems dessen, was heute, hier und zu allen Zeiten gut wäre. Christus lehrt keine abstrakte

---

82 Hier wohl zu ergänzen, nicht im Ms: „Jesu Christi". □ **83** Ersetzt: „in seiner Gemeinde". □ **84** Ersetzt: „die ganze Welt". □ **85** Vgl. S. 51: Auf „ihre Wirklichkeit in Christus hin ist sie [die Welt] anzusprechen". □ **86** Vgl. auf „Ethik"-Zettel Nr. 38: „Kirche und Welt(gestaltung) usus primus". Zur „Lehre vom primus usus legis" (vom „ersten ‚Brauch' des Gesetzes") verfaßte Bonhoeffer später eine Auftragsarbeit für eine Synodalkommission der Bekennenden Kirche der Altpreußischen Union, die im August 1942 zum ersten Mal tagte (DB 796), s. DBW 16, 600–619. □ **87** Vgl. im apostolischen Glaubensbekenntnis, BSLK 556: „Ich gläube an den Heiligen Geist, eine heilige christliche Kirche".

Ethik, die koste es was es wolle, durchgesetzt werden müßte. Christus war nicht wesentlich Lehrer, Gesetzgeber[88], sondern Mensch, wirklicher Mensch wie wir. Er will darum auch nicht, daß wir in erster Linie Schüler, Vertreter und Verfechter einer bestimmten Lehre seien, sondern Menschen, wirkliche Menschen vor Gott. Christus liebte nicht wie ein Ethiker eine Theorie über das Gute, sondern er liebte den wirklichen Menschen. Er hatte nicht wie ein Philosoph Interesse an dem „Allgemeingültigen", sondern an dem, was dem konkreten wirklichen Menschen dient. Nicht ob „die Maxime eines Handelns zum Prinzip einer allgemeinen Gesetzgebung"[89] werden könnte, kümmerte ihn, sondern ob mein Handeln jetzt dem Nächsten dazu half ein Mensch vor Gott zu sein. Es heißt ja nicht: Gott wurde eine Idee, ein Prinzip, ein Programm, eine Allgemeingültigkeit, ein Gesetz[90], sondern Gott wurde Mensch. Das bedeutet, daß die Gestalt Christi, so gewiß sie eine und dieselbe ist und bleibt, doch in wirklichen Menschen und das heißt in ganz verschiedener Weise Gestalt gewinnen will. Christus hebt die menschliche Wirklichkeit nicht auf zugunsten einer Idee, die Verwirklichung gegen alles Wirkliche forderte, sondern Christus setzt die Wirklichkeit gerade inkraft, er bejaht sie, ja er selbst ist ja der wirkliche Mensch und so der Grund aller menschlichen Wirklichkeit. Gestaltung nach | der Gestalt Christi schließt also das Doppelte ein: daß die Gestalt Christi ein und dieselbe bleibe, nicht als allgemeine Idee, sondern als die sie einmalig ist, der menschgewordene, gekreuzigte und auferstandene Gott, und daß gerade um der Gestalt Christi willen die Gestalt des wirklichen Menschen gewahrt bleibe und daß so der *wirkliche Mensch die Gestalt Christi empfange*.

Wir werden damit von jeder abstrakten Ethik weg und auf eine konkrete Ethik[91] hin verwiesen. Nicht was ein für allemal

---

88 Ersetzt: „Gesetzesprediger". □ **89** Vgl. I. Kant, Kritik der praktischen Vernunft A 54 (Werke IV, 140): „Handle so, daß die Maxime deines Willens jederzeit zugleich als Princip einer allgemeinen Gesetzgebung gelten könne." □ **90** Gestr.: „auch nicht ein Ethiker, ein Philosoph". □ **91** Im Sommer 1943 erklärte Bonhoeffer in einem Briefentwurf, „kirchlicherseits" habe man Interesse daran geäußert (vgl. DB 785 f: im November 1940), „daß ich an mein Buch ‚Nachfolge' die Darstellung einer ‚konkreten evangelischen Ethik' anschlösse".

gut sei, kann und soll gesagt [werden], sondern *wie Christus unter uns heute und hier*[92] *Gestalt gewinne.* Der Versuch zu sagen, was ein für allemal gut sei, ist von jeher aus sich selbst heraus gescheitert. Entweder wurden die Aussagen so allgemein und formal, daß sie keine inhaltliche Bedeutung[93] mehr enthielten oder aber man geriet beim Unternehmen, die Fülle aller denkbaren Inhalte aufzunehmen und zu verarbeiten und somit im voraus zu sagen, was in jedem einzelnen denkbaren Falle gut sei, in eine so unübersehbare Kasuistik, daß dabei weder das allgemeingültige noch das konkrete zu seinem Recht kam. Die konkrete christliche Ethik steht jenseits von Formalismus und Kasuistik;[94] denn während Formalismus und Kasuistik von dem Streit des Guten mit dem Wirklichen ausgehen[95], kann die christliche Ethik ihren Ausgangspunkt nehmen in der geschehenen Versöhnung der Welt mit Gott in dem Menschen Jesus Christus, in der Annahme des wirklichen Menschen durch Gott.

Die Frage, wie Christus unter uns heute und hier Gestalt gewinne beziehungsweise wie wir seiner Gestalt gleichgestaltet werden, birgt aber weitere schwierige Fragen in sich: was heißt „unter uns", „heute", „hier"? Wenn es unmöglich ist, für alle |

---

92 Zu ‚*heute und hier*' – gegenüber hic et nunc (lat., „hier und jetzt") umgekehrte Reihenfolge – als Ausdruck für den Willen zur Konkretion in Bonhoeffers gesamtem Werk s. ThDB Register, Stichwort „hier und heute". Vgl. S. 40,30 („*heute*"). □ **93** Ersetzt: „Weisung". □ **94** Auf dem „Ethik"-Zettel Nr. 41 steht unter der Überschrift „*Begründungen der christlichen Ethik*" als letzter Satz: „Jede Ethik zwischen Formalismus und Kasuistik." „Jede" ist später zugesetzt. ‚*Kasuistik*' (von lat. casus, „Fall") wird eine moraltheologische oder ethische Lehre und Urteilspraxis genannt, in der vorher festliegende Prinzipien auf konkrete Einzelfälle deduktiv angewendet und zu einem Einzelurteil vorangetrieben werden, wie es in der Beichte vorherrschende Praxis war. Bonhoeffer sieht bei der Kasuistik eine Gesetzlichkeit am Werk, welche die Freiheit des Glaubens gefährdet. Das konträre Extrem ist der ethische ‚*Formalismus*', dessen Aussagen nicht die inhaltliche Entscheidung im sittlichen Urteil erreichen und nur bei allgemeinen Bestimmungen bleiben. Max Schelers Werk „Der Formalismus in der Ethik" ist darauf gerichtet, Kants Ethik in ihrem Formalismus zu überwinden, vgl. 1–3 [GW II, 29–31], im einzelnen 40–78 [GW II, 66–101], wo der Versuch unternommen wird, eine Inhaltliches betreffende Wert-Ethik apriori (auf Kantische Weise allein aus der Vernunft) zu begründen. Vgl. dazu S. 380. □ **95** „von dem Streit ... ausgehen" ersetzt: „die Unversöhnlichkeit [... voraussetzen]".

Zeiten oder Räume festzulegen, was das Gute sei, so fragt es sich doch, für welche Zeiten und Räume denn überhaupt eine Antwort auf unsere Frage gegeben werden kann. Es darf keinen Augenblick zweifelhaft bleiben, daß jeder Ausschnitt, den wir jetzt vornehmen, nur eben als Ausschnitt aus dem Ganzen der Menschheit verstanden werden muß. Der Mensch in jedem Teil seiner Geschichte ist der in Christus angenommene Mensch schlechthin. So wird alles, was über diesen Ausschnitt zu sagen ist, immer über ihn hinaus auf das Ganze weisen. Dennoch müssen wir nun die Frage beantworten, an welche Zeiten und Räume wir denken, wenn [wir] von der Gestaltung durch die Gestalt Christi sprechen wollen. Es geht dabei zunächst ganz allgemein um die Zeiten und Räume, die uns etwas angehen, von denen wir Erfahrung haben, die für uns Wirklichkeiten sind. Es geht um die Zeiten und Räume, die konkrete Fragen an uns richten, uns Aufgaben stellen und Verantwortung auferlegen. Es geht also bei dem „unter uns", „heute" und „hier" um den Bereich unserer Entscheidungen und Begegnungen. Dieser Bereich ist zweifellos individuell sehr verschieden groß und man könnte daher meinen, diese Bestimmungen ließen sich schließlich auch verflüchtigen bis zum vollständigen Individualismus. Dem steht aber entgegen, daß wir durch unsere Geschichte objektiv in einen bestimmten Erfahrungs-, Verantwortungs- und Entscheidungszusammenhang gestellt sind, dem wir uns ohne Abstraktion nicht mehr entziehen können. Ob wir nun im Einzelnen darum wissen oder nicht, wir leben faktisch in diesem Zusammenhang. Darüber hinaus aber ist dieser Zusammenhang in ganz besonderer Weise gekennzeichnet, dadurch nämlich, daß bis in unsere Tage die Gestalt Christi sein mit Bewußtsein bejahter und anerkannter tragender Grund gewesen ist.[96] Wir stehen also als die, die wir geschichtlich sind, bereits mitten in dem Gestaltwerden Christi in einem von ihm selbst gewählten Ausschnitt | der Menschheitsgeschichte. In diesem Sinne verstehen wir als den Bereich, für den wir sprechen wollen und müssen,[97] das Abendland,[98] die bisher durch die Gestalt Christi

96 Z. B. F. Naumann, Briefe über Religion, 40, sieht die „Person Jesu" als „Zentralperson des Abendlandes. ... Jesus ist in allen besseren Formen unserer abendländischen Kultur irgendwie drin". □ **97** Gestr.: „als das ‚unter uns' ‚heute' und ‚hier', als mit dem Wort:". □ **98** Vgl. die Titel-Formulierung auf geeinte Welt der Völker Europas und Amerikas[99]. Ein enger gezogener Rahmen, also etwa die Beschränkung auf Deutschland, würde die Tatsache außer Kraft setzen, daß die Gestalt Christi die Einheit der abendländischen Völker ist und daß darum keines dieser Völker für sich bestehen oder auch nur bestehend gedacht werden kann. Ein weiter gespannter Rahmen würde die geheimnisvolle Tatsache der Eigenständigkeit der abendländischen Welt übersehen lassen.

Es wird nun zwar im Folgenden kein Programm für eine Gestaltung der abendländischen Welt entwickelt. Aber es wird davon die Rede sein, wie die Gestalt Christi in dieser abendländischen Welt Gestalt gewinnt. Es wird also weder abstrakt noch kasuistisch, es wird aber ganz konkret gesprochen werden müssen. Es bleibt dabei, daß nicht eine andere Gestalt neben die Gestalt Jesu Christi treten kann; denn nur er ist der Überwinder und der Versöhner der Welt. Nur diese Gestalt kann helfen. Es wird also alles, was konkret über das Gestaltgewinnen dieser Gestalt unter uns, heute und hier zu sagen ist, streng auf diese Gestalt Jesu Christi bezogen sein müssen. Andererseits ist in der Menschwerdung Christi die Gewähr dafür gegeben, daß Christus unter uns, hier und heute Gestalt gewinnen will.

Ethik als Gestaltung ist also das Wagnis, weder abstrakt noch kasuistisch, weder programmatisch noch rein erwägend von dem Gestaltwerden der Gestalt Jesu Christi in unserer Welt zu sprechen. Hier werden konkrete Urteile und Entscheidungen gewagt werden müssen. Hier kann Entscheidung und Tat nicht mehr dem Einzelnen in sein persönliches Gewissen geschoben werden, sondern hier gibt es konkrete Gebote und Weisungen, für die Gehorsam gefordert wird.[100]

„Ethik"-Zettel Nr. 1: „*Grundlagen und Aufbau* ... eines geeinten Abendlands". Oswald Spenglers vielbeachteter Buchtitel „Der Untergang des Abendlandes", zuerst 1917, hatte die Einheit dieses Bereichs hervorgehoben. Eine solche übergreifende Sicht stand während des nationalsozialistischen Regimes im Widerspruch zu dem exklusiven Interesse am eigenen Volk, mit dem der Nationalsozialismus die Geltung abendländischer Traditionen zerstörte. □ **99** „Europas und Amerikas" ersetzt: „des Westens [ersetzt: „der westlichen Erdhälfte"]". □ **100** Der gebietende Charakter ethischen Redens war angesichts des Entscheidungsdrucks, den das NS-Regime ausübte, selbstverständlicher als in einem durch Rechtsstaatlichkeit und Tradition geordneten und einen weiten Pluralismus zulassenden Gemeinwesen. Bonhoeffer sieht den Ausgangs-

Ethik als Gestaltung ist nur möglich aufgrund der gegen- | wärtigen Gestalt Jesu Christi in seiner Kirche. *Die Kirche ist der Ort, an dem das Gestaltwerden Jesu Christi verkündigt wird und geschieht.* Im Dienst dieser Verkündigung und dieses Geschehens steht die christliche Ethik.[101]

---

punkt christlicher Ethik, vgl. S. 85, nicht im Glauben des einzelnen, sondern – so wie Karl Barth Glaubenslehre und Ethik als kirchliche Dogmatik entfaltet – in der Kirche, die in einer Situation wie der im Dritten Reich in einem Kampf steht, der für das ganze Gemeinwesen und die Menschheit geführt wird. □

101 Die Bögen des Ms S. 62–90, das hier auf einem Bogen mit der Zahl „14." endet, sind einmal gemeinsam gefaltet (womöglich um sie anderswohin mitzunehmen). Mit hoher Wahrscheinlichkeit stellt die Zahl „15." auf „Ethik"-Zettel Nr. 31 sowie jeweils am Beginn der beiden Fassungen des Ms „Die Geschichte und das Gute", in dem Merkmale einer rechten Ethik weiter ausgeführt werden, den Anschluß an diese „14." her.

15

[illegible]

[illegible]

[illegible]

Erbe und Verfall.[1]

Von geschichtlichem Erbe kann nur im christlich-abendländischen Raum gesprochen werden. Gewiß gibt es auch im asiatischen Raum Überlieferungen und zwar viel ältere als bei uns. Aber sie nehmen teil an der Zeitlosigkeit der dortigen Existenz, und auch wo man den engsten Anschluß an die abendländische Welt gefunden hat, in Japan, behält die Geschichte mythologischen Charakter.[2] Der erste Artikel der heutigen japanischen Verfassung verpflichtet auf den Glauben an die Abstammung des Tenno von der Sonnengottheit.[3] Der mit dem Bewußtsein

1 Vgl. K. Jaspers, Die geistige Situation der Zeit; in der fünften Auflage des Buches – sie wird in den Herausgeberanmerkungen nach der Paginierung als Göschen-Bändchen 3000 zitiert – Überschrift des Dritten Teils (in der vierten Auflage, vgl. ⁴99, des Vierten Teils", 111: „Verfall und Möglichkeit des Geistes". Aus Jaspers' Buch ist auf „Ethik"-Zettel Nr. 6 ein Satz zitiert. In dieser Zeit der Arbeit an der „Ethik" sah Bonhoeffer, wie er aus Klein-Krössin am 9. 10. 1940 DBW 16, 66 schrieb, seine Bibliothek durch, die seit der Auflösung des Predigerseminars Finkenwalde im Herbst 1937 auf einem Bodenspeicher in Stettin-Altdamm lagerte; Karte NL A 59,1(4) Poststempel 8. 10. 1940: „In Altdamm habe ich neulich einige Kisten mit Büchern zur Fracht gegeben" nach Berlin. Er wird Bücher wie z. B. ein Exemplar der 5. Auflage des Jaspers-Bändchens zum Arbeiten bei sich behalten haben. Das Ms beginnt auf karierten Bögen, wie sie im vorangehenden Ms „Ethik als Gestaltung" ab S. 72,4 benutzt sind. Die Bögen des Ms „Erbe und Verfall", mit der Numerierung „15." bis „25" (ohne Punkt), sind im Unterschied zu den Bögen des Ms „Ethik als Gestaltung" (bis „14.") nicht gefaltet. □ **2** Japans Aufgreifen des europäischen (und auch spezifisch preußischen) Entwicklungsstandes in der Meiji-Zeit 1868–1912 ist in vielen zeitgenössischen Schriften erwähnt, z. B. bei O. Spengler, Jahre der Entscheidung I, 20: „Und eben damals [in der Bismarckzeit] begann ... Japan ... sich zu einer Großmacht europäischen Stils zu entwickeln". L. Abegg, Yamato, 68f (zur Erziehung in der japanischen Volksschule): „Von seiner Religion, von seinem alten Glauben erfährt der kleine Japaner vor allem im Geschichtsunterricht, denn Geschichte und Mythos sind ein und dasselbe!" Der Dreimächtepakt zwischen Deutschland, Italien und Japan wurde am 27. 9. 1940 in Berlin abgeschlossen. □ **3** Im Ms ist die europäische Bezeichnung „[Abstammung des] Kaisers" (nicht gestr.) ersetzt durch die darübergeschriebene japanische Bezeichnung des Staatsoberhauptes: „Tenno". Art. 1 der Verfassung des japanischen Kaiserreiches vom 11. 2. 1889: „Das Japanische Reich wird beherrscht und regiert durch die für ewige Zeiten ununterbrochene Dynastie"; Art. 3: „Der Tennô ist heilig und unverletzlich". Zu Art. 1 bis 4 schrieb der Zeitlichkeit verbundene und sich jeder Mythologisierung widersetzende Begriff des geschichtlichen Erbes ist allein dort möglich, wo der Eingang Gottes in die Geschichte an einem bestimmten Ort und Zeitpunkt, nämlich die Menschwerdung Gottes in Jesus Christus, das Denken – bewußt oder unbewußt – bestimmt.[4] Hier wird die Geschichte ernst, ohne daß sie heiliggesprochen würde. Gottes Ja und Gottes Nein zur Geschichte, wie es in der Menschwerdung und Kreuzigung Jesu Christi vernommen wird, bringt in jeden geschichtlichen Augenblick eine unendliche nicht aufzuhebende Spannung. Die Geschichte wird nicht zum vergänglichen Träger ewiger Werte, sondern sie wird durch Leben und Sterben Jesu Christi erst recht zeitlich. Gerade in ihrer Zeitlichkeit ist sie von Gott bejahte Geschichte. Die Frage nach dem geschichtlichen Erbe ist also | nicht die zeitlose Frage nach den ewig gültigen Werten der Vergangenheit. Vielmehr gibt sich hier der selbst in die Geschichte gestellte Mensch Rechenschaft von der Gegenwart, wie sie von Gott in Christus angenommen ist.

Die Väter sind für uns nicht die Ahnen, denen kultische Verehrung dargebracht wird;[5] das Interesse für Genealogien geht nur allzuleicht ins Mythologisieren über, das weiß schon das

---

im Jahre 1940 O. Koellreutter, Der verfassungsrechtliche Aufbau des gegenwärtigen Japan, 54: „Die japanische Mythologie baut sich hier organisch in das Verfassungsrecht ein." (Den Hinweis hierauf und auf Lily Abegg verdanken die Hg. Mitsuo Miyata.) Zugleich indirekte Anspielung auf die Bemühungen der NSDAP um Mythologisierung des Lebens in Deutschland, u. a. durch Rückgriff auf den Mythos vom „Tausendjährigen Reich"; Alfred Rosenbergs Buch „Mythus des 20. Jahrhunderts" wurde als verbindliche Schulungsgrundlage in der NSDAP benutzt. □ **4** Die Worte innerhalb der Gedankenstriche („bewußt oder unbewußt") sind ein Randzusatz; vgl. S. 162 („unbewußter Rest"). – F. Gogarten, Verhängnis, 104: „Sein [des Menschen] Leben und seine Welt hören also [„in der von Gott vollbrachten Ganzheit des Menschen und der Welt"] auf, mythisch zu sein und werden geschichtlich." Gogartens Buch erschien nach der ersten Ausgabe von Bonhoeffers „Ethik"; der Name Bonhoeffer ist nicht erwähnt. □ **5** *‚Ahnenkult‘*, weltweit verbreitet, ist z. B. im japanischen Shintoismus ein wesentlicher Teil der Religion. In jüdisch-christlicher Tradition wird das Vermächtnis der *‚Väter‘*, z. B. der Erzväter im Alten Testament, besonders Abrahams (vgl. Röm 4) und der Kirchenväter, als Erbe angeeignet, kaum das Vermächtnis der Mütter im Glauben, abgesehen von der Marienverehrung. Jesus Christus wird nie als Vater bezeichnet, so sehr steht bei ihm das Sohnesverhältnis zu Gott, dem Vater, im Vordergrund. Der nationalsozialisti-

Neue Testament (1 Tim 1[,4])[6]. Die Väter sind Zeugen des Eingangs Gottes in die Geschichte. Die durch nichts weiter zu begründende Tatsache der Erscheinung Jesu Christi vor 1941[7] Jahren ist es, die unseren Blick zurück auf die Väter lenkt und die Frage nach dem geschichtlichen Erbe wachruft.

Der geschichtliche Jesus Christus ist die Kontinuität unserer Geschichte. Weil aber Jesus Christus der verheißene Messias des israelitisch-jüdischen Volkes war, darum geht die Reihe unserer Väter hinter die Erscheinung Jesu Christi zurück in das Volk Israel. Die abendländische Geschichte ist nach Gottes Willen mit dem Volk Israel unlöslich verbunden, nicht nur genetisch, sondern in echter unaufhörlicher Begegnung. Der Jude hält die Christusfrage offen. Er ist das Zeichen der freien Gnadenwahl und des verwerfenden Zornes Gottes, „schau an die Güte und den Ernst Gottes" (R 11,22). Eine Verstoßung d. Juden[8] aus dem Abendland muß die Verstoßung Christi nach sich ziehen; denn Jesus Christus war Jude.[9]

In ganz anderer und höchst indirekter Weise gehört die griechisch-römische Antike zu unserem geschichtlichen Erbe. Ein wieder anderes Verhältnis haben wir zu unserer eigenen vorchristlichen völkischen Vergangenheit.

Die Antike steht in einer doppelten Beziehung zu der Er-

---

schen Mythologisierung der Ahnen, wie sie in der SS-Organisation „Ahnenerbe", um Einfluß auf die Wissenschaft bemüht, Ausdruck fand, setzt Bonhoeffer das Vätererbe entgegen. □ **6** In Vers 4 steht die Ermahnung, man möge nicht achthaben „auf die Fabeln und Geschlechtsregister", wie in LB μύθοις καὶ γενεαλογίαις („Mythen und Genealogien") übersetzt ist; in Bonhoeffers „Nestle" ist in diesem Vers mit Bleistift μύθοις unterstrichen und „T[itus] 1,14" am Rand notiert. □ **7** Im Ms zunächst: „2000"; diese Zahl ist durch die größer geschriebene Zahl ‚*1941*' verdeckt (Anzeichen für die Überarbeitung des Ms im Jahre 1941). Die in diesem Ms besonders häufigen Zusätze oder Umformulierungen am Rand werden in Auswahl durch Anmerkungen kenntlich gemacht. □ **8** Die Abkürzung läßt offen, ob ‚des Juden' oder ‚der Juden' (Einzahl oder Mehrzahl) gemeint ist. □ **9** Die Zeilen ab „nicht nur genetisch ..." sind zugesetzt, ab „Der Jude hält ..." am Rand. Kein „Ethik"-Zettel für dieses Ms enthält eine Notiz zu ‚*Jude*'. Am 19. September 1941 trat die Verordnung in Kraft, Juden hätten den gelben Davidstern sichtbar an der Kleidung zu tragen und jüdische Vornamen zu führen. In der Nacht vom 16. auf den 17. Oktober begann die Massendeportation von Juden aus Berliner Wohnungen, s. die Deportationsberichte 18. und 20. 10. 1941 DBW 16, 212–217. Vgl. E. Bethge, Dietrich Bonhoeffer und die Juden.

scheinung Jesu Christi. Sie ist die Zeit, in der Gottes Zeit in Erfüllung ging, in der Gott Mensch wurde, sie ist die Welt, die Gott in der Menschwerdung annahm, deren Gott | sich bediente, um die christliche Botschaft auszubreiten. Die Berufung des Apostels Paulus auf sein römisches Bürgerrecht und auf den Kaiser[10] macht es deutlich, daß Rom in den Dienst Christi gestellt wird. Die Antike aber ist es zugleich, für die das heiligste Zeichen der Gegenwart Gottes, das Kreuz, das Symbol äußerster Schande und Gottesferne ist. In dieser doppelten Beziehung der Antike zu Christus wird sie uns zum geschichtlichen Erbe, in ihrer Nähe und in ihrem Widerstreit zu Christus.

Der Repräsentant der Verbindung und Assimilation der Antike mit dem Christlichen wird das römische Erbe, der Repräsentant des Widerstreits und der Christusfeindschaft wird das griechische Erbe. Während die Völker des westlichen Abendlandes Frankreich, Holland, England, Italien in der Antike vorwiegend das römische Erbe suchten, ist das Verhältnis der Deutschen zur Antike vorwiegend durch das Griechentum bestimmt. Während das römische Erbe in ungebrochener Tradition durch die römisch katholische Kirche in unsere Zeit hineinragt,[11] erfolgte in der Reformation alsbald der Rückgriff auf die griechischen Quellen. Das Verhältnis der westlichen Völker zur Antike ist ein positiv-fundamentales. Die Antike wird zur festen Lebensform besonders in Erziehung[12] und Politik, deren Inhalt das Christliche ist. Die französischen, holländischen, englischen Humanisten[13] dienen der Versöhnung der Antike mit dem Christentum. In Deutschland ist die Spannung beziehungsweise der Bruch zwischen Antike und Christentum in jener für die westlichen Humanisten fast ärgerlich einseitigen

---

10 Act 22,25–29; 25,10 ff. □ 11 Vgl. die These von A. Harnack, Das Wesen des Christentums, Vierzehnte Vorlesung, 157: „*Unter der Hand schob sich so die römische Kirche an die Stelle des römischen Weltreichs*". Nicht berücksichtigt wird in Bonhoeffers Darstellung das Fortwirken des griechischen Erbes in Osteuropa. □ 12 Vgl. K. Jaspers, Die geistige Situation der Zeit, im Vierten Teil zu „Bildung und Antike", 114 f (^{4}101): „Die Antike hat faktisch begründet, was wir im Abendlande als Menschen sein können. In Griechenland ist der Bildungsgedanke zum erstenmal so verwirklicht und begriffen, wie er seitdem für jeden, der ihn versteht, gültig ist." □ 13 Vgl. in Frankreich Montaigne (DB 804: Bonhoeffer beschäftigte sich mit ihm während der Arbeit für seine „Ethik"), in Holland Erasmus, in England Thomas Morus.

Liebe zum Griechentum stark empfunden worden. Von Winkelmann bis zu Nietzsche gibt es hier eine bewußt antichristliche Vergegenwärtigung des griechischen Erbes.[14] Der Grund für dieses in Deutschland so anders als in den westlichen Völkern geartete Verhältnis zum antiken Erbe liegt unzweifelhaft in der Gestalt, die das Evangelium durch die Reformation in Deutsch- | land gefunden hat. Nietzsche konnte nur auf dem Boden der deutschen Reformation erwachsen. Der Widerspruch des Natürlichen gegen die Gnade tritt hier der Versöhnung von Natur und Gnade, wie sie im römischen Erbe gefunden wird, schroff gegenüber. Von hier aus konnte Nietzsche – für die westlichen Völker unbegreiflich – von einer deutschen reformatorischen Theologie positive Würdigung erfahren.[15] Es gibt im Abendland echtes antikes Erbe nur in Beziehung auf Christus.[16] Losgelöst von dieser Beziehung bleibt die Antike eine zeitlose Angelegenheit des Museums. Zum geschichtlichen Erbe im eigentlichen Sinne wird die Antike allein durch Christus. Wo die *Menschwerdung* Christi stärker in den Vordergrund der christlichen Erkenntnis tritt, dort wird die Versöh-

14 Winckelmann deutete das Wesen der altgriechischen Kunst als edle Einfalt und stille Größe (Bonhoeffer schreibt – wie W. Lütgert, Ethik der Liebe, 154 – den Namen fälschlich ohne c). Vgl. L. Helbing, Der dritte Humanismus, 14, zur ,,deutschen Klassik, wo von Winckelmann bis Hölderlin (Nietzsche) durch die Romanitas hindurch das deutsche Wesen [^{3}1935, 22: ,,und Nietzsche hindurch der deutsche Geist"] nach Hellas vorstieß, so die Urschicht des Abendlandes aufdeckte und sich als vollbürtigen Erben des größten Vermächtnisses der weißen Rasse erlebte". □ **15** Im Ms zunächst: ,,der deutschen reformatorischen Theologie"; ,,einer ..." ersetzt ,,der ...". Siehe z. B. E. Hirsch, Nietzsche und Luther (Hinweis: P. Köster, Nietzsche als verborgener Antipode, 405 Anm. 180), bes. 192–206. Vgl. K. Holl, Luther, 233: ,,Die Gnade gibt *Urteil* über alle Dinge und Lehren. Der vollkommene Christ wäre – man sieht, wie Luther das Nietzschewort von den ,neuen Tafeln' vorwegnimmt – imstande, aus der Gemeinschaft mit Christus heraus *neue Dekaloge zu schaffen*". Vgl. den Abschnitt ,,Von alten und neuen Tafeln" in: F. Nietzsche, Zarathustra III, Werke VI, 287–313 [KGW VI, 1, 242–265]. Diesen Gedanken nahm Bonhoeffer 1929 DBW 10, 331 auf. Siehe S. 288 (dort Verweis auf Luther). Siehe auch den Beginn des Kapitels „Das natürliche Leben" S. 163. □ **16** Ersetzt: „das Christentum." Die folgenden beiden Sätze „Losgelöst... Christus" sind ein Randzusatz. Im Unterschied zu Jaspers, der ein unmittelbares Eingehen des antiken Menschenbildes in die abendländische und deutsche Tradition anzunehmen scheint, betont Bonhoeffer die christliche Vermittlung dieses Erbes. Darin bestärken ihn Erfahrungen im Dritten Reich, vgl. S. 343f.

nung zwischen Antike und Christentum gesucht werden. Wo das *Kreuz* Christi die christliche Verkündigung beherrscht, dort wird der Bruch zwischen Christus und der Antike stark betont werden. Weil aber Christus sowohl der Menschgewordene als [auch] der Gekreuzigte, und als solcher in gleicher Weise erkannt werden will, darum bleibt auch das rechte Empfangen des geschichtlichen Erbes der Antike noch eine unabgeschlossene, abendländische Aufgabe, bei deren gemeinsamer Lösung sich auch die westlichen Völker und die Deutschen näher rücken werden.

In eigentümlichem Unterschied zur Antike steht unsere eigene vorchristliche völkische Vergangenheit[17] zu uns nicht im Verhältnis eines geschichtlichen Erbes, sondern eines naturhaft wachstümlichen Zusammenhangs. Das hat seinen Grund in der nicht weiter ableitbaren Tatsache, daß es deutsche – aber auch englische, französische – Geschichte erst seit der Begegnung mit Christus und zwar in der Gestalt des römischen Christentums gibt. Auch die Lösung von Rom als dem Sitz des Papstes hat weder in England noch in Deutschland zu einem Rückgriff auf die eigene vorchristliche | Vergangenheit geführt. In England bleibt sogar das römische Erbe selbst im wesentlichen unangetastet bis zu dieser Stunde. Die neue Lehre der Reformation hat daran so gut wie nichts geändert.[18] In Deutschland greift der Bruch mit Rom auch die Grundlage des geschichtlichen römischen Erbes an. Dennoch ist auch hier kein Gedanke daran, an seine Stelle die eigene vorchristliche Vergangenheit zu setzen. Der Grund dafür ist nicht eine unverantwortliche völkische Selbstvergessenheit, sondern die schlichte Tatsache, daß es hier kein echtes geschichtliches Erbe gibt. Neuerliche Versuche, an diese eigene vorchristliche Vergangenheit anzuknüpfen, gehen Hand in Hand mit einer Mythologisierung der Geschichte, die im abendländischen Raum keine Aussicht auf Bestand mehr ha-

---

17 Vgl. K. Jaspers, Die geistige Situation, 115 (^{4}101 f): „Unser wenn auch stets verwandelter Grund ist das Altertum, erst in zweiter Linie und ohne autonome Bildungskraft die Vergangenheit des eigenen Volkes. Wir sind Abendländer in der jeweiligen Zugehörigkeit zu einem Volkstum, welches durch eine spezifische Aneignung des Altertums | so geworden ist." □ **18** Die Aussagen über England betreffen die anglikanische Kirche, die durch den Bruch mit Rom entstand, den König Heinrich VIII. 1534 vollzog.

ben kann.[19] So bleibt uns unsere eigene vorchristliche völkische Vergangenheit zwar naturhaft, als Art oder wenn man will als Rasse gegenwärtig. Geschichtliches Erbe ist sie nicht und kann sie nie mehr werden.

Ganz anders steht es nun aber mit unserer eigenen christlichen Vergangenheit. Sie ist geschichtliches Erbe und zwar gemeinsames abendländisches Erbe.[20] Jesus Christus hat das Abendland zu einer geschichtlichen Einheit gemacht. Die großen Einschnitte der Geschichte sind von abendländischem Ausmaß. Die Einheit des Abendlandes ist nicht eine Idee, sondern eine geschichtliche Wirklichkeit, deren einziger Grund Christus ist. Die großen geistigen Bewegungen gehören von nun an dem ganzen Abendland an. Selbst die abendländischen Kriege zielen auf die Einheit des Abendlandes. Sie sind nicht Ausrottungs- und Vernichtungskriege, wie in der vorchristlichen Zeit und wie sie heute im asiatischen Raum noch möglich sind,[21] sie sind daher, solange sie abendländische Kriege sein wollen, niemals totale Kriege.[22] Der totale Krieg bedient sich aller denkbaren Mittel, die dem Zweck der völkischen Selbsterhaltung dienlich sein könnten. Alles ist recht und erlaubt, was der eigenen Sache dient. Der abendländi- | sche Krieg hat von jeher zwischen erlaubten und unerlaubten, rechten und verbrecherischen Mitteln

---

19 ‚*Mythologisierung*' betrieben neben den Nationalsozialisten (vgl. in Anm. 3 zu S. 93) auch das Ehepaar Mathilde und Erich Ludendorff und andere völkische Richtungen sowie Gruppen, die eine deutsche Gottgläubigkeit vertraten. Für die letztere Bewegung war der bekannteste Sprecher Jakob Wilhelm Hauer, den die Nationalsozialisten zunächst benutzten, bald aber mißbilligten, s. Margarete Dierks' Buch über Hauer. □ **20** Statt sich hier auf ‚völkisches' Denken einzulassen – vgl. etwa eine Äußerung Hans von Kleists 1880 (nach F. W. von Oertzen, Junker, 305): „Aber wenn wir je vergessen könnten, daß das Christentum es ist, was das deutsche Volk zum deutschen Volk gemacht hat, dann wird es freilich überhaupt mit dem deutschen Volk zu Ende gehen" –, betont Bonhoeffer sofort die übergreifende ‚*abendländische*' Gemeinsamkeit. □ **21** Hier mag auf die Kriegführung des modernen Japan, das sein Heerwesen seit 1873 nach europäischem Muster gestaltet hatte, angespielt sein, z. B. im Eroberungskrieg gegen China ab 1937. Zugleich verdeckte Anspielung auf den europäischen Kriegsschauplatz, wo 1940 in Polen ‚*Ausrottungs- und Vernichtungs*'-Strategien praktiziert wurden. □ **22** Der Begriff des ‚*totalen Krieges*' war besonders von Ludendorff eingeführt worden. Goebbels benutzte ihn am 18. 2. 1943 nach der Kapitulation der Reste der deutschen Truppen in Stalingrad („Wollt ihr den totalen Krieg?").

der Kriegsführung unterschieden.[23] Der Verzicht auf die vielleicht wirksamen, aber verbrecherischen Mittel der Tötung von Unschuldigen, des Quälens, der Erpressung und so weiter war möglich aufgrund des Glaubens an ein gerechtes göttliches Weltregiment. Immer blieb der Krieg etwas wie eine Anrufung des Gottesgerichts,[24] dem sich zu beugen man beiderseits willig war. Erst wo der christliche Glaube an Gott verloren geht, muß der Mensch selbst sich aller – auch der verbrecherischen – Mittel bedienen, um den Sieg seiner Sache zu erzwingen. So wird aus dem auf die Einheit unter Gottes geschichtlichem Richterspruch zielenden ritterlichen Krieg unter christlichen Völkern der totale Vernichtungskrieg, in dem alles – auch das Verbrechen – gerechtfertigt wird, was der eigenen Sache dient, und in dem der Feind,[25] der bewaffnete wie der wehrlose zum Verbrecher wird. Erst mit dem totalen Krieg ist die Einheit des Abendlandes bedroht.

Die Einheit des Abendlandes durch die Gestalt Jesu Christi ist das Erbe, das wir aus den Frühzeiten unserer Geschichte empfangen.[26] Papst und Kaiser ringen um die Gestaltung dieser Einheit. Unbestritten ist Jesus Christus als die über beiden stehende letzte Einheit. Im Papsttum nimmt die höchste christliche Autorität, der Stellvertreter Christi auf Erden, auch die höchste politische Gewalt für sich in Anspruch zum Zwecke der Aufrichtung des Reiches Christi auf Erden.[27] Das Kaisertum leitet aus seiner höchsten politischen Autorität zugleich den

---

23 Die Lehre vom ,,gerechten Krieg" (bellum iustum) zur Wiederherstellung verletzten Rechts wurde seit Augustin überliefert. Vgl. dazu W. Huber/H.-R. Reuter, Friedensethik, 51 f (Augustin) u. ö. □ **24** ‚Gottesurteil' (Ordal) heißt die Entscheidung von Rechtsstreitigkeiten durch ein Zeichen, das man von Gott (bzw. einer Gottheit) als dem Beschützer der Unschuldigen erwartet. □ **25** Vgl. die Freund-Feind-Theorie bei C. Schmitt, Der Begriff des Politischen (1933). □ **26** Gestr.: ,,Seine erste konkrete Gestalt ist die römische Kirche des Mittelalters". □ **27** Vgl. A. Harnack, Das Wesen des Christentums, 159: ,, . . . sobald nur die beiden Obersätze richtig sind: ‚Die römische Kirche ist das Reich Gottes', und ‚die Kirche muß wie ein irdischer Staat regieren.' . . . Wie viele ernste katholische Christen haben wirklich nichts anderes gewollt, als die Herrschaft Christi auf Erden aufzurichten und sein Reich zu bauen!" Vgl. insbesondere den Investiturstreit des 11. Jahrhunderts sowie Papst Bonifatius' VIII. Bulle ,,Unam Sanctam" vom 18. 11. 1302 und die hier ausgebaute Zwei-Schwerter-Theorie.

Anspruch auf höchste christliche Vollmacht ab. Die Gestalt der abendländischen Einheit ist für den Papst die römische Kirche, für den Kaiser das Reich. Kaiser und Papst suchen nicht den Sturz des anderen, sie ringen gemeinsam und gegeneinander um die Einheit von Kirche und Reich, um die Einheit im Glauben und in der politischen Gestalt des Abendlandes. Sie können in ihrem tiefsten Anspruch nur | miteinander siegen oder miteinander stürzen.[28] Mit der abendländischen Glaubensspaltung zerfällt auch das Kaisertum. Das corpus christianum[29], die durch Kaiser und Papst im Auftrage Jesu Christi regierte und zusammengefaßte christlich-abendländische Gemeinschaftsordnung zerbricht mit der Reformation. Das Erbe des Mittelalters ragt noch in unsere Zeit hinein in der Gestalt der römischen Kirche. Die römische Kirche aber ist das Papsttum. Diese Erkenntnis hat sie gerade in der Zeit immer deutlicheren Verfalls in großartigem Protest feierlich ausgesprochen.[30] Es ist ihr unüberhörbarer Anspruch, daß es nur *Eine* Kirche und nur *Einen Glauben* gibt und daß die Christenheit ein sichtbares Haupt, einen Oberhirten braucht, der sie leitet und der sich in väterlicher Fürsorge der Gläubigen annimmt. Solange es aber ein Papsttum gibt, solange kann auch die Sehnsucht nach dem verlorenen abendländischen Reiche, nach dem corpus christianum nicht versiegen, in dem Kaiser und Papst miteinander die Hüter der Einheit des christlichen Abendlandes sind.

---

28 Vgl. 16. 7. 1944 WEN 391: ,,Ob nun der Gang Heinrichs IV. [nach Canossa, um durch Selbstdemütigung die Lösung vom Bann durch Papst Gregor VII. zu erwirken] aufrichtig oder diplomatisch zu verstehen ist, vor dem geistigen Auge der europäischen Völker steht das Bild Heinrichs im Januar 1077 unvergessen und unauslöschlich da. ... Wir haben alle diese großen Auseinandersetzungen in der Schule als ein europäisches Unglück anzusehen gelernt. In Wahrheit liegt in ihnen der Ursprung der geistigen Freiheit, die Europa groß gemacht hat.“ □ **29** Dt.: ,,christlicher Körper“ oder (Christenheits-),,Leib“. Vgl. auf ,,Ethik“-Zettel Nr. 23 innerhalb einer durch Tintenstriche umrahmten Gruppe von Notizen: ,,Leib Christi [=] corpus Christi, nicht Christianum als Ausgangspunkt“. Auf dem Zettel Nr. 23 ist das 1940 geschriebene Ms ,,Ethik als Gestaltung“ vorbereitet; durch die Umrahmung erinnerte Bonhoeffer sich offenbar bei einer späteren Durchsicht (1941), die ‚*corpus*‘-Ausdrücke noch aufzunehmen. Sie erscheinen im Ms in Zusätzen. □ **30** Die nachdrücklichste Proklamierung der päpstlichen Weltherrschaft war die Bulle ,,Unam Sanctam“ 1302. Bonhoeffer erwähnt sie auf ,,Ethik“-Zettel Nr. 5.

Mit der Reformation zerbrach die Einheit des Glaubens.[31] Nicht weil es Luther so gewollt hätte. Es ging ihm vielmehr ganz um die wahre Einheit der Kirche.[32] Aber er erkannte unter der Gewalt des biblischen Wortes, daß die Einheit der Kirche allein in dem in seinem Wort und Sakrament lebendigen Jesus Christus, nicht aber in einer politischen Gewalt bestehen könne. Damit zertrümmerte er das Gefüge der auf der römischen Tradition gegründeten Kirche. Nur ein Papst, der sich vorbehaltlos dem biblischen Wort unterwarf, konnte der Hirte der geeinten Christenheit sein. Weil aber der Papst, gebunden durch die Tradition, diese Unterwerfung nicht vollziehen konnte, darum zerbrach die Einheit der Christenheit.[33] Das corpus Christianum löst sich in seine echten Bestandteile auf: das corpus Christi[34] und die Welt. In seiner Kirche herrscht Christus nicht mit dem Schwert, son- | dern allein mit seinem Wort. Einheit des Glaubens gibt es allein unter dem wahren Wort Jesu Christi. Das Schwert aber gehört dem weltlichen Regiment, das in seiner Weise, in der rechten Wahrnehmung seines Amtes demselben Herren Jesus Christus dient. Es gibt Zwei Reiche, die solange die Erde steht, niemals miteinander vermischt, aber auch niemals auseinandergerissen werden dürfen, das Reich des gepredigten Wortes Gottes und das Reich des Schwertes, das Reich der Kirche und das Reich der Welt, das Reich des geistlichen Amtes[35] und das Reich der weltlichen Obrigkeit. Niemals kann das Schwert die Einheit der Kirche und des Glaubens schaffen, niemals kann die Predigt die Völker regieren. Aber der Herr beider Reiche ist der in Jesus Christus offenbare Gott. Er regiert die Welt durch das Amt des Wortes und das Amt des Schwertes. Ihm sind die Träger dieser Ämter Rechenschaft schuldig.[36] Es gibt nur Eine Kirche und das ist die

---

31 Gestr.: „und das Reich". □ **32** Gestr.: „und des Reiches". □ **33** Gestr.: „Es zerbrach aber damit auch die politische Gewalt des Papsttums. Denn Christus herrscht". In der Hat schrieb Bonhoeffer am Reformationstag 31. 10. 1943 WEN 141: ,,Er [Luther] wollte eine echte Einheit der Kirche und des Abendlandes, das heißt der christlichen Völker, und die Folge war der Zerfall der Kirche und Europas". □ **34** Dt.: ,,Leib Christi". □ **35** Ersetzt: ,,Reich des Glaubens". □ **36** Hier formuliert Bonhoeffer sein Verständnis einer rechten lutherischen Zwei-Reiche-Lehre. Vgl. die Thesen II und V der Barmer Theologischen Erklärung, in: K. D. Schmidt, Bekenntnisse 1934, 93 f.

durch das Wort Jesu Christi allein regierte Kirche des Glaubens. Sie ist die wahre katholische Kirche, die niemals untergegangen ist und auch noch in der Kirche Roms verborgen ist. Sie ist der Leib Christi – corpus Christi. Sie ist die wahre Einheit des Abendlandes. Die Frage der politischen Einheit des Abendlandes ist für Luther nicht brennend. Er glaubt sie noch durch den Kaiser gewährleistet. Erst die ihm von seinen Freunden schwer abgerungene Anerkennung des Rechtes auf den bewaffneten Widerstand der Fürsten gegen den Kaiser macht auch den politischen Bruch sichtbar.[37] Luthers Linie ausziehend aber wäre wohl zu sagen, daß die politische Einheit in der rechten Wahrnehmung des obrigkeitlichen Amtes an jeder Stelle bestehen würde und daß eine rechte Obrigkeit gerade in der Anerkennung der wahren Einheit des Glaubens das festeste Fundament der politischen Einheit finden würde. Der 30jährige Krieg enthüllte schließlich[38] die durch die Glaubensspaltung entstandene[39] politische Zerrissenheit des Abendlandes. Der Westfäli-|sche Friede[40] besiegelte die konfessionelle Spaltung als abendländisches Schicksal und Erbe. In der Anerkennung der darin gelegenen gemeinsamen, von Menschen nicht mehr aufzuhebenden Schuld und Not der abendländischen Christenheit, bahnt sich zugleich ein neues Bewußtsein der trotz und in dieser Trennung bestehenden abendländischen Einheit an. Die Schuld der abendländischen Christenheit an Jesus Christus sollte als gemeinsame Schuld die in dem Namen Jesu Christi, der hier wie dort angerufen wurde, bestehende Einheit des Abendlandes nicht[41] zerstören dürfen.

Dennoch setzt nun sehr schnell auf der ganzen Linie der große Säkularisierungsprozeß[42] ein, an dessen Ende wir heute

---

37 Die Zeilen ab „Erst die ihm ..." sind ein Rand-Zusatz. Luther gab 1538/39 seine seit 1530 geübte Zurückhaltung bei der Diskussion des Widerstandsrechts schließlich auf; vgl. E. Wolgast, Die Wittenberger Theologie, 243. □ **38** Ersetzt: „dann freilich in verhängnisvoller Weise". □ **39** Ersetzt: „unvermeidlich gewordene". □ **40** Der in Münster in Westfalen und Osnabrück 1648 geschlossene Friede beendete den Krieg, der 1618 ausgebrochen war. □ **41** Gestr.: „endgültig". □ **42** ‚*Säkularisierung*', juristisch-politisch die Überführung kirchlichen Besitzes in weltliche Verfügung, meint hier geistesgeschichtlich die Verweltlichung im Sinne von Herauslösung des Natürlichen, Politischen, Wissenschaftlichen und Kulturellen aus dem Zusammenhang des corpus christi-

stehen. Auf protestantischer Seite fand man in der mißverstandenen lutherischen Lehre von den Zwei Reichen die Befreiung und Heiligsprechung der Welt und des Natürlichen. Obrigkeit, Vernunft, Wirtschaft, Kultur nehmen das Recht einer Eigengesetzlichkeit für sich in Anspruch, verstehen sich aber in dieser Eigengesetzlichkeit durchaus[43] nicht im Gegensatz zum Christentum. Vielmehr sieht man gerade hierin den eigentlichen vom reformatorischen Christentum geforderten Gottesdienst. Die ursprünglich reformatorische Botschaft, daß es eine Heiligkeit des Menschen weder im Sakralen noch im Profanen an sich, sondern allein durch das gnädige sündenvergebende Wort Gottes gibt, ist hier in tiefe Vergessenheit geraten. Man feiert die Reformation als die Befreiung des Menschen in seinem Gewissen, seiner Vernunft, seiner Kultur, als die Rechtfertigung des Weltlichen an sich.[44] Der biblische reformatorische Gottesglaube[45] hatte die Welt radikal entgöttert. Damit war der Boden für das Aufblühen der rationalen und empirischen Wissenschaften bereitet und während die Naturwissenschaftler des 17. und 18. Jahrhunderts noch gläubige Christen waren, blieb mit dem Schwinden des Gottesglaubens nur noch eine rationalisierte, mechanisierte Welt zurück.[46] | Auf katholischer Seite wurde der

---

anum, wobei einerseits eine Entfremdung vom Christlichen eintritt, andererseits aber Strukturen, die durch den christlichen Glauben geprägt sind, weiterwirken, z. B. die radikale Entgötterung der Welt durch den biblischen Glauben, vgl. S. 104,16. Doch kann der Säkularisierungsprozeß auch diese zunächst noch unbewußt erhaltenen Strukturen zerstören, also in christentumsfeindliche Zustände führen, für die Friedrich Gogarten in seinem Buch „Verhängnis und Hoffnung der Neuzeit" 1953 den rein pejorativen, abweisenden Begriff ‚Säkularismus' eingeführt hat, vgl. a. a. O., 223: Das Christentum wird „verdeckt und verstellt", wenn es „aus einem säkularisierten Gebilde zu einem säkularistischen wird". Nachweise für Bonhoeffers Überlegungen zur neuzeitlichen Säkularisierung s. ThDB 377–379. □ **43** Gestr.: „als im Dienste Gottes". □ **44** Vgl. DBW 4 (N), 36: „Aus der Rechtfertigung des Sünders in der Welt wurde [bei Luthers Schülern] die Rechtfertigung der Sünde und der Welt." □ **45** Ersetzt: „Schöpferglaube". □ **46** Die Zeilen ab „Der biblische reformatorische ..." sind später zugesetzt. Auf „Ethik"-Zettel Nr. 6 ist der Satz Jaspers' zitiert: „Was kein Gott in den Jahrtausenden für den Menschen getan, macht dieser durch sich selbst" „Jaspers S 17" (in der Paginierung als Göschen-Bändchen 3000: 20). Vgl. auch K. Jaspers, a. a. O., 19 (^{4}16 f): „Als ein Spezifisches der neueren Jahrhunderte ist seit Schiller die *Entgötterung der Welt* bewußt. ... Das protestantische Christentum machte vollen Ernst; die Naturwissenschaften mit ihrer Rationalisierung, Mathematisierung und Mechanisie-

Säkularisierungsvorgang schnell revolutionär antikirchlich, ja antichristlich. So kam er auch in dem katholischen Frankreich zuerst zu revolutionärem Ausbruch.[47] Die französische Revolution ist und bleibt aber bis zum heutigen Tag das Signal des modernen Abendlandes. In erstaunlichster Zusammenballung werden hier mit elementarer Wucht die Gedanken, Forderungen, Bewegungen vieler nachfolgender Generationen mit einem Mal ans Tageslicht der Geschichte geschleudert. Kult der ratio[48] und Naturvergötterung, Fortschrittsglaube und Kulturkritik, Aufstand des Bürgertums und Aufstand der Massen[49], Nationalismus und Kirchenfeindschaft, Menschenrechte und diktatorischer Terror – all dies bricht miteinander als etwas Neues in der Geschichte des Abendlandes chaotisch hervor. Die französische Revolution ist die Enthüllung des befreiten Menschen in seiner ungeheuren Gewalt und seiner entsetzlichsten Verzerrung. Der befreite Mensch, das heißt hier die befreite ratio, die befreite Klasse, das befreite Volk. Die französische Revolution hinterließ im ganzen Abendland ein tiefes Erbeben vor diesem Bild des neuen Menschen[50] und einen Schauer vor den Abgründen der Verirrung. Man spürte das wirklich Neue mit allen seinen Verheißungen und man fürchtete doch vor allem die Wiederholung des Grauenhaften. Aber willig oder widerstrebend mußte man dem Neuen Raum geben.[51]

---

rung der Welt hatten zu diesem Christentum eine Affinität. Die großen Naturforscher des 17. und 18. Jahrhunderts waren fromme Christen. Wenn dann aber am Ende der Zweifel den Schöpfergott strich, so blieb als Sein die in den Naturwissenschaften erkennbare Weltmaschinerie, welche ohne vorherige Erniedrigung zur Kreatur nie in solcher Schroffheit erfaßt wäre. Diese Entgötterung ist nicht der Unglaube einzelner, sondern die mögliche Konsequenz einer geistigen Entwicklung, welche hier in der Tat ins Nichts führt." Max Weber sprach von „Entzauberung der Welt", z. B. in: Die Wirtschaftsethik der Weltreligionen. Konfuzianismus und Taoismus, Gesamtausgabe I/19, 114 und 450. □ **47** Der Vorwurf, daß der Katholizismus in Frankreich die Radikalität der Revolution mitverschuldet habe, weil dieser Katholizismus dem modernen Geist keinen Raum bot, ist im Protestantismus des 19. und 20. Jahrhunderts ein traditionelles Urteil. □ **48** Dt.: „Vernunft". □ **49** „Aufstand der Massen" ist der Titel eines Buches von José Ortega y Gasset, das in deutscher Übersetzung 1931 erschien. □ **50** Ersetzt: „vor den neuen Möglichkeiten des Menschen". □ **51** In einer langen Streichung, die an späterer Stelle ins Ms eingearbeitet wurde, schloß hier der Hinweis auf die Menschenrechte und die Erwähnung der „Masse" an, s. S. 108 und 109.

Die befreite ratio erhob sich zu ungeahnter Größe. Ihr freier Gebrauch schuf eine Atmosphäre der Wahrhaftigkeit, Helle, Klarheit. In Vorurteile, gesellschaftliche Dünkel, verlogene Formen und dumpfe Gefühlsseligkeit fuhr frischer Wind der Verstandeshelle heilsam hinein. Intellektuelle Redlichkeit in allen Dingen, auch in den Fragen des Glaubens[52], war das hohe Gut der befreiten ratio und gehört seitdem zu den unaufgebbaren sittlichen Forderungen des abendländischen Menschen. Die Verachtung der Zeit des Rationalismus ist ein | verdächtiges Zeichen für einen Mangel an Bedürfnis nach Wahrhaftigkeit. Daß intellektuelle Redlichkeit nicht das letzte Wort über die Dinge ist, daß die Helle des Verstandes oftmals auf Kosten der Tiefe der Wirklichkeit geht, hebt doch niemals mehr die innere Verpflichtung zu ehrlichem und sauberem Gebrauch der ratio auf. Hinter Lessing und Lichtenberg[53] können wir nicht mehr zurück.

Ihre unermeßliche Kraft erwies die befreite ratio jedoch nicht so sehr an den Fragen des Glaubens und des Lebens, sondern in der Entdeckung jener geheimnisvollen Korrespondenz zwischen den Gesetzen des Denkens und denen der Natur.[54] Die ratio wird zur Arbeitshypothese, zum heuristischen Prinzip und führt damit zu dem unvergleichlichen Aufstieg der Technik. Dabei handelt es sich um etwas in der Weltgeschichte prinzipiell Neues. Von den ägyptischen Pyramiden über die griechischen Tempel, die mittelalterlichen Dome bis zum 18. Jahrhundert war die Technik eine Sache des Handwerks. Sie diente der Religion, den Königen, der Kunst und den täglichen Bedürfnissen der Menschen. Die Technik des neuzeitlichen Abendlandes hat sich von jeder Dienststellung befreit, sie ist gerade nicht wesentlich Dienst, sondern Herrschaft und zwar Herrschaft über die Natur.[55] Es ist ein völlig neuer Geist, der sie hervorbringt und mit dessen Erlöschen sie auch wieder zuende gehen wird, der Geist der gewaltsamen Unterwerfung der Natur unter den denkenden und experimentierenden Menschen. Die Tech-

---

52 Ersetzt: „in den religiösen" [Dingen]. □ **53** Gotthold Ephraim Lessings ‚*intellektuelle Redlichkeit*' wirkte prägend; Georg Christoph Lichtenberg bekämpfte witzig eine irrationale Empfindsamkeit und das Genietreiben des Sturm und Drang. □ **54** Vgl. S. 104 die Andeutung zum „Aufblühen der rationalen und empirischen Wissenschaften". □ **55** Vgl. die Überlegungen zur Technik in DBW 3 (SF), 62.

nik wird Selbstzweck, sie hat ihre eigene Seele, ihr Symbol ist die Maschine, die gestaltgewordene Vergewaltigung und Ausbeutung der Natur.[56] Erst gegen die neuzeitliche Technik wendet [sich] daher begreiflicherweise der Widerspruch einer naiven[57] Gläubigkeit. Sie spürt hier den menschlichen Übermut, der eine Gegenwelt gegen die von Gott geschaffene Welt aufrichten will und sieht in der zeit- und raumüberwindenden Technik ein widergöttliches Un- | terfangen. Die Wohltaten der Technik verblassen hinter ihren Dämonien[58].

Es kann nicht übersehen werden, daß die Technik allein auf dem Boden des Abendlandes und das heißt in der durch das Christentum und insbesondere durch die Reformation bestimmten Welt erwachsen ist.[59] Wo sie in orientalische Länder eindringt, bekommt sie einen völlig anderen Sinn, indem sie ihre Selbstzwecklichkeit verliert. Die technische Entwicklung in der islamitischen Welt zum Beispiel bleibt ganz im Dienst des Gottesglaubens und des Aufbaus der islamischen Gemeinschaft. Ibn Saud soll in einer Unterredung etwa folgendes geäußert haben: ,,ich schließe mich von der europäischen Zivilisation nicht ab, aber ich benutze sie so, wie sie Arabien, der arabischen Seele und dem Willen Gottes entspricht . . ich habe Maschinen aus Europa holen lassen, aber die Irreligiosität will ich nicht. Die moslemischen Völker müssen aus ihrem langen Traum erwachen. Sie haben Waffen nötig, aber die stärkste Waffe ist der Glaube an Gott, der demütige Gehorsam gegen die göttlichen Gesetze. Der Haß stammt nicht von Gott, das von Haß erfüllte Europa wird sich mit seinen eigenen Waffen vernichten.“[60]

Es ist die Befreiung der ratio zur Herrschaft über die Schöp-

---

56 O. Spengler, Mensch und Technik, 73, spricht von der Maschine als ,,der listigsten aller Waffen gegen die Natur“; 79: ,,Die Maschine ist letzten Endes ein *Symbol*“. □ **57** Ersetzt: ,,aller primitiven“. □ **58** Ersetzt: ,,hinter den Verheerungen, die sie anrichtet“. □ **59** Vgl. K. Jaspers, Die geistige Situation, 118 (^{4}105): In der Welt nach dem Aufstieg der Technik ,,bestehen kann nur, was in die neue vom Abendland geschaffene, aber ihrem Sinn und ihrer Wirkung nach allgemeingültige Welt der technischen ratio eintritt“. □ **60** Das Zitat ist am Ms-Rand nachgetragen. Zu Ibn Saud vgl. die journalistische Darstellung bei R. Donkan, Die Auferstehung Arabiens, bes. 206: ,,Die Mohammedaner“, so erklärte Ende der zwanziger Jahre Ibn Saud die von ihm eingeführten Maschinen den Bauern und Nomaden, ,,sind heute im Begriff, aus einem langen fung, die zum Triumphe der Technik geführt hat. Das technische Zeitalter ist ein echtes Erbe unserer abendländischen Geschichte, mit dem wir uns auseinanderzusetzen haben und hinter das wir nicht zurückkönnen.

Aus der befreiten ratio entsprang die Entdeckung der ewigen Menschenrechte.[61] Man fand sie in dem mit jedem Menschen geborenen Recht auf Freiheit, in der Gleichheit aller Menschen vor dem Gesetz, in der brüderlichen Verbundenheit alles dessen, was Menschenantlitz trägt.[62] Aus einem ewigen Recht seiner Natur heraus befreit sich der Mensch vom dumpfen Zwang, von staatlicher und kirchlicher Bevormundung, von gesellschaftlicher und ökonomischer Verge- | waltigung, nimmt er das Recht auf Menschenwürde, auf freie Bildung, auf Anerkennung der Leistung für sich in Anspruch, erblickt er im anderen Menschen den Bruder oder den Feind der Menschenrechte. Die zentralistische und absolutistische Gewaltherrschaft, die geistige und gesellschaftliche Tyrannei, ständische Vorurteile und Privilegien, kirchliche Machtansprüche stürzen unter diesem Ansturm zusammen.[63] Die benachteiligten Klassen geraten in Bewegung. „Es gibt für keinen Teil der Nation noch für irgendein

---

Schlafe zu erwachen. Sie brauchen Waffen; erstens geistige Waffen wie Glaube, Demut und Gehorsam vor Gott. Aber zweitens auch wirkliche Waffen, Flugzeuge und Autos." Donkan zufolge herrschte 1924 nach der Eroberung Mekkas durch Ibn Saud „eine solch religiöse Hingabe in dem Heiligtum, daß Ibn Saud nicht nur die vom Ritus vorgeschriebenen Gebete sprach, sondern sich mit dem Gesicht auf die Erde warf und in Ekstase: ‚Gott, mein Gott, nimm meine Seele' ausrief – . . ." (a. a. O., 185). Vgl. auch D. von Mikusch, König Ibn Sa'ud, 317 (Zitat einer Äußerung des Sohnes Ibn Sauds; Hinweis: Werner Ende). Zum Hintergrund H. Mejcher, Saudi-Arabiens Beziehungen zu Deutschland in der Regierungszeit von König 'Abd al-'Aziz Ibn Sa'ud. □ **61** Vgl. K. Jaspers, Die geistige Situation, 9f ([4]9): „Erst die *französische Revolution* geschah in dem Bewußtsein, durch die Vernunft das menschliche Dasein aus der Wurzel umzuschaffen, nachdem seine als schlecht erkannte historisch überkommene Gestalt zerstört wäre." Ihre Vorgänger in Amerika „hatten in beginnender Säkularisierung den Gedanken der allgemeinen Menschenrechte erfaßt". Die am 12. 6. 1776 in Virginia, der frühesten englischen Kolonie in Nordamerika, erlassene Erklärung der Rechte ist die älteste Menschenrechtserklärung. □ **62** Liberté, égalité, fraternité (Freiheit, Gleichheit, Brüderlichkeit) war die zündende Parole der Französischen Revolution. □ **63** Im Ms an dieser Stelle Einfügungszeichen, dazu am Rand: „*Deutscher* [verbessert aus: „*Dritter*"] *Humanismus, Idealismus.*" Das Stichwort „dritter Humanismus" (geistesgeschichtliche Strömung seit etwa 1920, repräsentiert bes. durch Werner Jaeger) findet sich auf „Ethik"-

Individuum weder ein Privilegium noch eine Ausnahme von dem allgemeinen Recht der Franzosen." „Das Gesetz ist der Ausdruck des allgemeinen Willens." (Erklärung der Menschenrechte.)[64] Zuerst schafft sich das Bürgertum neben dem Geburtsadel seine gleichberechtigte Position als Leistungsadel. Die ratio verschafft sich ihr Recht gegen das Blut. Bürgertum und ratio gehören seitdem untrennbar zusammen. Hinter dem Bürgertum aber erhebt sich drohend und dunkel die Masse,[65] der vierte Stand,[66] in keinem anderen Namen als in eben dem der Masse und ihres Elends. Die Millionen, die durch nichts geadelt sind und sein können als durch ihr unverschuldetes Elend erheben ihre Anklage und ihren Anspruch gegen den Adel des Blutes wie der Leistung, die Masse verachtet die Gesetze des Blutes wie die der Vernunft und schafft sich das Gesetz der Not[67]. Es

---

Zettel Nr. 8. L. Helbing, Der Dritte Humanismus, 9 [^{3}1935: 15], erinnert an die „Sage vom Dritten Reich": „... *Drittes Reich* ist ... Krönung der deutschen Idee." Mit Hinweis auf Helbings Buch A. D. Müller, Ethik, 202 (auf dieser Seite Bleistiftstrich in Bonhoeffers Exemplar): „Was wir brauchen, ist also in der Tat ein ‚dritter' Humanismus." O. Dilschneider, Die evangelische Tat, 92 f, spricht vom „politischen Humanismus im 20. Jahrhundert. *Wir leben also im Zeitalter eines | dritten Humanismus*". Das Buch „Wesen und Wandlung des Humanismus" von Horst Rüdiger kaufte Bonhoeffer 1941 in München; Bleistiftstriche besonders im Schluß-Kapitel „Der Dritte Humanismus" (279–297), vgl. auch 311 Anm. 4: „Der Name ‚Dritter Humanismus' ist wenig glücklich. Herrscht doch selbst darüber Zweifel, welcher Humanismus mit erstem und zweitem Humanismus bezeichnet wird!" □ **64** Die Zitate sind am Rande zugefügt. „Die [französische] Erklärung der Rechte des Menschen und Bürgers von 1789 [3. September 1791]" ist abgedruckt z. B. in W. Heidelmeyer, Die Menschenrechte, 56–59; das Zitat, das auf Jean-Jacques Rousseaus Lehre vom „allgemeinen Willen" zurückgeht, stammt aus Art. 6 (a. a. O., 57). □ **65** Vgl. O. Spengler, Der Untergang des Abendlandes II, 224: „Das praktische Ergebnis weltverbessernder Theorien ist regelmäßig eine *formlose und deshalb geschichtslose Masse*. ... Ein handfester Führer, der zehntausend Abenteurer versammelt, kann schalten wie er will." Weiter unten auf dieser Seite steht: „Lever doodt als Sklaav: das ist ein altfriesischer Bauernspruch. Die Umkehrung ist der Wahlspruch jeder späten Zivilisation und jede hat erfahren müssen, wieviel es kostet." Auf dem „Ethik"-Zettel Nr. 38 ist notiert: „Lever doodt als Sklav". □ **66** Das Lohnarbeiter-Proletariat wurde üblicherweise als *‚vierter Stand'* bezeichnet. F. W. von Oertzen, Junker, 321, bringt einen Hinweis auf Adolf Stoeckers „Ideen einer sozialen Hebung des vierten Standes, verbunden mit einer Bekämpfung des jüdischen Einflusses im öffentlichen Leben". □ **67** Ersetzt wohl: „des Elends"; „Not" steht über dem nicht gestrichenen Wort „Elends".

ist ein gewaltsames und kurzlebiges Gesetz. Wir Heutigen stehen auf dem Höhepunkt und in der Krisis dieser Erhebung.[68]

In merkwürdigem Kontrast zu den bisherigen auf die ganze Menschheit gerichteten Gedanken wird nun die französische Revolution auch zur Geburtsstunde des neuzeitlichen Nationalismus.[69] Soweit es früher ein Nationalbewußtsein gab, war es wesentlich dynastisch bestimmt.[70] Die Revolution aber war die Befreiung des Volkes vom Absolutismus des l'état c'est moi[71]. Der revolutionäre Begriff der Nation entstand im Ge- | gensatz zu einem überspannten dynastischen Absolutismus.[72] Das Volk fand sich mündig, seine Geschicke nach innen und nach außen selbst in die Hand zu nehmen, es beanspruchte sein Recht auf völkische Freiheit und Entfaltung, das Recht auf eine von der Nation getragene Regierung. ,,Der Ursprung jeder Souveränität[73] liegt bei der Nation" (Erklärung der Menschenrechte).[74]

---

68 Offenbar sieht Bonhoeffer den „Aufstand der Massen" (vgl. S. 105) im Nationalsozialismus und im Faschismus gipfeln. Sein Reden von *‚Adel des Blutes'* ist gegen die von der SS betriebene Züchtung eines neuen ‚Blut'-Adels im Sinne von ‚Rasse'-Homogenität gerichtet. □ **69** Vgl. P. Schütz, Säkulare Religion, 85: „Der nationale Messianismus gewann Macht in der modernen Welt als eine der Ideen der französischen Revolution, wo neben der ‚raison' [„Vernunft", vgl. ratio] als Zweites ‚la nation' [„die Nation"] stand." Dieses Buch von Schütz hatte Bonhoeffer in der Vorlesung über systematisch-theologische Neuerscheinungen 1932/33 DBW 12, 158–160, besprochen. □ **70** Der Satz steht am Rand. *‚Dynastisch bestimmt'* meint: durch die Verbundenheit mit dem Herrscherhaus (Könige, Fürsten o. ä.) bestimmt. □ **71** Dt.: „der Staat bin ich"; Ausspruch (angeblich) des französischen „Sonnenkönigs" Ludwig XIV. Vgl. A. Harleß, Christliche Ethik, 244: „Wo die Könige und Gewalthaber nicht mehr herrschen *‚von Gottes Gnaden'* und die Unterthanen nicht mehr gehorchen *‚in Gottes Namen'*, da wird auch die beste Form vom Geist lügnerischer Selbstsucht zerfressen, und auf den Herrscher, der da sagt: ‚der Staat bin ich', wird das andere Extrem der Lüge folgen, nämlich der ‚souveräne Volkswille'." □ **72** Das Grundprinzip des Absolutismus war, daß vom Herrscher uneingeschränkt alle Staatsgewalt ausging und er keinem irdischen Gesetz unterworfen war. □ **73** Die von Jean Bodin entworfene Theorie der *‚Souveränität'* besagte, daß ein politisches Gemeinwesen eine einzige, unabhängige, das Macht- und Rechtsmonopol innehabende Regierung haben muß. Die Französische Revolution knüpfte daran an, betrachtete als obersten Machthaber aber das Volk freier Bürger. □ **74** Das Zitat stammt aus Art. 3 der französischen Menschenrechtserklärung (vgl. W. Heidelmeyer, Die Menschenrechte, 57). „Die Revolution aber …" bis hierher ersetzt als Randzufügungen seitlich und oben: „Die Revolution war eben in erster Linie eine französische Angelegenheit, sie sollte die Befreiungsstunde des französischen Volkes sein. Der Begriff der Nation ent-

Die Nation ist ein revolutionärer Begriff, er nimmt die Partei des Volkes gegen die Obrigkeit, des Werdens gegen das Sein, des Organischen gegen das Institutionelle. Es ist ein Denken von unten her gegen das Denken von oben her.[75] Es ist daher einer der groteskesten historischen Irrtümer, ausgerechnet Preußen als den Geburtsort und Repräsentanten des Nationalismus zu bezeichnen. Es gab kein Staatsgebilde, das dem Nationalismus fremder, ja feindseliger gegenübergestanden hätte als Preußen. Preußen war Staat, aber nicht Nation. Es vertrat die Sache der Obrigkeit, des Seins, des Institutionellen. Freilich es vertrat sie im Unterschied zu Ludwig XIV im Sinne des Satzes Friedrichs des Großen: ,,ich bin der erste Diener des Staates." Preußen stand der deutschen nationalen Sache mit tiefem Argwohn gegenüber, der bis in die Zeit der Reichsgründung und darüber hinaus immer wieder in echt preußischen Kreisen seinen Ausdruck fand.[76] Preußen empfand in gesundem Instinkt das revolutionäre im Begriff der Nation und lehnte es ab. Im Nationalismus bekämpfte das Preußentum die Revolution der grande nation[77] und ihr Übergreifen auf Deutschland. Der Nationalismus ruft als Gegenbewegung den Internationalismus[78] hervor. Beide sind in gleicher Weise revolutionär. Preußen hat beiden Bewegungen den Staat gegenübergestellt. Es wollte weder nationalistisch noch international sein. Es hat damit abendländischer gedacht als die Revolution.

Aber die Revolution hat sich durchgesetzt. Technik, Massenbewegung und Nationalismus sind das abendländische Erbe | der Revolution. Alle Drei stehen untereinander in engem Zusammenhang und zugleich in hartem Gegensatz. Wie die Tech-

---

stand im Gegensatz zu Absolutismus. Er verstand das Volk nicht vom Herrscher her, sondern aus sich heraus. Das Volk hat ein Recht auf völkische Freiheit und Entfaltung, ein Recht auf eine nationale Regierung." □ **75** Vgl. in „Staat und Kirche" DBW 16, 527: „Die Schrift ... weiß, daß das Volk von unten her wächst, daß aber die Obrigkeit von oben her eingesetzt ist." □ **76** F. W. von Oertzen, Junker, schildert die Meinungsverschiedenheiten zwischen Bismarck und Hans von Kleist, vgl. z. B. 249: Rede von Kleists 1862 vor dem Herrenhaus für „die Erhaltung unseres bisherigen preußischen Königtums". □ **77** Frankreich verstand sich als die „große Nation". □ **78** Der ‚*Internationalismus*' wurde vor allem im marxistisch orientierten Flügel der Arbeiterbewegung forciert befürwortet entsprechend dem Kampfruf des Kommunistischen Manifests von 1848: „Proletarier aller Länder, vereinigt euch!"

nik die Massen hervorbringt und die Massen wiederum gesteigerte Technik fordern,[79] so ist doch die Technik selbst eine Sache starker, geistig überlegener Persönlichkeiten. Der Ingenieur und der Unternehmer gehört nicht zur Masse und es fragt sich, ob die zunehmende Vermassung auf die Dauer nicht die geistige Leistung so nivelliert, daß die Technik daran zum Stillstand und das heißt zum Zusammenbruch kommt.[80] Technik und Masse sind in nationalen Volkskörpern entstanden und gebunden, aber sie haben eine unwiderstehliche Tendenz die Grenzen des Nationalismus zu überwinden. Masse und Nationalismus sind vernunftfeindlich, Technik und Masse sind antinationalistisch, Nationalismus und Technik sind massenfeindlich.[81]

Die französische Revolution hat die neue geistige Einheit des Abendlandes geschaffen. Sie besteht in der Befreiung des Menschen als ratio, als Masse, als Volk. Im Kampf um die Befreiung gehen alle drei miteinander, nach erlangter Freiheit werden sie zu Todfeinden. Die neue Einheit trägt also bereits den Keim des Zerfalls in sich. Es zeigt sich weiterhin – und es wird darin ein Grundgesetz der Geschichte deutlich –[82], daß das Verlangen nach absoluter Freiheit den Menschen in die tiefste Knechtung führt. Der Herr der Maschine wird ihr Sklave, die Maschine wird der Feind des Menschen. Das Geschöpf wendet sich gegen seinen Schöpfer – seltsame Wiederholung des Sündenfalles![83] Die Befreiung der Masse endet in der Schreckensherrschaft der

---

79 Vgl. K. Jaspers, Die geistige Situation, 32 (gegenüber [4]26 verändert): „Technik und Masse haben einander hervorgebracht. Technische Daseinsordnung und Masse gehören zusammen." □ **80** Vgl. O. Spengler, Mensch und Technik, 82 (bis „... Nachwuchses fest" in Bonhoeffers Exemplar angestrichen): „*Die Flucht der geborenen Führer vor der Maschine beginnt.* Bald werden nur noch Talente zweiten Ranges, Nachzügler einer großen Zeit, verfügbar sein. Jeder große Unternehmer stellt die Abnahme der geistigen Qualitäten des Nachwuchses fest. Aber die großartige technische Entwicklung des 19. Jahrhunderts war *nur* auf Grund des beständig *steigenden* geistigen Niveaus möglich gewesen. Nicht die Abnahme allein, schon der Stillstand ist gefährlich und weist auf ein Ende". □ **81** Dieser Satz ist eine Zufügung am oberen Rand. Am Seitenrand Notizen, gestr.: „Humanismus, Romantik ˡ Kirchenfeindschaft ˡ Zusammenfassung. 3 ˡ Freiheit des Menschen für Versklavung". Vgl. die Randnotiz „... *Humanismus* ..." S. 108 Anm. 63 und den jetzt folgenden Text. □ **82** Innerhalb der Gedankenstriche: Zufügung am Rand. □ **83** Dieser Satz ist eine Randzufügung.

Guillotine. Der Nationalismus führt unabwendlich in den Krieg. Die Befreiung des Menschen als absolutes Ideal führt zur Selbstzerstörung des Menschen. Am Ende des Weges, der mit der französischen Revolution beschritten wurde, steht der Nihilismus.[84]

Die neue Einheit, die die französische Revolution über | Europa brachte und deren Krisis wir Heutigen erleben, ist daher die *abendländische Gottlosigkeit*. Sie unterscheidet sich völlig von dem Atheismus einzelner griechischer, indischer, chinesischer und abendländischer Denker. Sie ist nicht die theoretische Leugnung der Existenz eines Gottes. Sie ist vielmehr selbst Religion und zwar Religion aus Feindschaft gegen Gott. Eben darin ist sie abendländisch. Sie kann von ihrer Vergangenheit nicht lassen, sie muß wesentlich religiös sein. Eben dies macht sie nach menschlichem Ermessen so hoffnungslos gottlos. Die abendländische Gottlosigkeit erstreckt sich von der Religion des Bolschewismus bis mitten in die christlichen Kirchen hinein. Sie ist gerade in Deutschland, oder auch in den angelsächsischen Ländern betont christliche Gottlosigkeit. Sie wendet sich in der Gestalt aller möglichen Christentümer, ob sie nun nationalistisch, sozialistisch, rationalistisch oder mystisch seien gegen den lebendigen Gott der Bibel, gegen Christus.[85] Ihr Gott ist *der neue Mensch*, ob die ,,Fabrik des neuen Menschen"[86] bolschewistisch oder christlich[87] ist. Der fundamentale

---

84 Vgl. die Deutung des Nationalsozialismus als ‚*Nihilismus*' in dem 1938 in Zürich erschienenen Buch „Die Revolution des Nihilismus" von Hermann Rauschning, das Bonhoeffer kannte, s. DBW 15, 258. □ **85** Im Dritten Reich konnte die Bezeichnung ‚gottgläubig' wie eine Angabe der Religionszugehörigkeit auf Fragebögen o. ä. benutzt werden. Bei Teilen der „Glaubensbewegung Deutsche Christen", etwa bei ihrem radikalen nationalkirchlichen Flügel, trat Gottlosigkeit in Gestalt eines Pseudochristentums auf. □ **86** Titel eines Buches der russischen Schriftstellerin Alja Rachmanowa, die bei dessen Erscheinen (1935) in Österreich lebte. □ **87** „christlich" ersetzt: „christlich-oxfordisch". Die von Frank Buchman begründete Oxford-Gruppen-Bewegung hieß seit 1938 „Moralische Aufrüstung". Karl Barth sah „die Oxforder samt Emil Brunner" kritisch, s. Barths Brief 14. 10. 1936 DBW 14, 251. Die Schrift Emil Brunners über „Die Kirchen, die Gruppenbewegung und die Kirche Jesu Christi" von 1936 war in Bonhoeffers Besitz. E. Brunner, a. a. O., 47f: „Es geht einzig und allein um jenes neue Leben, das aus dem ‚in Christus sein' wie der Bach aus der Quelle entspringt"; 49f (vgl. mit S. 113,8 ‚*abendländische Gottlosigkeit*'): „Unsere Zeit ist

Unterschied zu allem Heidentum besteht darin, daß dort unter menschlicher Gestalt Götter angebetet werden, daß aber hier unter der Gestalt Gottes, ja Jesu Christi, der Mensch angebetet wird.

Die große Entdeckung Luthers von der Freiheit des Christenmenschen[88] und die katholische Irrlehre von der wesentlichen Güte des Menschen[89] endeten gemeinsam in der Vergottung des Menschen. Die Vergottung des Menschen aber ist – recht verstanden – die Proklamation des Nihilismus. Mit der Zertrümmerung des biblischen Gottesglaubens und aller göttlichen Gebote und Ordnungen zerstört der Mensch sich selbst. Es entsteht ein hemmungsloser Vitalismus,[90] der die Auflösung

---

von allen früheren Zeiten dadurch unterschieden, daß es zum erstenmal in der Weltgeschichte das Phänomen des Massenatheismus und einer völlig ' säkularisierten Kultur und Zivilisation gibt. Davon weiß weder das Altertum noch das Mittelalter noch die Reformationszeit". Im Ms am Rand: „Nietzsche". Vgl. das Zitat aus Nietzsches „Zarathustra" I, 3, s. S. 32: „... *daß der Übermensch lebe*". □ **88** Anspielung auf Luthers Schrift „Von der Freiheit eines Christenmenschen" (1520). □ **89** Gegen die reformatorische These von der „natura corrupta" („verdorbenen Natur") des Menschen nach dem Sündenfall steht die Lehre nach den Grundsätzen des Thomas von Aquin STh I–II 17, 9 ad 3: „Per peccatum primi parentis natura est sibi relicta" („durch die Sünde der Stammeltern wurde die Natur sich selbst überlassen"). Vgl. F. Diekamp/K. Jüssen, Katholische Dogmatik, 160, 162, 172–174. Bonhoeffer sieht in Amerika im „Protestantismus ohne Reformation" (1939 DBW 15, 459) ‚*katholische*' Verharmlosung des Sündenfalls, vgl. bes. „Das social gospel" 1932 DBW 12, 206: zähes Beibehalten des Glaubens „an die ursprüngliche Güte des Menschen" durch den amerikanischen Geist. Eine Anthropologie, die angesichts von Fehlern und Vergehen des Menschen auf dessen grundsätzliche Güte setzt, läßt das Böse letztlich irrelevant erscheinen. Vgl. S. 74. □ **90** Vgl. S. 171f: Bonhoeffer versteht unter ‚*Vitalismus*' das sich „als Selbstzweck setzende Leben", das entgegengesetzte Extrem nennt er „Mechanisierung". Der Gegensatz zwischen ‚Mechanismus' und ‚Vitalismus', als Annahme einer gegenüber der Mechanik selbständigen Gesetzlichkeit der Organismen, taucht seit dem 17. Jahrhundert auf. Die mechanistische Auffassung innerhalb der Biologie, wie sie z. B. von Jacob Moleschott und Ludwig Büchner vertreten wurde, dominierte im 19. Jahrhundert. Gegen diesen Mechanismus wurde seit dem Ende des 19. Jahrhunderts der Vitalismus neu vertreten (Neovitalismus), u. a. von Eduard von Hartmann und Hans Driesch. Im Vitalismus als Lebensorientierung folgt man den Gesetzen, die man als dem Leben selbst innewohnend erkannt zu haben meint. Zu diesen vermeintlichen Gesetzen gehörte in der NS-Ideologie der Rassegedanke.

aller Werte in sich schließt und erst in der schließlichen Selbstzerstörung, im Nichts, Ruhe findet.

Das Abendland ist seit der französischen Revolution wesentlich kirchenfeindlich geworden. Kirchenfeindliche Ausfälle | sind in moderner Demagogie besonders erfolgreich. Es gibt auf breiter Front durch ganz Europa ein starkes antikirchliches Ressentiment. Daß die Zahl der Kirchenaustritte dennoch auffallend gering ist, weist auf eine wichtige Tatsache hin: nämlich auf die Zweideutigkeit der Kirchenfeindschaft. Es geht nicht an, die abendländische Gottlosigkeit einfach mit der Kirchenfeindschaft zu identificieren. Vielmehr gibt es neben der religiös-christlich verbrämten Gottlosigkeit, die wir eine hoffnungslose Gottlosigkeit nannten, eine verheißungsvolle Gottlosigkeit, die antireligiös und antikirchlich spricht. Sie ist der Protest gegen die fromme Gottlosigkeit, soweit sie die Kirchen verdorben hat und wahrt damit in gewissem, wenn auch negativem Sinne, das Erbe eines echten Gottesglaubens und einer echten Kirche. Hierher gehört der Satz Luthers, daß Gott das Fluchen der Gottlosen lieber hören könnte als das Halleluja der Frommen.[91] Diese verheißungsvolle Gottlosigkeit ist ebenso wie die hoffnungslose Gottlosigkeit eine spezifisch abendländische Erscheinung. Die trotz wesentlicher Kirchenfeindschaft nur [von][92] relativ wenigen vollzogene vollständige Absage an die Kirche, muß auf diesem Hintergrund verstanden werden: Die einen suchen in der frommen Gottlosigkeit noch einen letzten Halt vor dem Sturz ins Leere, sie werden aber diesem Sturz nur selten entgehen; die anderen hält ihre verheißungsvolle Gottlosigkeit davor zurück es zum Bruch mit dem Ort möglichen echten Gottesglaubens kommen zu lassen. Ebenso aber ist die Tatsache der Kirchenaustritte nicht eindeutig. Auch diese können aus hoffnungsloser und aus verheißungsvoller Gottlosigkeit geschehen, ganz abgesehen von der Frage, ob der Kirchenaustritt nicht

---

91 Der Satz „Hierher ... Frommen" steht als Zufügung am Rand. Vgl. DBW 2 (AS), 160 Anm. 31): „Luther: Röm. Komm. II, 227". Der dort von Bonhoeffer zitierte lateinische Text in deutscher Übersetzung (a. a. O., Hg.-Anm. 66): „denn solche Gotteslästerungen klingen einst im Ohr Gottes angenehmer als selbst das Halleluja oder irgendein anderer Lobgesang, weil sie vom Teufel wider den Willen der Menschen gewaltsam herausgepreßt sind". □ **92** Im Ms versehentlich: „in".

sogar aus echtem[93] Gottesglauben heraus möglich, ja unter bestimmten Umständen notwendig ist.[94]

An dieser Stelle muß der Sonderentwicklung in den angelsächsischen Ländern, besonders in Amerika gedacht | werden. Obwohl fast gleichzeitig und nicht ohne politischen Zusammenhang unterscheidet sich die amerikanische Revolution von der französischen aufs tiefste.[95] Nicht der befreite Mensch, son-

---

93 Ersetzt: „positivem"; dieses Wort war im Parteiprogramm der NSDAP Art. 24 benutzt: „Die Partei als solche vertritt den Standpunkt eines positiven Christentums." □ 94 1933, ehe sich die Bekennende Kirche bildete, hatte Bonhoeffer zusammen mit seinem Freund Franz Hildebrandt überlegt, ob man nicht aus einer Kirche, „die sich gleichschalten ließ und ‚artgemäße' Verordnungen dekretierte", austreten müsse, s. DB 344. Im Ms Randnotiz: „Amerika"; dazu ein Einfügungszeichen und Verweis auf „S. 23a". Diese Ms-Seite, auf der der hier folgende „Amerika"-Zusatz (bis S. 118) steht, ist ein Bogen mit „Welt Leinen"-Wasserzeichen. Zu derselben Papiersorte gehören die „Ethik"-Zettel NL A 86,3 („*Verfall* ...") – dieser Zettel bereitet den Absatz S. 119–122 vor – und Nr. 40 mit Notizen zunächst zu „... Amerika ..." und dann zu „*Schuld, Rechtfertigung, Wiedergeburt* ...", vgl. S. 125–136. Nach dem Einschub-Vermerk „S. 23a" ist der Bogen „23" (S. 115,9 begonnen) mit etwas verändertem Schriftbild noch vollgeschrieben (S. 118,24–120,3); es ist der letzte karierte Bogen in Bonhoeffers „Ethik"-Manuskripten. Auf kariertem Papier dieser Art (jede zweite Linie verstärkt) steht der Brief vom Mittwoch, dem 9. 10. 1940 DBW 16, 66: „Die Arbeit geht voran; ich schreibe die Disposition des Ganzen; das ist ja für mich immer eine der Hauptfreuden und -schwierigkeiten. Es wird wohl die Woche noch darüber hingehen." In diesem Brief stellt Bonhoeffer Erwägungen an, ob in der Kirche eine Autorität aufgerichtet werden kann, „die allein vom Wort und Bekenntnis her begründet ist"; wenn nicht, „dann ist die letzte Möglichkeit evangelischer Kirche vorbei; dann gibt es wirklich nur Rückkehr nach Rom oder unter die Staatskirche oder den Weg in die Vereinzelung, in den ‚Protest' des echten Protestantismus gegen falsche Autoritäten"; vgl. den Absatz S. 115f, z.B. S. 115,14 ‚*Protest*'. Der in diesem Brief vorkommende zitierte Ausdruck „selbstlose Selbstliebe" (DBW 16, 65) – s. J. Pieper, Zucht und Maß, 17, in Bonhoeffers Exemplar unter- und angestrichen – ist ebenfalls zitiert auf dem „Ethik"-Zettel Nr. 50. Die Überschrift dieses Zettels heißt wie der Titel des in Ettal 1940/41 geschriebenen Ms S. 163–216: „Das natürliche Leben". Für diesen Zettel Nr. 50 und eine Reihe weiterer „Ethik"-Zettel zur ‚*Disposition*' (Vgl. Brief 9. 10. 1940) sowie zum Thema „Das Gute" / „Das Böse" verwendete Bonhoeffer das karierte Papier, offenbar im Herbst 1940. Für die Weiterarbeit an dem Ms „Erbe und Verfall", beginnend mit dem „Amerika"-Zusatz, war erst 1941 wieder Zeit. □ 95 Um 1900 verbreiteten Georg Jellinek, Max Weber und Ernst Troeltsch die These, daß die amerikanische Revolution stark durch christliche Impulse bestimmt worden sei, insbesondere in der Menschenrechtsproklamation. Vgl. K. Jaspers, Die geistige Situation, 9f (^{4}9): „... *die französische Revolution* ... hatte

dern[96] ganz im Gegenteil das Reich Gottes und die Begrenzung aller irdischen Gewalten durch die Souveränität Gottes begründet die amerikanische Demokratie. Es ist im Unterschied zur déclaration des droits de l'homme[97] wahrhaftig bezeichnend, wenn amerikanische Historiker sagen können, die Bundesverfassung sei von Männern geschrieben worden, die um die Erbsünde und um die Bosheit des menschlichen Herzens wußten.[98] Die irdischen Gewalthaber, aber auch das Volk werden um des dem Menschen eingeborenen Verlangens nach Macht und um der alleinigen Macht Gottes willen in ihre Schranken gewiesen. Mit diesem dem Calvinismus entstammenden Gedanken verbindet sich die, ihm wesentlich entgegengesetzte, vom Spiritualismus der nach Amerika geflüchteten Dissenters[99] herkommende Idee, daß das Reich Gottes auf Erden nicht von der staatlichen Gewalt, sondern allein von der Gemeinde der Gläubigen gebaut werden könne. Die Kirche proklamiert die Prinzipien der gesellschaftlichen und politischen Ordnung, der Staat stellt die technischen Mittel zu ihrer Durchführung zur Verfügung. Beide einander völlig fremden Argumentationen münden in der Forderung der Demokratie und es ist der schwärmeri-

---

Vorgänger nur in den amerikanischen Gründungen jener Protestanten, die aus der Unbedingtheit ihres Glaubens das Vaterland verlassen hatten, um auf neuem Boden zu verwirklichen, was in der Heimat scheiterte". □ **96** Das Folgende bis S. 118,23 entspricht, gestrafft, Bonhoeffers Reisebericht „Protestantismus ohne Reformation" August 1939 DBW 15, 446–449. □ **97** Dt.: „Erklärung der Rechte des Menschen". □ **98** Bei seinem Aufenthalt in New York 1939 beschäftigte Bonhoeffer sich mit der amerikanischen Trennung von Kirche und Staat; er las „W. A. Brown: State and Church, etc." (Tagebuch 24. 6. 1939 DBW 15, 232; gemeint ist William Adams Brown, Church and State in Contemporary America) und erfuhr von Niebuhr: Sinn der Trennung sei die „limitation of power" („Machtbegrenzung") in bezug auf die Regierung (4. 7. 1939 DBW 15, 238). Vgl. H. R. Niebuhr, Der Gedanke des Gottesreichs im amerikanischen Christentum, 58 (Niebuhr zitiert aus J. Bryce, The American Commonwealth I, 299f): „... die Verfassung von 1787 ... ist das Werk von Männern, die an die Erbsünde glaubten". ‚*Erbsünde*': Die mit dem Fall Adams und Evas einsetzende Gefangenheit in nicht nur selbstverschuldete, sondern aus der Vergangenheit fortwirkende Sünden und Sündenfolgen. □ **99** ‚*Spiritualismus*': im religiösen Sinn die Überzeugung von der Wirksamkeit des Geistes und des Ergriffenseins von ihm. ‚*Dissenter*' – Bonhoeffer benutzt im Text den englischen Plural – vertreten eine abweichende eigene Überzeugung. Vor dem Konformitätsdruck, besonders religiöser Art, wichen seit dem 17. Jahrhundert europäische Spiritualisten nach Nordamerika aus.

sche[100] Spiritualismus, der für das amerikanische Denken bestimmend wird. Von hier aus erklärt sich auch die merkwürdige Erscheinung, daß es auf dem europäischen Kontinent niemals gelungen ist, eine Demokratie christlich zu begründen, während in den angelsächsischen Ländern gerade die Demokratie als die christliche Staatsform schlechthin gilt. Die Verfolgung und Austreibung der Spiritualisten aus dem Kontinent ist hier politisch von größter Tragweite geworden. Wenn nun trotzdem auch die angelsächsischen Länder unter schweren Säkularisationserscheinun- | gen leiden, so ist deren Herkunft gerade nicht die mißverstandene Unterscheidung der Zwei Ämter beziehungsweise der Zwei Reiche, sondern umgekehrt die im Schwärmertum begründete mangelnde Unterscheidung der Ämter und Reiche des Staates und der Kirche. Der Anspruch der Gemeinde der Gläubigen mit christlichen Prinzipien die Welt aufzubauen endet, wie ein Blick in den New Yorker Kirchenzettel zur Genüge zeigt, in dem völligen Verfall der Kirche an die Welt.[101] Daß es dabei nicht zu einer radikalen Kirchenfeindschaft kommt, hat seinen Grund in der nie vollzogenen Unterscheidung der Ämter. Die Gottlosigkeit bleibt verhüllter. Sie entzieht damit der Kirche allerdings auch den Segen des Leidens und der aus diesem hervorgehenden möglichen Wiedergeburt.[102]

Mit dem Verlust seiner durch die Gestalt Jesu Christi geschaffenen Einheit steht das Abendland vor dem Nichts.[103] Die los-

---

100 Zu *‚schwärmerisch‘* vgl. S. 41f. □ 101 „Welt“ ersetzt: „Probleme der Welt“. Vgl. „Protestantismus ohne Reformation“ 1939 DBW 15, 448: „So sind von den amerikanischen Kanzeln meistens thematische Auseinandersetzungen mit bestimmten öffentlichen Ereignissen oder Zuständen zu hören. Ein Blick in den Kirchenzettel New Yorks genügt, um sich davon zu überzeugen.“ In Bonhoeffers Bericht über seinen Studienaufenthalt im Union Theological Seminary zu New York 1930/31 DBW 10, 271, stehen Beispiele vom 13. und 27. 10. 1930, u. a. „... wants liquor sold only in churches“ (der Prediger „will, daß Alkohol nur in Kirchen verkauft wird“); Zeitungsausschnitte aus „The New York Times“ zu Gottesdiensten an diesen Tagen befinden sich im Nachlaß, NL A 24,10 (2). □ 102 Ende des S. 116,3 beginnenden Zusatzes. □ 103 K. Jaspers, Die geistige Situation, 15 (^{4}13f): „Vor dem Krieg und während seines Verlaufs entstanden die am meisten beachteten Spiegel unserer Welt: *Rathenaus ‚Zur Kritik der Zeit‘* (1912) und *Spenglers* ‚Untergang des Abendlandes‘ (1918). ... Das Neue dieser Versuche ist ... das immer deutlichere: *vor dem Nichts stehen*. Kierkegaard und Nietzsche sind die führenden Denker.“

gelassenen Gewalten toben sich aneinander aus. Alles Bestehende ist mit Vernichtung bedroht. Es handelt sich dabei nicht um eine Krise unter anderen, sondern um eine Auseinandersetzung von letztem Ernst[104]. Die abendländische Welt spürt die Einzigartigkeit des Augenblickes, in dem sie steht, und wirft sich dem Nichts in die Arme, die Christen sprechen untereinander vom nahen jüngsten Tag.[105] Das Nichts, in das das Abendland hineintreibt, ist nicht das natürliche Ende, Absterben, Versinken einer blühenden Völkergemeinschaft, sondern es ist wiederum ein spezifisch abendländisches Nichts, das heißt ein aufrührerisches, gewalttätiges, gott- und menschenfeindliches Nichts. Es ist als Abfall von allem Bestehenden die höchste Entfaltung aller widergöttlichen Kräfte. Es ist das Nichts als Gott; niemand kennt sein Ziel und sein Maß; es herrscht absolut. Es ist ein schöpferisches Nichts,[106] das allem Bestehenden seinen widergöttlichen Atem einbläst, es zu scheinbar neuem Leben erweckt und ihm zugleich sein eigentliches Wesen aussaugt[107], bis es alsbald als tote Hülle zer- | fällt und weggeworfen wird. Leben, Geschichte, Familie, Volk, Sprache, Glaube – die Reihe ließe sich ins Endlose fortsetzen, denn das Nichts verschont nichts – fallen dem Nichts zum Opfer.[108]

Angesichts des Abgrundes des Nichts erlischt die Frage nach dem geschichtlichen Erbe, dessen Übernahme zugleich Verarbeitung in der Gegenwart und Weitergabe an die Zukunft bedeutet. Es gibt keine Zukunft und keine Vergangenheit. Es gibt nur noch den aus dem Nichts geretteten Augenblick und das Erhaschenwollen des nächsten Augenblicks. Schon das Gestrige

---

104 Ersetzt: „um einen Endkampf". □ 105 Vgl. Anfang September 1941 DBW 16, 537 (zu W. Patons Buch „The Church and the New Order"): „Unter dem Eindruck der Nähe des Jüngsten Tages [im gegenwärtigen Deutschland] geht der Blick für die geschichtliche Zukunft leicht verloren." □ 106 Vgl. DBW 3 (SF), 32, mit Bezug auf Heidegger: „Das Nichts als der Grund für Sein ist als das schöpferische Nichts verstanden". □ 107 „erweckt ... aussaugt" ersetzt: „einem Leben gegen Gott, erweckt und es zugleich unheilbar vergiftet." □ 108 Ersetzt: „verfallen der Gewalt des Nichts." Die allgemeine Rede vom Nichts steht auch für zu gefährliche direkte Aussagen über die nationalsozialistische verderbenbringende Mobilisierung der Bevölkerung. – Von hier an werden Stichworte, die auf „Ethik"-Zettel Nr. 38 zu „Erbe und Verfall" notiert sind (z. B. „Vergessen", „Wert des Leiden"), im Ms aufgenommen.

verfällt der Vergessenheit[109] und das Morgige ist zu fern, um heute zu verpflichten. Die Last des Gestrigen wird abgeschüttelt indem graue Vorzeiten verherrlicht werden, der Aufgabe des Morgen entzieht man sich, indem man von den kommenden tausend Jahren spricht.[110] Nichts haftet und nichts behaftet. Der Film, der mit seinem Ende bereits wieder aus der Erinnerung ausgelöscht ist,[111] ist Zeichen der tiefen Vergeßlichkeit dieser Zeit. Ereignisse von weltgeschichtlicher Bedeutung ebenso wie unerhörteste Verbrechen hinterlassen in der vergeßlichen Seele keine Spur.[112] Mit der Zukunft wird gespielt. Lotteriespiele[113] und Wetten, die[114] ein kaum vorstellbares Maß von Geld und vielfach das tägliche Brot des Arbeiters verschlingen, suchen in der Zukunft nur den unwahrscheinlichen Zufall. Der Verlust von Vergangenheit und Zukunft läßt das Leben schwanken zwischen dem brutalsten Genuß des Augenblicks und abenteuerlichem Hasardspiel. Jeder innere Aufbau, jeder Prozeß langsamen Reifens auf persönlichem und beruflichem Gebiet wird jäh abgebrochen. Es gibt kein persönliches Schicksal und darum keine persönliche Würde. Ernsthafte Spannungen, innerlich notwendige Wartezeiten werden nicht ertragen. Das

---

109 Vgl. K. Jaspers, Die geistige Situation, 46 ([4]32; im NL-Bibl.-Exemplar ist der Falz noch verklebt, diese Seite also nicht gelesen): „Das Gewesene gilt nicht mehr, nur das grade Gegenwärtige. Das Vergessen ist der Grundzug dieses Daseins, dessen Perspektiven in Vergangenheit und Zukunft fast zur bloßen Gegenwart zusammenschrumpften." □ **110** Unter dem nationalsozialistischen Regime, das sich die Begründung eines kommenden „Tausendjährigen Reiches" zuschrieb, wurden die germanischen Vorzeiten verherrlicht, z. B. die altnordische Mythologie popularisiert. Hermann Göring gab seiner Tochter den Vornamen „Edda" – das ist die Bezeichnung von Werken der altisländischen Literatur. – Ab „indem graue Vorzeiten ..." ist das Ms auf Abreißblock-Bögen mit „FSH"-Wasserzeichen geschrieben. □ **111** Vgl. K. Jaspers, Die geistige Situation, 132 ([4]117), zum Kino: „ ... man sieht nichts gründlich und verweilend". □ **112** Zufügung am oberen Rand, innerhalb deren ersetzt ist: „Ereignisse von geschichtlichen Ausmaßen vermögen sich ebensowenig wie unerhörteste Verbrechen noch in die Seele einzugraben." Im Ms ist „ebensowenig" versehentlich nicht zu „ebenso" verändert. Vgl. 1. 2. 1944 WEN 228: „Nichts haftet .... Wer nicht eine Vergangenheit zu verantworten und eine Zukunft zu gestalten gesonnen ist, der ist ‚vergeßlich'". □ **113** K. Jaspers, Die geistige Situation, 44 ([4]30): „Lotterien haben eine erstaunliche Beteiligung; Kreuzworträtsel sind eine Lieblingsbeschäftigung." Auf „Ethik"-Zettel Nr. 6 auch: „Kreuzworträtsel". □ **114** Gestr.: „in England, Deutschland, Frankreich, Amerika".

zeigt sich im Bereich der Arbeit ebenso wie im Bereich der Erotik.[115] Der langsame Schmerz wird mehr gefürchtet als der Tod. Der Wert des Leidens als | Gestaltung des Lebens durch die Todesbedrohung wird verkannt, ja verächtlich gemacht. Gesundheit oder Tod heißt die Alternative. Das Stille, Beständige, Wesentliche wird als wertlos übergangen. An die Stelle der „großen Überzeugungen"[116] und des Suchens des eigenen Weges tritt das leichtfertige Segeln mit dem Wind. Auf politischem Gebiet erhält der rücksichtslose Genuß des Augenblicks den Decknamen des Machiavellismus und das Vabanquespiel[117] nennt man Heroismus und freie Tat. Was weder machiavellistisch noch heroisch ist, kann man nur noch als „Heuchelei"[118] verstehen, eben weil man das langsame mühevolle Ringen zwischen der Erkenntnis des Rechten und den Notwendigkeiten der Stunde, also jene echte abendländische Politik, die voll von Verzichten und von wirklich freier Verantwortung ist, nicht mehr begreift. So verwechselt man in verhängnisvoller Weise

115 Die Zeilen von „Ernsthafte Spannungen ..." an sind eine Randzufügung, die offenbar eine früher geschriebene, nicht gestrichene – „Echte Spannungen werden nicht ertragen" – zu S. 121,5 ersetzt. Zum „inneren ‚Spannungsbogen'" vgl. im Tegeler Brief vom 18. 12. 1943 WEN 187f. □ **116** K. Jaspers, Die geistige Situation, 13 ([4]12): „*Ranke* sieht den Niedergang in einer Tagebuchnotiz um 1840: ‚Früher waren große Überzeugungen allgemein; auf deren Grund strebte man weiter. Jetzt ist alles sozusagen Pronunciamento, und damit gut. Nichts dringt mehr durch, alles verhallt. ...'". □ **117** ‚*Va banque spielen*': den gesamten Einsatz der (Spiel-)Bank aufs Spiel setzen, Glücksspiel mit allem, was man hat. □ **118** Vgl. auf dem „Ethik"-Zettel NL A 86,3: „... – Machiavellismus. Alles andere nennt man Heuchelei (England!)"; auf „Ethik"-Zettel Nr. 33: „... Verabscheuung der Gewalt bei den *Engländern nicht Heuchelei*!" Als „cant", Scheinheiligkeit, bezeichnete man oft im Ausland die moralische Rechtfertigung englischer Politik vor der inländischen Öffentlichkeit. Nach G. Ritter, Machtstaat und Utopie, 11, ist es Machiavellis „Kunstlehre politischer Heuchelei, die dem Gewaltmenschen empfiehlt, seine wahre Natur unter der Maske des Biedermannes zu verstecken"; s. auch a. a. O., im Kapitel „Machiavelli als Wegebahner des modernen kontinentalen Machtstaates" (24–48), 27: „der politische Heroismus, den Machiavelli predigt". – Die Deutsche Bücherei Leipzig, die ihre Exemplare von den Verlagen drei Wochen vor der allgemeinen Auslieferung im Buchhandel bekam, hat Ritters Buch „Machtstaat und Utopie" mit dem Eingangsstempel vom 19. 10. 1940 versehen (dies erkundete Eva-Maria Zehrer). Demnach lag der Auslieferungstermin im November. Bonhoeffer war nach dem 30. 10. 1940 auf Reisen in Vorbereitung des Ettal-Aufenthalts.

Stärke mit Schwäche, geschichtliche Bindung mit Dekadenz.[119] Weil es nichts Beständiges gibt, darum zerbricht die Grundlage des geschichtlichen Lebens, das Vertrauen, in jeder Form. Weil es kein Vertrauen zur Wahrheit gibt, darum tritt an ihre Stelle die sophistische Propaganda.[120] Weil es kein Vertrauen zur Gerechtigkeit gibt, darum wird das, was nutzt, als recht erklärt.[121] Aber auch das unausgesprochene Vertrauen zum anderen Menschen, das auf Beständigkeit ruht, wird zur stündlichen argwöhnischen Beobachtung der Menschen untereinander.[122] Auf die Frage, was bleibt, gibt es nur die eine Antwort: die Angst vor dem Nichts. Es ist die erstaunlichste Beobachtung, die wir heute machen, daß man angesichts des Nichts alles preisgibt: das eigene Urteil, das Menschsein, den Nächsten. Wo diese Angst gewissenslos ausgenutzt wird, da gibt es keine Grenzen des Erreichbaren.[123]

Vor dem letzten Sturz in den Abgrund kann nur zweierlei bewahren: das Wunder einer neuen Glaubenserweckung und die Macht, die die Bibel als „den Aufhaltenden", κατεχων | (2 Thess 2,7)[124] bezeichnet, das heißt die mit starker physischer Kraft ausgerüstete Ordnungsmacht, die sich den in den Ab-

119 ‚*Dekadenz*' hier: Schwächung der Lebens- und Tatkraft in angeblich überalterten Geschlechtern und Zeitepochen. □ **120** Erstmalig wurde in Deutschland 1933 ein Reichsministerium für Volksaufklärung und Propaganda eingerichtet und Dr. Josef Goebbels dazu in die Regierung berufen. Zu ‚*sophistisch*' vgl. K. Jaspers, Die geistige Situation, 169 (^{4}152 f): „Im Gewande der Entrüstung wendet er [der „Sophist", eine der „anonymen Mächte"] seinen Haß gegen den Adel des Menschen. Denn er hebt auf ins Nichts, was immer ihm vorkommt. Statt vor der Möglichkeit des Nichts zu stehen, *glaubt er an das Nichts.*" □ **121** „Recht ist, was dem Volke nützt" war eine vielgebrauchte NS-Maxime, die sich gegen die Rechtsstaatlichkeit wandte. □ **122** Bis in die Häuser, zum Teil bis in die Familien hinein wurde nach 1933 die deutsche Gesellschaft mit Spitzeln, mit sogenannten V-Leuten (‚Verwendungs'-Leuten des Sicherheitsdienstes der SS) durchsetzt, so daß Herrschaftskontrolle auch in den privatesten Bereichen ausgeübt werden konnte. Die Angst vor Spitzelberichten und Denunziationen war weitverbreitet. □ **123** Gestr.: „Das Nichts und seine Priester". □ **124** Der oder das „Aufhaltende" ist eine geheimnisvolle Größe in apokalyptischen Visionen vom Weltende. Vgl. Exegetisches Wörterbuch zum Neuen Testament II, 671: „Seit dem christlichen Altertum umstritten ist die Bedeutung von κατέχων in 2Thess 2,6.7. . . . Die ‚aufhaltende Macht' ist . . . als literarische Figur für den durch Gottes Willen und Plan verfügten Aufschub des Auftretens des ‚Menschen der Bosheit' (‚Antichrist') am besten zu verstehen." Zugleich Anspielung darauf, daß Widerstandsgruppen durch den Gebrauch zigrund Stürzenden erfolgreich in den Weg stellt. Das Wunder ist die jenseits alles geschichtlich Errechenbaren und Wahrscheinlichen von oben eingreifende rettende Tat Gottes, die aus dem Nichts neues Leben schafft, es ist Totenauferstehung.[125] Das ,,Aufhaltende" ist die innerhalb der Geschichte durch Gottes Weltregiment wirksam werdende Gewalt, die dem Bösen seine Grenze setzt. Der ,,Aufhaltende" selbst ist nicht Gott, ist nicht ohne Schuld, aber Gott bedient sich seiner um die Welt vor dem Zerfall zu bewahren. Der Ort, an dem das Wunder Gottes verkündigt wird, ist die Kirche. Das ,,Aufhaltende" ist staatliche Ordnungsmacht.[126] So verschieden beide in ihrem Wesen sind, so eng rücken sie doch angesichts des drohenden Chaos aneinander, und der Haß der zerstörerischen Gewalten richtet sich auf beide als auf Todfeinde in gleicher Weise.

Das Abendland ist dabei, die Annahme seines geschichtlichen Erbes als solchen zu verweigern. Das Abendland wird christusfeindlich. Das ist die einzigartige Situation unserer Zeit und es ist echter Verfall. Mitten in der Auflösung alles Bestehenden stehen die christlichen Kirchen als die Hüter des Erbes des Mittelalters und der Reformation, vor allem aber als die Zeugen des Wunders Gottes in Jesus Christus ,,gestern, heute und in Ewigkeit" (Hebr 13,8). Neben ihnen aber steht ,,das Aufhaltende", das heißt jener Rest an Ordnungsmacht, der sich noch wirksam dem Verfall widersetzt. Die Aufgabe der Kirche ist ohnegleichen. Das corpus Christianum ist zerbrochen. Das corpus Christi steht einer feindseligen Welt gegenüber.[127] Einer Welt, die sich von Christus abgekehrt hat, nachdem sie ihn gekannt hat, muß die Kirche Jesus Christus als den lebendigen Herrn bezeugen. Als Trägerin geschichtlichen Erbes ist sie mitten im Warten auf den Jüngsten Tag der geschichtlichen Zukunft verpflichtet. Ihr Ausblick | auf das Ende aller Dinge darf sie in ihrer

---

viler und militärischer Macht das NS-Regime beenden und Ordnung und Recht wiederherstellen wollten. □ **125** Vgl. DBW 3 (SF), 33f zu Gen 1,1. □ **126** Vgl. im Vortrag „Dein Reich komme" 19. 11. 1932 DBW 12, 273: „Die Gewalt des *Todes* ... ist in der Kirche vernichtet durch das vollmächtige Zeugnis vom Wunder der Auferstehung; sie ist im Staat aufgehalten durch die Ordnung der Erhaltung des Lebens." □ **127** Dieser und der vorige Satz stehen als Zufügung am Rand, ähnlich dem sonstigen Vorkommen von „corpus Christi" bzw. „Christianum" in diesem Ms.

geschichtlichen Verantwortung nicht lähmen. Sie muß Gott das Ende ebenso anheimstellen wie die Möglichkeit, daß die Geschichte weiterläuft; auf beides bleibt sie bedacht. Indem die Kirche bei ihrer Sache, das heißt bei der Predigt von dem auferstandenen Jesus Christus bleibt, trifft sie den Geist der Vernichtung tödlich[128]. „Das Aufhaltende", die Ordnungsmacht aber sieht in der Kirche den Bundesgenossen, und alles was an Elementen der Ordnung noch vorhanden ist sucht die Nähe der Kirche. Recht, Wahrheit, Wissenschaft, Kunst, Bildung, Menschlichkeit, Freiheit, Vaterlandsliebe, finden nach langen Irrwegen zu ihrem Ursprung zurück.[129] Dabei erweist sich die Kirche je wirksamer, je zentraler ihre Botschaft ist, und ihr Leiden ist dem Geist der Zerstörung unendlich viel gefährlicher als die ihr etwa noch verbliebene politische Macht. Mit ihrer Botschaft von dem lebendigen Herrn Jesus Christus aber macht es die Kirche deutlich, daß es ihr nicht einfach um das Erhalten von Vergangenem zu tun ist. Sie zwingt gerade auch die Ordnungsmächte zum Hören, zur Umkehr. Dennoch stößt sie die, die zu ihr kommen, die ihre Nähe suchen, nicht von sich. Sie überläßt es dem Weltregiment Gottes, ob er es den Ordnungsmächten gelingen läßt und ob sie, die Kirche, – in wohl gewahrter Unterscheidung und doch in aufrichtiger Bundesgenossenschaft[130] mit jenen – der Zukunft das geschichtliche Erbe, an dem der Segen und die Schuld der Väter hängt,[131] weitergeben darf.

128 Gestr.: „rettet die Seelen". □ **129** Dieser Satz ersetzt als Zufügung am oberen Rand den Seitenrand-Zusatz: „es findet zu seinem Ursprung zurück." Vgl. S. 342–344. □ **130** Das Stichwort ‚*Bundesgenossenschaft*' erscheint auch in dem „Kirche und Welt I." überschriebenen Ms, S. 343. □ **131** Auf „Ethik"-Zettel Nr. 8 ist die Vorformulierung zu ‚*Erbe* ...' zunächst gestrichen und dann unterpunktet (Streichung rückgängig gemacht); der „Ethik"-Zettel NL A 86,3 beginnt nach der Überschrift „*Verfall*" mit: „Segen und Schuld der Väter hängt am Erbe." – Über die geschichtliche Entwicklung im Abendland arbeitete Bonhoeffer in der Haft weiter, vgl. 8. 6. 1944 WEN 356f und 16. 7. 1944 WEN 392f; WEN 394 („Vor und mit Gott leben wir ohne Gott") vgl. mit S. 115 („verheißungsvolle Gottlosigkeit").

Schuld, Rechtfertigung, Erneuerung.[1]

Es geht um das Gestaltwerden der Gestalt Christi unter uns. Es geht also um den wirklichen, den gerichteten, den erneuerten Menschen. Es gibt den wirklichen, den gerichteten und erneuerten Menschen nicht anders als in der Gestalt Jesu Christi und also in der Gleichgestaltung mit ihm. Nur der in Christus angenommene Mensch ist der wirkliche Mensch, nur der vom Kreuze Christi betroffene Mensch ist der gerichtete Mensch, nur der der Auferstehung Christi teilhaftige ist der erneuerte Mensch. Seit Gott in Christus Mensch wurde, ist alles Denken über den Menschen ohne Christus unfruchtbare Abstraktion. Das Gegenbild zu dem in die Gestalt Jesu Christi aufgenommenen Menschen ist der Mensch als sein eigener Schöpfer, sein eigener Richter und sein eigener Erneuerer, es ist der Mensch, der an seinem eigentlichen Menschsein vorbeilebt und darum früher oder später sich selbst zerstört.[2] Der Abfall des Menschen von Christus ist zugleich sein Abfall von seinem eigenen Wesen.

Umkehr gibt es nur auf dem Wege der Erkenntnis der Schuld an Christus. Nicht Verfehlung und Verirrung hier und dort, Übertretungen eines abstrakten Gesetzes, sondern der Abfall von Christus, von der Gestalt, die in uns Gestalt werden und uns zu unserer eigentlichen Gestalt führen wollte, muß als Schuld erkannt werden. Echte Schulderkenntnis erwächst nicht aus den Erfahrungen der Auflösung und des Verfalls, sondern für uns, die wir ihm begegneten, allein an der Gestalt Christi selbst. Sie setzt also ein Maß an Gemeinschaft mit dieser Gestalt voraus. Eben darum ist | sie ein Wunder; denn wie soll der von

---

1 „Erneuerung" ersetzt: „Wiedergeburt" (dieses Wort steht auch auf „Ethik"-Zettel Nr. 40; vgl. W. Lütgert, Ethik der Liebe, 236: „... die Bedingung der Wiedergeburt ist auch für die Völker der Tod"). Das Ms (Papier wie ab S. 120,3) beginnt auf einem Bogen „27", die Zahl des nächsten Bogens war vor Veränderung zu „28" eine ‚26', „Erbe und Verfall" endet auf einem Bogen „25". Im Unterschied zu dem nicht gefalteten Ms „Erbe und Verfall" sind die Bögen „27" bis „32." (Ms-Ende, S. 136) gemeinsam einmal geknickt; der Text wirkt in sich abgeschlossen. □ 2 Ersetzt: „dem Nihilismus verfällt."

Christus Abgefallene noch Gemeinschaft mit Christus haben, es sei denn durch die Gnade, mit der Christus selbst den Abgefallenen festhält und ihm die Gemeinschaft bewahrt? Schulderkenntnis gibt es nur aufgrund der Gnade Christi, aufgrund des Griffes Christi nach dem Abfallenden. In dieser Schulderkenntnis nimmt der Prozeß der Gleichgestaltung des Menschen mit Christus seinen Anfang. Darin unterscheidet sich diese Schulderkenntnis von jeder anderen, die selbstgewirkt und unfruchtbar[3] ist.

Der Ort, an dem diese Schulderkenntnis wirklich wird, ist die Kirche. Das darf jedoch nicht so verstanden werden, als ob die Kirche neben anderem, was sie ist und tut, auch noch der Ort echter Schulderkenntnis ist. Sondern die Kirche ist eben jene Gemeinschaft von Menschen, die durch die Gnade Christi zur Erkenntnis der Schuld an Christus geführt worden ist. Daß die Kirche der Ort der Schulderkenntnis ist, ist also eine tautologische Aussage.[4] Wo es anders wäre, wäre die Kirche nicht mehr Kirche.

Die Kirche ist heute die Gemeinschaft der Menschen, die erfaßt von der Gewalt der Gnade Christi ihre eigene persönliche Sünde wie den Abfall der abendländischen Welt von Jesus Christus als Schuld an Jesus Christus erkennt, bekennt und auf sich nimmt. Sie ist es, an der Jesus seine Gestalt mitten in der Welt verwirklicht. Darum kann auch nur die Kirche der Ort der persönlichen und gemeinschaftlichen Wiedergeburt und Erneuerung sein.

Es ist ein Zeichen der lebendigen Gegenwart Christi, daß es Menschen gibt, in denen die Erkenntnis des Abfalls von Jesus Christus nicht nur in dem Sinne wachgehalten wird, daß dieser Abfall bei den anderen konstatiert wird, sondern so daß Menschen sich selbst an diesem Abfall schuldig bekennen. Das Bekenntnis der Schuld geschieht ohne Seitenblicke auf die Mitschuldigen.[5] Es ist streng exklusiv, indem es | alle Schuld auf

---

3 Ersetzt: „abgezwungen“. □ 4 ‚*Tautologisch*‘: Die Ausdrücke ‚*Kirche*‘ und ‚*Ort der Schulderkenntnis*‘ besagen das gleiche, τὸ αὐτό. □ 5 In Erörterungen über Schuld nach dem Ersten Weltkrieg mischte sich auf deutscher Seite, vor allem infolge der These der Siegermächte von Deutschlands alleiniger Kriegsschuld im Versailler Vertrag, der Vorbehalt ein, daß man ohne ein Schuldbekenntnis der Gegner nicht die deutsche Schuld bekennen könne.

sich nimmt. Wo noch gerechnet und abgewogen wird, dort tritt die unfruchtbare Moral der Selbstgerechtigkeit an die Stelle des Schuldbekenntnisses angesichts der Gestalt Christi. Eben weil nicht die einzelne Verfehlung, sondern die Gestalt Christi der Ursprung des Schuldbekenntnisses ist, darum ist dieses ein bedingungsloses und vollständiges; denn durch nichts anderes bezwingt uns ja Christus stärker als dadurch daß er unsere Schuld bedingungslos und vollständig auf sich nahm, sich für schuldig erklärte an unserer Schuld und uns frei ausgehen ließ. Der Blick auf diese Gnade Christi befreit gänzlich vom Blick auf die Schuld der anderen und läßt den Menschen vor Christus in die Kniee sinken mit dem Bekenntnis: mea culpa, mea culpa, mea maxima culpa.[6]

Mit diesem Bekenntnis fällt die ganze Schuld der Welt auf die Kirche, auf die Christen und indem sie hier nicht geleugnet, sondern bekannt wird, tut sich die Möglichkeit der Vergebung auf. Für den Moralisten völlig unbegreiflich wird hier nicht nach dem eigentlichen Schuldigen gesucht, wird nicht die gerechte Sühne als Strafe an den Bösen und als Lohn an den Guten gefordert, der Böse wird nicht bei seinem Bösen behaftet (im Sinne des apokalyptischen „wer böse ist, der sei fernerhin böse" Apok 22[,11]), sondern es sind Menschen da, die alle, wirklich alle Schuld auf sich selbst nehmen, nicht in irgendeinem heroischen Entschluß der Aufopferung, sondern einfach überwältigt durch ihre eigenste Schuld an Christus, und die in diesem Augenblick nicht mehr an vergeltende Gerechtigkeit gegenüber den „Hauptschuldigen", sondern nur noch an die Vergebung ihrer eigenen großen Schuld denken können.

Es ist zunächst die ganz persönliche Sünde jedes Einzelnen, die hier als vergiftende Quelle für die Gemeinschaft erkannt wird. Auch die heimlichste Sünde des Einzelnen[7] ist Verunreinigung und Zerstörung des Leibes Christi (1 Kor 6[,15]). Aus| dem Begehren, das in unseren Gliedern steckt, entsteht Mord[8], Neid, Streit, Krieg (Jac 4,1 ff).[9] Ich kann mich nicht dabei be-

---

6 Dt.: „meine Schuld, meine Schuld, meine überaus große Schuld" (ein Satz aus dem „Confiteor", dem Schuldbekenntnis in der katholischen Messe). □ **7** „des Einzelnen" ersetzt: „der Unkeuschheit" (vielfach stark durchgestrichen). Vgl. DBW 4 (N), 281. □ **8** Ersetzt: „Haß". □ **9** Anspielungen auf die Verse 1 f, zitiert auch in DBW 4 (N), 282, bei der Behandlung der neutestaruhigen, daß mein Anteil nur ein verschwindend geringer sei, hier wird nicht gerechnet sondern ich muß erkennen, daß gerade meine Sünde an allem schuld ist. Ich bin schuldig des ungeordneten Begehrens, ich bin schuldig des feigen Verstummens, wo ich hätte reden sollen, ich bin schuldig der Unwahrhaftigkeit und der Heuchelei angesichts der Gewalt, ich bin schuldig der Unbarmherzigkeit und der Verleugnung der ärmsten meiner Brüder,[10] ich bin schuldig der Untreue und des Abfalls von Christus. Was geht es mich an, ob andere auch schuldig sind? Jede Sünde eines anderen kann ich entschuldigen, nur meine eigene Sünde bleibt Schuld, die ich nie entschuldigen kann. Es ist keine krankhaft ichbezogene Verzerrung der Wirklichkeit, sondern es ist das Wesen echter Schulderkenntnis, daß sie nicht mehr rechnen und rechten kann, sondern die eigene Sünde als den Ursprung aller Sünde, mit der Bibel zu sprechen als die Sünde Adams[11] erkennt. Es ist auch sinnlos, solche Erkenntnis durch den Hinweis darauf ad absurdum[12] führen zu wollen, daß es unzählige Einzelne seien, von denen sich jeder in solcher Weise der Schuld am Ganzen bewußt sei. Diese vielen Einzelnen schließen sich ja zusammen in dem Gesamtich der Kirche. In ihnen und durch sie bekennt und erkennt die Kirche ihre Schuld.[13]

---

mentlichen Lasterkataloge. In LB Kopierstift-Seitenstrich neben Vers 1; im „Nestle" ist in Vers 2 φονεύετε („ihr mordet") einfach, im Apparat φθονειτε („ihr neidet"), die Konjektur des Erasmus dazu, doppelt mit Bleistift unterstrichen. □ **10** Vgl. Mt 25,40. □ **11** Vgl. DBW 1 (SC), 72; DBW 2 (AS), 144f. Siehe Röm 5,12–19. □ **12** Ins ‚*Absurde*'; s. zu S. 71. □ **13** Im Ms hier kein Punkt, wie noch mehrfach an Absatzenden bis S. 131 und auch in anderen „Ethik"-Manuskripten, z. B. S. 341 am Ms-Ende. Das jetzt anschließende Schuldbekenntnis schrieb Bonhoeffer, während Hitlers Siege noch andauerten, als Beteiligter an der aktiven Konspiration. Es folgt den Zehn Geboten, Ex 20,2–17. Vgl. DBW 5 (GL), 98: „Um der Gewißheit der göttlichen Vergebung willen ... geht es in der Beichte um das Bekenntnis *konkreter* Sünden. ... Die Prüfung an allen zehn Geboten wird darum die rechte Vorbereitung für die Beichte sein." Ein Schuldbekenntnis evangelischer Kirchen war ungebräuchlich. Daß Bonhoeffer ein solches Schuldbekenntnis in seine „Ethik" aufgenommen hat, war eine Konsequenz aus seinem Kirchenverständnis, vgl. DBW 1 (SC), 144: In der Kirche wird „Buße getan für die eigene Schuld und für die der Gemeinschaftsgesamtperson". Später, am 16./17. Oktober 1943, wurde in Breslau ein den Zehn Geboten folgendes „Wort der [12., letzten] Bekenntnissynode der Evangelischen Kirche der altpreußischen Union an die Gemeinden zum Buß- und

Die Kirche bekennt, ihre Verkündigung von dem einen Gott, der sich in Jesus Christus für alle Zeiten offenbart hat und der keine anderen Götter neben sich leidet, nicht offen und deutlich genug ausgerichtet zu haben. Sie bekennt ihre Furchtsamkeit, ihr Abweichen, ihre gefährlichen Zugeständnisse. Sie hat ihr Wächteramt und ihr Trostamt oftmals verleugnet. Sie hat dadurch den Ausgestoßenen und Verachteten die schuldige Barmherzigkeit oftmals verweigert. Sie war stumm, wo sie hätte schreien müssen, weil das Blut der Unschuldigen zum Himmel schrie.[14] Sie hat das rechte Wort in rechter Weise zu rechter Zeit nicht gefunden. Sie hat dem Ab- | fall des Glaubens nicht bis aufs Blut widerstanden[15] und hat die Gottlosigkeit der Massen verschuldet.

Die Kirche bekennt, den Namen Jesu Christi mißbraucht zu haben, indem sie sich seiner vor der Welt geschämt hat und dem Mißbrauch dieses Namens zu bösen Zwecken nicht kräftig genug gewehrt hat. Sie hat es mitangesehen, daß unter dem Deckmantel des Namens Christi Gewalttat und Unrecht geschah.[16] Sie hat aber auch die offene Verhöhnung des heiligsten Namens ohne Widerspruch gelassen und ihr damit Vorschub geleistet. Sie erkennt, daß Gott den nicht ungestraft lassen wird, der so wie sie seinen Namen mißbraucht.

Die Kirche bekennt sich schuldig an dem Verlust des Feiertags, an der Verödung ihrer Gottesdienste, an der Verachtung der sonntäglichen Ruhe.[17] Sie hat sich an der Rastlosigkeit und Unruhe, aber auch an der Ausbeutung der Arbeitskraft über

---

Bettag 1943" verabschiedet, s. J. Beckmann, Kirchliches Jahrbuch, 387 f, und DB 796 f. Die Stuttgarter Schulderklärung des Rates der Evangelischen Kirche in Deutschland vom 18./19. Oktober 1945 äußerte sich viel weniger konkret über die Schuld der Kirche im Dritten Reich. Vgl. die mit dem folgenden Textabschnitt beginnende Sammlung von Dokumenten bei M. Greschat, Die Schuld der Kirche. □ **14** Vgl. Gen 4,10. □ **15** Vgl. Hebr 12,4. □ **16** In der Anfangszeit der nationalsozialistischen Herrschaft in Deutschland diente z. B. die Rede vom „positiven Christentum" und von der „Abwehr des gottlosen Bolschewismus" der Legitimierung von Gewalttaten gegen oppositionelle Linke, ohne auf entschiedene kirchliche Kritik zu stoßen. □ **17** Auf „Ethik"-Zettel Nr. 1 ist notiert: „Der *Feiertag*!?" Vgl. A. D. Müller, Ethik, 383, in Bonhoeffers Exemplar mit Kopierstift angestrichen: „Das Schicksal des Menschen dieser [unserer] Epoche aber ist dadurch charakterisiert, daß er ‚keine Zeit' hat. Er hat *keinen Feiertag*." Zur Sonntagsruhe vgl. dann 1943 im Romanfragment DBW 7, 74.

den Werktag hinaus schuldig gemacht, weil ihre Predigt von Jesus Christus schwach und ihr Gottesdienst matt war.

Die Kirche bekennt, an dem Zusammenbruch der elterlichen Autorität schuldig zu sein. Der Verachtung des Alters und der Vergötterung der Jugend[18] ist die Kirche nicht entgegengetreten aus Furcht, die Jugend und damit die Zukunft zu verlieren, als wäre ihre Zukunft die Jugend! Sie hat die göttliche Würde der Eltern gegen eine revolutionierende Jugend nicht zu verkündigen gewagt und hat den sehr irdischen Versuch gemacht ,,mit der Jugend zu gehen". So ist sie schuldig an der Zerstörung unzähliger Familien, an dem Verrat der Kinder an ihren Vätern, an der Selbstvergötterung[19] der Jugend und damit an ihrer Preisgabe an den Abfall von Christus.[20]

Die Kirche bekennt, die willkürliche Anwendung brutaler Gewalt, das leibliche und seelische Leiden unzähliger Unschuldiger, Unterdrückung, Haß, Mord, gesehen zu ha- | ben ohne ihre Stimme für sie zu erheben, ohne Wege gefunden zu haben, ihnen zu Hilfe zu eilen. Sie ist schuldig geworden am Leben der Schwächsten und Wehrlosesten Brüder Jesu Christi.[21]

Die Kirche bekennt, kein wegweisendes und helfendes Wort gewußt zu haben zu der Auflösung aller Ordnung im Verhältnis der Geschlechter zueinander. Sie hat der Verhöhnung der Keuschheit und der Proklamation der geschlechtlichen Zügello-

---

18 ‚*Vergötterung*' ersetzt: „Kult". Jugendkult in totalitär regierten Staaten soll die Heranwachsenden an das Regime binden. Durch Reichsbischof Ludwig Müller war 1933/34 die kirchliche Jugend in die Hitlerjugend eingegliedert worden; eine Anspielung darauf findet sich in Bonhoeffers Brief an den Bischof von Chichester George Bell am 27. 12. 1933 DBW 13, 58. Der ‚Dienst' der Hitlerjugend an Sonntagen wurde so gelegt, daß Gottesdienstbesuch unmöglich war. □ **19** Ersetzt: „Verwahrlosung"; vgl. „Zügellosigkeit" S. 130f. □ **20** Der erste Formulierungsbeginn „[Preisgabe an] die Zucht[losigkeit]" ist mehrfach stark durchgestrichen. „Abfall von Christus" ersetzt: „Christusferne [ersetzt: „die Gesetzlosigkeit"]". □ **21** „Sie ist ... Wehrlosesten" ersetzt: „Sie ist mitschuldig geworden am Leben der Schwächsten und Ärmsten [ersetzt: „unzähliger Menschen"]". „Brüder Jesu Christi" ist später zugesetzt, wohl um den Hinweis insbesondere auf die Juden unübersehbar zu machen, vgl. S. 95: „... denn Jesus Christus war Jude". E. Bethge, Dietrich Bonhoeffer und die Juden, 202: „Mit diesem Wort ‚Brüder Jesu Christi' vollzieht Bonhoeffer im Bekennen der eigenen und der kirchlichen Schuld einen Akt der inneren Solidarisierung mit den Opfern des Holocaust und respektiert zugleich die verschuldete Distanz." Vgl. Mt 25,40b („meinen geringsten Brüdern").

sigkeit[22] nichts Gültiges und Starkes entgegenzusetzen gewußt. Sie ist über eine gelegentliche moralische Entrüstung nicht hinausgekommen. Sie ist damit schuldig geworden an der Reinheit und Gesundheit der Jugend. Sie hat die Zugehörigkeit unseres Leibes zum Leib Christi nicht stark zu verkündigen gewußt.

Die Kirche bekennt, Beraubung und Ausbeutung der Armen, Bereicherung[23] und Korruption der Starken stumm mitangesehen zu haben.

Die Kirche bekennt, schuldig geworden zu sein an den Unzähligen, deren Leben durch Verleumdung, Denunzieren,[24] Ehrabschneidung vernichtet worden ist. Sie hat den Verleumder nicht seines Unrechtes überführt und hat so den Verleumdeten seinem Geschick überlassen.

Die Kirche bekennt, begehrt zu haben nach Sicherheit, Ruhe, Friede, Besitz, Ehre, auf die sie keinen Anspruch hatte und so die Begierden der Menschen nicht gezügelt, sondern gefördert zu haben.

Die Kirche bekennt sich schuldig aller 10 Gebote, sie bekennt darin ihren Abfall von Christus.[25] Sie hat die Wahrheit Gottes nicht so bezeugt, daß alles Wahrheitsforschen, alle Wissenschaft ihren Ursprung in dieser Wahrheit erkannte;[26] sie hat die Gerechtigkeit Gottes nicht so verkündigt, daß alles menschliche Recht in ihr die Quelle des eigenen Wesens sehen mußte;[27] sie

---

22 Vgl. in der Niederschrift Willem A. Visser 't Hoofts aufgrund von Berichten Bonhoeffers in Genf März 1941 DBW 16, 169, zum Abschneiden der Jugend vom Einfluß ihrer Elternhäuser durch den nationalsozialistischen Staat: „There are many stories about the terrible effects which this whole development has on sexual conditions. Thus it happens that when illegal children are born parents say simply: ‚The Führer desires this.'" („Über die schrecklichen Auswirkungen dieser ganzen Entwicklung auf die sexuellen Verhältnisse gibt es viele Geschichten. So kommt es vor, daß bei der Geburt unehelicher Kinder deren Eltern einfach sagen: ‚Es ist der Wunsch des Führers.'") □ **23** Nationalsozialistische Führer wie Hermann Göring oder Julius Streicher brachten, vor allem durch Raub jüdischen Vermögens, unermeßliche Reichtümer in ihren Besitz. □ **24** Im Dritten Reich bewirkten Denunziationen oft den Tod. □ **25** Die Zehn Gebote verweisen nach Bonhoeffers Überzeugung auf Christus. □ **26** Vgl. die Notiz auf „Ethik"-Zettel Nr. 83 (und Nr. 21) unter Hinweis auf Ernest Hello, „Mensch ohne Gott 161" (gemeint ist offenbar das 1938 erschienene Buch „Welt ohne Gott", Seite 161 befindet sich im Kapitel „Verneinung der Wissenschaft"): „Naturwissenschaften haben auf Christus gewartet". □ **27** Vgl. dazu Karl Barths Schrift von 1938 „Rechtfertigung und Recht".

hat die Fürsorge Gottes nicht so glaubhaft zu machen vermocht, daß alles menschliche Wirtschaften | von ihr aus seine Aufgabe in Empfang genommen hätte. Durch ihr eigenes Verstummen[28] ist die Kirche schuldig geworden an dem Verlust an verantwortlichem Handeln, an Tapferkeit des Einstehens und Bereitschaft für das als recht Erkannte zu leiden. Sie ist schuldig geworden an dem Abfall der Obrigkeit von Christus.

Ist das zuviel gesagt? sollten hier einige ganz Gerechte sich erheben und beweisen wollen, daß nicht die Kirche, sondern gerade alle anderen die Schuld träfe? Wollten etwa einige Kirchenmänner dies alles als grobe Beschimpfung von sich weisen und in der Anmaßung, berufene[29] Richter der Welt zu sein, das Maß der Schuld hier und da abwägen und zuteilen? War denn die Kirche nicht nach allen Seiten gehindert und gebunden? stand nicht die ganze weltliche Gewalt gegen sie? Durfte denn die Kirche ihr letztes, ihre Gottesdienste, ihr Gemeindeleben gefährden[30], indem sie den Kampf mit den antichristlichen Gewalten aufnahm? So spricht der Unglaube, der im Bekenntnis der Schuld nicht die Wiedergewinnung der Gestalt Jesu Christi, der die Sünde der Welt trug, sondern nur eine gefährliche moralische Degradierung erkennt. Das freie Schuldbekenntnis ist ja nicht etwas, das man tun oder auch lassen könnte, sondern es ist der Durchbruch der Gestalt Jesu Christi in der Kirche, den die Kirche an sich geschehen läßt oder aber aufhört Kirche Christi zu sein. Wer das Schuldbekenntnis der Kirche erstickt oder verdirbt, der wird in hoffnungsloser Weise schuldig an Christus.

Indem die Kirche die Schuld bekennt, entbindet sie die Men-

---

28 Ersetzt: „Schweigen". Im nationalsozialistischen Deutschland schränkten von 1935 an Repressionsmaßnahmen des Staates und der Partei das kritische kirchliche Reden immer mehr ein, so daß es 1940/41 fast verstummt war. □ **29** Ersetzt: „gerechte". □ **30** „War denn ... gefährden" ersetzt: „Sollte die Kirche sich soweit vergessen haben, daß sie nicht einmal das letzte mehr weiß, nämlich" und weitere sechs Satzanfänge sowie: „Ist denn die Kirche nicht allein dadurch gerechtfertigt, daß sie ja nach allen Seiten gehindert und gebunden war, daß die ganze weltliche Gewalt gegen sie stand, daß sie garnicht tun konnte, was man ihr nun vorwirft? Mußte denn die Kirche nicht ihr letztes, ihre Gottesdienste, ihr Gemeindeleben schützen, um". Die Vielzahl der verworfenen Formulierungen zeigt Bonhoeffers Mühe und Sorgfalt, die gemeinte, von ihm nicht geteilte Auffassung darzustellen.

schen nicht vom eigenen Schuldbekenntnis, sondern sie ruft sie in die Gemeinschaft des Schuldbekenntnisses hinein. Nur als von Christus gerichtete kann die abgefallene Menschheit[31] vor Christus bestehen. Unter dieses Gericht ruft die Kirche alle, die sie erreicht. |

Die Kirche und der Einzelne werden als in ihrer Schuld Gerichtete, von dem gerechtfertigt, der alle menschliche Schuld auf sich nimmt und vergibt, durch Jesus Christus. Diese Rechtfertigung der Kirche und des Einzelnen liegt darin, daß sie teilbekommen an der Gestalt Christi. Es ist die Gestalt des von Gott gerichteten und in den Tod des Sünders gegebenen und des von Gott zu neuem Leben erweckten Menschen. Es ist die Gestalt des Menschen, wie er in Wahrheit vor Gott ist. Nur als in die Schande des Kreuzes als des öffentlichen Sündertodes hineingezogene empfängt die Kirche und der Einzelne in ihr die Gemeinschaft der Herrlichkeit des zu neuer Gerechtigkeit und neuem Leben Erweckten.[32]

Allein in der göttlichen Rechtfertigung der Kirche, die diese in das volle Schuldbekenntnis, in die Kreuzesgestalt hineinführt, liegt die Rechtfertigung des von Christus abgefallenen Abendlandes. Allein in der göttlichen Erneuerung der Kirche, die diese in die Gemeinschaft des auferstandenen und lebendigen Jesus Christus führt, liegt die Erneuerung des Abendlandes.

Oder sollten solche Worte wie Rechtfertigung und Erneuerung des Abendlandes unerlaubte Hyperbeln[33] sein, da ja niemals das ganze Abendland durch Glauben an Jesus Christus gerechtfertigt und erneuert werden kann? Es ist allerdings zu beachten, daß von der Rechtfertigung der Kirche und Erneuerung in anderem Sinne geredet werden muß als von Rechtfertigung und Erneuerung des Abendlandes. Die Kirche wird durch ihren Glauben an Christus, das heißt durch die Beugung unter die Gestalt Christi, gerechtfertigt und erneuert. Das Abendland als geschichtliche politische Gestalt kann nur indirekt durch[34]

---

31 Ersetzt: „die abendländische Menschheit". □ **32** Am Ms-Rand Notizen: „Rechtfertigung der Welt? des Abendlandes? Erneuerung der Kirche und des Einzelnen? Aber des Abendlandes?" □ **33** ‚*Hyperbel*' (Griech.) bedeutet hier: sprachliche Übertreibung. □ **34** Ersetzt: „Das Abendland als geschichtlich also die abendländischen Völker, können durch".

den Glauben der Kirche „gerechtfertigt und erneuert" werden. Die Kirche erfährt im Glau- | ben[35] die Vergebung aller ihrer Sünden und einen neuen Anfang durch Gnade, für die Völker gibt es nur ein Vernarben der Schuld in der Rückkehr zur Ordnung, zum Recht, zum Frieden, zum freien Ergehenlassen der kirchlichen Verkündigung von Jesus Christus. Die Völker tragen das Erbe ihrer Schuld und doch kann es durch Gottes gnädiges Regiment in der Geschichte geschehen, daß das, was im Fluch begann den Völkern endlich zum Segen wird, daß aus angemaßter Gewalt Recht, aus Aufruhr Ordnung, aus Blutvergießen Friede wird. In dem Griff nach der Krone hat es sich oftmals erwiesen, daß Willkür und Gewalt am Anfang standen und daß dann die innere Macht der Krone selbst, die Macht der göttlichen Institution der Obrigkeit sich allmählich heilend und vernarbend auswirkte.[36] Im Verlauf einer imperialistischen Eroberungspolitik, die sich unter Verachtung des Rechtes, unter Vergewaltigung des Schwächeren vollzog[37], hat es immer wieder jene allmähliche Wendung zum Recht, zum Frieden, ja zum Glück der einstmals Vergewaltigten gegeben, die eine Vernarbung der vergangenen Schuld bedeutete. Damit wird zwar die Schuld nicht gerechtfertigt, nicht aufgehoben, nicht vergeben, sie bleibt bestehen, aber die Wunde, die sie riß, ist vernarbt. Während es für die Kirche und für den einzelnen Gläubigen nur einen völligen Bruch mit der Schuld und einen Neuanfang geben kann, der durch die Vergebung der Sünde geschenkt wird,

---

35 Ersetzt: „in der Rechtfertigung durch Christus". □ **36** ‚*Krone*' bezeichnet bei Reinhold Schneider die Ordnung „von oben" her und ist insofern dem Reden von „Blut und Boden" als Mächten „von unten" entgegengesetzt. Vgl. z. B. R. Schneider, Macht und Gnade, 105–113 („Cromwell und die Krone"), bes. 112f: „Das Parlament der Heiligen, glühender Sektierer, ... hatte den Staat bedroht; ... | ... aber in Kirche und Krone, in geweihten Formen, hatte das Heilige bereits ... die höchste Stelle eingenommen". Bonhoeffer las dieses Buch bei seinem Aufenthalt 1940/41 im Kloster Ettal, s. 19. 1. 1941 DBW 16, 110. Vgl. „Staat und Kirche" (DBW 16, 517): „... ob an fast jeder Krone Schuld hängt (Shakespeares Königsdramen), ... die Obrigkeit ist Ordnung Gottes nicht in ihrem Entstehen, aber in ihrem Sein." J. Maritain, Die Zukunft der Christenheit, 324: „... im Sein *vernarbt*". Diese drei Worte sind auf „Ethik"-Zettel Nr. 60 zitiert und unterstrichen, „Sein" doppelt, vgl. S. 75: vernarbt „im Erfolg". □ **37** „die sich ... vollzog" ersetzt: „die mit Vergewaltigung und Blut befleckt war".

kann es im geschichtlichen Leben der Völker immer nur um den allmählichen Heilungsprozeß gehen. Der Träger der Krone, der [sie] sich mit Unrecht erwarb, aber im Verlaufe der Zeit Recht, Ordnung, Frieden schuf, kann nicht einfach zum Verzicht auf die Krone, der Eroberer, der die unterworfenen Länder zu Frieden, Wohlstand und Glück geführt hat, nicht einfach zur Preisgabe seiner Eroberung genötigt werden.[38] Durch den Verzicht auf die Krone, durch die Preisgabe der Eroberung könnte ja jetzt gerade um so größere Unordnung, um so | größere Schuld entstehen. Die Kontinuität mit der vergangenen Schuld, die im Leben der Kirche und des Gläubigen durch Buße und Vergebung abgebrochen wird, bleibt im geschichtlichen Leben der Völker erhalten. Nur darauf kommt es an, ob die vergangene Schuld tatsächlich vernarbt ist, und an dieser Stelle gibt es dann auch innerhalb der geschichtlichen außen- und innenpolitischen Auseinandersetzung[39] der Völker so etwas wie Vergebung, die doch nur ein schwacher Schatten der Vergebung ist, die Jesus Christus dem Glauben schenkt. Es wird hier auf die volle Sühne des geschehenen Unrechtes durch den Schuldigen Verzicht geleistet, es wird erkannt, daß das Vergangene durch keine menschliche Macht wiederhergestellt, daß das Rad der Geschichte nicht mehr zurückgedreht werden kann. Nicht alle geschlagenen Wunden können geheilt werden, aber entscheidend ist, daß nicht weitere Wunden gerissen werden. Das Vergeltungsgesetz des „Auge um Auge, Zahn um Zahn"[40] bleibt Gott, dem Richter der Völker, vorbehalten. In den Händen der Menschen müßte es nur neues Unheil hervorbringen. Voraussetzung für diese innergeschichtliche Vergebung bleibt, daß die Schuld vernarbt ist, indem aus Gewalt Recht, aus Willkür Ord-

38 Die Machtergreifung und die Eroberungen Hitlers hatten weder praktisch noch zukunftsprogrammatisch die Folgen, die Bonhoeffer in diesem Satz formuliert, es ging vielmehr um Willkürherrschaft und um die Unterwerfung eroberter Länder. □ **39** „außen- und innenpolitischen" ist ein Zusatz. Bonhoeffer hoffte auf die mögliche ‚*Vernarbung*' derjenigen Schuld, die bei der Beseitigung des Hitler-Regimes unvermeidlich sein würde, sei es in kriegerischen Handlungen der Gegner NS-Deutschlands, sei es in einem Bürgerkrieg nach geglücktem Attentat auf Hitler. □ **40** Ex 21,24; Lev 24,20. Diese rechtlichen Bestimmungen dienten ursprünglich dazu, die Vergeltung zu begrenzen und so eine Steigerung ins Maßlose und in die Rache hinein zu verhindern. Vgl. DBW 4 (N), 134.

nung, aus Krieg Frieden geworden ist. Wo das nicht der Fall ist, wo das Unrecht ungebrochen herrscht und immer neue Wunden schlägt, dort kann freilich von solcher Vergebung keine Rede sein, vielmehr muß dort die erste Sorge sein, dem Unrecht zu wehren und die Schuldigen ihrer Schuld zu überführen.

„Rechtfertigung und Erneuerung" des Abendlandes wird es also nur so geben, daß Recht, Ordnung und Friede so oder so wiederhergestellt werden, daß dann die vergangene Schuld „vergeben" wird, daß jede Illusion, Geschehenes durch Strafaktionen ungeschehen machen zu können fallen gelassen wird und daß der Kirche Jesu Christi als Ursprung aller Vergebung, Rechtfertigung und Erneuerung Raum ge- | geben wird unter den Völkern[41]. Wie die Schuld des Abfalls von Christus eine gemeinsame abendländische Schuld ist, so verschieden auch das Maß der Verfehlung hier oder dort sein mag, so wird es auch nur eine gemeinsame abendländische Rechtfertigung und Erneuerung geben. Jeder Versuch, unter Ausschluß eines der abendländischen Völker das Abendland zu retten, wird zum Scheitern verurteilt sein.[42]

---

41 „daß der Kirche ... Völkern" ersetzt: „daß der Gestalt Jesu Christi, der die Sünde der Welt auf sich genommen hat, Raum gegeben wird durch die kirchliche Verkündigung". □ **42** Dieser Schlußaussage nahe (Hinweis: R. Lovin, Biographical Context, 81) ist die Formulierung Visser 't Hoofts DBW 16, 549 (in Bonhoeffers und Visser 't Hoofts „Gedanken zu William Paton: The Church and the New Order", entstanden in Genf während der zweiten Schweizer Reise Bonhoeffers Anfang September 1941 DBW 16, 536–549): „We believe that it is possible to find men in Germany ... who can be counted upon as loyal collaborators in a European community of nations. And we believe that they should be given a chance for the sake not only of Germany, but of Europe as a whole." („Wir glauben, daß in Deutschland Menschen zu finden sind ..., auf deren loyale Mitarbeit in einer europäischen Nationengemeinschaft man rechnen kann. Und wir glauben, daß man ihnen um der Sache nicht nur Deutschlands, sondern ganz Europas willen eine Chance geben sollte.") Der Brief Visser 't Hoofts vom 12. 9. 1941 DBW 16, 203, verdeutlicht, daß an die Menschen des deutschen Widerstands gegen das NS-Regime und ein von ihnen aufzubauendes Nachkriegsdeutschland gedacht ist. Vgl. aber auch S. 95 („Verstoßung d. Juden aus dem Abendland").

Die letzten und die vorletzten Dinge.[1]

Ursprung und Wesen alles christlichen Lebens liegen beschlossen in dem einen Geschehen, das die Reformation Rechtfertigung des Sünders aus Gnaden allein genannt hat. Nicht was der Mensch an sich ist, sondern was der Mensch in diesem Geschehnis ist, gibt uns Aufschluß über das christliche Leben. Hier ist die Länge und die Breite des menschlichen Lebens in einem Augenblick, in einem Punkt zusammengefaßt, die Ganzheit des Lebens ist in diesem Ereignis umschlossen. Was geschieht hier? ein Letztes[2], von keinem menschlichen Sein, Tun oder Leiden zu Ergreifendes. Der finstere, von innen und außen verriegelte immer tiefer in Abgrund und Ausweglosigkeit sich verlierende Schacht des menschlichen Lebens wird mit Macht aufgerissen[3], das Wort Gottes bricht herein; der Mensch erkennt zum erstenmal in rettendem Licht Gott und den Nächsten. Das Labyrinth seines bisherigen Lebens stürzt zusammen. Der Mensch ist frei für Gott und den Bruder. Er wird inne, daß ein Gott ist, der ihn liebt und annimmt, daß ein Bruder neben ihm steht, den Gott liebt wie ihn selbst, daß eine Zukunft ist bei dem dreieinigen Gott mit seiner Gemeinde. Er glaubt, er liebt, er hofft. Vergangenheit und Zukunft des ganzen Lebens fließen in der Gegenwart Gottes in eins zusammen. Die ganze Vergangenheit ist umschlossen von dem Wort Vergebung, die ganze Zukunft ist aufgehoben in der Treue | Gottes. Die vergangene Sünde ist in den Abgrund der Liebe Gottes in Jesus Christus gesenkt und überwunden, die Zukunft – wird ohne Sünde ein Leben aus Gott sein (1 Joh 3,9)[4]. Das Leben erkennt sich aus-

1 Bonhoeffer wollte die Überschrift zunächst mit „Die vor[letzten] ..." beginnen; auch auf „Ethik"-Zettel Nr. 38 und im Brief 27. 11. 1940 DBW 16, 79, ist die Reihenfolge: „vorletzten und die letzten Dinge". Das Ms steht auf hellen Doppelbögen einer Unterart (das Papier ist besonders gleichmäßig), die nur in Ettal verwendet wurde. □ **2** Ersetzt: „Allerletztes". □ **3** „Der finstere ... [gestr.: „von außen"] aufgerissen" ersetzt: „Das in sich selbst verschlossene, von innen verriegelte menschliche Leben wird aufgerissen". □ **4** In diesem Vers ist in LB mit Kopierstift unterstrichen: „kann nicht sündigen"; vgl. dazu DBW 4 (N), 279 und auch 220 Anm. 10).

gespannt und gehalten von einem Grund der Ewigkeit zum andern, von der Erwählung vor der Zeit der Welt bis zum ewigen Heil, es erkennt sich als Glied einer Gemeinde und einer Schöpfung, die das Lob des dreieinigen Gottes singt. Dies alles geschieht, wenn Christus zu dem Menschen tritt. In Christus ist dieses alles Wahrheit und Wirklichkeit, und eben weil es kein Traum ist, darum ist das Leben des Menschen, dem die Gegenwart Christi widerfährt, von nun an nicht mehr ein verlorenes, sondern ein gerechtfertigtes Leben geworden. Gerechtfertigt aus Gnade allein.

Aber nicht nur aus Gnade allein, sondern auch aus Glauben allein. So lehrt die Schrift und die Reformation.[5] Nicht Liebe oder Hoffnung, nur der Glaube rechtfertigt ein Leben. Der Glaube allein nämlich gründet das Leben auf einen neuen Grund und dieser neue Grund allein rechtfertigt es, daß ich vor Gott leben kann. Der Grund aber ist das Leben, Sterben und Auferstehen des Herrn Jesus Christus. Ohne diesen Grund ist ein Leben vor Gott ungerechtfertigt. Es ist dem Tod und der Verdammnis preisgegeben. Auf Leben, Sterben und Auferstehen Jesu Christi hin leben, ist Rechtfertigung meines Lebens vor Gott. Glauben aber heißt diesen Grund finden, halten, in ihm Anker werfen und so von ihm gehalten werden. Glauben heißt Begründung des Lebens auf einen Grund außerhalb meiner selbst,[6] auf einen ewigen und heiligen Grund, auf Christus. Glauben heißt gefangen sein von dem Blick Jesu Christi, nichts mehr sehen als ihn, herausgerissen sein aus der Gefangenschaft im eigenen Ich, befreit sein durch Jesus Christus. Glauben ist ein Geschehenlassen und erst in ihm ein Tun, und doch reichen beide Worte nicht hin, um das hier enthaltene Geheimnis aus-

---

5 Vgl. Röm 3,21–5,21; Gal 3,1–14; Eph 2,8; Phil 3,9; Tit 3,7; in den reformatorischen Bekenntnisschriften vgl. Confessio Augustana IV und VI (BSLK 56 und 60) sowie Apologie der Confessio dazu, und Auslegung zur 5. Vaterunserbitte im Großen Katechismus (BSLK 682–685). Vgl. bes. Röm 3,28: . . . δικαιοῦσθαι πίστει (bzw. im Apparat des „Nestle“: δια πιστεως) ἄνθρωπον, von Luther mit dem Zusatz „allein“ übersetzt: „ . . . daß der Mensch gerecht werde . . . allein durch den Glauben“; S. 290 spielt auf diese Übersetzung an. Siehe auch DBW 4 (N), 36. Viele Anklänge an Bonhoeffers Buch „Nachfolge“ auf den Seiten 137–142. □ **6** Hiermit vgl. „von außen“ (bzw. extra nos, „außerhalb von uns“) in der Habilitationsschrift Bonhoeffers, s. DBW 2 (AS), 124; ThDB 298 Anm. 37.

zusprechen. Glaube al- | lein ist Gewißheit, alles außerhalb des Glaubens ist dem Zweifel unterworfen. Jesus Christus allein ist die Gewißheit des Glaubens. Daß mein Leben gerechtfertigt ist, das glaube ich dem Herrn Jesus Christus. So gibt es keinen anderen Zugang zur Rechtfertigung meines Lebens als den Glauben allein.

Aber niemals ist der Glaube allein, sondern so gewiß er die wahrhaftige Gegenwart Christi ist, so ist bei ihm auch Liebe und Hoffnung. Es wäre ein falscher Glaube, ein Scheinglaube, ein heuchlerischer selbsterfundener Glaube, der niemals rechtfertigt, wenn Liebe und Hoffnung nicht bei ihm wäre. Es wäre eine angelernte Wiederholung von Glaubenssätzen, toter Glaube, der nicht die Werke der Buße und der Liebe bei sich hätte. Keinen Augenblick kann Glaube und böser Vorsatz nebeneinander bestehen. Es wird dem Menschen in dem Geschehen der Rechtfertigung alles geschenkt, aber nur der Glaube rechtfertigt, es wird dem Menschen in der Begegnung mit Christus alles, was Christus ist und hat, zu eigen gemacht, aber gerechtfertigt ist mein Leben allein durch das, was Christus zu eigen ist, niemals durch das, was mir zu eigen wurde. So zerreißt der Himmel über dem Menschen und die frohe Botschaft vom Heil Gottes in Jesus Christus dringt als Freudengeschrei vom Himmel zur Erde und der Mensch glaubt und indem er glaubt hat er Christus bei sich empfangen, hat er alles. Er lebt vor Gott.

Niemals wußte er vorher, was Leben sei. Er verstand sich selbst nicht. Nur aus seinen Möglichkeiten oder aus seinen Werken konnte er versuchen, sich zu verstehen und sein Leben zu rechtfertigen. So rechtfertigt er sich vor sich selbst und vor seinem selbsterdachten Gott. Unzugänglich aber mußten ihm die Möglichkeiten und Werke des lebendigen Gottes sein, unbegreiflich ein Leben aus dessen Möglichkeiten und Werken. Ein Leben auf fremdem Grund, aus fremder Kraft, aus fremder Hilfe, das mußte ihm fremd blei- | ben. Dieses Leben fand er, als Christus ihn in seiner Weise rechtfertigte. Er verlor sein eigenes Leben an Christus, nun wurde Christus sein Leben. „Nun aber lebe nicht ich, sondern Christus lebt in mir" (Gal 2,20). Christliches Leben ist Christusleben.

Wir sagten anfangs, das Geschehen der Rechtfertigung eines

Sünders sei ein Letztes[7]. Das war im strengen Sinne gemeint. Gottes Barmherzigkeit mit einem Sünder will und kann nur als Gottes letztes Wort gehört werden, oder es wird garnicht gehört. Die Letztlichkeit dieses Wortes enthält einen doppelten Sinn: es ist ein *qualitativ*, also seinem Inhalt nach letztes Wort. Es gibt kein Wort Gottes, das über seine[8] Gnade hinausgeht. Mehr als ein vor Gott gerechtfertigtes Leben gibt es nicht. Weil es den vollständigen Abbruch alles Bisherigen, Vorletzten enthält, derart daß es niemals das natürliche oder notwendige Ende des bereits begangenen Weges, sondern vielmehr seine völlige Verurteilung und Entwertung ist, weil es also Gottes freies, durch nichts erzwungenes, eigenes Wort ist, darum ist es unumkehrbar letztes Wort, letzte Wirklichkeit.[9] Es schließt also jede Methode aus, es auf dem eigenen Wege zu erreichen.[10] Es gibt keine lutherische und keine paulinische Methode, zu dem letzten Wort zu gelangen. Weder der Weg des Paulus, also der Gesetzesruhm und die aus ihm folgende Christusfeindschaft, noch der Weg Luthers, also das Kloster und das Scheitern am Gesetz in der Verzweiflung, wurde durch das letzte Wort gerechtfertigt, sondern ganz im Gegenteil beide Wege verfielen der letzten Verurteilung und es war der Sünder Paulus und der Sünder Luther, nicht aber ihre Sünde, die aus Gottes Gnade um Christi willen gerechtfertigt wurden.[11] Das letzte Wort war zugleich das Gericht über die vorletzten Wege und Dinge. Das qualitativ letzte Wort Gottes verbietet uns also [von] vornherein den Blick auf den Weg Luthers, auf den Weg des Paulus, als hätten wir ihn noch einmal zu ge- | hen.[12] Es sind ja verurteilte Wege. Streng

---

7 Ersetzt: „Allerletz[tes]". Das „Letzte" wird in der Theologie traditionell als das „Eschatologische" behandelt. Vgl. P. Althaus, Die letzten Dinge. □ **8** Ersetzt: „die Zusage seiner". □ **9** Vgl. K. Barth, Das Wort Gottes, 67 (Tambacher Rede 1919): „Denn immer ist das letzte, das ἔσχατον, ... *nicht* die Fortsetzung ..., *sondern* im Gegenteil der radikale Abbruch von allem Vorletzten". Über Letztes und Vorletztes hatte, im Hinblick auf Barth, Bonhoeffer schon als Student mit seinem Kommilitonen Richard Widmann diskutiert, s. 1926 DBW 9, 164, und DB 125. Vgl. ThDB 297f und Anm. 35 (die Reihenfolge drückt aus, „daß es vom Vorletzten keinen Weg zum Letzten hin gibt"). □ **10** Zu Bonhoeffers Ablehnung der ‚*Methode*' s. ThDB 302. □ **11** In seinem Sachregister zur „Nachfolge" unterscheidet Bonhoeffer „Rechtfertigung der Sünde" und „des Sünders"; vgl. DBW 4 (N), 29f u. ö. □ **12** Im Neuluthertum gibt es eine starke Tendenz, Luthers Weg vom Scheitern am Gesetz zur Offenheit für das

gesagt soll der Weg Luthers ebensowenig von uns wiederholt werden, wie der Weg der Ehebrecherin, des Schächers am Kreuz, des verleugnenden Petrus und des gegen Christus eifernden Paulus.[13] Das qualitativ letzte Wort schließt ein für allemal jede Methode aus. Es ist ja das vergebende und nur durch Vergebung rechtfertigende Wort. Es hat also nicht Sinn noch Recht, – was man heute nicht selten hören kann, – einer heutigen christlichen Gemeinde zu predigen, ein jeder müsse erst werden wie Maria Magdalena, wie der arme Lazarus,[14] wie der Schächer am Kreuz, er müsse werden wie diese biblischen ,,Randgestalten",[15] ehe er das letzte Wort Gottes zu hören vermöchte. So sehr man auf diese Weise den Charakter der Letztlichkeit des Wortes Gottes unterstreichen möchte, so sehr untergräbt man ihn in Wirklichkeit. Der Inhalt der christlichen Botschaft ist nicht, zu werden wie eine jener biblischen Gestalten, sondern zu sein – wie Christus selbst. Dazu aber führt keine Methode, sondern der Glaube allein. Anders verlöre das Evangelium seinen Preis, seinen Wert. Die teure Gnade würde billig.[16]

Das rechtfertigende Wort Gottes ist aber auch *zeitlich* letztes Wort. Es geht ihm immer etwas Vorletztes voraus, ein Tun, Leiden, Gehen, Wollen, Unterliegen, Aufstehen, Bitten, Hoffen, also ganz ernstlich eine Spanne Zeit, an deren Ende es steht. Gerechtfertigt kann nur werden, was bereits in der Zeit unter eine Anklage geraten ist. Es setzt ein Schuldigwerden des Geschöpfes voraus. Es ist nicht allezeit Gnadenzeit, sondern jetzt, gerade jetzt und endgültig jetzt ist der ,,Tag des Heils" (2 Kor

---

Empfangen der gerechtsprechenden Gnade Gottes zum verbindlichen Modell christlichen Lebens zu machen. Damit ist die Überzeugung verbunden, daß die Reihenfolge Gesetz – Evangelium unumkehrbar sei. Vgl. dagegen Karl Barths Schrift „Evangelium und Gesetz" (1935). □ **13** Zu ‚*Weg Luthers*' vgl. S. 291; ‚*Ehebrecherin*': Joh 8,2–11; ‚*Schächer*': Lk 23,40–43; Verleugnung durch Petrus: Mt 26,69–75; Paulus: Act 8,3; 9,1; Gal 1,13f. □ **14** *Maria Magdalena*: Lk 8,2 (vgl. 7,36–50: die Sünderin); *Lazarus*: Lk 16,19–26. □ **15** Vgl. R. Guardini, Religiöse Gestalten in Dostojewskijs Werk, 49 [^{3}35f], zu „Dostojewskijs Konzeption des ‚großen Sünders'": „... halb genial, halb pathologisch; dem Edelsten offen, zugleich vom Bösen und Kranken, ja vom Dämonischen her bedroht; Randnaturen durch und durch". Auf „Ethik"-Zettel Nr. 59 und auf Zettel Nr. 61, auf dem auch „Iwan Karamassoff" erwähnt ist, steht mit Anführungszeichen: „... ‚Rand'gestalten". □ **16** Siehe „Christus und der Friede" Winter 1932 DBW 12, 234, und DBW 4 (N), 29–31.

6[,2]).[17] Gnadenzeit ist letzte Zeit in dem Sinne, daß es niemals möglich ist, über das mich jetzt treffende Wort Gottes hinaus mit einem weiteren, künftigen Wort zu rechnen. Es gibt eine Zeit des Zulassens, Wartens, Vorbereitens Gottes und es gibt eine letzte Zeit, die das Vorletzte richtet und abbricht. Luther mußte durch das Klo- | ster, Paulus mußte durch die Gesetzesfrömmigkeit, ja der Schächer „mußte" durch Schuld ans Kreuz, um das letzte Wort zu hören. Es mußte ein Weg gegangen sein, es mußte die ganze Länge des Weges der vorletzten Dinge durchschritten sein, es mußte ein jeder unter der Last dieser Dinge auf die Kniee sinken – und doch war dann das letzte Wort nicht die Krönung, sondern der vollständige Abbruch des Vorletzten. Angesichts des letzten Wortes stand Luther und Paulus nicht anders da als der Schächer am Kreuz. Es muß also ein Weg beschritten werden, obwohl es doch keinen Weg zu diesem Ziel gibt, und dieser Weg muß bis zu Ende gegangen werden, das heißt bis dorthin, wo Gott ihm sein Ende setzt. Das Vorletzte bleibt also bestehen, obwohl es durch das Letzte gänzlich aufgehoben und außer Kraft gesetzt[18] wird.

Nie tritt das Wort der rechtfertigenden Gnade Gottes aus seiner Stellung als letztes Wort heraus, nie gibt es sich einfach als errungenes Ergebnis, das nun ebensogut an den Anfang wie ans Ende gestellt werden könnte, nie ist der Weg vom Vorletzten zum Letzten aufzuheben. Das Wort bleibt unumkehrbar das Letzte, es würde sonst zum Berechenbaren, zur Ware[19] herabgewürdigt und damit seines göttlichen Wesens beraubt. Die Gnade würde billig. Sie wäre kein Geschenk.

Weil aber die Rechtfertigung aus Gnaden und Glauben allein in jeder Hinsicht letztes Wort bleibt, darum muß nun auch von den vorletzten Dingen gesprochen werden, nicht so als hätten sie irgendeinen eigenen Wert, aber so daß ihre Beziehung auf das Letzte sichtbar wird. Um des Letzten willen muß vom Vorletzten die Rede sein. Das muß nun verständlich gemacht werden.

Es sei hier die Frage gestellt, ohne sie schon zu beantwor- |

---

17 In Vers 2 in LB und im „Nestle" Bleistiftstriche unter: „ . . . jetzt . . . jetzt . . . Tag des Heils". □ 18 Ersetzt: „entwertet". □ 19 „Berechenbarem, zur Ware" ersetzt: „Händlerware [ersetzt: „Menschen-Ware"]".

ten, ob der Mensch allein aus dem Letzten leben kann, ob der Glaube sozusagen zeitlich ausgedehnt werden kann oder ob er nicht immer nur als das Letzte einer Zeitspanne, vieler Zeitspannen im Leben wirklich wird.[20] Wir sprechen hier nicht von der Erinnerung an vergangenen Glauben[21] oder von der Wiederholung von Glaubenssätzen, sondern von dem lebendigen Glauben, der ein Leben rechtfertigt. Wir fragen, ob dieser Glaube täglich, stündlich realisierbar ist und sein soll oder ob auch hier immer wieder die Länge des Vorletzten durchschritten werden muß um des Letzten willen. *Wir fragen also nach dem Vorletzten im Leben des Christen*, ob es ein frommer Selbstbetrug sei, dieses zu leugnen, oder ob es eine Schuld sei, es in seiner Weise ernstzunehmen. Wir fragen damit auch, ob das Wort, das Evangelium, in die Zeit hinein ausgedehnt werden kann, ob es also jederzeit in gleicher Weise gesagt werden darf, oder ob auch hier sich Letztes von Vorletztem unterscheidet. Um es ganz deutlich werden zu lassen:[22] Warum entscheide ich mich gerade in ganz ernsten Situationen, etwa angesichts eines durch einen Todesfall schwer Betroffenen, oftmals für ein ,,vorletztes" Verhalten, also etwa zu einer durch Schweigen bekundeten Gemeinschaft der Hilflosigkeit gegenüber so hartem Geschehen, statt die mir an sich bekannten und zur Verfügung stehenden Worte des biblischen Trostes auszusprechen, auch gerade Christen gegenüber? Warum verschließt sich mir oftmals der Mund, der das Letzte zum Ausdruck bringen sollte und entschließe ich mich zu einer durchaus vorletzten menschlichen Solidarität? Ist es Mißtrauen gegen die Macht des letzten Wortes, ist es Menschenfurcht oder liegt die sachliche Berechtigung solchen[23] Verhaltens darin, daß das Wissen und zur Ver-

20 Vgl. im Ms ,,Das ‚Ethische' und das ‚Christliche' als Thema" S. 369 (‚Letztes' und ‚Vorletztes'), und im Brief aus der Haft 5. 12. 1943 WEN 176: ,,Wir leben im Vorletzten und glauben das Letzte, ist es nicht so?" □ **21** ,,der Erinnerung ... Glauben" ersetzt: ,,dem toten Glauben". □ **22** ,,Um . . . lassen" ersetzt: ,,Um ganz konkret zu werden". Nach dem Doppelpunkt gestr.: ,,es begegnet mir ein Mensch, der in Trauer um einen Menschen gekommen ist; ich kenne die ganze Fülle der Worte, die den echten biblischen Trost in solcher Lage aussprechen; ich vermag sie auch zu formulieren, ich ‚beherrsche' die Situation von hier aus gesehen – und doch entscheide ich mich – zu schweigen." □ **23** Ersetzt wohl, nicht gestr.: ,,dieses".

fügunghaben des Wortes, also sozusagen das geistliche Beherrschen der Situation nur den Schein des Letzten trägt, in Wirklichkeit aber selbst etwas ganz Vorletztes ist? ist das bewußte Bleiben im Vorletzten[24] nicht hier und | da vielleicht der echtere[25] Hinweis auf das Letzte, das Gott zu seiner Zeit selbst (freilich auch nur durch Menschenmund) sagt? Wird also nicht gerade um des Letzten willen das Vorletzte immer wieder einmal geboten sein und nicht mit belastetem, sondern mit gutem Gewissen getan werden müssen? In diese Frage ist aber freilich nicht nur ein Einzelfall, sondern imgrunde der ganze Bereich christlichen Zusammenlebens und insbesondere der ganze Umfang der christlichen Seelsorge eingeschlossen. Das über jenen Einzelfall Gesagte gilt ungezählte Male für das tägliche Zusammenleben von Christen und für den Umgang des christlichen Verkündigers mit seiner Gemeinde.

Das Verhältnis von Vorletztem und Letztem im christlichen Leben kann in zwei extremen Formen gelöst werden, „radikal" und als Kompromiß[26], wobei gleich zu bemerken ist, daß auch die Kompromißlösung eine extreme Lösung ist.[27]

Die radikale Lösung sieht nur das Letzte, und in ihm[28] nur den völligen Abbruch des Vorletzten. Letztes und Vorletztes stehen in ausschließlichem Gegensatz. Christus ist der Zerstörer und Feind alles Vorletzten und alles Vorletzte ist Feindschaft gegen Christus. Christus, das ist das Zeichen, daß die Welt reif ist, dem Feuer überantwortet[29] zu werden. Hier gibt es keine Unterscheidungen, es muß alles ins Gericht; es gibt nur noch eine Scheidung: für Christus oder gegen ihn. „Wer nicht mit mir ist, der ist wider mich."[30] Alles Vorletzte im menschlichen Verhalten ist Sünde und Verleugnung. Angesichts des kommenden Endes gibt es für den Christen nur noch letztes Wort und

---

24 Gestr.: „ohne frommen Schein". □ **25** „hier und da ... echtere" ersetzt: „gerade vielleicht der bessere". □ **26** Ersetzt: „als ‚radikales' Christentum und als Kompromißchristentum"; so auch auf „Ethik"-Zettel Nr. 61. □ **27** Vgl. S. 42 („Mönch" und „Kulturprotestant"). □ **28** „und in ihm" ersetzt: „sie sieht in dem Letzten der Rechtfertigung des Sünders". □ **29** Gestr.: „und verbrannt". Im „Nestle" ist mit Bleistift unterstrichen in I Kor 3,13 ἐν πυρί („im Feuer") sowie die Parallelstellenangabe am Rand, die auf II Thess 1,8 verweist; auch dort im griechischen Text des „Nestle" Bleistiftunterstreichungen. □ **30** Mt 12,30.

letztes Verhalten. Was dadurch aus der Welt wird, fällt nicht mehr ins Gewicht; der Christ trägt keine Verantwortung dafür und die Welt muß doch verbrennen. Mag unter dem Worte Christi alle Ordnung der Welt zerbrechen, es gilt hier Alles oder Nichts. Aus dem letzten Wort Gottes, das ein Gnadenwort ist, wird hier die eisige Härte des allen Widerstand zerbre- | chenden und verachtenden Gesetzes (vgl. die Gestalt des Brand bei Ibsen).[31]

Die andere Lösung ist der Kompromiß. Hier wird das letzte Wort von allem Vorletzten prinzipiell getrennt. Das Vorletzte behält sein Recht in sich, wird aber von dem Letzten nicht bedroht oder gefährdet. Noch steht die Welt, noch ist das Ende nicht da, noch müssen vorletzte Dinge getan werden in der Verantwortung für diese Welt, die Gott schuf. Noch muß mit den Menschen gerechnet werden, wie [sie] sind. (Der Großinquisitor bei Dostojewski.)[32] Das Letzte bleibt gänzlich jenseits des täglichen und dient schließlich als ewige Rechtfertigung für alles Bestehende, als die metaphysische Reinigung von der Anklage, die auf allem Bestehenden lastet. Aus dem freien Gnadenwort wird das Gnadengesetz, das über allem Vorletzten es rechtfertigend und bewahrend waltet.[33]

Beide Lösungen sind in gleicher Weise extrem und enthalten in gleicher Weise wahres und falsches. Sie sind extrem, weil sie Vorletztes und Letztes in ausschließenden Gegensatz zueinander stellen, das eine Mal, indem Vorletztes durch [das] Letzte zerstört, das andere Mal, indem das Letzte aus dem Bereich des Vorletzten ausgeschlossen wird; das eine Mal verträgt das Letzte nicht das Vorletzte, das andere Mal verträgt das Vorletzte nicht

31 In Bonhoeffers Gemeindevortrag in Barcelona 11. 12. 1928 DBW 10, 310f: „Nicht zufällig spielt Ibsens ‚Brand', in dem die Forderung alles oder nichts ein Familienleben zerreißt, hoch oben in den Regionen nordischen Eises." Für die Seminarsitzung am Union Theological Seminary in New York 4. 3. 1931 DBW 10, 393, über dieses Schauspiel Ibsens: „The whole drama is one great struggle of Brand against the spirit of compromise" („Das ganze Drama ist ein einziger großer Kampf Brands gegen den Kompromißgeist"). □ **32** Am 11. 12. 1928 DBW 10, 311, zitierte Bonhoeffer, unmittelbar nach der Erwähnung von „Ibsens ‚Brand'", aus dem Kapitel „Der Großinquisitor" des Romans von Dostojewskij „Die Brüder Karamasoff". □ **33** Vgl. DBW 4 (N), 39: „Gnade als Prinzip, ... billige Gnade ist zuletzt nur ein neues Gesetz, das nicht hilft und nicht befreit."

das Letzte. Beides sind unerlaubte Verabsolutierungen an sich gleich richtiger und notwendiger Gedanken. Die radikale Lösung denkt vom Ende aller Dinge, von Gott dem Richter und Erlöser her, die Kompromißlösung denkt von dem Schöpfer und Erhalter her; die einen setzen das Ende absolut, die anderen das Bestehende. So gerät Schöpfung und Erlösung, Zeit und Ewigkeit in einen unlösbaren Widerstreit, und so wird die Einheit Gottes selbst aufgelöst, der Glaube an Gott zerbricht.

Den Vertretern der radikalen Lösung ist zu sagen, daß Christus nicht radikal in ihrem Sinne ist; den Anhängern der Kompromißlösung aber | muß ebenso gesagt werden, daß Christus nicht Kompromisse macht; dementsprechend ist christliches Leben weder eine Sache des Radikalismus noch des Kompromisses. Der Streit um den größeren Ernst[34] der einen oder der anderen Auffassung, ist belanglos vor dem alleinigen Ernst Jesu Christi, der die Unernsthaftigkeit beider Lösungen aufdeckt. Weder die Idee eines reinen Christentums an sich noch die Idee des Menschen, wie er an sich ist, ist ernst; ernst ist allein die Wirklichkeit Gottes und die Wirklichkeit des Menschen, die in Jesus Christus eins geworden ist. Nicht irgendein Christentum, sondern Jesus Christus selbst ist ernst; in Jesus Christus aber tritt an die Stelle des Radikalismus und des Kompromisses die Wirklichkeit Gottes und des Menschen. Es gibt kein Christentum an sich, es müßte die Welt zerstören; es gibt keinen Menschen an sich, er müßte Gott ausschließen. Beides sind Ideen; es gibt nur den Gott-Menschen Jesus Christus, der wirklich ist, und durch den die Welt so lange erhalten wird bis sie reif ist für ihr Ende.[35]

Radikalismus entspringt immer einem bewußten oder unbewußten Haß gegen das Bestehende. Christlicher Radikalismus, weltflüchtiger oder weltverbessernder, kommt aus dem Haß gegen die Schöpfung. Der Radikale kann Gott seine Schöpfung

---

34 Dieser Leitbegriff Kierkegaards – s. S. Kierkegaard, Der Begriff der Angst, 145–153; 145: „*Ernst*" als „Definition" für „*Gewißheit und Innerlichkeit*" (das letztere Wort ist in Bonhoeffers Exemplar unterstrichen) – wurde oft aufgegriffen. □ **35** Vgl. Predigt 4. 11. 1934 DBW 13, 403: „... daß diese Welt reif ist zum Abbruch, überreif"; auch DBW 4 (N), 255: „... zum Abbruch reif". Vgl. K. Barth, Das Wort Gottes, 67 (s. S. 140 Anm. 9).

nicht verzeihen. Es ist der mit der geschaffenen Welt zerfallene Iwan Karamassoff, der zugleich die Gestalt des radikalen Jesus in der Legende des Großinquisitors schafft.[36] Wenn das Böse in der Welt mächtig wird, dann spritzt es zugleich dem Christen das Gift des Radikalismus ein. Das Ausgesöhntsein mit der Welt wie sie ist, das dem Christen durch Christus geschenkt ist, gilt dann als Verrat und Verleugnung Christi. An seine Stelle treten Bitterkeit, Argwohn, Verachtung gegen Menschen und Welt. Aus der Liebe, die alles glaubt, alles trägt, alles hofft,[37] aus der Liebe die die Welt gerade in ihrem Bösen mit der Liebe Gottes liebt (Joh 3,16), wird die pharisäische[38] Verweigerung der | Liebe zu den Bösen in ihrer Beschränkung auf den geschlossenen Kreis der Frommen. Aus der offenen Kirche Jesu Christi, die der Welt dient bis zuletzt wird irgendein angeblich urchristliches Gemeindeideal,[39] das wiederum die Wirklichkeit des lebendigen Jesus Christus mit der Verwirklichung einer christlichen Idee verwechselt. So gelingt es einer böse gewordenen Welt auch die Christen böse werden zu lassen[40]. Es ist derselbe Krankheitskeim, der die Welt auflöst und der die Christen radikal werden läßt. Es ist beidemal der Haß gegen die Welt, ob es nun der Haß des Gottlosen oder des Frommen ist. Es ist Verweigerung des Schöpfungsglaubens auf beiden Seiten. Mit Beelzebul aber treibt man keine Teufel aus.[41]

Der Kompromiß entspringt immer dem Haß gegen das Letzte. Christlicher Kompromißgeist kommt aus diesem Haß gegen die Rechtfertigung des Sünders aus Gnaden allein. Die Welt und das Leben in ihr muß vor diesem Einbruch in ihr Bereich[42] geschützt werden. Man muß mit der Welt durch Mit-

---

36 Bonhoeffer stimmt Guardinis Deutung zu, daß die Großinquisitor-Legende Ausdruck der Mentalität des Iwan Karamasoff sei, also „daß die Kritik an ‚Rom' gar nicht das Eigentliche des Großinquisitors sein kann", R. Guardini, Religiöse Gestalten in Dostojewskijs Werk, 159 (mit Seitenstrich Bonhoeffers) [³120], vgl. 203 [³156]; 160 [³121]: „Im Zusammenhang mit allem bedeutet sie [die Legende] eine Selbstenthüllung Iwans und seines Gottesverhältnisses, ebendadurch, daß er versucht, sich mit ihr zu rechtfertigen." □ **37** Vgl. I Kor 13,7. Im „Nestle" ist στέγει (LB: „verträgt") mit Bleistift unterstrichen. □ **38** Ersetzt: „engherzige". □ **39** Vgl. DBW 1 (SC) 258 (und 87): Jede Verkennung des urchristlichen Gemeindegedankens führte „von jeher zum sektiererischen Heiligkeitsideal". □ **40** Ersetzt: „auch die Kirche zu zerstören". □ **41** Mk 3,22 f. □ **42** Das erst seit 1796 nachgewiesene Wort ‚*Bereich*' tritt im tel der Welt allein fertig werden.[43] Das Letzte hat in der Gestaltung des Lebens in der Welt nicht mitzusprechen. Schon die Frage nach dem Letzten, der Versuch das Wort Gottes in seiner Autorität für das Leben in der Welt geltend zu machen, gilt nun als Radikalismus, als Lieblosigkeit gegen die gegebenen Ordnungen der Welt und die an sie gebundenen Menschen. Die von Christus dem Christen geschenkte Freiheit von der Welt und die Absage an sie (1 Joh 2,17) wird als unnatürliche schöpfungswidrige Welt- und Menschenfremdheit oder gar -feindschaft bezichtigt. Statt dessen wird Anpassung bis zur Resignation, oder zur schalen Weltklugheit[44] als echte Weltoffenheit und Liebe des Christen ausgegeben.

Der Radikalismus haßt die Zeit, der Kompromiß haßt die Ewigkeit;

der Radikalismus haßt die Geduld, der Kompromiß haßt die Entscheidung,

der Radikalismus haßt die Klug- | heit, der Kompromiß haßt die Einfalt.

Der Radikalismus haßt das Maß, der Kompromiß haßt das Unermeßliche.

Der Radikalismus haßt das Wirkliche, der Kompromiß haßt das Wort.

Es wird aus dieser Gegenüberstellung deutlich genug, daß beide Haltungen in gleicher Weise christuswidrig sind; denn was sich hier gegeneinander in Feindschaft aufrichtet, ist in Jesus Christus eins. Die Frage nach dem christlichen Leben wird also weder vom Radikalismus noch vom Kompromiß, sondern von Jesus Christus selbst entschieden und beantwortet. Nur in ihm löst sich das Verhältnis von Letztem und Vorletztem.

In Jesus Christus glauben wir den menschgewordenen, gekreuzigten und auferstandenen Gott. In der Menschwerdung erkennen wir die Liebe Gottes zu seiner Kreatur, in der Kreu-

---

Deutschen teilweise an die Stelle des Wortes „Reich"; daraus erklärt sich, daß es manchmal, wie bei Bonhoeffer hier, auch als Neutrum begegnet. □ **43** Ersetzt die gestrichene Vorform: „Der Mensch will in der Welt mit der Welt allein fertig werden, aus der Kraft des Vorletzten heraus." □ **44** „wird Anpassung ... Weltklugheit" ersetzt: „wird Bequemlichkeit, Gleichgültigkeit, Resignation, wird eine Weltklugheit".

zigung das Gericht Gottes über alles Fleisch, in der Auferstehung den Willen Gottes zu einer neuen Welt. Nichts wäre nun verkehrter als diese drei Stücke auseinanderzureißen; denn in jedem von ihnen ist das Ganze enthalten. So unsachgemäß es ist, eine Theologie der Menschwerdung, eine Theologie des Kreuzes oder eine Theologie der Auferstehung gegeneinander aufzurichten durch falsche Absolutsetzung eines dieser Teile, so falsch ist dieses Vorgehen auch für das Denken über das christliche Leben. Eine allein auf der Menschwerdung aufgebaute christliche Ethik würde leicht zu der Kompromißlösung führen, eine allein auf Kreuz oder Auferstehung Jesu Christi aufgebaute Ethik würde dem Radikalismus und der Schwärmerei verfallen. Nur in der Einheit löst sich der Widerstreit.

Jesus Christus, der Mensch, das bedeutet, daß Gott in die geschaffene Wirklichkeit eingeht, daß wir vor Gott Menschen sein dürfen und sollen. Die Zerstörung des Menschseins ist Sünde, und wird so zum Hindernis für Gott, den Menschen zu erlösen. Dennoch bedeutet das Menschsein Jesu Christi nicht einfach die Bestätigung der bestehenden Welt und des | menschlichen Wesens.[45] Jesus war Mensch „ohne Sünde" (Hebr 4[,15]); das ist das Entscheidende. Unter den Menschen aber lebte Jesus in tiefster Armut, ehelos und starb als Verbrecher. So enthält das Menschsein Jesu schon eine doppelte Verurteilung des Menschen, die absolute Verurteilung der Sünde und die relative Verurteilung der bestehenden menschlichen Ordnungen. Unter Einschluß dieser Verurteilung aber ist Jesus wirklich Mensch und will, daß wir Menschen seien. Er läßt die menschliche Wirklichkeit, ohne sie zu verselbständigen und ohne sie zu zerstören, als Vorletztes bestehen, als Vorletztes, das in seiner Weise ernstgenommen und nicht ernstgenommen werden will, als Vorletztes, das zur Hülle des Letzten geworden ist.

Jesus Christus, der Gekreuzigte, das bedeutet, daß Gott der gefallenen Schöpfung ihr endgültiges Urteil spricht. In der Verwerfung Gottes am Kreuz Jesu Christi, ist die Verwerfung des Menschengeschlechts ohne Ausnahme eingeschlossen. Das Kreuz Jesu ist das Todesurteil über die Welt. Hier kann sich der Mensch nicht seines Menschseins und die Welt nicht ihrer gött-

45 Ersetzt: „und ihrer menschlichen Ordnungen."

lichen Ordnungen rühmen. Hier ist die Menschenherrlichkeit im Bilde des zerschlagenen, blutenden, bespeiten Angesichts des Gekreuzigten zu ihrem letzten Ende gekommen. Dennoch bedeutet die Kreuzigung Jesu nicht einfach Vernichtung der Schöpfung; sondern unter diesem Todeszeichen des Kreuzes sollen nun die Menschen weiterleben, sich zum Gericht, wenn sie es verachten, sich zum Heil aber, wenn sie es gelten lassen. Das Letzte ist im Kreuz wirklich[46] geworden als das Gericht über alles Vorletzte, zugleich aber als Gnade für das Vorletzte, das sich dem Gericht des Letzten beugt.

Jesus Christus, der Auferstandene, das bedeutet, daß Gott aus Liebe und Allmacht dem Tod ein Ende macht und eine neue Schöpfung ins Leben ruft, neues Leben schenkt. „Das Alte ist vergangen."[47] „Siehe ich mache alles neu".[48] | Auferstehung ist schon mitten in der alten Welt angebrochen als letztes Zeichen ihres Endes und ihrer Zukunft, und zugleich als lebendige Wirklichkeit. Jesus ist als Mensch auferstanden, so hat er dem Menschen die Auferstehung geschenkt. So bleibt der Mensch Mensch, obwohl er ein neuer auferstandener, dem alten in keiner Weise gleicher Mensch ist. Aber freilich bis zur Grenze seines Todes bleibt er, der mit Christus schon auferstanden ist, in der Welt des Vorletzten, in die Jesus einging und in der das Kreuz steht. So hebt auch die Auferstehung, solange die Erde steht, das Vorletzte nicht auf, aber das ewige Leben, das neue Leben bricht immer mächtiger in das irdische Leben ein und schafft sich in ihm seinen Raum.

Menschwerdung, Kreuz und Auferstehung mögen in ihrer Einheit und in ihrer Unterschiedenheit deutlich geworden sein. Christliches Leben ist Leben mit dem menschgewordenen, gekreuzigten und auferstandenen Jesus Christus, dessen Wort als ganzes uns in der Botschaft von der Rechtfertigung des Sünders aus Gnaden begegnet. Christliches Leben heißt Menschsein inkraft der Menschwerdung, heißt gerichtet und begnadigt sein inkraft des Kreuzes, heißt ein neues Leben leben in der Kraft der Auferstehung.[49] Eines ist nicht ohne das andere.

---

46 Ersetzt: „sichtbar". □ **47** II Kor 5,17. □ **48** Apk 21,5. □ **49** Dieser Satz ersetzt: „Christliches Leben heißt Menschsein, heißt gerichtet und begnadigt sein, heißt ein neues Leben zum Geschenk erhalten."

Für die Frage nach dem Verhältnis zu dem Vorletzten ergibt sich aus dem Bisherigen, daß das christliche Leben weder eine Zerstörung noch eine Sanktionierung des Vorletzten bedeutet, so daß in Christus die Wirklichkeit Gottes der Wirklichkeit der Welt[50] begegnet und uns an dieser wirklichen Begegnung teilnehmen läßt. Es ist eine Begegnung jenseits jedes Radikalismus und jedes Kompromisses. Christliches Leben ist Teilnahme an der Christusbegegnung mit der Welt.

Da es deutlich geworden ist, daß vom Letzten her ein gewisser Raum für das Vorletzte offengehalten wird, so werden wir dieses Vorletzte nun genauer ins Auge fassen können. |

Was ist dieses Vorletzte? Es ist all das, was dem Letzten – also der Rechtfertigung des Sünders aus Gnaden allein – vorangeht und von dem gefundenen Letzten her als Vorletztes angesprochen wird. Es ist zugleich all das, was dem Letzten folgt, um wiederum dem Letzten voranzugehen. Es gibt also kein Vorletztes an sich, so also daß sich irgendetwas an sich als Vorletztes rechtfertigen könnte, sondern zum Vorletzten wird etwas erst durch das Letzte, das heißt in dem Augenblick, in dem es bereits außer Kraft gesetzt worden ist. Das Vorletzte ist also nicht Bedingung des Letzten, sondern das Letzte bedingt das Vorletzte. Das Vorletzte ist also nicht ein Zustand an sich, sondern ein Urteil des Letzten über das ihm Vorangegangene. Es ist daher nicht etwas Gegenwärtiges, sondern immer schon etwas Vergangenes. Konkret wird von der Rechtfertigung des Sünders aus Gnaden her ein zweifaches[51] als Vorletztes angesprochen: *das Menschsein und das Gutsein.*[52] Es wäre nun falsch und ein Raub am Letzten, zum Beispiel das Menschsein als Bedingung der Rechtfertigung aus Gnaden zu bezeichnen. Vielmehr wird

---

50 Ersetzt: „des Menschen". □ **51** Ersetzt: „dreifaches". □ **52** Ersetzt: *„das Menschsein, das Gutsein und das Bösesein."* Dies war als das dreifache Vorletzte in Aussicht genommen. Als Bonhoeffer laut Brief vom 9. 10. 1940 DBW 16, 66, „die Disposition des Ganzen" schrieb, wollte er neben dem Guten auch das Böse behandeln, wie Vorformulierungen auf den „Ethik"-Zetteln Nr. 63–69 zeigen. Auf „Ethik"-Zettel Nr. 21 bilden die folgenden vier Zeilen eine zusammengehörige Gruppe: „Christus und das natürliche Leben | Christus und das Gute | Christus und das Böse | Christus und die Geschichte". Zum „Bösen" vgl. später, 1942, in der ersten Fassung des Ms „Die Geschichte und das Gute" S. 226.

erst vom Letzten her erkennbar, was Menschsein ist und somit das Menschsein durch das Gerechtfertigtwerden bedingt und begründet. Dennoch verhält es sich so, daß das Menschsein dem Gerechtfertigtwerden vorangeht, und daß es vom Letzten her gesehen ihm vorangehen muß. Es wird also durch das Vorletzte nicht die Freiheit des Letzten aufgehoben, sondern durch die Freiheit des Letzten wird das Vorletzte in Kraft gesetzt. So darf nun – mit allen notwendigen Vorbehalten – zum Beispiel das Menschsein als Vorletztes für die Rechtfertigung aus Gnaden angesprochen werden. Nur der Mensch kann gerechtfertigt werden, eben weil nur der Gerechtfertigte zum „Menschen" wird.

Daraus folgt nun etwas entscheidend Wichtiges: Das Vorletzte muß um des Letzten willen gewahrt bleiben. Eine | willkürliche Zerstörung des Vorletzten tut dem Letzten ernstlich Eintrag. Wo also zum Beispiel ein menschliches Leben der Bedingungen, die zum Menschsein gehören, beraubt wird, dort wird die Rechtfertigung eines solchen Lebens durch Gnade und Glauben wenn auch nicht unmöglich gemacht, so doch ernstlich gehindert. Konkret: Der Sklave, dem die Verfügung über seine Zeit soweit genommen ist, daß er die Verkündigung des Wortes Gottes nicht mehr hören kann, kann durch dieses Wort Gottes jedenfalls nicht zum rechtfertigenden Glauben geführt werden.[53] Aus dieser Tatsache ergibt sich die Notwendigkeit, mit der Verkündigung des letzten Wortes Gottes, der Rechtfertigung des Sünders aus Gnaden allein, auch für das Vorletzte Sorge zu tragen, in dem Sinne, daß nicht das Letzte durch Zerstörung des Vorletzten verhindert werde. Der Verkündiger des Wortes, der nicht zugleich alles dafür tut, daß dieses Wort auch gehört werden kann, wird dem Anspruch des Wortes auf freien Lauf, auf ebene Bahn[54] nicht gerecht. Es muß dem Wort der Weg bereitet werden. Das verlangt das Wort selbst.

---

53 H. R. Pelikan, Die Frömmigkeit Dietrich Bonhoeffers, 121 Anm. 116, weist auf Thomas Münzer hin, „der auch sagt, daß durch die Unterdrückung der Fürsten die Bauern keine Zeit mehr hätten, das Wort Gottes zu hören (Wider das sanftlebende Fleisch zu Wittenberg, 1524)". □ **54** Zu ‚... *Bahn*' vgl. K. Barth, Rechtfertigung und Recht, 20: Der Staat müsse nach christologischem Verständnis „Recht sprechen und das Recht schützen und damit dann sicher – gewollt oder ungewollt, sehr indirekt aber tatsächlich – der Botschaft von der

Wegbereitung für das Wort, darum geht es in allem über die vorletzten Dinge Gesagten.[55] ,,Bereitet den Weg des Herrn, und machet seine Steige richtig[!] Alle Täler sollen voll werden und alle Berge und Hügel sollen erniedrigt werden; und was krumm ist, soll richtig werden und was uneben ist, soll schlichter Weg werden, und alles Fleisch wird den Heiland Gottes sehen" (Luk 3,4ff).[56] Zwar bahnt sich Christus, wenn er kommt, seinen eigenen Weg, er ist der ,,Durchbrecher aller Bande" (Micha [2,13]), ,,er zerbricht eherne Türen und zerschlägt eiserne Riegel" (Ps 107,16), er ,,stößt die Gewaltigen vom Stuhl und erhebt die Niedrigen" (Luk 1,52). Sein Einzug ist ein Siegeszug über seine Feinde. Damit aber die Gewalt seines Kommens die Menschen nicht im Zorne niederschlage, sondern sie als die demütig wartenden treffe, darum geht dem Einzug der Ruf zur Wegbereitung voran. | Diese Wegbereitung aber ist nicht nur ein innerliches Geschehen, sondern ein gestaltendes[57] Handeln in sichtbar größtem Ausmaß. ,,Die Täler sollen erhöht werden."[58] Was in die Tiefe menschlichen Elends gestoßen ist, das Erniedrigte und Gedemütigte soll aufgerichtet werden. Es gibt eine Tiefe der menschlichen Unfreiheit[59], der menschlichen Armut, der menschlichen Unwissenheit, die das gnädige Kommen Christi hindert. ,,Die Berge und Hügel sollen erniedrigt werden."[60] Wenn Christus kommen soll, dann muß alles Stolze und Hohe sich beugen. Es gibt ein Maß an Macht,

---

Rechtfertigung freie, gesicherte Bahn geben". Diese Schrift Barths zu lesen empfahl Bonhoeffer seinem Schwager, dem Juristen Gerhard Leibholz, am 7. 3. 1940 DBW 15, 298. „Rechtfertigung" faßt Bonhoeffer als „Letztes", „Recht" als „Vorletztes" auf. Vgl. A. Pangritz, Karl Barth in der Theologie Dietrich Bonhoeffers, 71f. □ **55** 27. 11. 1940 DBW 16, 79: „Heute ist mir ein möglicher Titel für mein Buch eingefallen: ‚Wegbereitung und Einzug' – entsprechend der Zweiteilung des Buches (die vorletzten und die letzten Dinge)." □ **56** In Lk 3,4–6 ist Jes 40,3–5 aufgenommen (in LB verschieden übersetzt). Gestr.: „Wenn der Herr kommen soll, dann muß der Weg bereit sein, es muß weggeschafft sein, was seinen Einzug hindert. Das allzu Erniedrigte und Geringe muß [ersetzt: „Was allzusehr in der Tiefe ist, was allzu niedrig und gering ist, soll"] erhöht werden und das allzu Hohe und Stolze muß gedemütigt werden; das Krumme, Ungerade, Gewundene, [gestr.: „Unklare"] Unrechte muß gerade und einfach werden, das Widerspenstige, Trotzige muß aus dem Wege geräumt werden." □ **57** Ersetzt: „umstürzendes und neuordnendes". □ **58** Jes 40,4. □ **59** „menschlichen Unfreiheit" ersetzt: „Ohnmacht, die den Weg". □ **60** Jes 40,4.

an Reichtum, an Wissen, die für Christus und seine Gnade ein Hindernis sind. „Was krumm ist, soll richtig werden."[61] Der Weg Christi ist ein gerader Weg.[62] Es ist ein Maß der Verbiegung und Verstrickung in die Lüge, in die Schuld, in die eigene Arbeit, das eigene Werk (Ps 9,17), in die Selbstliebe, das das Kommen der Gnade besonders schwer macht. Darum muß der Weg gerade werden, auf dem Christus zum Menschen kommen soll. „Was uneben ist, soll schlichter Weg werden."[63] Trotz, Widerspenstigkeit und Ablehnung können den Menschen so verhärtet haben, daß Christus nur noch im Zorn den Widerstrebenden vernichten, aber nicht mehr in Gnade in ihn eingehen kann, daß dem gnädigen Kommen Christi der Riegel vorgeschoben ist und dem Anklopfenden keine Tür sich auftut.

Christus kommt zwar und bahnt sich seinen Weg, ob der Mensch dafür bereit ist oder nicht. Sein Kommen kann niemand hindern, aber seinem Kommen in Gnade können wir uns entgegenstellen. Es gibt Zustände des Herzens, des Lebens und der Welt, die das Empfangen der Gnade in besonderer Weise hindern, das heißt die das Glaubenkönnen unendlich erschweren. Wir sagen: erschweren, hindern, aber nicht: unmöglich machen; und wir wissen auch wohl, daß selbst der geebnete Weg, die Beseitigung der Hindernisse die Gnade nicht herbeizwingen kann, daß vielmehr auch das gnädige | Kommen Christi immer noch „eherne Türen zerbrechen und eiserne Riegel zerschlagen"[64] muß, daß die Gnade sich zuletzt ihren Weg immer selbst bahnen und ebnen muß, daß sie allein und immer wieder das Unmögliche möglich machen muß. Aber dies alles entbindet uns nicht davon, dem Kommen der Gnade den Weg zu bereiten, wegzutun, was es hindert und erschwert. Es ist nicht gleichgültig, in welchem Zustand uns die Gnade antrifft, wenn es auch allemal nichts als Gnade ist, daß sie zu uns kommt. Wir können es uns und anderen schwer machen, zum Glauben zu kommen. Schwer ist es dem in äußerste Schande, Verlassenheit, Armut, Hilflosigkeit Gestoßenen an Gottes Gerechtigkeit und Güte zu

---

61 Lk 3,5. □ **62** Gestr.: „Was in sich selbst verkrümmt und verloren ist, in Verzweiflung, in Lüge oder in Selbstgewißheit, das entwindet sich dem geraden Weg Jesu Christi, verschließt sich vor ihm in sich selbst." □ **63** Lk 3,5. □ **64** Ps 107,16.

glauben; schwer wird es dem, dessen Leben in Unordnung und Zuchtlosigkeit geraten ist, die Gebote Gottes im Glauben zu hören; schwer ist es dem Satten und Mächtigen, Gottes Gericht und Gottes Gnade zu fassen; schwerlich findet ein durch Irrglauben Enttäuschter und innerlich zum Zuchtlosen[65] Gewordener zu der Einfalt der Herzenshingabe an Jesus Christus. Das ist nicht den Betroffenen zur Entschuldigung und zur Entmutigung gesagt. Sie müssen vielmehr wissen, daß gerade in die Tiefe des Falls, der Schuld, der Not Gott sich herabbeugt in Jesus Christus, daß gerade dem Entrechteten, Erniedrigten, Ausgebeuteten das Recht und die Gnade Gottes besonders nahe ist, daß dem Zuchtlosen sich die Hilfe und Kraft Jesu Christi anbietet, daß den Irrenden und Verzweifelnden die Wahrheit wieder auf festen Grund stellen will.

Alles dies aber schließt die Aufgabe der Wegbereitung nicht aus. Sie ist vielmehr ein Auftrag von unermeßlicher Verantwortung für alle, die vom Kommen Jesu Christi wissen. Der Hungernde braucht Brot, der Obdachlose Wohnung, der Entrechtete Recht, der Vereinsamte Gemeinschaft, der Zuchtlose Ordnung, der Sklave Freiheit.[66] Es wäre eine Lästerung Gottes und des Nächsten den Hungernden hungrig zu lassen, | weil gerade der tiefsten Not Gott am nächsten sei.[67] Um der Liebe Christi willen, die dem Hungernden gehört wie mir, brechen wir das Brot mit ihm,[68] teilen wir die Wohnung.[69] Wenn der Hungernde nicht zum Glauben kommt, so fällt die Schuld auf die, die ihm das Brot verweigerten. Dem Hungernden Brot verschaffen ist Wegbereitung für das Kommen der Gnade.

Es ist etwas Vorletztes, was hier geschieht. Dem Hungernden Brot geben, heißt noch nicht ihm die Gnade Gottes und die Rechtfertigung verkündigen und Brot empfangen haben heißt noch nicht im Glauben stehen. Aber für den, der es um des Letzten willen tut,[70] steht dieses Vorletzte in Beziehung zum Letzten. Es ist ein Vor-*Letztes*. Der Einzug der Gnade ist das

---

65 Ersetzt: „Skeptiker". □ **66** Vgl. die Gerichtsrede Mt 25,31–46. □ **67** Gestr.: „Weil es dem Hungernden schwer wird [ersetzt: „ist"] zu glauben, darum braucht er Brot". □ **68** Auf Jes 58,7 verweist DBW 5 (GL), 58: „Brich dem Hungrigen dein Brot". □ **69** Gestr.: „, schaffen wir Recht, gewähren wir Gemeinschaft". □ **70** Die Zufügung „es ... tut" ersetzt wohl, nicht gestr.: „um das Letzte weiß".

Letzte. Wir aber müssen von der Wegbereitung, vom Vorletzten sprechen um derer willen, die mit ihrem Radikalismus, der die vorletzten Dinge leugnete, gescheitert sind und nun in Gefahr stehen, selbst hinter die vorletzten Dinge zurückgestoßen zu werden; auch um derer willen, die in den vorletzten Dingen stecken blieben und sich darin zufrieden gaben und die nun doch für das Letzte in Anspruch genommen werden müssen; wir reden von den vorletzten Dingen aber schließlich und vielleicht sogar vor allem um derer willen, die nicht einmal zu diesen vorletzten Dingen gelangt sind, denen keiner diesen Dienst tat, für die niemand den Weg bereitete, und denen nun geholfen werden muß, daß das Wort Gottes, das Letzte, die Gnade zu ihnen kommen kann.[71]

Gewiß wäre dies alles mißverstanden, wollte man sagen, erst müsse der Sklave die Freiheit, der Rechtlose sein Recht, der Hungernde sein Brot bekommen haben, also erst müsse die Welt in Ordnung gebracht sein, ehe er Christ werden könne. Dagegen steht das Zeugnis des Neuen Testaments und der Kirchengeschichte,[72] ja es ist vielleicht gerade in Zeiten, in denen die Welt relativ in Ordnung zu sein | schien, die Entfremdung vom Glauben besonders tief und erschreckend gewesen. Es kann sich also bei der Wegbereitung für Christus nicht einfach um die Schaffung bestimmter erwünschter und zweckmäßiger Zustände handeln, also etwa um die Verwirklichung eines socialen Reformprogramms.[73] So gewiß es vielmehr bei der Wegbereitung um konkrete Eingriffe in die sichtbare Welt geht, so konkret und so sichtbar wie Hunger und Sättigung ist, so liegt doch alles daran, daß dieses Handeln eine geistliche Wirklichkeit ist, eben weil es ja zuletzt nicht um eine Reform der welt-

---

71 Sorgfältige Vorformulierungen zu diesem Satz stehen auf dem ,,Ethik"-Zettel Nr. 58, auf dem auch die Stichworte ,,Wegbereitung" und ,,Einzug" notiert sind, und im Ms ,,Die letzten ... Dinge" vor S. 151 ,,Was ist dieses Vorletzte?", dort eingeklammert und gestrichen. □ **72** Vgl. z. B. I Kor 7,21 (,,als Sklave berufen"), und die Beibehaltung der Sklaverei in der Alten Kirche; dazu DBW 4 (N), 253 f. Siehe auch Gal 3,28. Radikale Bewegungen im 13. Jahrhundert wurden ihrer Forderungen und theologischen Häresien wegen von der kirchlichen Hierarchie abgelehnt. Luther wandte sich 1525 gegen die Radikalisierung im Bauernkrieg. □ **73** Soziale Reformprogramme waren im amerikanischen „social gospel" (s. dazu 1932 DBW 12, 203–212) wie im deutschen Kulturprotestantismus mit hohen religiösen Erwartungen verbunden.

lichen Zustände, sondern um das Kommen Christi geht. Nur einer geistlichen Wegbereitung wird das gnädige Kommen des Herrn folgen. Das bedeutet aber, daß die sichtbaren Taten, die da geschehen müssen, um Menschen bereit zu machen für die Annahme Jesu Christi, Taten der Demütigung vor dem kommenden Herrn und das heißt Taten der Buße sein müssen. Wegbereitung heißt Buße (Matth 3,1 ff).[74] Buße aber heißt konkrete Umkehr, Buße fordert die Tat. So hat allerdings die Wegbereitung auch ganz bestimmte Zustände im Auge, die[75] herzustellen sind[76]. Bei dem Versuch dieses Zuständliche, auf das die Wegbereitung hinzielt, positiv auszusprechen, kommen wir zu den beiden Bestimmungen des *Menschseins* und des *Gutseins.*[77]

Erst der Einzug des Herrn wird die Erfüllung des Menschseins und des Gutseins bringen. Aber vom kommenden Herrn her fällt schon ein Licht auf das Menschsein und das Gutsein, wie es zur rechten Bereitschaft und Erwartung gefordert wird. Was also Menschsein und Gutsein ist, das läßt sich nur von dem kommenden und dem gekommenen Herrn her wissen. Weil Christus kommt, darum sollen wir Menschen sein und sollen wir gut sein. Christus kommt ja nicht in die Hölle, sondern ,,in sein Eigentum" (Joh 1[,11]), er kommt zu seiner Schöpfung, die trotz ihres Falles seine Schöpfung geblieben ist. Christus kommt nicht zu den Teufeln, sondern | zu Menschen, gewiß zu sündigen, verlorenen und verdammten Menschen, aber zu Menschen.[78] Daß die gefallene Schöpfung noch Schöpfung, daß der sündige Mensch noch Mensch geblieben ist, geht ja gerade daraus hervor, daß Christus zu ihnen kommt, daß Christus sie

74 In Mt 3,1–3 ist Jesaja 40,3 (,, . . . Bereitet dem Herrn den Weg . . .") auf die Bußpredigt Johannes des Täufers bezogen. □ **75** Gestr.: ,,zu beseitigen beziehungsweise". □ **76** Gestr.: ,,, Zustände, die das Kommen Christi zu den Menschen jedenfalls nicht in besonderer Weise hindern". □ **77** ,,So hat allerdings . . . *Gutseins.*" ersetzt die Formulierungsversuche: ,,Angesichts des gnädigen und mächtigen Kommens Christi ihm den Weg zu bereiten unter den Menschen, das ist die Tat der Buße, die die Kirche ihrem Herrn [gestr.: ,,immer wieder"] schuldet." ,,Wegbereitung heißt dem Menschen dazu verhelfen, Mensch sein zu können und Gut sein zu können". ,,Wir nannten vorher". ,,Es mag nun befremdlich klingen, wenn wir sagen, daß die Wegbereitung für Christus sich auf das Doppelte erstreckt: auf das Menschsein und auf das Gutsein des Menschen." □ **78** Vgl. Thomas von Aquin, STh I–II 17, 9 ad 3 (zitiert zu S. 114).

erlöst von der Sünde und der Gewalt des Teufels. Von Christus her wird die gefallene Welt verständlich als von Gott für das Kommen Christi aufbewahrte, erhaltene Welt, in der wir *als Menschen* in gegebenen Ordnungen „*gut*" leben können und sollen. Wo aber der Mensch zum Ding, zur Ware, zur Maschine wird,[79] und wo die Ordnungen willkürlich zerstört werden und zwischen „gut" und „böse" nicht mehr unterschieden wird, dort ist der Aufnahme Christi noch ein besonderes, über die allgemeine Sündhaftigkeit und Verlorenheit der Welt hinausgehendes Hindernis in den Weg gestellt. Dort zerstört die Welt sich selbst, sodaß sie ernstlich teuflisch zu werden droht. Es ist mitten in der gefallenen, verlorenen Welt vor Gott ein Unterschied, ob der Mensch die Ordnung der Ehe wahrt oder zerbricht, ob er Recht oder Willkür übt. Gewiß ist auch der die Ehe wahrende, das Recht schützende noch Sünder, aber es bleibt der Unterschied, ob das Vorletzte beachtet und ernstgenommen wird oder nicht. Es gehört zur Wegbereitung, das Vorletzte zu achten und inkraftzusetzen um des nahenden Letzten willen.

Es liegt in der Eigenart der göttlichen Offenbarung durch das Wort, daß ich zur Predigt gehen muß, wenn ich dieses Wort vernehmen will; denn „der Glaube kommt aus der Predigt" (R 10[,17]). Soll also das Wort zu mir kommen können, so ist der letzte Akt der Wegbereitung, die letzte Tat des Vorletzten, daß ich dorthin gehe, wo es Gott gefallen hat, sein Wort zu geben. In der Wahrung der gegebenen Ordnungen ist der Gang zur Kirche die äußerste Grenze des im Rahmen des Vorletzten Gebotenen. Noch die Väter konnten so sprechen.[80] Damit war vorausgesetzt, daß jeder | die äußere Möglichkeit, das körperliche Vermögen und das Maß an innerer Sammlung und an Denkfähigkeit besaß, dieser Forderung nachzukommen. Stellt es sich nun aber heraus, daß diese Voraussetzungen eines Tages nicht mehr zutreffen, daß der Ruf zur Predigt aus ganz äußerem

79 In Konzentrationslagern des Dritten Reiches ging man mit den Häftlingen in dieser Weise um. Vgl. auch de Lamettries Buchtitel „L'homme machine" („Maschine Mensch"). □ 80 Vgl. DBW 4 (N), 54 („Komm zur Kirche!"), ähnlich auf „Ethik"-Zettel Nr. 61; die Notiz „FC" auf „Ethik"-Zettel Nr. 72 verweist auf die Formula Concordiae, Solida Declaratio II, BSLK 892 (Markierungen in Bonhoeffers Exemplar).

Grunde nicht mehr befolgt werden kann, dann rückt die Sorge um das Vorletzte an eine andere Stelle. Es muß zunächst für die äußere Ermöglichung Sorge getragen werden, daß der Ruf zur Predigt vernommen und befolgt werden kann. Das kann[81] bedeuten, daß der Mensch erst wieder Mensch werden muß, ehe er in dieser Weise ansprechbar ist. Die Wegbereitung für den kommenden Herrn wird nicht ernstgenommen, wo diese Aufgabe nicht angefaßt würde. Die Barmherzigkeit mit den Menschen, und die Verantwortung vor Jesus Christus, der zu allen Menschen kommen will, zwingt zu solchem Handeln.

Es kann bei alledem nicht deutlich genug gesagt werden, daß nur der kommende Herr selbst sich den Weg bereiten kann, daß er den Menschen zu ganz neuem Menschsein und Gutsein führen wird und daß das Ende aller Wegbereitung für Christus gerade in der Erkenntnis bestehen muß, daß wir selbst gerade niemals den Weg bereiten können, daß also gerade die Forderung der Wegbereitung uns auf der ganzen Linie in die Buße führt: „ach mache du mich Armen, zu dieser heilgen Zeit aus Güte und Erbarmen, Herr Jesu, selbst bereit."[82] Eben darin unterscheidet sich Wegbereitung für Christus von allen eigenen Wegen zu Christus. Es gibt, wie wir anfangs sagten, in der Tat keine „Methode", keinen Weg, zum Letzten zu kommen. Wegbereitung geht im Unterschied zu allen Methoden gerade von der klaren Erkenntnis aus, daß Christus selbst den Weg gehen muß; es ist nicht unser Weg zu ihm, sondern sein Weg zu uns, der bereitet werden soll und der nur in dem Wissen bereitet werden kann, daß er ihn sich | selbst bereiten muß. Methode ist Weg vom Vorletzten zum Letzten, Wegbereitung ist Weg vom Letzten zum Vorletzten. Daß Christus kommt, aus eigenem Willen, eigener Kraft, eigener Liebe, daß er alle Hindernisse, auch die größten überwinden kann und will, daß er sein eigener Wegbereiter ist, dies und wirklich *nur* dies macht uns zu seinen Wegbereitern. Wie aber sollten wir nicht Wegbereiter eines solchen Herren sein wollen und müssen, wie sollten wir uns von

81 Gestr.: „zu Zeiten". In der NS-Zeit wirkte der Druck des Regimes im Sinne einer Entmenschlichung. □ **82** Aus dem Adventslied – das Ms entstand im Advent 1940 – „Mit Ernst, o Menschenkinder" von Valentin Thilo, EG.BP 6,4; EG 10,4.

ihm, dem Kommenden, nicht zu seinen Wegbereitern machen lassen, zu solchen die ihn ernstlich erwarten. Weil wir Christus erwarten, weil wir wissen, daß er kommt, darum und nur darum bereiten wir ihm Seinen Weg.

Nur Christus schafft den Glauben, dennoch gibt es Situationen, in denen das Glaubenkönnen schwerer oder leichter wird.[1)] Es gibt Grade der Verhärtung und Verstockung. Nur Christus bringt uns das Letzte, die Rechtfertigung unseres Lebens vor Gott, dennoch oder vielmehr darum bleibt uns das Vorletzte nicht abgenommen und erspart. Das Vorletzte wird verschlungen vom Letzten und doch behält es seine Notwendigkeit und sein Recht, solange die Erde steht.[84]

Christliches Leben ist der Anbruch des Letzten in mir, das Leben Jesu Christi in mir. Es ist aber immer auch Leben im Vorletzten, das auf das Letzte wartet.[85] Der Ernst des christlichen Lebens liegt allein im Letzten, aber auch das Vorletzte hat seinen Ernst, der freilich gerade darin besteht, das Vorletzte niemals mit dem Letzten zu verwechseln, das Vorletzte gegenüber dem Letzten für Scherz zu halten,[86] damit das Letzte – und das Vorletzte – seinen Ernst behalte. Noch einmal wird hier die Unmöglichkeit jedes radikalen Christentums wie auch jedes

---

1) Vgl. Nachfolge Kapitel 1.[83]

83 Bonhoeffers eigenes Register-Stichwort „Situation des Glaubens" in seinem Buch „Nachfolge" verweist auf Seiten – in DBW 4 (N): 50–52 und 56–59 – im Kapitel „Der Ruf in die Nachfolge". (Den diesem Kapitel vorangehenden Abschnitt „Die teure Gnade" hat Bonhoeffer offenbar als Einleitung, nicht als erstes Kapitel betrachtet.) Vgl. auch 2. Advent (5. 12.) 1943 WEN 176: „In der ‚Nachfolge' habe ich diese Gedanken [zum Vorletzten und Letzten] nur angedeutet (im ersten Kap.)". □ **84** Vgl. Gen 8,22 a. □ **85** Gestr.: „Christliches Leben ist nicht allzuernste [ersetzt: „radikale"] Leugnung des Vorletzten, es ist auch nicht leichtfertige [ersetzt: „unernsthafte"] Leugnung des Letzten." □ **86** Auf „Ethik"-Zettel Nr. 61: „Das ‚*Ernst*'machen und doch ‚alles für Scherz halten' (Kierkegaard)". Vgl. S. Kierkegaard, Der Begriff der Angst, 145: „Nachdem Macbeth den König ermordet, bricht er in die Worte aus . . . : ‚von jetzt gibt es nichts Ernstes mehr im Leben, alles ist Tand.'" Bonhoeffer hat in seinem Kierkegaard-Exemplar diese Shakespeare-Zeilen mit einer Seitenlinie markiert. Vgl. auch a. a. O., 149, mit Seitenstrich Bonhoeffers: „Wer dagegen an rechter Stelle ernsthaft geworden ist, wird die Gesundheit seines Geistes eben dadurch beweisen, daß er alles andere ebensogut sentimental wie spottend behandeln kann".

Kompromißchristentums gegenüber der Wirklichkeit Jesu Christi und seines Kommens in die Welt deutlich. |

Die geistige Situation[87] der abendländischen Christenheit ist hinsichtlich unseres Problems durch folgendes gekennzeichnet: Durch die Infragestellung des Letzten, wie sie seit 200 Jahren[88] in wachsendem Maße im Gange ist, wird zugleich das Vorletzte, das hier im engen Zusammenhang mit dem Letzten gestanden hat, in seinem Bestand bedroht und der Auflösung entgegengeführt. Das Zerbrechen des Vorletzten hat wiederum eine verstärkte Mißachtung und Entwertung des Letzten zur Folge.[89] Letztes und Vorletztes sind eng miteinander verbunden. Hier gilt es also durch betontere Verkündigung des Letzten das Vorletzte zu stärken wie auch durch Wahrung des Vorletzten das Letzte zu schützen. Andererseits gibt es in der heutigen abendländischen Christenheit eine breite Schicht von solchen, die zwar an den vorletzten Dingen festhalten und weiter festzuhalten entschlossen sind, aber ohne daß sie den Zusammenhang mit dem Letzten klar erkennen oder doch als entscheidend bejahen, wenngleich sie diesem Letzten auch nicht in irgendeiner Feindseligkeit gegenüberstehen. Hier müßte nun der Verlust des Letzten früher oder später auch zum Zusammenbruch des Vorletzten führen, wenn es nicht gelingt, dieses Vorletzte vom Letzten her noch einmal in Anspruch zu nehmen. Was an Menschlichem und Gutem in der gefallenen Welt gefunden wird, es gehört auf die Seite Jesu Christi. Es ist durchaus eine Verkürzung des Evangeliums, wenn nur dem Zerbrochenen und Bösen die Nähe Jesu Christi verkündigt wird, wenn über der Liebe des Vaters zu dem verlorenen die Liebe zu dem daheim-

87 Vgl. den Titel des Buches von Karl Jaspers: „Die geistige Situation der Zeit". □ **88** Den Verwerfungssatz der Ersten These der Barmer Theologischen Erklärung („Wir verwerfen die falsche Lehre, als könne und müsse die Kirche als Quelle ihrer Verkündigung außer und neben diesem einen Worte Gottes [Jesus Christus] auch noch andere Ereignisse und Mächte, Gestalten und Wahrheiten als Gottes Offenbarung anerkennen") kommentierte Hans Asmussen 1934 (s. K. Immer, Bekenntnissynode, 17): „... wir erheben Protest gegen dieselbe Erscheinung, die seit mehr als 200 Jahren die Verwüstung der Kirche schon langsam vorbereitet hat." □ **89** Vgl. auf „Ethik"-Zettel Nr. 53: „Das Vorletzte zerbricht, wenn das Letzte genommen. Das Letzte zerbricht, wenn das Vorletzte zerstört wird".

gebliebenen Sohn verkleinert wird.[90] Gewiß ist das Menschliche und Gute, von dem wir sprechen,[91] nicht das Menschliche und das Gute Jesu Christi; es kann im Gericht nicht bestehen; und doch liebt Jesus den Jüngling, der die Gebote gehalten hatte (Markus 10[,21]).[92] Nicht soll das Menschliche und Gute für sich einen Wert bekommen, sondern es soll und darf für Jesus Christus in Anspruch ge- | nommen werden, besonders dort, wo es als unbewußter Rest einer vormaligen Bindung an das Letzte dasteht. Es mag oft ernster aussehen, einen Menschen in dieser Lage schlechthin als Nicht-Christen anzusprechen und ihn zum Bekenntnis seines Unglaubens zu drängen.[93] Es wird aber christlicher sein, gerade einen solchen Menschen, der es selbst nicht mehr wagen würde, sich einen Christen zu nennen, als Christen in Anspruch zu nehmen und ihm mit viel Geduld zum Bekenntnis zu Christus zu helfen. Auch unter diesem Aspekt wollen die beiden nächsten Kapitel[94] verstanden sein.[95]

---

90 Vgl. Lk 15,11–32. Auf dem „Ethik"-Zettel Nr. 20 für das Ms „Kirche und Welt I." steht auch das Stichwort „verlorener Sohn", das Bonhoeffer dann aber nicht in den Text S. 352 f aufnahm. □ **91** „von dem wir sprechen" ersetzt: „das wir [Zusatz, gestr.: „heute"] in der Welt finden". □ **92** In LB unterstrichen: [Jesus] „sah ihn an und liebte ihn". Vgl. DBW 4 (N), 63. □ **93** Zur Ablehnung solches scheinbar ‚*ernsteren*' Redens vgl. DBW 5 (GL), 88: „Wer hat Anspruch darauf, ihn [den Nächsten] zu stellen, zu treffen, ihn auf das Letzte hin anzureden? Es wäre kein Zeichen großer christlicher Einsicht, wollte man hier einfach sagen, jeder habe diesen Anspruch, ja diese Verpflichtung. Der Geist der Vergewaltigung könnte sich hier in bösester Weise wieder einnisten." □ **94** Vgl. S. 151: „ein zweifaches als Vorletztes ...: *das Menschsein und das Gutsein*"; entsprechend S. 157: „den beiden Bestimmungen des *Menschseins* und des *Gutseins*". Der Ankündigung entsprechend behandelt das jetzt folgende Kapitel das ‚Menschsein'. □ **95** Randnotizen am Ms-Ende: „unbewußtes Christentum | Balzac. Menschen des Antichristen". Die Frage nach dem ‚unbewußten Christentum' (vgl. ThDB 83 f) beschäftigte Bonhoeffer dann in Tegel mehr und mehr, s. 27. 7. 1944 WEN 405. Honoré de Balzac schildert Gestalten, die unmenschliche und menschenverderbende Züge des Frühkapitalismus verkörpern, wie z. B. der Vater der „Eugénie Grandet" (Roman Balzacs, der 1833 erschien).

Das natürliche Leben.[1]

Der Begriff des Natürlichen ist in der evangelischen Ethik in Mißkredit geraten.[2] Bei den einen ging er vollständig im Dunkel der allgemeinen Sündhaftigkeit verloren, bei den anderen erhielt er umgekehrt den Glanz der Urgeschöpflichkeit.[3] Beides war ein böser Mißbrauch, der zur Folge hatte, daß man den Begriff des Natürlichen völlig aus dem evangelischen Denken ausschied und ihn der katholischen Ethik[4] überließ. Das aber bedeutete

---

1 Diese Überschrift – auch Überschrift der „Ethik"-Zettel Nr. 50 und 21 – erscheint weiter unten ein zweites Mal: S. 171. – Brief vom 10. 12. 1940 DBW 16, 92: „Ich beginne jetzt mit dem Teil über das ‚natürliche Leben'". Der Brief ist auf Papier mit dem Wasserzeichen „F. S. G. 1940" geschrieben. Solches Papier wird an dieser Stelle zum ersten Mal für das „Ethik"-Ms benutzt. Es wechselt im Ms ab mit hellen Doppelbögen, wie sie für „Die letzten und die vorletzten Dinge" benutzt sind. □ **2** Zu Bonhoeffers eigener früherer Auffassung dieses Begriffs vgl. z. B. DBW 4 (N), 146f, und DBW 3 (SF), 118. □ **3** Vgl. zu *‚den einen'* Bonhoeffers Warnung vor der Argumentation „wir bleiben Sünder ‚auch in dem besten Leben'" in DBW 4 (N), 29 (Zitat aus Martin Luthers Kirchenlied „Aus tiefer Not schrei ich zu dir" EG.BP 140,2; EG 299,2). In der evangelischen Theologie gab es nach der Wiederentdeckung des durch und durch eschatologischen Charakters der Verkündigung Jesu und der Apostel (durch Johannes Weiß und andere) die Tendenz, dem Zwei-Äonen-Schema folgend die gegenwärtige Welt nur als sündige Welt zu sehen und dem Natürlichen kein theologisches Interesse zuzuwenden. Vertreter einer extremen Gegenposition – *‚bei den anderen'* – faßten das Natürliche als das durch keinen Sündenfall verlorene Geschöpfliche auf. Hier wurde die ethische Orientierung nicht von der Versöhnung des gefallenen Menschen durch Christus bestimmt, sondern von dem Rückgriff auf die Schöpfung, der auf dem Gebiet der Erkenntnis dann z. B. bei Paul Althaus die Uroffenbarung korrespondieren konnte; vgl. P. Althaus, Der Geist der lutherischen Ethik, 43f: „Normen für die konkrete Gestalt der Ordnungen" kenne das Luthertum „in der Schöpfungswirklichkeit selber, wie Gottes Wort sie deutet, in dem Naturrechte, um das auch bei der Verfinsterung der Erkenntnis durch die Sünde die Menschen einigermaßen wissen". Anders als diese Richtungen Adolf Schlatter, der die Verantwortlichkeit gegenüber dem „Natürlichen" „nicht einfach in die reformatorische ‚Nacht der Sünde' einebnete", s. DB 81. □ **4** In der katholischen moraltheologischen Tradition, auf die Bonhoeffer besonders in diesem Ms eingeht, wahrten die Naturrechtslehre und die Zuordnung von Natur und Gnade – Thomas von Aquin, STh I 1, 8 ad 2: gratia non tollit, sed perficit naturam („die Gnade hebt die Natur nicht auf, sondern vollendet sie") – die Bedeutung des Natürlichen. Vgl. O. Schilling, einen schweren sachlichen Verlust für das evangelische Denken, weil man nun den praktischen Fragen des natürlichen Lebens mehr oder weniger orientierungslos gegenüberstand. Die Bedeutung des Natürlichen für das Evangelium wurde undurchsichtig und die evangelische Kirche verlor das klare wegweisende Wort zu den brennenden Fragen des natürlichen Lebens.[5] Damit ließ sie unzählige Menschen ohne Antwort und Hilfe in lebenswichtigen Entscheidungen und geriet mehr und mehr in eine statische[6] Verkündigung der göttlichen Gnade. Weil vor dem Licht der Gnade alles menschlich-Natürliche in der | Nacht der Sünde versank, wagte man nicht mehr, auf die relativen Unterschiede innerhalb des menschlich-Natürlichen zu achten, aus Furcht, es könne dadurch die Gnade als Gnade Einbuße erleiden. Am Begriff des Natürlichen wurde es am deutlichsten, daß dies evangelische Denken die rechte Beziehung des Letzten zum Vorletzten nicht mehr kannte. Die Folgen dieses Verlustes waren schwer und weitgreifend. Wenn es innerhalb der gefallenen Schöpfung keine relativen Unterschiede mehr gab, dann war der Weg für jede Willkür und Unordnung frei, dann stand das natürliche Leben in seinen konkreten Entscheidungen und Ordnungen nicht mehr in der Verantwortung vor Gott. Das Natürliche hatte als einzigen Gegensatz das Wort Gottes, aber

---

Lehrbuch der Moraltheologie I, 15–17. Schilling begründet Natur und Gnade christologisch; im allgemeinen wird die Bedeutung der Natur in der zeitgenössischen katholischen Moraltheologie jedoch mit dem Begriffspaar ‚natürlich – übernatürlich' gewonnen. E. Feil, Die Theologie Dietrich Bonhoeffers, 301 Anm. 42: „Viel stärker als in der katholischen Ethik seiner Zeit ist bei Bonhoeffer das Natürliche christologisch konzipiert." Das im Katholizismus dominierende Schema könnte suggerieren, daß die Natur das Vorgegebene, die vollendende Gnade das sekundär Hinzukommende wäre. □ **5** Der Mangel in der evangelischen Theologie hinsichtlich des Natürlichen machte sich verheerend bemerkbar, als es galt, ab 1933 der Zwangssterilisation und ab 1940 der „Euthanasie"-Mordaktion an „lebensunwertem Leben" zu widersprechen. Als Bonhoeffer die Frage der „Euthanasie" behandelte, s. S. 184–191, schrieb er am 20. 1. 1941 DBW 16, 114: „Ich finde die katholischen Ethiken ... sehr lehrreich und praktischer als die unseren ... gerade auch zu meinem augenblicklichen Thema." □ **6** Im Ms zunächst: „orthodox-statische"; das Wort „orthodox" ist mit Bleistift eingeklammert und andeutungsweise gestrichen. Eine Verkündigung, die Luthers Lehre von der Rechtfertigung allein aus Gnaden wörtlich wiederholt, kann scheinbar orthodox sein – „unanfechtbar von der Lehre Luthers her" –, diese Lehre aber dennoch verderben, vgl. DBW 4 (N), 36 sowie nicht mehr das Unnatürliche. Natürliches und Unnatürliches waren ja vor dem Worte Gottes in der gleichen Verdammnis[7]. Das bedeutete völlige Auflösung im Bereich des natürlichen Lebens.

So muß also der Begriff des Natürlichen vom Evangelium her wiedergewonnen werden. Wir sprechen vom Natürlichen im Unterschied zum Geschöpflichen, um die Tatsache des Sündenfalls mit einzuschließen, wir sprechen vom Natürlichen im Unterschied zum Sündhaften, um das Geschöpfliche mit einzuschließen. Das Natürliche ist das nach dem Fall auf das Kommen Jesu Christi hin Ausgerichtete.[8] Das Unnatürliche ist das nach dem Fall dem Kommen Jesu Christi Sich Verschließende[9]. Zwar ist der Unterschied zwischen dem auf Christus Ausgerichteten und dem sich Christus Verschließenden ein relativer; weder erzwingt das Natürliche das Kommen Christi noch macht das Unnatürliche dieses Kommen unmöglich; in beiden Fällen ist das wirkliche Kommen ein Geschehen der Gnade, und erst durch das Kommen Christi wird das Natürliche in seinem Charakter als Vorletztes bestätigt und das Unnatürliche als Zerstörung des Vorletzten definitiv[10] bloßgestellt. Es bleibt also auch vor Christus ein Unterschied zwischen Natürlichem und Un- | natürlichem, der nicht ohne schweren Schaden aufgelöst werden darf.

Der Begriff des Natürlichen, der sich von nasci – natura[11] herleitet, enthält im Unterschied vom Kreatürlichen, das sich von creare – creatura[12] herleitet, ein Moment der Eigenständigkeit, der Eigenentwicklung, das der Sache durchaus angemessen ist. Durch den Fall wird die „Kreatur" zur „Natur". Aus der Gottunmittelbarkeit[13] der wahren Kreatur wird die relative

---

29–43. □ 7 Mit Bleistift gestr.: „und im gleichen Recht". □ 8 Ersetzt: „Erhaltene." Vgl. DBW 3 (SF), 129f zu „Erhaltungsordnungen". Im Ms folgt, gestr. (vgl. S. 165,26f): „Es hat gegenüber dem Schöpfer und dem Erlöser eine relative Eigenständigkeit, aber es steht zugleich immer in Beziehung auf den Schöpfer und den Erlöser. In dem Bereich der gefallenen Welt [ersetzt: „in diesem Bereich des Natürlichen"] gibt es nun einen äußerst wesentlichen Unterschied zwischen Natürlich und Unnatürlichem." □ 9 Ersetzt: „Widerstrebende" (vielfach gestr.). □ 10 Das Wort ‚*definitiv*' ist mit Bleistift zugefügt. □ 11 Dt.: „geboren werden/entstehen/wachsen – Gewachsenes". □ 12 Dt.: „schaffen – Geschaffenes". □ 13 Ersetzt: „gottunmittelbaren Abhängigkeit".

Freiheit des natürlichen Lebens. Innerhalb dieser Freiheit gibt es den Unterschied des rechten und des verfehlten Gebrauches der Freiheit und das heißt den Unterschied zwischen Natürlichem und Unnatürlichem, gibt es also das relative Offensein und das relative Verschlossensein für Christus. Es ist aber entscheidend, daß diese relative Freiheit nicht mit einer absoluten Freiheit für Gott und für den Nächsten verwechselt wird, die nur das gekommene Wort Gottes selbst schafft und schenkt; dennoch bleibt diese relative Freiheit auch wichtig für den, in den Christus die Freiheit für Gott und für den Nächsten geschenkt hat.

Das natürliche Leben darf nicht etwa einfach als Vorstufe für das Leben mit Christus verstanden werden, sondern es empfängt seine Bestätigung erst durch Christus selbst. Christus selbst ist in das natürliche Leben eingegangen, und erst durch die Menschwerdung Christi wird das natürliche Leben zu dem Vorletzten, das auf das Letzte ausgerichtet ist. Erst durch die Menschwerdung Christi haben wir das Recht, zum natürlichen Leben zu rufen und das natürliche Leben selbst zu leben.[14]

Wie wird das Natürliche erkannt? Das Natürliche ist die von Gott der gefallenen Welt erhaltene Gestalt des Lebens, die auf die Rechtfertigung, Erlösung und Erneuerung durch Christus ausgerichtet ist. Das Natürliche hat also eine formale und eine inhaltliche Bestimmung.[15] Formal ist das Natürliche bestimmt durch den Erhaltungswillen Gottes und die | Ausrichtung auf Christus. In seiner formalen Seite kann das Natürliche daher nur von Jesus Christus selbst her erkannt werden. Die inhaltliche Bestimmung des Natürlichen ist die Gestalt des erhaltenen Lebens selbst wie sie das ganze Menschengeschlecht umfaßt.

---

14 Gestr.: „Bevor wir nach den Inhalten des natürlichen Lebens fragen, haben wir die Aufgabe, darzulegen, was unter ‚Leben' in diesem Zusammenhang zu verstehen ist." Das in der Streichung Folgende – Leben „als Selbstzweck und Mittel zum Zweck" – wird S. 171 aufgegriffen. Bonhoeffers Nichtbeachtung außermenschlichen natürlichen Lebens im Ms „Das natürliche Leben" rührt von der Themenstellung „Menschsein" her, s. S. 151. Gegen die nationalsozialistischen Verbrechen an Menschen mußten vordringlich die Rechte menschlichen Lebens herausgestellt werden. □ **15** ‚*Formal*': die ‚*Gestalt*' (lat. forma) betreffend. Dazu s. DBW 3 (SF), 35–37, Auslegung von Gen 1,2 wie bei Augustin: Unterscheidung von Stoff (lat. materia) und Form. Vgl. S. 277: ‚*formale Bestimmung*' und ‚*Inhalt*' beim Gewissen.

Nach dieser inhaltlichen Seite nun ist die „Vernunft" des Menschen das Organ der Erkenntnis des Natürlichen. Die Vernunft ist nicht ein über das Natürliche erhabenes göttliches Erkenntnis- und Ordnungsprinzip im Menschen, sondern sie ist selbst ein Teil dieser erhaltenen Lebensgestalt und zwar derjenige Teil, der dazu geeignet ist, das Ganze und Allgemeine im Wirklichen als Einheit zu Bewußtsein zu bringen, zu „vernehmen". Die Vernunft ist also selbst gänzlich in das Natürliche eingebettet; sie ist das bewußte Vernehmen des Natürlichen in seiner Gegebenheit. Natürliches und Vernunft verhalten sich zueinander wie Seins- und Bewußtseinsgestalt des erhaltenen Lebens. Die Angemessenheit der Vernunft für das Erfassen des Natürlichen hat also ihren Grund weder in der Spontaneität der Vernunft, die das Natürliche erst schüfe, noch in der Göttlichkeit der Vernunft, die sich dem Natürlichen anzupassen vermöchte, sondern in der Tatsache des Sündenfalls, in den die Vernunft ebenso hineingezogen ist wie die übrige Welt. Freilich hört Vernunft nicht auf Vernunft zu sein, aber sie ist nun gefallene Vernunft, die nur das Gegebene der gefallenen Welt vernimmt, und zwar ausschließlich nach seiner inhaltlichen Seite.

Die Vernunft vernimmt im Gegebenen das Allgemeine; so ist auch das gegebene Natürliche, wie es die Vernunft vernimmt, ein Allgemeines. Es umfaßt die ganze menschliche Natur. Die Vernunft erkennt das Natürliche als allgemein Gesetztes, unabhängig von der Möglichkeit der empirischen Nachprüfung.[1)] |

[1)] Von der katholischen Theorie unterscheidet sich das Gesagte dadurch, daß von uns 1.) die Vernunft als in vollem Umfange mit im Sündenfall verstrickt aufgefaßt ist, während sie in der katholischen Dogmatik eine wesentliche Integrität bewahrt hat, 2. daß die Vernunft nach katholischer Lehre auch die formale Bestimmtheit des Natürlichen zu erfassen vermag, was wiederum mit dem ersten Punkt zusammenhängt. Von der Aufklärung unterscheidet sich das Gesagte durch die Begründung des Natürlichen im objektiv Gegebenen statt in der subjektiven Spontaneität der Vernunft.[16]

16 Bonhoeffer hat sich in dieser Anmerkung und in den beiden vorhergehenden Text-Absätzen auseinandergesetzt mit der auf das Werk des Thomas von Aquin gestützten Schrift von J. Pieper, Die Wirklichkeit und das Gute. Zu dem von Bonhoeffer in Anführungszeichen gebrachten Wort ‚*vernehmen*' vgl. bei Pieper, a. a. O., 20: Vernunft ist „die Kraft des Menschen, die Wahrheit der wirklichen Dinge in sich hineinzunehmen. Der ursprüngliche Wortsinn des ‚Ver-

Daraus folgt etwas sehr Entscheidendes, nämlich daß das Natürliche niemals eine Setzung irgendeines Teils, irgendeiner Instanz innerhalb der gefallenen Welt sein kann. Was natürlich ist, das setzt und entscheidet weder der Einzelne noch irgendeine Gemeinschaft oder Institution innerhalb der erhaltenen Welt, sondern es ist bereits gesetzt und entschieden, und zwar so daß der Einzelne, die Gemeinschaften, die Institutionen ihren bestimmten Anteil daran empfangen. Was natürlich ist, ist nicht durch willkürliche Setzung zu bestimmen; vielmehr muß jede derartige willkürliche Setzung durch einen Einzelnen, eine Gemeinschaft, eine Institution an dem schon gesetzten Natürlichen notwendig zerbrechen und sich selbst zerstören.[17] Eine Verletzung und Vergewaltigung des Natürlichen rächt sich am Vergewaltiger.

Das hat seinen Grund darin, daß das Natürliche zugleich der echte Schutz des erhaltenen Lebens ist. So entspricht der Erkenntnis des Natürlichen durch die „Vernunft" die Bejahung des Natürlichen durch den „Grundwillen" des erhaltenen Lebens.[18] Wiederum liegt es nicht so, als sei dieser „Grundwille" ein vom Sündenfall unverletzt gebliebener göttlicher Rest im Menschen, der die göttliche Ordnung zu bejahen vermöchte, sondern dieser Grundwille ist in den Sündenfall und in die erhaltene Welt ebenso eingebettet und hineingesenkt wie die Ver-

---

Nehmens' ist hier noch in voller Kraft ..." („Ver-Nehmens" in Bonhoeffers Exemplar unterstrichen, Seitenstrich). Mit dem in Bonhoeffers Anmerkung zu ‚*Aufklärung*' Gesagten vgl. bei Pieper, a. a. O., 49 (angestrichen, und neben diesem Seitenstrich: „!"): In der „Verselbständigung der praktischen Vernunft" sieht Kant „die Schwerpunktverlegung ... aus dem Objekt ins Subjekt" (Pieper zitiert R. Kroner, Von Kant zu Hegel I, 153). □ **17** Die Nationalsozialisten entschieden, z. B. in Kunst und Literatur, was „entartet" sei, und wählten als Kriterium das (angeblich) Volks- und Rassegemäße. Ähnlich willkürlich grenzten sie auch Minderheiten – Juden, „Zigeuner" (die damalige Bezeichnung für Sinti und Roma), Slawen u. a. – aus der deutschen Volksgemeinschaft aus. Das waren nach Bonhoeffers Verständnis Schritte zur Selbstzerstörung z. B. des Staates. □ **18** Auf „Ethik"-Zettel Nr. 55 hat Bonhoeffer die Formulierung „Lebenswillen" erwogen, sich dann aber für „*Grundwillen des Lebens*" entschieden. „Grundwille" siehe C. Fortlage, System der Psychologie I, 224 f: „Der Grundwille ist der innerste Quellpunkt des Geistes." Den Terminus benutzt z. B. P. Althaus, Religiöser Sozialismus, 16; auch W. Lütgert, Ethik der Liebe, 1: „Grundwille"; 7: „Wille zum Leben".

nunft auch; darum richtet auch er sich ausschließlich auf die inhaltliche Seite des Natürlichen und bejaht sie, weil er in ihr den Schutz des Lebens sucht und findet. Das Natürliche ist die Bewahrung des Lebens | vor dem Unnatürlichen. Es ist letztlich das Leben selbst, das zum Natürlichen tendiert und sich immer wieder gegen das Unnatürliche wendet und es zum Scheitern bringt. Hier liegt der letzte Grund leiblicher und seelischer Gesundheit und Gesundung. Das Leben, ob es nun um das Einzelleben oder um das einer Gemeinschaft geht, ist sein eigener Arzt, es wehrt das Unnatürliche als lebenszerstörend ab und erst wenn das Leben selbst diese notwendige Gegenwehr nicht mehr zu leisten vermag, tragen die zerstörenden Mächte des Unnatürlichen den Sieg davon.[2)]

Zerstörung des Natürlichen bedeutet Zerstörung des Lebens. Erkenntnis und Lebenswille geraten in Unordnung und Verwirrung, richten sich auf falsche Objekte. Das Unnatürliche ist lebensfeindlich.

Wie es überhaupt zur Verletzung des Natürlichen kommen kann, ist durch die relative Freiheit des erhaltenen Lebens hinlänglich erklärt. In dieser mißbrauchten relativen Freiheit setzt sich ein Gegebenes innerhalb der gefallenen Welt absolut, erklärt sich als die Quelle des Natürlichen und zersetzt damit das natürliche Leben. In dem nun einsetzenden Kampf zwischen Unnatürlichem und Natürlichem mag das Unnatürliche sich eine Zeitlang gewaltsam durchsetzen können; denn das Unnatürliche besteht wesentlich in der Organisation,[20] während das

---

[2)] Hierin liegt das Recht der charakterologischen Bücher von Fritz Künkel, in denen immer wieder ,,das Leben" als das eigentliche und letzte Korrektiv seelischer Unnatur und Erkrankung auftritt.[19]

19 Bonhoeffer besaß Fritz Künkels weitverbreitete Bücher ,,Krisenbriefe" und ,,Die Arbeit am Charakter"; in der Seelsorge-Vorlesung im Finkenwalder Predigerseminar 1936/37 wurde Künkel erwähnt. □ **20** In der Verwendung dieses Terminus schließt sich Bonhoeffer, die repressive Organisation im Dritten Reich vor Augen, der Zeitkritik an. Als geschichtsphilosophischer (nicht sozialwissenschaftlicher) Terminus erscheint ‚*Organisation*' schon in Bonhoeffers Referat ,,Kirche und Eschatologie" 1926 DBW 9, 346, im Blick auf die ,,Saekularisierung der Reich-Gottes-Idee" zur ,,Abhilfe gegen die sozialen Mißstände" besonders bei Saint-Simon: ,,In einer gewaltigen Organisation soll die ganze Menschheit umfaßt werden, geleitet von ihren geistigen Führern". Vgl. O.

Natürliche sich nicht organisieren läßt sondern einfach da ist. So kann zum Beispiel die Untergrabung der Ehrerbietung gegen die Eltern organisiert werden,[21] während die Ehrerbietung gegen die Eltern einfach geübt wird, und ihrem Wesen nach sich nicht organisieren läßt. Aus diesem Grunde kann es zu einer vorübergehenden Überwältigung des Natürlichen durch das Unnatürliche kommen. Auf lange | Sicht zerbricht jede Organisation, das Natürliche aber besteht und setzt sich aus eigener Kraft durch; denn das Leben selbst ist auf der Seite des Natürlichen. Es mag freilich vorher zu schweren Erschütterungen und Umwälzungen der äußeren Formen des Lebens kommen. Sofern aber das Leben sich erhält, bricht das Natürliche sich wieder Bahn.

In diesem Zusammenhang hat der sich in den Grenzen der gefallenen Welt haltende Optimismus im Blick auf die menschliche Geschichte seinen Grund und sein Recht. Daß dieser Optimismus allerdings nichts zu tun hat mit dem Gedanken einer allmählichen Überwindung der Sünde,[22] ist wohl deutlich genug geworden. Es ist ein durch und durch immanenter[23] im Natürlichen begründeter Optimismus, der hier gemeint ist. Freilich gehört zu den Zeichen des nahenden Weltendes nach der heiligen Schrift auch die Zerstörung des Natürlichen in jeder Hinsicht (Luk 21[,16]) und an dieser Stelle hat auch der immanente Optimismus seine Grenze, ja er wird aus der Rolle eines geschichtlichen Prinzips und Quietivs[24] durch die Prophetie der

---

Spengler, Mensch und Technik, 78 f: ,,Alles Organische erliegt der um sich greifenden Organisation. Eine künstliche Welt durchsetzt | und vergiftet die natürliche." K. Jaspers, Die geistige Situation, 67 (^{4}48): ,,Organisation ruiniert, was sie sichern möchte, den Menschen als Menschen". □ **21** Die nationalsozialistische Jugendorganisation ,,Hitlerjugend" (1926–1945) wurde im Dritten Reich auch dazu benutzt, durch die Kinder das Verhalten der Eltern ideologisch überwachen zu lassen. Die apokalyptische Aussage Mk 13,12 b traf zu: ,, ... die Kinder werden sich empören wider die Eltern und werden sie helfen töten." □ **22** ,*Überwindung*' ersetzt: ,,Besserung oder Befreiung von". Vgl. zum amerikanischen „social gospel" 1932 DBW 12, 211: „Der Optimismus, die Fortschrittsideologie nimmt das Gebot Gottes nicht ernst (Luk. 17,10). Es ist neuzeitliches Schwärmertum. Es verkennt die Grenzen des Menschen, es mißachtet die fundamentale Unterscheidung von Reich der Welt und Reich Gottes." □ **23** Der Gegenbegriff „transzendent" (die Grenzen dieser Welt übersteigend) spielt in den „Ethik"-Manuskripten Bonhoeffers keine Rolle. □ **24** Beruhigungsmittel (von lat. quietus, „ruhig").

Schrift ein für allemal verdrängt. Er bleibt eine nicht unberechtigte, aber rein immanente, und darum nie gewisse Hoffnung.

Mit diesen Voraussetzungen dürfen wir nun an die Darstellung des Natürlichen als der von Gott nach dem Fall erhaltenen Gestalt des Lebens in ihrer Ausrichtung auf das Kommen Christi herantreten.

Das natürliche Leben.[25]

Natürliches Leben ist gestaltetes Leben. Das Natürliche ist dem Leben selbst innewohnende und dienende Gestalt. Löst sich das Leben aber von dieser Gestalt, will es sich frei von ihr bejahen, will es sich durch die Gestalt des Natürlichen | nicht dienen lassen, dann zerstört es sich selbst bis in die Wurzeln. Das sich selbst absolut, als Selbstzweck setzende Leben vernichtet sich selbst. Vitalismus endet zwangsläufig im Nihilismus, im Zerbrechen alles Natürlichen. Das Leben an sich – im konsequenten Sinne – ist ein Nichts, ein Abgrund, ein Sturz; es ist Bewegung ohne Ende, ohne Ziel, Bewegung ins Nichts hinein. Es ruht nicht, ehe es alles in diese vernichtende Bewegung mit hineingerissen hat.[26] Es gibt diesen Vitalismus im individuellen und im gemeinschaftlichen Leben. Er entsteht an der falschen Verabsolutierung einer an sich richtigen Einsicht, nämlich daß das Leben nicht nur Mittel zum Zweck, sondern auch Selbstzweck ist; auch diese Einsicht gilt für das individuelle wie gemeinschaftliche Leben.[27] Gott will das Leben und er gibt dem Leben eine Gestalt, in der es leben kann, weil es sich selbst überlassen sich nur vernichten kann. Diese Gestalt stellt das Leben aber zugleich in den Dienst anderen Lebens und der Welt; sie macht das Leben in begrenztem Sinne zum Mittel zum Zweck.[28] Wie

25 Überschrift wie S. 163. □ **26** Vgl. DBW 3 (SF), 112: „... der Sturz ... ergreift die ganze geschaffene Welt". □ **27** Vgl. DBW 1 (SC), 127: Gemeinde „ist nicht nur *Mittel zum Zweck, sondern sie ist zugleich Selbstzweck*". Daß das Leben ‚*auch*' Selbstzweck sei, widersprach dem nationalsozialistischen Anspruch, zwischen wertvollem und rasse-eugenisch „unwertem" Leben unterscheiden und letzteres vernichten zu können. □ **28** Mit der Aussage, Leben sei ‚*in begrenztem Sinne*' Mittel zum Zweck, vgl. das „*niemals bloß ... Mittel*" in einer Formulierung des Kategorischen Imperativs, I. Kant, Grundlegung zur es nun eine Verabsolutierung des Lebens als Selbstzweck gibt, den Vitalismus, der das Leben vernichtet, so gibt es auch eine Verabsolutierung des Lebens als Mittel zum Zweck, die dieselbe Folge hat; auch das gilt wiederum für den Einzelnen wie für die Gemeinschaft. Wir können diesen Irrweg als Mechanisierung des Lebens[29] bezeichnen. Hier wird der Einzelne nur noch in seinem Nutzwert für das Ganze und die Gemeinschaft nur in ihrem Nutzwert für eine übergeordnete Institution, Organisation oder Idee verstanden. Das Kollektiv ist der Gott, dem das einzelne und gemeinschaftliche Leben in einem totalen Mechanisierungsprozeß geopfert wird.[30] Hier wird das Leben ausgelöscht und die Gestalt, die dazu da ist, dem Leben zu dienen, übernimmt die uneingeschränkte Herrschaft über das Leben. Jede Selbstzwecklichkeit des Lebens ist überwunden, das Leben versinkt im Nichts; denn sobald die Mechanisierung alles Le- | ben getötet hat, muß sie selbst, die ihre Kraft ja nur aus dem Leben zog, in sich zusammenbrechen.

Vitalismus und Mechanisierung in dem beschriebenen Sinne sind in gleicher Weise Ausdrucksformen einer – vielleicht unbewußten – Verzweiflung am natürlichen Leben, einer Lebens-

---

Metaphysik der Sitten BA 66 f (Werke IV, 61): „*Handle so, daß du die Menschheit, sowohl in deiner Person, als in der Person eines jeden andern, jederzeit zugleich als Zweck, niemals bloß als Mittel brauchest.*" □ **29** W. Rathenau, Zur Kritik der Zeit, Überschriften zu 45–95: „Die Mechanisierung der Welt. [Teil] I" bis „V"; Teil „V" hat den Untertitel, 86: „Mechanisierung und Leben". Vgl. O. Spengler, Mensch und Technik, 78: „Die *Mechanisierung der Welt* ist in ein Stadium gefährlichster Überspannung eingetreten." Ein Mechanismus ist ein maschineller, strikt kausaler Wirkungszusammenhang. Bis in das erste Drittel des 20. Jahrhunderts hinein beherrschte mechanistisches Denken die Naturwissenschaft. Vgl. G. Howe, Gott und die Technik, 61: „Descartes' mechanistisches Weltbild ist zu dem großen Ersatzgott der Neuzeit geworden." □ **30** ‚*Gott*' ersetzt: „Götze". Vgl. im 1934 erschienenen Kommentar zum Erbgesundheitsgesetz, geschrieben von Arthur Gütt (Leiter der Abteilung Volksgesundheit im Reichsministerium des Inneren), Ernst Rüdin (Rassehygieniker) und Falk Ruttke (Jurist, Professor für Rasse und Recht), 5: „... was als Grundgehalt des [Erbgesundheits-]Gesetzes Bedeutung erlangt, das ist das Primat und die Autorität des Staates, die er sich auf dem Gebiet des Lebens, der Ehe und der Familie endgültig gesichert hat"; 13: „Die nationalsozialistische deutsche Regierung hat damit bewiesen, daß sie bereit ist, ... das Interesse des erbkranken Einzelwesens dem Gesamtwohl des erbgesunden deutschen Volkes und damit dem Gedeihen der ‚Deutschen Nation' unterzuordnen" (s. K. Dörner, Zwangssterilisationen der NS-Zeit, 329 f).

feindschaft, Lebensmüdigkeit, Lebensuntüchtigkeit. Der Geschmack am Natürlichen ist den Reizen des Unnatürlichen gewichen. Das natürliche Leben steht zwischen den Extremen des Vitalismus und der Mechanisierung, es ist zugleich Leben als Selbstzweck und als Mittel zum Zweck. Während von Jesus Christus her die Selbstzwecklichkeit des Lebens als Geschöpflichkeit und das Leben als Mittel zum Zweck als Teilnahme am Gottesreich verstanden wird, findet im Rahmen des natürlichen Lebens die Selbstzwecklichkeit ihren Ausdruck in den Rechten und das Leben als Mittel zum Zweck seinen Ausdruck in den Pflichten, die dem Leben gegeben sind. So muß um Christi und seines Kommens willen das natürliche Leben in bestimmten Rechten und bestimmten Pflichten gelebt werden. Wo diese Rechte und diese Pflichten geleugnet, aufgehoben, zerstört werden, dort wird dem Kommen Christi ein schweres Hindernis in den Weg gestellt. Die Dankbarkeit, die das empfangene Leben ehrfürchtig bewahrt und die dieses Leben zugleich in den Dienst des Schöpfers stellt, wird hier in der Wurzel getroffen.

Es mag einem *idealistischen* Denken[31] befremdlich klingen, daß in einer christlichen Ethik zuerst von den Rechten und erst dann von Pflichten gesprochen wird. Aber wir stehen eben nicht bei Kant,[32] sondern bei der heiligen Schrift; und gerade darum muß zuerst von den Rechten des natürlichen Lebens gesprochen werden, das heißt von dem, was dem Leben gegeben ist und erst dann von dem was von ihm gefordert wird. Gott gibt, bevor er fordert.[33] In den Rechten des natürlichen Lebens wird ja nicht das Geschöpf, sondern | der Schöpfer geehrt, es wird der Reichtum seiner Gaben anerkannt. Rechte gibt es nicht

31 ,,... einem *idealistischen* Denken" ist im Ms später zugesetzt. ,*Idealistische*' philosophische Systeme gaben den Pflichten, etwa der Grundpflicht der Verwirklichung der Idee, den Vorrang. □ **32** Vgl. bes. I. Kant, Kritik der praktischen Vernunft, A 143ff, A 154, A 233ff (Werke IV, 202ff, 209, 261ff). Kant pflegte in die Nähe des Deutschen Idealismus gerückt zu werden, z. B. von Friedrich Brunstäd; vgl. DBW 1 (SC), 23 Anm. 5). W. Lütgert, Ethik der Liebe, 50f: Kants Auffassung (a. a. O., 30: ,,gebieten kann man äußere Handlungen, aber nicht Liebe") ,,erklärt sich aus dem Zwie- | spalt zwischen Natur und Geist, Trieb und Wille, der Kants Denken spaltet. ... [Gegen Kant:] Die Pflicht zur Liebe ist in einem ihr voraufgehenden Recht zur Liebe begründet." Lütgert stand dem Deutschen Idealismus, mit dem er sich speziell beschäftigt hatte, kritisch gegenüber. □ **33** Vgl. E. Brunner, Die Bedeutung des Alten Testavor Gott, sondern das rein gegebene Natürliche wird dem Menschen gegenüber zu Rechten. Die Rechte des natürlichen Lebens sind der Abglanz der Schöpferherrlichkeit Gottes mitten in der gefallenen Welt. Sie sind nicht in erster Linie das, was der Mensch in eigenem Interesse einklagen kann, sondern das, wofür Gott selbst einsteht. Die Pflichten aber entspringen aus den Rechten selbst, wie die Aufgaben aus den Gaben. Sie sind in den Rechten eingeschlossen.[34] Indem wir also im Rahmen des natürlichen Lebens jeweils zuerst von den Rechten und dann von den Pflichten sprechen,[35] geben wir dem Evangelium im natürlichen Leben Raum.

Suum cuique[36]

Die allgemeinste Formulierung der mit dem Natürlichen gegebenen Rechte lautet mit den Worten des römischen Rechtes: suum cuique, jedem das Seine.[37] In diesem Satz kommt in gleicher Weise die Mannigfaltigkeit des Natürlichen und der ihm zugehörigen Rechte wie die in der Mannigfaltigkeit gewahrte Einheit des Rechtes[38] zum Ausdruck. Mißbraucht wird dieser

---

ments, 41 f: „Gott gibt, ehe er fordert". „Erst die Gabe, dann die Aufgabe". (Hinweis: M. Kuske, Das Alte Testament, 103 f Anm. 337.) □ **34** Vgl. W. Lütgert, Ethik der Liebe, 51: „Rechte begründen Pflichten, Gaben geben Aufgaben. Dieses Verhältnis von Recht und Pflicht entspricht dem Verhältnis des schaffenden Gottes zum geschaffenen Menschen." □ **35** Das hier vorgesehene ‚*Sprechen von Pflichten*' unterblieb. (Menschen-)Rechte werden in diesem Ms in Hinsicht auf das leibliche Leben ausführlich, in Hinsicht auf das geistige Leben nur noch in wenigen Zeilen behandelt. □ **36** Dt.: „Jedem das Seine". Die lat. Formel erscheint bei E. Brunner, Das Gebot und die Ordnungen, 165 und 656 f. Karl Barths Schrift „Rechtfertigung und Recht" von 1938 schließt mit den Worten „Suum cuique" (in „Eine Schweizer Stimme": 57). Vgl. in Bonhoeffers Brief, der auf diese Schrift Barths anspielt, vom 7. 3. 1940 DBW 15, 299: „Gerechtigkeit heißt hier [wenn Luther „unsere Gerechtigkeit vor Gott als ‚geschenkte Gerechtigkeit' bezeichnet"] nicht suum cuique". Im Dritten Reich war „Jedem das Seine" die Tor-Inschrift des Konzentrationslagers Buchenwald. □ **37** Der römische Jurist Ulpian orientiert menschliches Handeln an drei Leitsätzen: „Honeste vive, neminem laede, suum cuique tribue" („lebe ehrenhaft, verletze niemanden, gewähre jedem das Seine"). Die Gerechtigkeitsdefinition Ulpians heißt: „Iustitia est perpetua et constans voluntas ius suum cuique tribuendi" („Gerechtigkeit ist der andauernde und beständige Wille, jedem sein Recht zu gewähren"), Digesten I 1, 10. □ **38** Die Worte „des Rechtes" sind mit Bleistift zugefügt.

Satz wo entweder die Mannigfaltigkeit oder die Einheit der mit dem Natürlichen gegebenen Rechte aufgelöst wird. Das ist der Fall, wo man „das Seine“ als „das Gleiche“ verstehen will und damit die Mannigfaltigkeit des Natürlichen zugunsten eines abstrakten Gesetzes zerstört oder wo die Bestimmung des „Seinen“ willkürlich und subjektiv geschieht und damit die Einheit der Rechte zugunsten freier Willkür aufhebt.[39] In beiden Fällen wird das Natürliche selbst vergewaltigt. Das „Seine“, das einem Jeden zugehört, ist zugleich ein jeweils Verschiedenes, Ungleiches (aber eben nicht Willkürliches!) und doch in dem Natür-| lich Gegebenen objektiv Begründetes und darum Allgemeines (aber eben nicht Abstrakt-Formales).

Gibt es ein Recht, das im natürlich Gegebenen wurzelt, also ein „Recht, das mit uns geboren ist“,[40] so darf dieses durch kein von außen her kommendes Recht aufgehoben oder zerstört werden, wenn nicht das Natürliche selbst zur Revolution gegen ein unnatürliches Recht getrieben werden soll. Das suum cuique anerkennt die Priorität der im Natürlichen gegebenen Rechte vor allem positiven Recht. Es bewahrt aber das Natürliche vor willkürlich-revolutionären Ausbrüchen, indem es auf das dem Anderen zukommende Recht verweist, das ebenso zum natürlichen Recht gehört wie mein eigenes. Es gibt also eigenes natürliches Recht nur unter Beachtung fremden natürlichen Rechtes. Damit aber stößt das suum cuique bereits auf seine Grenze. Es ruht ja auf der Voraussetzung, daß die gegebenen natürlichen Rechte miteinander in Übereinstimmung zu bringen sind, daß es also nicht einander grundsätzlich widerstreitende natürliche Rechte gibt. Entsprechende Vorkommnisse, also Konflikte zwischen im Natürlichen begründeten Rechten, müssen von hier aus als Unvollkommenheiten, Mißverständnisse, Unzulänglichkeiten in den Rechtsbegriffen aufgefaßt werden. Sie werden aber nicht auf die Struktur der Welt selbst, wie sie ist, zurück-

39 In einer langen, mit Bleistift gestrichenen Vorform folgt an der entsprechenden Stelle: „Im ersten Fall wird somit das natürliche Recht durch das Gesetz, im zweiten Fall durch die Gesetzlosigkeit vergewaltigt.“ □ 40 Vgl. den Beginn des Art. 1 der französischen „Erklärung der Rechte des Menschen und Bürgers von 1789“ (in W. Heidelmeyer, Die Menschenrechte, 57): „Die Menschen werden frei und gleich an Rechten geboren und bleiben es.“ Der Begriff ius nativum („angeborenes Recht“) kommt schon im Römischen Recht vor.

geführt, also nicht in der Sünde, wie sie auch im Natürlichen wirksam ist, begründet gefunden. Das suum cuique als höchster Recht[s]satz rechnet nicht mit dem im Natürlichen selbst gegebenen Widerstreit der Rechte. Dieser vorhandene Widerstreit aber fordert das positiv, das heißt von außerhalb der Natur gesetzte Recht und zwar als göttliches und weltliches positives Recht.[41] |

Diese Grenze des suum cuique hebt aber seine relative Richtigkeit nicht auf. Wo das Recht im Natürlichen Gegebenen gesucht wird, dort wird der Wille und die Gabe des Schöpfers geehrt, auch in der im Widerstreit liegenden Welt, und es wird zugleich hingewiesen auf die Erfüllung alles Rechtes, wenn Jesus Christus durch den Heiligen Geist einem Jeden das Seine geben wird. So darf die Wahrung dieses Satzes in echtem Sinne als Vorletztes, das vom Letzten her bestimmt ist, angesprochen werden.[42]

Das suum cuique enthält aber noch eine andere entscheidende Voraussetzung, die nicht unbestritten geblieben ist und deren Bestreitung doch immer wieder die natürlichen Grundlagen des Lebens erschüttert hat. Es handelt sich um die Voraussetzung, daß ,,ein jeder", also der Einzelne, ein natürliches Recht mit auf die Welt bringt. Widersprochen wird diesem Satz von denen, die nur der Gemeinschaft, nicht aber dem Einzelnen ein natürliches Recht einräumen. Der Einzelne ist hier nur Mittel zum Zweck im Dienst der Gemeinschaft. Das Glück der Gemeinschaft steht über dem natürlichen Recht des Einzelnen. Als Prinzip bedeutet dieser Satz die Proklamation des Sozialeudämonismus und die Leugnung aller Rechte des Einzelnen.[43]

---

41 ,*Positives*' Recht ist durch eine Instanz ,*gesetzt*' (ius humanum oder ius divinum, ,,menschliches" oder ,,göttliches Recht"). Das Ms ist von ,,Das suum cuique ..." (vorangehender Satz) bis ,, ... positives Recht" mit Bleistift angestrichen. Daneben Bleistift-Randnotiz: ,,Spätere Ausführung nötig! Am Schluß des Kapitels über die natürlichen Rechte? oder im nächsten Kapitel vom ,Guten'?" Zu ,*nächstes Kapitel*' vgl. S. 162: ,,die nächsten beiden Kapitel". □ **42** Im weiteren Text dieses Ms sind Einschübe und Umstellungen besonders häufig. □ **43** Der Eudämonismus sieht im Glück das höchste Gut. Francis Hutchesons Prinzip des größtmöglichen Glückes der größtmöglichen Zahl nahm Jeremy Bentham auf; seine wesentliche Leistung ist, den ,*Sozialeudämonismus*' ausdrücklich als gesamtethisches Prinzip in Gestalt des Utilitarismus (von lat. utilis, ,,nützlich") ausgebildet zu haben. Nach Bonhoeffers Rechtsverständnis,

Damit ist aber das natürliche Leben selbst angegriffen und mit der Zerstörung des Rechtes des Einzelnen die Zerstörung alles Rechts überhaupt angebahnt und somit der Weg zum Chaos beschritten. Es ist daher kein Zufall, daß die Folge des Sozialeudämonismus immer wieder die Vernichtung auch der Rechte der Gemeinschaft durch Gewaltherrschaft gewesen ist; das Recht des Einzelnen ist die tragende Kraft des Rechtes der Gemeinschaft, wie umgekehrt die Gemeinschaft das Recht des Einzelnen trägt und schützt. Daß es ein natürliches Recht des Einzelnen gibt, folgt aus dem Willen Gottes, den Einzelnen zu schaffen und ihm das ewige Leben zu schenken. Es ist diese Tatsache, die erkannt oder unerkannt, sich im natür- | lichen Leben immer wieder Ausdruck verschafft und der Unnatur des Sozialeudämonismus siegreich Widerstand leistet. Daß Gott den Einzelnen geschaffen und zum ewigen Leben berufen hat, ist eine Wirklichkeit, die sich im natürlichen Leben auswirkt und deren Nichtachtung bedrohliche Folgen hat. Es ist daher innerhalb des natürlichen Lebens die Sache der Vernunft, dem Rechte des Einzelnen Rechnung zu tragen, auch ohne daß der göttliche Hintergrund dieses Rechtes erkannt wird. Der natürliche Gegner des Sozialeudämonismus ist daher immer die Vernunft gewesen, jenes Organ, das die Wirklichkeit der gefallenen Welt „vernimmt" und zu Bewußtsein bringt. Der Sozialeudämonismus seinerseits verbündet sich mit einem blinden Voluntarismus,[44] in „unvernünftiger" unbegreiflicher Überschätzung der Macht des Willens gegenüber der Wirklichkeit des natürlichen Lebens selbst. Es ist eine diesem Voluntarismus unzugängliche Wahrheit, daß die Vernunft der Wirklichkeit näher ist als der blinde Wille, der für sich gerade höchste Wirklichkeitsnähe in

---

ähnlich dem liberal-freiheitlichen Grundsatz, hat das Recht des einzelnen Menschen tragende Bedeutung für das Recht überhaupt und darf nicht zugunsten von Kollektivrecht übergangen werden. Er begründete das Recht des einzelnen jedoch nicht mit philosophisch-individualistischen Sätzen, sondern sah es theologisch begründet, s. S. 177. □ **44** ‚*Voluntarismus*': von Ferdinand Tönnies 1883 geprägter Terminus für eine Einstellung, in der der Wille allem anderen, auch der vernünftigen Einsicht, übergeordnet wird. Der Reichsparteitag der NSDAP 5.–10. 9. 1934 in Nürnberg trug den Titel „Triumph des Willens". Diese Einstellung war die extreme Antithese zu Albert Schweitzers ethischem Grundprinzip der „Ehrfurcht vor dem Leben".

Anspruch nimmt. Das suum cuique ist die höchstmögliche Erkenntnis der Vernunft, die der Wirklichkeit gemäß ist und die innerhalb des natürlichen Lebens das dem Einzelnen von Gott (den sie nicht kennt) gegebene Recht wahrnimmt.

Wenn nun im Folgenden inhaltlich von den Rechten des natürlichen Lebens die Rede sein soll, so wird die Frage nach dem Garanten dieser Rechte immer wieder akut werden. Wer steht für die Rechte des natürlichen Lebens wirksam ein? Wir müssen hier schon Gesagtes[45] wiederholen: es ist in erster Linie Gott selbst, der für diese Rechte einsteht. Er bedient sich aber dazu immer wieder des Lebens selbst, das sich gegen jede Vergewaltigung des Natürlichen früher oder später durchsetzt. Es muß hier mit Zeiträumen gerechnet werden, die über die Lebensdauer des Einzelnen hinausgehen können. Das hat seinen Grund darin, daß es im Bereich des na- | türlichen Lebens ja nicht so sehr um den Einzelnen als um die Erhaltung des menschlichen Lebens als Gattung geht und daß das natürliche Leben über den Einzelnen notwendig immer wieder hinwegschreitet. Das zerstörte Recht des Einzelnen, das möglicherweise keine Wiederherstellung findet, dient dann der Widerstandskraft des natürlichen Lebens, sich in der nächsten oder übernächsten Generation wieder durchzusetzen. Das Problem einer Theodizee, das sich hier ankündigt, kann erst an späterer Stelle zur Lösung gebracht werden.[46] Ist es Gott und durch ihn das Leben selbst, das für die ihm innewohnenden Rechte wirksam eintritt, dann ist das, was der Einzelne zur Wahrung seiner natürlichen Rechte tun kann – auf die Wirksamkeit gesehen – von äußerst geringer Bedeutung. Was er faktisch tut, wird von vielen Erwägungen abhängen, die hier noch nicht übersehen werden können. Immer wird er jedenfalls zu bedenken haben, daß sein stärkster Bundesgenosse das Leben selbst ist. Die Frage, ob der Einzelne seine natürlichen Rechte verteidigen *darf*, ist klar zu bejahen. Ob, wie und wann er sie verteidigen

---

45 Vgl. S. 174. □ **46** Vgl. W. Lütgert, Ethik der Liebe, 242: „Die Aufgabe, die sich mit dem Stichwort ‚Theodizee' stellt, ist unlösbar. Grund und Zweck des Leidens läßt sich philosophisch nicht erklären." Auf „Ethik"-Zettel Nr. 27 (Überschrift: „Geschichte im Rahmen der christlichen Ethik") ist notiert: „Problem Theodizee". Es ist in den „Ethik"-Manuskripten nicht ausgeführt; vgl. aber DBW 4 (N), 272–274 („Gottes Gerechtigkeit").

soll, ist eine andere, später zu entscheidende Frage.[47] Unter allen Umständen muß er es so verteidigen, daß es glaubwürdig wird, daß nicht der Einzelne, sondern Gott hier für das Recht einsteht.[48]

Das Recht auf das leibliche Leben

Das leibliche Leben, das wir ohne unser Zutun empfangen, trägt in sich das Recht auf seine Erhaltung.[49] Es ist dies nicht ein Recht, das wir uns geraubt oder erworben hätten, sondern es ist im eigentlichsten Sinne „mit uns geborenes",[50] empfangenes Recht, das vor unserem Willen da ist, das im Seienden selbst ruht. Da es nach Gottes Willen menschliches Leben auf Erden nur als leibliches Leben gibt, hat der Leib um des ganzen Menschen willen das Recht auf Erhaltung. | Da mit dem Tode alle Rechte erlöschen, so ist die Erhaltung des leiblichen Lebens die Grundlage aller natürlichen Rechte überhaupt und darum mit einer besonderen Wichtigkeit ausgestattet. Das ursprünglichste Recht des natürlichen Lebens ist die Bewahrung des Leibes vor beabsichtigter Schädigung, Vergewaltigung und Tötung. Das mag sehr nüchtern und unheroisch klingen. Der Leib ist aber in erster Hinsicht nicht dazu da, um geopfert, sondern um erhalten zu werden. Daß sich dann aus anderen und höheren Gesichtspunkten das Recht und die Pflicht ergeben kann, den Leib zu opfern, setzt schon das ursprüngliche Recht auf Erhaltung des leiblichen Lebens voraus.

Das leibliche Leben ist wie das Leben überhaupt sowohl Mittel zum Zweck wie Selbstzweck. Es ist idealistisch, aber nicht christlich, den Leib ausschließlich als Mittel zum Zweck zu ver-

---

47 Vgl. die Ankündigung S. 212, später über die „Aufhebung aller natürlichen Rechte im Glauben an das Himmelreich" zu sprechen. □ **48** Vgl. Luthers Unterscheidung – in: Das Magnificat verdeutscht und ausgelegt. 1521 (WA 7, 582) – von Recht „bekennen" und Recht „gewinnen"; letzteres solle der einzelne, wenn er der Umstände wegen nicht rechtmäßig zu seinem Recht kommen könne, Gott anheimstellen. Dazu G. Scharffenorth, Den Glauben ins Leben ziehen ..., 236. □ **49** In einer gestrichenen Vorform folgt an entsprechender Stelle: „Während jahrelang das Leben selbst ohne unser Zutun für den Aufbau unseres Körpers Sorge trägt, haben wir später in eigener Verantwortung dem leiblichen Leben sein Recht zuteil werden zu lassen." □ **50** Vgl. S. 175.

stehen. Ein Mittel kommt ja in Wegfall sobald der Zweck erreicht ist. Dem entspricht die Auffassung des Leibes als Kerker der unsterblichen Seele, die mit dem Tode den Leib für immer verläßt.[51] Nach christlicher Lehre hat der Leib höhere Würde.[52] Der Mensch ist ein leibliches Wesen und bleibt es auch in Ewigkeit. Leiblichkeit und Menschsein gehören untrennbar zusammen. So kommt der Leiblichkeit, die von Gott gewollt ist als Existenzform des Menschen,[53] Selbstzwecklichkeit zu. Das schließt zwar nicht aus, daß der Leib zugleich einem höheren Zweck untergeordnet bleibt. Es ist aber wichtig, daß zu den Rechten des leiblichen Lebens seine Wahrung nicht nur als Mittel zum Zweck, sondern auch als Selbstzweck gehört. Die Selbstzwecklichkeit des Leibes kommt innerhalb des natürlichen Lebens in den Freuden des Leibes zum Ausdruck. Wäre der Leib nur Mittel zum Zweck, so hätte der Mensch kein Recht auf leibliche Freuden. Ein zweckmäßiges Minimum leiblichen Genusses dürfte[54] dann nicht überschritten werden. Das hätte sehr einschneidende Folgen für die christliche Beurteilung aller mit | dem leiblichen Leben zusammenhängenden Probleme des Wohnens, der Ernährung, der Kleidung, der Erholung, des Spieles, der Geschlechtlichkeit. Kommt aber dem Leib eine Selbstzwecklichkeit zu, so gibt es ein Recht auf leibliche Freuden, ohne daß diese ohne weiteres einem höheren Zweck untergeordnet werden müßten. Es liegt im Wesen der Freude selbst, daß sie durch Zweckgedanken verdorben wird. Wir werden später, wenn wir vom Recht auf Glück sprechen werden, hierauf zurückkommen müssen.[55] Die Freuden des Leibes sind innerhalb des natürlichen Lebens der Hinweis auf die ewige

---

51 Vgl. z. B. Platon, Kratylos 400 b–c (Leib als Gefängnis der Seele). Auch DBW 3 (SF), 71: Leib ist nicht „Kerker". □ **52** Hier ist ‚*Würde*' nicht nur allgemeine Menschenwürde im Sinne der neuzeitlichen Menschenrechtstraditionen, vgl. z. B. Art. 1 Abs. 1 GG, sondern konkreter gefaßt im Blick auf den Leib. □ **53** Vgl. DBW 3 (SF), 73: „Leib ist die Existenzform von Geist, wie Geist die Existenzform von Leib ist. Dies alles ist nur vom Menschen gesagt". □ **54** Gestr.: „– aus sittlichen Gründen –". □ **55** Der „Ethik"-Zettel Nr. 47 skizziert als einen von sieben Unterpunkten zu „Das natürliche Leben": „VI. Glück". „Recht auf Glück" ist auch auf den „Ethik"-Zetteln Nr. 52 und 49 notiert. Das „Erstreben und Erlangen von Glück" sahen schon die Grundrechte von Virginia vom 12. 6. 1776 als ein Recht vor, vgl. in W. Heidelmeyer, Die Menschenrechte, 54. Die amerikanische Unabhängigkeitserklärung (Decla-

Freude, die dem Menschen bei Gott verheißen ist. Wo einem Menschen die Möglichkeit leiblicher Freuden genommen wird, indem sein Leib ausschließlich als Mittel zum Zweck gebraucht wird, dort findet ein Eingriff in das ursprüngliche Recht leiblichen Lebens statt.[56] ,,Iß dein Brot mit Freuden, trink deinen Wein mit gutem Mut; denn dein Werk gefällt Gott. Laß deine Kleider immer weiß sein und laß deinem Haupt Salbe nicht mangeln. Brauche das Leben mit deinem Weibe, das du liebhast, solange du das eitle Leben hast, das dir Gott unter der Sonne gegeben hat, solange dein eitel Leben währt; denn das ist dein Teil im Leben und in deiner Arbeit, die du tust unter der Sonne" (Prediger Salomo 9,7 ff).[57] ,,So freue dich, Jüngling, in deiner Jugend und laß dein Herz guter Dinge sein in deiner Jugend. Tue, was dein Herz gelüstet und deinen Augen gefällt, und wisse, daß dich Gott um dies alles wird vor Gericht führen." (11,9)[58] ,,Wer kann fröhlich essen und sich ergötzen ohne Ihn?" (2,25) |

Die Wohnung des Menschen hat nicht wie der tierische Unterschlupf nur den Sinn eines Schutzes [vor] Unwetter und Nacht und der Pflegestätte für die Jungen, sondern sie ist der Raum, in dem der Mensch die Freuden eines persönlichen Lebens in der Geborgenheit der Seinen und seines Eigentums genießen darf. Essen und Trinken dient nicht allein dem Zweck der Gesunderhaltung des Körpers, sondern auch der natürlichen Freude am leiblichen Leben. Die Kleidung soll nicht nur den Körper notdürftig bedecken, sondern zugleich eine Zierde des Leibes sein. Erholung hat nicht nur den Zweck einer größeren Arbeitsleistung, sondern sie gewährt dem Leib das Maß der ihm zukommenden Ruhe und Freude. Das Spiel ist seinem

---

ration of Independence) nennt im § 2 unter den unveräußerbaren Rechten aller Menschen ,,the pursuit of happiness" (,,Streben nach Glück"). – Ein ‚*Recht auf leibliche Freuden*' theologisch zu begründen ist in der evangelischen Ethik und Verkündigung der ersten Hälfte des zwanzigsten Jahrhunderts etwas sehr Seltenes. □ **56** Am Ms-Rand Stellenangaben: ,,Pred 2,24 3,12 9,7 ff 11,9 ff". Die Stellen Kohelet 2,24.25 und 9,7 ff sind zitiert bei K. Barth, Das Wort Gottes, 58 bzw. 52 (Tambacher Rede 1919). □ **57** Koh 9,7–9 mit geringfügigen Abweichungen (LB: ,,Brauche des Lebens ..."); in LB kurzer Kopierstift-Strich neben Vers 7 (,, ... Wein ..."). □ **58** In LB mit Bleistift langer Strich neben dem Vers, Ausrufungszeichen neben Vers 9 a. Koh 11,9 hatte Bonhoeffer 1939/40 DBW 15, 517, zitiert bei der Auslegung von Ps 119,9.

Wesen nach fern aller Zweckbestimmtheit, der deutlichste Ausdruck für die in sich ruhende Selbstzwecklichkeit leiblichen Lebens. Die Geschlechtlichkeit ist nicht nur Mittel der Fortpflanzung, sondern trägt innerhalb der Ehe ihre Freude unabhängig von dieser Zweckbestimmung in der Liebe zweier Menschen zueinander. Es geht aus dem Gesagten hervor, daß der Sinn des leiblichen Lebens niemals in seiner Zweckbestimmtheit aufgeht, sondern erst in der Erfüllung des ihm innewohnenden Anspruchs auf Freude erschöpft wird.

Wie stark das leibliche Leben auf Freude angelegt ist, geht vielleicht am klarsten daraus hervor, daß der Leib auch dort, wo er in rechter Weise in harter Anspannung notwendigen Zwekken dienstbar gemacht wird, an solcher Dienstbarkeit Freude empfindet. Doch wird das nur solange der Fall sein als neben der Zweckdienlichkeit des Leibes auch seiner Selbstzwecklichkeit das gebührende Recht eingeräumt wird.

Der Leib ist jeweils „mein" Leib,[59] er kann niemals, auch in der Ehe nicht, in demselben Sinne einem andern zugehörig | sein wie mir. Mein Leib ist es, der mich räumlich von anderen Menschen trennt und mich dem anderen Menschen als Mensch gegenüberstellt. Die Antastung meines Leibes ist ein Eingriff in meine persönliche Existenz. Die Ehrerbietung die ich dem anderen Menschen schulde, drückt sich in einer klar gewahrten Distanz zu seinem leiblichen Leben aus. Die körperliche Züchtigung hat nur insofern ein Recht, als die betroffene Person noch nicht als selbständige Existenz anzusehen ist und als vielmehr gerade durch die körperliche Züchtigung diese Unselbständigkeit zum Ausdruck gebracht werden soll, mit dem Zweck die notwendige Selbständigkeit zu fördern. Eine feste Regel darüber, wer als selbständige Existenz anzusehen ist, läßt sich nicht aufstellen. Doch wird die Grenze des Kindesalters hier vor allem maßgeblich sein und ganz gewiß wird der erwachsene Mensch, der sich seiner natürlichen Rechte bewußt

---

59 Vgl. W. Lütgert, Ethik der Liebe, 204: „Das Wort ‚Mein' gilt zunächst vom Körper" bzw. vom „Leib"; 206f Hinweis auf die Erklärung Luthers zum 1. Artikel. Vgl. M. Luther, Kleiner Katechismus, BSLK 510: „Ich gläube, daß mich Gott geschaffen hat sampt allen Kreaturn, mir Leib und Seel, Augen, Ohren und alle Glieder, Vernunft und alle Sinne gegeben hat und noch erhält".

geworden ist, als selbständige Existenz angesehen werden müssen. Etwas anderes sind Körperstrafen bei Verbrechern. Sie werden in solchen Fällen vertretbar sein, wo um der Gemeinheit und niedrigen Ehrlosigkeit des Verbrechens willen eine bewußte Ehrentziehung beabsichtigt ist und wo die verbrecherische Antastung fremden leiblichen Lebens Strafe[60] am Leibe des Täters fordert.

Unter freien selbständigen Personen bedeutet eine bewußte Antastung des fremden Leibes die Zerstörung des ersten natürlichen Rechtes des Menschen und damit seine grundsätzliche Rechtlosmachung und Zerstörung des natürlichen Lebens.[61]

Das erste Recht des natürlichen Lebens besteht in der Bewahrung des leiblichen Lebens vor willkürlicher Tötung. Von willkürlicher Tötung muß dort gesprochen werden, wo unschuldiges Leben vorsätzlich getötet wird.[62] Unschuldig in diesem Zusammenhang aber ist jedes Leben, das nicht einen bewußten Angriff auf anderes Leben unternimmt und das keiner todeswürdigen verbrecherischen Tat überführt werden kann. Willkürlich ist demnach nicht die Tötung des Feindes | im Kriege; denn wenn dieser auch nicht persönlich schuldig ist, so nimmt er doch bewußt teil an dem Angriff seines Volkes auf das Leben meines Volkes und muß daher die Folgen der Gesamtschuld mittragen. Willkürlich ist selbstverständlich nicht die Tötung des Verbrechers, der fremdes Leben antastete.[63] Willkürlich ist

---

60 Das Wort *‚Strafe‘* steht über dem nicht gestr. Wort „Vergeltung“. Vgl. S. 214: „vergeltende Strafe“. □ **61** Gestr.: „Unter bewußter Antastung ist jede beabsichtigte Schädigung und Vergewaltigung bis hin zur Tötung unschuldigen fremden leiblichen Lebens zu verstehen.“ – Am Ms-Rand: „Selbstzwecklichkeit des Leibes.“ Dieses Thema ist oben S. 180–182 behandelt auf dort in das Ms eingeschobenen Bögen. □ **62** Den Begriff *‚unschuldig‘* benutzt ein theologisches Gutachten über die Euthanasie (Ausmerzung lebensunwerten Lebens) „Biblische Beurteilung“, das im Auftrag der neunten Bekenntnissynode der Evangelischen Kirche der altpreußischen Union, die am 12./13. 10. 1940 in Leipzig tagte, im wesentlichen von Heinrich Vogel zusammen mit Hermann Diem u. a. ausgearbeitet wurde, vgl. W. Niesel, Um Verkündigung und Ordnung der Kirche, 84 und 118: „Mord an unschuldigem und wehrlosem Menschenleben“, Mord „vor dem fünften Gebot“ (Hinweis auf dieses Gutachten: Uwe Gerrens). □ **63** Am Ms-Rand: „Todesstrafe für alles?“ Im nationalsozialistischen Deutschland sahen im Kriege erlassene Verordnungen „unter Überschreitung des regelmäßigen Strafrahmens“ die Todesstrafe vor, „wenn es die Aufrechterhaltung der Manneszucht oder die Sicherheit der Truppe erfordert“

aber auch nicht die Tötung von Zivilpersonen im Krieg, sofern sie nicht direkt beabsichtigt,[64] sondern nur unglückliche Folge einer militärisch notwendigen Maßnahme ist. Willkürlich aber wäre die Tötung wehrloser Gefangener oder Verwundeter, die sich keines Angriffs auf mein Leben mehr schuldig machen können.[65] Willkürlich ist die Tötung eines unschuldigen Menschen aus Leidenschaft oder um irgendeines Vorteils willen. Willkürlich ist jede bewußte Tötung unschuldigen Lebens.[66]

Dieser letzte Satz ist nicht ohne Widerspruch geblieben. Das Problem, das sich hier stellt, ist mit dem Begriff der Euthanasie[67] umschrieben. Die grundsätzliche Frage lautet hier: Darf unschuldiges Leben, das nicht mehr lebenswert ist, auf

(§ 5 a der Kriegssonderstrafrechtsverordnung vom 4. 11. 1939) bzw. ,,wenn dies das gesunde Volksempfinden wegen der besonderen Verwerflichkeit [der Straftat] verlangt" (§ 4 der ,,Verordnung gegen Volksschädlinge" vom 5. 9. 1939) (Hinweis: Uwe Gerrens). □ **64** Bei und seit der Eroberung Polens 1939 und der Bombardierung der englischen Industriestadt Coventry am 14./15. 11. 1940 wurde unter Verstoß gegen Kriegsvölkerrecht Zivilbevölkerung absichtlich getötet. □ **65** In der Vorbereitung (ab August 1940) des Angriffs gegen die Sowjetunion, der im Juni 1941 erfolgte, war die Tötung Gefangener vorgesehen. Bonhoeffers Schwager Rüdiger Schleicher hatte in einem Vortrag ,,Das Wesen des Kriegsrechts" 1939/40 entschieden die Schonung von Zivilisten und Verwundeten im Krieg vertreten und dies naturrechtlich begründet (Hinweis: Uwe Gerrens). □ **66** Ersetzt: ,,Willkürlich ist die Vernichtung des eigenen Lebens, wo sie"; ,,bewußte" ersetzt: ,,aus welchem Grund auch immer". □ **67** Die Wortbedeutung: guter Tod. Das Wort ‚*Euthanasie*' wurde im Dritten Reich irreführenderweise bezogen auf die Vernichtung sogenannten lebensunwerten Lebens. Der Psychiater (Pfarrerssohn) Alfred Erich Hoche und der Jurist Karl Binding veröffentlichten 1920 aus sozialdarwinistischer Überzeugung das Buch ,,Die Freigabe der Vernichtung lebensunwerten Lebens". Dessen zweite Auflage, von 1922, zitiert A. D. Müller, Ethik, 291; Bonhoeffer hat in seinem Exemplar des Buches von A. D. Müller die Namen der beiden Professoren mit Kopierstift angestrichen. Ein Schüler Hoches, der Arzt und SS-Hauptsturmführer Dr. Werner Heyde in Würzburg, war maßgeblich an der Lenkung der ,,Euthanasie" beteiligt, zu der Hitler im Oktober 1939, auf den 1. September 1939 zurückdatiert, zwei Ärzten die schriftliche Ermächtigung gab. Als Bonhoeffer dieses Ms schrieb – der Begriff ist im Brief vom 20. 1. 1941 DBW 16, 114, erwähnt –, war die „Euthanasie"-Mordaktion noch in vollem Gange. Friedrich von Bodelschwingh und Pfarrer Paul Gerhard Braune hatten im Mai 1940 als Leiter christlicher Heil- und Pflegeanstalten den Rat Karl Bonhoeffers zugunsten ihrer gefährdeten Kranken gesucht (vgl. DB 773). In Reaktion auf öffentlichen Protest der Kirchen wurde die „Euthanasie" im August 1941 offiziell eingestellt, wenn auch heimlich fortgeführt.

schmerzlose Weise vernichtet werden? Eine doppelte Motivierung liegt dieser Frage zugrunde: die Rücksicht auf den Kranken und die Rücksicht auf die Gesunden. Nun ist aber vor jeder inhaltlichen Behandlung grundsätzlich festzustellen, daß die Entscheidung über das Recht der Tötung menschlichen Lebens niemals aus einer Summe von Gründen getroffen werden kann. Entweder ist *ein* Grund so zwingend, daß er diese Entscheidung herbeizuführen vermag oder er ist nicht zwingend; dann können aber auch beliebig viele andere Gründe eine derartige Entscheidung niemals rechtfertigen. Tötung fremden Lebens kann es nur geben aufgrund einer unbedingten Notwendigkeit, dann muß sie auch gegen noch so viele und gute andere Gründe vollzogen werden.[68] Niemals aber darf Tötung fremden Lebens nur eine Möglichkeit unter anderen Möglichkeiten sein, und sei sie eine noch so gut begründete Möglichkeit. Wo es auch nur die | geringste verantwortliche Möglichkeit gibt, dem andern das Leben zu lassen, wäre Vernichtung des Lebens willkürliche Tötung, Mord. Töten oder Am Lebenlassen sind für die Entscheidung niemals Äquivalente. Die Schonung des Lebens hat ein unvergleichliches Vorrecht vor der Vernichtung. Das Leben darf alle Gründe für sich geltend machen, für die Tötung gilt nur ein einziger Grund. Wo dies nicht bedacht wird, fällt man dem Schöpfer und Erhalter des Lebens selbst in den Arm. Wo also das Recht der Euthanasie durch mehrere verschiedenartige Gründe gestützt werden soll, dort setzt man sich von vornherein in Unrecht, indem man indirekt zugibt, daß es einen einzigen absolut zwingenden Grund nicht gibt.

So müssen wir also in der Behandlung dieser Frage die einzelnen Begründungen für sich nehmen und sie auf ihren zwingenden Charakter untersuchen. Niemals dürfen wir die Schwäche der einen Begründung durch eine andere Begründung auszugleichen versuchen.

---

68 William Peck (in: The Euthanasia Text, 150) hat beobachtet, daß Bonhoeffer hier zu ‚*Tötung menschlichen Lebens*' anders argumentiert als zu Tötung unschuldigen Lebens, wahrscheinlich in Anspielung auf „the ethical validity of a highly specific goal of the resistance movement, the assassination of Adolf Hitler" („die ethische Gültigkeit eines ganz spezifischen Zieles der Widerstandsbewegung: die Ermordung Adolf Hitlers"). ‚*Notwendigkeit*' vgl. mit „necessità" S. 272.

Fordert die Rücksicht auf den unheilbar Kranken, auf die Schwere seines Leidens die vorsätzliche Beendigung seines Lebens durch eine humane Form des Todes? Es versteht sich bei dieser Frage von selbst, daß sie die Einwilligung beziehungsweise den Wunsch des Kranken voraussetzen muß. Wo dieser Wunsch nicht ausdrücklich ausgesprochen wird oder werden kann, wie etwa bei Idioten, ja, wo das Verlangen nach Leben unmißverständlich zum Ausdruck kommt, dort kann ehrlicherweise von einer Rücksicht auf den Kranken nicht mehr gesprochen werden. Wer aber vermag zu ermessen, wie stark selbst der unheilbar Geisteskranke trotz seines Leidens am Leben hängt und wieviel Glücksgefühl er selbst seinem armseligen Leben noch abringt? Es spricht sogar vieles dafür, daß hier die Lebensbejahung besonders stark und hemmungslos ist.[69] Hier also könnte die Rücksicht auf den Kranken jedenfalls nicht zur Begründung der Vernichtung seines Lebens gemacht | werden. Umgekehrt, wo ein schwer Depressiver um Beendigung seines Lebens bittet,[70] dürften wir dort übersehen, daß es sich hier um die Bitte eines Kranken handelt, der über sich selbst nicht Herr ist? Die Entgegnung, eben darum handle es sich ja auch beim Idioten, der am Leben hängt, läßt wieder außer Acht, daß das Recht auf Leben einen Vorrang vor dem Recht auf Tötung hat. Nehmen wir nun aber [den] Fall, ein unheilbar Kranker willige mit klaren Sinnen in die Beendigung seines Lebens ein, ja er begehre sie. Kann dann ein solcher Wunsch eine zwingende Forderung für die Anwendung der Euthanasie enthalten? Unzweifelhaft kann von einer zwingenden Forderung nicht gesprochen werden, so lange das Leben des Kranken noch seine eigenen Forderungen stellt, solange also der Arzt nicht nur dem Willen, sondern eben auch dem Leben des Kranken noch verpflichtet ist. Die Frage nach der Tötung fremden Lebens verschiebt sich hier zu der Frage nach der Zulässigkeit der Beendigung des eigenen Lebens in schwerster Krankheit und der Bei-

---

69 A. D. Müller, Ethik, 292, sagt von „Blödsinnigen“, daß „der Lebenswille solcher Kranker zumeist stark entwickelt“ sei. □ **70** Vgl. DBW 3 (SF), 83: „der Krankheit des Geistes, die wir Melancholie nennen, verfallen“, ist der Mensch seiner Selbstwahrnehmung nach „nicht mehr Mensch“. Melancholie als psychiatrischer Fachausdruck bezeichnet die schwere Form depressiver Gemütserkrankung.

hilfe dazu. Diese Frage werden wir im Zusammenhang des Problems des Selbstmordes besprechen.[71] Der Einwand, man werde doch ärztlicherseits in gewissen Fällen nicht mehr alles dafür tun, um ein Leben künstlich zu verlängern, man werde also zum Beispiel einen lungenkranken Idioten vielleicht nicht mehr in eine Lungenheilstätte bringen, und dieses Verhalten sei von einer beabsichtigten Beendigung seines Lebens nicht zu unterscheiden, rührt zwar eine ernste Frage an; dennoch bleibt es wichtig den Unterschied festzuhalten, der zwischen Sterbenlassen und Töten besteht. Es können ja überhaupt im Leben nicht in jedem Fall alle denkbaren Mittel angewendet werden, um den Tod hinauszuschieben; und dennoch bleibt hier ein entscheidender Unterschied zu beabsichtigter Tötung.[72] Es ergibt sich somit, daß die Rücksicht auf den Kranken nicht als zureichender Grund für die Notwendigkeit der Tötung menschlichen Lebens gelten kann. |

Macht nun die Rücksicht auf die Gesunden die Tötung unschuldigen Lebens notwendig? Voraussetzung der bejahenden Beantwortung dieser Frage ist die Auffassung, daß jedes Leben einen bestimmten Nutzwert für die Gemeinschaft haben müsse[73] und daß mit dem Erlöschen dieses Nutzwertes das Leben keine Berechtigung mehr habe und also gegebenenfalls vernichtet werden dürfe; und selbst dort, wo diese radikale Form des Gedankens vermieden wird, bleibt es doch zum mindesten bei einer verschiedenen Bewertung des Lebensrechtes von social Wertvollen und social Wertlosen, wobei es sich auch hier ausschließlich um unschuldiges Leben handelt. Diese unterschiedliche Bewertung läßt sich aber offenbar im Leben nicht durchführen, da sie unmögliche Folgen haben würde. Sie würde zum

---

71 Siehe S. 197. □ **72** Vgl. F. Walter, Die Euthanasie und die Heiligkeit des Lebens, 338: „Die Pflicht des Arztes zur Lebensverlängerung hat ihre in der Natur der Sache liegende Grenze und hört dort auf, wo er außerstande ist das fliehende Leben aufzuhalten“ (Hinweis: Uwe Gerrens). □ **73** A. D. Müller, Ethik, weist in seinem Abschnitt „Die Ehe als erbbiologisches Problem“ (280–293), 292, hin auf „die völlige Unfähigkeit des Kranken zu nutzbringender Arbeit für die Gemeinschaft, der im Gegenteil nur Opfer zugemutet werden“, auf den „erheblichen wirtschaftlichen Aufwand“ (vgl. S. 189 f) und auf die „Unfähigkeit des Kranken, je die Stufe persönlichen und damit erst wahrhaft menschlichen Lebens zu erreichen“ (vgl. S. 190). Keiner dieser Gesichtspunkte kann nach Müller ein Tötungsurteil rechtfertigen.

Beispiel den selbstverständlichen Einsatz sozial wertvollen Lebens zum Beispiel im Kriege oder in irgendeiner Lebensgefahr zugunsten social möglicherweise weniger wertvollen Lebens verbieten. Schon daraus ergibt sich, daß gerade der social Wertvolle in den Lebensrechten keinen Unterschied macht; gerade er wird bereit sein, sein Leben für den Geringeren einzusetzen, der Starke für den Schwachen, der Gesunde für den Kranken. Gerade der Starke wird nicht nach dem Nutzwert des Schwachen für ihn fragen, – das wird höchstens der Schwache tun – sondern die Not des Schwachen wird ihn zu neuen Aufgaben, zur Entfaltung seines socialen Wertes führen. Der Starke wird im Schwachen nicht eine Minderung seiner Kraft, sondern einen Ansporn zu höheren Taten erblicken. Die Idee, ein Leben, das seinen socialen Nutzwert verloren hat, zu vernichten, entspringt der Schwäche, nicht der Stärke.[74]

Vor allem aber geht diese Idee von der falschen Voraussetzung aus, das Leben bestehe nur in seinem socialen Nutzwert. Daß das von Gott geschaffene und erhaltene Leben ein ihm innewohnendes Recht besitzt, das von dem socialen Nutzwert dieses Lebens gänzlich unabhängig ist, ist hier | übersehen. Das Recht auf Leben besteht im Seienden und nicht in irgendwelchen Werten.[75] Es gibt vor Gott kein lebensunwertes Leben; denn das Leben selbst ist von Gott wertgehalten. Daß Gott der Schöpfer, Erhalter und Erlöser des Lebens ist, macht auch das armseligste Leben vor Gott lebenswert. Der arme Lazarus, der aussätzig vor der Tür des Reichen lag und dem die Hunde die Wunden leckten,[76] jener Mann ohne jeden socialen Nutzwert, jenes Opfer derer, die das Leben nur nach seinem Nutzwert beurteilen, wird von Gott des ewigen Lebens wertgeachtet. Wo sollte auch, außer in Gott, der Maßstab für den letzten Wert eines Lebens liegen? In der subjektiven Lebensbejahung? Darin mag manches Genie von einem Idioten übertroffen werden. In dem Urteil der Gemeinschaft? Hier würde sich alsbald zeigen, daß das Urteil über sozial wertvolles oder wertloses Leben dem

---

74 Vermeintliche Stärke der Nationalsozialisten wird als Schwäche entlarvt. □
75 Vgl. die neukantianische Trennung von Sein/Seiendem und Werten, die nicht ‚sind', sondern ‚gelten'. Besonders Heinrich Rickert und Wilhelm Windelband entwickelten eine derartige ‚Wertphilosophie'. □ **76** Lk 16,20 f.

Bedarf des Augenblicks und damit der Willkür ausgesetzt wäre und daß bald diese bald jene Gruppe von Menschen von dem Vernichtungsurteil getroffen würde.[77] Die Unterscheidung zwischen lebenswertem und lebensunwertem Leben zerstört früher oder später das Leben selbst. Nach dieser grundsätzlichen Klarstellung bleibt nun aber doch noch ein Wort über den rein socialen Nutzwert des scheinbar nutzlosen, sinnlosen Lebens zu sagen. Wir kommen ja um die Tatsache nicht herum, daß gerade dieses sogenannte lebensunwerte Leben unheilbar Kranker bei den Gesunden, bei Ärzten, Pflegern, Verwandten das höchste Maß socialer Opferbereitschaft und wahrsten Heldentums auslöst und daß aus solcher Hingabe gesunden Lebens an krankes Leben höchst reale Nutzwerte für die Gemeinschaft hervorgegangen sind.[78]

Nun kann nicht geleugnet werden, daß schwere unheilbare erbliche Krankheiten für die Gemeinschaft ein ernstes Problem und eine gewisse Gefährdung darstellen. Es fragt sich nur, ob dieser Gefährdung nur auf dem Wege der Vernich- | tung dieses Lebens begegnet werden kann. Diese Frage aber ist eindeutig zu verneinen. Die Internierung[79] solcher Kranker ist vom gesundheitlichen Standpunkt aus ein ausreichendes Mittel. Vom Wirtschaftlichen her gesehen wird aber die Versorgung derartiger

---

77 In der Tat folgte der „Euthanasie"-Mordaktion 1940/41 nicht ohne Kontinuität die physische Vernichtung der Juden und der „Zigeuner" (der Sinti und Roma) in Hitlers Machtbereich. □ **78** Die Zeilen ab „ein Wort über den rein socialen Nutzwert ..." sind hier, auf einem eingeschobenen Bogen, Reinschrift einer im Ms zu S. 190,28 stehenden, nicht gestrichenen, aber im Druck (seit E^1) weggelassenen Vorform. Karl Bonhoeffer sprach bald nach dem Ende des Ersten Weltkriegs von der Gefahr, „wie sie die Zeit der Not mit sich bringt", „daß der Gedanke der opfermütigen Unterordnung der Gesunden unter die Bedürfnisse der Hilflosen und Kranken, wie er der wahren Krankenpflege zugrundeliegt, gegenüber den Lebensansprüchen der Gesunden an lebendiger Kraft verliert" (Hinweis auf Karl Bonhoeffers Ansprache: Uwe Gerrens). Nach W. Lütgert, Ethik der Liebe, 279, „sind auch diejenigen Glieder der Gemeinschaft, die völlig von Hilfe und Pflege abhängig sind, keine bloße Belastung, sondern unentbehrliche Teile des Ganzen"; jede Verachtung der Barmherzigkeit räche sich „erst recht an den gesunden Gliedern der Gemeinschaft" (Seitenstrich in Bonhoeffers Exemplar). □ **79** Verbringen in eine geschlossene Krankenanstalt mit ständiger Aufsicht. Die Betheler Anstalten, die Bonhoeffer 1933 kennenlernte, hatten ihn tief beeindruckt, vgl. Brief an die Großmutter Julie Bonhoeffer vom 20. 8. 1933 DBW 12, 116f.

Kranker niemals die Lebenshaltung eines Volkes irgendwie ernstlich beeinträchtigen können. Noch nie haben die Ausgaben eines Volkes für die Pflege derartiger Kranker auch nur im entferntesten die Ausgaben für Luxusartikel erreicht. Gewisse begrenzte Lasten für die Kranken zu übernehmen, wird aber gerade der Gesunde, schon um der Ungewißheit seiner persönlichen Zukunft willen, also aus ganz natürlichen Gründen, immer bereit sein.

Muß nicht aber die unheilbar erbliche Krankheit ebenso als ein Angriff auf den Bestand der Gemeinschaft angesehen werden wie zum Beispiel der feindliche Angriff im Krieg?[80] Hier ist ein doppelter Unterschied zu beachten: erstens kann dieser Angriff durch andere Mittel als durch Vernichtung des Lebens abgewehrt werden. Zweitens handelt es sich im Fall der Erbkranken um unschuldiges Leben. Wenn hier überhaupt von Schuld geredet werden kann, dann trifft sie jedenfalls bestimmt nicht den Kranken, sondern die Gemeinschaft selbst. Es wäre daher ein unerträglicher Pharisäismus,[81] wenn die Gemeinschaft den Kranken als Schuldigen behandeln – und sich selbst [auf] dessen Kosten ins Recht setzen wollte. Die Tötung der Unschuldigen wäre im höchsten Sinn willkürlich.

Die Frage, ob es sich bei Fällen angeborener Idiotie überhaupt um *menschliches* Leben handelt, ist so naiv, daß sie kaum einer Antwort bedürfte. Es ist von Menschen geborenes, krankes Leben, das ja nichts anderes sein kann als, freilich höchst unglückliches, *menschliches* Leben. Ja, gerade daß menschliches Leben auch so entsetzlich entstellt aussehen kann, sollte den Gesunden nachdenklich machen.[82] |

---

80 Als ‚*Angriff*' auf die Blut- und Rassegemeinschaft, als die Minderung statt Höherzüchtung ihrer eugenischen Qualität („Erbgesundheit") empfanden die Nationalsozialisten tatsächlich die Existenz und Fortpflanzung erblicher Krankheiten. Darum war eine ihrer frühesten Maßnahmen das am 14. 7. 1933 ergangene „Gesetz zur Verhütung erbkranken Nachwuchses". Vgl. S. 209–211 (Sterilisation). □ **81** Das Gutachten „Biblische Beurteilung" (vgl. S. 183 Anm. 62) formuliert bei der Auseinandersetzung mit den Argumenten „biologische Gefahr" und „wirtschaftliche Belastung", die angeführt werden als „*Scheingründe der Vernunft für die Ausmerze*": „das harte Pharisäertum der Gesunden" (s. in W. Niesel, Um Verkündigung und Ordnung der Kirche, 117 und 119). □ **82** „nachdenklich machen." ersetzt: „demütig, dankbar und hilfsbereit machen." Im Ms folgt, nicht gestr., ein Absatz: „Was schließlich noch

Ein Grenzfall für alle diese Überlegungen würde eintreten, wo etwa auf einem Schiff, das keine Isolierungsmöglichkeiten böte, Pest ausbräche und nach menschlichem Ermessen die Gesunden nur durch den Tod der Kranken gerettet werden könnten. In diesem Fall müßte die Entscheidung offen bleiben.

Die These von der Zulässigkeit der Tötung unschuldigen kranken Lebens zugunsten der Gesunden, hat aber imgrunde weder sociale, noch wirtschaftliche, noch hygienische, sondern weltanschauliche Wurzeln. Es soll hier der übermenschliche Versuch gemacht werden, die menschliche Gemeinschaft von sinnlos erscheinender Krankheit zu befreien. Es wird ein Kampf mit dem Schicksal oder wie wir auch sagen können: mit dem Wesen der gefallenen Welt selbst aufgenommen. Man meint mit rationalen Mitteln eine neue gesunde Menschheit schaffen zu können.[83] Zugleich hält man die Gesundheit für den höchsten Wert, dem alle anderen Werte geopfert werden müßten. Rationalisierung und Biologisierung[84] des menschlichen Lebens verbinden sich in diesem vergeblichen Unterfangen, durch das das Recht alles Geschaffenen auf Leben und damit schließlich alle Gemeinschaft überhaupt zerstört wird.

Kommen wir also zu dem Ergebnis, daß auch die Rücksicht auf die Gesunden kein Recht zur vorsätzlichen Tötung unschuldigen kranken Lebens gibt, so ist damit die Frage der Euthanasie negativ entschieden. Die heilige Schrift faßt dieses Urteil in dem Satz zusammen: ,,Den Unschuldigen . . sollst du nicht erwürgen" (Ex 23,7).[85]

---

einmal den socialen Nutzwert ... hervorgegangen sind", die Vorform zu S. 189. □ **83** „eine neue gesunde Menschheit schaffen" ersetzt: „die Welt verändern". Vgl. Brief aus Bethel an die Großmutter Julie Bonhoeffer vom 20. 8. 1933 DBW 12, 117: „Es ist ja ein glatter Wahnsinn, wenn man heute meint, das Kranke einfach durch Gesetze beseitigen zu können oder zu sollen." Kurz zuvor, im Juli 1933, war das „Gesetz zur Verhütung erbkranken Nachwuchses" erlassen worden. K. Dörner, Zwangssterilisationen der NS-Zeit, 329: Die Nationalsozialisten verfuhren mit ihren „Erbgesundheits"-Maßnahmen „immer in Zielrichtung auf die Endlösung der sozialen Frage". □ **84** ‚*Biologisierung*' ist hier besonders im Sinne von Rassenbiologie zu verstehen. □ **85** Brief 15. 1. 1941 DBW 16, 107: „Lies mal Ex. 23,7."

Der Selbstmord

Der Mensch hat sein Leben im Unterschied zum Tier nicht als einen Zwang, den er nicht abwerfen kann, sondern er hat | sein Leben in der Freiheit es zu bejahen oder zu vernichten.[86] Der Mensch kann, was kein Tier kann, sich selbst freiwillig den Tod geben. Während das Tier mit seinem leiblichen Leben eins ist, kann sich der Mensch von seinem leiblichen Leben unterscheiden. Die Freiheit, in der der Mensch sein leibliches Leben hat, läßt ihn dieses Leben frei bejahen und weist ihn zugleich über das leibliche Leben hinaus, sie läßt ihn sein leibliches Leben als zu bewahrende Gabe wie als darzubringendes Opfer verstehen. Nur weil der Mensch frei ist zum Tode,[87] kann er sein leibliches Leben um eines höheren Gutes willen hingeben. Ohne die Freiheit zum Lebensopfer im Tode gäbe es keine Freiheit für Gott, gäbe es kein *menschliches* Leben.

Das Recht des Lebens will im Menschen durch Freiheit gewahrt sein. Es ist also kein absolutes, sondern ein durch Freiheit bedingtes Recht. Dem Recht auf Leben steht die Freiheit, das Leben als Opfer einzusetzen und hinzugeben gegenüber. Im Sinne des Opfers also hat der Mensch Freiheit und Recht zum Tode, doch nur so, daß nicht die Vernichtung des eigenen Lebens, sondern das im Opfer erstrebte Gut Ziel des Lebenseinsatzes ist.

Mit der Freiheit zum Tode ist dem Menschen eine unvergleichliche Macht gegeben, die leicht zum Mißbrauch führen kann. Der Mensch kann durch sie in der Tat zum Herren seines irdischen Schicksals werden, indem er sich nach freiem Entschluß einer Niederlage durch selbstgesuchten Tod entzieht und so dem Schicksal seinen Sieg raubt. Patet exitus – das ist die Proklamation der menschlichen Freiheit gegenüber dem Leben.[88] Von dieser Möglichkeit nicht Gebrauch zu machen, wird

86 Vgl. das auch als wertneutral aufzufassende heute gebräuchliche Wort Suizid („Selbsttötung"); Émile Durkheim nannte seine soziologische Untersuchung 1897 „Le suicide". Vgl. auch G. T. Rothuizen, Who am I? Bonhoeffer and Suicide. □ **87** Von „Freiheit zum Tode" spricht auch M. Heidegger, Sein und Zeit, 266 (im § 53). Vgl. Bonhoeffers Auseinandersetzung mit Heideggers Rede vom „Sein zum Tode" in DBW 2 (AS), 147 u. ö. □ **88** Der Satz ist am Rand hinzugefügt. Das Zitat „patet exitus" („offen steht der Ausgang [aus dem Leein Mensch, der im Kampf mit dem Schicksal seine Ehre, seine Arbeit, den einzig geliebten Menschen verloren hat und dem sein Leben damit zerstört ist, schwerlich zu überreden sein, sofern ihm der Mut zu dieser Tat seiner Freiheit und seines Sieges noch geblieben ist. Es | kann ja nicht bestritten werden, daß der Mensch mit dieser Tat noch einmal sein – vielleicht mißverstandenes – Menschentum gegen das blinde unmenschliche Schicksal ausspielt und in kraft setzt. Der Selbstmord ist eine spezifisch menschliche Tat und es ist nicht verwunderlich, daß er als solche immer wieder Beifall und Rechtfertigung durch edle Menschen erfahren hat. Über jede kleinliche moralisierende Beurteilung als Feigheit und Schwäche ist diese Tat, sofern sie in Freiheit vollzogen wird, erhaben. Der Selbstmord ist die letzte und äußerste Selbstrechtfertigung des Menschen als Menschen und damit – vom rein menschlichen her gesehen – sogar in gewissem Sinne die selbstvollbrachte Sühne für ein verfehltes Leben. Nicht die Verzweiflung, in der sich diese Tat meist ereignen wird, ist selbst der eigentliche Urheber des Selbstmordes, sondern die Freiheit des Menschen, selbst in seiner Verzweiflung noch seine höchste Selbstrechtfertigung zu vollziehen. Kann der Mensch sich nicht in seinem Glück und Erfolg rechtfertigen, so kann er es doch noch in seiner Verzweiflung. Kann er sein Recht auf ein menschliches Leben nicht in seinem leiblichen Leben durchsetzen, so kann er es doch noch durch Vernichtung seines Leibes. Kann er die Anerkennung seines Rechtes nicht von der Welt erzwingen, so kann er sie sich in letzter Einsamkeit selbst schaffen. Der Selbstmord ist der Versuch des Menschen einem menschlich sinnlos gewordenen Leben einen letzten menschlichen Sinn zu verleihen. Das unwillkürliche Gefühl des Schauders, das uns angesichts der Tatsache eines Selbstmordes ergreift, ist nicht auf die Verwerflichkeit, sondern auf die schaurige Einsamkeit und Freiheit solcher Tat zurückzuführen, in der Bejahung des Lebens noch nur in seiner Vernichtung besteht.

---

ben]") des römischen Philosophen Seneca, der selbst den Freitod wählte, hatte Bonhoeffer sich auf dem S. 194,31 beginnenden Ms-Bogen notiert. C. E. Luthardt, Kompendium der theologischen Ethik, 349, verweist auf Senecas Schrift De providentia „6,7 patet exitus".

Wenn nun dennoch von der Verwerflichkeit des Selbstmordes gesprochen werden muß, so gilt das nicht vor dem Forum der Moral[89] oder der Menschen, sondern allein vor dem | Forum Gottes. Schuldig wird der Selbstmörder allein vor Gott, dem Schöpfer und Herrn über sein Leben. Weil ein lebendiger Gott ist, darum ist der Selbstmord verwerflich als Sünde des Unglaubens. Unglaube aber ist keine moralische Verfehlung,[90] sondern er ist edler wie gemeiner Motive und Taten fähig. Der Unglaube aber rechnet im Guten wie im Schlechten nicht mit dem lebendigen Gott. Das ist die Sünde. Der Unglaube ist der Grund, aus dem der Mensch nach seiner eigenen Rechtfertigung und ihrer letzten Möglichkeit im Selbstmord greift, weil er an eine göttliche Rechtfertigung nicht glaubt. Der Unglaube verbirgt dem Menschen in verhängnisvoller Weise die Tatsache, daß auch der Selbstmord ihn aus der Hand des Gottes, der ihm sein Schicksal bereitet hat, nicht freigibt. Der Unglaube erkennt über der Gabe des leiblichen Lebens nicht den Schöpfer und Herrn, der das alleinige Verfügungsrecht über seine Schöpfung hat. Hier stoßen wir auf die Tatsache, daß das natürliche Leben sein Recht nicht in sich selbst, sondern in Gott hat. Die dem menschlichen im natürlichen Leben gegebene Freiheit zum Tode wird mißbraucht, wo sie nicht im Glauben an Gott gebraucht wird.

Gott hat sich das Recht über das Ende des Lebens selbst vorbehalten, weil nur er weiß, zu welchem Ziel er das Leben führen will. Er allein will es sein, der ein Leben rechtfertigt oder verwirft. Vor ihm wird Selbstrechtfertigung zur Sünde schlechthin und darum auch der Selbstmord. Es gibt keinen anderen zwingenden Grund, der den Selbstmord verwerflich macht als die Tatsache, daß es über dem Menschen einen Gott gibt. Diese Tatsache wird durch den Selbstmord geleugnet.[91]

Nicht die Niedrigkeit der Motive macht den Selbstmord verwerflich. Man kann aus niedrigen Motiven am Leben bleiben

---

89 Das Substantiv ‚*Moral*‘ benutzt Bonhoeffer im Unterschied zu ‚Ethik‘ selten und durchweg nicht in positivem Sinne. □ **90** Im Brief 22. 2. 1941 DBW 16, 154, zum Selbstmord: „... er ist eine Sünde des Unglaubens; das ist aber keine moralische Disqualifikation“. □ **91** Am oberen Rand des hiernach beginnenden Ms-Bogens steht die Erinnerungsnotiz: „Hand anlegen | patet exitus“; vgl. S. 192 und Anm. 88.

und aus edlen Motiven aus dem Leben gehen. Nicht das leibliche Leben als solches hat ein letztes Recht an dem Men- | schen, der Mensch steht in Freiheit seinem leiblichen Leben gegenüber und „das Leben ist der Güter höchstes nicht".[92] Auch die menschliche Gemeinschaft kann nicht, wie Aristoteles meinte, ein letztes Recht auf das leibliche Leben des Einzelnen begründen. Ihr gegenüber ist dem Menschen von Natur ein letztes Verfügungsrecht über sich selbst gegeben. Die Gesellschaft mag den Selbstmord unter Strafe stellen (England [,] die „Atimie" bei Aristoteles);[93] dem Täter selbst gegenüber wird sie ein zwingendes Recht auf sein Leben nicht glaubwürdig machen können. Schließlich genügt aber auch die in der christlichen Kirche weitverbreitete Begründung nicht, daß der Selbstmord die Reue und darum die Vergebung unmöglich mache. Viele Christen sind durch jähen Tod mit unbereuter Sünde gestorben. Hier liegt eine Überschätzung des letzten Augenblicks vor. Alle die genannten Gründe bleiben auf halbem Wege stehen, sie enthalten etwas Richtiges ohne das Entscheidende auszusprechen und sind darum nicht zwingend.

Gott, der Schöpfer und Herr des Lebens, nimmt das Recht des Lebens selbst wahr. Der Mensch braucht nicht Hand an sich zu legen, um sein Leben zu rechtfertigen.[94] Weil er es nicht braucht, darum darf er es auch nicht. Es ist eine merkwürdige Tatsache, daß die Bibel an keiner Stelle den Selbstmord ausdrücklich verbietet, sondern daß dieser immer wieder nur als[3)] die Folge schwerster Sünde auftritt, so bei den Verrätern Ahi-

---

[3)] Übrigens nicht ausschließlich vgl. ....[95]

92 Aus dem Schlußwort (4. Aufzug letzte Szene) des Trauerspiels „Braut von Messina" von Friedrich von Schiller (1803). Anspielung auf diese Zeile bei H. Nohl, Die sittlichen Grunderfahrungen, 135, in einer von Bonhoeffer angestrichenen Stelle. □ **93** In *England* wurde bis 1961 der Suizidversuch strafrechtlich geahndet, seither nicht mehr. Nach deutschem und österreichischem Recht ist versuchte Selbsttötung nicht strafbar. ‚*Atimie*' ist bei Aristoteles, Nikomachische Ethik III, 11, die „Unehre" der den Tod suchenden Feigen im Bürgerheer. Vgl. C. E. Luthardt, Kompendium, 349: Selbstmord ist „zwar von Aristoteles verworfen, aber nur, weil ein Unrecht gegen den Staat (daher mit ‚Atimie' belegt)". □ **94** Randzufügung, gestr.: „Gott ist es, der das Leben rechtfertigt." □ **95** Im Ms stehen nur die sechs Punkte als Merkzeichen, daß hier Bibelstellen ergänzt werden müssen. Vgl. I Sam 31,4; Ps 37,15.

tophel und Judas.[96] Der Grund hierfür ist nicht, daß die Bibel den Selbstmord billigt, sondern daß sie an die Stelle des Verbots des Selbstmordes den Gnaden- und Bußruf an den Verzweifelten treten lassen will. Der am Rande des Selbstmords stehende hört kein Verbot oder Gebot mehr, er hört nur noch den gnädigen Ruf Gottes zum Glauben, zur Errettung, zur Umkehr. Den Verzweifelnden rettet kein Gesetz, das an die eigene Kraft appelliert, es treibt ihn nur noch in hoffnungslosere | Verzweiflung; dem am Leben Verzweifelnden hilft nur die rettende Tat eines andern, das Angebot eines neuen Lebens, das nicht aus eigener Kraft, sondern aus Gottes Gnade gelebt wird. Wer nicht mehr leben kann, dem hilft auch der Befehl, daß er leben soll, nicht weiter, sondern allein ein neuer Geist.

Gott tritt für das Recht auf Leben auch gegen den seines Lebens überdrüssig Gewordenen ein. Er gibt dem Menschen die Freiheit, sein Leben für Größeres einzusetzen, aber er will nicht, daß sich diese Freiheit willkürlich gegen das eigene Leben kehrt. Der Mensch soll nicht die Hand an sich selbst legen, so gewiß er sein Leben anderen zum Opfer bringen soll. Der Mensch soll sein irdisches Leben, auch dort wo es ihm zur Qual wird, ganz in Gottes Hand geben, aus der es gekommen ist und sich nicht durch Selbsthilfe zu befreien trachten. Er fällt ja auch sterbend nur wieder in Gottes Hand, die ihm im Leben zu hart wurde.

Viel schwieriger als dieses Grundsätzliche ist das Urteil über den Einzelfall. Da der Selbstmord eine Tat der Einsamkeit ist, bleiben die letzten entscheidenden Motive fast immer verborgen. Selbst dort, wo eine äußere Lebenskatastrophe vorangegangen ist, entzieht sich die innere tiefste Begründung der Tat dem fremden Einblick. Weil die Grenze zwischen der Freiheit des Lebensopfers und dem Mißbrauch dieser Freiheit zum Selbstmord für ein menschliches Auge oft kaum zu erkennen ist, ist dem Urteil über die einzelne Tat damit die Grundlage entzogen. Gewiß bleibt das Hand-an-sich-legen eine Tatsache, die von der Gefährdung des eigenen Lebens im notwendigen Einsatz unterschieden ist. Aber es wäre kurzsichtig, jede Form

---

96 *Ahithophel*: II Sam 17,23; *Judas*: Mt 27,5. Beide Namen stehen bei C. E. Luthardt, Kompendium, 350.

der Selbsttötung ohne weiteres dem Selbstmord gleichzusetzen. Dort nämlich, wo es bei der Selbsttötung um ein bewußtes Opfer des eigenen Lebens für andere Menschen geht, muß ein Urteil zum mindesten suspendiert[97] werden, weil hier die Grenze menschlichen Er- | kennens erreicht ist. Allein wo ausschließlich und bewußt in Rücksicht auf die eigene Person gehandelt wird, wird Selbsttötung zum Selbstmord. Wer aber wollte über diese Ausschließlichkeit und Bewußtheit mit Gewißheit etwas zu sagen wagen? Wo ein Gefangener sich das Leben nimmt, weil er fürchten muß, unter der Anwendung der Folter sein Volk, seine Familie, seinen Freund zu verraten,[98] wo ein Staatsmann, dessen Auslieferung der Feind unter Androhung von Repressalien gegen sein Volk fordert, nur durch freien Tod seinem Volk schweren Schaden ersparen kann, dort tritt die Selbsttötung so stark unter das Motiv des Opfers, daß eine Verurteilung der Tat unmöglich wird. Wenn ein unheilbar Kranker sehen muß, daß seine Pflege den materiellen und seelischen Zusammenbruch seiner Familie zur Folge hat und durch eigenen Entschluß die Seinen von dieser Last befreit, so mögen gewiß manche Bedenken gegen so eigenmächtiges Handeln bestehen, dennoch wird eine Verurteilung auch hier nicht möglich sein.[99] Eine Absolutsetzung des Verbotes der Selbsttötung[100] gegenüber der Freiheit des Lebensopfers läßt sich angesichts solcher Fälle schwerlich begründen. Selbst die alten Kirchenväter hielten die Selbsttötung bei Christen unter bestimmten Umständen für erlaubt, so zum Beispiel wenn die Keuschheit durch Gewalt bedroht war, wenngleich schon Augustin dies bestritt und das Selbsttötungsverbot absolut setzte.[101] Es scheint jedoch kaum möglich zu

---

97 ‚*Suspendieren*' hier: in der Schwebe lassen. □ **98** Verrat unter der Folter konnte die Sache der Verschwörung gegen Hitler und das Leben der Verschwörer gefährden. □ **99** Hierauf war S. 187 vorverwiesen worden. □ **100** „des Verbotes der Selbsttötung" ersetzt: „des Rechtes auf Leben". □ **101** Die Kirchenväter – z. B. Eusebius von Caesarea, Historia ecclesiastica VIII, 8; 12,3–4 u. ö.; Johannes Chrysostomos, De consolatione mortis (PG 56, 299); Ambrosius, De virginibus III, 7 (PL 16, 241–243) – schließen die Erlaubtheit der Selbsttötung offensichtlich nicht ganz aus, wenn dadurch einer besonderen Gefahr entgangen werden kann (etwa der Vergewaltigung) oder wenn die Selbsttötung als Eingebung Gottes zu betrachten ist. Die Tradition der katholischen Moraltheologie wurde aber durch die Haltung des Augustinus bestimmt, der Selbsttötung generell ablehnt, vgl. De civitate Dei I 16–18, 20, 22, 27, u. ö.

sein, die erwähnten Fälle grundsätzlich von jener selbstverständlichen Christenpflicht zu unterscheiden, in der etwa beim Sinken eines Schiffes der Christ den letzten Platz im Rettungsboot einem anderen läßt und sehenden Auges in den Tod geht,[102] oder in der [der] Freund den Leib des Freundes mit dem eigenen Leibe vor der Kugel schützt. Der eigene Entschluß wird hier zur Ursache des eigenen Todes, wenngleich der Unterschied zwischen der direkten Selbsttötung und dem Lebenseinsatz, in dem das Le- | ben Gott anheimgegeben wird, noch vorhanden ist. Anders liegen offenbar die Dinge, wenn rein persönliche Vorkommnisse, also etwa Verletzung der Ehre, erotische Leidenschaft, finanzieller Zusammenbruch, Spielschulden oder schwere persönliche Verfehlungen zum Selbstmord führen, also durch die Selbsttötung nicht fremdes Leben geschützt, sondern ausschließlich das eigene Leben gerechtfertigt werden soll. Freilich wird im konkreten Fall auch hier der Opfergedanke nicht ganz fehlen. Immerhin wird hier die Rettung der eigenen Person vor Schande und Verzweiflung alle anderen Motive überwiegen und also der Unglaube der letzte Grund der Tat werden. Daß Gott auch einem gescheiterten Leben wieder Sinn und Recht geben kann, ja daß gerade durch Scheitern hindurch ein Leben erst zu seiner eigentlichen Erfüllung kommen kann, das wird hier nicht geglaubt. Darum bleibt die Beendigung des Lebens die letzte Möglichkeit des Menschen, seinem Leben selbst Sinn und Recht wiederzugeben und sei es auch im Augenblick seiner Vernichtung. Es wird auch hier wieder ganz deutlich, daß eine rein moralische Verurteilung des Selbstmor-

---

(dazu N. Blasquez, Suizid, 205–212). C. E. Luthardt, Kompendium, 350, nennt von der Historia ecclesiastica des Eusebius „VII, 12. 14“ und von Augustins De civitate Dei „I, 17 ff“. Vgl. W. Kamlah, Christentum und Selbstbehauptung, 443: „Augustin ... holt das alte Exempel des Selbstmordes der Lucretia hervor. ... Warum tat sie das, fragt Augustin und antwortet: aus Schwäche der Scham (pudoris infirmitas).“ 444: Augustin erzähle die Lucretia-Geschichte, um „jenen neuerdings von den Goten geschändeten christlichen Frauen“ zu empfehlen, „sich auf ihr gutes Gewissen vor Gott zurückzuziehen“ (und weiterzuleben). □ **102** Das besetzte Rettungsboot, besonders aktuell beim Untergang der Titanic 1912, sowie zugespitzt die Planke nach dem Schiffsuntergang, die nur einen trägt, aber nicht zwei, dienten vielfach als Beispiele zur Tötungs- bzw. Selbstmordproblematik; letzteres Beispiel schon bei R. Rothe, Theologische Ethik III (^{2}1870), 419 f.

des nicht möglich ist, daß der Selbstmord vielmehr vor einer atheistischen Ethik wohl bestehen kann. Das Recht des Selbstmordes zerbricht allein an dem lebendigen Gott.

Abgesehen aber von allen äußeren Gründen gibt es eine Versuchung zum Selbstmord, die gerade den Glaubenden besonders befällt, eine Versuchung zum Mißbrauch der von Gott gegebenen Freiheit gegen das eigene Leben. Der Haß gegen die Unvollkommenheiten des eigenen Lebens, die Erfahrung der Widerspenstigkeit des irdischen Lebens überhaupt gegen eine Erfüllung durch Gott, die daraus entspringende Traurigkeit und der Zweifel an jedem Lebenssinn überhaupt können in gefährliche Stunden führen. Luther hat davon viel zu sagen gewußt.[103] Es gibt dann kein menschliches oder göttliches Gesetz, das die Tat zu verhindern vermöchte, | sondern allein der Trost der Gnade Gottes und die Macht brüderlichen Gebetes kann in solcher Anfechtung helfen. Nicht das Recht auf Leben, sondern die Gnade, noch weiter zu leben dürfen unter Gottes Vergebung, vermag gegen diese Versuchung zum Selbstmord zu bestehen. Wer aber wollte sagen, daß Gottes Gnade nicht auch das Versagen unter dieser härtesten Anfechtung zu umfassen und zu tragen vermöchte?

Fortpflanzung und werdendes Leben.[104]

In dem Recht auf Erhaltung des leiblichen Lebens ist das Recht auf Fortpflanzung eingeschlossen. Da aber den Menschen im Unterschied zum Tier nicht einfach der dunkle unbewußte Trieb zur Erhaltung der allgemeinen Gattung beherrscht, son-

---

103 C. E. Luthardt, Kompendium, 350: „Ueber die Anfechtungen der Selbstmordgedanken aus Zweifel an Gottes Gnade u. dgl. handelt aus eigener Erfahrung Luther in seinen Trostbriefen"; Luthardt nennt u. a. die Briefe vom 27. 11. 1532 an Jonas von Stockhausen und an dessen Frau, s. WA.BR VI Nr. 1974 und 1975 (386–389). Vgl. 1925 DBW 9, 300: „Luther hätte eine solche Stimmung vielleicht als die Anfechtung der tristitia-acedia bezeichnet." Vgl. unter Bezug auf Thomas von Aquin J. Pieper, Über die Hoffnung: „Nach der klassischen Theologie der Kirche ist die acedia eine Art von Traurigkeit (species tristitiae), und zwar eine Traurigkeit angesichts des göttlichen Gutes im Menschen." Bei Ausführungen Piepers zu „acedia" (a. a. O., 60 f) zahlreiche Unterstreichungen Bonhoeffers. □ **104** Ersetzt: „*Das werdende Leben*".

dern da in ihm der Trieb zur Fortpflanzung vielmehr als bewußter Wille zum eigenen Kind[105] in Erscheinung tritt, für den Menschen mithin die Fortpflanzung nicht schlechthin eine gattungsmäßige Notwendigkeit, sondern eine persönliche Entscheidung ist, so kommt dem Menschen als Person auch ein Recht persönlicher Wahl des Ehegatten zu.[106] Das bedeutet keineswegs, daß bei dieser Wahl ausschließlich individuelle Wünsche in Betracht kämen,[107] aber es setzt allerdings die Einwilligung und das heißt die freie Entscheidung des Einzelnen bei der Eheschließung voraus. Das Verlangen nach dem eigenen Kind schließt das Recht der Wahl der Frau oder des Mannes ein, die Mutter oder Vater des Kindes werden sollen. In dieser eigenen Wahl vollzieht dann der Mensch zugleich seine gattungsmäßige Bestimmung der Fortpflanzung des menschlichen Geschlechtes. Bei der Eheschließung verbindet sich beim Menschen das Allerindividuellste mit dem Allgemeinsten unter Überspringung aller Zwischeninstanzen. Es geht hier um die auf freier Entscheidung des Einzelnen beruhende Vereinigung zweier Menschen als Menschen. Dieses Recht wird die menschliche Natur für | sich in Anspruch nehmen, solange sie besteht. Die Verweigerung dieses Rechtes aus allerlei Gründen, die weder im ganz individuellen noch im allgemein Menschlichen liegen, wird sich angesichts der Kraft des natürlichen Lebens früher oder später immer wieder als erfolglos erweisen. Weder ständische noch ökonomische noch weltanschaulich-religiöse noch biologische Gründe können dem Menschen das Recht auf das eigene Kind und das heißt auf die Wahl des Ehegatten letztlich streitig machen. Niemals kann der menschliche Wille zur Fortpflanzung als rein ständische, ökonomische, religiöse, biologi-

---

105 Vgl. W. Lütgert, Ethik der Liebe, 171: „Auch der Wille zum Kinde ist nur die Liebe zum Kinde", nicht etwa Wille „zur Vermehrung der Volkskraft"! □ 106 Brief 10. 2. 1941 DBW 16, 138f: „Ich bin jetzt bei der Frage der Ehe (Recht auf freie Wahl des Gatten, Ehegesetze nach konfessionellen oder rassischen Gesichtspunkten (Rom, Nürnberg), Sterilisation, Empfängnisverhütung)." Mit ‚Nürnberg' ist die ‚rassische' Ehegesetzgebung gemeint: Gemäß dem Blutschutzgesetz der Nürnberger Gesetze vom 15. 9. 1935 war die Eheschließung von Juden mit Angehörigen „deutschen oder artverwandten Blutes" verboten. □ 107 Vorgesehene Einfügung am Rand, gestr.: „daß also etwa nur die moderne Form der Liebesehe im Unterschied zur Standesehe gerechtfertigt wäre".

sche Verpflichtung aufgefaßt werden. Wohl mögen und müssen alle diese Gesichtspunkte bei der eigenen Wahl mit bedacht werden, aber die freie Entscheidung vermögen sie nicht aufzuheben. In der Ehe verbindet sich der Einzelne mit dem Einzelnen und der Mensch mit dem Menschen. Wirtschaftliche, konfessionelle, gesellschaftliche, völkische Bindungen sind mitbestimmend für die Entscheidung des Einzelnen, können diese aber weder aufheben noch vorwegnehmen. Der Grund hierfür liegt in der Tatsache, daß der Wille zum eigenen Kind beziehungsweise die freie Wahl des Gatten, und das heißt die menschliche Ehe die älteste aller menschlichen Ordnungen[108] ist und daher durch jene nicht bedingt werden kann.

Menschliche Ehe gibt es, bevor irgendwelche anderen Gliederungen der menschlichen Gemeinschaft sich ausgebildet haben. Ehe ist mit der Schöpfung der ersten Menschen gegeben. Ihr Recht ruht in den Anfängen der Menschheit.

Die Begrenzung des Rechtes der Eheschließung durch die Forderung der Zugehörigkeit beider Ehegatten zu einer bestimmten Konfession beziehungsweise die Kennzeichnung aller nicht konfessionell geschlossenen Ehen als Konkubinate, wie sie die römisch katholische Lehre von [der] Ehe enthält,[109] raubt

---

108 Die Ehe wird hier nicht als ,,Mandat" bezeichnet; in diesem Ms, das Rechte – als den Pflichten vorhergehend, S. 173 f – behandelt, kommt der Ausdruck ,,Mandat" nicht vor. Der Ms-Teil, in dem der Begriff der ,,Mandate" zum ersten Mal auftaucht (Einschub in ,,Christus, die Wirklichkeit und das Gute", oben S. 51–60), ist zeitlich nach diesem Ms entstanden. □ **109** Das ‚*Konkubinat*' war in der frühen römischen Kaiserzeit eine vom Recht geduldete Verbindung. Kaiser Justinian gestaltete es zu einer Ehe minderen Rechts aus. (Die bürgerliche Neuzeit sprach von ,,wilden Ehen".) Der Begriff bezeichnet in der katholischen Lehre die eheähnliche Gemeinschaft ohne formalen Ehewillen, so daß auch eine Zivilehe nicht einfach mit dem Konkubinat gleichzusetzen ist. Die Begrenzung einer gültigen Ehe auf eine ‚*konfessionell geschlossene*' Ehe ist im katholischen Kirchenrecht nicht gegeben. Die Ehe zwischen Ungetauften wird im Codex Iuris Canonici von 1917 canon 1015 §3 als ,,matrimonium legitimum" bezeichnet. Dies ist rechtlich deshalb notwendig, weil Ungetaufte nicht der Jurisdiktion der Kirche unterstehen und daher auch nicht an die kirchliche Ehegesetzgebung gebunden sind. Hierzu H. Jone, Katholische Moraltheologie, Nr. 659 und 660,2. Aber s. Katholischer Katechismus für das Bistum Berlin, 99 (im Punkt 262): ,,Wenn ein Katholik *nur* vor einem weltlichen Beamten die Eheerklärung abgibt (Zivilehe), so ist seine angebliche Ehe vor Gott ungültig und das Zusammenleben schwer sündhaft." A. a. O., 100 (im Punkt der Ehe ihren wesentlich natürlichen Charakter und ihr natürliches Recht und macht sie aus einer Ordnung der Natur zu | einer Ordnung der Gnade oder des Heils, ganz entsprechend einer völkisch-nationalen Begrenzung des Rechtes der Eheschließung, durch welche die Ehe unter Beraubung ihres allgemein menschlichen Rechtes zu einer rein völkischen Ordnung erklärt wird. In beiden Fällen wird der Reichtum der Ehe und damit der von Gott gewollten Fortpflanzung des menschlichen Geschlechtes willkürlich gemindert. Fremde Instanzen erheben den Anspruch auf Lenkung und Gestaltung der Nachkommenschaft und sie lassen die Fülle der Schöpfung Gottes, die durch den Willen zum eigenen ehelichen Kind und nicht durch den Zwang zur Erzeugung eines bestimmten menschlichen Typs[110] zur Entfaltung kommen will, verarmen und greifen damit in verhängnisvoller Weise in die natürliche Ordnung der Welt ein. In der besorgten Absicht, den kirchlichen beziehungsweise völkischen Nachwuchs sicher zu stellen, und in sehr geringem Vertrauen auf natürliche Hemmungen und natürliche Wahl[111] beraubt man sich freiwillig ungeahnter menschlicher Kräfte.

Ehen werden weder *durch* die Kirche noch *durch* den Staat geschlossen und empfangen auch nicht erst durch diese Institutionen ihr Recht. Die Eheschließung erfolgt vielmehr *durch* die beiden Ehegatten. Die Tatsache, daß die Ehe öffentlich *vor* dem Staat und *vor* der Kirche geschlossen wird, bedeutet nichts als die öffentliche staatliche und kirchliche Anerkennung der Ehe und der ihr innewohnenden Rechte. Das ist lutherische Lehre.[112]

Wo nun faktisch kirchliche oder staatliche Beschränkungen des Rechtes auf Eheschließung bestehen, dort entsteht – unbeschadet der Gültigkeit des oben Gesagten – die allgemeine Frage der Gehorsamspflicht gegenüber den kirchlichen und staatli-

---

266): „Die Eheschließung muß vor dem *katholischen* Geistlichen geschehen, sonst ist sie *ungültig*." □ **110** Im Dritten Reich wurde als vordringlich wichtig proklamiert, dem Führer ein – arisches! – Kind zu schenken. Vgl. S. 130f („Proklamation der geschlechtlichen Zügellosigkeit"). □ **111** Die Randzufügung „natürliche Hemmungen und natürliche Wahl" ersetzt: „die Kraft des natürlichen Lebens". □ **112** Vgl. S. 59 (bei „Mandat der Obrigkeit"); zur ‚*lutherischen Lehre*' vgl. BSLK 528–534: „Ein Traubüchlein für die einfältigen Pfarrherrn" 1529 (u. ö.).

chen Autoritäten, eine Frage, die in unserem Zusammenhang noch nicht besprochen werden kann.[113] Jedenfalls aber wird das Bestehen diesbezüglicher staatlicher Beschränkungen, wo sie nicht der Willkür entspringen, darauf auf- | merksam machen, daß die natürlichen Hemmungen und die natürliche Wahl keine ausreichende Garantien dafür geboten haben, daß nicht durch Verirrungen und Verfehlungen verhängnisvolle Schädigungen der Gemeinschaft eintraten. Das Natürliche erfährt hier seine gegebenenfalls notwendige Begrenzung und Regelung durch das positive staatliche Recht.[114]

Mit der Eheschließung ist die Anerkennung des Rechtes des werdenden Lebens verbunden, als eines Rechtes, das nicht in der Verfügung der Eheleute steht. Ohne die grundsätzliche Anerkennung dieses Rechtes hört eine Ehe auf Ehe zu sein und wird zum Verhältnis. In der Anerkennung aber ist der freien Schöpfermacht Gottes, der aus dieser Ehe neues Leben hervorgehen lassen kann nach seinem Willen, Raum gegeben. Die Tötung der Frucht im Mutterleib ist Verletzung des dem werdenden Leben von Gott verliehenen Lebensrechtes. Die Erörterung der Frage, ob es sich hier schon um einen Menschen handele oder nicht, verwirrt nur die einfache Tatsache, daß Gott hier jedenfalls einen Menschen schaffen wollte und daß diesem werdenden Menschen vorsätzlich das Leben genommen worden ist.[115] Das aber ist nichts anderes als Mord. Daß die Motive, die zu einer derartigen Tat führen, sehr verschiedene sind, ja daß dort, wo es sich um eine Tat der Verzweiflung in höchster menschlicher oder wirtschaftlicher Verlassenheit und Not handelt, die Schuld oft mehr auf die Gemeinschaft als auf den Einzelnen fällt, daß schließlich gerade an diesem Punkt Geld sehr viel Leichtfertigkeit zu vertuschen vermag, während bei den Armen auch die schwer abgerungene Tat leichter ans Licht kommt, dies alles berührt unzweifelhaft das persönliche, seelsorger[liche] Verhalten gegenüber dem Betroffenen ganz ent-

113 Vgl. auch S. 211. □ **114** Hiernach folgt im Ms der Beginn eines neuen Absatzes, gestr.: „Im Zusammenhang mit dem Recht auf Fortpflanzung und doch von ihm unterschieden". Vgl. S. 207f. □ **115** Über der Zeile, gestr.: „Mutter Kind?" Vgl. den Satz nach der folgenden Anmerkungsziffer Bonhoeffers.

scheidend, es vermag aber an dem Tatbestand des Mordes nichts[4)] zu ändern. Gerade die Mutter, der dieser Entschluß zum Verzweifeln schwer wird, weil er gegen ihre eigenste Natur geht, wird die Schwere der Schuld am wenigsten leugnen wollen. |

Ein Eingriff gegen das Recht werdenden Lebens liegt aber auch dort vor, wo in einer Ehe grundsätzlich die Entstehung neuen Lebens verhindert wird, wo in einer Ehe grundsätzlich der Wille zum Kind ausgeschlossen wird. Im Unterschied zum Sinn der Ehe selbst, und zu dem Segen, den Gott auf die Ehe gelegt hat durch die Geburt des Kindes, steht solche Grundhaltung. Allerdings ist von der grundsätzlichen Verweigerung der Nachkommenschaft in einer Ehe wohl zu unterscheiden die konkrete, verantwortliche Geburtenregelung.[5)] Eben weil es bei der menschlichen Fortpflanzung um den Willen zum eigenen Kind geht, wird nicht einfach der blinde Trieb sich ausleben dürfen und dann noch für sich besondere Gottwohlgefälligkeit in Anspruch nehmen können, sondern die verantwortliche Vernunft wird an dieser Entscheidung beteiligt sein. Es kann in der Tat gewichtige Gründe geben, die im konkreten Fall eine Begrenzung der Kinderzahl nahelegen können. Daß das Problem

---

[4)] Die scharfe Ablehnung, die die Tötung des Kindes im Mutterleib bei Lebensgefahr der Mutter, seitens der katholischen Kirche erfährt, gibt besonders angesichts der allgemeinen Praxis ernstlich zu denken. Hat das Kind von Gott ein Lebensrecht und wäre es schon lebensfähig, so ist die absichtliche Tötung des Kindes gegenüber dem mutmaßlichen natürlichen Tode der Mutter doch eine höchst fragwürdige Handlung. Das Leben der Mutter steht in der Hand Gottes, das Leben des Kindes aber wird willkürlich ausgelöscht. Die Frage nach dem größeren Wert des Lebens der Mutter oder des Kindes dürfte menschlich unentscheidbar sein.[116]

[5)] Im Unterschied hierzu setzt der Catechismus Romanus 2. 8. 13 sogar Empfängnisverhütung und Abtreibung gleich und bezeichnet beides als Mord.

116 Zur zeitgenössischen katholischen Lehre vgl. z. B. O. Schilling, Lehrbuch der Moraltheologie II, 368f; J. Mausbach, Katholische Moraltheologie III, 122–125. Die Lehrbücher differenzieren durchweg zwischen der direkten Tötung der Leibesfrucht, die streng verboten ist, und der unter Umständen zulässigen indirekten Tötung, z. B. durch Verordnung einer Arznei, die die tödliche Krankheit der Mutter heilen kann und indirekt zum Tode des Kindes führt. Vgl. auch D 1184 = DS 2134; D 1889f = DS 3258, 3298, 3336–3338, 3358. Bonhoeffers Anmerkungstext ist in kleiner enger Schrift, offenbar nachträglich, auf dem unteren Ms-Rand zugesetzt.

der Geburtenkontrolle gerade in den letzten hundert Jahren so brennend geworden ist und daß es von weitesten Kreisen aller Konfessionen im positiven Sinne gelöst wird, läßt sich nicht einfach als Abfall vom Glauben und Mangel an Gottvertrauen beurteilen, sondern hängt unzweifelhaft zusammen mit der zunehmenden Beherrschung der Natur durch die Technik auf allen Lebensgebieten und mit den nicht ab- | zustreitenden Siegen, die die Technik im weitesten Sinn über Naturtatsachen davongetragen hat, zum Beispiel in der Verminderung der Kindersterblichkeit, in der bedeutenden Erhöhung des durchschnittlichen Lebensalters. Die Bevölkerungsziffer Europas ist trotz ständigen Geburtenrückganges absolut im Lauf der letzten 100 Jahre um ein mehrfaches gestiegen. Der Rückgang der Kindersterblichkeit macht – unter dem Gesichtspunkt der Erhaltung der Gattung betrachtet – weniger Geburten notwendig, um die Erhaltung der Gattung zu gewährleisten. Wenn man dafür der Technik den Vorwurf macht, sie habe den Menschen derartig verwöhnt, daß er das Opfer einer großen Familie nicht mehr zu tragen gewillt sei, so darf man dabei nicht übersehen, daß gerade der technische Fortschritt das so überwältigend rasche Anwachsen der europäischen Menschheit erst ermöglicht hat.[117] Diese Überlegung aber könnte dazu führen, in der heute weithin geübten Geburtenregelung so etwas wie eine natürliche Reaktion gegen das kaum mehr zu bewältigende Wachstum der europäischen Völker, also sozusagen eine natürliche Atempause der menschlichen Natur zu sehen. Diese allgemeine Betrachtung entbindet uns allerdings nicht von der Frage nach dem Recht der Geburtenkontrolle selbst. Grundsätzlich bestritten wird es durch die katholische Moraltheologie und folglich in der katholischen Beichtbelehrung. Dabei ergeben sich jedoch folgende Schwierigkeiten: auch die katholische Moraltheologie gesteht die Möglichkeit des Falles zu, daß weitere Nachkommenschaft in einer Ehe vermieden werden sollte, wenngleich sie – und das mit Recht! – solche Fälle nur äußerst selten gelten lassen

---

117 Vgl. O. Spengler, Mensch und Technik, 56: „Denn das gehört zu den folgenschwersten Wirkungen menschlichen Unternehmergeistes, daß die Bevölkerung sich vervielfacht. Wo einst ein Rudel von wenigen hundert Köpfen schweifte, *sitzt* jetzt ein Volk von Zehntausenden." Spenglers Anmerkung dazu: „Und *drängen* sich heute Millionen."

will.[118] Es wäre also falsch, der katholischen Moraltheologie vorzuwerfen, sie ließe in diesen Dingen dem blinden Naturtrieb freien Lauf und schlösse die menschliche Verantwortlichkeit und Vernunft von jeder Mitwirkung auf diesem Gebiete aus. Die katholische Moral kennt nun aber zur Erreichung dieses | Zweckes prinzipiell nur ein Mittel: die völlige Enthaltsamkeit.[6)] Damit aber untergräbt [sie] die leibliche Grundlage der Ehe, droht so die Ehe selbst aufzuheben und zu zerstören, indem sie ihr ein fundamentales Recht entzieht. Außerdem fordert sie damit für die Meisten Unerfüllbares und es ist schwer vorzustellen, daß die Reue im Beichtstuhl über derartige Verfehlung ganz aufrichtig mit dem Vorsatz verbunden sein kann, dieser Sünde für immer zu entsagen. Die katholische Moraltheologie begründet ihren Rigorismus[119] mit der Widernatürlichkeit einer Handlung, durch die der natürliche Zweck der Ehe, nämlich die Fortpflanzung, vorsätzlich verhindert wird. Sie beschränkt zwar den Zweck der Ehe nicht, wie vielfach behauptet wird, auf die Fortpflanzung – das tut erst Kant![120] –, aber sie will den sekun-

---

6) Die kasuistischen Auswege, die hauptsächlich aus den Nöten der Beichtpraxis hervorgegangen sind, in denen gewisse Mittel, die zwar nicht die Verhinderung, aber doch die bewußte Erschwerung der Empfängnis bezwecken, zugelassen werden, gefährden das katholische Prinzip so stark, daß sie die Gewissen letztlich nicht zu erleichtern und zu reinigen vermögen, weshalb sie auch von vielen ernsthaften Beichtvätern bewußt abgelehnt werden. Es wäre besser, wenn diese „Konzessionen“ an die Schwäche der menschlichen Natur, die das Prinzip imgrunde preisgeben und sich nur in der Wahl der Mittel von der technischen Empfängnisverhütung unterscheiden, auch aus den Moraltheologien verschwänden.

118 Vgl. z. B. F. Tillmann, Die katholische Sittenlehre, 404; A. Koch, Lehrbuch der Moraltheologie, 637f; O. Schilling, Lehrbuch der Moraltheologie II, 579–581; J. Mausbach, Katholische Moraltheologie III, 167. Durchweg wird die Begrenzung der Nachkommenschaft als erlaubt begriffen, z. B. aus gesundheitlichen, wirtschaftlichen oder ‚rassenhygienischen‘ Gründen, jedoch stets nur mit dem Mittel des (zeitweiligen oder dauernden) Verzichts auf den Geschlechtsverkehr. □ **119** ‚*Rigorismus*‘ (von lat. rigor, „Starre“) bezeichnet in der Ethik eine Einstellung, die zugunsten der Anwendung unwandelbarer Grundsätze andere Gesichtspunkte ausschaltet. □ **120** Vgl. I. Kant, Metaphysik der Sitten I, Rechtslehre, BA 107 (Werke IV, 390): „Der Zweck, Kinder zu erzeugen und zu erziehen, mag immer ein Zweck der Natur sein, zu welchem sie die Neigung der Geschlechter gegeneinander einpflanzte, aber daß der Mensch, der sich verehlicht, diesen Zweck sich vorsetzen *müsse*, wird zur dären Zweck der Ehe, nämlich die Geschlechtsgemeinschaft, nicht in Widerspruch zu dem ersten Zwecke, der Fortpflanzung, treten lassen. So einleuchtend diese Beweisführung klingen mag, sie verwickelt sich doch in unlösbare Schwierigkeiten. Zwar wird die Widernatürlichkeit der Empfängnisverhütung beseitigt, dafür tritt aber die Widernatürlichkeit einer Ehe ohne leibliche Gemeinschaft an deren Stelle. Ferner, ob die Mitwirkung der verantwortlichen Vernunft in den Entschluß, von nun an auf Geschlechtsgemeinschaft zu verzichten, oder in die Geschlechtsgemeinschaft selbst verlegt wird, macht | prinzipiell keinen Unterschied in bezug auf die Natürlichkeit der Handlung. Weder das unbegrenzte Ausleben des blinden Triebes, noch die eheliche Enthaltsamkeit, noch die Empfängnisverhütung lösen das hier gestellte Problem und keine der genannten Möglichkeiten des Verhaltens hat vor der anderen prinzipiell etwas voraus. Es ist von größter Wichtigkeit, daß bei dieser Lage der Dinge, die Gewissen nicht in falscher Weise beschwert und bedrängt werden. Gewiß kann es nötig sein um des göttlichen Gebotes willen auch das Härteste zu fordern. Aber so eindeutig ist der Tatbestand hier eben nicht. Es wird dafür der Freiheit des sich vor Gott verantwortenden Gewissens Raum zu geben sein. Jeder unechte Rigorismus kann gerade auf diesem Gebiet die verhängnisvollsten Folgen haben vom Pharisäismus bis zur völligen Abkehr von Gott.[7)]

Man kommt in der Frage nicht darum herum um der Ganzheit der Ehe willen, ein von dem Recht auf Fortpflanzung unterschiedenes, wenn auch wesenhaft nie gänzlich von ihm zu

---

[7)] Es kann kein Zweifel darüber bestehen, daß die Haltung der katholischen Moral an diesem Punkt unzählige Männer gänzlich vom Beichtstuhl weggetrieben hat. Wenn die katholische [Moral] dies sehenden Auges in Kauf nimmt, so spricht das wohl für die Stärke ihrer Überzeugung, kann aber trotzdem unabsehbare Folgen haben.[121]

Rechtmäßigkeit dieser seiner Verbindung nicht erfordert". Kants Eheauffassung ist erwähnt bei H. Nohl, Die sittlichen Grunderfahrungen, 85. □ **121** Vgl. in Bonhoeffers Brief aus dem Kloster Ettal 10. 2. 1941 DBW 16, 139: „In all diesen Dingen [der Frage der Ehe] ist die katholische Moral tatsächlich fast unerträglich gesetzlich. Ich sprach lange mit dem Abt und [Pater] Johannes darüber. Sie meinten, die Stellung der Kirche zur Empfängnisverhütung sei der Hauptgrund für die meisten Männer, nicht mehr zur Beichte zu kommen."

trennendes[122] in der Liebe der Eheleute zueinander begründetes Recht auf volle leibliche Gemeinschaft anzuerkennen[8)] und zugleich zuzugeben, daß dieses Recht der Natur doch mit Vernunft wahrgenommen | werden will, eben weil es ein menschliches Recht ist.[9)] Wie sich Natur und Vernunft im Einzelfall zueinander verhalten, wird nur im Einzelfall zu entscheiden und zu verantworten sein. Daß aber in der Anwendung der Mittel, die die Vernunft wählt, prinzipiell kein Unterschied ist, muß dann offen eingestanden werden. Es zeigt sich, daß es ein großes Glück ist, durch das auch viele innere Konflikte vermieden werden, wenn Natur und Vernunft so miteinander im Einklang stehen können, daß die ganze Problematik in einer Ehe unangerührt bleiben kann. Daß dieses Glück in der heutigen Generation nur relativ wenigen gewährt ist, ist eine Last, die wir verantwortlich zu tragen haben. Daß aber dieses Glück

---

8) Das entspricht der biblischen Auffassung von der Ehe. Nicht der Fortpflanzungszweck, sondern die Einheit von Mann und Frau begründe[t] die Ehe. Die Frau ist dem Manne gegeben zur „Gefährtin" „die ihm entspreche"[123] (Gen 2,18), die „zwei werden ein Fleisch sein" (Gen 2,23 f). Die Fruchtbarkeit dieser Verbindung aber ist nicht ein Befehl (was für das biblische Denken unmöglich wäre und erst im rationalistisch-technischen Zeitalter so verstanden werden könnte) sondern ein Segen Gottes (Gen 1,28). Auch Paulus gibt der Geschlechtlichkeit in der Ehe ein Recht unabhängig vom Fortpflanzungszweck (1 Kor 7,3 ff vgl. Ex 21,10). Die Sünde von Gen 38 besteht textgemäß nicht, wie die katholische Moraltheologie voraussetzt, in dem Mißbrauch der Ehe[124] sondern in der gesetzeswidrigen Weigerung des Bruders dem Bruder die schuldige Nachkommenschaft zu erwecken.

9) 1 Petr 3,17.[125]

122 Die Zufügung „nie ... trennendes" ersetzt wohl, nicht gestr.: „von [lies: „mit"] ihm verbundenes". Bonhoeffer nimmt den S. 203 zunächst zurückgestellten Gedanken auf. □ **123** Vgl. DBW 3 (SF), 88: „Beistand ..., wie er für ihn paßt". □ **124** Zu Gen 38,6–10 (Onans Verhalten) vgl. z. B. J. Mausbach, Katholische Moraltheologie III, 172 f; O. Schilling, Lehrbuch der Moraltheologie II, 584–587; A. Koch, Lehrbuch der Moraltheologie, 159. Der Begriff ‚Onanie' oder ‚Onanismus' meint nach der damaligen Moraltheologie nicht, wie in heutigem Sprachgebrauch, die Selbstbefriedigung, sondern *ehelichen* Geschlechtsverkehr, bei dem (sei es durch künstliche Verhütungsmittel, sei es durch coitus interruptus) Empfängnis verhindert wird. – Im Umkreis der Anmerkungen besonders viele Randzufügungen, auf der Rückseite des Ms-Bogens „27." fortgesetzt. □ **125** Die Bibelstelle steht, als Anmerkung gekennzeichnet, im Ms am Rand. Gemeint ist offenbar I Petr 3,7 (LB): „... ihr Männer, wohnet bei ihnen mit Vernunft".

selbst dort, wo es gegeben wäre, mißtrauisch in den Wind geschlagen wird, kann nicht mehr verantwortet werden. Daß schließlich der christliche Glaube sich dieses Glück durch Gnade zu erringen vermag, ist eine Erkenntnis, die hier nur auf spätere Ausführungen hinweisen kann.[126]

Die radikalste Form der Verhütung unerwünschter Nachkommenschaft ist die freiwillige oder durch staatliches Gesetz erzwungene Sterilisation.[127] Wer hier zu einer rechten Beurteilung kommen will, darf sich vor allem die Schwere und den Ernst dieses Eingriffs in das persönliche Leben nicht verbergen.[10)] Der Leib des Menschen hat in sich ein Recht auf | Unantastbarkeit, weder ich selbst noch ein anderer kann ein absolutes Verfügungsrecht über die mir von Gott gegebenen Glieder meines Leibes in Anspruch nehmen. Gewiß darf ich ein erkranktes Glied meines Leibes um der Erhaltung des ganzen Leibes willen amputieren lassen. Hier also hätte die Unantast-

---

[10)] Es kann hier nicht geprüft werden, ob die Sterilisation überhaupt die erwünschten Folgen haben kann beziehungsweise in welchen einzelnen Krankheitsfällen sie als berechtigt zu gelten hätte. Das ist Sache der medizinischen Wissenschaft. Hier ist von [der] Voraussetzung ausgegangen, daß die Sterilisation in bestimmten Fällen ärztlich sinnvoll und zweckmäßig ist.[128]

126 Nicht mehr ausgeführt. Vgl. aber DBW 4 (N), 128. □ **127** *Zwangsweise* Sterilisation bei bestimmten vermutlichen Erbkrankheiten sah das „Gesetz zur Verhütung erbkranken Nachwuchses" vom 14. 7. 1933 in § 12 vor. Das Gesetz trat am 1. 1. 1934 in Kraft. Karl Bonhoeffer berichtete 1949 – s. Ders., Ein Rückblick auf die Auswirkung und die Handhabung des nationalsozialistischen Sterilisationsgesetzes –, daß von den „Erbgesundheits(ober)gerichten" 1934 in 62 463 Fällen und 1935 in 71 760 Fällen die Sterilisation angeordnet wurde. In Ländern wie Dänemark und Schweden gab es bereits eine gesetzliche Regelung für *freiwillige* Sterilisation. Vgl. K. Bonhoeffer, Das manisch-depressive Irresein, 55: „Gerade im Umkreis des Manisch-depressiven kann man sehr häufig die Beobachtung machen, der man bei anderen Geisteskrankheiten kaum begegnet, daß die Patienten selbst aus einem starken Verantwortlichkeitsgefühl heraus und im Bewußtsein der Vererbbarkeit ihres subjektiv so schwer tragbaren Leidens den Arzt um Verhinderung des Nachwuchses bitten, um diesen vor ähnlichem zu bewahren." Er begründet dann, daß auch bei dieser Krankheit *keine* Sterilisation durchgeführt werden dürfe. □ **128** Im ersten von Karl Bonhoeffer veranstalteten „erbbiologischen Kurs" 1934 erbaten die Kursteilnehmer einen Vortrag „über die Technik der Sterilisation", s. im Vorwort (Seite III) der Veröffentlichung, die Karl Bonhoeffers Beitrag „Das manisch-depressive Irresein" enthält.

barkeit des Leibes ihre Grenze. Tatsächlich kommt auch die Sterilisation nur bei Krankheitsfällen in Betracht; dagegen aber ist zu bedenken, daß die Sterilisation ja nicht erfolgt um den ganzen Leib am Leben zu erhalten, sondern um gewisse leibliche Funktionen ohne Gefahr gefährlicher Folgen weiterhin zu ermöglichen. Würde auf die Ausübung dieser Funktionen Verzicht geleistet, so wäre die Sterilisation unnötig. Es entsteht also die Frage, ob um der Ermöglichung bestimmter unter einem starken physischen Drang stehender leiblicher Funktionen willen die Unantastbarkeit des eigenen Leibes außer Kraft gesetzt wird. Auf diese Frage kann nicht eindeutig geantwortet werden. Dort wo die Stärke des leiblichen Triebes so stark ist, daß er nach gewissenhafter Selbstbeurteilung des Einzelnen das eigene und fremdes Leben gefährden würde, wird der Eingriff der Sterilisation um der Erhaltung des ganzen Lebens willen das geringere Übel sein. Dort wo Selbstbeherrschung erfahrungsgemäß möglich ist, wird der freiwillige Eingriff unerlaubt sein. In beiden Fällen geschieht etwas gegen das natürliche Recht auf Fortpflanzung und gegen das Recht werdenden Lebens. Der Grund hierfür aber liegt in diesem Fall in der Störung der Natur durch die Krankheit.

Die staatliche erzwungene Sterilisation leitet ihr Recht aus der Notwendigkeit der Erhaltung des allgemeinen völkischen Lebens und aus dem – vom Staat aus gesehen – berechtigten Mißtrauen gegen die Möglichkeit enthaltsamen Lebens her. Unzweifelhaft bedeutet sie einen schweren Eingriff in das Recht des Menschen auf die Unantastbarkeit seines Leibes und die Gefahr, daß dort wo diese Grenze, viel- | leicht in letzter Verantwortung, – einmal überschritten ist, alsbald alle Grenzen, die mit der leiblichen Unantastbarkeit des Menschen gegeben sind, fallen, ist überwältigend groß.[129] Daß der Staat den Leib des Menschen auch zum Beispiel im Kriege in Anspruch nimmt, ist zwar ein Hinweis auf die Grenzen der leiblichen Unantastbarkeit, bleibt jedoch von der Sterilisation darin unterschieden, daß im Krieg kein direkter Eingriff in das leibliche Leben des Menschen stattfindet, und daß hier zweitens ein Akt der Not-

129 Tatsächlich war im Dritten Reich die Zwangssterilisation ein erster Schritt auf dem Wege zu der organisierten physischen Vernichtung von Menschen.

wehr vorliegt. Dagegen lassen sich zur Verhütung unerwünschter Nachkommenschaft auch andere Wege einschlagen, etwa die Internierung des Kranken, die den direkten leiblichen Eingriff umgehen. Daß damit größere wirtschaftliche Opfer verbunden sind, wird man vielleicht dort in Kauf nehmen, wo man die Gefahren der Grenzüberschreitung für den Einzelnen und das Ganze klar im Auge behält. Wo freilich eine staatliche Sterilisationsgesetzgebung vorliegt, dort wird die Einstellung des Kranken und des Arztes von der Gehorsamspflicht gegenüber der Obrigkeit abhängen,[130] eine Frage, die wiederum[131] in diesem Zusammenhang noch nicht erörtert werden kann.[11)]

[11)] Die radikale Ablehnung der Sterilisation durch die katholische Kirche – vgl. die päpstliche Enzyklika casti connubii vom 31. 12. 1930, und die Moraltheologien – die auch den Ärzten die Vornahme dieser Operation untersagt, beruft sich erstens auf das Verhältnis des Menschen zu seinem Leib, den er nur „seinen natürlichen Zwecken entsprechend gebrauchen darf", zweitens auf die Grenzen der obrigkeitlichen Gewalt über den Leib des Einzelnen. Immerhin konzediert sie im ersten Fall das Recht einer Operation um der Erhaltung des Lebens willen, im zweiten Fall die zwangsweise Internierung des Kranken. Bei Ruland (Handbuch der praktischen Seelsorge S 359) wird sogar im Falle schwerer Psychopathie die Vornahme der Kastration als erlaubte Möglichkeit erwogen. Wie unter diesen Umständen die Sterilisation als etwas prinzipiell anderes angesehen werden kann, bleibt schwer verständlich.[132]

130 Die von Karl Bonhoeffer 1934 eingerichteten, nach zweijährigem Bestehen vom Innenministerium nicht mehr gestatteten erbbiologisch-psychiatrischen Lehrgänge wollten Ärzten Hilfestellung bieten (durch Erarbeitung wissenschaftlicher Begründungen), Anwendungen des staatlichen Sterilisationsgesetzes zu verhindern. □ **131** Vgl. S. 202 f. Wiederholt verweist Bonhoeffer auf spätere Erörterungen zur Eingrenzung der Gehorsamspflicht gegenüber der Staatsgewalt. Sie sind skizziert in „Staat und Kirche" DBW 16, 522 f („Seine Gehorsamspflicht bindet ihn [den Christen] solange, bis die Obrigkeit ihn direkt zum Verstoß gegen das göttliche Gebot zwingt"). □ **132** Zu der *Enzyklika Casti Connubii* Papst Pius' XI (DS 3722 f) s. Ruland, Handbuch IV (1936), 224–242; A. D. Müller, Ethik, 286, nimmt zu ihr Stellung. Zur Beurteilung der Sterilisation in der katholischen *Moraltheologie* vgl. F. Tillmann, Die katholische Sittenlehre IV/2, 410–419; J. Mausbach, Katholische Moraltheologie III, 129 f; O. Schilling, Lehrbuch der Moraltheologie II, 581. Bonhoeffers Hinweis auf Ruland, ein Rand-Zusatz zu der auf den unteren Rand des Bogens gedrängten Anmerkung, bezieht sich auf Band III (1933), 359 f. Rulands Differenzierung zwischen Kastration und Sterilisation rührt daher, daß nach letzterer der Geschlechtsakt seinen Fortpflanzungszweck grundsätzlich nicht mehr erfüllen kann, was für eine katholische Ethik als widernatürlich unannehmbar ist. Demgegenüber kann die Kastration für psychopathische Krankheiten (z. B. Exhibi-

Die Grenze aller dieser Überlegungen ist erreicht vor dem Worte Jesu: „ärgert dich aber dein rechtes | Auge, so reiß es aus und wirf's von dir. Es ist dir besser, daß eins deiner Glieder verderbe und nicht der ganze Leib in die Hölle geworfen werde."[133] Von der hier verkündigten Aufhebung aller natürlichen Rechte im Glauben an das Himmelreich werden wir erst später zu sprechen haben.[134]

Freiheit des leiblichen Lebens

Zur Erhaltung des leiblichen Lebens gehört der Schutz vor willkürlicher Antastung [der] Freiheit des Leibes. Niemals wird der menschliche Leib einfach zu einem Ding, das in die uneingeschränkte Gewalt eines anderen Menschen geraten und von ihm ausschließlich als Mittel zu seinen Zwecken gebraucht werden dürfte. Der lebendige menschliche Leib ist immer der Mensch selbst. Vergewaltigung, Ausbeutung, Peinigung, willkürliche Beraubung der Freiheit des menschlichen Leibes sind schwere Eingriffe in das mit der Schöpfung dem Menschen verliehene[135] Recht, die außerdem wie alle Eingriffe in das natürliche Leben früher oder später ihre Strafe nach sich ziehen.

Vergewaltigung ist der durch unrechtmäßige Gewalt erzwungene Gebrauch eines fremden Leibes zu eigenen Zwecken, insbesondere auf geschlechtlichem Gebiet. Ihr gegenüber steht das Recht des Menschen, seinen Leib und insbesondere seine Geschlechtlichkeit in Freiheit zu geben oder zu versagen. Während der Einsatz der leiblichen Kräfte zur Arbeitsleistung um des gemeinsamen Wohles willen unter besonderen Umständen auch unter Zwang gefordert werden kann, bleibt die Geschlechtlichkeit des Menschen jedem Zwang entzogen. Der Versuch, bestimmte Ehen oder geschlechtliche Verbindungen aus irgendeinem Grunde zu erzwingen, verletzt und beleidigt die leibliche Freiheit des Menschen und gerät mit jener Grundtatsache des

---

tionismus) als Heilmittel eingesetzt und deshalb als ethisch erlaubt erwogen werden, auch wenn per accidens („nebenbei") die Fortpflanzung ausgeschlossen wird, zumal kein widernatürlicher Geschlechtsakt nach der Operation zu erwarten ist. □ **133** Mt 5,29. □ **134** Vgl. S. 241; S. 360f. □ **135** Gestr.: „göttliche".

geschlechtlichen Lebens in Kon- | flikt, die die Grenze für jeden fremden Eingriff in natürlicher Abwehr darstellt: mit dem Schamgefühl.[136] Im natürlichen Schamgefühl drückt sich die wesentliche Freiheit des menschlichen Leibes in geschlechtlicher Hinsicht aus. Die Zerstörung des Schamgefühls aber bedeutet Auflösung jeder geschlechtlichen und ehelichen Ordnung, ja jeder gemeinschaftlichen Ordnung überhaupt. Gewiß sind die Formen des Schamgefühls verschieden und bildsam. Sein unveränderliches Wesen aber, das im Natürlichen begründet ist, ist die Wahrung der Freiheit des menschlichen Leibes gegenüber jeder Form der Vergewaltigung. Diese Freiheit hütet das Geheimnis der menschlichen Leiblichkeit.

Von Ausbeutung[137] des menschlichen Leibes sprechen wir dort, wo die leiblichen Kräfte eines Menschen zum unbeschränkten Eigentum eines anderen Menschen oder einer Institution gemacht werden. Diesen Tatbestand nennen wir Versklavung des Menschen. Damit ist aber nicht einfach die Einrichtung der Sklaverei in der Antike gemeint.[138] Es gibt historische Formen der Sklaverei die die wesentliche Freiheit des Menschen besser wahrten als gewisse sociale Einrichtungen, in denen zwar der Begriff der Sklaverei verpönt ist, in Wirklichkeit aber völlige Versklavung des als frei bezeichneten Menschen vorliegt.[139] Insofern ist die Haltung vieler Kirchenväter und auch des Thomas von Aquin verständlich und berechtigt, wenn sie nicht den Na-

136 Zu ‚*Scham*‘ vgl. DBW 3 (SF), 117f. □ **137** Der Ausdruck, der in marxistischer Tradition als Kapitalismuskritik hohe Bedeutung hat, war in der Zeit des Dritten Reiches tabuisiert, er durfte nicht benutzt werden; Bonhoeffer benutzt ihn auch nach 1933 dennoch. Vgl. S. 129 und 131, im kirchlichen Schuldbekenntnis zum 3. und 7. Gebot. □ **138** Vgl. DBW 4 (N), 254; auch A. Harnack, Die Mission (1902), 121–124 Abschnitt „Die Sorge für die Sklaven“. □ **139** Vgl. F. W. von Oertzen, Junker, 147f zum „Truck-“(„Tausch-“)System im England des 19. Jahrhunderts: „Dort gab es schon jene Truckläden, die den Industriellen selbst gehörten und in denen die Arbeiterschaft alle Bedürfnisse des täglichen Lebens auf Kredit gegen Anrechnung bei der nächsten Lohnzahlung erwerben konnte und schließlich infolge des wirtschaftlichen Übergewichts des Arbeitgebers auch erwerben mußte. Begierig wurde diese neueste | Form der Sklaverei [in Deutschland] übernommen.“ Vgl. vor allem die national‚*sozial*‘istische Ausbeutung der Arbeitskraft von KZ-Häftlingen für die Industrie. Der Torbogen zum Konzentrationslager Auschwitz (eröffnet Mai 1940) trug die Inschrift: „Arbeit macht frei“.

men, sondern den Tatbestand der Sklaverei verurteilen.[140] Dieser aber liegt dort vor, wo der Mensch tatsächlich zum Ding[141] in der Gewalt eines Andern, wo er ausschließlich Mittel zum Zweck eines anderen Menschen geworden ist. Diese Gefahr besteht immer dort, wo ein Mensch weder die Freiheit hat der Wahl seines Arbeitsplatzes, noch die Möglichkeit, seinen Arbeitsplatz mit einem anderen zu vertauschen noch auch das Maß seiner Arbeitsleistung zu bestimmen. Hier kommt es zu einer unbeschränkten Ausnutzung der leiblichen Kräfte des Arbeiters, die | höchstens die Grenze der Erhaltung des Nutzwertes der Arbeitskraft des andern, gelegentlich aber aus bestimmten Gründen selbst diese Grenze nicht einhält, und so zur völligen Erschöpfung führt. Damit wird dem Menschen seine Leibeskraft geraubt, sein Leib wird ganz zum Objekt der Ausbeutung des Stärkeren. Die Freiheit des menschlichen Leibes ist zerstört.[12)]

Die Peinigung des Leibes ist zu unterscheiden von der leiblichen Züchtigung,[143] deren Ziel Erziehung des geistig Unmündigen zur Selbständigkeit ist, ebenso von jener vergeltenden Strafe[13)], durch die der gemeinen Verbrechens am fremden Leibe Schuldige durch Antastung seines Leibes seiner Ehrlosigkeit überführt werden soll. Unter Peinigung des Leibes verstehen wir die willkürliche und rohe Zufügung leiblicher Schmerzen unter Ausnutzung gegebener Machtverhältnisse im allge-

---

12) Siehe darüber Weiteres in dem Kapitel über ,,Die Arbeit".[142]

13) Siehe oben S 16.[144]

140 Irenäus (Adversus Haereses IV, 21, 3), Tertullian (De corona 13) u. a. betonen im wesentlichen die Gleichberechtigung der Sklaven im innerkirchlichen Bereich. Thomas von Aquin stellt fest, alle seien von Natur aus gleich, doch sei es eine Tatsache, daß dem Völkerrecht nach einige der Sklaverei unterworfen seien (STh II–II 57, 3 ad 2); die Grenzen der Sklaverei bestehen darin, daß sich Sklaverei nur auf die körperliche Leistung, nicht auf die Seele beziehe und persönliche Rechte des Unterhalts und der Ehe nicht einschließen könne (STh II–II 104, 5 und 6 ad 2). □ **141** Ersetzt: ,,Eigentum im Sinne einer Sache". □ **142** Auf ,,Ethik"-Zettel Nr. 47 steht als einer von sieben vorgesehenen Unterpunkten zu ,,*Das natürliche Leben*": ,,III. Arbeit – Eigentum – Planung". Ein *Kapitel* über ,,Die Arbeit" ist nicht vorhanden; das Stichwort erscheint u. a. auf ,,Ethik"-Zettel Nr. 50 (,,Das natürliche Leben"), dort auch: ,,Nichtausschöpfen der Arbeitskraft!" □ **143** Gestr.: ,,durch die Kinder und notfalls auch Erwachsene". □ **144** Rückverweis auf S. 183.

meinen und insbesondere zum Zwecke der Erpressung erwünschter Geständnisse oder Aussagen.[145] Hier wird der Leib ausschließlich als Mittel zur Erreichung fremder Zwecke, also etwa zur Befriedigung von Machtlust oder zur Erzielung bestimmter Kenntnisse mißbraucht und damit entehrt. Die Schmerzempfindlichkeit des unschuldigen Leibes wird in quälerischer Weise ausgenutzt. Ganz abgesehen davon, daß die Folterung meist ein ungeeignetes Mittel zur Aufdeckung der Wahrheit ist, – was ja nur dort mit Beachtung rechnen könnte, wo die Wahrheit wirklich gesucht würde –, bedeutet jede leibliche Peinigung die tiefste Entehrung des Menschen; sie erzeugt darum einen tiefen Haß und den natürlichen leiblichen Drang die verletzte Ehre unter Anwendung leiblicher Gewalt wiederherzustellen. Leibliche Entehrung sucht leibliche Vergeltung an dem ehrlosen Peiniger. Insofern zerstört die Verletzung der leiblichen Frei- | heit des Menschen auch hier die Grundlagen der Gemeinschaft.

Willkürliche Beraubung der Freiheit durch Gefangennahme Wehrloser und Unschuldiger (zum Beispiel die Jagden auf afrikanische Neger, die als Sklaven nach Amerika transportiert wurden, (Kongo?),)[146] oder durch Verhaftung,[147] ist Verletzung der mit dem menschlichen Leibe gegebenen Freiheit. Indem der Mensch gewaltsam und ohne Recht von seiner Wohnung, seiner Arbeit, seiner Familie getrennt wird, wird ihm die Aus-

---

145 Folter als Inquisitions- und Justizpraxis wurde erst 1740 in Preußen, 1776 in Österreich abgeschafft; im Dritten Reich war sie als inoffizielle Praxis weit verbreitet, und es gab keinen Rechtsschutz gegen sie. Stalins Schauprozesse 1936–1938 führten der Weltöffentlichkeit das Zerbrechen von Menschen als moralischer Persönlichkeit vor Augen. 1944/45 wurden auch Mitglieder der Familie Bonhoeffer (Rüdiger Schleicher, Hans von Dohnanyi, Klaus Bonhoeffer) im Verantwortungsbereich des Reichssicherheitshauptamtes der SS gefoltert. □ **146** Der Sklavenhandel, Anfang des 16. Jahrhunderts begonnen, überführte drei Jahrhunderte lang Afrikaner von der westafrikanischen Küste nach Brasilien, Westindien und dem südlichen Nordamerika. □ **147** Sicherheit gegen willkürliche Verhaftungen gehört zu den ältesten Vorformen von Menschen- und Grundrechten; sie ist, freilich auf bestimmte Stände beschränkt, angelegt in der magna charta libertatum („große Urkunde der Freiheiten") in England 1215. Im Dritten Reich ermöglichte Sondergerichtsbarkeit aller Art Willkür bei Verhaftungen. Man schob die Bezeichnung „Schutzhaft" vor, auch bei Einlieferung in Konzentrationslager.

übung aller leiblichen Rechte entzogen, und indem er wie ein Schuldiger behandelt wird, wird ihm die mit der leiblichen Freiheit verbundene Ehre genommen. Wo aber dem Unschuldigen Freiheit und Ehre geraubt werden, dort muß zugleich der Schuldige straffrei und in öffentlichen Ehren bleiben. Das aber bedeutet die Untergrabung aller gemeinschaftlichen Ordnung und muß die Wiederherstellung der Rechte des natürlichen Lebens früher oder später notwendig zur Folge haben.

Die natürlichen Rechte des geistigen Lebens.[148]

Es gibt drei fundamentale Verhaltungsweisen des geistigen Lebens zur Wirklichkeit: das Urteilen, das Handeln, das Genießen.[149] In ihnen tritt der Mensch der Wirklichkeit, der er selbst

---

148 Vgl. auf „Ethik"-Zettel Nr. 49: „Die natürlichen Rechte des leiblichen Lebens ˡ Die natürlichen Rechte des geistigen Lebens ˡ Das natürliche Recht auf Arbeit und Eigentum (Sachlichkeit) ˡ ... auf Glück ...". „Ethik"-Zettel Nr. 51 erläutert zum geistigen Leben: „Urteil, die Verarbeitung der Wirklichkeit zur eigenen Erkenntnis ˡ Charakter, die willensmäßige Verarbeitung der Wirklichkeit zum eigenen Handeln ˡ Bildung, die Gesamtverarbeitung der Wirklichkeit zum eigenen geistigen Sein". □ **149** Über dem Wort ‚*Genießen*': „Spielen Sich freuen". J. Pieper, Zucht und Maß, 46, unter Hinweis auf Thomas von Aquins Summa theologica („in der ersten Quaestion des Traktats von der temperantia" – Pieper übersetzt temperantia mit ‚Zucht und Maß'), STh II–II 141: „Daß sinnliches Genießen durch die christliche Lebenslehre nicht aus dem Bereich des Sittlich-Guten (nicht nur nicht des ‚Erlaubten') ausgeschlossen wird, braucht nicht noch eigens dargelegt zu werden." (Die eingeklammerte Bemerkung ist in Bonhoeffers Exemplar unterstrichen, „!" am Rand.) – Im Ms folgt, gestr.: „Gemeinsam ist diesen Verhaltensweisen, daß der Mensch in ihnen nicht nur als Glied der Wirklichkeit, sondern als Richter, Gestalter und Nutznießer der Wirklichkeit gegenübertritt."

angehört, in Freiheit[150] gegenüber und erweist darin sein Menschsein.[151]

150 Auf „Ethik"-Zettel Nr. 47 erscheint in den Notizen unter der Überschrift „*Persönliche Freiheit*": „Geistige Vergewaltigung", auf „Ethik"-Zettel Nr.49 ebenfalls „geistige Vergewaltigung" und „(‚geistige' Tötung Minderwertiger)". Das NS-Regime ging gegen ‚entartete' Künstler und gegen Wissenschaftler mit Verboten vor; z. B. war es Emil Nolde untersagt, zu malen. Dietrich Bonhoeffer erhielt am 27. 3. 1941 Druck- und Veröffentlichungsverbot. □ **151** Auf Ms-Bogen „31." steht außer der Überschrift „*Die natürlichen Rechte des geistigen Lebens*" und den Zeilen „Es gibt . . . Menschsein" nichts weiter. Bei dem Bogen lag „Ethik"-Zettel Nr. 62 (Notizen zu „Bildung"). Bonhoeffer reiste am 23. 2. 1941 von Ettal ab. Die Fortsetzungsplanungen führte er nicht mehr aus. In dem Ms „Das natürliche Leben" hat erstmals ein deutscher protestantischer Theologe des 20. Jahrhunderts eine theologisch-ethische Lehre von Menschen- und Grundrechten entwickelt. Sie unterscheidet sich trotz vieler Anklänge von den amerikanisch-westeuropäischen Traditionen. Vgl. zu William Patons Buch September 1941 DBW 16, 539f: „Die angelsächsische Welt faßt heute ihren Kampf gegen die Staatsomnipotenz unter dem Begriff der Freiheit zusammen. Sie versteht darunter die Wahrung der von Gott gegebenen Menschenrechte gegenüber jeder Vergewaltigung. Der Deutsche empfindet die Staatsomnipotenz stärker als die willkürliche Auflösung aller echten Bindungen"; Freiheit bedeutet „leben innerhalb der durch Gottes Wort geordneten und *begrenzten* Autoritäten und Bindungen. Die Frage der individuellen Freiheiten, wie Redefreiheit, Pressefreiheit, Versammlungsfreiheit etc. ist erst in diesem übergeordneten Zusammenhang zu beantworten". Bonhoeffer geht nicht von individualistisch gedeuteten Freiheitsrechten aus, sondern von einem Begriff des Lebens, in welchem die Existenz als Einzelperson und die Zugehörigkeit zu übergreifenden Sozialbezügen konstitutiv miteinander verbunden sind; grundlegend für diese Verbindung ist die theologische Bestimmtheit alles Lebens. Durch konkretes Reden übt Bonhoeffer indirekte Kritik an den Unrechtsverhältnissen im Dritten Reich. Zu vergleichen ist das von Bonhoeffer später im Jahr 1941 formulierte kirchliche Schuldbekenntnis nach den Zehn Geboten S. 129–132.

Die Geschichte und das Gute.

[Erste Fassung][1]

Die Abstraktion des isolierten einzelnen Menschen, der sich nach einem ihm zur Verfügung stehenden absoluten Maßstab unaufhörlich und ausschließlich zwischen einem klar erkannten Guten und einem klar erkannten Bösen zu entscheiden hat[2], eine Abstraktion, die das ethische Denken weithin beherrscht, haben wir nach allem Gesagten hinter uns gelassen.[3] Weder gibt es diesen isolierten Einzelnen, noch steht uns jener absolute Maßstab des Guten einfach zur Verfügung, noch pflegt das Gute und das Böse sich uns in seiner reinen Gestalt zu präsentieren. Der Fehler dieses abstrakten ethischen Schematismus liegt darin, daß in ihm nur der isolierte Einzelne als ethisch relevant, nur das Absolute[4] und Allgemeingültige als Norm, nur die Entscheidung zwischen dem klar erkannten Guten und dem klar erkannten Bösen als ethische Entscheidung gewertet wird, mit anderen Worten daß das Ethische auf eine rein statische Grundformel zurückgeführt werden soll, die eine Fiktion[5]

---

1 Der Ms-Beginn bis S. 227,20 ist auf Doppelbögen mit ,,Eichberger" Wasserzeichen geschrieben. Der erste Bogen trägt die Zahl: ,,15." □ **2** ,,zwischen ... hat" ersetzt: ,,zwischen Gut und Böse zu entscheiden hat". □ **3** Vgl. die Abwehr einer in der zeitgenössischen Ethik herrschenden ,,Scheidung von Individuum und Gesellschaft" S. 36, der Annahme eines vermeintlich zur Verfügung gestellten Maßstabs des Guten S. 37 und zusammenfassend ,,jeder abstrakten Ethik" S. 86(–89). Die Bogen-Numerierung dieses Ms beginnt (mit ,,15.") oben links auf der ersten Seite. Eine große ,,*15.*" (unterstrichen) steht auch auf ,,Ethik"-Zettel Nr. 31 oben links. Dieser Zettel enthält Notizen zu ,,Der Einzelne und die Geschichte". Vom ,,Einzelnen" ist die Rede S. 89,27 auf einem Bogen ,,14.", mit dem das Ms ,,Ethik als Gestaltung" endet. Auf dem Bogen, mit dem das Ms ,,Erbe und Verfall" beginnt, steht oben links: ,,15." Mit Ausnahme der Bögen ,,15." und ,,16." von ,,Erbe und Verfall" stehen die Bogen-Zahlen in allen bisherigen Manuskripten oben in der Mitte. Anscheinend wollte Bonhoeffer das Ms ,,Die Geschichte und das Gute" (1942) dort anschließen lassen, wo 1940 das Ms ,,Erbe und Verfall" begonnen hatte: nach dem Ende des Ms ,,Ethik als Gestaltung". □ **4** Das ‚*Absolute*' ist Spitzenbegriff der Philosophie im Deutschen Idealismus, besonders bei Hegel, und bezeichnet, im Gegensatz zum Relativen, das Unbedingte. □ **5** ‚*Fiktion*' (von lat. fingere, ,,ersinnen", ,,erdichten"): Unterstellung von etwas Unwirklichem.

ist und in der das spezifische Ethische gerade verloren geht. Dieser Abstraktion entspricht ein bestimmtes praktisches Verhalten, in welchem die Lösung des ethischen Problems immer wieder gesucht wird und das doch immer wieder scheitern muß. Es handelt sich dabei um den Rückzug des Einzelnen aus der lebendigen Verantwortung seines ge- | schichtlichen Daseins auf eine private Verwirklichung ethischer Ideale, in der er sein eigenes persönliches Gutsein garantiert sieht. In der Durchführung bestimmter Prinzipien, gleichgültig welche Folgen sie für die Umwelt haben, wird hier die ethische Aufgabe gesehen. Je nach der Radikalität der Prinzipien führt diese Haltung aus der Gesamtverantwortung hinaus in eine rein private bürgerliche Existenz beziehungsweise ins Kloster.[6] Weil aber die ethische Isolierung des Einzelnen praktisch eine Fiktion ist, – denn keiner kann sich völlig der menschlichen Gemeinschaft entziehen und jeder lebt von ihr – darum ist dieses Verständnis des Ethischen zum Scheitern verurteilt. Es versagt angesichts der *Geschichtlichkeit des menschlichen Daseins*.[7]

Darunter soll verstanden sein, daß der Mensch notwendig in einer Begegnung mit anderen Menschen lebt und daß ihm mit dieser Begegnung in einer je verschiedenen Form eine Verantwortung für den anderen Menschen auferlegt wird.[8] Geschichte entsteht durch das Wahrnehmen der Verantwortlichkeit für andere Menschen beziehungsweise für ganze Gemeinschaften und Gemeinschaftsgruppen. Der Einzelne handelt nicht für sich allein, sondern er vereinigt in seinem Ich das Ich mehrerer Menschen, gegebenenfalls sogar einer sehr großen Zahl. Der Familienvater[9] zum Beispiel kann nicht mehr handeln als wäre er ein Einzelner. In sein Ich ist das Ich seiner Familienglieder aufgenommen, für die er verantwortlich ist. Sein gesamtes Handeln

---

6 Vgl. S. 42 („Mönch" und „Kulturprotestant des 19. Jahrhunderts"). □ **7** Vgl. M. Heidegger, Sein und Zeit, 387 (Überschrift zu § 75): „Die Geschichtlichkeit des Daseins und die Welt-Geschichte". □ **8** ‚*Verantwortung*' wird hier ähnlich aufgefaßt wie in Max Webers 1919 in die ethische Diskussion eingeführtem Begriff „Verantwortungsethik", vgl. M. Weber, Politik als Beruf. Allerdings hebt Bonhoeffer nicht nur die Beachtung der Handlungsfolgen hervor, sondern betont zugleich die Fürsorge für den anderen. Vgl. auch DBW 1 (SC), 30 („*der ethische Personbegriff*" und Verantwortung). □ **9** Gestr.: „der Bürgermeister, der Staatsmann".

ist durch diese Verantwortlichkeit bestimmt. Jeder Versuch zu handeln und zu leben als wäre er allein, bedeutet nicht nur eine Verleugnung der Verantwortlichkeit, sondern damit auch der Wirklichkeit, auf der seine Verantwortlichkeit begründet ist. Er hört ja nicht auf, Familienvater zu sein, sondern er ist nur statt ein guter Familienvater zu sein ein schlechter Familienvater. Ein | guter Familienvater ist er, wenn er die ihm durch die Wirklichkeit auferlegte Verantwortung auf sich nimmt und danach handelt.

In dem Augenblick, in dem ein Mensch Verantwortung für andere Menschen auf sich nimmt – und nur indem er das tut, steht er in der Wirklichkeit – entsteht die echte ethische Situation, die sich von der Abstraktion, in der der Mensch sonst das Ethische zu bewältigen sucht, allerdings wesentlich unterscheidet. Das Subjekt des Handelns ist nicht mehr der isolierte Einzelne, sondern der für andere Menschen Verantwortliche; die Norm des Handelns ist nicht ein allgemeingültiges Prinzip, sondern der konkrete Nächste, wie er mir von Gott gegeben ist;[10] die Entscheidung fällt nicht mehr zwischen dem klar erkannten Guten und dem klar erkannten Bösen, sondern sie wird im Glauben gewagt angesichts der Verhüllung des Guten und des Bösen in der konkreten geschichtlichen Situation.

In konkreter Verantwortung handeln heißt in *Freiheit*[11] handeln, ohne Rückendeckung durch Menschen oder Prinzipien *selbst* entscheiden, handeln und für die Folgen des Handelns einstehen. Verantwortung setzt letzte Freiheit der Beurteilung einer gegebenen Situation, des Entschlusses und der Tat voraus. Verantwortliches Handeln liegt nicht von vornherein und ein für allemal fest, sondern es wird in der gegebenen Situation geboren. Es geht nicht um die Durchführung eines Prinzips, das zuletzt doch an der Wirklichkeit zerbricht, sondern um das Erfassen des in der gegebenen Situation Notwendigen, ,,Gebotenen". Es muß beobachtet, abgewogen, gewertet werden, alles in der gefährlichen Freiheit des eigenen Selbst.[12] Es muß durch-

10 Vgl. W. Lütgert, Ethik der Liebe, 80: ,,Der Nächste wird von mir nicht gewählt, sondern er ist mir gegeben." □ 11 Das Wort ist im Ms doppelt unterstrichen. □ 12 Im Ms neben diesem und dem vorigen Satz Seitenstrich mit Tinte. Die in dieser ersten Fassung angestrichenen Passagen kehren in der zweiten Fassung von ,,Die Geschichte und das Gute" teilweise wörtlich, teilweise

aus in den Bereich der Relativitäten eingetreten werden, in das Zwielicht,[13] das die geschichtliche Situation über Gut und Böse breitet. Das Bessere | dem weniger Guten vorzuziehen weil das „absolut Gute" gerade das Böse um so mehr hervorrufen kann, ist die oft notwendige Selbstbescheidung des verantwortlich Handelnden. Das sogenannte absolut Gute wäre hier das Schlechte und das relativ Bessere ist „absolut" besser als das „absolut Gute". Hier kommt die Freiheit des Verantwortlichen gegenüber der Knechtung selbst unter ein „absolut Gutes" zu höchster Geltung.

Der verantwortlich Handelnde bezieht die gegebene Situation in sein Handeln ein, nicht allein als Stoff, dem er seine Ideen aufprägen will, sondern als die Tat mitgestaltend. Nicht irgendein fremdes Gesetz[14] wird der Wirklichkeit aufgezwungen, vielmehr ist das Handeln des Verantwortlichen im tiefsten Sinne wirklichkeitsgemäß.[15]

Der Begriff des „Wirklichkeitsgemäßen" bedarf allerdings der näheren Bestimmung. Mißverstanden würde er zu jener „servilen Gesinnung vor dem Faktum" (Nietzsche)[16] führen, die jeweils dem stärkeren Druck weicht, die den Erfolg[17] prin-

---

modifiziert in veränderter Reihenfolge wieder; die erste Fassung diente als Vorlage für die Weiterarbeit. □ **13** Vgl. DBW 3 (SF), 97 u. ö. □ **14** Ersetzt: „wirklichkeitsfremdes Moralgesetz". □ **15** Vgl. J. Pieper, Die Wirklichkeit und das Gute, 13 (in Bonhoeffers Exemplar unterstrichen; s. auch S. 34 in Anm. 13): „Das Gute ist das Wirklichkeitsgemäße." Im Ms folgt, gestr.: „Er behält ein begrenztes Ziel im Auge, das ihm mit seiner begrenzten Verantwortung gesteckt ist." – Neben dem jetzt folgenden Absatz beginnt ein Tintenstrich, der bis S. 223,25 reicht. □ **16** Auf „Ethik"-Zettel Nr. 32 steht bei „servile Gesinnung vor dem Faktum [Zusatz:] (der Geschichte)": „Nietzsche (Jaspers 211)". K. Jaspers, Nietzsche, 211 (Seitenstrich in Bonhoeffers Exemplar): „Gegen sie [die vermeintlich rein wissenschaftlichen Historiker] ruft Nietzsche: ‚alles durch den Erfolg Unterdrückte bäumt sich allmählich auf'. Was aber die wissenschaftsgewissen Historiker machen, das ist ‚die Geschichte als der Hohn der Sieger; servile Gesinnung vor dem Faktum' (10, 401 ff.)." Jaspers zitiert die von Nietzsches Schwester, nicht durchweg textgetreu, veranstaltete Gesamtausgabe in 16 Bänden (von der Bonhoeffer nur die „Erste Abtheilung", die von Nietzsche selbst zum Druck gebrachten Schriften in den Bänden I–VIII, besaß). Gemeint ist Werke X, 402 (Die Unzeitgemäßen Betrachtungen, 254) [KGW IV, 1, 133]; dort steht: „... servile Gesinnung und Devotion vor dem Factum – ‚Sinn für den Staat' nennt man's jetzt". ‚*Servil*' (Lat.): unterwürfig. □ **17** Ersetzt: „Augenblickserfolg".

zipiell rechtfertigt und das Opportune als das jeweils Wirklichkeitsgemäße wählt; Wirklichkeitsgemäßheit in diesem falschverstandenen Sinne würde Verantwortungslosigkeit. Ebensowenig wie eine Servilität gegenüber dem Faktischen kann ein prinzipieller Widerspruch, eine prinzipielle Auflehnung gegen das Faktische im Namen irgendeiner idealen Wirklichkeit zu der echten Wirklichkeitsgemäßheit verantwortlichen Handelns führen. Beide Extreme sind von dem Wesentlichen gleich weit entfernt. Anerkennung des Faktischen und Widerspruch gegen das Faktische sind im echten wirklichkeitsgemäßen Handeln miteinander unlösbar verbunden; denn die ursprünglichste Wirklichkeit – damit greifen wir auf im 1. Kapitel Gesagtes zurück – ist die Wirklichkeit des menschgewordenen Gottes[18]. Alles Faktische | erfährt von dieser Wirklichkeit her seine letzte Begründung und seine letzte Aufhebung, seine letzte Rechtfertigung und seinen letzten Widerspruch. Indem Gott Mensch wird und nur so, ist der Mensch und seine Welt angenommen und bejaht. Die Bejahung des Menschen geschieht aufgrund der Annahme des Menschen, nicht umgekehrt. Aber so geschieht sie auch wirklich. Nicht weil der Mensch der göttlichen Bejahung würdig wäre, hat Gott ihn angenommen, wurde Gott Mensch, sondern weil der Mensch des göttlichen Neins würdig war, darum nahm ihn Gott an und bejahte ihn, indem er selbst Mensch wurde und den Fluch des göttlichen Neins über das menschliche Wesen selbst auf sich nahm und erlitt. Die Wirklichkeit ohne jenes göttliche Handeln in ihr und an ihr verstehen zu wollen, bedeutet in einer Abstraktion leben, an ihr vorbeileben, zwischen den Extremen der Servilität vor dem Faktischen und dem grundsätzlichen Widerspruch gegen das Faktische hin

---

18 Gestr.: „in Jesus Christus." Vgl. S. 223,23. Der ganze Absatz S. 221–223,25 enthält Entsprechungen zu dem Ms „Christus, die Wirklichkeit und das Gute", u. a. zu S. 60 (im 1941 geschriebenen Einschub: „. . . daß also die Wirklichkeit . . . zuletzt doch *eine* ist, nämlich in dem menschgewordenen Gott Jesus Christus . . .") und S. 61 (1940 geschrieben, gegen „Unterwerfung unter das Seiende"); vgl. auch „ursprünglichste Wirklichkeit" (S. 222,11 f) mit S. 31 f „letzte Wirklichkeit", S. 39 „Ursprung des Guten". Beim Schreiben am Ms „Die Geschichte und das Gute" (1942) betrachtete Bonhoeffer demnach das Ms „Christus, die Wirklichkeit und das Gute" als das „1. Kapitel" (S. 222,12).

und her zu schwanken. Die Menschwerdung Gottes allein ermöglicht ein echtes wirklichkeitsgemäßes Handeln. Die Welt bleibt Welt, aber sie bleibt es doch nur, weil Gott sich ihrer angenommen und seine Herrschaft über sie erklärt hat. Zwischen der Welt und dem Reich Gottes steht das Ende der Welt. Aber eben diese Welt, die in Christus gerichtet ist, ist in ihm angenommen und geliebt und hat die Verheißung eines neuen Himmels und einer neuen Erde.[19] Die vergehende Welt ist von Gott in Beschlag genommen. So ist zugleich weiterhin mit der Weltlichkeit der Welt wie aber auch mit der Herrschaft Gottes über sie[20] zu rechnen, das Faktische empfängt aufs neue sein Recht und seine Grenze, Bejahung und Widerspruch verbinden sich im konkreten Handeln in der Welt. Weder Bejahung noch Widerspruch aber kommen aus einer wirklichkeitsfremden Ideologie, sondern sie kommen aus der Wirklichkeit der Versöhnung der Welt mit Gott, wie sie in Christus geschehen ist. Weil in Christus die ganze menschliche Wirklichkeit auf- | genommen ist, darum ist letztlich nur in ihm und von ihm aus ein wirklichkeitsgemäßes Handeln möglich. Weder der pseudolutherische[21] Christus, der allein dazu da ist, das Faktische zu sanktionieren, noch der radikal revolutionäre Christus aller Schwärmerei, der jeden Umsturz segnen soll, sondern der menschgewordene Gott Jesus Christus, der die Menschen geliebt, gerichtet und mit Gott versöhnt hat, ist der Ursprung wirklichkeitsgemäßen Handelns.

Verantwortlich handeln bedeutet von hier aus, die menschliche Wirklichkeit, als von Gott in Christus angenommene in die Gestaltung des Handelns einbeziehen. Die Welt hat durch Christus nicht aufgehört, Welt zu sein und jedes Handeln, das die Welt mit dem Reich Gottes verwechseln will, ist eine Verleugnung Christi und der Welt. Durch die Begründung des verantwortlichen Handelns in Jesus Christus werden gerade die Grenzen dieses Handelns neu aufgerichtet. Weil es um ein weltliches

---

19 II Petr 3,13; vgl. Apk 21,1. – Neben diesem Satz ein zweiter Seitenstrich (zusätzlich zu dem von S. 221,17–223,25). Der Satzinhalt fehlt in der sonst recht genauen Wiederaufnahme von S. 220–223 in der zweiten Fassung (ab S. 260,12). □ **20** „der Herrschaft Gottes über sie“ ersetzt: „ihrer Überwindung und Aufhebung in Gott“. □ **21** Ersetzt: „bürgerliche“.

Handeln geht, darum ist die Verantwortung eine begrenzte. Niemand hat die Verantwortung aus der Welt das Reich Gottes zu machen, sondern er soll den – der Wirklichkeit der Menschwerdung Gottes in Christus entsprechenden – nächsten notwendigen Schritt tun.[22] Weil sich verantwortliches Handeln nicht aus einer Ideologie, sondern aus der Wirklichkeit nährt, darum kann nur im Rahmen dieser Wirklichkeit gehandelt werden. Die Verantwortung ist dem Umfang wie dem Wesen, also quantitativ und qualitativ, nach begrenzt. Jede Überschreitung dieser Grenze führt zur Katastrophe. Nicht die Welt aus den Angeln zu heben, sondern am gegebenen Ort das sachlich – im Blick auf die Wirklichkeit – Notwendige zu tun und dieses wirklich zu tun, kann die Aufgabe sein. Aber auch am gegebenen Ort kann verantwortliches Handeln nicht immer sofort das Letzte tun, sondern es muß Schritt für Schritt gehen und nach dem Möglichen fragen und den letzten Schritt und damit die letzte Verantwortung in eine andere Hand legen. |

Weil Gott *Mensch* wurde, darum muß verantwortliches Handeln im Bereich des Menschlichen abwägen, urteilen, werten, darum muß es auch die Folgen des Handelns ernstlich bedenken und den Blick in die nächste Zukunft wagen, – verantwortliches Handeln darf nicht blind sein wollen –, weil aber *Gott* Mensch wurde, darum muß verantwortliches Handeln im Bewußtsein der Menschlichkeit seiner Entscheidungen das Urteil über dieses Handeln wie auch seine Folgen[23] ganz an Gott ausliefern. Während alles ideologische Handeln seine Rechtfertigung immer schon in seinem Prinzip bei sich hat, verzichtet verantwortliches Handeln auf das Wissen um seine letzte Gerechtigkeit. Die Tat, die unter verantwortlicher Abwägung aller Umstände im Blick auf die letzte Wirklichkeit der Menschwerdung Gottes in Christus geschieht, wird im Augenblick des Vollzuges allein Gott ausgeliefert. Das letzte Nichtwissen des eigenen Guten und Bösen und damit das Angewiesensein auf Gnade gehört wesentlich zum verantwortlichen geschichtlichen Handeln. Der ideologisch Handelnde, der die Frage nach den Folgen seines Handelns grundsätzlich ablehnt, ist sich des eigenen Guten ge-

---

22 Neben dem Folgenden bis zum Ende des Absatzes Tintenstrich. □ **23** Ersetzt: „die Zukunft".

wisser als der mit begrenztem Vermögen die Folgen ernstlich bedenkende verantwortlich Handelnde. Der Ideologe sieht sich in seiner Idee gerechtfertigt, der Verantwortliche lebt von der Gnade Gottes, in dessen Hände er sein Handeln legt.

Damit erschließt sich ihm ein tiefes Geheimnis der Geschichte überhaupt.[24] Gerade als der in der Freiheit eigenster Verantwortung Handelnde sieht er sein Handeln einmünden in und fließen aus Gottes Führung. Freie Tat[25], wie sie Geschichte bestimmt, erkennt sich zuletzt als Gottes Tat[26], reinste Aktivität als Passivität. Erst unter dieser Perspektive kann nun vom Guten in der Geschichte gesprochen werden. Weder das ideologische Gute noch die Reinheit der subjektiven Gesinnung noch aber auch die Freiheit der verantwortlichen Tat als solche kann[27] die Wirklichkeit des Guten in der Geschichte erfüllen. | Erst wo die Freiheit sich ursprünglich, wesentlich und zielhaft[28] in Gottes Tat begründet versteht, also dort wo Gott selbst handelnd[29] (durch freie verantwortliche Tat eines Menschen) auf den Plan tritt, kann vom Guten in der Geschichte gesprochen werden. Gott macht die menschliche Tat in der Geschichte gut, nichts sonst[30]. Gott fügt sie ein in seinen verborgenen Plan, auf dem er sein in Christus offenbartes Ziel der Geschichte verfolgt. Dieses Ziel, das mit dem Wort Christusherrschaft[31] umschrieben ist, ist das Gute in der Geschichte und was diesem Ziel nach Gottes

---

24 Vom Beginn des Bogens „17." (S. 224,24 „das Urteil ...") bis hierher Tintenstrich. □ **25** „Freie Tat" ersetzt: „Höchste Aktivität". □ **26** „Gottes Tat" ersetzt: „Passivität". Von „Damit erschließt ..." bis zum hier gestrichenen Wort „Passivität" – und vor „Damit ..." zwei gestrichene Zeilen – schrieb Bonhoeffer mit blauem Farbstift, nachdem mitten im Satz die Tinte des Füllfederhalters ausging; offenbar war es ihm wichtig, diese Gedanken umgehend zu Papier zu bringen. Für die Veränderungen benutzte er wieder Tinte. □ **27** Über der Zeile stehen, eingeklammert, nicht gestr., die Worte „(den Begriff)", offenbar eine unvollständige verworfene Veränderung. □ **28** Vgl. auf „Ethik"-Zettel Nr. 30: „*Ursprung* und *Wesen* und *Ziel.*" □ **29** Die folgende Klammerbemerkung steht über der Zeile. □ **30** „nichts sonst" ersetzt: „kein andrer". Vgl. Luthers Auffassung von „cooperatio hominis cum deo", s. S. 57 Anm. 75. □ **31** Christokratie (Griech.), auch ‚Königsherrschaft Christi' genannt, war eine theologisch-programmatische Losung im Wirkungskreis der Theologie Karl Barths und auch in der Bekennenden Kirche. Bonhoeffer legt genauer den Sinn dieses Terminus frei. In Ernst Wolfs Referat in London 1963 „Königsherrschaft Christi und lutherische Zwei-Reiche-Lehre" ist Bonhoeffer zusammen mit Barth genannt; vgl. E. Wolf, Königsherrschaft, 79 f.

Willen dient. Gottes Handeln allein ist gut in der Geschichte und das geschichtliche Handeln des Menschen, sofern Gott es in sein Handeln hineinzieht und er sich Gottes Handeln gänzlich ohne den Anspruch auf irgendeine andere Rechtfertigung ausliefert.

Wieweit ein menschliches Handeln dem göttlichen Ziel der Geschichte dient und also das Gute in der Geschichte realisiert, darüber gibt es für den Menschen keine letzte Gewißheit. Es bleibt dem verborgenen Rat Gottes vorbehalten. Während für den Ideologen die Übereinstimmung einer Tat mit der Idee den eindeutigen Maßstab über Gut und Böse abgibt, muß sich der verantwortlich „wirklichkeitsgemäß" Handelnde, der seine Tat Gott ausliefert, mit dem Glauben an die vergebende und heilende Gnade Gottes trösten. Er kann sein Recht nicht beweisen, weil ihm die lebendige Wirklichkeit keinen eindeutigen Maßstab in die Hand gibt. Vielmehr tut sich vor ihm noch ein tieferer geheimnisvollerer Abgrund auf. Gott bedient sich des Guten wie des Bösen, um zu seinem Ziel zu kommen und zwar – soweit menschliche Blicke reichen – in der Weise, daß oftmals das „Gute" zum Unheil, das „Böse" aber zum Heil wirkt.[32] Durch Judas Ischarioth wird Christus zum Erlöser der Welt. Einen Augenblick lang hält Judas – paradox gesprochen[33] – das Heil der Welt in der Hand. Aber das Böse *muß* geschehen, Judas *muß* handeln – damit der Welt das Heil der Versöhnung mit | Gott geschenkt werde. So wird im Guten Gottes das Gute und das Böse der Menschen überwunden. Die Jünger Jesu können nicht vollbringen, was Judas Ischarioth vollbringt.[34] Der Dienst an Gottes Sache erweist sich hier schwächer für die Sache Gottes als die Feindschaft gegen Gott. Gott geht durch das Gute und Böse der Menschen hindurch seinen eigenen Weg. Er erweist sich als der, der allein das Gute tun will und dem jede Tat auf Zorn und Gnade hin ausgeliefert werden muß.

Bedeutet das die Aufhebung des Unterschiedes zwischen Gut und Böse? Nein, aber es bedeutet, daß kein Mensch sich in seinem eigenen Guten rechtfertigen kann, da allein Gott das

---

32 Siehe zu diesem Gedanken schon oben S. 51. □ **33** Eine Aussage ist ‚*paradox*' (Griech.), wenn sie, obwohl scheinbar widersprüchlich, dennoch wahr ist. □ **34** Vgl. Predigt über Judas (Mt 26,45–50) 14. 3. 1937 DBW 14, 973–979.

Gute tut. Die Macht der göttlichen Lenkung der Geschichte wirft den Menschen auf die göttliche Gnade.

Wenn nun aber das Gute Gottes, nämlich Christus und die Lenkung der Geschichte zu ihm hin, nicht einfach in direkter[35] vom Menschen selbst getan werden kann, *worin besteht dann das Gute im geschichtlichen Handeln des Menschen*? Zunächst – formal gesprochen – in nichts anderem als daß der Mensch sein Handeln dadurch bestimmt sein läßt, daß nicht er, sondern eben allein Gott das Gute in der Geschichte vollbringt; daß er nicht nach absoluten Maßstäben sucht, mit denen er sein Handeln rechtfertigt, sondern sich in die von vornherein verlorene Position begibt, vor der jeder geschichtlich Verantwortliche steht, das Gute tun zu müssen ohne es tun zu können. Verzicht auf jede Selbstrechtfertigung bei letzter Freiheit des Wagnisses, das Gute, das heißt das der Wirklichkeit Gemäße, das Notwendige und Gebotene zu tun, auf Gottes Gnade hin.

Gut ist das geschichtliche Handeln, das die gegebene konkrete Wirklichkeit begründet und gehalten sieht durch die Wirklichkeit der Menschwerdung Gottes, das heißt das die Welt so Welt sein läßt, daß es niemals vergißt, daß Gott auf diese Welt seinen Anspruch erhoben hat, indem er sie liebte, richtete, ver- | söhnte.[36] Es geht um ein durch und durch weltliches Handeln, ja um das einzige wirklich echte weltliche Handeln, das nur dort geschehen kann, wo das Wesen[37] dieser Welt erkannt ist.

Gut ist das geschichtliche Handeln, das aus der Mitte der Geschichte,[38] aus dem Ereignis der Menschwerdung Gottes, die Gesetze des geschichtlichen Handelns empfängt.[39] Wenn es wahr ist, daß Gott Mensch wurde in Jesus Christus, wenn Gott in die Geschichte einging, so daß er geboren wurde zur Zeit des Kaisers Augustus, da Cyrenius Landpfleger in Syrien war, daß

---

35 So (unvollständig) im Ms; vielleicht fehlt: „Tat". □ **36** Ab „seinen Anspruch erhoben hat" in diesem Satz bis S. 233,11 steht das Ms auf zwei einmal gemeinsam gefalteten hellen Doppelbögen, die etwas schwerer sind (um 1–2 Gramm) als die anderen in den „Ethik"-Manuskripten vorkommenden Unterarten der hellen Doppelbögen. □ **37** Ersetzt: „die Struktur". □ **38** Vgl. den Abschnitt „Christus als die Mitte der Geschichte" in der Christologievorlesung 1933 DBW 12, 307–310. □ **39** Vgl. auf „Ethik"-Zettel Nr. 37: „Aus der Mitte der Geschichte kommen die Gesetze des geschichtlichen Handelns | Christus und die Gebote. Bergpredigt." Am Ms-Rand: „Klugheit".

er ein Mann war zur Zeit des Kaisers Tiberius und gekreuzigt wurde unter Pontius Pilatus,[40] dann muß sich uns hier das Wesen der Geschichte überhaupt enthüllen. Jesus Christus ist dann die einzige Quelle, aus der Erkenntnis über Wesen und Gesetz der Geschichte, wie sie von Gott her gedacht und gewollt ist, hervorgeht.[41] Gut ist das der Wirklichkeit Jesu Christi gemäße Handeln, *christusgemäßes Handeln ist wirklichkeitsgemäßes Handeln*.[42] Dieser Satz ist – recht verstanden – keine ideale Forderung, sondern eine Aussage, die aus der Wirklichkeit selbst entspringt.

Zwei große Mißverständnisse dieses Satzes ziehen sich durch die gesamte Geschichte und Gegenwart der Christenheit hindurch. Das erste Mißverständnis sieht in Jesus Christus den Begründer einer neuen ethischen Ideologie, die auf die geschichtliche Wirklichkeit angewendet werden muß. Das zweite Mißverständnis[43] sieht in Jesus Christus nur den göttlichen Bejaher alles Wirklichen. Im ersten Fall kommt es zu einem ewigen Konflikt zwischen den Notwendigkeiten des geschichtlichen Handelns und der „Ethik Jesu".[44] Im zweiten Fall wird das Wirkliche konfliktlos als das Christliche angesprochen.

Wo eine „Ethik Jesu", etwa in der Gestalt einer so verstandenen Bergpredigt, losgelöst von dem Glauben an die Menschwerdung Gottes in Christus und an die Versöhnung der Welt mit Gott durch Christus auf den Plan tritt, dort kommt es | entweder zu schwärmerisch-revolutionären Ereignissen oder

---

40 Vgl. Lk 2,1 f (*Augustus, Cyrenius*); 3,1 (*Tiberius*); Mk 15 (*Pilatus*). □ **41** Am Rand: „Schuld [ersetzt wohl: „Das Böse"] aufsichnehmen ..." („ ..." im Ms); „Schuld" steht mit geschwungenem Zuordnungsstrich zu „aufsichnehmen" oberhalb von: „Das Böse" (nicht gestr.). □ **42** Nach „*wirklichkeitsgemäßes*" Zusatz am Rand, gestr.: „und damit gutes". ‚*Christusgemäß*' vgl. Röm 15,5 (Hinweis: T. Vogel, „Christusgemäßes Handeln ...", 438). □ **43** Gestr.: „kehrt den Satz um und sieht in einem". □ **44** Den Ausdruck „Ethik Jesu" benutzte z. B. Ernst Troeltsch in „Grundprobleme der Ethik" (1902), Gesammelte Schriften II, 630 u. ö. (im Umkreis Anstreichungen in Bonhoeffers Exemplar); in Anm. 55 zu 626 Hinweis auf den (demjenigen Troeltschs) „sehr verwandten Standpunkt" in Naumanns „Briefen". Vgl. F. Naumann, Briefe über Religion, 115 (im Nachwort „Nach 13 Jahren", 1917): „ ... die Gemeinschaft der Nation als Ganzes muß beides zugleich in sich tragen: Jesus und Cäsar! Das ist hart für die Jünger der Bergpredigt, aber es ist so. Ein ausgeglättetes problemloses Christentum gibt es nicht." Vgl. S. 236 f.

aber es kommt zum Verzicht auf die „Anwendung dieser Ethik" im geschichtlichen Handeln und zu einer Privatisierung der christlichen Ethik überhaupt. Die „Ethik Jesu" scheitert entweder im Großen an der geschichtlichen Welt – zum Beispiel das Schwärmertum der Reformationszeit[45] – oder sie zieht sich auf den außerordentlich engen Bezirk des privaten Lebens des Einzelnen zurück – zum Beispiel im Pietismus oder auch im Liberalismus eines Friedrich Naumann.[46] In die konkrete geschichtliche Verantwortung aber führt diese „Ethik Jesu" nicht hinein. Daher die heute in der ganzen Christenheit verbreiteten Gemeinplätze, daß man mit der Bergpredigt keine Politik machen könne und ähnlich.[47] Vorherrschend ist hier die Auffassung von einer in sich bestehenden, „eigengesetzlichen" geschichtlichen Wirklichkeit und einer ihrem Ursprung und ihrem Wesen nach wirklichkeitsfremden christlichen Ethik, die jener Wirklichkeit aufgezwungen werden soll. Vergessen aber ist die entscheidende Tatsache, von der aus die Struktur des Wirkli-

45 Vgl. u. a. die Anhänger des Kaspar Schwenckfeld von Ossig, dessen Name im Finkenwalder Predigerseminar 1936/37 erwähnt wurde, s. DBW 4 (N), 284. □ **46** Die Frömmigkeitsbewegung des ‚*Pietismus*' brachte keineswegs in allen Varianten den Rückzug aus der Öffentlichkeit mit sich; im Dritten Reich aber entwickelten pietistische Gruppen diese Tendenz und hatten keine Neigung zu aktivem Widerstand. Der ‚*Liberalismus*' Naumanns war als politisches Konzept auf die Gesamtgesellschaft gerichtet, ließ als theologisches Konzept freilich die „Ethik Jesu" nur im Bereich des Privaten und Innerlichen Richtschnur für den modernen Menschen sein. Vgl. zu Naumann: ThDB 231 f. □ **47** „keine Politik machen" ersetzt: „nicht regieren". O. Baumgarten, Politik und Moral, 33 (Bonhoeffers Exemplar ist an dieser Stelle aufgeschnitten, keine Anstreichung): Jesu „eigene Ethik, sein Ethos, sein ganzes Interesse liegt in einer stillen, innerlichen und jenseitigen Überwelt, deren Normen er aus der Tiefe einer in Gott verborgenen Seele herausholte. Darum kann ja auch nicht daran gedacht werden, seine sittlichen Weisungen auf das Staatsleben zu übertragen"; 110 (in einer angestrichenen Passage): „Den prinzipiellen Gegensatz der Ethik der Bergpredigt und der nationalen Ethik hat er [Bismarck] aber nie erfaßt. Und es ist interessant zu beobachten, wie bei ihm nicht anders als bei der Mehrzahl der konservativen Junker das persönliche und politische Verhalten diametral der Bergpredigt entgegengesetzte Wege geht ..." (ab „Und es ist interessant ..." zusätzlich ein großes „!" neben dem Text). Vgl. M. Weber, Politik als Beruf, 538: „Denn wenn es in Konsequenz der akosmistischen Liebesethik heißt: ‚dem Übel nicht widerstehen mit Gewalt' [in der Bergpredigt, Mt 5,39], – so gilt für den Politiker umgekehrt der Satz: du *sollst* dem Übel gewaltsam widerstehen, sonst – bist du für seine Überhandnahme *verantwortlich*."

chen überhaupt nur erkannt werden kann, die Menschwerdung Gottes, das Eingehen Gottes in die Geschichte, die Annahme der geschichtlichen Wirklichkeit in der Wirklichkeit Jesu Christi. Vergessen ist, daß die Bergpredigt das Wort dessen ist, der der Wirklichkeit nicht als Fremder, als Reformer, als Fanatiker, als Religionsstifter gegenüberstand, sondern der das Wesen des Wirklichen am eigenen Leibe trug und erfuhr, der aus dem Wirklichen heraus redete wie nie ein Mensch auf Erden. Die Bergpredigt ist das Wort dessen, der selbst der Herr und das Gesetz des Wirklichen ist. Die Bergpredigt als das Wort des Mensch gewordenen Gottes zu begreifen und auszulegen, darum geht es, wenn die Frage nach dem geschichtlichen Handeln gestellt wird, und hier muß es sich dann bewähren, daß christusgemäßes Handeln wirklichkeitsgemäßes Handeln ist. |

Christusgemäßes Handeln entspringt nicht aus irgendeinem ethischen Grundsatz, sondern an der Person Jesu Christi selbst. Weil in ihm aber alles Wirkliche zusammengefaßt ist, darum ist er der Ursprung[48] alles wirklichkeitsgemäßen Handelns überhaupt.[49]

Jesus Christus ist der verantwortlich Lebende schlechthin. Er ist nicht der Einzelne, der zu einer eigenen ethischen Vollkommenheit gelangen will, sondern er lebt nur als der, der in sich das Ich aller Menschen aufgenommen hat und trägt.[50] Sein gesamtes Leben, Handeln und Leiden ist Stellvertretung. Als der Menschgewordene steht er wirklich an der Stelle aller Menschen. Was die Menschen leben, handeln und leiden sollten, trifft ihn.[51] In dieser realen Stellvertretung, die seine menschli-

---

48 Ersetzt: „Quelle für". □ **49** Der folgende Absatz („Jesus Christus ... verantwortliches Handeln") ersetzt einen von Bonhoeffer durch Umstellungen und Randzufügungen veränderten, nur teilweise gestrichenen Text. Unter dem Text stehen die Stichwörter: „Stellvertretung ˡ Freiheit nicht knechtische ˡ Liebe ˡ Schuld". □ **50** In der Vorform folgt an entsprechender Stelle, gestr.: „Er vereinigte in sich nicht nur seine Familie, sein Volk, sondern die ganze Menschheit. Er nahm das Ich aller Menschen in sein Ich hinein. Für sie lebte und handelte er. Seine Worte, seine Taten, sein Leiden galt ihnen, für die die Verantwortung auf ihm lag." □ **51** In der Vorform folgt der in sich umgestellte und durch Randzufügung erweiterte Satz, nicht gestr.: „Daß er selbst ohne die Verantwortlichkeit eines Berufes oder einer Ehe lebte, stellt ihn keineswegs – was wiederum nur der verneinen kann, der ihn nicht als den sieht, der er von Gott her war – aus dem Bereich der Verantwortlichkeit an sich heraus, sondern che Existenz ausmacht, ist er der Verantwortliche schlechthin. In der realen Stellvertretung Jesu Christi für die Menschen liegt die Wurzel aller menschlichen Verantwortlichkeit. Verantwortliches Handeln ist stellvertretendes Handeln. Stellvertretendes Handeln ist nur insofern von Anmaßung und Übergriff frei als es begründet ist in der in Gottes Menschwerdung geschaffenen realen Stellvertretung Jesu Christi für die Menschen. Allein von ihr aus gibt es echtes stellvertretendes und damit verantwortliches Handeln.[52]

Der Inhalt der Verantwortung Jesu Christi für die Menschen ist Liebe, ihre Form ist Freiheit. Die Liebe, um die es hier geht, ist die verwirklichte Liebe Gottes zu den Menschen und die Liebe der Menschen zu Gott. Weil Jesus Christus die menschgewordene Liebe Gottes zu den Menschen ist, darum ist er nicht der Verkünder abstrakter ethischer Ideologien, sondern der konkrete Vollstrecker der Liebe Gottes. Der Mensch wird nicht zur Verwirklichung ethischer Ideale, sondern in ein Leben in der Liebe Gottes und das heißt in der Wirklichkeit gerufen. In der Liebe Gottes wider- | fährt dem Menschen das heilige Gericht Gottes nach den ewigen Geboten der göttlichen Gerechtigkeit. Diese Gebote unterscheiden sich darin von allen Ideologien, daß sie in Jesus Christus mitten in der Geschichte erfüllt sind und dies in dem Wirklichwerden der Liebe Gottes in der Welt. Losgelöst von ihrer Erfüllung zerschmettern sie die Menschen und die Welt furchtbarer als jede Ideologie, als in Christus erfüllte tragen und erhalten sie Menschen und Welt in der göttlichen Liebe. Die Gebote der göttlichen Gerechtigkeit werden erfüllt in der Stellvertretung und das heißt in konkretem verantwortlichem Handeln der Liebe zu den Menschen[53].

Die Liebe, die dem wirklichen Menschen – und nicht irgendeiner Menschenidee – gilt, läßt sich durch kein Gesetz regeln, sie geschieht in der Freiheit der persönlichen Hingabe. So wird Jesus immer wieder zum Durchbrecher des Gesetzes um des

---

es macht seine einzigartige Verantwortung für alle Menschen nur umso deutlicher." Vgl. S. 257. □ **52** Neben dem gesamten Absatz „Jesus Christus ist ... Handeln" (S. 230 f), der auf einem neuen Bogen beginnt, am Rand Tintenstrich. □ **53** Gestr.: „in der Aufrichtung der göttlichen Gerechtigkeit. (Jesus Durchbrecher des Gesetzes – Freiheit ..)".

„Gesetzes" oder klarer: um der Freiheit der göttlichen Liebe willen. Die Liebe nimmt das Wirkliche wie es ist als zu ihr gehörig, sie mißachtet es nicht um einer Idee willen, sie nimmt es als gegeben und von Gott geliebt hin. Die Weise mit dem Wirklichen umzugehen, gewinnt sie nicht unabhängig vom Wirklichen, sondern aus der Wirklichkeit des Wirklichen, aus dem von-Gott-Geliebt-sein. Die Liebe Gottes, mit der das Wirkliche, die Welt, geliebt wurde,[54] im Wirklichen zu erfassen und von ihr her den Umgang mit der Wirklichkeit zu finden, ist das Wesen alles konkreten verantwortlichen Handelns. Nur die Liebe selbst vermag Gottes Liebe im Wirklichen aufzuschließen und in der Freiheit von allen wirklichkeitsfremden Ideologieen ist sie in ihrem Handeln gebunden durch die Wirklichkeit der Liebe Gottes, die in Jesus Christus die Welt geliebt hat. Jesus Christus als die Liebe Gottes zu der wirklichen Welt, mit ihrer wirklichen Geschichte, Politik und so weiter zu verstehen, mit anderen Worten | die wirklichen Menschen, Umstände, Bewegungen, also die wirkliche Welt, in Jesus Christus und Jesus Christus in der wirklichen Welt zu erkennen, verleiht die Freiheit verantwortlichen Handelns an der Welt, in der Geschichte.

Weil es Jesus nicht um die Aufstellung und Verwirklichung neuer ethischer Ideale, also nicht um irgendein eigenes Gutsein, sondern ganz allein um Gottes Liebe zu den Menschen geht, darum kann er in die Schuld der Menschen eintreten, *sich mit ihrer Schuld belasten lassen*. Er will nicht auf kosten der Menschen als der einzig Vollkommene gelten, will nicht als der einzig Schuldlose auf die unter ihrer Schuld zugrundegehende Menschheit herabsehen, will nicht über den Trümmern einer gescheiterten Menschheit irgendeine Menschenidee triumphieren lassen. Die Liebe zum wirklichen Menschen führt in die Gemeinschaft der menschlichen Schuld.[55] Er will sich nicht von der Schuld freisprechen, in der die Menschen, die er liebt, leben. Eine Liebe, die den Menschen in seiner Schuld allein ließe,

54 Vgl. Joh 3,16. □ **55** Vgl. F. Nietzsche, Ecce homo, im Abschnitt „Warum ich so weise bin" 5, Werke XV, 18 [KGW VI, 3, 269]: „Ein Gott, der auf die Erde käme, dürfte gar nichts Andres *thun* als Unrecht, – nicht die Strafe, sondern die *Schuld* auf sich zu nehmen wäre erst göttlich." (Hinweis hierauf und auf andere Nietzsche-Stellen: Matthias Schollmeyer.) Vgl. in „Staat und Kirche" hätte nicht den wirklichen Menschen zum Gegenstand. So wird Jesus in der stellvertretenden Verantwortung für die Menschen, in seiner Liebe zum wirklichen Menschen, zum Schuldbeladenen, ja zu dem, auf den zuletzt alle Schuld der Menschen fällt und der sie nicht von sich weist, sondern sie demütig und in unendlicher Liebe trägt. Als im geschichtlichen Dasein des Menschen verantwortlich Handelnder, als in die Wirklichkeit eingegangener Mensch wird Jesus schuldig. Weil aber sein geschichtliches Dasein, sein Kommen ins Fleisch [seinen][56] einzigen Grund in Gottes Liebe zu den Menschen hat, darum ist es die Liebe Gottes die Jesus schuldig werden läßt.[57] Aus der selbstlosen Liebe zum Menschen, aus der Sündlosigkeit heraus tritt Jesus in die Schuld der Menschen ein, nimmt er sie auf sich. Sündlosigkeit und Schuld- | tragen gehören in Jesus unlösbar zusammen.[58] Als der sündlos Liebende nimmt Jesus die Schuld der Menschen auf sich und unter der Last der Schuld erweist sich Jesus als der Sündlose. In diesem sündlos schuldigen Jesus Christus hat nun jedes stellvertretend verantwortliche Handeln seinen Ursprung. Gerade weil und wenn es verantwortlich ist, weil und wenn es in ihm ganz um den anderen Menschen geht, weil und wenn es aus selbstloser Liebe zum wirklichen Menschen hervorgeht, kann es sich der Gemeinschaft der menschlichen Schuld nicht entziehen wollen. Weil Jesus die Schuld aller Menschen auf sich nahm, darum wird jeder verantwortlich Handelnde schuldig. Wer sich in der Verantwortung der Schuld entziehen will, löst sich aus der letzten Wirklichkeit der Geschichte, aus dem erlösenden Geheimnis des Schuldtragens Jesu Christi und hat keinen Anteil an der göttlichen Rechtfertigung, die über diesem Ereignis liegt. Er stellt seine persönliche Unschuld über die Verantwortung für die Menschen und ist blind für die heillosere Schuld, die er gerade damit auf sich lädt, blind auch dafür, daß sich wirkliche Unschuld gerade darin erweist, daß sie um des anderen Menschen willen in die Gemeinschaft seiner Schuld eingeht. Daß der Sündlose schuldig wird gehört

---

DBW 16, 518. □ **56** Im Ms versehentlich: „ihren“. □ **57** Von hier bis S. 241,30 sind Doppelbögen verwendet, die deutlich vom deutschen Papierformat abweichen, sie sind kürzer und breiter; Eberhard Bethge, der 1944, zeitweise als Schreibstuben-Soldat, in Italien war, charakterisiert sie als „italienisch“. □ **58** Vgl. DBW 1 (SC), 99.

durch Jesus Christus zum Wesen verantwortlichen Handelns. Frevel und ungeheuerliche Verkehrung ist es, wenn hieraus die Freigabe der bösen Tat an sich gefolgert wird. Nur wo die Liebe, die Verantwortung, in die Schuld führt, nimmt das Handeln teil an der Rechtfertigung, die dem sündlosen Schuldtragen Jesu Christi gilt. Der qualitative Unterschied, zwischen dem Handeln Jesu und unserem Handeln, zwischen der wesenhaften Sündlosigkeit, in der Jesus Schuld auf sich nimmt, und der wesenhaften Erbsündigkeit, von der alles menschliche Handeln vergiftet ist, bleibt bestehen. Obwohl auch das menschliche verantwortliche Handeln niemals das Handeln eines Sündlosen ist, so nimmt es als solches im Un- | terschied zu jedem selbstgerecht-prinzipiellen Handeln doch indirekt teil an dem Handeln Jesu Christi.[59] Es gibt hier so etwas wie eine relative Sündlosigkeit, die sich im verantwortlichen Aufnehmen der Schuld erweist.

Kehren wir nach diesen Überlegungen wieder zu der Frage nach dem Guten im geschichtlichen Handeln des Menschen zurück, so ist jedenfalls soviel klar geworden, daß es sich dabei nicht um das Problem der Anwendung einer sogenannten „Ethik Jesu" auf die Geschichte handeln kann, sondern um den Anspruch dessen, der das Wesen der Geschichte in seiner Person erfüllt hat, um den Anspruch Jesu Christi als [des][60] Menschgewordenen, auf die Geschichte, deren letzte Wirklichkeit er selbst ist. Die Worte Jesu, also zum Beispiel die der Bergpredigt, können nur noch als die Worte dessen ausgelegt werden, der in konkreter Verantwortung für die Menschen lebt, indem er real an ihrer Stelle steht und handelt (nicht aber indem er unerfüllbare Ideale vor ihnen aufrichtet), dessen Verantwortung in der freien Liebe zum wirklichen Menschen besteht (nicht aber in der Realisierung irgendeiner Menschenidee)[61], dessen reine Liebe sich erweist indem sie in die Schuld der Menschen eintritt (nicht aber indem sie sich von dieser Schuld ab-

---

59 Rechts neben diesem Satz, der auf der linken Innenseite eines Doppelbogens steht, auf der anschließenden Doppelbogen-Seite Bleistiftnotiz: „Verantwortung | *Stellvertretung* [die beiden Wörter stehen untereinander, rechts neben ihnen Seitenstrich; dahinter:] handeln aus ‚*neuer*' Gerechtigkeit". □ **60** Im Ms versehentlich: „dem". □ **61** Ersetzt: „(nicht aber zu irgendeiner Idee vom Menschen)".

sondert). Die Worte Jesu, also zum Beispiel die Bergpredigt, sind die Auslegung seiner Existenz, die Auslegung also jener Wirklichkeit, in der die Geschichte zu ihrer Erfüllung kommt in der Menschwerdung Gottes, in der Versöhnung der Welt mit Gott. Sie sind[62] göttliche Gebote für das Handeln in der Geschichte insofern als sie die in Christus erfüllte Wirklichkeit der Geschichte sind. Sie sind in und durch Christus in die Geschichte eingesenkte Worte, sind ihr geheimes, allein [in] Christus offenbares Leben.[63] Sie gelten also nicht nur in abstrakter Ethik – dort gelten sie vielmehr gerade nicht! – sondern in der Wirklichkeit der Geschichte. Jeder Versuch, sie zu isolieren, zu einer ,,Gruppenethik" zu machen, raubt | ihnen ihren Ursprung in dem Ereignis der göttlichen Weltversöhnung in Jesus Christus und damit ihre wirkliche Macht, entstellt und verzerrt sie zu einer schwachen Ideologie.[64]

Fassen wir nun um ganz konkret zu werden die Frage nach der *Geltung*[65] der Bergpredigt im geschichtlichen Handeln der Menschen ins Auge. Zwei große Irrtümer[66] durchziehen die Geschichte der Kirche bis zur Gegenwart, zwischen denen die Kirche dennoch immer wieder den rechten Weg gefunden hat. Der eine Irrtum hat seinen Ursprung in einem prinzipiellen Verständnis des Christlichen, der andere in einem prinzipiellen Verständnis des Weltlichen. Beide Irrtümer können auch neben-

---

62 Gestr.: „das erfüllte Gesetz der Geschichte." □ **63** Neben diesem Satz drei Tintenstriche und „!"; zu ‚*eingesenkt*' vgl. im Vortrag zur Vaterunser-Bitte (in der Bergpredigt Mt 6,10) „Dein Reich komme" 19. 11. 1932 DBW 12, 268: „... in die verfluchte Erde ist Christus eingegangen .... Darum ist das Reich des Christus ein Reich, das von oben in den verfluchten Acker hineingesenkt ist"; 276: Gott „senkt sein Reich in den verfluchten Acker". Im Ms nur: „... allein Christus offenbares Leben"; für eine versehentliche Auslassung des „in" sprechen die vorangehenden Formulierungen und auch das „in Jesus Christus offenbart" bei der späteren Aufnahme des Bildes vom Hineinsenken S. 394. □ **64** ‚*Gruppenethik*' würde nur in einem abgesonderten Kreise von (frommen) Menschen, z. B. in pietistischen Gruppen, gelten. Vgl. in Ernst Troeltschs Aufsatz „Grundprobleme der Ethik", Gesammelte Schriften II, 635, die von Bonhoeffer angestrichene und mit Fragezeichen versehene Formulierung: „der bekannte *charakteristische Grundzug der Ethik des Evangeliums, seine Gleichgültigkeit gegen die innerweltlichen Zwecke*"; 630 und 631 ist von „Ethik Jesu" und den „Tugenden des Frommen" die Rede. □ **65** Das Wort ‚*Geltung*' ist mit Bleistift unterstrichen. □ **66** Ersetzt: „Lösungsversuche dieser Frage".

einander existieren. In dem prinzipiellen Verständnis des Christlichen wird das Christliche isoliert und als das der Welt aufzuzwingende Gesetz aufgefaßt. Die Bergpredigt wird zum Gesetz alles weltlichen Handelns proklamiert. Sie tritt an die Stelle staatlicher Gesetze. Abschaffung des Kriegsdienstes, des Eides, des Eigentums sind selbstverständliche Folgen. Die Erfahrung des Scheiterns aller derartiger Versuche an der wirklichen Welt führt dazu, nun das bisher übersehene Weltliche prinzipiell zu verstehen. Das Gesetz der Welt erweist sich als stärker als das Gesetz des Christlichen und bekommt nun sein prinzipiell eigenes Recht gegenüber dem Christlichen. In weltlichen Dingen, heißt es nun, also in allen Fragen des politischen und geschichtlichen Handelns, hat das Christliche keinen Raum, sondern hier herrscht die Eigengesetzlichkeit der Welt. Das Christliche gehört in einen besonderen – kirchlichen, religiösen, privaten – Bereich und kann nur dort mit Recht ausgeübt werden.[67]

Schwärmerei und Säkularismus sind die beiden Gestalten, die diese Irrtümer in der Christenheit angenommen haben. Beide kommen bei scheinbar einander ausschließender Ge- | gensätzlichkeit darin überein, daß sie das Christliche und das Weltliche prinzipiell, und das bedeutet unabhängig von der Tatsache der Menschwerdung, verstehen.[68] Prinzipiell verstanden gibt es hier nur einen ewig unlösbaren Konflikt, über den das praktische Handeln nie hinauskommt, an dem es sich zerreibt. Es kommt dann dahin, daß dieses Stehen im unlösbaren Konflikt mit dem Pathos einer besonders tiefen Wirklichkeitserkenntnis als das Wesen der christlichen Existenz überhaupt ausgegeben wird. Das Handeln des Christen bekommt dann den dunkelen Glanz des Tragisch-Heroischen.[69] Es leuchtet ohne weiteres ein, daß

67 Am Rand mit Bleistift: „*Menschwerdung* | erk[ennen (?)] *Verantwortung*" (vgl. S. 232, 266). ☐ **68** Neben 236,24–237,12 („... Einheit von Gott und Welt") Tintenstrich am Rand. ☐ **69** Zu diesem ‚*Konflikt*'-Denken s. auch S. 43. In seiner Vorlesung 1931/32 DBW 11, 189 in Anm. 215, äußerte Bonhoeffer sich über Friedrich Naumann („Briefe über Religion"): „An dem Versuch, sie [die Bergpredigt] in das soziale Leben zu übertragen, ist Naumann gescheitert." A.a.O., 189: „Der Christ kann doch [laut Naumann] als Christ in der Welt leben, wo er das Schicksal, unter zwei Herren zu stehen, auf sich nimmt." Vgl. S. 264f (zur griechischen Tragödie).

dieser Aspekt dem Neuen Testament und den Worten Jesu ganz fern liegt. Nicht aus der bitteren Resignation über den unheilbaren Riß zwischen Christlichem und Weltlichem,[70] sondern aus der Freude über die vollzogene Versöhnung der Welt mit Gott, aus dem Frieden des vollbrachten Heilswerkes in Jesus Christus kommen die neutestamentlichen Worte über das christliche Handeln, kommt die Bergpredigt. Wie in Jesus Christus Gott und Mensch eins wurde, so wird durch ihn im Handeln des Christen das Christliche und das Weltliche eins. Sie streiten nicht widereinander als zwei ewig feindliche Prinzipien, sondern das Handeln des Christen quillt aus der in Christus geschaffenen Einheit von Gott und Welt. Aber auch diese Einheit[71] darf nun nicht als prinzipielle verstanden werden, ohne daß alles verdorben würde, sondern sie besteht allein in der Person Jesu Christi, in ihm als dem in stellvertretender Verantwortung handelnden, aus Liebe zum wirklichen Menschen in die Schuld der Welt eintretenden menschgewordenen Gott. Von ihm her allein gibt es nun auch menschliches Handeln, das sich nicht an prinzipiellen Konflikten zerreibt, sondern aus der vollzogenen Versöhnung der Welt mit Gott herkommt, ein Handeln, das der Note des Tragischen oder des Heroischen ganz und gar entbehrt, das vielmehr in Nüchternheit und Einfalt das | Wirklichkeitsgemäße[72] tut. Es ist ein Handeln in stellvertretender Verantwortung, in Liebe zum wirklichen Menschen, im Aufsichnehmen der Schuld, die auf der Welt liegt. Was ,,christlich" und was ,,weltlich" ist, steht nun nicht mehr von vornherein fest, sondern beides wird in seiner Einheit erst begriffen

---

70 Anläßlich seines umfangreichen Andachtenbuches ,,Gotteshilfe" (1902) war Friedrich Naumann 1903 von der Universität Heidelberg der Ehrendoktor der Theologie verliehen worden. Naumanns ,,Briefe über Religion" antworten einem imaginären Adressaten auf die Zuschrift (a. a. O., 8): ,,Es gibt nicht wenige Leser Ihrer Andachten, die es bei aller Freundschaft nicht recht verstehen, wie Sie gleichzeitig Christ, Darwinist und Flottenschwärmer sein können." Vgl. eine Antwort Naumanns, a. a. O., 18: ,,Wir sind an das Alte gebunden, weil wir keinen Ersatz dafür haben. Nennen Sie das Resignation!" Zu den ,,Briefen über Religion" vgl. Th. Heuß, Friedrich Naumann, 138–146; Bonhoeffer las Heuß' Buch für seine ,,Ethik", s. DB 803. □ 71 Hier schließt an den vorigen Seitenstrich (S. 236 f) eine weitere Anstreichung an bis S. 238,5. □ 72 Dieses Wort ersetzt offenbar (steht oberhalb von): ,,Gebotene" (nicht gestr.). An der entsprechenden Stelle S. 266,6 f nur: ,,das Wirklichkeitsgemäße".

in der konkreten Verantwortung des Handelns im Blick auf die in Jesus Christus geschaffene Einheit.

Die Bergpredigt stellt den zum geschichtlichen Handeln Geforderten vor das Ereignis der Versöhnung der Welt mit Gott in Jesus Christus, und damit in die echte christliche[73] Verantwortung.

Diese echte christliche Verantwortung umfaßt das Ganze des weltlichen Handelns. Sie läßt sich keineswegs auf irgendeinen isolierten religiösen Bereich beschränken. Sie hebt als in der Wirklichkeit der Menschwerdung Gottes begründete jenen falschen Realismus aus den Angeln, der seine Wurzeln in der Entstehung[74] der modernen Staatstheorie seit Machiavelli hat, in seinen letzten Konsequenzen aber in unserer Zeit in Erscheinung getreten ist und in Wahrheit durchaus wirklichkeitswidrig und doktrinär ist. Mit dem Anspruch besonders nüchterner Wirklichkeitserkenntnis wird hier als Wesen und Ziel alles geschichtlich politischen Handelns die unbedingte Selbstbehauptung bezeichnet, der sich alles andere unterzuordnen hat.[75] Geschichtlich-politisches und christliches Handeln müssen daher in einander ausschließenden Gegensatz treten, Selbstbehauptung,[76] Gewalt, Auflehnung, Kampf, Schuldverstrickung auf der einen Seite und Selbstpreisgabe, Verzicht, Leiden, Feindesliebe, Vergebung, Unschuld auf der anderen Seite stehen einander unüberbrückbar gegenüber, Gewalt[77] steht gegen Liebe. Es

73 „echte christliche" ersetzt: „stellvertretende". □ 74 Unter den Worten „in der Entstehung" mit Tinte eine Wellenlinie (Bonhoeffers Kennzeichnung von etwas Fraglichem), kurzer waagerechter Strich am Rand. □ 75 Z. B. O. Baumgarten, Politik und Moral, 24, bezeichnet „die stahlharte Auffassung der Bedeutung der Macht und der Selbstbehauptung für das Wesen des Staates" als notwendig; 34: der nach der Bergpredigt Handelnde „ist ewig verdorben für das politische Geschäft. Denn er muß selbst dem Feinde und dem fremden Staats- und Volksleben gegenüber aus der Maxime der Liebe handeln, die das Beste des andern sucht, statt aus dem der Selbstbehauptung .... Man muß neben dies Ethos der Bergpredigt nur einmal das Ethos des Genius des nationalen Machtstaates, Bismarcks, halten, so spürt man die unversöhnlichen Gegensätze". Bonhoeffers Exemplar ist nicht durchgängig, aber an diesen Stellen aufgeschnitten. □ 76 Vgl. W. Kamlah, Christentum und Selbstbehauptung, 36: „Jesus und die Gemeinde hoffen nicht mehr auf geschichtlich-politische Zukunft. Denn der Verzicht auf die *Eigenmacht* der Selbstbehauptung radikalisiert sich zum Verzicht auf die *Selbstbehauptung*." □ 77 Ersetzt: „Macht".

ist, so heißt es, Utopie,[78] mit der Bergpredigt geschichtlich-politisch handeln zu wollen. Diese Auffassung ist, besonders in Deutschland, aber auch weit darüber hinaus so sehr Gemeingut geworden, daß es zu einer völligen Zerreißung zwischen ge- | schichtlich-politischem und christlichem Handeln gekommen ist. Es ist aber nicht schwer, sie als wirklichkeitswidrig, unrealistisch, und als falsch zu erweisen. Das Bestechende dieses angemaßten Realismus findet die oberflächliche Beobachtung in bestimmten geschichtlichen Phänomenen auf politischem und wirtschaftlichem Gebiet, deren erstaunliche Erfolge allein aus dem bedingungslosen Gebrauch von Gewalt stammen. Die Beobachtung ist schon insofern oberflächlich, als sie sich jeweils auf einen äußerst kurzen Zeitraum beschränkt und das Ende derartiger Erfolge nicht abwartet. Sodann aber wird übersehen, daß selbst der skrupelloseste Gebrauch von Gewalt immer die Maske christlicher Begriffe nötig hat, um sich durchzusetzen,[79] worin wider Willen eine Anerkennung der Tatsache liegt, daß auch das politische Handeln nicht allein auf Gewalt aufgebaut sein kann. Wirklichkeitswidrig ist dieser angebliche Realismus daher darin, daß er die in der Geschichte allem Mißbrauch von Gewalt gesetzten Grenzen und also das Scheitern jeder reinen Gewaltherrschaft übersieht und daß er nicht erkennt, wie in der Geschichte jede Gewalt von der – wenn auch nur geheuchelten – Anerkennung gewisser letzter Wirklichkeiten [lebt][80], die das Lebensgesetz der Geschichte[81] selbst ausmachen. Falsch aber

---

78 Vgl. den Titel, den Gerhard Ritter 1940 für sein Buch wählte: „Machtstaat und Utopie"; „Machtstaat" verweist auf Machiavellis (und zugleich verschlüsselt auf Hitlers) politisches Denken, „Utopie" auf Thomas Morus. ‚*Utopien*' sind gedankliche Entwürfe einer künftigen Gesellschaft oder Welt, für die jetzt noch „kein Ort" (griech. οὐ τόπος) in der Wirklichkeit ist. □ **79** Vgl. O. Baumgarten, Politik und Moral, 7: „Eben dies ist ja die Not der englischen Politik, daß sie sich mit ihren brutalen Machtinstinkten doch rechtfertigen und ausweisen muß vor einem Volke, das an ethische, altruistische, humane Maßstäbe gewöhnt ist. Dadurch erklärt sich die vielgerügte ‚Heuchelei', die Kulissenschieberei": Politiker müssen sich ihrer bedienen, „um ihre unpopuläre Machtpolitik dem christlich-sittlich gewöhnten Volke genießbar zu machen". □ **80** Im Ms (offenbar bezogen auf gestr.: „... was jenseits ihrer Macht"): „liegt". □ **81** „Lebensgesetz" ersetzt: „Leben". In Sir 17,9 (Gott hat die geschaffenen Menschen „gelehret und ein Gesetz des Lebens gegeben") ist in LB „Gesetz des Lebens" mit Bleistift unterstrichen. Vgl. W. Lütgert, Ethik der sind die Grundlagen dieses sogenannten Realismus insofern, als in ihnen das Wesen des christlichen Begriffes der Liebe und damit der Begriffe der Selbstverleugnung, Vergebung, des Leidens, Verzichtens, der Feindesliebe und Unschuld nicht erkannt ist. Der Pseudorealismus macht aus ihnen abstrakte Ideale, statt sie in der Menschwerdung Jesu Christi, also in ihrer weltlichen wirklichen Gestalt zu erkennen. Wie Gott Mensch wurde und nie mehr als Idee, sondern nur als Menschgewordener erkannt werden kann, so nahm auch die Liebe Gottes Weltgestalt an und nur als solche, nie aber als blasse Idee, ist sie die Liebe Gottes.[82]

Die Liebe, um die es im Evangelium im Unterschied zu aller | Philosophie geht, ist nicht eine Methode des Umgangs mit Menschen, sondern ein Hineingezogenwerden und Hineinziehen in ein Ereignis, nämlich in die in Jesus Christus vollzogene Gemeinschaft Gottes mit der Welt, ,,Liebe" gibt es nicht als abstrakte Eigenschaft Gottes, sondern als reales von Gott Geliebtsein des Menschen und der Welt. ,,Liebe" gibt es auch nicht als menschliche Eigenschaft, sondern als ein reales Zueinandergehören, Miteinandersein des Menschen mit dem Menschen und mit der Welt aufgrund der Liebe Gottes zu mir und zu ihnen.[83] Wie Gottes Liebe in die Welt einging und sich dem Mißverständnis und der Zweideutigkeit alles Weltlichen ergab, so existiert die christliche Liebe auch nicht anders als im Weltlichen, in der unendlichen Fülle konkreten weltlichen Handelns, aller Mißdeutung und Verurteilung unterworfen. Jeder Versuch, ein von weltlichen ,,Verunreinigungen" destilliertes

---

Liebe, 216: ,,Gesetz, nach dem Gott die Geschichte regiert, d. h. das Lebensgesetz der Völker" (neben dem ganzen Satz Seitenstrich Bonhoeffers). □ **82** ,,blasse Idee ... Gottes" ersetzt: ,,blasse, dünne Idee, hat sie Wirklichkeit". Von dieser Textveränderung an ist mit Tinte einer anderen Schattierung geschrieben, statt blauschwarz nun klarblau (ohne Beimischung von Schwarz); auch die Tintenstriche am Ms-Rand (Merkstriche für die Arbeit an der zweiten Ms-Fassung) sind klarblau. Die vor und nach Ettal entstandenen Manuskripte bis hierher haben die schwärzlichere, alle weiteren ,,Ethik"-Aufzeichnungen (Manuskripte und Zettel) sowie die Texte ,,Die Lehre vom primus usus legis" und ,,‚Personal'- und ‚Sach'ethos" die klarblaue Tintenschattierung. □ **83** Im Ms: ,,aufgrund der Grund Liebe Gottes". Wie hier ,,Liebe" als Beziehung, nicht als Eigenschaft gefaßt ist, so in DBW 3 (SF), 58 f, Freiheit.

Christentum der „reinen" Liebe darzustellen, ist falscher Purismus und Perfektionismus, der die Menschwerdung Gottes verachtet[84] und dem Schicksal jeder Ideologie verfällt. Weil Gott nicht zu rein war, um in die Welt einzugehen, darum wird auch die Reinheit der Liebe nicht darin bestehen, sich von der Welt fernzuhalten, sondern sie wird sich gerade in ihrer Weltgestalt erweisen. Von hier aus wird es nicht nur möglich, sondern geboten, das geschichtliche Handeln als christliches Handeln, als Handeln aus der menschgewordenen Liebe Gottes heraus zu verstehen.

Die Bergpredigt als die Verkündigung der menschgewordenen Liebe Gottes ruft den Menschen in die Liebe zum anderen Menschen und eben damit zur Verleugnung alles dessen, was ihn an dieser Aufgabe hindert, in einem Wort: zur Selbstverleugnung. Im Verzicht auf das eigene Glück, das eigene Recht, die eigene Gerechtigkeit, die eigene Würde, auf Gewalt und Erfolg, im Verzicht auf das eigene Leben[1)] | wird der Mensch bereit zur Nächstenliebe. Die Liebe Gottes befreit den von der Selbstliebe getrübten und irregeführten Blick des Menschen zu der klaren Erkenntnis der Wirklichkeit, des Nächsten und der Welt und macht ihn so und nur so bereit zur Wahrnehmung echter Verantwortung.

So stellt die Bergpredigt selbst den Menschen vor die Notwendigkeit geschichtlich verantwortlichen Handelns. Sie wendet sich an den Einzelnen, aber nicht damit der Einzelne an sich etwas sei, sondern damit er sei, was er von Gott her ist, nämlich ein in geschichtlicher Verantwortung Stehender.

Weil aber der Einzelne immer schon der in Verantwortung Gestellte ist, darum ist die alte Frage, ob die Bergpredigt [zwar][86] dem Einzelnen als Einzelnen, nicht aber dem in Verantwortung für andere Stehenden gelte, falsch gestellt.[87] Die

---

[1)] Nachfolge S .... .[85]

84 „die ... verachtet" steht über: „sich von der Menschwerdung Gottes gelöst hat" (nicht gestr.). ‚*Purismus*' will Reinheit, Unvermischtheit, ‚*Perfektionismus*' Vollkommenheit. □ **85** Vgl. DBW 4 (N), 102–108, zu Seligpreisungen, wo aber 108 „Aufruhr" (statt S. 241 „Erfolg") steht und „Verzicht auf Leben" fehlt. □ **86** Im Ms statt „zwar" versehentlich: „nicht nur". □ **87** Vgl. DBW 4 (N), 137 f: Abweisung der Unterscheidung zwischen Privatperson und Amts-

Bergpredigt selbst stellt den Menschen in Verantwortung für andere und kennt keinen Einzelnen als Einzelnen. Sie begnügt sich aber auch nicht damit, den Einzelnen für seine Aufgabe in der Gemeinschaft vorzubereiten, sondern sie beansprucht den Einzelnen in seinem verantwortlichen Handeln selbst.[88] Sie ruft ihn zu der Liebe, die sich in verantwortlichem Handeln am Nächsten bewährt und deren Ursprung die Liebe Gottes ist, die die ganze Wirklichkeit in sich schließt. Ebensowenig wie es eine Begrenzung der Liebe Gottes zur Welt gibt, gibt es eine Begrenzung der aus Gottes Liebe entspringenden menschlichen Liebe auf bestimmte Lebensbereiche und -beziehungen. Es ist alles in sie eingeschlossen. Die Bergpredigt gilt als Wort der weltversöhnenden Liebe Gottes entweder überall und jederzeit, oder sie geht uns ernstlich überhaupt nichts an. Das Idyll des Lebens am See Genezareth, das übrigens garnicht so idyllisch war,[89] hat

---

träger im Blick auf das Bergpredigt-Wort Mt 5,39 (dem Bösen nicht widerstehen). – Von „als Einzelnen . . ." (S. 241,30) an steht das Ms auf Doppelbögen im Kanzleiformat mit „Hohenkrug"-Wasserzeichen; der „Ethik"-Zettel Nr. 19 mit der Überschrift „*Verantwortung*" ist auf Papier dieser Sorte geschrieben. □ **88** In diesem Satz ist „in der Gemeinschaft" mit blauem Farbstift zugesetzt. Nach einer durch den folgenden Text ersetzten Streichung von fünf Zeilen (deren Ende: „ . . . Sie ruft ihn in die Wirklichkeit der menschgewordenen Liebe Gottes"; vgl. den nächsten Satz im Text ab S. 242,5: „Sie ruft ihn zu der Liebe . . .") im Ms zahlreiche schräg an den Rand geschriebene, in sich umgestellte Notizen: „= Auch der Einzelne lebt durch Selbstbehauptung, sei es durch staatliche oder eigene! – Der *Mensch* soll lieben etc. – also Selbstbehauptung etc. vorausgesetzt. ' Geltung der Bergpredigt nicht als Idealtyp, sondern zur ' [Anschluß hieran vermutlich in der übernächsten Zeile: „Unterwerfung . . ."] Inhalte: ‚Ideale'. – ' Unterwerfung der Gemeinschaft unter ihre Verantwortung. Weder Selbstbehauptung gesetzlich, noch Preisgabe, auch beim Einzelnen. Doppelte Moral, Person und Amt? ' Schuld auf sich nehmen. Selbstbehauptung, Feindesliebe. ' Mittel und Zweck. – Bedeutung des *Erfolges* [die beiden folgenden Wörter sind nachträglich zugesetzt] ' Scheitern – Kreuz? ' im geschichtlichen Handeln. Machtentfaltung [nach dem mit blauem Farbstift geschriebenen Wort „Machtentfaltung" folgen die beiden Sätze „= Auch der Einzelne . . . Selbstbehauptung etc. vorausgesetzt", deren Umstellung an den Anfang durch eine Zuweisungslinie gewünscht ist; unter dieser Linie:] ' Mittel und Zweck gibt es in der Liebe nicht". □ **89** F. Naumann, Briefe über Religion, 55: „Wir sehen Jesus im internationalen Römerreich in der kleinen jüdischen Ecke . . . : die Kindschaft Gottes in Galiläa. Eine Kindschaft Gottes in Paris oder London oder Berlin ist nicht genau dasselbe." Vgl. O. Baumgarten, Politik und Moral, 33 (Jesu „eigene Ethik, sein Ethos, sein ganzes Interesse liegt in einer stillen, innerlichen und jenseitigen Überwelt"), s. S. 229 in Anm. 47.

mit der Liebe Gottes zur Welt nicht mehr zu tun als die Industriestädte[90] und die politischen Großmächte unserer Zeit.[91] Die Kreuzigung Jesu Christi ist der zwingendste Beweis[92] dafür, daß Gottes Liebe allen Zeiten gleich nah und gleich fern ist. Eine | in irgendeinem Sinne begrenzte Liebe müßte[93] nicht ans Kreuz. Weil Gott die ganze Welt geliebt hat, darum stirbt Jesus. Wir aber werden in diese selbe durch das Kreuz Jesu besiegelte Liebe zur ganzen Welt hineingerufen.

Um die Frage der Geltung der Bergpredigt im geschichtlichen Handeln des Menschen zu beantworten, ohne doch schon die erst später zu besprechende Einzelfrage der politischen Ethik[94] vorwegzunehmen, wollen wir das Problem an einer besonders bezeichnenden Stelle zur Entscheidung zu bringen versuchen. Wir wählen als besonders bezeichnend für das geschichtliche Handeln den politischen Bereich und fragen beispielsweise nach der Geltung der Worte von der Selbstverleugnung und von der Feindesliebe für den politisch Handelnden.

Es gehört zu den Abstraktionen des pseudorealistischen Denkens, die Selbstbehauptung als das einzige Gesetz des politischen, die Selbstverleugnung als das einzige Gesetz des christlichen Handelns zu bezeichnen und in beiden einen sich ausschließenden Gegensatz, eine doppelte Moral,[95] zu sehen. Es handelt sich dabei um jenes prinzipielle Verständnis des Weltlichen und des Christlichen, das an der Wirklichkeit der Mensch-

---

90 Ersetzt: „Fabriken". □ **91** Gestr.: „Der Ruf Jesu Christi, an dieser Liebe Gottes tätig teilzunehmen ging damals wie heute auf das Lebensganze". □ **92** Ersetzt: „Der Tod Jesu Christi ist hierfür der zwingendste Beweis." Danach, gestr.: „Weil Gott unsere heutige Welt [gestr.: „in Jesus Christus"] mit ihren Menschenmassen [ersetzt: „mit allen ihren Schrecken"] nicht weniger liebt als". □ **93** „Eine in ... müßte" ersetzt: „Eine Liebe, die sich auf bestimmte Kreise beschränkte, braucht". □ **94** Die hier beabsichtigten Ausführungen hat Bonhoeffer nicht mehr niedergeschrieben. □ **95** Zum Begriff der ‚*doppelten Moral*' vgl. E. Troeltsch, Soziallehren, 491–506. G. Ritter, Machtstaat und Utopie, 109: „Ernst Troeltsch hat dem lutherischen Christen, und insbesondere dem lutherischen Fürsten, eine ‚doppelte Moral' zugeschrieben"; diese Auffassung wird von Ritter, a. a. O., 109–111 und 165 Anm. 13 bis 17, im Rückgriff auf Luther abgewiesen; 165 Anm. 17: „der von Troeltsch gebrauchte Ausdruck ‚doppelte Moral' ist so unglücklich wie möglich, nämlich ‚machiavellistisch' statt lutherisch formuliert". Auf einem Zettel mit dem Datum eines Treffens (17. 11. 1942) des „Freiburger Kreises", dem Ritter angehörte, notierte Bonhoeffer u. a. (DBW 16, 360–362): „Ritter | Luther ...".

werdung Gottes vorübergeht und darum weder das Weltliche noch das Christliche begreift. Daß die Liebe Gottes zur Welt auch das politische Handeln umfaßt, daß die Weltgestalt der christlichen Liebe darum auch die Gestalt des um Selbstbehauptung, Macht, Erfolg, Sicherheit Kämpfenden annehmen kann, das kann nur dort begriffen werden, wo die Menschwerdung der Liebe Gottes ernst genommen wird. Hier zeigen sich dann auch die Grenzen oder besser die Hintergründe des Gesetzes der Selbstbehauptung im politischen Handeln.[96]

Politisches Handeln bedeutet Verantwortung wahrnehmen. Es kann nicht geschehen ohne Macht. Die Macht tritt in den Dienst der Verantwortung.[97]

---

96 Gestr., neuer Absatz: „Der im obrigkeitlichen Amt politisch Handelnde [ersetzt: „Der vor die Notwendigkeit politischen Handelns gestellte Christ"] sieht sich in [gestr.: „eine"] konkrete Verantwortung gestellt. Ihm ist zum Beispiel der Schutz der Sicherheit, des Eigentums, des Friedens seines Volkes aufgetragen." □ **97** Hier bricht die erste Fassung ab. Daß Bonhoeffer eine zweite Fassung von „Die Geschichte und das Gute" erarbeitete, zeigt, welche Bedeutung er diesem Kapitel beimaß. In der Verschwörung gegen Hitler, der sich auf die „Vorsehung" berief, war die theologisch-ethische Reflexion des geschichtlichen Handelns in Wahrnehmung von Verantwortung von höchster Dringlichkeit.

Die Geschichte und das Gute.
[Zweite Fassung][1]

Die Frage nach dem Guten findet uns immer in einer bereits nicht mehr rückgängig zu machenden Situation vor: wir leben. Das bedeutet jedenfalls, daß wir die Frage nach dem Guten nicht mehr so stellen und beantworten können, als hätten wir erst das Leben neu und gut zu schaffen. Als Geschöpfe nicht als Schöpfer fragen wir nach dem Guten. Nicht was gut wäre, wenn wir nicht lebten, also unter irgendwelchen fingierten Umständen, geht uns an – ja wir können als Lebende diese Frage garnicht einmal ernsthaft stellen eben weil wir auch eine Abstraktion vom Leben nur als ans Leben Gebundene und darum nicht echt in Freiheit vollziehen können. Nicht was an sich gut ist, sondern was unter der Voraussetzung des gegebenen Lebens und für uns[2] als Lebende gut ist, ist unsere Frage. Also gerade nicht unter Absehung vom Leben, sondern in das Leben eingehend fragen wir nach dem Guten.[3] Die Frage nach dem Guten gehört selbst zu unserem Leben wie unser Leben zu der Frage nach dem Guten gehört. Mitten in der jeweils bestimmten und doch unabgeschlossenen, einmaligen und schon wieder dahinfließenden Situation unseres Lebens, mitten in den lebendigen Bindungen an Menschen, Dinge, Einrichtungen, Mächte, das

---

1 Ein abgebrochener Anfang dieser zweiten Fassung steht, nicht gestr., auf der Vorder- und der Hälfte der Rückseite eines halbierten Doppelbogens *ohne* Zahl. Die erste Seite des beibehaltenen Anfangs trägt ebenso wie die der ersten Fassung von „Die Geschichte und das Gute" (genau wie die erste Seite des Ms „Erbe und Verfall") oben links die Bogenzahl „15."; mit Ausnahme der übernächsten, „17.", die ebenfalls oben links angebracht ist, stehen alle übrigen Bogenzahlen oben in der Mitte, die Bogenzahl „16." verdeckt, also ersetzt: „2." – Auch diese zweite Fassung des Ms beginnt auf Doppelbögen mit „Eichberger" Wasserzeichen. Die zweite Fassung übernimmt Passagen aus der ersten, ist aber anders aufgebaut. Neu sind der einleitende Absatz („wir leben") bis S. 246 sowie S. 248–250 („Christus als unser Leben") und darauf aufbauend der strikt christologisch gefaßte Begriff der Verantwortung S. 254–256. □ **2** Die Worte „für uns" sind mit Tinte leicht unterstrichen, Tinten-Fragezeichen am Rand. □ **3** In diesem Satz sind „eingehend" und „wir" leicht unterstrichen, daneben am Rand: „?"

heißt mitten in unserem geschichtlichen Dasein wird | die Frage nach dem Guten gestellt und entschieden. Die Frage nach dem Guten ist nicht mehr zu trennen von der Frage nach dem Leben, nach der Geschichte.[4]

Die das ethische Denken noch weithin beherrschende Abstraktion eines isolierten einzelnen Menschen, der nach einem absoluten Maßstab eines an und für sich Guten unaufhörlich und ausschließlich zwischen diesem klar erkannten Guten und dem ebenso klar erkannten Bösen zu entscheiden hat, haben wir (schon mit allem früher Gesagten) hinter uns gelassen. Weder gibt es diesen isolierten Einzelnen noch steht uns jener absolute Maßstab eines an und für sich Guten zur Verfügung, noch zeigt sich das Gute und das Böse in der Geschichte in seiner reinen Gestalt. Das Grundschema dieser Abstraktion verfehlt vielmehr in jedem seiner Glieder gerade das spezifisch ethische Problem. Ob ein aus seiner geschichtlichen Situation und seinen geschichtlichen Bindungen gelöstes isoliertes Individuum überhaupt als ethisch relevant angesehen werden kann, ist mindestens sehr fragwürdig und im Hinblick auf seine Irrealität jedenfalls ein uninteressanter theoretischer Grenzfall; der absolute Maßstab eines an und für sich Guten – vorausgesetzt, daß sich etwas derartiges überhaupt widerspruchslos denken läßt – macht das Gute zu einem toten Gesetz, zum Moloch[5], dem alles Leben und alle Freiheit geopfert wird und das selbst die Verbindlichkeit eines echten Sollens verliert, eben weil es ein metaphysisches an und für sich seiendes Gebilde ohne wesentliche Beziehung zum Leben ist; die Entscheidung zwischen dem klar erkannten Guten und dem klar erkannten Bösen nimmt die menschliche Erkenntnis selbst von der Entscheidung aus, verlegt das Ethische in den Kampf zwischen der bereits am Guten orientierten Erkenntnis und dem noch widerstrebenden Willen und verfehlt damit jene echte Entscheidung, in der der ganze Mensch samt Erkenntnis und Willen in der Vieldeutigkeit einer geschichtlichen Situation nur im Wagnis der | Tat selbst das Gute sucht und findet. Das Ethische ist in dieser Abstraktion vom Leben auf eine statische Grundformel gebracht, die den Men-

4 Der folgende Text nimmt S. 218 auf. □ 5 Ersetzt: „Vernichter". ‚*Moloch*' ist der Name eines semitischen Gottes, der Menschenopfer für sich verlangt.

schen aus der Geschichtlichkeit seines Daseins herausreißt, um ihn in den luftleeren Raum des rein Privaten und des rein Ideellen zu versetzen. In der Durchführung bestimmter Prinzipien,[6] gleichgültig in welcher Beziehung sie zum Leben stehen, wird hier die ethische Aufgabe gesehen. Das führt entweder zu einer völligen Privatisierung des Lebens, indem allein die eigene Prinzipientreue ohne jede Rücksichtnahme auf den anderen Menschen als das Gute ausgegeben wird, wobei die dazugehörige Lebensform je nach der Radikalität der Prinzipien zwischen dem Rückzug auf die private Sphäre der bürgerlichen Existenz und dem Kloster liegen kann. Oder aber, es führt das abstrakte Verständnis des Ethischen zur Schwärmerei, wobei die dazugehörige Lebensform – wiederum je nach der Art der Prinzipien – die großen politischen Fanatiker und Ideologen wie schließlich auch die närrisch aufdringlichen Lebensreformer aller Schattierungen umschließt. Wenn wir nun von allen diesen Versuchen sagen müssen, daß sie am Leben selbst gescheitert sind und immer scheitern werden, so verstehen wir unter diesem Scheitern nicht in banaler Weise den Mißerfolg als solchen, – auch das Leben Jesu Christi, der kein Privatheiliger und kein Schwärmer war, endet mit einem Mißerfolg – sondern wir meinen damit jenen qualificierten Mißerfolg (der auch im vorübergehenden Triumph immer schon Mißerfolg ist), der seinen letzten Grund in der Tatsache hat, daß hier überhaupt keine echte Begegnung mit dem Leben, mit dem Menschen stattgefunden hat, ja daß hier etwas Fremdes, Unechtes, Gemachtes, Phantastisches und dabei überaus Tyrannisches abgeschüttelt wird ohne daß der Mensch selbst in seinem Wesen davon wirklich getroffen, verändert, zur Entscheidung genötigt worden wäre. Ideologieen, die sich am Menschen ausgetobt haben, verlassen | ihn wie ein böser Traum den Erwachenden verläßt. Die Erinnerung an sie ist bitter. Der Mensch ist durch sie nicht reifer, nicht stärker, nur ärmer, nur mißtrauischer geworden. Es ist Gnade, wenn Gott sich in der Stunde dieses unseligen Erwachens dem Menschen als Schöpfer, vor dem der Mensch nur als Geschöpf leben kann, offenbart und so die Armut segnet.

6 Vgl. S. 220 (dort Seitenstrich).

Der gegen den abstrakten Begriff des Guten erhobene Vorwurf am Leben vorbeizugehen bedeutet nicht, daß hier das Gute in einen Gegensatz zum Leben gebracht wird, sondern er bedeutet vielmehr, daß es sich gerade um keinen echten Gegensatz, sondern eben um ein Vorbeigehen handelt. Das Leben ist zu einer quantité négligeable[7] gemacht, von der man keine Kenntnis zu nehmen braucht. Das Leben wird bestenfalls als jenes Stück „Natur" verstanden, das seinen Ursprung wie seine Erlösung dem Geist, der Idee verdankt. Wo aber das Gute und das Leben sich verhalten sollen wie Natur und Geist,[8] dort findet auch keine wirkliche Überwindung des Lebens statt, sondern es wird ein gesetzlich verstandenes Gegenüber behauptet, für das es keine Versöhnung, höchstens eine Vergewaltigung des einen durch das andere gibt. Die wesentliche Unfruchtbarkeit eines Begriffs des Guten, der vom Leben absieht und das heißt ja, der selbst einen Begriff des Lebens einschließt, der weder der Wirklichkeit entspricht noch auch nur dazu geeignet ist, den Gegensatz zwischen dem Guten und dem Leben zu überwinden, führt zu der Frage nach dem Leben selbst und sucht in der Beantwortung dieser Frage zugleich Anleitung für ein rechtes Verständnis des Guten.

Seit Jesus Christus von sich sagte: Ich bin das Leben (Joh 14,6 11,27[9]), kommt kein christliches, aber auch kein philosophisches Denken mehr an diesem Anspruch und der in ihm enthaltenen Wirklichkeit vorbei. Diese Selbstaussage Jesu erklärt jeden Versuch, das Wesen des Lebens an sich auszu- | sprechen, für vergeblich und schon gescheitert. Wie sollten wir, solange wir leben und die Grenze unseres Lebens, den Tod, nicht kennen, sagen können, was das Leben an sich sei? Wir können das Leben nur leben, aber nicht definieren. Das Wort Jesu bindet jeden Gedanken über das Leben an seine Person. Ich bin das Leben. Hinter das „Ich bin" kommt keine Frage nach dem Leben zurück. Aus der Frage, *was* das Leben sei, wird hier die

---

7 Dt.: „vernachlässigbare Größe". □ **8** Die alte Gegenüberstellung von ‚*Natur*' und ‚*Geist*' verschärfte sich durch den Siegeszug der modernen Naturwissenschaften. Die Geisteswissenschaften reagierten durch Abspaltung des Geistes und seine Überordnung über die Natur (der Geist schreibe der Natur seine Gesetze vor). □ **9** Gemeint ist: 11,25.

Antwort, *wer* das Leben sei.[10] Das Leben ist nicht ein Ding, ein Wesen, ein Begriff, sondern eine Person und zwar eine bestimmte und einzige Person und diese bestimmte und einzige Person nicht in dem was sie unter anderem auch hat, sondern in ihrem Ich, das Ich Jesu. In schroffsten Gegensatz zu allen Gedanken, Begriffen, Wegen, die das Wesen des Lebens auszumachen beanspruchen, setzt Jesus dieses Ich. Er sagt auch nicht: ich habe, sondern ich bin das Leben. So läßt sich das Leben niemals mehr von dem Ich, von der Person Jesu trennen. Indem Jesus dies *verkündigt*, sagt er, daß er nicht nur *das* Leben – das heißt irgendeine möglicherweise mich nicht betreffende metaphysische Größe – ist, sondern gerade *mein* Leben, unser Leben – ein[11] Sachverhalt, den Paulus mit dem Wort: ,,Christus ist mein Leben" (Phil 1,21) und ,,Christus, unser Leben" (Kol 3,4) höchst sachlich und paradox zugleich ausspricht. Mein Leben ist außerhalb meiner selbst, außerhalb meiner Verfügung, mein Leben ist ein Anderer, ein Fremder, Jesus Christus und das nicht in dem übertragenen Sinne, daß mein Leben nicht lebens*wert* wäre ohne jenen Anderen, also daß Christus meinem Leben eine besondere Qualität, einen besonderen Wert verliehe, wobei doch das Leben selbst seinen eigenen Bestand hätte, sondern das Leben selbst ist Jesus Christus. Was so von meinem Leben gilt, das gilt von allem Geschaffenen. ,,Was da geworden ist – in dem war Er das Leben" (Joh 1,4).[1)] |

,,Ich bin das Leben" – das ist Wort, Offenbarung, Verkündigung Jesu Christi. Daß unser Leben außerhalb unser selbst, in Jesus Christus, ist, das ist keinesfalls Ergebnis unserer Selbsterkenntnis, sondern uns von außen begegnender Anspruch, dem wir glauben oder widersprechen. Indem uns das Wort trifft –

---

1) Vgl. R. *Bultmann*. Das Evangelium des Johannes S 21 f.[12]

10 Vgl. in der Christologievorlesung 1933 DBW 12, 281–284, die Unterscheidung der Frage nach dem „Wer" von der nach dem „Wie". □ 11 Gestr.: „geheimnisvoller". □ 12 Vgl. Bultmanns Wiedergabe (auf Seite 21) von Joh 1,4 a: „Was da geworden ist, – in dem war er (der Logos) das Leben." Logos (griech.): das Wort, der Sohn Gottes des Vaters von Ewigkeit her. Bultmanns Johanneskommentar erschien (nach vorhergehenden broschierten Teillieferungen zwischen Januar 1938 und April 1941) als Buch 1941. Auf „Ethik"-Zettel Nr. 30 ist zu „Joh 1,4" zugesetzt: „*Christus mein* Leben (Phil) Kol 3,4".

und dazu ist es gesprochen – erkennen wir, daß wir vom Leben, von unserem Leben abgefallen sind, daß wir im Widerspruch zum Leben, zu unserem Leben, leben. So vernehmen wir in diesem Wort Jesu Christi das Nein über unser Leben, das kein – oder doch nur darin Leben ist, daß wir auch im Widerspruch eben immer noch von dem Leben, das Jesus Christus heißt, das Ursprung, Wesen und Ziel[13] alles Lebens und unseres Lebens ist, leben. Das Nein über unser abgefallenes Leben bedeutet, daß zwischen ihm und dem Leben, das Jesus Christus ist, das Ende, die Vernichtung, der Tod steht. Das Nein, das wir hören, bringt uns selbst diesen Tod. Aber indem es uns den Tod gibt, wird aus dem Nein ein verborgenes Ja zu einem neuen Leben, zum Leben, das Jesus Christus ist. Er ist das Leben, das wir uns nicht selbst geben können, das ganz von außen, ganz von jenseits zu uns kommt, und das nun doch nicht ein fernes, fremdes, uns nicht angehendes, sondern unser eigenes wirkliches tägliches Leben ist. Nicht anders als verborgen unter dem Zeichen des Todes, des Nein, ist dieses neue Leben da.[2)] Ausgespannt zwischen dem Nein und dem Ja leben wir nun. Es kann von unserem Leben nicht mehr anders gesprochen werden als in dieser Beziehung auf Jesus Christus. Abgesehen von ihm als dem Ursprung, dem Wesen und dem Ziel des Lebens, unseres Lebens, abgesehen davon daß wir Geschöpfe, Versöhnte und Erlöste sind, erreichen wir nur biologische oder ideologische Abstraktionen. Als geschaffenes, versöhntes und erlöstes, als in Jesus Christus seinen Ursprung, sein Wesen und sein Ziel findend ist unser Leben ausgespannt zwischen | dem Ja und dem Nein. Nicht anders als im Ja und Nein können wir Christus als unser Leben erkennen. Es ist das Ja der Schöpfung, der Versöhnung, der Erlösung und das Nein des Gerichts und des Todes über das von seinem Ursprung, Wesen und Ziel abgefallene Leben. Aber niemand der Christus kennt kann das Ja ohne das Nein, das Nein ohne das Ja hören. Es ist das Ja zum Geschaf-

---

2) Bultmann a. a. O. S 308.[14]

13 Vgl. S. 225: ,,ursprünglich, wesentlich und zielhaft". □ **14** Vgl. bei Bultmann (auf der genannten Seite 308): ,,Jene ζωή [,,Leben"] erscheint also für die Welt unter der Maske des Todes."

fenen, zum Werden, zum Wachsen, zur Blüte und zur Frucht, zur Gesundheit, zum Glück, zum Können, zur Leistung, zum Wert, zum Erfolg, zur Größe, zur Ehre,[15] kurz das Ja zur Entfaltung der Kraft des Lebens. Es ist das Nein zu dem all diesem immer schon innewohnenden Abfall vom Ursprung, Wesen und Ziel des Lebens, das Nein, das Sterben, Leiden, Armut, Verzichten, Hingabe, Demut, Erniedrigung, Selbstverleugnung bedeutet und das darin schon wieder das Ja zum neuen Leben enthält, einem Leben, das nicht zerfällt in ein Nebeneinander von Ja und Nein, so als stünde zum Beispiel eine uneingeschränkte Entfaltung der Vitalität unverbunden neben einer asketisch geistigen Lebenshaltung oder als stünde ein „Schöpfungsgemäßes" einfach neben dem „Christlichen" – hierdurch verlöre das Ja und das Nein seine Einheit in Jesus Christus –; vielmehr ist dieses neue Leben, das in Jesus Christus *eins* ist, so zwischen Ja und Nein eingespannt, daß in jedem Ja schon das Nein, in jedem Nein auch das Ja vernommen wird. Entfaltung der Lebenskraft und Selbstverleugnung, Wachstum und Sterben, Gesundheit und Leiden, Glück und Verzicht, Leistung und Demut, Ehre und Selbsterniedrigung gehören in lebendiger [un]auflöslich widerspruchsvoller Einheit zusammen. Jeder Versuch das eine gegen das andere zu verselbständigen, auszuspielen, sich auf das eine gegen das andere zu berufen zerstört heillos die Einheit des Lebens. Es kommt dann zu den Abstraktionen einer Vitalitätsethik und einer sogenannten | Ethik Jesu,[16] zu jenen bekannten Theorien von den autonomen Lebensbereichen, die mit der Bergpredigt nichts zu tun haben,[17] es kommt zu jener Zerreißung der Einheit des Lebens, die mit dem Pathos einer besonders tiefen Wirklichkeitserkenntnis einhergeht, weil sie dem Leben den dunkelen Glanz des Tragisch-Heroischen[18] gibt und die doch an der Wirklichkeit des Lebens, wie sie in Jesus Christus gegeben ist, vorübergeht. Man bleibt hier als Folge falscher Abstraktionen in ewig unlösbaren Konflikten

15 Gestr.: „zum Sieg"; vermutlich weggelassen wegen der Benutzung dieses Wortes im nationalsozialistischen Deutschland (‚Sieg Heil' als Gruß-Parole, triumphierende Sondermeldungen über deutsche militärische Siege). □ **16** Vgl. S. 228f. □ **17** Vgl. S. 229 („ . . . daß man mit der Bergpredigt keine Politik machen könne . . .") und S. 41f („Eigengesetzlichkeit"). □ **18** Vgl. S. 236.

stecken, über die das praktische Handeln nicht hinauskommt und an denen es sich zerreibt. Es leuchtet ohne weiteres ein, daß dies alles dem Neuen Testament und den Worten Jesu ganz fern liegt. Nicht aus der bitteren Resignation über den unheilbaren Riß zwischen Vitalität und Selbstverleugnung, zwischen „welt-lich[em]" und „christlichem", zwischen „autonomer Ethik" und „Ethik Jesu",[19] sondern aus der Freude über die vollzogene Versöhnung der Welt mit Gott, aus dem Frieden des vollbrachten Heilswerkes in Jesus Christus, aus dem alles umfassenden Leben, das Jesus Christus ist, kommt das Handeln der Christen. Weil in Jesus Christus Gott und Mensch eins wurde, wird durch ihn im Handeln der Christen das „Weltliche" und das „Christliche" eins. Sie stehen nicht gegeneinander als zwei ewig feindliche Prinzipien, sondern das Handeln der Christen quillt aus der in Christus geschaffenen Einheit von Gott und Welt und Einheit des Lebens. In Christus findet das Leben seine Einheit wieder, zwar im Widerspruch von Ja und Nein, der doch im konkreten Handeln des an Christus Glaubenden immer wieder überwunden wird.

Zurückkehrend zur Frage nach dem Guten,[20] können wir vorläufig soviel sagen, daß es sich dabei jedenfalls nicht um eine Abstraktion vom Leben, also etwa um die Verwirklichung bestimmter vom Leben unabhängiger Ideale oder Werte handelt, sondern um das Leben selbst. Gut ist das Leben als das was es in Wirklichkeit, das heißt in seinem Ur- | sprung, seinem Wesen und seinem Ziel ist, also Leben im Sinn des Wortes: Christus ist mein Leben.[21] Gut ist nicht eine Qualität des Lebens, sondern das „Leben" selbst. Gutsein heißt „leben".

Konkret ist dieses Leben in der widerspruchsvollen Einheit von Ja und Nein,[22] die das Leben außerhalb seiner selbst, in

19 Ernst Troeltsch beschäftigt sich in seinem Aufsatz „Grundprobleme der Ethik" – vgl. oben, S. 228, zu „Ethik Jesu" –, 628 u. ö., mit Wilhelm Herrmanns Berufung auf die „Kantische Autonomie". Siehe auch K. Holl, Luther, 227: Luther habe „eine sittliche ‚Autonomie' höchsten Stils begründet". Die neuzeitliche Autonomie – der Mensch gibt sich selber kraft der Vernunft Gesetze (vgl. griech. αὐτός, „selbst", und νόμος, „Gesetz") – verstand sich freilich nicht vom Glauben her. □ **20** Vgl. den Anfang dieses Ms („Die Frage nach dem Guten ..."). Vgl. auch S. 234. □ **21** Phil 1,21. □ **22** Gestr.: „die sich immer neu vollzieht [ersetzt: „die in jedem Denken, Fühlen, Handeln"] und

Jesus Christus, findet. Jesus Christus aber ist der Mensch und ist Gott in einem. In ihm findet die ursprüngliche und wesenhafte Begegnung mit dem Menschen und mit Gott statt. Von nun an kann der Mensch nicht mehr anders als in Jesus Christus und Gott nicht mehr anders als in der Menschengestalt Jesu Christi gedacht und erkannt werden. In ihm sehen wir die Menschheit als von Gott angenommene, getragene, geliebte, mit Gott versöhnte. In ihm sehen wir Gott in der Gestalt des ärmsten unserer Brüder. Es gibt keinen Menschen an sich wie es keinen Gott an sich gibt; beides sind leere Abstraktionen. Der Mensch ist in der Menschwerdung angenommen, in Christus geliebt und gerichtet und versöhnt, Gott ist der menschgewordene.[23] Es gibt auch kein Verhältnis zum Menschen ohne ein Verhältnis zu Gott und umgekehrt. Wiederum begründet das Verhältnis zu Jesus Christus erst unser Verhältnis zu den Menschen und zu Gott. Wie Jesus Christus unser Leben ist, so darf nun – von ihm her! – auch gesagt werden, daß der andere Mensch und daß Gott unser Leben ist, und das heißt ja, daß unsere Begegnung mit den anderen Menschen wie unsere Begegnung mit Gott unter demselben Ja und Nein steht, unter dem unsere Begegnung mit Jesus Christus steht.

Wir „leben", indem sich in unserer Begegnung mit den Menschen und mit Gott das Ja und das Nein zu widerspruchsvoller Einheit verbindet, zu selbstloser Selbstbehauptung, zur Selbstbehauptung in der Selbstpreisgabe an Gott und die Menschen.[24]

Wir leben, indem wir auf das in Jesus Christus an uns ge- | richtete Wort Gottes Antwort geben. Weil es ein auf unser ganzes Leben gerichtetes Wort ist, darum kann auch die Antwort nur eine ganze, mit dem ganzen Leben, wie es sich jeweils handelnd realisiert, gegebene sein. Das Leben, das uns in Jesus Christus als Ja und Nein zu unserem Leben begegnet, will

---

das Leben ausmacht". □ **23** Vgl. S. 222, dort Seitenstrich. Vgl. auch Mt 25,40. □ **24** Hier folgt – geschrieben auf einem hellen Doppelbogen einer porigen Unterart, Papier wie für das Ms ab S. 269,29 – ein Einschub (S. 253,27–256,9), in dem der christologische Begriff der Verantwortung entfaltet wird. Der Einschub-Beginn ist auf „Ethik"-Zettel Nr. 17 vorformuliert. Am Ende des Einschubs steht der Untertitel: *„Die Struktur des verantwortlichen Lebens"*; s. S. 256.

durch ein Leben, das dieses Ja und Nein aufnimmt und eint, beantwortet werden.

Dieses Leben als Antwort auf das Leben Jesu Christi (als Ja und Nein über unser Leben) nennen wir ,,*Verantwortung*".[25] In diesem Begriff der Verantwortung ist die zusammengefaßte Ganzheit und Einheit der Antwort auf die uns in Jesus Christus gegebene Wirklichkeit gemeint im Unterschied zu den Teilantworten, die wir zum Beispiel aus der Erwägung der Nützlichkeit oder aus bestimmten Prinzipien heraus geben könnten.[26] Angesichts des Lebens, das uns in Jesus Christus begegnet, kommen wir mit solchen Teilantworten nicht aus, kann es vielmehr nur um die ganze und eine Antwort unseres Lebens gehen. Verantwortung bedeutet daher, daß die Ganzheit des Lebens eingesetzt wird, daß auf Leben und Tod gehandelt wird.[27]

Wir geben dabei dem Begriff der Verantwortung eine Fülle, die ihm im alltäglichen Sprachgebrauch nicht zukommt, selbst dort nicht, wo er eine ethisch höchst qualificierte Größe geworden ist, wie etwa bei Bismarck und bei Max Weber.[28] Aber auch

---

25 Mit Bonhoeffers Verständnis der Verantwortung vgl. K. Barth, KD II/2, 714 f. Bonhoeffer entwickelt hier nicht nur ein relationales (vgl. auf ,,Ethik"-Zettel Nr. 31: ,,Der Einzelne verantwortlich gebunden an und in seine Umgebung"), sondern ein responsorisches Verständnis des Menschen: ,*Antwort*' mit dem Leben geben. Durch die theologisch-christologische Auffassung von ,*Leben*' ist dieses Verständnis unterschieden vom Behaviorismus, der Verhalten als ,,response" (engl., ,,Antwort") auf einen Stimulus versteht. □ **26** ,,bestimmten Prinzipien" ersetzt: ,,den Prinzipien des Gewissens". Zu ,*Nützlichkeit*' vgl. den von Jeremy Bentham entwickelten Utilitarismus. Zu ,*Teilantworten*' vgl. H. Nohl, Die sittlichen Grunderfahrungen, 15: ,,In jeder Theorie von Bedeutung steckt ein Stück der sittlichen Wirklichkeit, ihr Fehler liegt immer nur darin, daß sie die Totalität des sittlichen Lebens nun von ihrem einseitigen Gesichtspunkt, von solchem Teilinhalt des ethischen Lebens aus deuten und gestalten will. ... Das produktive Leben hat eine individuelle geschichtliche Form: das ist seine Kraft und seine Grenze." Auf ,,Ethik"-Zettel Nr. 30 ist notiert: ,,Kraft – δυναμις 'Nohl". □ **27** Für das weitere Ms (S. 254–299) stehen auf dem ,,Ethik"-Zettel Nr. 19 mit der Überschrift ,,*Verantwortung*" eine numerierte Gliederung und Vorformulierungen. □ **28** Vgl. M. Weber, Politik als Beruf, 536 f, 545 ff. Bismarck seit der Reichsgründung (nach 1871) wird charakterisiert durch G. Ritter, Machtstaat und Utopie, 133, als ,,ein lutherisch-christlicher, d. h. seiner Verantwortung vor dem christlichen Gott bewußter Staatsmann, der jeder Versuchung zu ,Präventivkriegen', überhaupt jeder Überspannung außenpolitischer Machtziele widerstand". Nach Otto von Bismarck, in der Bibel begegnet dieser Begriff kaum an so hervorragender Stelle, wenn er auch dort, wo er vorkommt, entscheidende Merkmale aufweist. Verantwortung im biblischen Sinne ist in erster Linie eine unter Einsatz des Lebens mit Worten gegebene Antwort auf die Fragen der Menschen nach dem Christusereignis (1 Tim 4,16 1 Petr 3,15 Phil 1,7 und 17)[29]. Ich verantworte unter Einsatz des Lebens mit Worten das, was durch Jesus Christus geschehen ist. Ich verantworte also primär nicht mich selbst, mein Tun, ich rechtfertige mich nicht selbst (2 Kor 12,19), sondern ich verantworte | Jesus Christus und damit allerdings auch den mir von ihm gewordenen Auftrag (1 Kor 9,3). Die Verwegenheit, mit der Hiob *seinen* Weg vor Gott verantworten will (Hiob 13,15) wird schließlich durch Gottes Wort an Hiob zunichte gemacht: „Der Ankläger Gottes verantworte sich“[30] und Hiob spricht: ach, ich bin zu gering, was soll ich dir entgegnen? Ich lege meine Hand auf den Mund (Hiob 40,2–4). Es bedeutet ein Ausziehen der biblischen Linien, wenn wir nun sagen: indem ich Christus, das Leben, vor den Menschen verantworte – und nur so –, verantworte ich mich zugleich für die Menschen vor Christus; ich stehe *zugleich* für Christus vor den Menschen und für die Menschen vor Christus. Meine Verantwortung, die ich vor den Ohren der Menschen für Christus übernehme, kommt zugleich als meine Verantwort[ung] für die Menschen vor die Ohren Christi. Die Verantwortung *für* Jesus Christus vor den Menschen ist die Verantwortung für die Menschen vor Christus und nur darin die Verantwortung meiner selbst vor Gott und den Menschen. Zur Rechenschaft gezogen von den Menschen und vor Gott, kann ich mich nur durch das Zeugnis von Jesus Christus verantworten, der vor den Menschen für Gott und vor Gott für die Menschen eintrat. Verantwortung geschieht vor Gott und für Gott, vor den Menschen und für die Menschen, immer ist es Verantwortung der Sache Jesu Christi und allein darin eine Verantwortung des eigenen

---

Gedanken und Erinnerungen, Bd. 2 (1898), 266 [1981: 468] „ist Deutschland vielleicht die einzige große Macht in Europa, die durch keine Ziele, die nur durch siegreiche Kriege zu erreichen wären, in Versuchung geführt wird“ (Hinweis: Petra Ritter). □ **29** Statt „1 Tim“ wohl II Tim 4,16 und statt Vers „17“ Phil 1,16. □ **30** Hiob 40,2 bzw. nach älterer Zählung 39,32 (LB): „Wer Gott tadelt, soll's der nicht verantworten?“

Lebens. Verantwortung gibt es nur im Bekenntnis zu Jesus Christus mit Wort und Leben.[31]

Ebensowenig wie in der Dogmatik können wir in der Ethik nicht einfach die biblische Terminologie wiederholen. Die veränderte ethische Problematik fordert eine veränderte Terminologie. Die mit einer erweiterten Terminologie verbundene Gefahr des Abgleitens von der Sache ist dabei ebenso zu bedenken, wie der Umstand, daß auch die biblische Terminologie nicht gefahrlos gebraucht werden kann. |

Die Struktur des verantwortlichen Lebens

Die Struktur des verantwortlichen Lebens ist durch ein doppeltes bestimmt: durch die Bindung des Lebens an Mensch und Gott und durch die Freiheit des eigenen Lebens. Es ist diese Bindung des Lebens an Mensch und Gott, die es in die Freiheit eigenen Lebens stellt.[32] Ohne diese Bindung und ohne diese Freiheit gibt es keine Verantwortung. Nur das in der Bindung selbstlos gewordene Leben steht in der Freiheit eigensten Lebens und Handelns. Die *Bindung* trägt die Gestalt der *Stellvertretung* und der *Wirklichkeitsgemäßheit*, die Freiheit erweist sich in der *Selbstzurechnung* des Lebens und Handelns und im *Wagnis* der konkreten Entscheidung. Damit ist die Disposition angegeben,[33] unter der wir die Struktur des verantwortlichen Lebens zu betrachten haben.

Daß Verantwortung auf Stellvertretung beruht, geht am deutlichsten aus jenen Verhältnissen hervor, in denen der Mensch

---

31 Zu Verantwortung für Menschen vgl. S. 256–258 (Stellvertretung). Zu Verantwortung vor Menschen vgl. S. 256 „*Selbstzurechnung*" (und S. 283,17–19 und 275 f): Der mit Christus Verbundene wird sich von Menschen zur Rechenschaft ziehen lassen um dieser Verbundenheit willen. □ **32** Vgl. die Formulierung bei H. Nohl, Die sittlichen Grunderfahrungen, 198: „ . . . immer war es eine Bindung, die freimachte". Zu ‚*Struktur*' vgl. Nohl, a. a. O., 137 (mit zwei Seitenstrichen und „!" am Satzteil nach dem Doppelpunkt): „Wie in der Logik, so haben wir auch in der Ethik einen doppelten Ausgangspunkt, und es gelingt nie, den einen auf den andern zurückzuführen: die Struktur der Sache und die Einheit unseres systematischen Denkens." Vgl. hiermit auch S. 266,29 („Systematik"). □ **33** Der Rückblick S. 289 nennt die Begriffe „Stellvertretung", „Wirklichkeitsgemäßheit", „Schuldübernahme", „Freiheit".

unmittelbar genötigt ist, an der Stelle anderer Menschen zu handeln, also etwa als Vater,[34] als Staatsmann, als Lehrmeister. Der Vater handelt an der Stelle der Kinder, indem er für sie arbeitet, für sie sorgt, eintritt, kämpft, leidet. Er tritt damit real an ihre Stelle. Er ist nicht ein isolierter Einzelner, sondern er vereinigt in sich das Ich mehrerer Menschen. Jeder Versuch zu leben als wäre er allein, ist eine Leugnung der Tatsächlichkeit seiner Verantwortlichkeit. Entgehen kann er der durch seine Vaterschaft gegebenen Verantwortlichkeit nicht. An dieser Wirklichkeit scheitert die Fiktion, als sei das Subjekt alles ethischen Verhaltens der | isolierte Einzelne. Nicht er, sondern der Verantwortliche ist das Subjekt, auf das sich die ethische Besinnung zu richten hat.[35] Dabei macht es keinen Unterschied, in welchem Umfang Verantwortung getragen wird, ob für einen einzelnen Menschen, ob für eine Gemeinschaft, oder für ganze Gemeinschaftsgruppen. Kein Mensch, der der Verantwortung und das heißt der Stellvertretung überhaupt entgehen könnte. Selbst der Einsame lebt stellvertretend, ja er in qualificierter Weise, da sein Leben stellvertretend für den Menschen schlechthin, für die Menschheit, gelebt wird. Der Begriff einer Verantwortung für sich selbst ist ja auch nur insofern sinnvoll, als er eben die Verantwortung meint, die ich mir als Mensch, – also weil ich Mensch bin – gegenüber[36] wahrnehme. Selbstverantwortung ist in Wahrheit Verantwortung gegenüber dem Menschen und das heißt der Menschheit. Daß Jesus ohne die besondere Verantwortlichkeit einer Ehe, einer Familie, eines Berufes lebte, stellt ihn keineswegs aus dem Bereich der Verantwortlichkeit heraus, sondern macht seine Verantwortung und seine Stellvertretung für alle Menschen nur umso deutlicher. Damit aber rühren wir bereits an den tragenden Grund alles bisher Gesagten.[37] Weil Jesus, – das Leben, unser Leben, – als der Menschgewordene Sohn Gottes stellvertretend für uns gelebt hat, darum ist alles menschliche Leben durch ihn wesentlich stellvertretendes Leben. Jesus war nicht der Einzelne, der zu einer eigenen Voll-

34 Vgl. S. 219f. □ **35** Ersetzt: „Subjekt ethischen Verhaltens." □ **36** Ersetzt: „die ich dem Menschen gegenüber, der ich bin". □ **37** Mit dem Folgenden vgl. S. 230f.

kommenheit gelangen wollte, sondern er lebte nur als der, der in sich das Ich aller Menschen aufgenommen hat und trägt. Sein gesamtes Leben, Handeln und Leiden war Stellvertretung. Was die Menschen leben, handeln und leiden sollten, erfüllte sich an ihm. In dieser realen Stellvertretung, die seine menschliche Existenz ausmacht, ist er der Verantwortliche schlechthin. Weil er das Leben ist, ist durch ihn alles Leben zur Stellvertretung bestimmt. Ob es sich auch dagegen wehrt, so bleibt es doch stellvertretend, zum Leben | oder zum Tode, wie der Vater Vater bleibt, zum Guten oder zum Bösen.

Stellvertretung und also Verantwortlichkeit gibt es nur in der vollkommenen Hingabe des eigenen Lebens an den anderen Menschen. Nur der Selbstlose lebt verantwortlich und das heißt nur der Selbstlose *lebt*. Wo das göttliche Ja und Nein im Menschen eins werden, dort wird verantwortlich gelebt. Die Selbstlosigkeit in der Verantwortung ist eine so restlose, daß hier das Goethesche Wort von dem Handelnden, der immer gewissenlos ist,[38] seinen rechten Ort bekommt. Ein Mißbrauch des stellvertretenden Lebens droht von zwei Seiten: durch die Absolutsetzung des eigenen Ich wie durch die Absolutsetzung des anderen Menschen. Im ersten Fall führt das Verhältnis der Verantwortung zu Vergewaltigung und Tyrannei. Dabei ist verkannt, daß nur der Selbstlose verantwortlich handeln kann. Im zweiten Fall wird das Wohl des anderen Menschen, dem ich verantwortlich bin, unter Mißachtung aller anderen Verantwortlichkeiten absolut gesetzt, und es entsteht eine Willkür des Handelns, die der Verantwortung vor Gott, der in Jesus Christus aller Menschen Gott ist, spottet. In beiden Fällen ist Ursprung, Wesen und Ziel des verantwortlichen Lebens in Jesus Christus geleugnet und die Verantwortung zu einem selbstgemachten abstrakten Götzen geworden.

---

38 O. Baumgarten, Politik und Moral, 150, bringt das Goethe-Zitat (aus: Maximen und Reflexionen Abteilung 2): „Der Handelnde ist immer gewissenlos; es hat niemand Gewissen als der Betrachtende." Das Zitat, besonders der erste Satzteil, erscheint oft, z. B. bei O. Spengler, Der Untergang des Abendlandes II, 552, bei F. Meinecke, Die Idee der Staatsräson, 537 (hierauf verweist G. Krause, Art. Bonhoeffer, in: TRE VII, 64 Anm. 5), bei H. Nohl, Die sittlichen Grunderfahrungen, 173. Bei W. Lütgert, Ethik der Liebe, 232, steht das Zitat in dem Abschnitt, der (wie das Buch Baumgartens) „Politik und Moral" heißt.

Als stellvertretendes Leben und Handeln ist Verantwortung wesentlich ein Verhältnis von Mensch zu Mensch.[39] Christus wurde Mensch und trug damit stellvertretende Verantwortung für Menschen. Es gibt auch eine Verantwortung für Dinge, Zustände, Werte,[40] aber doch nur unter der strengen Wahrung der ursprünglichen, wesenhaften und zielhaften Bestimmung aller Dinge, Zustände, Werte durch Christus (Joh 1,4)[41], den menschgewordenen Gott. Durch Christus erhält die Welt der Dinge und Werte ihre schöpfungsgemäße Ausrichtung auf den Menschen zurück. Die oft gehörte Rede | von der Verantwortung für eine Sache hat ihr Recht nur innerhalb dieser Grenze. Darüber hinaus dient sie in gefährlicher Weise jener Verkehrung alles Lebens, die in der Herrschaft der Dinge über den Menschen besteht. Es gibt eine Hingabe an die Sache der Wahrheit, des Guten, des Gerechten, des Schönen, in der die Frage nach der Nutzanwendung eine Profanierung wäre, und die es doch selbst evident macht, daß die höchsten Werte dem Menschen dienen müssen. Es gibt aber auch eine Vergottung aller dieser Werte, die nichts mehr mit Verantwortung zu tun hat, sondern die aus einer Besessenheit herkommt, die den Menschen zerstört, indem sie ihn dem Götzen aufopfert. Nicht der Nutzen der Sache für den Menschen und also der Mißbrauch ihres Wesens, sondern ihre wesenhafte Ausrichtung auf den Menschen ist unter „Verantwortung für eine Sache" zu verstehen. Es ist also der banausische Pragmatismus[42] gänzlich ausgeschlossen, der – mit den Worten Schillers – aus der Göttin eine melkende Kuh macht,[43] indem [er] das in sich Wertvolle in kurzsichtiger,

---

39 Ersetzt: „von Person zu Person." □ **40** Gestr.: [Verantwortung für] „Ideen gibt es nur mittelbar sofern diese Dinge, Zustände, Werte für den Menschen da sind". □ **41** Es ist offenbar Vers 3 (in Zusammenhang mit Vers 4) gemeint. □ **42** Ein ‚*Banause*' (Griech.), ein engstirniger Spießbürger, nimmt ‚*Dinge, Zustände, Werte*' (vgl. griech. πρᾶγμα, „Sache", „Angelegenheit") nur selbstbezogen-beschränkt wahr. Auf solche Weise wurde im Dritten Reich z. B. das Recht aufgefaßt, vgl. die nationalsozialistische Parole „Recht ist, was dem Volke nützt". □ **43** Vgl. H. Nohl, Die sittlichen Grunderfahrungen, 19, zum „Studium des Studenten": „Er kann seine Arbeit auch im Dienste des späteren Broterwerbs sehen, aber dann ist ihm bewußt, daß er von der geraden Richtung abgewichen ist und, mit Schiller zu reden, aus der Göttin die melkende Kuh macht, den höheren Wert für einen niedrigeren verbraucht." Der Schluß („. . . aus der Göttin . . .") ist von Bonhoeffer angestrichen. Siehe F. Schillers Distidirekter Weise dem menschlichen Nutzen unterordnet. Aber die Welt der Dinge erfährt erst ihre volle Freiheit und Tiefe, wenn sie in ihrer ursprünglichen, wesenhaften, und zielhaften Richtung auf die Welt der Personen erfaßt wird; denn es harret – um mit Paulus zu reden – die ganze Kreatur sehnsüchtig auf das Offenbarwerden der Herrlichkeit der Kinder Gottes, ja, sie selbst, die Kreatur, wird von der Knechtschaft der Vergänglichkeit (die ja auch in ihrem falschen Sichvergotten besteht) befreit werden zur Teilnahme an der herrlichen Freiheit der Kinder Gottes (R 8,19.21).

Der Verantwortliche ist an den konkreten Nächsten in seiner konkreten Wirklichkeit gewiesen. Sein Verhalten[44] liegt nicht | von vornherein und ein für allemal, also prinzipiell fest, sondern es entsteht mit der gegebenen Situation. Er hat kein absolut gültiges Prinzip zur Verfügung, das er fanatisch gegen jeden Widerstand der Wirklichkeit durchzuführen hätte, sondern er sucht das in der gegebenen Situation Notwendige, ,,Gebotene" zu erfassen und zu tun. Die gegebene Situation für den Verantwortlichen ist nicht einfach der Stoff, dem er seine Idee, sein Programm aufzwingen, aufprägen wollte, sondern sie wird als die Tat mitgestaltend in das Handeln mit einbezogen. Nicht ein ,,absolut Gutes" soll verwirklicht werden, vielmehr gehört es zu der Selbstbescheidung des verantwortlich Handelnden, ein relativ Besseres dem relativ Schlechteren vorzuziehen und zu erkennen, daß das ,,absolut Gute" gerade das Schlechteste sein kann. Der Verantwortliche hat der Wirklichkeit nicht ein fremdes Gesetz aufzuzwingen, vielmehr ist das Handeln des Verantwortlichen im echten Sinne ,,*wirklichkeitsgemäß*".

Dieser Begriff des Wirklichkeitsgemäßen bedarf allerdings der näheren Bestimmung. Gänzlich und gefährlich mißverstanden wäre er als jene ,,servile Gesinnung vor [dem] Faktum",

---

chon ,,Wissenschaft" aus den ,,Xenien" (1797): ,,Einem ist sie die hohe, die himmlische Göttin, dem Andern / Eine tüchtige Kuh, die ihn mit Butter versorgt." (Dieses Zitat und andere sprichwörtliche Klassiker-Anklänge identifizierten Dieter Veerkamp und Siegfried Gorski.) – Im Ms folgt, gestr.: ,,der also zum Beispiel den Dienst an der Kunst oder an der Wahrheit". □ **44** Von hier bis S. 262,28 entspricht der Text recht genau S. 220,28 (,,Verantwortliches Handeln ...") bis S. 223,25 in der ersten Fassung des Ms, dort fast vollständig angestrichen.

von der Nietzsche spricht,[45] die jeweils dem stärkeren Druck weicht, die den Erfolg prinzipiell rechtfertigt und das jeweils Opportune als das Wirklichkeitsgemäße wählte. „Wirklichkeitsgemäßheit" in diesem Sinne wäre das Gegenteil von Verantwortlichkeit, nämlich Verantwortungslosigkeit. Ebensowenig allerdings wie die Servilität gegenüber dem Faktischen kann prinzipieller Widerspruch, die prinzipielle Auflehnung gegen das Faktische im Namen irgendeiner höheren idealen Wirklichkeit den echten Sinn der Wirklichkeitsgemäßheit erfüllen. Beide Extreme sind vom Wesen der Sache gleich weit entfernt. Anerkennung des Faktischen und Widerspruch gegen das Faktische sind im echten wirklichkeitsgemäßen Handeln unlösbar miteinander verbunden. Das hat seinen Grund darin, daß *die Wirklichkeit* zu- | erst und zuletzt nicht ein Neutrum, sondern *der Wirkliche*, nämlich der menschgewordene Gott ist.[46] Alles Faktische erfährt von *dem* Wirklichen, dessen Name Jesus Christus heißt, seine letzte Begründung und seine letzte Aufhebung, seine Rechtfertigung und seinen letzten Widerspruch, sein letztes Ja und sein letztes Nein. Die Wirklichkeit ohne den Wirklichen verstehen zu wollen[3)], bedeutet in einer Abstraktion leben, der der Verantwortliche niemals verfallen darf, bedeutet Vorbeileben an der Wirklichkeit, bedeutet endloses Schwanken zwischen den Extremen der Servilität und der Auflehnung gegenüber dem Faktischen. Gott wurde Mensch, er nahm den Men-

---

[3)] Hans Holbein stellt im ersten Bild seines Totentanzes, bei der Darstellung der Schöpfung, Sonne, Mond und Winde personificiert dar. Er gibt damit in naiver Form der Tatsache Ausdruck, daß die Wirklichkeit letztlich im Personhaften besteht. Eben hierin [liegt] auch ein Wahrheitsmoment des primitiven Animismus.[47]

45 F. Nietzsche, Werke X, 402. Siehe dazu S. 221. □ **46** Die Betonung „*der* [nicht: das] *Wirkliche*" in diesem Satz ist eine Veränderung gegenüber S. 222 (dort Hinweis auf das „1. Kapitel"); auf dem „Ethik"-Zettel Nr. 13 und S. 35 ist formuliert: „das Wirkliche". Vgl. K. Barth, KD II/2, 565 („ . . . kein Neutrum . . ."); s. auch S. 328. □ **47** Das Bild ist das erste der „Bilder zum Alten Testament" Hans Holbeins des Jüngeren, von denen Bonhoeffer eine Faksimileausgabe besaß. ‚*Animismus*' (von lat. anima, „Seele", „Lebenshauch"): Überzeugung in naturvölkischem Denken, daß alles beseelt ist. Die Anmerkung steht in enger Schrift auf dem unteren Seitenrand, offenbar nachträglich hinzugefügt.

schen leibhaftig an und versöhnte so die Welt des Menschen mit Gott.[48] Die Bejahung des Menschen und seiner Wirklichkeit geschah aufgrund der Annahme, nicht umgekehrt. Nicht weil der Mensch und seine Wirklichkeit der göttlichen Bejahung würdig gewesen wäre, hat Gott ihn angenommen, wurde Gott Mensch, sondern weil der Mensch und seine Wirklichkeit des göttlichen Neins[49] würdig war, darum nahm ihn Gott an und bejahte ihn, indem er selbst leibhaftig Mensch wurde und so den Fluch des göttlichen Neins über das menschliche Wesen selbst auf sich nahm und erlitt. Von diesem Handeln Gottes her, von dem Wirklichen, von Jesus Christus her, empfängt nun die Wirklichkeit ihr Ja und ihr Nein, ihr Recht und ihre Schranke. Bejahung und Widerspruch verbinden sich nun im konkreten Handeln dessen, der den Wirklichen erkannt hat. Weder Bejahung noch Widerspruch kommen nun aus einer wirklichkeitsfremden Welt, einer Programmatik des Opportunen oder des Ideellen, sondern sie kommen aus der Wirklichkeit der Versöh- | nung der Welt mit Gott, wie sie in Christus geschehen ist. Weil in Jesus Christus, dem Wirklichen, die ganze Wirklichkeit aufgenommen und zusammengefaßt ist, weil sie ihn [zum] Ursprung, Wesen und Ziel hat, darum ist nur in ihm und von ihm aus ein wirklichkeitsgemäßes Handeln möglich. Weder der pseudolutherische Christus, der allein dazu da [ist], das Faktische zu sanktionieren, noch der radikal schwärmerische Christus, der jeden Umsturz segnen soll, sondern der menschgewordene Gott Jesus Christus, der den Menschen angenommen und mit ihm die Welt geliebt, gerichtet und versöhnt hat, ist der Ursprung wirklichkeitsgemäßen Handelns.[50]

Daraus ergibt sich uns der Satz, daß christusgemäßes Handeln wirklichkeitsgemäßes Handeln ist. Dieser Satz ist keine ideale Forderung, sondern eine Aussage, die aus der Erkenntnis der Wirklichkeit selbst entspringt. Jesus Christus tritt nicht als ein Wirklichkeitsfremder der Wirklichkeit gegenüber, sondern

---

48 „er nahm . . . Gott." ersetzt: „und nahm als der Wirkliche die Wirklichkeit an und bejahte sie." □ **49** Im Druck früher: „Seins". Aber s. S. 222,22. Vgl. die Korrektur bei E. Feil, Die Theologie Dietrich Bonhoeffers, 200 Anm. 44. R. Mayer, Christuswirklichkeit, 199, argumentiert, irregeführt durch den früheren Entzifferungsfehler, als ob hier von „Sein" die Rede wäre. □ **50** Ende der Entsprechung zu S. 220,30–223,25.

er ist es, der allein das Wesen des Wirklichen am eigenen Leibe trug und erfuhr, der aus dem Wirklichen heraus redete wie kein Mensch auf Erden, der als einziger keiner Ideologie verfallen ist, sondern *der* Wirkliche schlechthin ist, der das Wesen der Geschichte in sich getragen und erfüllt hat und in dem das Lebensgesetz der Geschichte verkörpert ist. Weil er als der Wirkliche Ursprung, Wesen und Ziel alles Wirklichen ist, darum ist er selbst der Herr und das Gesetz des Wirklichen. Das Wort Jesu Christi ist also die Auslegung seiner Existenz und damit die Auslegung jener Wirklichkeit, in der die Geschichte zu ihrer Erfüllung kommt. Sie[51] sind göttliches Gebot für das verantwortliche Handeln in der Geschichte, insofern als sie die in Christus erfüllte Wirklichkeit der Geschichte, die in Christus allein erfüllte Verantwortung für den Menschen, sind. Sie gelten also nicht [in] einer abstrakten Ethik – dort sind sie völlig unverständlich und führen zu nie zu lösenden Konflikten – | sondern sie gelten in der Wirklichkeit der Geschichte, weil sie aus ihr herkommen. Jeder Versuch, sie aus diesem Ursprung zu lösen, verzerrt sie zu einer schwachen Ideologie und raubt ihnen ihre wirklichkeitsbezwingende Macht, die sie in der Verbindung mit ihrem Ursprung haben.[52]

Wirklichkeitsgemäß ist das christusgemäße Handeln, weil es die Welt Welt sein läßt, weil es mit der Welt als Welt rechnet und doch niemals aus den Augen läßt, daß die Welt in Jesus Christus von Gott geliebt, gerichtet und versöhnt ist. Damit wird nicht ein „weltliches Prinzip" einem „christlichen Prinzip" gegenübergestellt. Dieses Bemühen vielmehr, Christus und die Welt wenigstens unter dem Begriff eines Prinzips kommensurabel zu machen[53] und auf diese Weise ein christliches Handeln in der Welt prinzipiell zu ermöglichen, führt in den Gestalten des Säkularismus[54] beziehungsweise der Lehre von den „Eigengesetzlichkeiten" auf der einen Seite und des Schwärmertums auf der

---

51 An der entsprechenden Stelle der ersten Fassung S. 234 war dieser Satz bezogen auf den Plural: „Die Worte Jesu, also zum Beispiel die der Bergpredigt ...". □ **52** Am Rand: „Welt bleibt Welt – aber Anspruch Christi und Erfüllung durch ihn – so Welt in Christus – nicht prinzipiell: *weltlich – christlich*!" □ **53** Das heißt: auf einen Nenner, ein gemeinsames „Maß" (lat. mensura) zu bringen. □ **54** Hier beginnen Entsprechungen zu S. 236, dort Seitenstriche bis S. 238,5.

anderen Seite zur Zertrümmerung der in Christus mit Gott versöhnten Welt, es führt zu jenen ewigen Konflikten, die den Urstoff alles Tragischen ausmachen und gerade damit die ganz und garnicht tragische Einheit des christlichen Lebens und Handelns zerstören. Wo ein weltliches und ein christliches Prinzip einandergegenübergestellt werden, dort gilt als die letzte Wirklichkeit das Gesetz – oder vielmehr eine Mehrzahl von miteinander unversöhnlichen Gesetzen.[55] Es macht das Wesen der griechischen Tragödie aus, daß der Mensch an dem Zusammenprall unvereinbarer Gesetze zugrundegeht. Kreon und Antigone, Jason und Medea, Agamemnon und Klytemnästra stehen ja unter dem Anspruch zweier ewiger Gesetze, die in einem und demselben Leben nicht versöhnt werden können; den Gehorsam gegen das eine Gesetz bezahlt man mit der Schuld am anderen.[56] Nicht daß einer gegen den anderen recht behält, sondern daß beide vor dem Leben selbst schuldig werden, daß die Struktur des Lebens Schuldigwerden an den Geset- | zen der Götter ist, das ist der Sinn aller echten Tragödien. Von dieser tiefsten Erkenntnis, die die Antike errungen hat, ist das abendländische Denken besonders seit der Renaissance so entscheidend bestimmt – in der Frühzeit der Kirche und im Mittelalter gibt es keine Tragödien – daß die Überwindung dieser Erkenntnis durch die christliche Botschaft nur ganz selten gespürt worden ist,[57] und jedenfalls steht das Pathos des Tragi-

---

55 Die Ausführungen zu ‚*Mehrzahl von Gesetzen*' haben keine Entsprechung in der ersten Fassung. Nur in der ersten Fassung (S. 237,7) wird in diesem Zusammenhang die Bergpredigt genannt, hier in der zweiten Fassung nicht. □
56 Bonhoeffer verweist in diesem Satz auf je eine besonders wichtige Tragödie der drei griechischen Tragiker Aischylos (*Agamemnon*), Sophokles (*Antigone*) und Euripides (*Medea*). Vgl. M. Scheler, Formalismus, 619 Anm. 2 [GW II, 595 Anm. 1], zum „Phänomen des Tragischen, wie es uns durch Äschylos und Sophokles in Kunstform dargeboten wird". O. Baumgarten, Politik und Moral, 13, erwähnt, daß die „großen Tragiker" Griechenlands „– man denke nur an die Antigone! – das Anstoßen des privaten sittlichen Gefühls gegen das Staatsgebot als tragischen Konflikt faßten . . . ; der Staat und seine Gesetze als heilige Grundformen des Lebens dulden keinen Widerspruch". In Bonhoeffers Auffassung folgt auch Antigone einem Gesetz, dem der Familienfrömmigkeit. □
57 Vgl. R. Schneider, Macht und Gnade, im Dialog „Der Künstler und die Dämonen", 220: „Paul Ernst bekannte, er sei an das Ende seiner tragischen Dichtung gekommen, als er sich dem Glauben genähert habe."

schen, unter dem auch die neuere[58] protestantische Ethik den unlösbaren Konflikt des Christen in der Welt darstellt und mit dem sie letzte Wirklichkeiten auszusprechen beansprucht, noch ganz im Banne des antiken Erbes ohne sich dessen bewußt zu sein. Es ist nicht Luther, sondern Aischylos, Sophokles und Euripides, der dem menschlichen Leben diesen tragischen Aspekt gegeben hat. Der Ernst Luthers aber ist ein ganz anderer als der Ernst jener klassischen Tragiker. Nicht der Zwiespalt der Götter in der Gestalt ihrer Gesetze, sondern die Einheit Gottes und die Versöhnung der Welt mit Gott in Jesus Christus, nicht die Unentrinnbarkeit der Schuld, sondern das einfältige Leben aus der Versöhnung, nicht das Schicksal[59], sondern das Evangelium als die letzte Wirklichkeit des Lebens, nicht der grausame Triumph der Götter über den untergehenden Menschen, sondern die Erwählung des Menschen zum Kinde Gottes mitten in der durch Gnade versöhnten Welt, das ist für die Bibel und für Luther das letztlich Ernstzunehmende.

Wie es daher ein Rückfall aus der christlichen in die antike Wirklichkeit ist, ein weltliches und ein christliches Prinzip als letzte Wirklichkeiten [einander] entgegenzustellen, so ist es allerdings ebenso falsch, das Christliche und das Weltliche als prinzipielle Einheit zu verstehen. Die in Christus geschaffene Versöhnung[60] von Gott und Welt besteht einzig und allein in der

---

58 Ersetzt: „neuzeitliche". □ **59** Ersetzt: „Gesetz". Werner Elert – der Name erscheint auf „Ethik"-Zettel Nr. 35 – hat mit seiner Entgegensetzung vom offenbaren und verborgenen Gott, zu Lasten der ‚*Einheit Gottes*', die Begriffe ‚*Schicksal*' (und ‚*Tragik*') im Neuluthertum des 20. Jahrhunderts verbreitet. Vgl. W. Elert, Der christliche Glaube, im § 15 „Das Schicksal widerspricht sich selbst", 126 f: „Die antike Tragödie hat dies [daß „der Verbandszusammenhang selbst unser Schuldigwerden *un*vermeidlich macht"] am Sippenverband veranschaulicht. Der Geschlechterfluch wirkt sich *schick- | salhaft* im Schuldigwerden aus. *Äschylos ... Sophokles ...*"; 128: „Der Wirklichkeitsernst der Tragiker ..."; 663 (zusammenfassend im § 94, und ähnlich öfter): „Wir glauben aber, daß *Luther* mit jenem Satz recht hatte: Deus vult suos fortes facere. [Übersetzung Elerts:] Gott will die Seinen zu Helden [eigentlich: „Starken"] machen. Der Held wird nur im Streit." Mit dieser Betonung des Heldischen bei Elert vgl. Bonhoeffers Formulierung vom „dunkelen Glanz des Tragisch-Heroischen" S. 236 und S. 251. □ **60** Ersetzt: „Einheit". Dieses Wort steht in dem entsprechenden Zusammenhang in der ersten Fassung des Ms S. 237,12 und 238: „die in Jesus Christus geschaffene Einheit"; S. 265 f ist in Anlehnung an S. 237 f geschrieben. Vgl. im Ms „Christus, die Wirklichkeit und das Gute" (1940)

Person Jesu Christi, in ihm als dem in stellvertretender Verantwortung handelnden, aus Liebe zum Menschen menschgewordenen Gott. Von ihm her allein gibt es menschliches | Handeln, das sich nicht an prinzipiellen Konflikten zerreibt, sondern aus der vollzogenen Versöhnung der Welt mit Gott herkommt, ein Handeln das in Nüchternheit und Einfalt das Wirklichkeitsgemäße tut, ein Handeln in stellvertretender Verantwortung. Was „christlich" und was „weltlich" ist, steht nun nicht mehr von vornherein fest, sondern beides wird in seiner Besonderheit und in seiner Einheit erst in der konkreten Verantwortung des Handelns aus der in Jesus Christus geschaffenen Versöhnung erkannt.

Wenn wir sagten, daß für das wirklichkeitsgemäße Handeln die Welt Welt bleibt,[61] so kann das nach allem Gesagten nicht mehr eine prinzipielle Isolierung der Welt, eine Autonomieerklärung für die Welt bedeuten, sondern es muß dies gerade aus der Begründung aller Wirklichkeit in Jesus Christus selbst hervorgehen. Die Welt bleibt Welt, *weil* sie die in Christus geliebte, gerichtete, versöhnte Welt ist. Kein Mensch hat den Auftrag, die Welt zu überspringen und aus ihr das Reich Gottes zu machen. Damit ist wiederum nicht jener frommen Indolenz[62] Vorschub geleistet, die die böse Welt ihrem Schicksal überläßt und nur die eigene Tugend rettet. Es wird vielmehr der Mensch in die konkrete und damit begrenzte geschaffene[63] Verantwortung gestellt, die die Welt als von Gott geliebte, gerichtete und versöhnte erkennt und dementsprechend in ihr handelt. Die „Welt" ist so der uns in und durch Jesus Christus gegebene *Bereich*[64] *der konkreten Verantwortung*, nicht aber irgendein allgemeiner Begriff, aus dem sich eine eigene Systematik herleiten ließe.[65] Wirklichkeitsgemäß steht nicht der der Welt gegen-

---

S. 44: „Die in Christus gesetzte Einheit von Gottes- und Weltwirklichkeit". Die Formulierung mit diesem Wort, die Bonhoeffer bedenklich geworden war, verändert er jetzt (1942). □ **61** Vgl. S. 263. Am Rand: „R. G. [Reich Gottes]"; s. S. 266,20. □ **62** „wiederum ... Indolenz" ersetzt: „ebensowenig einem geruhsamen [ersetzt: „quietistischen"], indolenten Konservativismus". ‚*Indolenz*' (von lat. dolor, „Schmerz"): Unempfindlichkeit, Gleichgültigkeit. □ **63** Das Wort ‚*geschaffene*' steht ohne Zuweisungszeichen links am Rand neben der Zeile, die mit „Verantwortung" beginnt. □ **64** „uns ... gegebene *Bereich*" ersetzt: „jeweilige *Raum*". □ **65** Im Ms hiernach, gestr.: „Der Bereich der über, der in ihr ein an sich seiendes gutes oder böses oder aus gut und böse gemischtes Prinzip sieht und dementsprechend handelt,[66] sondern der in begrenzter Verantwortung lebend und handelnd sich das Wesen der Welt jeweils neu aufschließen läßt.[67]

Wirklichkeitsgemäßes Handeln steht in der *Begrenzung durch unsere Geschöpflichkeit.* Wir schaffen uns die Bedin- | gungen unseres Handelns nicht selbst, sondern wir finden uns in ihnen bereits vor. Wir stehen handelnd nach vorwärts wie nach rückwärts in bestimmten Grenzen, die nicht übersprungen werden können. Unsere Verantwortung ist nicht eine unendliche, sondern eine begrenzte. Innerhalb dieser Grenzen freilich umfaßt sie das Ganze der Wirklichkeit; sie fragt nicht nur nach dem guten Willen, sondern auch nach dem guten Gelingen des Handelns, nicht nur nach dem Motiv sondern auch nach dem Gegenstand, sie sucht das gegebene Wirklichkeitsganze in seinem Ursprung, Wesen und Ziel zu erkennen, sie sieht es unter dem göttlichen Ja und Nein. Weil es nicht um die Durchführung irgendeines grenzenlosen Prinzips geht, darum muß in der gegebenen Situation beobachtet, abgewogen, gewertet, entschieden werden, alles in der Begrenzung menschlicher Erkenntnis überhaupt. Es muß der Blick in die nächste Zukunft gewagt, es müssen die Folgen des Handelns ernstlich bedacht werden, ebenso wie eine Prüfung der eigenen Motive, des eigenen Herzens versucht werden muß. Nicht die Welt aus den Angeln zu heben, sondern am gegebenen Ort das im Blick auf die Wirklichkeit Notwendige zu tun, kann die Aufgabe sein. Es muß auch dabei noch die Frage nach dem Möglichen gestellt, es kann nicht immer sofort der letzte Schritt getan werden,[68] und verantwortliches Handeln darf nicht blind sein wollen. Das alles

---

Verantwortung ist in Jesus Christus ein universaler, er ist für uns ein begrenzter", und zwei weitere Formulierungsansätze zu ‚Begrenzung'. □ **66** Ersetzt: „gutes oder böses Prinzip sieht – also psychologisch gesprochen der Optimist oder der Pessimist". □ **67** Neben den fünf Worten „Welt ... läßt", die die letzte Textzeile auf dem Doppelbogen „21." bilden: „?"; unter dem Zeilenende: „Übergang?" □ **68** Von „Nicht die Welt ..." im vorigen Satz bis hierher ein Rand-Zusatz, der endet, gestr.: „vielmehr geht es Schritt und Schritt". Vgl. S. 224 (angestrichen).

muß so sein,[69] weil Gott in Christus *Mensch* wurde, weil er zum Menschen Ja sagte und weil wir als Menschen, in menschlicher Begrenztheit des Urteils, der Erkenntnis vor Gott und dem Nächsten leben und handeln dürfen und sollen. Weil aber *Gott* Mensch wurde, darum kann verantwortliches Handeln im Bewußtsein der Menschlichkeit seiner Entscheidung das Urteil über das eigene Handeln nach seinem Ursprung, seinem Wesen und seinem Ziel niemals selbst vorwegnehmen, sondern es muß es ganz an Gott ausliefern.[70] Während alles ideologische Handeln seine Rechtfertigung | immer schon in seinem Prinzip bei sich selbst hat, verzichtet verantwortliches Handeln auf das Wissen um seine letzte Gerechtigkeit. Die Tat, die unter verantwortlicher Abwägung aller persönlichen und sachlichen Umstände im Blick auf die *Mensch*werdung Gottes und auf die Menschwerdung *Gottes* geschieht, wird im Augenblick ihres Vollzuges allein Gott ausgeliefert. Das letzte Nichtwissen des eigenen Guten und Bösen und damit das Angewiesensein auf Gnade gehört wesentlich zum verantwortlichen geschichtlichen Handeln. Der ideologisch Handelnde sieht sich in seiner Idee gerechtfertigt, der Verantwortliche legt sein Handeln in die Hände Gottes und lebt von Gottes Gnade und Gericht.[71]

Es gehört weiter zur Begrenztheit verantwortlichen Lebens und Handelns, daß es mit der Verantwortlichkeit der anderen ihm begegnenden Menschen rechnet. Eben darin unterscheidet sich Verantwortung von Vergewaltigung, daß sie im anderen Menschen den Verantwortlichen erkennt, ja daß sie ihn seiner eigenen Verantwortlichkeit bewußt werden läßt. Die Verantwortung des Vaters oder des Staatsmannes ist begrenzt durch die Verantwortlichkeit des Kindes oder des Staatsbürgers, ja es besteht die Verantwortung des Vaters oder des Staatsmannes eben darin, die Verantwortlichkeit der ihm Anbefohlenen ins

---

69 Das Folgende bis S. 268,21 (einschließlich der dort anschließenden Streichung) nimmt auf bzw. verändert S. 224,18–225,6 (mit Ausnahme der ersten Zeilen angestrichen). □ **70** Vgl. zum ‚*Ausliefern des Urteils an Gott*' den Grundsatz, den Luther für den weltlichen Bereich vertrat: „Niemand soll sein eigener Richter sein"; s. die Untersuchung mit diesem Titel von G. Maron (dort Luther-Belege). □ **71** Ersetzt: „von der Gnade." Es folgt, gestr.: „Damit erschließt sich ihm und nur ihm ein tiefes Geheimnis der Geschichte überhaupt. Gerade die". Vgl. S. 225.

Bewußtsein zu erheben, zu stärken. Niemals also kann es eine absolute Verantwortung geben, die nicht an der Verantwortlichkeit des anderen Menschen ihre wesenhafte Grenze fände.[72]

Indem wir so die Grenzen des verantwortlichen Handelns in dem Ausmünden der Tat in Gottes Gnade und Gericht und in der Verantwortlichkeit des Nächsten erkennen, zeigt es sich zugleich, daß eben diese Grenzen das Handeln erst zu einem verantwortlichen machen. Gott und der Nächste, wie sie uns in Jesus Christus begegnen, sind ja nicht nur die Grenzen, sondern – wie wir schon erkannten[73] – auch der Ursprung verantwortlichen Handelns. Unverantwortliches Handeln ist | eben dadurch definiert, daß es diese Grenzen, Gott und den Nächsten, mißachtet. Verantwortliches Handeln gewinnt seine Einheit und schließlich auch seine Gewißheit aus dieser seiner Begrenztheit durch Gott und den Nächsten. Gerade weil es seiner selbst nicht Herr ist, weil es nicht grenzenlos, übermütig, sondern geschöpflich, demütig ist, kann es von einer letzten Freude und Zuversicht getragen sein[74], kann es sich in seinem Ursprung, Wesen und Ziel, in Christus, geborgen wissen.

Unter der Voraussetzung der gewonnenen Erkenntnis, daß Verantwortung immer ein Verhältnis von Personen zueinander ist, gegründet in der Verantwortung Jesu Christi für die Menschen, unter [der] Voraussetzung also, daß Ursprung, Wesen und Ziel aller Wirklichkeit der Wirkliche, also Gott in Jesus Christus, ist, darf und muß nun auch von dem Verhältnis des Verantwortlichen zu dem Bereich der Dinge[75] gesprochen werden. Wir bezeichnen dieses Verhältnis als *Sachgemäßheit*. Damit ist ein Doppeltes gesagt.[76]

Erstens: Sachgemäß ist das Verhalten zu den Dingen, das ihre

---

72 Der gängige Einwand, daß Verantwortung und Stellvertretung der einen für die anderen Bevormundung und Fixierung auf Abhängigkeit bedeute, trifft Bonhoeffers Auffassung nicht. □ **73** Vgl. S. 253 und den dann folgenden Einschub S. 253–256 zu Bonhoeffers Begriff der Verantwortung. □ **74** „kann es ... Zuversicht [ersetzt: „Gewißheit"] getragen sein" ersetzt: „wird es seiner selbst froh." □ **75** Ersetzt: „der Verantwortung zu der Welt der Dinge"; am Rand, gestr.: „der Zustände". □ **76** Von hier an steht das Ms auf hellen Doppelbögen der auch für den Einschub S. 253–256 benutzten porigen Unterart. Solche Bögen kommen weiterhin vor bis hin zum Ms des Dramenfragments, das Bonhoeffer 1943 in der Tegeler Haft schrieb.

ursprüngliche, wesenhafte und zielhafte Beziehung auf Gott und den Menschen im Auge behält. Es ist dies eine Beziehung, die die Sachlichkeit[77] nicht verdirbt, sondern reinigt, die die Glut der Hingabe an eine Sache nicht erstickt, sondern läutert und intensiviert. Je reiner, je freier von persönlichen Nebenzwecken einer Sache gedient wird, desto mehr gewinnt sie ihre ursprüngliche Beziehung zu Gott und zum Menschen zurück, desto mehr befreit sie den Menschen von sich selbst. Die Sache, der das letzte persönliche Opfer gebracht wird, muß gerade so dem Menschen dienen. Wo zum Beispiel eine Wissenschaft aus demagogischen, pädagogischen, | moralistischen Gründen in fälschlich direkter Weise dem Menschen nutzbar gemacht werden soll, dort wird nicht nur der Mensch, sondern auch die Wissenschaft verdorben.[78] Wo aber der Mensch in der Wissenschaft allein und vorbehaltlos der Erkenntnis der Wahrheit dient, dort findet er in der selbstlosen Preisgabe aller eigenen Wünsche sich selbst, und die Sache, der er selbstlos diente, muß zuletzt ihm dienen. So gehört es zur Sachgemäßheit des Handelns, daß diese Beziehung der Sache auf die Person nie übersehen wird. Es geht um die Wiederherstellung des ursprünglichen Verhältnisses aus der in Jesus Christus begründeten Verantwortung. Wir kennen diese Beziehung freilich nicht anders denn als eine durch und durch gestörte. Entweder verselbständigt sich die Sache gegen die Person oder die Person gegen die Sache oder es stehen beide beziehungslos nebeneinander.

Zweitens, jeder Sache wohnt von ihrem Ursprung her ein Wesensgesetz[79] inne, gleichgültig ob es sich um eine vorgefun-

---

77 J. Pieper, Die Wirklichkeit und das Gute, 84 (in Bonhoeffers Exemplar angestrichen): „Sachlichkeit, als seinsgerechte *Erkenntnis*haltung des Menschen ist die gemäße Antwort auf die wesenhafte Wirklichkeitsbestimmung des Erkennens." K. Barth, Das Wort Gottes, 56 f (Tambacher Rede 1919), betont, „daß schlichte *Sachlichkeit* unseres Denkens, Redens und Tuns auch innerhalb der jeweiligen bestehenden Verhältnisse ... | ... eine *Verheißung* hat". □ **78** An die Stelle der Förderung des freien Geisteslebens im Sinne Wilhelm von Humboldts, auf den die Berliner Universität zurückgeht, trat im Dritten Reich die ideologische Indienstnahme von Wissenschaft für das nationalsozialistische Regime. Vgl. „der banausische Pragmatismus" S. 259. □ **79** Vgl. W. Lütgert, Ethik der Liebe, 215 (mit Seitenstrich und Unterstreichungen Bonhoeffers): „Wenn man das ethische Gesetz als das Wesensgesetz jedes Wesens ansieht, durch dessen Befolgung es sich erhält und durch dessen Übertretung es sich

dene Naturgegebenheit oder um ein Erzeugnis des menschlichen Geistes, ob es sich um eine materielle oder ideelle Größe handelt. Unter einer „Sache" in diesem Sinne verstehen wir alles Gegebene, dem ein solches Wesensgesetz innewohnt, gleichgültig wiederum wieweit es sich dabei um eine mehr neutrale oder mehr persönliche Größe handelt. Die Axiome der Mathematik und der Logik gehören ebenso hierher wie der Staat oder die Familie, wie eine Fabrik oder eine Aktiengesellschaft. Überall muß das betreffende Wesensgesetz aufgedeckt werden, durch das diese Größe Bestand hat. Je stärker eine Sache mit der Existenz des Menschen verbunden ist, desto schwerer ist, ihr Wesensgesetz zu bestimmen. Die Gesetze des logischen Denkens sind leichter zu definieren als zum Beispiel das Gesetz des Staates. Wiederum ist es leichter das Gesetz einer Aktiengesellschaft aufzufinden als das Gesetz einer gewachsenen Größe wie der Familie oder des Volkes. Es gehört nun zur Wirklichkeitsgemäßheit des ver- | antwortlichen Handelns diese Gesetze aufzufinden und zu befolgen. Dabei stellt sich dieses Gesetz zunächst als eine formale Technik dar, die beherrscht sein will. Je näher freilich die Sache, um die es [sich] im einzelnen Fall handelt, an die menschliche Existenz rührt, desto deutlicher zeigt es sich, daß sich das Wesensgesetz nicht in einer formalen Technik erschöpft, vielmehr jede technische Handhabung in Frage stellt. Das Problem einer Technik der Staatskunst ist hierfür das beste Beispiel, während eine Technik der Radiofabrikation[80] relativ unproblematisch ist. Es ist nun zwar kein Zweifel, daß auch die Staatskunst ihre technische Seite hat (– es gibt eine Technik der Verwaltung, der Diplomatie[81] –) zu der dann aber im weitesten Sinne auch die positiven Rechtsordnungen und Verträge, ja die rechtlich nicht fixierten Regeln und durch die Geschichte sanktionierten Formen des innen- und außenpolitischen Zusammenlebens, und schließlich sogar die allgemein akzeptierten sittlichen Prinzipien staatlichen Lebens gehören. Kein Staatsmann verachtet ungestraft eine dieser Ge-

---

selbst zerstört, so ist diese Auffassung völlig berechtigt" vom Glauben an den Schöpfer her. □ **80** Ersetzt: „Schusterhandwerks [ersetzt: „Schuhfabrikation"]". □ **81** Vgl. bei O. Spengler, Mensch und Technik, 8, den Ausdruck „diplomatische Technik".

setzlichkeiten. Die übermütige Geringschätzung und Durchbrechung derselben ist eine Verkennung der Wirklichkeit, die sich früher oder später rächen muß. Sachgemäßes Handeln wird sich innerhalb dieser Gesetzlichkeiten halten und in ihrer Berücksichtigung nicht nur Heuchelei,[82] sondern ein wesentliches Moment aller Ordnung anerkennen. Es wird die durch die Erfahrung vieler Generationen errungene Weisheit solcher Formen anerkennen und sie sich zunutze machen.[4)] Nun wird sachgemäßes Handeln allerdings | gerade hier in unwiderleglicher Weise zu der Erkenntnis gezwungen, daß mit diesen Gesetzlichkeiten der Staatskunst das Wesensgesetz des Staates nicht erschöpfend erfaßt ist, ja daß das Gesetz des Staates, gerade weil dieser mit der menschlichen Existenz unlöslich verbunden ist, zuletzt über alles gesetzlich Faßbare hinausreicht. Und es ist eben an dieser Stelle, daß erst die Tiefe verantwortlichen Handelns erreicht wird.

Dort wo die sachliche Befolgung des formalen Gesetzes eines Staates, eines geschäftlichen Unternehmens, einer Familie, aber auch einer wissenschaftlichen Entdeckung durch den Verlauf des geschichtlichen Lebens zusammenprallt mit den nackten Lebensnotwendigkeiten von Menschen, tritt verantwortliches sachgemäßes Handeln aus dem Bereich des Prinzipiell-Gesetzlichen, des Normalen, des Regulären vor die durch kein Gesetz mehr zu regelnde, außerordentliche Situation letzter Notwendigkeiten. Machiavelli hat in seiner Staatslehre dafür den Begriff der necessità[84] geprägt. Für das Gebiet des Politi-

[4)] Sachgemäßes Handeln ist durchaus nicht notwendig mit spezialistischer Vorbildung verbunden, wie man in Deutschland allzu lange gemeint hat. In England wird zu dem sachgemäßen Handeln großen Ausmaßes gerade nicht der Spezialist, sondern der Dilettant herangezogen.[83] Durch eine gute Balance zwischen Spezialistentum und Dilettantismus wird – soziologisch gesprochen – das sachgemäße Handeln am sichersten gewährleistet werden.

82 Vgl. S. 239 und Anm. 79. □ **83** G. Ritter, Machtstaat und Utopie, 96, beim Vergleich zwischen ,,kontinentaler und insularer Politik", Gladstone und Bismarck: Englische außenpolitische Entschließungen sind geprägt durch ,,die vornehme Lässigkeit, mit der ein Regiment aristokratischer Halbdilettanten seine Geschäfte betreibt". – Die Anm. ist auf dem Ms-Rand zugesetzt. □ **84** Dt.: ,,Notwendigkeit". Machiavellis Konzept der ‚*necessità*' behandeln F. Meinecke, Die Idee der Staatsräson, 46–49 [1960: 43 ff] u. ö., und unter kritischen bedeutet das, daß aus der Technik der Staatskunst die Staatsnotwendigkeit wird. Es kann kein Zweifel darüber bestehen, daß es solche Notwendigkeiten gibt. Sie zu leugnen, bedeutet Verzicht auf wirklichkeitsgemäßes Handeln. Ebenso aber ist gewiß, daß diese Notwendigkeiten, als Urtatsachen des Lebens selbst, durch kein Gesetz mehr erfaßt werden können und selbst niemals zum Gesetz werden können. Sie appellieren unmittelbar an die durch kein Gesetz gebundene freie Verantwortung des Handelnden. Sie schaffen eine außerordentliche Situation, sie sind ihrem Wesen nach Grenzfälle. Sie lassen der menschlichen ratio nicht mehr eine Mehrzahl von Auswegen, sondern sie stellen vor die Frage der ultima ratio.[85] Im politischen Bereich heißt diese ultima ratio Krieg, aber auch Betrug[86], Vertragsbruch um der eigenen Lebensnotwendigkeiten willen. Im wirtschaftlichen Leben bedeutet sie Vernichtung menschlicher | Existenzen um geschäftlicher Notwendigkeiten willen. Die ultima ratio liegt jenseits der Gesetze der ratio[87], sie ist irrationales Handeln. Alles wird im tiefsten Grunde verkehrt, wenn die ultima ratio selbst wieder zu einem rationalen Gesetz gemacht wird, wenn aus dem Grenzfall das Normale, wenn aus der necessità eine Technik gemacht wird.[88] Baldwin hat recht, wenn er sagte, daß es nur ein größeres Übel gebe als die Gewalt, nämlich die Gewalt als Prinzip, als Gesetz, als Norm.[89] Er

---

scher Berücksichtigung von Meinecke G. Ritter, Machtstaat und Utopie, 24–48 (25, 29). Das italienische Wort ist auf den „Ethik"-Zetteln Nr. 28 und 19 notiert. Es findet sich in Kapitel 15 von Niccolo Machiavellis „Principe" (italienisch, „Fürst"), vgl. in Bonhoeffers Reclam-Ausgabe Seite 84: „Daher muß ein Fürst, der sich behaupten will, sich auch darauf verstehen, nach Gelegenheit schlecht zu handeln, und dies thun oder lassen, so wie es die Nothwendigkeit erfordert." □ **85** Dt.: „allerletztes Mittel". □ **86** Ersetzt: „Lüge". □ **87** Ersetzt: „ist eine nach den Gesetzen der ratio nicht mehr zu entscheidende Tat", also vernünftiger Berechnung oder Verstandesregeln entzogen. □ **88** Vgl. F. Meinecke, Staatsräson, 49: „Es war etwas wesentlich anderes, ob man das Sittengesetz in der Politik nur tatsächlich übertrat oder ob man sich ... rechtfertigen konnte mit einer unausweichlichen ‚Notwendigkeit'." □ **89** Die britische konservative Regierung unter Stanley Baldwin hatte ab 1935 ein Wehrprogramm gefordert; nach dem Rücktritt Baldwins 1937 betrieb Premierminister Neville Chamberlain eine Ausgleichspolitik mit Deutschland und Italien („policy of appeasement"). Vgl. S. Baldwin, Service of Our Lives, 100 f: In der Abschiedsrede als Premierminister vor seiner Wählerschaft am 10. 4. 1937 warnte Baldwin wollte damit nicht die außerordentliche, als Grenzfall sich ereignende Notwendigkeit des Gewaltgebrauchs [als] ultima ratio bestreiten – er wäre sonst ein Schwärmer und kein Staatsmann – aber er wollte um keinen Preis das Außerordentliche, den Grenzfall mit dem Normalen, dem Gesetz verwechselt sehen, er wollte also die relative Ordnung, die durch eine sachgemäße Befolgung des Gesetzlichen gewährleistet wird, nicht um des Grenzfalles willen mit dem Chaos vertauschen.

Die außerordentliche Notwendigkeit appelliert an die Freiheit des Verantwortlichen. Es gibt kein Gesetz, hinter dem der Verantwortliche hier Deckung suchen könnte. Es gibt daher auch kein Gesetz, das den Verantwortlichen angesichts solcher Notwendigkeit zu dieser oder jener Entscheidung zu zwingen vermöchte. Es gibt vielmehr angesichts dieser Situation nur den völligen Verzicht auf jedes Gesetz, verbunden mit dem Wissen darum hier in freiem Wagnis entscheiden zu müssen, verbunden auch mit dem offenen Eingeständnis, daß hier das Gesetz verletzt, durchbrochen wird, daß hier Not das Gebot bricht, verbunden also mit der gerade in dieser Durchbrechung anerkannten Gültigkeit des Gesetzes, und es gibt dann schließlich in diesem Verzicht auf jedes Gesetz, und so ganz allein, das Ausliefern der eigenen getroffenen Entscheidung und Tat an die göttliche Lenkung der Geschichte.

Es bleibt eine theoretisch nie mehr zu entscheidende Frage, | ob im geschichtlichen Handeln das Letzte das ewige Gesetz oder die freie Verantwortung gegen alles Gesetz aber vor Gott ist. Große Völker stehen hier in letztem unüberwindlichem Gegensatz. Es ist die Größe englischer Staatsmänner – ich denke hier zum Beispiel an Gladstone – das Gesetz als letzte Instanz gelten zu lassen und es ist die Größe deutscher Staatsmänner – ich denke hier an Bismarck – in freier Verantwortung vor Gott

---

vor Ideen – ,,ideas may be very dangerous things" (,,Ideen können sehr gefährlich sein") –, wie sie über Hunderte von Millionen Menschen in Rußland, Deutschland und Italien herrschten; 102: ,, . . . no man who brings about changes by force in any country can maintain himself and the changes he has effected except by the continuation of force, because it is force alone that can dethrone him" (,, . . . wer in irgendeinem Land mit Gewalt Veränderungen hervorruft, kann sich und die von ihm bewirkten Veränderungen nur durch fortwährende Gewalt halten, denn Gewalt allein kann ihn entthronen").

zu treten.[90] Keiner kann hier ein Vorrecht vor dem anderen in Anspruch nehmen. Die letzte Frage bleibt offen und muß offen gehalten werden; denn so oder so wird der Mensch schuldig und so oder so kann er allein von der göttlichen Gnade und der Vergebung leben. Der ans Gesetz Gebundene muß wie der in freier Verantwortung Handelnde die Anklage des anderen vernehmen und gelten lassen. Keiner kann der Richter des andern werden. Das Gericht bleibt bei Gott.

Es geht aus dem Gesagten hervor, daß zur Struktur verantwortlichen Handelns *die Bereitschaft zur Schuldübernahme* und *die Freiheit gehört*.

Indem wir unseren Blick wieder auf den Ursprung aller Verantwortlichkeit richten, wird uns deutlich, was unter Schuldübernahme zu verstehen ist.[91] Weil es Jesus nicht um die Proklamation und Verwirklichung neuer ethischer Ideale, also auch nicht um sein eigenes Gutsein (Mt 19[,17] !), sondern allein um die Liebe zum wirklichen Menschen geht, darum kann er in die Gemeinschaft ihrer Schuld eintreten, sich mit ihrer Schuld belasten lassen. Jesus will nicht auf kosten der Menschen als der einzig Vollkommene gelten, will nicht als der einzig Schuldlose auf die unter ihrer Schuld zugrundegehende Menschheit herabsehen, will nicht über den Trüm- | mern einer an ihrer Schuld gescheiterten Menschheit irgendeine Idee eines neuen Menschen triumphieren lassen. Er will sich nicht von der Schuld freisprechen, unter der die Menschen sterben. Eine Liebe, die den Menschen in seiner Schuld allein ließe, hätte nicht den wirklichen Menschen zum Gegenstand. Als im geschichtlichen Dasein des Menschen verantwortlich Handelnder wird Jesus schuldig. Es ist – wohlgemerkt – allein seine Liebe, die ihn schuldig werden läßt. Aus seiner selbstlosen Liebe, aus seiner Sündlosigkeit heraus tritt Jesus in die Schuld der Menschen ein, nimmt sie auf sich. Sündlosigkeit und Schuldtragen gehören in ihm unlösbar zusammen. Als der Sündlose nimmt Jesus die Schuld seiner Brüder auf sich, und unter der Last dieser Schuld

---

90 Vgl. den anders akzentuierten Vergleich zwischen Gladstone und Bismarck bei G. Ritter, Machtstaat und Utopie, 96–98 (auf Ritters Buch verweist in diesem Zusammenhang G. Krause, Art. Bonhoeffer, in: TRE VII, 64 Anm. 5). □
91 Das Folgende (S. 275 f) entspricht ziemlich genau S. 232–234,1.

erweist er sich als der Sündlose. In diesem sündlos-schuldigen Jesus Christus hat nun jedes stellvertretend verantwortliche Handeln seinen Ursprung. Gerade weil und wenn es verantwortlich ist, weil und wenn es in ihm ganz um den anderen Menschen geht, weil und wenn es aus selbstloser Liebe zum wirklichen menschlichen Bruder hervorgeht, kann es sich der Gemeinschaft der menschlichen Schuld nicht entziehen wollen. Weil Jesus die Schuld aller Menschen auf sich nahm, darum wird jeder verantwortlich Handelnde schuldig.[92] Wer sich in der Verantwortung der Schuld entziehen will, löst sich aus der letzten Wirklichkeit des menschlichen Daseins, löst sich aber auch aus dem erlösenden Geheimnis des sündlosen Schuldtragens Jesu Christi und hat keinen Anteil an der göttlichen Rechtfertigung, die über diesem Ereignis liegt. Er stellt seine persönliche Unschuld über die Verantwortung für die Menschen,[93] und er ist blind für die heillosere Schuld, die er gerade damit auf sich lädt, blind auch dafür, daß sich die wirkliche Unschuld gerade darin erweist, daß sie um des anderen Menschen willen in die Gemeinschaft seiner Schuld eingeht. Daß der Sündlose, der selbstlos Liebende schuldig wird, gehört durch Jesus Christus zum Wesen verantwortlichen Handelns. |

Gegen dieses alles gibt es einen Widerspruch von unbestreitbarer Erhabenheit. Er kommt aus der hohen Instanz des Gewissens,[94] das sich weigert seine Unversehrtheit irgendeinem anderen Gut zu opfern, das sich weigert um eines anderen Menschen willen schuldig zu werden. Die Verantwortung für den Nächsten hat hier ihre Grenze in der Unantastbarkeit des Gewissensrufes. Eine Verantwortung, die zu einem Handeln wider das Gewissen zwingt, würde sich selbst verurteilen.[95] Was ist daran richtig und was falsch?

Richtig ist, daß es niemals geraten sein kann wider das eigene Gewissen zu handeln. Darin ist sich alle christliche Ethik einig. Aber was bedeutet das? Das Gewissen ist der aus einer Tiefe

---

92 Vgl. S. 283: „der Verantwortliche wird sündlos schuldig". □ **93** Gestr.: „ihm gilt die Unversehrtheit des eigenen Gewissens mehr als der Bruder". Vgl. S. 66 („private Untadeligkeit"). – Etwas tiefer am Rand, schräg: „Das Gewissen?" □ **94** Zu ‚*Gewissen*' s. auch DBW 2 (AS), 137, DBW 3 (SF), 119–122, u. ö. □ **95** Ersetzt: „wäre in sich selbst unsittlich."

jenseits des eigenen Willens und der eigenen Vernunft sich zu Gehör bringende Ruf der menschlichen Existenz zur Einheit mit sich selbst.[96] Es erscheint als Anklage gegen die verlorene Einheit und als Warnung vor dem sich selbst Verlieren. Es ist primär nicht auf ein bestimmtes Tun, sondern auf ein bestimmtes Sein gerichtet. Es protestiert gegen ein Tun, das dieses Sein in der Einheit mit sich selbst gefährdet.

In dieser formalen Bestimmung bleibt das Gewissen eine Instanz, gegen die zu handeln höchst widerraten ist;[97] die Mißachtung des Gewissensrufes muß eine Zerstörung – nicht etwa eine sinnvolle Hingabe – des eigenen Seins, ein Zerfallen der menschlichen Existenz[98] zur Folge haben. Das Handeln wider das Gewissen liegt in der Richtung des selbstmörderischen Handelns gegen das eigene Leben, und es ist kein Zufall daß beides oft genug mit einander verbunden ist. Ein verantwortliches Handeln, das dem Gewissen, in diesem formalen Sinn, Gewalt antun wollte, wäre in der Tat verwerflich.

Die Frage ist aber damit keineswegs erschöpft. Kommt der | Gewissensruf aus der gefährdeten Einheit des Menschen mit sich selbst, so ist nun auch [nach] dem Inhalt[99] dieser Einheit zu fragen. Dieser ist zunächst das eigene Ich in seinem Anspruch, „wie Gott" – sicut deus – sein zu wollen in der Erkenntnis des Guten und des Bösen.[100] Der Gewissensruf im natürlichen Menschen ist der Versuch des Ich sich in seinem Wissen um Gut und Böse vor Gott, vor den Menschen und vor sich selbst zu rechtfertigen und in dieser Selbstrechtfertigung bestehen zu können. Das Ich, das in seiner kontingenten[101] Einzelheit keinen Halt findet, führt sich auf ein allgemeines Gesetz des Guten

---

96 Vgl. M. Heidegger, Sein und Zeit, 272 (§ 56): „Der Rufcharakter des Gewissens"; DBW 2 (AS), 63 ist „S. 277" (aus § 57 „Das Gewissen als Ruf der Sorge") zitiert: Das Gewissen ruft das Dasein auf „zu seinem eigensten Seinkönnen". □ **97** Vgl. Luthers Weigerung vor dem Reichstag zu Worms am 18. 4. 1521, seine Lehre gegen das Gewissen zu widerrufen. □ **98** „der menschlichen Existenz" ersetzt: „mit sich selbst". □ **99** Zu der Differenzierung in Form (‚*formal*') und ‚*Inhalt*' vgl. S. 166 f (formale und inhaltliche Bestimmung des Natürlichen). □ **100** Gen 3,5. □ **101** Mit dem philosophischen Ausdruck ‚*kontingent*' (Lat.) – für: nicht-notwendig, nicht gesetzlich faßbar – arbeitete Bonhoeffer in seiner Habilitationsschrift, z. B. DBW 2 (AS), 76 f („Kontingenz der Offenbarung").

zurück und sucht in der Übereinstimmung mit ihm die Einheit mit sich selbst. So hat der Gewissensruf seinen Ursprung und sein Ziel in der *Autonomie* des eigenen Ich. Es gilt in der Befolgung des Rufes, diese Autonomie, die ihren Ursprung jenseits des eigenen Wollens und Wissens „in Adam" hat, jeweils selbst neu zu verwirklichen.[102] So bleibt der Mensch in seinem Gewissen gebunden an ein selbstgefundenes Gesetz, das konkret in verschiedener Gestalt auftreten kann, aber bei dem Verlust des eigenen Selbst unüberschreitbares Gesetz bleibt.

Die große Veränderung tritt, wie wir nun begreifen, in dem Augenblick ein, in dem die Einheit der menschlichen Existenz nicht mehr in ihrer Autonomie besteht, sondern – durch das Wunder des Glaubens – jenseits des eigenen Ich und seines Gesetzes, in Jesus Christus gefunden wird. Formal hat diese Veränderung des Einheitspunktes [ihre][103] Analogie durchaus im säkularen Bereich. Wenn der N. S.[104] sagt: mein Gewissen ist A. H.,[105] so ist auch damit der Versuch gemacht, die Einheit des Ich jenseits seiner selbst zu begründen. Es hat dies dann die Preisgabe der Autonomie zugunsten einer bedingungslosen Heteronomie zur Folge, was wiederum nur dann möglich ist, wenn der andere Mensch, in dem ich die Einheit meines Lebens suche[106], in die Funktion meines Erlösers tritt. Es läge dann hier die prä- | gnanteste säkulare Parallele und damit der prägnanteste Widerspruch zur christlichen Wahrheit vor.

Wo Christus, wahrer Gott und wahrer Mensch, zum Einheitspunkt meiner Existenz geworden ist, dort bleibt zwar das Gewissen – formal – immer noch der Ruf aus meinem eigentlichen Sein zur Einheit mit mir selbst; diese Einheit kann aber nicht mehr verwirklicht werden in der Rückkehr zu meiner aus dem Gesetz lebenden Autonomie, sondern in der Gemeinschaft

---

102 DBW 2 (AS), 137: Gewissen „des Menschen in Adam" als „Bestätigung und Rechtfertigung seines selbstherrlichen Alleinseins". Vgl. zu ‚*Autonomie*' S. 252. □ **103** Im Ms versehentlich: „seine". □ **104** Nationalsozialist. □ **105** Adolf Hitler. Der ‚*N. S.*', der das zu sagen pflegte, ist Hermann Göring; vgl. H. Rauschning, Gespräche mit Hitler, Neuausgabe 1973, 76 f, dazu P. Möser, Gewissenspraxis, 417. Vgl. das Ausrufungszeichen auf „Ethik"-Zettel Nr. 78: „Christus (oder irgendeine andere Autorität!) ist mein Gewissen." □ **106** „in dem ich ... suche" ersetzt: „dem ich mich unterwerfe".

mit Jesus Christus.[107] Das natürliche – und sei es das rigoroseste – Gewissen erweist sich nun als die gottloseste Selbstrechtfertigung, es wird überwunden durch das in Jesus Christus befreite Gewissen, das zur Einheit mit mir selbst in Jesus Christus ruft. Jesus Christus ist mein Gewissen geworden. Das bedeutet, daß ich die Einheit mit mir selbst nur noch in der Hingabe meines Ich an Gott und die Menschen finden kann. Nicht ein Gesetz, sondern der lebendige Gott und der lebendige Mensch, wie er mir in Jesus Christus begegnet, ist Ursprung und Ziel meines Gewissens. Um Gottes und der Menschen willen wurde Jesus zum Durchbrecher des Gesetzes: er brach das Sabbathgesetz[108] um es in der Liebe zu Gott und Mensch zu heiligen; er verließ seine Eltern um im Hause seines Vaters zu sein und so den Gehorsam gegen die Eltern zu reinigen; er aß mit Sündern und Verworfenen, er geriet aus Liebe zu den Menschen in die Gottverlassenheit seiner letzten Stunde.[109] Als der sündlos Liebende wurde er schuldig, wollte er in der Gemeinschaft der menschlichen Schuld stehen; die Anklage des Teufels, die ihn auf diesem Weg irremachen wollte, wies er von sich.[110] So ist Jesus Christus der Befreier des[111] Gewissens zum Dienst Gottes und des Nächsten, der Befreier des Gewissens auch und gerade dort, wo der Mensch in die Gemeinschaft der menschlichen Schuld eintritt. Das vom Gesetz befreite Gewissen wird das Eintreten in fremde Schuld um des anderen Menschen willen nicht scheuen, es wird sich vielmehr | gerade so in seiner Reinheit erweisen. Das befreite Gewissen ist nicht ängstlich, wie das an das Gesetz gebundene, sondern weit geöffnet für den Nächsten und seine konkrete Not. So einigt es sich mit der in Christus begründeten Verantwortung um des Nächsten willen Schuld zu tragen. Obwohl menschliches Handeln – im Unterschied zu der wesenhaften Sündlosigkeit Jesu Christi – niemals sündlos sondern von der wesenhaften Erbsünde vergiftet ist, nimmt es als verant-

---

107 „dort bleibt zwar ... Christus." ersetzt: „dort kann ich die Einheit mit mir selbst nicht anders als in der Bindung an Jesus Christus gewinnen." □ **108** Vgl. die Sabbat-Regeln Dtn 5,14. □ **109** Vgl. Mk 2,23–28 (*Sabbat*); Lk 2,48–50 (*Eltern verlassen*); Mt 9,11 (*mit den Sündern essen*); Mk 15,34 (*Gottverlassenheit*). □ **110** Vgl. Mk 8,31–33 (Leidensankündigung und ‚satanische' Vorhaltungen des Petrus deswegen); dazu DBW 4 (N), 77f. □ **111** Gestr.: „natürlichen".

wortliches Handeln – im Gegensatz zu jedem selbstgerecht-prinzipiellen Handeln – doch indirekt an dem Handeln Jesu Christi teil. Es gibt also für das verantwortliche Handeln so etwas wie eine relative Sündlosigkeit, die sich gerade im verantwortlichen Aufnehmen fremder Schuld erweist.[112]

Wenn Kant aus dem Prinzip der Wahrhaftigkeit heraus zu der grotesken Folgerung[113] kommt, ich müsse auch dem in mein Haus eingedrungenen Mörder seine Frage, ob mein Freund, den er verfolgt, sich in mein Haus geflüchtet habe, ehrlicherweise bejahen,[114] so tritt hier die zum frevelhaften Übermut gesteigerte Selbstgerechtigkeit des Gewissens dem verantwortlichen Handeln in den Weg. Wenn Verantwortung die ganze, der Wirklichkeit angemessene Antwort des Menschen auf den Anspruch Gottes und des Nächsten ist, so ist hier der Teilcharakter der Antwort[115] eines an Prinzipien gebundenen Gewissens grell beleuchtet. Die Weigerung, um meines Freundes willen am Prinzip der Wahrhaftigkeit schuldig zu werden, die Weigerung hier um meines Freundes willen kräftig zu lügen,[116] – denn jeder Versuch, den Tatbestand der Lüge wegzudeuteln entspringt wiederum nur dem gesetzlich-selbstgerechten Gewissen – die Weigerung also Schuld zu tragen aus Nächstenliebe, setzt mich

---

112 Die beiden voranstehenden Sätze („Obwohl ... erweist“) entsprechen S. 234. Das jetzt hier Folgende ist bis S. 281 einschließlich des Iphigenie-Zitats ein Einschub. □ **113** Ersetzt: „Behauptung“. □ **114** Vgl. H. Nohl, Die sittlichen Grunderfahrungen, 114 (mit Seitenstrich in Bonhoeffers Exemplar): „So soll man einem Mörder, der uns fragt, ob unser von ihm verfolgter Freund sich nicht in unser Haus geflüchtet, ‚ehrlicher Weise‘ mit Ja antworten.“ Vgl. I. Kant, Über ein vermeintliches Recht aus Menschenliebe zu lügen (1797), A 306/307 (Werke IV, 639): „Denn hättest du die Wahrheit, so gut du sie wußtest, gesagt: so wäre vielleicht der Mörder über dem Nachsuchen seines Feindes im Hause von herbeigelaufenen Nachbarn ergriffen, und die Tat verhindert worden.“ □ **115** Vgl. S. 254 „Teilantworten“. □ **116** Zum ‚*Lügen*‘ vgl. S. 62 f. ‚*Wahrhaftigkeit*‘ sollte in dem geplanten Kapitel über das Gute behandelt werden, der Begriff ist notiert auf den „Ethik“-Zetteln Nr. 82, 64, 66, 81; vgl. in der „Nachfolge“ die Auslegung von Mt 5,33–37, s. DBW 4 (N), 129–134. Das Bedenkliche an Wahrhaftigkeit als ‚*Prinzip*‘ unterstrich Bonhoeffer in der Haft auf dem Tegeler Zettel NL A 75,122 („Nur der *Zyniker* ist ganz ‚wahrhaftig‘“), im Brief vom 2. Advent (5. 12.) 1943 WEN 176 f und in dem Aufsatz-Fragment „Was heißt die Wahrheit sagen“. Bei Verhören durch die nationalsozialistischen Machthaber bedeutete jemand, der nicht imstande war, ‚*kräftig zu lügen*‘, für die Mitkonspiratoren Lebensgefahr.

in Widerspruch zu meiner in der Wirklichkeit begründeten Verantwortung. Es wird sich auch hier gerade im verantwortlichen Aufsichnehmen von Schuld die Unschuld eines allein | an Christus gebundenen Gewissens am besten erweisen.

Es ist erstaunlich, in welche Nähe zu diesen Gedanken Goethe durch eine rein profane Kenntnis der Wirklichkeit geführt wird. Der Dialog, durch den Pylades Iphigenie gegen das innere Gesetz zur verantwortlichen Tat bringen will heißt: Pylades: Zu strenge Forderung ist verborgener Stolz. Iphigenie: Ganz unbefleckt genießt sich nur das Herz.[5)] Pylades: So hast du dich im Tempel wohl bewahrt; / das Leben lehrt uns, weniger mit uns / und Andern strenge sein; du lernst es auch. / So wunderbar ist dies Geschlecht gebildet, / so vielfach ist's verschlungen und verknüpft, / daß Keiner in sich selbst, noch mit den Andern / sich rein und unverworren halten kann. / Auch sind wir nicht bestellt uns selbst zu richten; / zu wandeln und auf seinen Weg zu sehn / ist eines Menschen erste, nächste Pflicht: / denn selten schätzt er recht, was er gethan / und was er tut, weiß er fast nicht zu schätzen. / .... Man sieht, du bist nicht an Verlust gewöhnt /, da du dem großen Übel zu entgehen / ein falsches Wort nicht einmal opfern willst. / Iphigenie: O trüg ich doch ein männlich Herz in mir! / das, wenn es einen kühnen Vorsatz hegt / vor jeder andern Stimme sich verschließt.[117]

So sehr sich das in Christus befreite Gewissen und Verantwortung einigen mögen, so bleiben sie doch in einer unaufhebbaren Spannung einander gegenüber.

Das in verantwort- | lichem Handeln jeweils notwendig werdende Schuldtragen bleibt durch das Gewissen in zweifacher Hinsicht begrenzt.

Erstens ist auch das in Christus befreite Gewissen seinem Wesen nach der Ruf zur Einheit mit mir selbst. Die Übernahme einer Verantwortung darf diese Einheit nicht vernichten. Die

---

5) Zu beachten ist hier auch die Einführung des charakteristischen Begriffs des „Genießens".

117 J. W. von Goethe, Iphigenie auf Tauris, Verse 1649, 1652–1664, 1674–1679. Die Zeilen „So wunderbar ... unverworren halten kann" zitiert H. Nohl, Die sittlichen Grunderfahrungen, 114, im Zusammenhang mit Kants „Wahrhaftigkeitsfanatismus".

Hingabe des Ich in selbstlosem Dienst darf niemals mit der Zerstörung und Vernichtung dieses Ich, das damit auch zur Übernahme von Verantwortung nicht mehr fähig wäre, verwechselt werden. Das Maß der mit dem verantwortlichen Handeln verbundenen Schuldübernahme hat seine jeweilige konkrete Grenze an der Einheit des Menschen mit sich selbst, an seiner Tragkraft. Es gibt Verantwortungen, die ich nicht zu tragen vermag, ohne daran zu zerbrechen, ob es sich nun hier um eine Kriegserklärung, einen politischen Vertragsbruch, eine Revolution oder nur um die Entlassung[118] eines einzigen Familienvaters, der dadurch arbeitslos wird, oder schließlich gar nur um einen Rat in einer persönlichen Lebensentscheidung handelt. Zwar kann und soll die Tragkraft für verantwortliche Entscheidungen wachsen, zwar bedeutet jedes Versagen angesichts einer Verantwortung auch schon eine verantwortliche Entscheidung, dennoch bleibt im konkreten Fall der Ruf des Gewissens zur Einheit mit sich selbst in Jesus Christus unüberwindlich und es erklärt sich daraus die unendliche Mannigfaltigkeit verantwortlicher Entscheidungen.

Zweitens: Auch das in Jesus Christus befreite Gewissen stellt das verantwortliche Handeln vor das Gesetz, durch dessen Befolgung der Mensch in der in Jesus Christus begründeten Einheit mit sich selbst bewahrt wird, aus dessen Verachtung nur Verantwortungslosigkeit entspringen kann. Es ist das Gesetz der Gottes- und der Nächstenliebe, wie es im Dekalog, in der Bergpredigt und in der apostolischen Paränese[119] ausgelegt ist. Die richtige Beobachtung, daß das natür- | liche Gewissen in den Inhalten seines Gesetzes mit denen des in Christus befreiten Gewissens eine auffallende Übereinstimmung aufweist, ist in der Tatsache begründet, daß es im Gewissen eben um den Bestand des Lebens selbst geht und daß es darum Grundzüge des Lebensgesetzes enthält, wenn auch im einzelnen verzerrt und im grundsätzlichen pervertiert. Das Gewissen bleibt auch als

118 Ersetzt: „oder um die Dienstentlassung". Unter dem nationalsozialistischen Regime wurden Angehörige verfolgter Gruppen aus dem öffentlichen Dienst entlassen. □ 119 Der theologische Fachausdruck ‚*Paränese*' (Griech.) ersetzt: „Ermahnung". Z. B. zu der „apostolischen Ermahnung", „in Einfalt" zu geben, s. Bibelstellenangaben S. 321.

befreites, was es als natürliches war, nämlich der Warner vor der Übertretung des Lebensgesetzes.[120] Aber weil das Gesetz nicht mehr das Letzte ist, sondern Jesus Christus, darum muß in der Auseinandersetzung zwischen Gewissen und konkreter Verantwortung die freie Entscheidung für Christus fallen. Das bedeutet nicht einen ewigen Konflikt, sondern die Gewinnung der letzten Einheit; denn der Grund, Wesen und Ziel der konkreten Verantwortung ist ja derselbe Jesus Christus, der der Herr des Gewissens ist. So wird die Verantwortung durch das Gewissen gebunden, aber das Gewissen durch die Verantwortung frei. Es zeigt sich nun, daß es dasselbe ist, ob wir sagen: der Verantwortliche wird sündlos schuldig, oder: allein der Mann des freien Gewissens kann Verantwortung tragen.

Wer in Verantwortung Schuld auf sich nimmt – und kein Verantwortlicher kann dem entgehen – der rechnet sich selbst und keinem anderen diese Schuld zu und steht für sie ein, verantwortet sie. Er tut es nicht in dem frevelnden Übermut seiner Macht, sondern in der Erkenntnis zu dieser Freiheit – genötigt und in ihr auf Gnade angewiesen zu sein. Vor den anderen Menschen rechtfertigt den Mann der freien Verantwortung die Not, vor sich selbst spricht ihn sein Gewissen frei, aber vor Gott hofft er allein auf Gnade. |

So müssen wir in der Analyse der Struktur des verantwortlichen Handelns zuletzt von der *Freiheit* sprechen.[121]

Verantwortung und Freiheit sind einander korrespondierende Begriffe. Verantwortung setzt sachlich – nicht zeitlich – Freiheit voraus, wie Freiheit nur in der Verantwortung bestehen kann. Verantwortung ist die in der Bindung an Gott und den Nächsten allein gegebene Freiheit des Menschen.

Ohne Rückendeckung durch Menschen, Umstände oder

---

120 „Warner ... des [gestr.: „eigenen"] Lebensgesetzes." ersetzt: „Ankläger des übertretenen Lebensgesetzes und der Mahner zu dem". □ **121** Das Folgende entspricht dem „*Wagnis* der konkreten Entscheidung" in der Disposition S. 256. Behandelt wird ein bestimmter Teilaspekt der Freiheit, die freie Tat. S. 283–285 stellt zugleich, wie schon der vorangehende Abschnitt über „Schuldübernahme", die innere Lage der im Widerstand und in der Umsturzplanung Tätigen dar. Das ihnen zu Sagende hat Bedeutung über die speziellen Umstände hinaus. Vgl. S. 62: In einer Ausnahmesituation wie dieser enthüllt sich die Wirklichkeit.

Prinzipien, aber unter Berücksichtigung aller gegebenen menschlichen, allgemeinen, prinzipiellen Verhältnisse handelt der Verantwortliche in der Freiheit des eigenen Selbst. Die Tatsache, daß nichts für ihn eintreten, ihn entlasten kann als seine Tat und er selbst, ist der Beweis seiner Freiheit. Er selbst muß beobachten, urteilen, abwägen, sich entschließen, handeln. Er selbst muß die Motive, die Aussichten, den Wert und den Sinn seines Handelns prüfen. Aber weder die Reinheit der Motive noch die Gunst der Verhältnisse noch der Wert noch die Sinnhaftigkeit eines beabsichtigten Handelns können zum Gesetz seines Handelns werden, auf das er sich zurückziehen und berufen dürfte, durch das er entschuldigt und freigesprochen werden könnte.[6)] Er wäre ja dann nicht mehr wahrhaft frei. Das Handeln des Verantwortlichen geschieht in der allein und gänzlich befreienden Bindung an Gott und den Nächsten, wie sie mir in Jesus Christus begegnen, es geschieht dabei ganz im Bereich der Relativitäten, ganz in dem Zwielicht, das die geschichtliche Situation über Gut und Böse breitet, es geschieht mitten in den unzähligen Perspektiven, in denen jedes Gegebene er- | scheint. Es hat nicht einfach zwischen Recht und Unrecht, Gutem und Bösem zu entscheiden, sondern zwischen Recht und Recht, Unrecht und Unrecht. „Recht ringt mit Recht", hat Aischylos gesagt.[123] Das verantwortliche Handeln ist eben darin

[6)] Hierdurch erübrigt sich auch die unechte Frage nach Determinismus und Indeterminismus, in der das Wesen der geistigen Entscheidung fälschlich dem Kausal-Gesetz subsumiert wird.[122]

122 ‚*Determinismus*' (Lat.) bezeichnet die philosophische und religiöse Lehre von der Bestimmtheit, der Festgelegtheit aller menschlichen Entscheidungen durch vorausliegende Ursachen, also gemäß dem Kausalgesetz. Demnach gäbe es keine Willens- und Entscheidungsfreiheit. Die neuzeitliche Naturwissenschaft mit ihrer strikten Orientierung an kausalgesetzlicher Erklärung hatte das Problem verschärft, bis im 20. Jahrhundert die Grundlagenkrise der Physik, besonders in den zwanziger Jahren, zeigte, daß die Alternative Determinismus oder Indeterminismus nicht einmal innerhalb der Naturwissenschaft sinnvoll ist. ‚*Subsumieren*' (Lat., „unterordnen") verwendet Bonhoeffer auch in der Anm. zu S. 301. □ **123** Aischylos, Choëphoren 461. (Die Choëphoren sind das zweite der drei Stücke, die zusammen die Orestie bilden, eine 458 v. Chr. zuerst aufgeführte Trilogie.) Die beiden Sätze „Es hat ... gesagt" sind am Rand zugefügt. – Das jetzt Folgende bis zum Ende des nächsten Absatzes („Das verantwortliche Handeln ... anzuknüpfen haben") geht ähnlich wie S. 268 auf ein freies Wagnis, durch kein Gesetz gerechtfertigt, vielmehr in Verzicht auf jede gültige Selbstrechtfertigung geschehend, im Verzicht eben damit auf ein letztes gültiges[124] Wissen um Gut und Böse. Das Gute als das Verantwortliche geschieht in der Unwissenheit um das Gute,[125] in der Auslieferung der notwendig gewordenen und doch (oder darin!) freien Tat an Gott, der das Herz ansieht,[126] der die Taten wiegt und die Geschichte lenkt.

Damit erschließt sich uns ein tiefes Geheimnis der Geschichte überhaupt. Gerade der in der Freiheit eigenster Verantwortung Handelnde sieht sein Handeln einmünden in Gottes Führung. Freie Tat erkennt sich zuletzt als Gottes Tat,[127] Entscheidung als Führung, Wagnis als göttliche Notwendigkeit. In der freien Preisgabe des Wissens um das eigene Gute[128] geschieht das Gute Gottes. Erst in dieser letzten Perspektive kann vom Guten im geschichtlichen Handeln gesprochen werden. Wir werden an diese Stelle unsere Überlegungen später wieder anzuknüpfen haben.[129]

Vorher ist noch einer entscheidenden zur Klärung wesentlich beitragenden Frage Raum zu geben: wie verhält sich freie Verantwortung und Gehorsam zueinander? Es muß zunächst so scheinen, als fände alles über die freie Verantwortung Gesagte praktisch nur dort Anwendung, wo ein Mensch im Leben, wie wir sagen „auf verantwortlichem Posten steht", wo also selbständige Entscheidungen von größerem Ausmaß getroffen werden müssen. Was aber hat das Gleichmaß der täglichen Arbeit

---

S. 224 f zurück. Der Satz S. 225 „Damit erschließt sich ihm [ersetzt: „uns"] ein tiefes Geheimnis der Geschichte überhaupt", dessen Entsprechung S. 268 gestrichen ist, bildet hier den Anfang des nächsten Absatzes. □ **124** Ersetzt: „prinzipielles". □ **125** Vgl. DBW 4 (N), 155: „ . . . das Gute in der Nachfolge geschieht ohne Wissen." □ **126** Vgl. I Sam 16,7 b (LB): „ . . . ein Mensch siehet, was vor Augen ist; der HErr aber siehet das Herz an." Vgl. auch Mt 6,4. □ **127** Hier fehlt in dieser sonst recht genauen Aufnahme von S. 225 das Stichwort „Passivität". Ein ‚klärendes Wort' zum „Begriff der Passivität" steht im letzten Absatz des Ms „Die Liebe Gottes und der Zerfall der Welt", S. 340 f; die Stichwörter „Passives" und „Erleiden" erscheinen S. 388. □ **128** „des Wissens um das eigene Gute [ersetzt: „um Gut und Böse"]" ersetzt: „jeder Selbstrechtfertigung erkennt". □ **129** Vgl. das später zu „*Gebot Gottes*" Ausgeführte, S. 381–390; S. 389: sich leiten lassen „vom Gebot wie von einem guten Engel".

beim Tagelöhner[130], beim Fabrikarbeiter, beim kleinen Angestellten oder beim Rekruten, beim Lehrling und Schüler mit Verantwortung zu tun? Anders steht es schon beim freien Landwirt, beim Unter- | nehmer, beim Politiker und Staatsmann, beim Feldherrn, beim Meister, beim Lehrer, beim Richter. Aber wieviel Technisches, Pflichtmäßiges und wie wenig wirklich freie Entscheidung ist schließlich in ihrem Leben? So scheint [es], als gelte alles über die Verantwortung Gesagte letztlich nur für eine sehr kleine Gruppe von Menschen und auch diesen nur in wenigen Augenblicken ihres Lebens, und als müßte demzufolge für die große Mehrzahl der Menschen statt von Verantwortung von Gehorsam und Pflicht gesprochen werden. So gäbe es dann eine Ethik für die Großen, Starken, Herrschenden und eine andere für die Kleinen, Schwachen, Untergebenen. Dort Verantwortung – hier Gehorsam, dort Freiheit – hier Dienstbarkeit. Es ist nun kein Zweifel, daß in unserer modernen und insbesondere unserer deutschen Gesellschaftsordnung die Existenz des Einzelnen in so bestimmter Weise umschrieben, reglementiert und damit zugleich gesichert ist, daß es nur wenigen vergönnt ist, die freie Luft des weiten Raumes großer Entscheidungen zu atmen und die Gefahr eigensten verantwortlichen Handelns kennen zu lernen. Durch zwangsweise Einordnung des Lebens in einen bestimmten Lehr-[,] Ausbildung[s-] und Berufsgang[131] ist unser Leben ethisch relativ gefahrlos geworden, der in diesen Prozeß von Kind an eingegliederte Mensch ist ethisch entmannt, ihm ist die schöpferische ethische Kraft, die Freiheit, geraubt worden. Darin zeigt sich eine Fehlentwicklung, die tief im Wesen unserer modernen Gesellschaftsordnung steckt, und der nur durch die klare Herausstellung des fundamentalen Begriffes der Verantwortung begegnet werden kann. Nach der Lage der Dinge ist es so, daß das große Erfahrungsmaterial für das Problem der Verantwortung bei den großen politischen Führern, Wirtschaftsunternehmern und Feldherrn gesucht werden muß; denn die wenigen Ande-

---

130 Ersetzt: „Bauern". □ 131 Vgl. K. Jaspers, Die geistige Situation, ^{4}1932, 20: „... Beweglichkeit, faktisch nur eine Möglichkeit für wenige, hat die Tendenz, weiter abzunehmen zugunsten der Zwangsläufigkeiten des soziologischen Lebensschicksals"; verändert in der 5. Auflage, 23: „... Zwangsläufigkeit eines uniformierten Lebensschicksals".

ren, die mitten im Zwang des täglichen Lebens ein freies verantwortliches Handeln wagen, werden von der Maschi- | nerie des allgemeinen Reglements[132] erdrückt.

Dennoch wäre es ein Fehler, die Frage [nur] noch unter dieser Perspektive zu sehen. Tatsächlich gibt es nicht ein einziges Leben, das nicht die Situation der Verantwortlichkeit kennen lernen könnte und zwar in ihrer bezeichnendsten Gestalt, nämlich in der Begegnung mit anderen Menschen. Auch dort also, wo die freie Verantwortung aus dem beruflichen und öffentlichen Leben mehr oder weniger ausgeschlossen ist, bleibt das Verhältnis zum Menschen immer ein verantwortliches, von der Familie bis zum Arbeitskameraden[,] und die Wahrnehmung echter Verantwortung an dieser Stelle ist die einzige gesunde Möglichkeit den Bereich der Verantwortung auch wieder in das berufliche und öffentliche Leben hinein auszudehnen. Wo immer, auch im beruflichen Leben, Mensch und Mensch einander begegnen, dort entsteht echte Verantwortlichkeit und dort kann kein Reglement diese verantwortlichen Verhältnisse aufheben. Das gilt also nicht nur für das Verhältnis der Ehegatten zueinander, für Eltern[133] und Kinder, für Freunde, sondern auch für den Meister und seinen Lehrling, den Lehrer und seinen Schüler, den Richter und den Angeklagten.

Noch einen Schritt weiter aber können wir gehen. Verantwortlichkeit steht nicht nur *neben* den Gehorsamsverhältnissen, sondern hat auch *in* diesen ihren Raum. Der Lehrling, der zum Gehorsam gegen den Meister verpflichtet ist, hat zugleich eine freie Verantwortung für seine Arbeit, seine Leistung und dadurch auch für den Meister, ebenso der Schüler, der Student, aber auch der Arbeitnehmer in irgendeinem Betrieb, der Soldat im Krieg. Gehorsam und Verantwortung greifen ineinander, sodaß also nicht etwa erst dort, wo der Gehorsam aufhört Verantwortung anfängt, sondern in Verantwortung Gehorsam geleistet wird. Gehorsams- und Abhängigkeitsverhältnisse[134] wird es immer geben. Es | kommt nur darauf an, daß sie nicht, wie es heute schon weithin ist, die Verantwortlichkeiten aufheben. Es

132 „des allgemeinen Reglements" steht über „der Gesellschaftsordnung" (nicht gestr.). □ **133** Ersetzt: „Vater". □ **134** Ersetzt: „Über- und [Unterordnung]". Vgl. S. 394 f zu „Oben und Unten".

ist schwerer für den sozial Abhängigen sich verantwortlich zu wissen als für den sozial Freien. Aber keinesfalls schließt ein Abhängigkeitsverhältnis an sich schon die freie Verantwortung aus. Herr und Diener können und sollen in der Wahrung des Gehorsamsverhältnisses in freier Verantwortung für einander stehen.

Der letzte Grund hierfür liegt in dem in Jesus Christus verwirklichten Verhältnis des Menschen zu Gott. Jesus steht vor Gott als der Gehorsame und als der Freie. Als der Gehorsame tut er den Willen des Vaters[135] in blinder Befolgung des ihm befohlenen Gesetzes. Als der Freie bejaht er den Willen aus eigenster Erkenntnis, mit offenen Augen und freudigem Herzen, schafft er ihn gleichsam aus sich selbst heraus aufs neue. Gehorsam ohne Freiheit ist Sklaverei, Freiheit ohne Gehorsam ist Willkür. Der Gehorsam bindet die Freiheit, die Freiheit adelt den Gehorsam. Der Gehorsam bindet das Geschöpf an den Schöpfer, die Freiheit stellt das Geschöpf in seiner Ebenbildlichkeit dem Schöpfer gegenüber. Der Gehorsam zeigt dem Menschen, daß er sich *sagen* lassen muß, was gut [ist] und was Gott von ihm fordert (Micha 6,6)[136], die Freiheit läßt den Menschen das Gute selbst schaffen. Gehorsam weiß, was gut ist, und tut es. Die Freiheit wagt zu handeln[137] und stellt das Urteil über Gut und Böse Gott anheim. Gehorsam folgt blind, Freiheit hat offene Augen. Gehorsam handelt ohne zu fragen, Freiheit fragt nach dem Sinn. Gehorsam hat gebundene Hände, Freiheit ist schöpferisch. Im Gehorsam befolgt der Mensch den Dekalog Gottes, in der Freiheit schafft der Mensch neue Dekaloge (Luther).[138]

In der Verantwortung realisiert sich beides, Gehorsam und Freiheit. Sie trägt diese Spannung in sich. Jede Verselbständigung des einen gegen das andere wäre das Ende der Verantwortung. Verantwortliches Handeln ist gebunden und | doch schöpferisch. Die Verselbständigung des Gehorsams würde zur Kan-

135 Gestr.: „sonst nichts". □ 136 Gemeint ist: Vers 8. □ 137 „wagt zu handeln" ersetzt: „findet das Gute erst im Tun selbst". □ 138 Vgl. 1926 DBW 9, 381: „Der neue Mensch ... könnte neue Dekaloge ... schaffen, die klarer wären, als der des Mose", dazu Zitate von Seite 12 der von P. Drews herausgegebenen Disputationen – wie K. Holl, Luther, 223: „Disput. S. 12 Drews".

tischen Pflichtethik führen, die Verselbständigung der Freiheit zur romantischen Genieethik.[139] Der Mensch der Pflicht wie das Genie tragen ihre Rechtfertigung in sich selbst. Der Mensch der Verantwortung, der zwischen Bindung und Freiheit steht, der als Gebundener in Freiheit zu handeln wagen muß, findet seine Rechtfertigung weder in seiner Bindung noch in seiner Freiheit, sondern allein in dem, der ihn in diese – menschlich unmögliche – Situation gestellt hat und die Tat von ihm fordert. Der Verantwortliche liefert sich selbst und seine Tat Gott aus.

Nachdem wir unter den Begriffen der Stellvertretung, der Wirklichkeitsgemäßheit, der Schuldübernahme und der Freiheit die *Struktur des verantwortlichen Lebens* zu erfassen versucht haben, werden wir nun durch das Verlangen nach weiterer Konkretion zu der Frage geführt, ob es möglich sei, den *Ort* näher zu bestimmen, an dem sich verantwortliches Leben realisiert. Stellt mich die Verantwortung in ein unbegrenztes Feld der Wirksamkeit oder bindet sie mich fest an die mit meinen täglichen konkreten Aufgaben gegebenen Grenzen? Wofür muß ich mich in echter Weise verantwortlich wissen und wofür nicht? Hat es einen Sinn, mich für alles, was in der Welt geschieht, verantwortlich zu halten oder kann ich dem großen Geschehen in der Welt als unbeteiligter Zuschauer gegenüberstehen, wenn nur mein eigener winziger Bereich in Ordnung ist? Soll ich mich in ohnmächtigem Eifer gegen alles Unrecht, alles Elend, das es in der Welt gibt, aufreiben lassen oder darf ich in selbstzufriedener Sicherheit die böse Welt ihrem Lauf überlassen, solange ich selbst nichts daran ändern kann und das Meine getan habe? Welches ist der Ort[140] und welches sind die Grenzen meiner Verantwortung? |

Der Ort der Verantwortung

Wenn wir hier auf den Begriff zurückgreifen, der für die Geschichte der Ethik von fast einzigartiger Bedeutung geworden ist, nämlich auf den Begriff des *Berufes*, so müssen wir uns von

139 Das Stichwort „Genie-Ethik" findet sich bei H. Nohl, Die sittlichen Grunderfahrungen, 132, in einer Auseinandersetzung mit Kant; der ganze Satz ist in Bonhoeffers Exemplar angestrichen. □ **140** Ersetzt: „Raum"; auf „Ethik"-Zettel Nr. 19: „Der Raum der Verantwortung."

vornherein über folgendes klar sein: 1.) es ist hier nicht an den säkularisierten Begriff des Berufes „als abgegrenztes Gebiet von Leistungen" (Max Weber)[141] gedacht, 2.) ebensowenig an jenes Pseudoluthertum, das im Berufgedanken nur Rechtfertigung und Heiligsprechung der weltlichen Ordnungen an sich sieht;[142] 3.) selbst der Berufsbegriff Luthers[143] ist nicht ohne weiteres mit dem neutestamentlichen zu identificieren; er gibt in großer Kühnheit dem neutestamentlichen Begriff (1 Kor 7,20) eine Fülle, die zwar sachlich gerechtfertigt ist – analog zu der Übersetzung von Röm 3,28[144] –, aber über den Sprachgebrauch hinausgreift. Wir gehen daher vom biblischen Befund aus. 4.) Der Begriff des Berufes wie der der Verantwortung, die allerdings beide in unserem Sprachgebrauch nicht mit dem neutestamentlichen identisch sind, stehen in einer so eigenartig-glücklichen Entsprechung, daß diese ihre Anwendung besonders nahelegt.

In der Begegnung mit Jesus Christus erfährt der Mensch den Ruf Gottes und in ihm die Berufung zum Leben in der Gemeinschaft Jesu Christi. Dem Menschen widerfährt die göttliche Gnade, die ihn in Anspruch nimmt. Nicht der Mensch sucht die Gnade an ihrem Orte auf – Gott wohnt in einem Licht, da niemand zukann (1 Tim 6[,16]) – sondern die Gnade sucht und findet den Menschen an seinem Ort – das Wort ward Fleisch (Joh 1,14) – und nimmt | ihn ebenhier in Anspruch. Es ist dies ein Ort, der in jedem Fall und in jeder Hinsicht mit Sünde und Schuld belastet ist, sei es der Königsthron oder die Bürgerstube

141 Vgl. M. Weber, Religionssoziologie I, 68 Anm.: „(. . . Die Stelle I Kor. 7,17 braucht κλῆσις [„Ruf"] . . . überhaupt *nicht* im Sinn von ‚Beruf' = abgegrenztes Gebiet von Leistungen)." □ **142** Vgl. DBW 4 (N), 37, Luthers „Nachfahren" zu „christlichem und bürgerlich-weltlichem Berufsleben": „Das christliche Leben besteht eben darin, daß ich in der Welt und wie die Welt lebe". Die entsprechende Seite ist in Bonhoeffers eigenem Sachregister zur „Nachfolge" unter „Beruf" vermerkt. □ **143** Vgl. Luthers Übersetzung von I Kor 7,17–24 (besonders Vers 17: „wie einen jeglichen der Herr berufen hat, also wandle er"). Vgl. DBW 4 (N), 45–67 (u. ö.): „Der Ruf in die Nachfolge". Maßgeblich für die Interpretation von Luthers Berufsverständnis war lange Zeit der Aufsatz von K. Holl, Die Geschichte des Worts Beruf. □ **144** „So halten wir nun dafür, daß der Mensch gerecht werde ohne des Gesetzes Werke, allein durch den Glauben"; das betonende „allein" in dieser Übersetzung Luthers weicht vom griechischen Text ab.

oder die Hütte des Elends. Es ist ein Ort dieser Welt. Diese Heimsuchung des Menschen durch die Gnade geschah in der Menschwerdung Jesu Christi, sie geschieht im Wort von Jesus Christus, das der Heilige Geist bringt. Als Heide oder Jude, als Sklave oder Freier, als Mann oder Frau,[145] als verheiratet oder Ehelosen trifft den Menschen der Ruf. Dort wo er gerade ist, soll er den Ruf hören und sich von ihm in Anspruch nehmen lassen. Nicht als erführe der Sklavenstand oder die Ehe oder die Ehelosigkeit an sich dadurch eine Rechtfertigung[146], sondern der gerufene Mensch darf hier wie dort Gott gehören. Allein durch den in Christus vernommenen Ruf der Gnade, die mich in Anspruch nimmt, darf ich als Sklave oder Frei[er], verheiratet oder ehelos vor Gott gerechtfertigt leben. Dieses Leben ist nun von Christus her gesehen mein Beruf, von mir her gesehen meine Verantwortung.

Zwei verhängnisvolle Mißverständnisse sind damit ausgeschlossen: das kulturprotestantische und das mönchische. Nicht in der treuen Leistung seiner irdischen Berufspflichten als Bürger, Arbeiter, Familienvater erfüllt der Mensch die ihm auferlegte Verantwortung, sondern im Vernehmen des Rufes Jesu Christi, der ihn zwar auch in die irdischen Pflichten hineinführt, aber niemals in ihnen aufgeht,[147] sondern immer über sie hinaus, vor ihnen und hinter ihnen steht. Der Beruf im neutestamentlichen Sinne ist niemals eine Sanktionierung der weltlichen Ordnungen als solcher, sein Ja zu ihnen enthält immer zugleich das schärfste Nein, den schärfsten Protest gegen die Welt. Die Rückkehr Luthers aus dem Kloster in die Welt, in den „Beruf" ist – echt neutestamentlich – der heftigste Angriff und Stoß, der seit dem Urchristentum gegen die Welt geführt worden ist.[148] Nun wird | *in* der Welt gegen die Welt Stellung bezogen, der Beruf ist der Ort, an dem dem Ruf Christi geantwortet

---

145 Vgl. Gal 3,28. □ **146** „erführe ... eine [gestr.: „besondere"] Rechtfertigung" ersetzt: „wäre ... etwas Heiliges [ersetzt: „vor Gott Gutes"]". Vgl. DBW 4 (N), 253 f zu ‚*Sklavenstand*' (nicht ‚religiös verankern'), 129 („Jesus macht aus Ehe oder Ehelosigkeit kein Programm"). □ **147** DBW 4 (N), 147 (in Bonhoeffers Sachregister zur „Nachfolge" vermerkt unter „Beruf"): „Das ist der große Irrtum einer falschen protestantischen Ethik, daß hier Christusliebe aufgeht in Vaterlandsliebe, in Freundschaft oder in Beruf". □ **148** Dieser Satz entspricht, teilweise wörtlich, DBW 4 (N), 260 f und 34.

und so verantwortlich gelebt wird. So ist zwar die mir im Beruf gesetzte Aufgabe eine begrenzte, zugleich aber stößt die Verantwortung vor dem Ruf Jesu Christi durch alle Grenzen hindurch.

Das Mißverständnis des mittelalterlichen Mönchtums liegt nicht in der Erkenntnis, daß der Ruf Jesu Christi den Menschen in den Kampf gegen die Welt stellt,[149] sondern in dem Versuch, einen Ort zu finden, der nicht Welt ist und an dem daher diesem Ruf angemessener geantwortet werden könnte. In diesem vergeblichen Versuch, der Welt zu entrinnen, wird weder das Nein Gottes, das der ganzen Welt – auch dem Kloster – gilt, noch aber auch das Ja Gottes, in dem [er] die Welt mit sich versöhnt, ernst genommen. So wird im mönchischen Unternehmen der Ruf Gottes auch in seinem Nein gegenüber der Welt weniger ernst genommen als im weltlichen Beruf, wie ihn Luther (nicht allerdings das Pseudoluthertum) verstand. Daß im konkreten Fall die Antwort auf den Ruf Jesu Christi auch darin bestehen kann, einen bestimmten irdischen Beruf, in dem nicht mehr verantwortlich gelebt werden kann, zu verlassen, liegt durchaus in der Linie Luthers, nur das Pseudoluthertum in seinem Glauben an die Heiligkeit der Berufspflichten und der irdischen Ordnungen als solcher, mit seinem Glauben an die überall gute Welt, kann diesen Gedanken nicht vollziehen. Gegen diese Verkehrung des neutestamentlichen Berufsgedankens behält der Protest des Klosters sein Recht. Luther ging es in seiner Rückkehr in die Welt allein um die ganze Verantwortung vor dem Ruf Christi. Ihm gegenüber behält die mönchische Lösung in doppelter Hinsicht Unrecht. Sie beschränkt den Raum des letztlich verantwortlichen Lebens auf die Mauern des Klosters, und sie kann das Leben, in dem das Ja und das Nein, das der Ruf Jesu Christi für das | Leben in der Welt in sich schließt, in der konkreten Verantwortung vor diesem Ruf geeint werden sollen, nur als faulen Kompromiß ausdeuten. Dieser Verkennung gegenüber hat Luther der Verantwortung des Menschen zugleich einen begrenzten und doch im Unbegrenzten begründeten Sinn gegeben, er hat zugleich der Erfüllung des irdischen Berufes in der Verantwortung vor dem Rufe Jesu Christi das freie und

149 Vgl. DBW 4 (N), 33 (und 33f zu Luther).

freudige Gewissen gegeben, das aus der Gemeinschaft mit Jesus Christus kommt.[150] Also nicht aus der Erfüllung der irdischen Berufspflichten als solcher kommt das gute und freie Gewissen, hier bleibt der ungelöste Konflikt zwischen einer Mehrzahl von Pflichten eine Wunde für das Gewissen und es kann daher immer nur zu einem Kompromiß mit halbem Gewissen kommen. Nur wo in der Verantwortung gegen den Ruf Jesu Christi der konkrete Beruf erfüllt wird, also nur von der Erkenntnis der Menschwerdung Jesu Christi her, kann das Gewissen im konkreten Tun frei sein. Nur der Ruf Christi, dem im Beruf verantwortlich gefolgt wird, überwindet den Kompromiß und das durch ihn unsicher gemachte Gewissen.[151]

Die Frage nach Ort und Grenze der Verantwortung hat uns auf den Begriff des Berufes geführt. Diese Antwort besteht nur dort zu recht, wo der Beruf gleichzeitig in allen seinen Dimensionen verstanden wird. Er ist der Ruf Jesu Christi, ihm ganz zu gehören; er ist meine Inanspruchnahme durch Christus an dem Ort, an dem ich von diesem Ruf getroffen werde; er umfaßt sachliche Arbeit und persönliche Beziehungen;[152] er fordert ,,ein abgegrenztes Gebiet von Leistungen",[153] aber niemals als einen Wert an sich, sondern in der Verantwortung gegenüber Jesus Christus. Durch diese Beziehung auf Christus ist das ,,abgegrenzte Gebiet von Leistungen" aus jeder Isolierung befreit. Die Grenze ist nicht | nur nach oben hin, also durch Christus, durchbrochen, sondern auch nach außen hin. Bin ich zum Beispiel Mediziner, so diene ich nicht nur im konkreten Fall meinen Patienten, sondern zugleich der naturwissenschaftlichen

---

150 Am Rand: „Kompromiß, Gewissen, Naumann". Vgl. die Erwähnung des Namens Friedrich Naumann S. 229. □ **151** Hier folgt, als Ende des Textes auf einer Ms-Seite, neuer Absatz, nicht gestr.: „Der Ort meiner Verantwortung ist also bestimmt durch den mich treffenden Ruf Jesu Christi einerseits". Die folgende Ms-Seite beginnt mit einer Streichung, der Satz bleibt unvollendet. □ **152** Vgl. den Titel des Textes DBW 16, 550–562, der sich mit einer These Dilschneiders auseinandersetzt: „Personal'- und ‚Sach'ethos" (s. auch S. 336). Der Text ist auf zu DIN-A-5-Größe zerschnittenen hellen porigen Doppelbögen geschrieben; diese bestimmte Papiersorte wird für „Ethik"-Texte ab S. 269,29 benutzt. In Bonhoeffers Exemplar von O. Dilschneider, Die evangelische Tat, ist u. a. angestrichen 104: „... [„mit der Lehre von den zwei Reichen"] trat das evangelische Ethos als eine rein personale Angelegenheit hervor"; dem stimmt Bonhoeffer nicht zu. □ **153** Max Weber; vgl. S. 290.

Erkenntnis und damit der Wissenschaft und der Wahrheitserkenntnis überhaupt. Obgleich ich praktisch diesen Dienst an meiner konkreten Stelle, also zum Beispiel am Krankenbett des Patienten, versehe, so behalte ich doch die Verantwortung für das Ganze im Auge und nur so erfülle ich meinen Beruf. Dabei kann es dazu kommen, daß ich als Arzt auch meine konkrete Verantwortung einmal nicht mehr am Krankenbett, sondern zum Beispiel im öffentlichen Eintreten gegen eine die medizinische Wissenschaft, oder das menschliche Leben oder die Wissenschaft als solche bedrohende Maßnahme erkennen und erfüllen muß.[154] Gerade weil Beruf Verantwortung ist und weil Verantwortung eine ganze Antwort des ganzen Menschen auf das Ganze der Wirklichkeit ist, gibt es kein banausisches Sichbeschränken auf die engsten Berufspflichten; eine derartige Beschränkung wäre Verantwortungslosigkeit. Wann und in welchem Umfang ein solches Durchbrechen des „abgegrenzten Gebietes von Leistungen" zum Beruf und zur Verantwortung des Menschen gehört, läßt sich um des Wesens der freien Verantwortung willen in keine gesetzlichen Bestimmungen fassen. Es wird nur geschehen können nach ernster Abwägung der unmittelbar gegebenen Berufspflichten, der Gefahren des Eingreifens in fremde Verantwortlichkeiten und schließlich des Ganzen, um das es geht; es wird dann eine freie Verantwortung gegenüber dem Ruf Jesu Christi sein, die mich hierhin oder dorthin führt.[155] Die Verantwortung im Beruf folgt allein dem Rufe Christi.

Es gibt eine falsche und eine richtige Beschränkung und eine

---

154 ‚*Bedrohend*' in dieser Weise waren die rasse-eugenischen Maßnahmen des NS-Regimes wie Zwangssterilisation und „Euthanasie"-Morde. Das Beispiel des Mediziners hat Bonhoeffer hier im Ms sicher auch im Blick auf seinen Vater, den Psychiater Karl Bonhoeffer, gewählt. Dieser versuchte durch öffentliche Erklärungen, die Zahl der Sterilisationen zu begrenzen. □ **155** Gestr.: „Fest steht aber so viel, daß sich nach keiner Seite etwas prinzipiell [ersetzt: „gesetzlich"] regeln läßt". Vgl. bei H. Nohl, Die sittlichen Grunderfahrungen, 167–170, die Ausführungen zu ‚*Beruf*'; 170: „ . . . Formung, in der das Individuum einen Beruf und eine Aufgabe in einem Ganzen übernimmt"; 168: „Es mag einen Doppelgänger von mir geben, aber weil er in anderem Lebenszusammenhang steht, so hat er auch andere Aufgaben. Aus diesem Bewußtsein erwächst ein Glaube und eine Verantwortung und damit auch die Sicherheit, Mut und ein Vertrauen auf sich selbst."

falsche und eine richtige Ausweitung der Verantwortung, es gibt ein schwärmerisches Durchbrechen aller Grenzen und ein gesetzliches Aufrichten von Grenzen. So | schwierig oder unmöglich es ist, von außen her zu beurteilen, ob in einem konkreten Fall verantwortlich oder schwärmerisch beziehungsweise gesetzlich gehandelt wird, so gibt es doch Maßstäbe zur Selbstprüfung, ohne daß allerdings auch diese zu einer vollen Gewißheit über das eigene Ich führen könnten. Solche Maßstäbe sind: weder die Begrenzung noch die Ausweitung meiner Verantwortlichkeit darf prinzipiell begründet sein, ihre einzige Begründung kann der konkrete Ruf Jesu sein; wo ich mich in meinen charakterlichen Anlagen als reformerisch, besserwisserisch, fanatisch, grenzenlos kenne dort werde ich in der Gefahr sein meine Verantwortung willkürlich auszuweiten und meinen natürlichen Trieb mit dem Ruf Jesu zu verwechseln; wo ich mich als vorsichtig, ängstlich, unsicher, gesetzlich kenne, dort werde ich mich hüten müssen, die Begrenzung meiner Verantwortung auf einen engen Bereich als den Ruf Jesu Christi auszugeben; schließlich kann niemals der Blick auf mich selbst, sondern allein der Blick auf den Ruf Christi mich zur echten Verantwortung befreien.

Nietzsche hat ohne es zu wissen im Geiste des Neuen Testaments gesprochen, wenn er gegen das gesetzlich-philisterhafte[156] Mißverständnis des Gebotes der Nächstenliebe mit den Worten angeht: ,,Ihr drängt euch um den Nächsten und habt schöne Worte dafür. Aber ich sage euch: eure Nächstenliebe ist eure schlechte Liebe zu euch selber. Ihr flüchtet zum Nächsten vor euch selbst und möchtet eine Tugend daraus machen: aber ich durchschaue euer ‚Selbstloses' . . . Rathe ich euch zur Nächstenliebe? Lieber noch rathe ich euch zur Nächsten-Flucht und zur Fernsten-Liebe!"[157] Hinter dem Nächsten, den uns der Ruf

---

156 ‚*Philister*' hier (im Sinne eines ursprünglich studentischen Ausdrucks): engstirniger Besserwisser. □ **157** Bonhoeffer zitiert (mit geringen Abweichungen; im Original: ,, . . . selber und möchtet euch daraus eine Tugend machen") den Beginn des Abschnitts ,,Von der Nächstenliebe" aus F. Nietzsche, Also sprach Zarathustra, Werke Erste Abtheilung (,,th" statt, nach 1901, ,,t") VI, 88 [KGW VI, 1, 73]. N. Hartmann, Ethik, behandelt als Kapitel 55 (440–456, auf Seite 454 in Bonhoeffers Exemplar ein Strich; 446: von Nietzsche her) ,,Fernstenliebe".

Jesu anbefiehlt, steht auch für Jesus der Fernste, nämlich Jesus Christus selbst, Gott selbst. Wer hinter dem Nächsten nicht diesen Fernsten weiß und diesen Fernsten zugleich als diesen Nächsten, der dient nicht dem Nächsten, sondern sich selbst, der flüchtet sich | aus der freien Luft der Verantwortung in die Enge bequemerer Pflichterfüllung. Auch das Gebot der Nächstenliebe bedeutet also nicht eine gesetzliche Beschränkung der Verantwortung auf den räumlich, bürgerlich, beruflich, familiär Nächsten, der mir begegnet. Der Nächste kann gerade im Fernsten und der Fernste im Nächsten sein. Als im Jahre 1931 in USA durch ein furchtbares[158] Fehlurteil 9 junge Neger, die ihrer Schuld nicht überführt werden konnten, wegen Vergewaltigung eines weißen Mädchens zweifelhaften Rufes zum Tode verurteilt wurden, erhob sich ein Sturm der Empörung, der in öffentlichen Briefen der anerkanntesten europäischen Persönlichkeiten zum Ausdruck kam. Auf die Frage eines von dieser Sache umgetriebenen Christen an einen führenden Kirchenmann in Deutschland, ob nicht auch er hier seine Stimme erheben wollte, weigerte sich dieser aus Gründen des ,,lutherischen" Berufsgedankens, also der Begrenzung seiner Verantwortlichkeit. Tatsächlich hat der Protest aus aller Welt dazu geführt, daß das Urteil schließlich revidiert wurde.[159] Verstehen wir hier aus dem Rufe Jesu Christi selbst heraus das Wort Nietzsches: ,,Meine Brüder, zur Nächstenliebe rate ich euch nicht, ich rathe euch zur Fernsten Liebe"?[160] Wir sagen das, ohne in dem genannten Fall ein Urteil zu fällen. Wir sagen es, um die Grenze offen zu halten.

Die Weisungen der Bibel, zu tun was einem vor die Hand

---

158 Gestr.: ,,durch Rassenvorurteil bedingtes". □ **159** E. Bethge, Nachwort zu E[6] 1981, 398: ,, ... der aufregende Fall ,Scottsboro' von 1931, ein Justizskandal, der kürzlich wieder in der amerikanischen Presse von sich reden machte, da nun der Staat Georgia eine ,Wiedergutmachung' an einem der letzten Überlebenden jener zu Unrecht verurteilten neun Farbigen vornahm; Bonhoeffer hatte diese Vorgänge während seines Aufenthalts in New York lebhaft verfolgt und sich offensichtlich – leider vergeblich – um ein Engagement seiner Kirchenleitung (war es Otto Dibelius?) bemüht." Der Prozeßbeginn war am Montag, dem 6. April 1931. Eine Aufhebung des Urteils bewirkte der internationale Einspruch nicht. Die Wiedergutmachung durch den Staat Alabama (nicht Georgia) erfolgte im November 1976. Zum Fall s. D. T. Carter, Scottsboro. □ **160** F. Nietzsche, Zarathustra, Werke VI, 88.

kommt (Pred 9,10),[161] zur Treue im Kleinsten (Luk 16,10 19,17), zur Erfüllung der häuslichen Pflichten bevor man größere übernimmt (1 Tim 3,5),[162] zur Behutsamkeit vor Übergriffen in ein fremdes Amt (1 Petr 4,15) sind unüberhörbar. Dennoch bleiben sie alle gebunden an den Ruf Jesu Christi und bedeuten also keine gesetzlichen Grenzziehungen gegen die freie Verantwortung vor diesem Ruf. Im deutschen Kirchenkampf hat oft genug ein Pfarrer sich geweigert, zu der Not der Brüder und der Verfolgten aller Art in öffent- | licher Verantwortung Stellung zu nehmen, eben weil seine eigene Gemeinde noch nicht selbst davon betroffen war, und das nicht aus Feigheit und mangelnder Einsatzbereitschaft, sondern allein darum, weil er hierin eine unerlaubte Überschreitung des ihm gegebenen Berufes sah, für seine Gemeinde in ihren konkreten Nöten und Anfechtungen einzustehen. Wurde später die eigene Gemeinde getroffen, so entstand dann oftmals eine Tat vollmächtiger und freiester Verantwortung. Auch das ist nicht gesagt, um ein Urteil vorwegzunehmen, sondern um das Gebot der Nächstenliebe gegen falsche Begrenzung offenzuhalten und so dem Berufsbegriff die evangelische Freiheit zu erhalten.[163]

Ist nun aber nicht durch das Gesetz Gottes, wie es im Dekalog offenbart ist, und durch die göttlichen Mandate der Ehe, der Arbeit,[164] der Obrigkeit eine unüberschreitbare Grenze für jedes verantwortliche Handeln im Beruf aufgerichtet[165]? Würde

161 In LB Kopierstiftstrich neben Koh 9,10a: „Alles, was dir vor Handen kommt zu tun, das tue frisch". Der Ausdruck „Tu, was dir vor die Hand kommt" wird von K. Holl, Luther, 242 Anm. 2, auf Luther und I Sam 10,6 – „... tu, was dir unter Handen kommt" steht allerdings in V. 7 (LB) – zurückgeführt. □ **162** Auf „Ethik"-Zettel Nr. 12 ist notiert, gestr.: „Tue, was vor die Hand kommt – ‚Wer dem Seinen nicht vorstehen kann' – 1 Tim 3[,5] ¹ Der Nächste und Fernste. Neger". Bonhoeffer strich auf manchen seiner „Ethik"-Zettel aus, was er schon in ein Ms eingearbeitet hatte (vgl. S. 356–358 und die Streichung auf „Ethik"-Zettel Nr. 100). Auf dem „Ethik"-Zettel Nr. 12 steht, nicht gestr., u. a.: „‚*prüfen*', was Gottes Wille ist Röm 12,2 Eph 5,10.17"; die Stellen Röm 12,2 und Eph 5,9f werden im Ms „Die Liebe Gottes und der Zerfall der Welt" S. 323f zitiert. □ **163** „dem Berufsbegriff ... Freiheit [ersetzt: „Weite"] zu erhalten." ersetzt: „den Berufsbegriff vor Vergesetzlichung zu schützen." Am Rand die Erinnerungsnotiz, gestr.: „durch Gott selbst gesetzte absolute Grenzen? Gebot. Mandate." □ **164** Reihenfolge ‚*Ehe*' vor ‚*Arbeit*' wie S. 54 *vor* der Umstellung von Arbeit vor Ehe. □ **165** Dieses Wort steht über „gezogen" (nicht gestr.).

jede Durchbrechung dieser Grenze nicht eine Verletzung des offenbaren Willens Gottes bedeuten? Es wiederholt sich hier in letzter Schärfe das Problem von Gesetz und Freiheit. Es droht nun, einen Widerspruch in den Willen Gottes selbst hineinzutragen. Gewiß wird es kein verantwortliches Handeln geben können, das die durch Gottes Gesetz selbst gegebene Grenze nicht mit letztem Ernst ins Auge faßt und doch wird gerade das verantwortliche Handeln dieses Gesetz nicht [von] seinem Geber trennen, es wird den Gott, der die Welt durch sein Gesetz in Ordnung hält, nur als den Erlöser in Jesus Christus erkennen können, es wird Jesus Christus als die letzte Wirklichkeit erkennen, der es verantwortlich [ist] und wird gerade von ihm die Befreiung vom Gesetz zur verantwortlichen Tat erfahren. Um Gottes und des Nächsten willen und das heißt um Christi willen gibt es eine Freiheit von der Sabbathheiligung, von der Elternehrung,[166] vom ganzen göttlichen Gesetz, eine Freiheit die dieses Gesetz durchbricht, aber nur um es so neu[167] in | Kraft zu setzen. Die Suspension des Gesetzes kann nur seiner wahren Erfüllung dienen. Im Kriege zum Beispiel wird getötet, gelogen, enteignet, allein damit das Leben, die Wahrheit, das Eigentum wieder in Kraft gesetzt werde. Eine Durchbrechung des Gesetzes muß in ihrer ganzen Schwere *erkannt* werden – ,,selig bist du, wenn du weißt, was du tust; wenn du es aber nicht weißt, so bist du verflucht und ein Übertreter des Gesetzes" (Luk 5,39 bei h^{r}).[168] Ob aus Verantwortung oder aus Zynismus gehandelt wird,[169] kann sich nur darin erweisen, ob die objek-

---

166 Vgl. S. 279 (*Sabbat, Eltern*). □ **167** Ersetzt: ,,ernstlich". □ **168** Der zitierte Text ,,selig bist du ..." ist die Übersetzung eines Teils der im Apparat des ,,Nestle" angegebenen Lesart zu Lk 6,5 (oben auf dieser ,,Nestle"-Seite steht als Versangabe ,,5,39–6,9"); ,,h^{r}" verweist in Bonhoeffers ,,Nestle" (^{13}1929) auf die Beurteilung als ,,noteworthy rejected reading" (,,bemerkenswerte verworfene Lesart") im Anhang der kleinen Ausgabe von B. F. Westcott/F. J. A. Hort, The New Testament in the Original Greek (zuerst 1886), London 1895. □ **169** Vgl. F. Meinecke, Die Idee der Staatsräson, 57, von Bonhoeffer angestrichen: „... in dieser *necessità* [nämlich „daß der Fürst, der nicht untergehen wolle, Fuchs sein müsse mit den Füchsen"] empfand man auch dunkel – das war der einzige ethische Bestandteil Machiavellis, der nachwirkte – eine höhere Rechtfertigung für unsittliche Politik vor dem sittlichen Gewissen"; oben auf dieser Seite Bleistiftnotiz von Bonhoeffers Hand: „Zynismus und Verantwortung."

tive Schuld der Gesetzesdurchbrechung erkannt und getragen wird und gerade in der Durchbrechung die wahre Heiligung des Gesetzes erfolgt. So wird der Wille Gottes in der aus Freiheit kommenden Tat geheiligt. Weil es aber hier um eine Tat aus der Freiheit geht, darum wird der Mensch nicht in heillosem Konflikt zerrissen, sondern er kann in Gewißheit und Einheit mit sich selbst das Ungeheure tun, in der Durchbrechung des Gesetzes das Gesetz erst zu heiligen.

Liebe und Verantwortung[170]

170 Mit der Überschrift (nicht unterstrichen) „Liebe und Verantwortung" endet das Ms. Ähnlich standen die Untertitel S. 256 „*Die Struktur des verantwortlichen Lebens*" und S. 289 „*Der Ort der Verantwortung*" jeweils als letztes auf einer Ms-Seite. Auf das Thema ‚*Liebe*' geht die erste Fassung von „Die Geschichte und das Gute" ausdrücklicher ein als die zweite Fassung (Hinweis: J. D. Godsey, Bonhoeffer's Doctrine of Love, 224). Der „Ethik"-Zettel Nr. 19 zu „*Verantwortung*" enthält die Punkte: „1. Das Wort im umfassenden Sinn ... 2. Die Struktur des verantwortlichen Lebens [ersetzt: „Handelns"] ... 3. Der Raum der Verantwortung ... 4. Widerspruch und Einheit in der Verantwortung". Von den zu Punkt 3 vorgesehenen vier Unterpunkten heißt der dritte „Der gegebene Beruf" (im Ms behandelt S. 289–297) und der zweite „Die göttlichen Mandate" (sehr knapp angedeutet S. 297). Unter Punkt 4 stehen die Stichworte „Politik und Bergpredigt" (vgl. in der ersten Fassung des Ms S. 228–230 und 234–244; anders in der zweiten Fassung S. 263), durch einen Zuweisungsstrich umgestellt hinter die Stichworte „Liebe und Verantwortung" in der Zeile darunter. Im Ms „Die Liebe [Zusatz: „Gottes"] und der Zerfall der Welt" S. 301–341 formuliert Bonhoeffer seine Grundüberlegungen zu ‚*Liebe*', aber ‚*Verantwortung*' erscheint dort nicht; das Ms sollte seinen Platz im Buch wohl *vor* der Entwicklung des Begriffs der Verantwortung (S. 254) bekommen.

Die Liebe Gottes und der Zerfall der Welt.[1]

Das Wissen um Gut und Böse scheint das Ziel aller ethischen Besinnung zu sein.[1)] Die christliche Ethik hat ihre erste Aufgabe darin, dieses Wissen aufzuheben. Sie steht mit diesem Angriff auf die Voraussetzungen aller sonstigen Ethik so allein, daß es fraglich wird, ob es einen Sinn hat, überhaupt von christlicher Ethik zu sprechen. Wenn es doch geschieht, so kann das nur bedeuten, daß die christliche Ethik den Ursprung aller ethischen Fragestellung zur Sprache zu bringen und somit als Kritik aller Ethik[3] allein als Ethik zu gelten beansprucht.

Die christliche Ethik erkennt schon in der Möglichkeit des Wissens um Gut und Böse den Abfall vom Ursprung.[4] Der

---

[1)] Wenn die moderne Ethik die Begriffe Gut und Böse denen des Sittlichen und Unsittlichen, oder des Werthaften und Wertlosen oder – in der Existenzialphilosophie – denen des eigentlichen und uneigentlichen Seins subsumiert, so bedeutet das für die hier in Betracht kommende Frage keinen Unterschied.[2]

1 ,,Die Liebe Gottes" ersetzt: ,,Die Liebe". Während alle anderen ,,Ethik"-Manuskripte mit arabischen Zahlen numeriert sind, tragen die Bögen dieses Ms römische Zahlen (,,I." bis ,,V." oben links, danach oben in der Mitte). Römische Seitenzahlen waren bei vorgeschalteten Texten in Büchern üblich. Möglicherweise sollte dieses Ms dem ‚ersten Kapitel', von dem S. 222,12 die Rede ist, noch vorgeschaltet werden. Bis S. 334,31 ist das Ms teils auf den hellen porigen Doppelbögen, die seit S. 269,29 benutzt werden, teils auf Doppelbögen mit ,,Eichberger" Wasserzeichen geschrieben. Die Tintenschattierung ist, wie seit dem Ende der ersten Fassung von ,,Die Geschichte und das Gute" (ab S. 240,10), klarblau. □ **2** Das ‚*Sittliche/Unsittliche*': z. B. W. Herrmann, Die sittlichen Weisungen Jesu; das ‚*Werthafte/Wertlose*': z. B. M. Scheler, Der Formalismus in der Ethik und die materiale Wertethik; zum ‚*eigentlichen Sein*' vgl. M. Heidegger, Sein und Zeit, z. B. § 53, und DBW 2 (AS), 147 Anm. 15), im Abschnitt ,,Sein in Adam", Bonhoeffers Stellungnahme zu Heideggers Auffassung des ,,eigentlichen Seinkönnens". ‚*Existentialphilosphie*' oder Existenzphilosophie entwickelte sich seit den zwanziger Jahren als Fundamentalontologie und Daseinsanalytik (Martin Heidegger) oder als kritische Existenzerhellung (Karl Jaspers) mit verborgenen ethischen Vorentscheidungen. – Vgl. die Behandlung von ‚*Gut und Böse*' bei H. Nohl, Die sittlichen Grunderfahrungen, 130. □ **3** Vgl. K. Barth, Römerbrief, 413 f (,,*Kritik* alles Ethos"); auf diese Barth-Stelle spielt Bonhoeffer an in DBW 4 (N), 93. □ **4** Vgl. DBW 3 (SF), 82: Vor Gott würde ,,das Leben im Guten wie im Bösen den undenkbaren Abfall bedeuten". Zu Bonhoeffers Sicht der ‚*Möglichkeit*' im Gegensatz zu Wirklich-

Mensch im Ursprung weiß nur eines: Gott. Den anderen Menschen, die Dinge, sich selbst weiß er nur in der Einheit seines Wissens um Gott, er weiß alles nur in Gott und Gott in allem.[5] Das Wissen um Gut und Böse deutet auf die vorangegangene Entzweiung mit dem Ursprung.

Im Wissen um Gut und Böse versteht der Mensch sich nicht in der Wirklichkeit seiner Bestimmtheit vom Ursprung, son- | dern in seinen eigenen Möglichkeiten, nämlich gut oder böse zu sein. Er weiß nun sich selbst neben Gott außer Gott und das heißt er weiß nur noch sich selbst und Gott garnicht mehr; denn er kann Gott nur wissen, wenn er ihn allein weiß. Das Wissen um Gut und Böse ist also die Entzweiung mit Gott. Um Gut und Böse kann der Mensch nur gegen Gott wissen.

Der Mensch wird aber seinen Ursprung nicht los. Statt sich im Ursprung Gottes zu wissen, muß er nun sich selbst als Ursprung wissen. Sich nach seinen Möglichkeiten verstehend, nämlich gut oder böse zu sein, begreift sich der Mensch als Ursprung von Gut und Böse. Eritis sicut deus.[6] ,,Der Mensch ist geworden wie unsereiner und weiß was gut und böse ist" – spricht Gott (1 Mos 3,22). Aus der ursprünglichen Gottebenbildlichkeit[7] ist eine geraubte Gottgleichheit geworden. Während der Mensch als Bild Gottes ganz aus seinem Ursprung in Gott lebt, hat sich der Gott gleich Gewordene an seinem Ursprung vergriffen und sich zu seinem eigenen Schöpfer und Richter gemacht. Was Gott dem Menschen gab, wollte der Mensch nun durch sich selbst sein. Aber Gottes *Gabe* ist wesentlich *Gottes* Gabe. Der Ursprung macht diese Gabe aus. Mit dem Ursprung verwandelt sich die Gabe. Ja, die Gabe besteht geradezu in ihrem Ursprung. Der Mensch als Gottes Bild lebt aus dem Ursprung Gottes, der Gottgleichgewordene lebt aus

keit s. u. a. DBW 3 (SF), 101. An DBW 3 (SF), die Auslegung von Gen 1–3, knüpft S. 301–310 an. Vgl. K. Barth, KD II/2, 595f. Die Druckfahnen dieses Bandes der „Kirchlichen Dogmatik" Barths erhielt Bonhoeffer, als er vom 11. bis zum 23. Mai 1942 zum dritten Mal für seinen Auftraggeber, die Abwehr, in der Schweiz war; s. Brief 13. 5. 1942 DBW 16, 266. □ **5** Vgl. K. Barth, Römerbrief, 444f (und ähnlich öfter): „Der Wissende muß hier wissend | *nicht – wissen.*" Zu ‚*Nichtwissen*' s. S. 224, S. 285, DBW 4 (N), 155. □ **6** Dt.: „Ihr werdet sein wie Gott". Vgl. S. 277, DBW 3 (SF), 103; K. Barth, Römerbrief, 258. □ **7** Gen 1,27.

dem eigenen Ursprung. Mit dem Raube des Ursprungs hat der Mensch ein Geheimnis Gottes in sich hinein genommen, – die heilige Schrift beschreibt diesen Vorgang durch das Essen der verbotenen Frucht[8] –, an dem er zugrundegeht. Der Mensch weiß nun, was gut und böse ist. Damit hat er nicht zu seinem bisherigen ein neues Wissen hinzugewonnen. Sondern das Wissen um Gut und Böse bedeutet die völlige Umkehrung seines Wissens, das bisher allein ein Wissen Gottes als seines Ursprunges war. Mit dem Wissen um Gut und Böse, weiß er, | was nur der Ursprung selbst, Gott, wissen kann und darf. Nur mit äußerster Zurückhaltung deutet selbst die heilige Schrift es an, daß Gott der Wissende um Gut und Böse ist. Es ist der erste Hinweis auf das Geheimnis der Prädestination, auf das Geheimnis einer ewigen Entzweiung, die ihren Ursprung in dem ewig Einen hat, auf das Geheimnis einer ewigen Wahl und Erwählung[9] durch den, in dem keine Finsternis, sondern nur Licht ist. Um gut und böse wissen heißt sich selbst als Ursprung von Gut und Böse, als Ursprung einer ewigen Wahl und Erwählung wissen. Wie das möglich ist, bleibt das Geheimnis dessen, in dem keine Entzweiung ist, weil er der eine und ewige Ursprung und selbst die Überwindung aller Entzweiung ist. Dieses Geheimnis hat der Mensch Gott geraubt, indem er selbst Ursprung sein wollte. Statt allein den ihm guten Gott zu wissen und alles in ihm, weiß er nun sich selbst als Ursprung von Gut und Böse, statt sich die Wahl und Erwählung Gottes gefallen zu lassen, will er selbst wählen, Ursprung der Erwählung sein, trägt er also gewissermaßen das Geheimnis der Prädestination in sich selbst. Statt sich allein in der Wirklichkeit des von Gott Erwählt- und Geliebtseins zu wissen, muß er sich nun in der Möglichkeit wissen, zu wählen, Ursprung des Guten und des Bösen zu sein. Er ist

8 Gen 3,1–7. □ **9** ‚*Prädestination*' (Lat.) bedeutet in der Theologie die Vorherbestimmung der Menschen zum Heil oder Unheil. Karl Barth zufolge sind seit Christi Rettungstat alle Menschen zum Heil bestimmt; dadurch wird Prädestination zu ‚*Erwählung*'. Bonhoeffer benutzt die Terminologie in Barths Sinn. Der Ausdruck ‚Erwählung' kommt in Bonhoeffers Vorlesungstext 1932/33 zu Gen 1–3 nicht vor, nur in einer Hörer-Mitschrift, s. DBW 3 (SF), 41 Anm. 11. Karl Barths Erwählungslehre ist 1942 in KD II/2, 1–563, dem ersten der beiden Kapitel, die dieser Halbband der Kirchlichen Dogmatik umfaßt, unter dem Titel „Gottes Gnadenwahl" dargelegt.

geworden wie Gott. Aber gegen Gott. Darin besteht der Betrug der Schlange. Der Mensch weiß, was gut und böse ist, aber weil er nicht der Ursprung ist, sondern weil er sich dieses Wissen nur in der Entzweiung mit dem Ursprung erkauft, ist das Gute und das Böse, das er weiß, nicht das Gute und Böse Gottes, sondern Gutes und Böses gegen Gott. Es ist Gutes und Böses eigener Wahl gegen die ewige Erwählung Gottes. Als Gegengott ist der Mensch geworden wie Gott.

Das findet seinen Ausdruck darin, daß der um Gut und Böse wissende Mensch sich endgültig vom Leben, nämlich dem wirklichen Leben, wie es aus der Wahl Gottes kommt, los- | gerissen hat. „Nun aber, daß er nicht ausstrecke seine Hand und breche auch von dem Baume des Lebens und esse und lebe ewiglich ... und er trieb Adam aus und lagerte vor den Garten Eden die Cherubim mit dem bloßen hauenden Schwert zu bewahren den Weg zum Baum des Lebens" (1 Mos 3,22.24). Der gegen Gott, gegen seinen Ursprung, gottlos aus eigener Wahl um Gut und Böse wissende, sich in seinen zwiespältigen Möglichkeiten verstehende Mensch, ist von dem einenden, versöhnenden Leben in Gott getrennt, ist dem Tode überantwortet. Der Mensch geht an dem geraubten Geheimnis Gottes zugrunde. Sein Leben ist nun Entzweiung mit Gott, mit den Menschen, mit den Dingen, mit sich selbst.

Anstelle Gottes erblickt der Mensch sich selbst. „Da wurden ihre Augen aufgetan" (1 Mos 3,7). Der Mensch erkennt sich in seiner Entzweiung mit Gott und Mensch. Er erkennt, daß er nackt ist. Ohne den Schutz, ohne die Verhüllung, die Gott und der andere Mensch für ihn bedeuteten, findet er sich bloßgestellt. Scham entsteht. Sie ist die nicht zu beseitigende Erinnerung des Menschen an seine Entzweiung mit dem Ursprung, sie ist der Schmerz über diese Entzweiung und das ohnmächtige Verlangen, sie rückgängig zu machen. Der Mensch schämt sich, weil ihm etwas verloren gegangen ist, das zu seinem ursprünglichen Wesen, zu seiner Ganzheit gehört, er schämt sich seiner Blöße. Wie sich im Märchen der Mann seines fehlenden Schattens schämt,[10] so schämt sich der Mensch der verlorenen Ein-

10 „Peter Schlemihl", Titelfigur in Adalbert von Chamissos teils märchenhafter, teils realistischer Geschichte (1814), hat seinen Schatten verkauft. – Die

heit mit Gott und dem anderen Menschen. Scham und Reue sind nicht [zu] verwechseln. Reue empfindet der Mensch wo er sich verfehlt hat, Scham, weil ihm etwas fehlt. Scham ist ursprünglicher als Reue.[11] Die eigenartige Tatsache, daß wir das Auge niederschlagen, wenn | ein fremdes Auge unserem Blick begegnet, ist nicht ein Zeichen der Reue über eine Verfehlung, sondern der Scham, die im Angesehenwerden sich an etwas Fehlendes, an die verlorene Ganzheit des Lebens, an die eigene Blöße erinnert sieht. Das Aushalten des fremden Blickes wie es zum Beispiel bei einem persönlichen Treuegelöbnis gefordert ist, hat etwas Gewaltsames; in der Liebe, die das fremde Auge sucht, hat es etwas Sehnsüchtiges; in jedem Fall ist es der schmerzliche Versuch, verlorene Einheit wiederzugewinnen, durch bewußt-entschlossenes oder leidenschaftlich-hingebendes inneres Überwinden der Scham als Zeichen der Entzweiung.[2)]

„Da machten sie sich Schurze".[13] Scham sucht Verhüllung als

---

[2)] A. Huxley, Point Counter Point, S 154 Shame isn't spontaneous, .. it's artificial, it's acquired. You can make people ashamed of anything. Agonizingly ashamed of wearing brown boots with a black coat, or speaking with the wrong sort of accent .. the Christians invented it, just as the tailors in Savile Road invented the shame of wearing brown boots with a black coat ...[12] Dazu ist zu sagen 1.) Verlegenheit, Unsicherheit ist nicht mit Scham zu verwechseln. 2.) Scham kann sich auch in ganz äußerlichen Dingen ausdrücken – das wird je nach charakterlicher Voraussetzung bei den Menschen verschieden sein. Scham kann eben entstehen, wo immer die Entzweiung des Menschen erlebt wird, warum also nicht auch an der Kleidung?

Druckfassungen vor DBW 6 boten an dieser Stelle die irrtümliche Lesart: „Wie sich im Märchen der Baum seines fehlenden Schmuckes schämt". □ **11** Vgl. H. Nohl, Die sittlichen Grunderfahrungen, 152: „Scham ist mehr als Reue." 152f (von Bonhoeffer mit Seitenstrich, Teil-Unterstreichung und „?" versehen): „Zwischen unsern höchsten Antrieben und unserer körperlichen Existenz klafft ein Gegensatz, und überall, wo dieser Kontrast unserer höheren Bestimmung zu dem körperlichen | Wesen heraustritt, schämen wir uns." □ **12** Dt.: „Scham ist nicht spontan, ... sie ist künstlich, sie ist erworben. Man kann Menschen zur Scham über alles Beliebige bringen. Zu Tode beschämt, braune Stiefel zu einem schwarzen Mantel zu tragen oder mit falschem Akzent zu sprechen ... es [nämlich, von Bonhoeffer beim Zitieren ausgelassen: Scham über den Körper und seine Funktionen] ist eine Erfindung der Christen, geradeso wie die Herrenschneider in der Savile-Straße die Scham über das Tragen brauner Stiefel zu einem schwarzen Mantel erfanden ...". Savile Row (nicht, wie Bonhoeffer

Überwindung der Entzweiung. Verhüllung bedeutet aber zugleich Bestätigung der geschehenen Entzweiung und kann darum den Schaden nicht heilen. Der Mensch verhüllt, verbirgt sich vor dem Menschen und vor Gott. Verhüllung ist notwendig, weil sie die Scham und damit die Erinnerung an die Entzweiung mit dem Ursprung wachhält, außerdem weil der Mensch nun eben als der Entzweite, der er ist, sich selbst aushalten und in der Verborgenheit leben muß. Er würde anders Verrat an sich selbst begehen. „Jeder tiefe Geist braucht eine Maske" (Nietzsche).[14] Diese Maske ist aber nicht Verstellung, Täuschung des anderen, sondern notwendiges | Zeichen der gegebenen entzweiten Situation und darum zu respektieren. Unter der Maske lebt das Verlangen nach Wiederherstellung der verlorenen Einheit. Wo dieses Verlangen sich gewaltsam Bahn bricht, in der Geschlechtsgemeinschaft, in der Mensch und Mensch ein Fleisch werden (1 Mos 2,24) und in der Religion, in der der Mensch seine Einheit mit Gott sucht, wo also die Verhüllung durchbrochen wird, dort schafft sich die Scham gerade die allertiefste Verborgenheit. Kant sah in der Tatsache, daß er sich beim Gebet überrascht schäme, ein Argument gegen das Gebet.[15] Er übersah dabei, daß das Gebet gerade wesensgemäß

---

schreibt, „Road") ist der Name einer Londoner Straße, Adresse berühmter Schneider. Das Zitat steht in der britischen Ausgabe von 1928 auf Seite 162 f, in den fünf New Yorker Ausgaben von 1928 auf Seite 116 (drei Ausgaben), 125 bzw. 140. □ **13** Gen 3,7 b; LB: „Schürze". Ein ‚*Schurz*' ist ein die Schamteile bedeckendes Kleidungsstück. □ **14** F. Nietzsche, Jenseits von Gut und Böse, Zweites Hauptstück (Der freie Geist) 40, Werke VII, 61 (zitiert bei K. Jaspers, Nietzsche, 359) [KGW VI, 2, 55]: „Jeder tiefe Geist braucht eine Maske: mehr noch, um jeden tiefen Geist wächst fortwährend eine Maske, Dank der beständig falschen, nämlich *flachen* Auslegung jedes Wortes, jedes Schrittes, jedes Lebens-Zeichens, das er giebt". □ **15** Immanuel Kants Schrift „Die Religion innerhalb der Grenzen der bloßen Vernunft" (1793, ^{2}1794) enthält im Vierten Stück (B 302 f A 285 f in einer Anmerkung; Werke IV, 871) die Abweisung einer bestimmten Art von Gebet: Der in abergläubischem Wahn Betende sucht „*auf* | Gott zu wirken", und „stellt sich wenigstens (selbst innerlich) so, als ob er von seiner Gegenwart überführt sei, in der Meinung, daß, wenn es auch nicht so wäre, es wenigstens nicht schaden, vielmehr ihm Gunst verschaffen könne"; beim Beten überrascht, wird er erwartungsgemäß „in Verwirrung oder Verlegenheit, gleich als über einen Zustand, dessen er sich zu schämen habe, geraten" – im Unterschied zu „Gebet mit voller Aufrichtigkeit". – Im Ms folgt, gestr.: „Er übersah dabei den Sündenfall".

ins verschlossene Kämmerlein gehört,[16] er übersah die fundamentale Bedeutung der Scham für die menschliche Existenz.

Weil Scham das Ja und das Nein zu der Entzweiung enthält, darum lebt der Mensch zwischen Verhüllung und Enthüllung, zwischen Sich Verbergen und Sich Offenbaren, zwischen Einsamkeit und Gemeinschaft. Er kann dabei gerade in der Einsamkeit – das heißt in der Bejahung der Entzweiung – die Gemeinschaft (als entzweite freilich) stärker erfahren als in der Gemeinschaft selbst. Immer aber muß beides dasein. Auch die engste Gemeinschaft darf das Geheimnis des entzweiten Menschen nicht zerstören. Es kann daher als Verletzung der Scham empfunden werden, sich über [das] Verhältnis, das man zueinander hat, in Worten auszusprechen und sich damit vor sich selbst zu offenbaren, bloßzustellen. Auch tiefste eigenste Freude und tiefster eigenster Schmerz duldet nicht die Enthüllung im Wort. Ebenso bewahrt die Scham vor jeder Schaustellung des[17] Verhältnisses zu Gott. Schließlich wahrt der Mensch auch sich selbst gegenüber eine letzte Verhüllung, er behütet sein eigenes Geheimnis vor sich selbst, indem er zum Beispiel sich weigert, sich selbst in allem, was in ihm wächst, bewußt zu werden.[18]

Unter der Verhüllung der Scham steht auch alles Werdende, das aus dem Verlangen des Menschen, die verlorene Einheit | wiederzugewinnen, hervorgeht. Über der Schöpferkraft des Menschen, die ihm in der selbstgesuchten Vereinigung des Entzweiten zufällt, bleibt das Geheimnis der Scham gebreitet; es ist die Erinnerung an die Entzweiung mit dem Schöpfer, an den Raub am Schöpfer, die sich darin erweist. Das gilt für das Werden des menschlichen Lebens ebenso wie für das Entstehen des Kunstwerkes, der wissenschaftlichen Entdeckung, jedes schöpferischen Werkes überhaupt, das aus der Einigung des Menschen mit der Welt der Dinge hervorgeht. Erst mit dem geborenen Leben, mit dem vollendeten Werk bricht durch das Ge-

16 Vgl. DBW 4 (N), 158f zu Mt 6,6 (Gebet keine „Demonstration"). □ **17** Gestr.: „religiösen". □ **18** Vgl. im Brief 25. 6. 1942 DBW 16, 325, Bonhoeffers Reaktion auf Veränderungen, die er in sich spürt: „… da ich glaube, daß mir hier jetzt ein Knoten platzen soll, lasse ich den Dingen ihren Lauf und setze mich nicht zur Wehr."

heimnis der Scham die jubelnde offene Freude hindurch. Das Geheimnis seiner Entstehung aber trägt es für immer in sich.

Die Dialektik von Verhüllung und Enthüllung ist nur Zeichen der Scham. Die Scham wird aber durch sie nicht überwunden, sondern vielmehr bestätigt. Überwindung der Scham kann es nur geben, wo die ursprüngliche Einheit wieder[her]gestellt ist, wo der Mensch wieder bekleidet wird durch Gott und den anderen Menschen, durch die ,,himmlische Behausung", den Tempel Gottes (2 Kor 5,2 ff).[19] Überwindung der Scham gibt es nur im Ertragen eines Aktes letzter Beschämung, nämlich des Offenbarwerdenmüssens vor Gott. ,,Daß du dich schämest und vor Schande nicht mehr | deinen Mund auftun dürfest, wenn ich dir alles vergeben werde, was du getan hast, spricht der Herr (Hes 16,63) .. solches will ich tun .. ihr werdet euch müssen schämen und schamrot werden über eurem Wesen["] (Hes 36,32).[20] Überwindung der Scham gibt es nur in der Beschämung durch die Vergebung der Sünde, das heißt durch die Wiederherstellung der Gemeinschaft mit Gott und dem Menschen. Das wird Ereignis in der Beichte vor Gott und vor dem anderen Menschen.[21] Die Bekleidung des Menschen mit der Vergebung Gottes, mit dem ,,neuen Menschen",[22] den er anzieht, mit der Gemeinde Gottes, mit der himmlischen Behausung ist in dem Vers zusammengefaßt: ,,Christi Blut und Gerechtigkeit, das ist mein Schmuck und Ehrenkleid."[23]

Während der Mensch in der *Scham* an seine Entzweiung mit Gott und dem Menschen erinnert wird, ist das *Gewissen* das Zeichen der Entzweiung des Menschen mit sich selbst. Das Gewissen ist dem Ursprung ferner als die Scham; es setzt die Entzweiung mit Gott und Mensch schon voraus und signalisiert erst die Entzweiung des mit dem Ursprung entzweiten Menschen mit sich selbst. Es ist die Stimme des abgefallenen Lebens, das wenigstens mit sich selbst eins bleiben will. Es ist der Ruf zur Einheit des Menschen mit sich selbst. Das geht schon daraus

---

19 Vgl. DBW 4 (N), 233 Anm. 16 (zu II Kor 5,1–4). □ **20** In LB neben Ez 16,63 Bleistiftstrich; LB-Querverweis auf „36,31.32". Auf „Ethik"-Zettel Nr. 15: „Beschämung durch Vergebung ¦ Ez 16!" □ **21** Zu ‚*Beichte*' vgl. DBW 4 (N), 287; DBW 5 (GL), 93 f. □ **22** Siehe DBW 4 (N), 232 f. □ **23** EG.BP 154,1; EG 350,1. Diese Strophe aus Leipzig 1638 ist auch zitiert in DBW 5 (GL/GB), 41 bzw. 128.

hervor, daß der Gewissensruf ausschließlich den Charakter des Verbotes hat: „Du sollst nicht .. Du hättest nicht sollen ...“. Das Gewissen ist befriedigt, wenn das Verbot nicht übertreten wird. Was nicht verboten ist, ist erlaubt. Vor dem Gewissen zerfällt das Leben in Erlaubtes und Verbotenes. Es gibt kein Gebot. Daß auch im Erlaubten, das für das Gewissen mit dem Guten identisch ist, der Mensch in der Entzweiung mit seinem Ur- | sprung steht, das registriert das Gewissen nicht mehr. Daraus folgt auch, daß das Gewissen nicht wie die Scham das Ganze des Lebens umfaßt, sondern nur auf ein bestimmtes Tun reagiert. Zwar ist es darin unerbittlich, daß es im Tun des Verbotenen die Gefährdung des ganzen Lebens, nämlich die Entzweiung mit sich selbst sieht und daß es, indem es längst Vergangenes vergegenwärtigt diese Entzweiung immer schon als unheilbar vollzogene hinstellt, aber der letzte Maßstab bleibt eben die Einheit mit sich selbst, die nur jeweils im Übertreten des Verbotes gefährdet ist. Daß diese Einheit selbst aber schon die Entzweiung mit Gott und dem Menschen zur Voraussetzung hat, daß also jenseits des übertretenen Verbotes bereits das Verbot selbst als Ruf des Gewissens aus der Entzweiung mit dem Ursprung herkommt, liegt jenseits des Erfahrungsbereiches des Gewissens. So hat es das Gewissen nicht mit dem Verhältnis des Menschen zu Gott und zu dem anderen Menschen, sondern mit dem Verhältnis des Menschen zu sich selbst zu tun. Ein von dem Verhältnis zu Gott und dem anderen Menschen gelöstes Verhältnis des Menschen zu sich selbst aber gibt es erst durch das Gottgleichwerden des Menschen in der Entzweiung.

Das Gewissen selbst kehrt dieses Verhältnis um. Es läßt das Verhältnis zu Gott und Menschen aus dem Verhältnis des Menschen zu sich selbst hervorgehen. Das Gewissen gibt sich als die Stimme Gottes und als die Norm des Verhältnisses zum anderen Menschen aus. Aus dem rechten Verhältnis zu sich selbst also soll der Mensch das rechte Verhältnis zu Gott und Mensch zurückgewinnen. Diese Umkehrung ist der Anspruch des Gottgleichgewordenen Menschen in seinem Wissen um Gut und Böse. Der Mensch ist zum Ursprung von Gut und Böse geworden. Er leugnet nicht sein Böses, aber im Gewissen ruft der Mensch sich selbst, den Bösegewordenen, zu seinem eigentlichen, besseren Selbst, zum Guten, zurück.[24] Dieses Gute, das in der Einheit des Men- | schen mit sich selbst besteht, soll nun der Ursprung alles Guten sein. Es ist das Gute Gottes, es ist das Gute für den Nächsten. Das Wissen um Gut und Böse in sich tragend ist der Mensch Richter über Gott und Mensch geworden, wie er Richter über sich selbst ist.

In der Entzweiung mit dem Ursprung um Gut und Böse wissend, tritt der Mensch in die Reflexion auf sich selbst ein. Sein Leben ist nun sein Sich selbst verstehen, wie es im Ursprung sein Gott-wissen war. Selbsterkenntnis ist Wesen und Ziel des Lebens. Das bleibt auch dort so, wo der Mensch über die Grenzen des eigenen Selbst hinausdrängt. Selbsterkenntnis ist die nie zum Ende gelangende Bemühung des Menschen die Entzweiung mit sich selbst denkend zu überwinden, durch unaufhörliches Sich unterscheiden von sich selbst zur Einheit mit sich selbst zu kommen.

Alles Erkennen gründet sich nun auf die Selbsterkenntnis. Aus dem ursprünglichen Begreifen Gottes und der Menschen und der Dinge ist ein Sichvergreifen an Gott, an den Menschen, an den Dingen geworden.[25] Nun wird alles in den Prozeß der Entzweiung hineingezogen. Erkennen heißt nun die Beziehung auf sich selbst herstellen, heißt in allem sich selbst und sich selbst in allem erkennen. So entzweit sich dem mit Gott entzweiten Menschen alles: das Sein und das Sollen, das Leben und das Gesetz, Wissen und Tun, Idee und Wirklichkeit, Vernunft und Trieb, Pflicht und Neigung, Gesinnung und Nutzen, das Notwendige und das Freie, das Errungene und das Geniale, das Allgemeine und das Konkrete, das Individuelle und das Kollektive, aber auch Wahrheit, Gerechtigkeit, Schönheit, Liebe, treten gegeneinander, ebenso wie Lust und Unlust, Glück und Leid[26] – man könnte die Reihe noch lange fortsetzen und der Verlauf der menschlichen Geschichte bereichert sie ständig. Alle diese Entzweiungen sind Spielarten der Entzweiung im Wissen um Gut und Böse. „Die Entscheidungsstelle des spezifisch

---

24 Vgl. DBW 2 (AS), 137f. □ **25** Gestr.: „Dem mit Gott, mit den Menschen und mit sich selbst entzweiten Menschen, der denkend alle Dinge auf sich selbst bezieht, entzweit sich nun alles". □ **26** Vgl. DBW 3 (SF), 82f, zu Gen 2,9 „Baum der Erkenntnis des Guten und Bösen", „tob" und „ra", in der Bedeutung „lustvoll" und „leidvoll".

ethischen | Erlebnisses ist immer der Konflikt".[3)] Im Konflikt aber wird der Richter angerufen. Der Richter aber ist der Wissende um Gut und Böse, ist der Mensch.

Es muß nun jedem, der das Neue Testament auch nur oberflächlich liest, auffallen, daß hier diese Welt der Entzweiung, des Konfliktes, der ethischen Problematik wie versunken ist. Nicht der Zerfall des Menschen mit Gott, mit den Menschen, mit den Dingen, mit sich, sondern die wiedergefundene Einheit, die Versöhnung ist der Grund, von dem aus gesprochen wird, ist die ,,Entscheidungsstelle des spezifisch ethischen Erlebnisses" geworden. Das Leben und Handeln der Menschen hat nichts Problematisches, Gequältes, Finsteres, sondern etwas Selbstverständliches, Freudiges, Gewisses, Klares.[28]

Es ist die Begegnung Jesu mit den Pharisäern, in der das Alte und das Neue ins hellste Licht treten. Das rechte Verständnis dieser Begegnung ist von großer Bedeutung für das Verständnis des Evangeliums überhaupt. Es handelt sich bei den Pharisäern nicht um eine zufällige historische Zeiterscheinung, sondern es handelt sich um den Menschen, dem in seinem ganzen Leben nur das Wissen um Gut und Böse wichtig geworden ist, also um den Menschen der Entzweiung schlechthin. Jedes Zerrbild der Pharisäer nimmt der Auseinandersetzung Jesu mit ihnen seinen Ernst und seine Wichtigkeit. Der Pharisäer ist jener in höchstem Maße | bewunderungswürdige Mensch, der sein ganzes Leben unter sein Wissen um Gut und Böse stellt, der ein ebenso harter Richter seiner selbst wie seines Nächsten ist – zur Ehre Gottes,

[3)] Spranger: Lebensformen 7. Auflage S 283 Der Begriff des Konfliktes ist allerdings bei Spranger enger gefaßt als bei uns.[27]

27 Hinweis auf Spranger bei H. Nohl, Die sittlichen Grunderfahrungen, 157: ,,Umgekehrt [als diejenigen, die den Pflichtenkonflikt leugnen] gehen Männer wie ... Spranger in ihrer Theorie geradezu von dem Pflichtenkonflikt aus". □

28 Das Folgende (bis S. 315) ist ein Einschub, der im Ms eine zwei Seiten und acht Zeilen lange Streichung ersetzt und offenbar während späterer Arbeit an diesem Ms entstand. Der gestrichene Ms-Teil steht auf den seit Ms-Beginn bis S. 320 benutzten hellen porigen Doppelbögen, für den Einschub ist Papier mit ,,Eichberger" Wasserzeichen wie nach S. 320,17 benutzt. Zum Arbeiten am Einschub diente außer der klarblauen eine leuchtendere (königsblaue) Tinte und violetter Farbstift, wie er auch bei Korrekturen zum ,,primus usus legis"-Text vorkommt.

dem er dieses Wissen demütig dankt.[29] Dem Pharisäer wird jeder Lebensaugenblick zur Konfliktssituation, in der er zwischen Gutem und Bösem zu wählen hat. Um sich nicht zu verfehlen ist sein ganzes Denken angestrengt bei Tag und Nacht darauf gerichtet, die unübersehbare Fülle möglicher Konflikte im voraus zu durchdenken, zur Entscheidung zu bringen und die eigene Wahl festzulegen. Dabei ist unzähliges zu beobachten, abzuwägen, zu unterscheiden. Je feiner die Unterscheidungen, desto gewisser die richtige Entscheidung.[30] Das Leben in seiner ganzen Mannigfaltigkeit wird durchaus in die Berechnung mit eingezogen, man will nicht mit dem Kopf durch die Wand, besondere Situationen und Notlagen erfahren besondere Berücksichtigung, Nachsicht und Milde werden durch den Ernst des Wissens um Gut und Böse nicht ausgeschlossen, sondern sie sind vielmehr ein Ausdruck dieses Ernstes. Da ist auch nichts von unbedachter Selbstüberheblichkeit, von Übermut und ungeprüfter Selbsteinschätzung. Da ist man sich der eigenen Verfehlungen, der Pflicht zur Demut und Dankbarkeit vor Gott wohl bewußt. Aber freilich, da sind auch Unterschiede, die um Gottes willen nicht mißachtet werden dürfen, zwischen dem Sünder und dem um das Gute Bemühten, zwischen dem, der aus frevelhaftem Leichtsinn und dem der aus Not zum Übertreter des Gesetzes wird. Wer diese Unterschiede mißachtet, wer nicht in jedem der unzähligen Konfliktsfälle alles bedenkt, der sündigt wider das Wissen um Gut und Böse.

Diese Männer mit dem unbestechlich sachlichen und mißtrauischen Blick können keinem Menschen anders gegenübertreten, als indem sie ihn auf seine Entscheidungen in den Lebenskonflikten hin prüfen. So müssen sie – sie können nicht anders – auch Jesus gegenüber den Versuch machen, ihn in | den Konflikt, in die Entzweiung hineinzutreiben, um zu sehen, wie er sich darin bewährt. Darin besteht ihre Versuchung Jesu. Man lese nur das 22. Kapitel des Matthäusevangeliums mit den Fragen nach dem Zinsgroschen, nach der Totenauferstehung, nach

29 Vgl. Lk 18,11. Der Hinweis auf das Lukas-Kapitel steht S. 320. □ **30** Gestr.: „Da ist nichts von blinder Konsequenzmacherei, von starrer Prinzipientreue, von".

dem vornehmsten Gebot,[31] dazu die Geschichte vom barmherzigen Samariter (Lk 10,25!)[32] und die Gespräche über die Sabbatheiligung (Mt 12,1 ff), um davon den stärksten Eindruck zu bekommen. Das Entscheidende an allen diesen Auseinandersetzungen besteht nun darin, daß Jesus sich in keine einzige dieser Konfliktsentscheidungen hineinziehen läßt. Mit jeder seiner Antworten läßt er den Konfliktsfall einfach unter sich. Soweit es sich um bewußte Bosheit von der pharisäischen Seite aus handelt, ist die Antwort Jesu das überlegene Ausweichen vor einer geschickt gestellten Falle, das nicht ohne ein Lächeln auf Seiten der Zuhörer geblieben sein mag. Aber darin steckt nicht das Wesentliche. So wie die Pharisäer nicht anders können als Jesus vor Konfliktssituationen zu stellen, so kann Jesus nicht anders, als eben diese Situation nicht zu akzeptieren. Wie die Frage und die Versuchung der Pharisäer aus der Entzweiung des Wissens um Gut und Böse kommt, so kommt die Antwort Jesu aus der Einheit mit Gott, mit dem Ursprung, aus der überwundenen Entzweiung des Menschen mit Gott. Die Pharisäer und Jesus sprechen von völlig verschiedenen Ebenen. Darum gehen ihre Worte so seltsam aneinander vorbei, darum erscheinen die Antworten Jesu garnicht als Antworten, sondern als eigene Angriffe gegen die Pharisäer, die sie auch in der Tat sind.

Was sich zwischen Jesus und den Pharisäern abspielt, ist nur die Wiederholung jener ersten Versuchung Jesu,[33] in der der Teufel ihm einen Zwiespalt in Gottes Wort zu bringen versuchte und die Jesus aus der wesenhaften Einheit mit dem Worte Gottes überwand. Diese Versuchung Jesu hat wiederum ihr Vorspiel in jener Frage, mit der die Schlange | im Paradies Adam und Eva zu Fall bringt: „sollte Gott gesagt haben ... ?"[34] Es ist die Frage, die alle Entzweiung in sich birgt, gegen die der Mensch machtlos ist, weil sie sein Wesen ausmacht, die Frage die nur von jenseits der Entzweiung – nicht beantwortet, aber – überwunden werden kann. Schließlich aber wiederholen sich alle diese Versuchungen in den Fragen, in denen auch wir Jesus

31 *Zinsgroschen*: Mt 22,15–22; *Totenauferstehung*: Vers 23–33; *vornehmstes Gebot*: Vers 34–40. □ **32** In diesem Vers ist im „Nestle" unterstrichen: [ein Schriftgelehrter] „versuchte" [Jesus]. □ **33** Vgl. Mt 4,1–11. □ **34** Gen 3,1. Dazu DBW 3 (SF), 98–101; DBW 4 (N), 61 f.

immer gegenübertreten, in denen wir ihn in Konfliktsfällen um Entscheidung anrufen, in denen wir also Jesus in unsere Fragen, Konflikte, Entzweiungen hineinziehen und von ihm die Lösung fordern. Es gibt schon im Neuen Testament keine einzige Frage, die Menschen an Jesus richten, die von Jesus durch ein Eingehen auf das menschliche Entweder-Oder, das in jeder Frage gemeint [ist], beantwortet würde.[35] Jede Antwort Jesu auf die Fragen seiner Feinde und seiner Freunde läßt dieses Entweder-Oder in so verwirrender, beschämender Weise hinter sich. Jesus läßt sich nicht zum Schiedsrichter in Lebensfragen anrufen, er weigert sich, sich auf menschliche Alternativen festlegen zu lassen: „Mensch, wer hat mich zum Richter oder Erbverteiler über euch bestellt?" (Luk 12,14)

Jesus scheint vielfach garnicht zu verstehen, was die Menschen ihn fragen, er scheint auf etwas ganz anderes zu antworten als er gefragt wurde, er scheint an der Frage vorbeizusprechen und spricht gerade so ganz auf den Fragenden hin. Er spricht aus einer völligen Freiheit heraus, die auch nicht an das Gesetz logischer Alternativen gebunden ist. Diese Freiheit, mit der Jesus alle Gesetze unter sich läßt, muß dem Pharisäer als Zerstörung aller Ordnung, aller Frömmigkeit, alles Glaubens erscheinen. Weil alle Unterscheidungen, um die der Pharisäer sich gewissenhaft müht, von Jesus über den Haufen geworfen werden, weil Jesus seine Jünger am Sabbath von den Ähren des Feldes essen läßt, obwohl sie gewiß nicht Hungers gestorben wären, weil er am Sabbath eine Kranke heilt, die schon 18 Jahre | lang krank ist und gewiß noch einen Tag länger hätte warten können[36] (denn den echten Notlagen hatte ja auch der Pharisäer in seinem System einen Raum gelassen), weil Jesus allen klaren Fragen, die ihn[37] festlegen wollen, ausweicht, – darum ist er für

35 Am Rand, gestr.: „Die Fragen der Jünger im Evangelium Joh, die uns so seltsam plump und unverständig anmuten, sind auch nur [ersetzt: „nichts anderes"]". Vgl. u. a. Joh 4,33 und zu dieser Stelle R. Bultmann, Das Evangelium des Johannes, 144 mit Anm. 1. □ **36** *Ähren essen*: Mk 2,23; *achtzehn Jahre lang krank*: Lk 13,10–13. Vgl. G. W. F. Hegel, Religionsphilosophie nach Lasson XIV, im Abschnitt „Die Lehre Christi" (142–155), auf den Bonhoeffer in seinem Hegel-Seminar 1933 einging, 146: „Am Sabbath Ähren ausraufen, eine dürre Hand heilen [Mk 3,1–5] hätte wohl bis morgen warten können" (vgl. IBF 8, 98). □ **37** Im Ms, das hier (seit S. 314,11 „sich auf menschliche Alternativen den Pharisäer ein Nihilist, ein Mann, der nur sein eigenes Gesetz kennt und achtet,[38] ein Ichsager,[39] ein Lästerer Gottes. Andererseits kann niemand bei Jesus die Unsicherheit, Ängstlichkeit dessen wahrnehmen, der aus Willkür handelt, sondern seine Freiheit gibt ihm und den Seinen in ihrem Tun etwas eigentümlich Gewisses, Fragloses, Strahlendes, Überwundenes und Überwindendes.[40] Die Freiheit Jesu ist nicht die willkürliche Wahl einer von unzähligen Möglichkeiten, sondern sie besteht gerade in der völligen Einfalt seines Tuns, für die es niemals mehrere Möglichkeiten, Konflikte, Alternativen, sondern immer nur Eines gibt. Dieses Eine nennt Jesus den Willen Gottes. Er nennt es seine Speise, daß er diesen Willen tut.[41] Dieser Wille Gottes ist sein Leben. Nicht aus dem Wissen um Gut und Böse, sondern aus dem Willen Gottes lebt und handelt er. Es gibt nur *einen* Willen Gottes. In ihm ist der Ursprung wiedergewonnen, in ihm ist Freiheit und Einfalt alles Tuns begründet.

In der Auslegung einiger Worte Jesu wollen wir uns das Neue, das in ihm gekommen ist, vergegenwärtigen.

---

festlegen zu lassen" bis S. 315 „das Neue, das in ihm gekommen ist, vergegenwärtigen") mit violettem Farbstift geschrieben ist, Tinten-Zusatz, nicht gestr., unvollständig: „zu einer". Ebenfalls mit Tinte zugesetzt ist: [allen] „klaren" [Fragen]. □ **38** Vgl. F. Nietzsche, Zarathustra III, Abschnitt „Von alten und neuen Tafeln" 26, Werke VI, 310 [KGW VI, 1, 262]: „. . . Oh meine Brüder, den Guten und Gerechten sah Einer einmal in's Herz, der da sprach: ‚es sind die Pharisäer.' . . . Die Guten *müssen* Den kreuzigen, der sich seine eigne Tugend erfindet! . . . – sie kreuzigen Den, der neue Werthe auf neue Tafeln schreibt". □ **39** „ein Ichsager" ist ein Tinten-Zusatz. Vgl. die „Ich bin"-Worte im Johannesevangelium, z. B. Joh 14,6: „Ich bin das Leben" (s. dazu S. 248 f). Siehe auch R. Bultmann, Das Evangelium des Johannes, 170, zum „Murren der Juden" Joh 6,41 gegen ein „Ich-bin"-Wort. □ **40** Das Ende der durch den Einschub seit S. 311 ersetzten gestr. Vorform heißt: „Allein von ihm bekommt nun das Leben derer, die zu ihm gehören, etwas Fragloses, etwas Überwundenes und Überwindendes, etwas Freies, Gewisses, so wie es uns das N. T. darstellt. Aber es wäre freilich dem N. T. ganz entgegen, wenn wir nur auf das Leben und Handeln derer sehen wollten, die zu Jesus gehören, statt auf Jesus allein. Er ist der allein Überwinder des Wissens um Gut und Böse für uns und er allein bleibt es. Nur in der Auslegung seines Wortes, nicht aber in der Betrachtung des christlichen Lebens seiner Nachfolger, können wir das Zeugnis dieser Überwindung vernehmen. In der Auslegung einiger wesentlicher Worte wollen wir uns das Neue vergegenwärtigen." □ **41** Joh 4,34.

„Richtet nicht, auf daß ihr nicht gerichtet werdet“ (Mt 7,1). Das ist nicht die Ermahnung zu Vorsicht und Milde im Urteil über die Mitmenschen, wie sie auch die Pharisäer kannten, sondern es ist der Stoß ins Herz des um Gut und Böse wissenden Menschen. Es ist das Wort des aus der Einheit mit Gott Sprechenden, der nicht kam um zu richten, sondern um zu retten (Joh 3,17). Für den Menschen in der Entzweiung besteht das Gute im Urteilen, dessen letzter Maßstab der Mensch selbst ist. Um Gut und Böse wissend ist der Mensch wesentlich Richter. Als Richter ist er gottgleich, mit dem | Unterschied, daß jedes Urteil das er richtend fällt, ihn selbst trifft. Indem Jesus den Menschen als Richter angreift, fordert er die Umkehr seines ganzen Wesens, stellt er ihn gerade in der äußersten Realisierung seines Guten als Gottlosen, als Sünder hin.

Jesus fordert die Überwindung des Wissens um Gut und Böse, er fordert die Einheit mit Gott. Das Urteil über den anderen Menschen setzt immer schon die Entzweiung mit ihm voraus, es tritt hindernd vor das Tun. Das Gute, das Jesus meint, aber besteht ganz im Tun, nicht im Urteilen. Den anderen Menschen richten bedeutet immer einen Aufenthalt im eigenen Tun. Der Richtende kommt nie zum Tun beziehungsweise ist selbst das, was er als sein Tun aufzuweisen hat und das kann sehr reichlich sein, selbst immer nur Urteil, Gericht, Vorwurf, Anklage gegen die anderen. Das Tun des Pharisäers ist dadurch ein Richten der anderen Menschen, daß es die Öffentlichkeit des Urteils – und sei es nur die Öffentlichkeit vor dem eigenen Ich[42] – sucht, daß es gesehen, beurteilt, als gut – und sei es nur von dem eigenen Ich – anerkannt sein will. „Alle ihre Werke tun sie, daß sie von den Leuten gesehen werden“ (Mt 23,5). Das Tun des Pharisäers ist nur eine bestimmte Ausdrucksweise seines Wissens um Gut und Böse und also seiner Entzweiung mit den anderen Menschen und mit sich selbst. Es ist dadurch das schwerste Hindernis zum wirklichen Tun zu gelangen, das aus der wiedergefundenen Einheit des Menschen mit den anderen Menschen und mit sich selbst herkommt. In diesem Sinne also, der in der entzweiten Existenz begründet ist,

42 Im „Nestle“ in Lk 18,11 unterstrichen: πρὸς ἑαυτόν . . . („bei sich selbst“ betete der Pharisäer). Vgl. DBW 4 (N), 156 zu ‚*Öffentlichkeit*‘ in Mt 6,1–4.

– nicht im Sinne bewußter Böswilligkeit – ist das Tun des Pharisäers, das heißt des Menschen, der das Wissen um Gut und Böse bis ins Letzte verwirklicht, Scheintun, Heuchelei.[43]

Insofern klafft nun in der Tat ein tiefer Widerspruch zwischen dem Reden und dem Tun des Pharisäers. „Sie sagen's wohl und tun's nicht" (Mt 23,3). Nicht als täten die Pharisäer | nichts, als wären sie faul zu guten Werken. Das Gegenteil ist richtig. Aber ihr Tun ist kein echtes Tun: denn das Tun, das die Entzweiung des Menschen in Gut und Böse überwinden soll, erreicht dieses Ziel nicht, sondern verschärft nur noch die Entzweiung. So gerät dem Pharisäer das Tun des Guten, das die innere Entzweiung und die Entzweiung mit den Menschen heilen soll, erst recht zur Entzweiung, zum Verharren im Abfall vom Ursprung. Daß schließlich die Selbstentzweiung des über die anderen zu Gericht sitzenden Menschen sich auch in psychologisch greifbaren Formen enthüllt, so zum Beispiel daß der Ernsthafte dabei seine Racheinstinkte gegen den Leichtfertigen, den er insgeheim beneidet, abreagiert, oder daß gerade der Punkt der eigenen Schwäche, wo sie am anderen beobachtet wird, zum besonders harten Aburteilen führt, daß also auf dem Boden heimlicher Verlogenheit, verzweifelnder Empörung und resignierter Laxheit[44] gegen die eigene Schwäche der Richtgeist besonders giftige Blüten treibt – das alles darf nicht zu einer Verkennung des wahren Sachverhaltes führen: nicht aus jenen Untugenden und noch so abgründigen Bosheiten des menschlichen Herzens entspringt das Richten, sondern das Richten ist der Ursprung aller jener psychologisch faßbaren Erscheinungen. Nicht also weil das Richten aus so dunklen Motiven kommt, ist es verwerflich, – so meinte es Nietzsche[45] – sondern

43 Vgl. in den Weherufen Jesu über die Schriftgelehrten und Pharisäer Mt 23,13–33 die Anrede: „ihr Heuchler". □ **44** Nachlässigkeit (lat. laxus: „schlaff"). □ **45** Vgl. F. Nietzsche, Zarathustra, Werke VI, 310 („ . . . den Guten und Gerechten sah Einer einmal in's Herz . . .", s. S. 315 Anm. 38), und u. a. Götzen-Dämmerung, Abschnitt „Moral als Widernatur" 6, Werke VIII, 90 [KGW VI, 3, 81]: „Die Moral, insofern sie *verurtheilt*, an sich, *nicht* aus Hinsichten, Rücksichten, Absichten des Lebens, ist ein spezifischer Irrthum, mit dem man kein Mitleiden haben soll, eine Degenerirten-Idiosynkrasie, die unsäglich viel Schaden gestiftet hat!" (D. h.: Moral als angeborener Widerwille bei Zurückentwickelten.)

weil das Richten selbst der Abfall ist, darum ist es böse und darum treibt es auch böse Früchte im menschlichen Herzen. Es läßt sich ja nun auch garnicht leugnen, daß psychologisch gesehen auch höchst edle Motive aufgedeckt werden können, die den Richtenden bestimmen. Das vermag aber an der Sache selbst nichts zu ändern. „Richten" ist nicht eine besondere Untugend und Bosheit des entzweiten Menschen, sondern es ist dessen Wesen, das sich in seinem Reden, seinem Handeln und in seinem Fühlen offenbart. So freilich wird der Pharisäer nur aus der schon wiedergewonnenen Einheit | heraus, das heißt von Jesus her, erkannt. Der Pharisäer selbst kann sich nur in seinen Tugenden und Untugenden, nicht aber in seinem Wesen, in seinem Abfall vom Ursprung erkennen. Nur aus dem überwundenen Wissen um Gut und Böse kann die Bedrohung der gesamten Existenz des Pharisäers herkommen, nur Jesus kann die im Wissen um Gut und Böse begründete Autorität des Pharisäers stürzen. Im Munde Jesu ist das „Richtet nicht" der Ruf dessen, der die Versöhnung ist, an den entzweiten Menschen, der Ruf zur Versöhnung.

Wie es nun ein – unechtes – Tun des Menschen gibt, das selbst ein Richten ist, so gibt es – erstaunlich genug – auch ein Richten, das ein – echtes – Tun des Menschen ist, das heißt ein „Richten", das aus der vollzogenen Einheit mit dem Ursprung, mit Jesus Christus, herkommt. Es gibt ein „Wissen", das aus der Erkenntnis Jesu Christi, als des Versöhners, kommt. „Der geistliche Mensch richtet alles und wird von niemand gerichtet" (1 Kor 2,15) und „ihr habt die Salbung von dem, der da heilig ist und *wisset alles*" (1 Joh 2,20). Dieses Richten und dieses Wissen kommt aus der Einheit, nicht aus der Entzweiung. Es schafft daher auch nicht weitere Entzweiung, sondern Versöhnung. Wie das Gericht Jesu Christi gerade darin bestand, daß er nicht kam, um zu richten, sondern um zu retten – „*Das* ist das Gericht, daß das Licht in die Welt gekommen ist" (Joh 3,19 vgl. Verse 17. 18)[46] – so werden die mit Gott und Mensch in Christus Versöhnten gerade als Nichtrichtende alles richten und als Nicht um Gut und Böse Wissende alles wissen. Ihr Gericht wird im

---

46 Im „Nestle" bis Vers 19 τὸ φῶς ἐλήλυθεν („das Licht ist gekommen") und auch in Vers 16 Unterstreichungen mit blauem Farbstift.

brüderlichen Zurechthelfen, im Aufrichten, auf den rechten Weg bringen, Ermahnen und Trösten bestehen (Gal 6,1 Mt 18,15 ff) und wenn es sein muß auch in der zeitweiligen Aufhebung der Gemeinschaft, doch so daß der Geist selig werde am Tage des Herrn Jesu[47] (1 Kor 5,5), es wird ein Richten der Versöhnung sein und nicht der Entzweiung, ein Richten | durch Nichtrichten, ein Richten als Tun der Versöhnung. Nicht mehr um Gut und Böse, sondern um Christus als Ursprung und Versöhnung wissend, wird der Mensch alles wissen. Um Christus wissend erkennt und anerkennt er ja die ihm geltende Erwählung Gottes, steht er selbst nicht mehr als der Wählende zwischen Gut und Böse, also in der Entzweiung, sondern als der Erwählte, der garnicht mehr wählen kann, sondern schon gewählt hat indem er erwählt ist, in der Freiheit und Einheit des Tuns des Willens Gottes. Er steht damit in einem neuen Wissen, in dem das Wissen um Gut und Böse überwunden ist. Er steht im Wissen Gottes, doch nicht mehr als der gottgleichgewordene, sondern als der das Bild Gottes tragende. Er weiß nur noch „Jesum Christum den Gekreuzigten" (1 Kor 2,2) und in ihm weiß er alles. Als Nicht-wissender ist er der allein Gott und in ihm alles Wissende geworden.[48] Wer Gott in seiner Offenbarung in Jesus Christus weiß, wer den Gekreuzigten und Auferstandenen Gott weiß, der weiß alles, was im Himmel, auf Erden und unter der Erde ist.[49] Er weiß Gott als die Aufhebung aller Entzweiung, alles Urteilens und Richtens, als den Liebenden und Lebendigen. Das Wissen des Pharisäers war tot und unfruchtbar, das Wissen Jesu und der mit ihm Verbundenen ist lebendig und fruchtbringend; das Wissen des Pharisäers ist auflösend, das neue Wissen ist erlösend und versöhnend; das Wissen des Pharisäers ist die Zerstörung alles echten Tuns, das Wissen Jesu und der Seinen besteht nur im Tun.

„Wenn du aber Almosen gibst, so laß deine linke Hand nicht wissen, was die rechte tut, auf daß dein Almosen verborgen sei" (Mt 6,3 f).[50] Auch der Pharisäer wußte, daß er sich seines Al-

---

47 „der Geist ... Jesu" ersetzt: „die Seele gerettet werde am Jüngsten Tag". Vgl. DBW 4 (N), 290 f. □ **48** Gestr.: „Er ist dadurch zwar der Aufgabe des ‚Prüfens' nicht überhoben (1 Thess 5,21), ja sogar sich selbst muß er prüfen (2 Kor 13,5)". □ **49** Vgl. Phil 2,10 b. □ **50** Vgl. DBW 4 (N), 150.

mosens nicht zu rühmen habe, sondern für alles Gute, das er tut, Gott den Dank schuldig sei.[51] Hätte Jesus nur das sagen wollen, so wäre sein Wort überflüssig gewesen. Aber eben diesen vernünftigen und frommen Gedanken hat | Jesus nicht aussprechen wollen, sondern etwas ganz anderes, ja geradezu sein Gegenteil. Der Pharisäer, der für das Gute, das er tat, Gott seinen Dank darbrachte (Luk 18), war ja immer noch der, der im Wissen um Gut und Böse lebte, der sich selbst das Urteil sprach und dann freilich Gott dafür dankte, daß er dies konnte. Der Pharisäer weiß das Gute, das er getan hat. Jesus trifft mit seinem Wort nicht die Prahlerei oder die Selbstgefälligkeit dessen, der Gutes getan hat, sondern er stößt wiederum ins Herz des in der Entzweiung lebenden Menschen. Er verbietet dem, der Gutes tut, das Wissen um dieses Gute. Das neue Wissen um die in Jesus vollzogene Versöhnung, um die Aufhebung der Entzweiung, hebt das alte Wissen um das eigene Gute völlig auf. Das Wissen um Jesus geht ohne jede Reflexion auf sich selbst gänzlich im Tun auf.[52] Das eigene Gute bleibt dem Menschen nun verborgen. Nicht nur, daß der Mensch nicht mehr der Richter über sein Gutes sein *muß*, nein, er soll es garnicht mehr wissen *wollen*, vielmehr, er *darf* es garnicht mehr wissen, er *weiß* es nicht mehr. So fraglos ist sein Tun geworden, so gänzlich hingegeben und ausgefüllt ist er durch sein Tun, so sehr ist sein Tun nicht mehr eine Möglichkeit unter vielen, sondern das Eine, das Wirkliche, der Wille Gottes, daß das Wissen garnicht mehr hindernd dazwischentreten kann, daß hier buchstäblich keine Zeit mehr verloren werden kann, die das Tun aufhielte, infragestellte, beurteilte. Das Urteil bleibt verborgen, nicht nur vor den anderen Menschen, sondern auch vor dem Forum des eigenen Wissens. Es ist ganz klar: um Jesus wissend kann der Mensch nicht mehr um sein eigenes Gutes wissen, um sein eigenes Gutes wissend, kann der Mensch nicht mehr um Jesus wissen. Der Mensch kann nicht zugleich in der Versöhnung und in der Entzweiung, in der Freiheit und unter dem Gesetz, in der Einfalt und in der Zwiespältigkeit leben. Hier

---

51 Luk 18,11 f. □ **52** Vgl. die in DBW 2 (AS) herausgearbeitete Unterscheidung von actus directus und actus reflexus („direktes" und „reflektiertes Tun"); ThDB 88 Anm. 8, 194 Anm. 23, u. ö.

gibt es keine Übergänge oder Stufen, sondern nur das Eine | oder das andere. Weil es aber dem Menschen aus sich unmöglich ist, sein Wissen um sein eigenes Gutes aufzuheben, zu überwinden – es sei denn, daß er sich selbst betrüge und die methodische Verdrängung[53] dieses Wissens mit seiner Aufhebung verwechselte –, darum bedeutet das Wort Jesu von der rechten Hand, die nicht wissen soll, was die linke tut,[54] also von der Verborgenheit des eigenen Guten, wiederum den Ruf aus der Entzweiung, aus dem Abfall, aus dem Wissen um Gut und Böse heraus, zur Versöhnung, zur Einheit, zum Ursprung, zu dem neuen Leben, das allein in Jesus ist. Es ist der befreiende Ruf zur Einfalt, zur Umkehr, es ist der Ruf, der selbst das alte Wissen des Abfalls aufhebt und das neue Wissen um Jesus schenkt, jenes Wissen, das ganz im Tun des Willens Gottes aufgeht. Wie tief dieses Wort Jesu in seine Gemeinde eingedrungen ist, geht deutlich daraus hervor, daß immer wieder dort wo in der apostolischen Ermahnung vom Geben die Rede ist, der Zusatz begegnet, daß es „in Einfalt" geschehen möge (R 12,8 2 Kor 8,2 9,11.13 und öfter).[55] Die Erinnerung an das Wort der Bergpredigt[56] ist hier garnicht zu übersehen. Aber auch Gott selbst gibt ja „einfältig" (Jac 1,5), dem der ihn „ohne zwiespältige Gedanken" (μη διακρινομενος) bittet.[57] Der „Mann mit den zwei Seelen" freilich, der ανηρ διψυχος, das Gegenbild zu dem Einfältigen, kann nicht erwarten, von Gott Gaben zu empfangen (Jac 1,8).[58] Wer aber einfältig empfängt, wird auch einfältig geben.

Im Gleichnis vom jüngsten Gericht Mt 25,31 ff findet das Gesagte seine Ergänzung und seinen Abschluß. Wenn Jesus Gericht halten wird, dann werden die Seinen nicht wissen, daß sie ihn gespeist, getränkt, gekleidet und besucht haben. Sie werden ihr Gutes nicht kennen, Jesus wird es ihnen aufdecken. Dann ist die Zeit gekommen, für die es hier auf Erden keine Zeit gab, die Zeit da das Verborgene enthüllt wird und seinen öffentlichen

---

53 Nach moderner Psychoanalyse wird bei ‚*Verdrängung*' etwas zunächst Bewußtes ins Unterbewußte abgeschoben, von wo es sich meist störend wieder meldet. □ **54** Mt 6,3; s. DBW 4 (N), 155. □ **55** Die genannten Stellen sind auf „Ethik"-Zettel Nr. 15 zu „einfältig geben" notiert, II Kor 9,11 und 8,2 mit Ausrufungszeichen. □ **56** Mt 6,22: „Wenn dein Auge einfältig [ἁπλοῦς] ist, so wird dein ganzer Leib licht sein"; vgl. DBW 4 (N), 167 u. ö. □ **57** Vgl. Jak 1,6; LB: der Bittende „zweifle nicht". □ **58** Gemeint ist auch Vers 7.

Lohn empfängt, die Zeit | des Urteils und des Gerichts. Aber auch dann wird alles Urteilen, Wissen und Richten auf der Seite Gottes und Jesu Christi liegen und wir werden die Verwunderten, die Empfangenden sein. Unbegreiflich und verwerflich muß dem Pharisäer, der das letzte Gericht in täglichem ernstem Selbstgericht vorwegnehmen, vorbereiten zu können glaubte, diese Botschaft sein, daß er das Gute allein aus dem Wissen, dem Urteil, der Hand Jesu empfangen soll.

Nun wäre freilich die in Jesus vollzogene Aufhebung des Wissens um Gut und Böse wie auch alles über Freiheit und Einfalt Gesagte dort völlig mißverstanden, wo man sie als psychologisch vorfindliche Gegebenheiten auffaßt, wo man also wieder in die Reflexion auf ihr Vorhandensein bei sich selbst oder bei anderen Menschen eintritt. Psychologisch gesehen ist es in der Tat unmöglich, daß die linke Hand nicht weiß, was die rechte tut, daß die Einfalt immer nur das Eine tut ohne von anderen Möglichkeiten zu wissen. Der Grund dafür ist, daß die psychologische Betrachtung selbst schon immer unter dem Gesetz der Entzweiung steht. Die Psychologie wird also die von Jesus gemeinte Einfalt und Freiheit, das von Jesus gemeinte Tun niemals entdecken können, sie wird hinter der vermeintlichen Einfalt, Freiheit, Reflexionslosigkeit immer eine letzte Reflexion, eine letzte Unfreiheit, eine letzte Entzweiung aufdecken. Aber damit ist eben das von Jesus Gemeinte garnicht getroffen. Psychologisch gesehen kann der in der Nachfolge Jesu einfältig und frei gewordene ein Mensch sehr komplizierter Reflexion sein, wie es umgekehrt eine psychische Einfalt gibt, die mit der Einfalt des mit Gott versöhnten Lebens nichts zu tun hat. So spricht die Bibel von einem durchaus berechtigten und notwendigen Fragen nach dem Willen Gottes und von einer ebenso berechtigten und notwendigen Selbstprüfung,[59] ohne doch dadurch in Widerspruch mit der Tatsache zu geraten, daß es für den in der Aufhebung des Wissens um Gut und | Böse Lebenden nicht mehr die Wahl zwischen vielerlei Möglichkeiten, sondern immer nur das Erwähltsein zum einfältigen Tun des Einen Willens Gottes gibt und daß es für den Nachfolger Jesu kein Wissen um das eigene Gute mehr geben kann.

---

59 II Kor 13,5 (Stellenangabe in der Streichung S. 319 Anm. 48).

„Laßt euch umgestalten durch Erneuerung eueres Sinnes, um zu prüfen, was der Wille Gottes sei" (R 12,2).[60] „Ich bete, daß eure Liebe mehr und mehr zunehme in der Erkenntnis und allem Wahrnehmungsvermögen, damit ihr die verschiedenen Situationen prüfen könnt" (Phil 1,10 vgl. R 2,18).[61] „Wandelt wie die Kinder des Lichtes – prüfend was dem Herrn wohlgefällig ist" (Eph 5,9 f).[62] Die Vorstellung als müsse sich die einfältige Erkenntnis des Willens Gottes in der Form der Intuition,[63] der Ausschaltung aller Überlegung, des naiven Ergreifens des ersten sich aufdrängenden Gedankens oder Gefühls vollziehen, also jenes psychologisierende Mißverständnis der Einfalt des neuen Lebens, das in Jesus angebrochen ist, erfährt hier eine gründliche Korrektur. Es ist durchaus nicht gesagt, daß der Wille Gottes sich ohne weiteres mit dem Akzent der Ewigkeit[64] geladen dem menschlichen Herzen aufzwinge, daß er einfach auf der Hand liege und mit dem, was das Herz denkt, identisch sei. Der Wille Gottes kann sehr tief verborgen liegen unter vielen sich anbietenden Möglichkeiten. Weil er auch kein von vornherein festliegendes System von Regeln ist, sondern in den verschiedenen Lebenslagen ein jeweils neuer und verschiedener ist, darum

---

60 Die Übersetzung weicht ab von LB („verändert euch" statt hier: „Laßt euch umgestalten") und ist der griech. Satzstellung näher (τί τὸ θέλημα τοῦ θεοῦ, „was der Wille Gottes"). □ **61** Zitiert sind die Verse Phil 1,9 f; die Übersetzung weicht von LB ab, so in Vers 9 genauer für ἐν ... πάσῃ αἰσθήσει (statt LB: „Erfahrung") „in ... allem Wahrnehmungsvermögen", und in Vers 10 für τὰ διαφέροντα (statt LB: „was das Beste sei") „die verschiedenen Situationen", wodurch im Ms ersetzt ist, nicht gestr., in eckige Klammern gefaßt: „was jeweils das Richtige ist". Der Ausdruck τὰ διαφέροντα kommt auch in Röm 2,18 vor. □ **62** Vgl. auf „Ethik"-Zettel Nr. 12 (auf dem die Notizen „Tue, was vor die Hand kommt ... Neger", zu denen sich S. 296 f Entsprechungen finden, gestrichen sind): „‚*prüfen*', was Gottes Wille ist Röm 12,2 Eph 5,10.17 ' wichtig für das Zustandekommen des christlichen Handelns". □ **63** Vgl. K. Barth, Römerbrief, 282: „Der *Geist* gibt Zeugnis. Entzückungen und Erleuchtungen, Inspirationen und Intuitionen sind *nicht* notwendig. Wohl denen, die solcher gewürdigt sind. Aber wehe uns, wenn wir auf solche warten". Auf „Ethik"-Zettel Nr. 15 ist gestr.: „Nicht *Intuition*, nicht *Unüberlegtheit*"; auf diese Notiz folgt unter einem Querstrich, nicht gestr.: „Stimme des Herzens ' Prinzipiell ' Selbsttäuschung [untereinander, durch Bogenlinie zusammengefaßt, dahinter:] Schwärmerei." □ **64** Diesen Ausdruck, der S. 328 in Anführungszeichen steht, hat Bonhoeffer in seinem Aufsatz über das 1931 erschienene Buch „Glaube und Denken" von Karl Heim benutzt (nicht zitiert), s. 1932 DBW 12, 230.

muß immer wieder geprüft werden, was der Wille Gottes sei. Herz, Verstand, Beobachtung, Erfahrung müssen bei dieser Prüfung miteinanderwirken. Eben weil es hier nicht mehr um das eigene Wissen um Gut und Böse, sondern um den lebendi- | gen Willen Gottes geht, eben weil es nicht im menschlichen Verfügen, sondern allein in der Gnade Gottes steht, daß wir seinen Willen erkennen, und eben weil diese Gnade jeden Morgen neu[65] ist und sein will, darum steht es mit diesem Prüfen des Willens Gottes so ernst. Weder die Stimme des Herzens, noch irgendeine Eingebung, noch irgendein allgemeingültiges Prinzip kann ja nun noch mit dem Willen Gottes verwechselt werden, der sich nur jeweils neu dem jeweils Prüfenden erschließt.[66]

Wie geht nun dieses Prüfen, „was der Wille Gottes sei", vor sich? Entscheidend ist hier die klare Voraussetzung, daß es dieses Prüfen nur aufgrund einer „Metamorphose",[67] eines völligen inneren Wandels der bisherigen Gestalt, aufgrund einer „Erneuerung" des Sinnes (R 12,2), aufgrund eines Wandels als Kinder des Lichtes (Eph 5,9) gibt. Bei dieser „Metamorphose" des Menschen kann es sich nur um die Überwindung der Gestalt des abgefallenen Menschen, Adam, und um die Gleichgestaltung mit der Gestalt des neuen Menschen, Christus, handeln. Das geht aus anderen biblischen Verwendungen dieser Be-

---

65 Vgl. Thr 3,23; DBW 5 (GL), 37 zitiert („Klagelieder Jeremias"): „Seine Güte ist alle Morgen neu". □ **66** Eine gestr. Vorform enthält: „Der Wille Gottes wird nur erkannt, wo diese Verschiedenheit – τα διαφεροντα [„die Wechselfälle"; Phil 1,10] – der Situationen geprüft ist. Weil diese Verschiedenheit sich aber nicht von vornherein prinzipiell in einer Kasuistik auffangen und festlegen läßt, sondern weil sie selbst eine immer neue von Gott her kommende ist, darum ist eine immer neue Prüfung notwendig. [Gestr.: „Damit ist jeder Schwärmerei der Boden entzogen, die die Stimme des Herzens mit dem Willen Gottes".] Der Wille Gottes muß immer neu gesucht und gefunden sein, es muß unablässig nach ihm gefragt werden. Weil es *Gottes* Wille ist, darum ist es Gnade, daß und wenn wir ihn finden. Eben weil Jesus den Menschen in die Einheit mit dem Ursprung, in die Versöhnung mit Gott ruft, eben weil Jesus den Menschen von dem Wissen um Gut und Böse befreit und ihn in das Wissen um Gottes Offenbarung stellt, eben weil Jesus den Menschen ganz an Gott anschließt, *darum* muß der Wille Gottes geprüft, das heißt immer neu gesucht und gefunden werden." □ **67** Vgl. DBW 4 (N), 263 (zu Röm 12,2) und 299: „Umgestaltung, eine ‚Metamorphose'". Auf Zettel Nr. 14 (für „Die Lehre vom primus usus legis ..." DBW 16, 600–619) ist das Wort „*Umgestaltung*!" notiert.

griffe klar hervor.[68] Die neue Gestalt, kraft deren allein das Prüfen des Willens Gottes möglich ist, hat den Menschen, der im Abfall von Gott das Wissen von Gut und Böse errang, hinter und unter sich gelassen. Es ist die Gestalt des Kindes Gottes, das in der Einheit mit dem Willen des Vaters lebt in der Gleichgestalt des einen wahren Sohnes Gottes. Es ist genau derselbe Sachverhalt, den Paulus in der zitierten Philipperstelle[69] bezeichnet, in der er das Leben und Zunehmen in der Liebe als die Voraussetzung des Prüfens bezeichnet; denn in der Liebe leben und zunehmen heißt ja in der Versöhnung und Einheit mit Gott und dem Menschen leben, heißt das Leben Jesu Christi leben. Prüfen, was Gottes Wille ist, kann man also nicht einfach aus sich selbst heraus, aus dem eigenen Wissen um Gut und Böse, sondern ganz im Gegenteil, nur der kann es, dem je- | des eigene Wissen um Gut und Böse genommen ist und der darum ganz darauf verzichtet, von sich aus den Willen Gottes zu wissen, der bereits in der Einheit des Willens Gottes lebt, weil der Wille Gottes an ihm sich schon vollzogen hat. Prüfen, was Gottes Wille ist, ist nur möglich aufgrund des Wissens um Gottes Willen in Jesus Christus. Nur aufgrund von Jesus Christus, nur in dem durch Jesus Christus bestimmten Raum, nur ,,in" Jesus Christus[70] kann geprüft werden, was Gottes Wille ist.

Was bedeutet dann aber noch das Prüfen? Warum ist es notwendig? Diese Frage, so logisch notwendig sie zu sein scheint, ist in sich selbst schon sachlich falsch gestellt. Weil ja das Wissen um Jesus Christus, weil die Metamorphose, die Erneuerung, die Liebe, und wie man es immer ausdrücken mag, etwas lebendiges ist und nicht etwas ein für allemal Gegebenes, Feststehendes, Inbesitzgenommenes, darum entsteht mit jedem neuen Tag die Frage, wie ich heute und hier und in dieser Situation in diesem neuen Leben mit Gott, mit Jesus Christus bleibe und bewahrt werde. Eben diese Frage aber ist der Sinn des Prüfens, was der Wille Gottes sei. Mit anderen Worten weil das Wissen um Jesus Christus das Nichtwissen um das eigene Gute und Böse einschließt, weil das Wissen um Jesus Christus den Men-

---

68 DBW 4 (N), 299: II Kor 3,18; S. 81 (Anm. 65): Gal 4,19. Zu ,*Adam*' und zum ,*neuen Menschen*' vgl. DBW 4 (N), 232 f. □ **69** Phil 1,9 f, zitiert S. 323 (Anm. 61). □ **70** Vgl. DBW 4 (N), 250 u. ö.: ,,in [ἐν] Christo".

schen ganz an Jesus Christus verweist, darum entsteht hier ein täglich neues echtes Prüfen, das gerade in der Ausschaltung aller anderen Quellen des Wissens über den Willen Gottes bestehen wird. Dieses Prüfen entspringt nun[71] aus dem Wissen um das Bewahrtwerden, Gehaltenwerden, Geführtwerden von dem Willen Gottes, aus dem Wissen um die schon geschenkte gnädige Einheit mit dem Willen Gottes und sucht dieses Wissen täglich neu zu befestigen im konkreten Leben. Es ist darum weder ein trotziges noch ein verzagtes, sondern ein demütiges und zuversichtliches Prüfen, ein Prüfen in der Freiheit für das immer neue Wort Gottes, in der | Einfalt des immer nur Einen Wortes Gottes. Es ist ein Prüfen, das die in Jesus wiedergewonnene Einheit des Ursprungs nicht mehr infragestellt, sondern voraussetzt und doch immer neu gewinnen muß.

Unter dieser Voraussetzung aber ist nun wirklich zu prüfen, was der Wille Gottes sei, was in der gegebenen Situation richtig sei, was Gott wohlgefalle;[72] denn es muß ja nun konkret gelebt und gehandelt werden. Verstand, Erkenntnisvermögen, aufmerksame Wahrnehmung des Gegebenen treten hier in lebhafte Aktion. Dabei wird das Gebot alles umfassen und durchdringen.[73] Gemachte Erfahrungen werden bekräftigend oder warnend zu Worte kommen. Keinesfalls wird auf unmittelbare Eingebungen gerechnet und gewartet[74] werden dürfen, ohne daß man sich dem Selbstbetrug allzuleicht ausliefert. Es wird angesichts der Sache, um die es geht, ein hoher Geist der Nüchternheit herrschen. Es werden Möglichkeiten und Folgen wohl bedacht werden. Es wird also der ganze Apparat menschlicher Kräfte in Bewegung gesetzt sein, wo es darum geht, zu prüfen, was Gottes Wille sei. Aber es wird bei dem allem weder die Qual, vor unlösbaren Konflikten zu stehen noch der Übermut, jeden Konflikt meistern zu können, noch auch die schwärmerische Erwartung und Behauptung unmittelbarer Inspirationen Raum haben. Es wird der Glaube dasein, daß Gott dem, der ihn

---

71 Gestr.: „nicht mehr aus einer letzten Voraussetzungslosigkeit". □ 72 Vgl. die LB-Übersetzung von εὐάρεστον in Röm 12,2 b und Eph 5,10 mit „wohlgefällig". □ 73 Vgl. u. a. S. 381: „Das Gebot Gottes ... umfaßt das ganze Leben". □ 74 Vgl. Formula Concordiae (Solida Declaratio II, 46), BSLK 890,32–34: „... warten, bis ihnen Gott vom Himmel ohne Mittel seine Gaben eingieße", zitiert in „Die Lehre vom primus usus legis ..." DBW 16, 611.

demütig fragt, seinen Willen gewiß zu erkennen gibt;[75] es wird dann nach allem ernsten Prüfen auch die Freiheit zur wirklichen Entscheidung da sein und in ihr die Zuversicht, daß nicht der Mensch sondern Gott selbst durch solches Prüfen hindurch seinen Willen durchsetzt; die Bangigkeit, ob man das Rechte getan habe, wird weder zu dem verzweifelten Sichklammern an das eigene Gute werden noch in die Sicherheit des Wissens um Gut und Böse umschlagen, sondern sie wird aufgehoben sein im Wissen um Jesus Christus, der allein das gnädige Gericht | übt, sie wird das eigene Gute bis zu seiner Zeit verborgen sein lassen in dem Wissen und der Gnade des Richters.

So wie die Einheit mit dem Willen Gottes nicht die Prüfung aufhebt, was jeweils der Wille Gottes sei, sondern sie vielmehr gerade fordert, so steht neben dem Wort Jesu, die linke Hand nicht wissen zu lassen, was die rechte tut,[76] die Ermahnung des Paulus, sich selbst auf seinen Glauben und auf sein Werk zu prüfen. „Versuchet euch doch selbst, ob ihr im Glauben seid, prüfet euch selbst! Oder erkennt ihr nicht, daß Jesus Christus in euch ist?" (2 Kor 13,5 vgl. Gal 6,4)[77] Die Einfalt des Nichtwissens um das eigene Gute weil man im Tun ganz hingenommen nur auf Jesus Christus blickt,[78] bedeutet nicht Leichtfertigkeit, Unachtsamkeit in bezug auf sich selbst. Es gibt nicht nur eine pharisäische, sondern auch eine christliche Selbstprüfung, das heißt eine solche, die nicht auf das eigene Wissen um Gut und Böse und seine Verwirklichung im praktischen Leben gerichtet ist, sondern die täglich die Erkenntnis erneuert, daß „Jesus Christus in uns"[79] ist. Anders kann sich der Christ ja nicht mehr prüfen als aufgrund dieser für ihn entscheidenden Wirklichkeit, daß Jesus Christus in sein Leben getreten, ja mehr als das, daß

---

75 Nach einer Morgenandacht Dietrich Bonhoeffers über Eph 5,15–21 am 18. 10. 1942 in Berlin für Ruth von Kleist, die in der Zeit einer Augenoperation im Krankenhaus lag, betreut von ihrer Enkelin Maria von Wedemeyer, trug Maria in ihr Tagebuch ein: „Wenn wir ohne jeden Zweifel und jedes Mißtrauen fragen nach dem Willen Gottes, so erfahren wir auch" (zu Vers 17b). „Wir dürfen uns nicht von einer Idee, einer allgemeinen Meinung oder einer bequemen Einstellung berauschen lassen, sondern sollen durch den Geist nach der Wahrheit suchen" (zu Vers 18). □ **76** Vgl. Mt 6,3. □ **77** Zum Prüfen des eigenen ‚*Werkes*' fordert Gal 6,4 a auf. □ **78** Vgl. DBW 4 (N), 107. □ **79** Vgl. DBW 4 (N), 230 und (mit Hinweis auf II Kor 13,5) 235.

Jesus Christus für ihn und in ihm lebt und das so, daß Jesus Christus in ihm nun genau den Raum einnimmt, den bisher das eigene Wissen um Gut und Böse eingenommen hat. Christliche Selbstprüfung gibt es nur aufgrund dieser Voraussetzung, daß Jesus Christus – und indem dieser Name in seiner Ganzheit genannt wird, ist es ja deutlich, daß es sich hierbei nicht um irgendein Neutrum, sondern um die geschichtliche Person Jesu selbst handelt[80] – in uns ist. Der Blick wird also in der Selbstprüfung des Christen nicht von Jesus Christus weg auf das eigene Selbst gelenkt, sondern er bleibt ganz an Jesus Christus hängen, und unter dieser Voraussetzung, daß Jesus Christus bereits in uns ist und handelt, daß er zu uns gehört kann und muß nun allerdings auch | die Frage entstehen, ob und wie wir ihm im täglichen Leben gehören, glauben, gehorchen. Die Antwort auf diese Frage kann nun aber nicht mehr von uns selbst[81] gegeben werden, sondern sie kann uns dem Wesen der Sache nach nur von Jesus Christus selbst gegeben werden. Nicht dieses oder jenes Zeichen unserer Bewährung und Treue kann uns die Frage unserer Selbstprüfung beantworten; denn wir verfügen ja über keinen Maßstab mehr nach dem wir uns zu richten vermöchten, beziehungsweise ist unser einziger Maßstab der lebendige Jesus Christus selbst. So wird die Selbstprüfung gerade immer darin bestehen, sich ganz dem Gericht Jesu Christi auszuliefern, also das Fazit nicht selbst zu ziehen, sondern es dem zu überlassen, von dem wir wissen und erkennen, daß er in uns ist. ,,Ich richte mich auch nicht selbst; denn ich bin mir nichts bewußt; aber darin bin ich nicht gerechtfertigt; der mich aber richtet, ist der Herr" (1 Kor 4,4).[82] Dieser Vorgang der Selbstprüfung aber ist darum nicht überflüssig, weil ja Jesus Christus wirklich in *uns* ist und sein will und weil sich dieses Sein Jesu Christi in uns nicht einfach mechanisch vollzieht, sondern gerade *in* dieser Selbstprüfung immer wieder ereignet und

---

80 ,,irgendein Neutrum" ersetzt: ,,irgendeinen Geist". K. Barth, KD II/2, 565 zur Erwählung des Menschen: ,,kein Neutrum, sondern eine *Person*". Vgl. S. 261: ,,nicht ein Neutrum, sondern ... der menschgewordene Gott". □ **81** ,,von uns selbst" ersetzt: ,,von einem allgemeinen Wissen über Gut und Böse". □ **82** Zitiert ist auch Vers 3 b. I Kor 4,4 und ,,2 Kor 13,8" (gemeint ist – s. S. 323 – II Kor 13,5) sind auf ,,Ethik"-Zettel Nr. 15 zu ,,Selbstprüfung, -gericht" notiert.

bewährt. Wie also der Wille Gottes, gerade weil [er] der Wille des *lebendigen* Gottes ist, immer neu geprüft sein will und in dieser Prüfung sich durchsetzt, so ist Jesus Christus gerade dadurch ganz in uns, daß wir uns in ihm immer neu selbst prüfen. Die Prüfung des Willens Gottes durch den Christen ist also ebenso gewissermaßen ein Stück des Willens Gottes selbst wie die Selbstprüfung des Christen ein Stück des Seins Jesu Christi in uns ist.[83]

In keinem Falle aber wird dadurch die neue Einheit mit dem Willen Gottes, die Einfalt des Tuns aufgehoben oder auch nur gestört. Um das zu verstehen, müssen wir uns noch[84] vergegenwärtigen, was „*Tun*" im Sinne des Evangeliums eigentlich bedeutet. |

Es ist deutlich, daß die einzig angemessene Haltung des Menschen vor Gott das Tun seines Willens ist. Die Bergpredigt ist dazu da, daß sie getan wird (Mt 7 Schluß![85]). Im Tun allein geschieht die Unterwerfung unter Gottes Willen. Im Tun des Willens Gottes verzichtet der Mensch auf jedes eigene Recht, auf jede eigene Rechtfertigung, im Tun liefert er sich demütig dem gnädigen Richter aus. Wenn die heilige Schrift so dringlich auf dem Tun besteht, so darum weil sie dem Menschen jede Selbstrechtfertigung vor Gott, die auf dem eigenen Wissen um Gut und Böse begründet ist, abschneiden will. Sie will also nicht, daß neben die Tat Gottes nun auch die eigene Tat des Menschen gestellt werde – und sei es als Dank, als Opfer, – sondern stellt den Menschen ganz in das Tun Gottes hinein und unterwirft das menschliche Tun gänzlich diesem Tun Gottes. Nicht darin also haben die Pharisäer geirrt, daß sie mit aller Strenge auf die Notwendigkeit des Tuns hinwiesen, sondern darin, daß sie selbst nicht zum Tun durchdrangen. „Sie sagen's wohl und tun's nicht."[86]

Wenn die Schrift das Tun fordert, so weist sie eben damit den Menschen nicht an eigenes Vermögen, sondern an Jesus Chri-

---

83 Im Ms am Rand neben diesem Satz („Die Prüfung ... ist") zwei Tintenstriche. Das Ms-Papier ist hier ein dunkel vergilbter, poriger, also dem Anschein nach im Kriege produzierter Doppelbogen (Bogenzahl „IX."). Ihm gehen (ab „VI.", S. 320,17) „Eichberger" Doppelbögen voran, ein weiterer „Eichberger" Doppelbogen („X.") folgt. □ **84** Gestr.: „kurz". □ **85** Verse 24–29. □ **86** Mt 23,3.

stus selbst. „Ohne mich könnt ihr nichts tun" (Joh 15,5). Dieser Satz ist ganz streng zu verstehen. Es gibt wirklich kein Tun ohne Jesus Christus. All das Vielerlei, das sich sonst den Anschein des Tuns gibt, alle die unzähligen Verrichtungen sind im Urteil Jesu, als wäre nichts getan. Durch kein Wort der Schrift kann die Bindung des Tuns an Jesus Christus ausschließlicher bezeugt werden als durch dieses Wort Jesu. Durch nichts kann auch das echte Tun deutlicher von allem Scheintun unterschieden werden.

Durch mehrere Abgrenzungen wird das Tun, das die Schrift meint, vor Mißverständnissen geschützt und in seiner Eigenheit erkennbar. |

Im unaufhebbaren Gegensatz zum Tun steht das Richten. „Wer seinen Bruder verklagt oder seinen Bruder richtet, der verklagt das Gesetz und richtet das Gesetz. Wenn du aber das Gesetz richtest, so bist du nicht ein Täter des Gesetzes, sondern ein Richter." (Jac 4,11)[87] Es gibt dem Gesetz gegenüber zwei Verhaltungsweisen, das Richten und das Tun; beide schließen einander aus. Der Richtende versteht das Gesetz als Maßstab, den er gegen andere[88] handhabt, und er versteht sich selbst als den, der für die Durchsetzung des Gesetzes verantwortlich ist; der Richtende stellt sich damit über das Gesetz. Er vergißt, daß nur „Einer Gesetzgeber und Richter ist, nämlich der erretten und verderben kann" (Jac 4,12). Wer aufgrund seines Wissens um das Gesetz seinen Bruder verklagt oder richtet, der verklagt und richtet in Wahrheit das Gesetz selbst; denn er mißtraut ihm, daß es die Kraft des lebendigen Wortes Gottes besitze, sich selbst durchzusetzen und Geltung zu verschaffen. Indem er sich selbst zum Gesetzgeber und Richter macht, setzt er das Gesetz Gottes außer Kraft. So entsteht der unheilbare Zwiespalt zwischen Wissen und Tun. Der aufgrund seines Wissens um das Gesetz zum Richter seines Bruders,[89] schließlich auch des Gesetzes Gewordene, kommt nie mehr zum Tun des Gesetzes, so vielerlei er auch zu tun scheint. Der „Täter des Gesetzes" – im

---

87 Diese und die anderen Stellen aus dem Jakobusbrief S. 330–333 sind nicht nach LB wiedergegeben. In Jak 4,11 LB ist ὁ καταταλῶν („wer verleumdet"; Bonhoeffer: „... verklagt") mit dem altertümlichen „... afterredet" übersetzt. □ **88** Gestr.: „(und sich selbst)". □ **89** Gestr.: „(seiner selbst und)".

Unterschied zum Richter – unterwirft sich dem Gesetz, niemals wird ihm das Gesetz zum Maßstab, den er gegen den Bruder handhaben könnte, niemals begegnet ihm das Gesetz anders als daß es ihn persönlich zum Tun aufruft. Auch dem sich verfehlenden Bruder gegenüber gibt es für den „Täter des Gesetzes" nur eine einzige Möglichkeit, das Gesetz zur Geltung zu bringen, nämlich, indem er es selbst tut. Eben dadurch wird das Gesetz geehrt und inkraftgesetzt und als lebendiges Wort Gottes, das sich aus eigener Kraft durchsetzt und keiner menschlichen Hilfe bedarf, anerkannt. Es ist also auch nicht | so, daß der Täter des Gesetzes sich mit seinem eigenen Tun begnügt und mit einem schielenden Nebenblick Gott als den Richter des sündigenden Bruders anruft, den er selbst – leider – nicht richten darf. Sondern es geht hier wirklich ohne jeden Nebenblick um das dem Gesetz Gottes gegenüber allein angemessene Verhalten, nämlich *das Tun* des Gesetzes und allein in dieser ausschließlichen Ausrichtung auf das eigene Tun des Gesetzes ohne *jeden* Nebengedanken wird dem Gesetz sein Recht und seine Kraft gelassen, die es auch am Bruder erweisen wird. Es bleibt also nicht neben dem Tun oder durch das Tun eine letzte Möglichkeit des Richtens, sondern das Tun ist und bleibt das einzige und ausschließliche Verhalten gegenüber dem Gesetz Gottes; jeder Rest würde das Tun gänzlich zersetzen und in ein Scheintun, in Heuchelei, verwandeln.

Das Tun setzt nun freilich das Hören des Gesetzes voraus. Aber schon diese Formulierung ist bedenklich, weil durch sie das Hören als Voraussetzung von dem Tun als Folge unterschieden und gelöst werden könnte. Wo aber das Hören gegenüber dem Tun verselbständigt wird und irgendein eigenes Recht bekommt, dort ist bereits das Tun schon wieder aufgelöst. Gewiß muß der Täter des Gesetzes auch ein Hörer sein, aber doch nur so, daß der Hörer immer zugleich auch der Täter ist (Jac 1,22). Ein Hören, das nicht im selben Augenblick zum Tun würde, wird schon wieder zu jenem „Wissen",[90] aus dem das Richten und also die Auflösung jedes Tuns hervorgeht. Geht aber das

90 Zu ‚*Hören*' und ‚*Wissen*' vgl. DBW 3 (SF), 29, erkennbar gegen Hegels Betonung des Wissen-Könnens gerichtet, vgl. Hegel, Religionsphilosophie nach Lasson XII, 4–6; IBF 8, 28 f.

Gehörte statt ins Tun in jenes „Wissen" ein, so ist es – so paradox das klingt – bereits „vergessen" (Jac 1,25);[91] mag es auch im Wissen noch so lange aufbewahrt, bedacht, verarbeitet werden, vergessen ist es als das, was es wesentlich ist, nämlich als das ganz ins Tun Weisende. Der Hörer des Wortes aber, der nicht zugleich sein Täter ist, verfällt damit notwendig dem Selbstbetrug. (Jac 1,22) Indem er sich wissend im Besitze des Wor- | tes Gottes glaubt, hat er es bereits wieder verloren, weil er meint, man könne das Wort Gottes auch nur einen Augenblick lang anders haben als im Tun. Die Polemik des Jacobus gegen den Hörer des Wortes entspricht genau der Polemik Jesu gegen die Pharisäer. Nicht als würde der eifrige Hörer des Wortes, um den es ja hier geht, nicht auch vielerlei tun, wie ja auch der Pharisäer gewiß nicht faul im Tun war, aber dieses Tun, das dem Hören gegenüber etwas Zweites, durch ein Wissen Vermitteltes ist, das also zu dem Hören, das an sich und in sich selbst schon etwas ist, selbständig noch hinzutritt, ist ein Scheintun, ist Selbstbetrug, ist mit dem Worte Jesu: Heuchelei.[92] Um Selbstbetrug handelt es sich darum, weil der im Scheintun Stehende sich tatsächlich selbst als im echten Tun Stehender versteht und den Vorwurf der Heuchelei weit von sich weisen muß. Der Gegensatz, in den hier der Hörer zum Täter des Wortes tritt, ist in falscher Weise psychologisiert, wo er als Gegensatz zwischen Denken und Wollen, zwischen Theorie und Praxis dargestellt wird. Das wußte ja der Pharisäer auch, daß das Wort Gottes nicht nur das Denken, sondern auch das Wollen, nicht nur die Theorie, sondern auch die Praxis in Anspruch nimmt und dementsprechend übte er den Willen nicht weniger als den Verstand im Gehorsam gegen das Wort. Nicht Denken und Wollen fielen im Pharisäer auseinander, sondern eben Hören und Tun. Demjenigen Hörer des Wortes gegenüber, der das Hören verselbständigt, gilt aber das Wort: „Der Täter wird selig sein in seinem Tun" (Jac 1,25).[93] Dabei ist der Täter derjenige, der dem gehörten Wort Gottes gegenüber schlechthin kein anderes Verhalten

---

91 In Jak 1,25 LB: „vergeßlicher Hörer"; von ‚sogleich vergessen' ist in 1,24 die Rede. □ **92** Vgl. Mt 23,28: „... inwendig seid ihr [Schriftgelehrte und Pharisäer] voller Heuchelei". □ **93** Vgl. W. Lütgert, Ethik der Liebe, 285 (von Bonhoeffer angestrichen): „‚Selig in seinem Tun' lautet die Formel des Jakobusbriefes."

kennt als das Tun, der also streng auf das Wort selbst ausgerichtet bleibt und sich nicht aus ihm ein Wissen verschafft, aufgrund dessen er zum Richter seines Bruders, seiner selbst und schließlich auch des Wortes Gottes wird.

Zu voller Klarheit kommt das hier Gemeinte durch das | scheinbar genau das Gegenteil besagende Wort Jesu an Maria und Martha (Luk 10,38 ff). Maria sitzt zu Füßen Jesu und hört, Martha aber „machte sich viel zu schaffen, ihm zu dienen"[94]. Martha bittet Jesus ihre Schwester darauf aufmerksam zu machen, daß zum Hören das Tun gehöre: „Sage ihr, daß sie mir beistehe. Jesus antwortete und sprach zu ihr: Martha, Martha, du machst dir viel Sorge und Mühe; eins aber ist not. Maria hat das gute Teil erwählt, das soll nicht von ihr genommen werden". Hier gibt Jesus in aller Deutlichkeit dem Hörer gegenüber dem Täter recht. Selig ist der Täter in seiner Tat, sagt Jacobus;[95] selig sind die Gottes Wort hören und bewahren, sagt Jesus,[96] und beide sagen dasselbe. Denn ebensowenig wie sich das Hören gegenüber [dem Tun] verselbständigen läßt, darf das Tun sich gegenüber dem Hören selbständig machen. Die Seligpreisung des Täters schließt ebenso das Hören ein wie die Seligpreisung des Hörers das Tun in sich schließt. Eins ist not – nicht hören oder tun, sondern beides in einem, das heißt in der Einheit mit Jesus Christus sein und bleiben, auf ihn ausgerichtet sein, von ihm Wort und Tat empfangen, weder aufgrund des Hörens noch aufgrund des Tuns zum Verkläger und Richter seines Bruders und sogar – wie Martha – zum Verkläger Jesu Christi werden, sondern in Hören und Tun alles Jesus Christus anheimstellen, von ihm, von seiner Gnade, von seinem gnädigen Gericht, das er zu seiner Zeit üben wird, leben. In der Seligpreisung des Täters wie in der des Hörers wird der seliggepriesen, der aus der Entzweiung des eigenen Wissens um Gut und Böse befreit ist zur Einheit mit Jesus Christus. Weder das Tun an sich, die Geschäftigkeit der Martha, noch das Hören an sich gilt vor Jesus. Es gibt ein Scheintun und ein Scheinhören.

94 „aber ‚machte ... dienen'" (Lk 10,40) ersetzt: „ist tätig". ☐ **95** Jak 1,25 LB: „... in seiner Tat"; vgl. die Formulierung mit „Tun" im vorigen Absatz. ☐ **96** Vgl. Mt 13,16 im Zusammenhang des Gleichnisses vom Säemann: „ ... selig sind ... eure Ohren, daß sie hören"; Lk 8,15 am Ende des Gleichnisses vom Säemann: „... die das Wort hören und behalten ...".

Ob unser Hören und Tun echt ist oder Schein, vermögen wir nicht mehr zu prüfen, es wird sich vielmehr gerade daran entscheiden, ob wir diese Prüfung ganz allein dem Wissen und Gericht Jesu überlassen. |

In zwei weiteren Abgrenzungen wird uns die biblische Auffassung vom Tun noch verdeutlicht.[97] „Es werden nicht alle, die zu mir sagen: Herr, Herr! in das Himmelreich kommen, sondern die den Willen tun meines Vaters im Himmel" (Mt 7,21). Es gibt also ein Bekenntnis zu Christus – und zwar in einer Zeit, in der das durchaus nicht zum guten Ton gehört, sondern möglicherweise Leiden und Verfolgung mit sich bringt – das von Jesus verworfen wird, weil es mit dem Tun des Willens Gottes in Widerspruch steht. Man hat auch hier nicht ohne weiteres an bewußte Heuchelei zu denken, die die böse Tat mit dem frommen Wort deckt, vielmehr mag dieses Bekenntnis durchaus aus persönlich aufrichtigem Herzen[98] kommen. Es mag mit diesem tapferen Bekennen ein ebenso tapferes und hingebendes Tun verbunden sein. Es mag dieses Bekenntnis und dieses Tun die charaktervoll gezogene Konsequenz aus dem sein, was man als gut erkannt hat und für das man daher einzutreten entschlossen ist. Und dennoch wird Jesus dieses Bekennen und Tun, eben *weil* es aus dem eigenen Wissen des Menschen um Gut und Böse kommt, verwerfen; denn es geschieht ja hier in frappanter äußerer Ähnlichkeit mit dem Willen Gottes imgrunde der Wille des mit Gott entzweiten Menschen. Es wird also Gottes Wille gerade nicht getan. Darum hilft aber hier auch nicht mehr eine Berufung auf das Tun – „haben wir nicht in deinem Namen viele Taten getan?" (Mt 7,22) – selbst dort nicht, wo man es im Namen Christi getan zu haben meint. Wiederum ginge man fehl in der Annahme, es sei eben neben oder in diesem Tun auch noch allerlei menschliche Bosheit vorhanden, um derentwillen dieses Tun verwerflich würde.[99] Nein, gerade dort wo es aus den reinsten Motiven hervorgeht, wo es zu den frömmsten und selbstlosesten Taten kommt, ist die Gefahr besonders groß, daß

97 Vgl. zu diesem Absatz DBW 4 (N), 187–189. □ **98** „persönlich aufrichtigem Herzen" ersetzt: „aufrichtigem, bewegtem [ersetzt: „leidenschaftlichem"] Herzen". □ **99** Von ‚*allerlei* ...' in diesem Satz bis S. 344,25 (im Ms „Kirche und Welt I.") sind helle Doppelbögen mit „Dokumenten Papier"-Wasserzeichen benutzt, Papier von auffallend guter Qualität.

es sich hier um das aus dem eigenen Wissen um Gut und Böse, aus der Entzweiung mit Gott, geschaffene, dem Willen Gottes bis zur | Unkenntlichkeit ähnelnde, widergöttliche Gegenbild zum Willen Gottes handelt. Daß dies möglich ist, daß es ein aufrichtiges Christusbekenntnis, daß es Christusnachfolge mit allen Konsequenzen gibt, die von Christus selbst verworfen werden muß mit den Worten: „ich habe euch noch nie erkannt; weichet alle von mir, ihr Übeltäter"[100] – das ist zwar ein dunkles Rätsel, das in der geraubten Gottgleichheit des Menschen seinen Grund hat, aber es ist ebensowohl eine Tatsache, mit der Jesus und Paulus gerechnet haben.

„Und wenn ich weissagen könnte und wüßte alle Geheimnisse und alle Erkenntnis und hätte allen Glauben, also daß ich Berge versetzte und hätte der Liebe nicht, so wäre ich nichts. Und wenn ich alle meine Habe den Armen gäbe und ließe meinen Leib brennen und hätte der Liebe nicht, so wäre mir's nichts nütze." (1 Kor 13,2.3)[101] Hier fällt das entscheidende Wort, an dem sich der Mensch in der Entzweiung vom Menschen im Ursprung scheidet: die Liebe. Es gibt eine Christuserkenntnis[102], einen mächtigen Christusglauben, ja es gibt eine Gesinnung und eine Hingabe der Liebe bis zum Tod – ohne Liebe. Das ist es. Ohne diese „Liebe" zerfällt alles und ist alles verwerflich, in dieser Liebe ist alles geeint und alles Gott angenehm. Was ist diese Liebe?

Nach allem, was wir bisher gesehen haben, scheiden hier sämtliche Definitionen aus, die das Wesen der Liebe als menschliches Verhalten, als Gesinnung, als Hingabe, als Opfer, als Gemeinschaftswille, als Gefühl, als Leidenschaft, als Dienst, als Tat verstehen wollen.[103] Dies alles, ohne Ausnahme, – so hörten wir eben – kann es geben ohne „Liebe". Alles was wir Liebe zu nennen gewöhnt sind, was in den Abgründen der Seele und in der sichtbaren Tat lebt, ja | selbst was aus dem frommen Herzen an brüderlichem Dienst am Nächsten hervorgeht, – kann ohne

---

100 Mt 7,23. □ 101 Auch DBW 4 (N), 189f verbindet I Kor 13,2f mit Mt 7,23. □ 102 Ersetzt: „Gotteserkenntnis". □ 103 „Nach allem ... wollen." ersetzt: „Nach allem was wir gehört [ersetzt als Kopierstift-Veränderung: „betrachtet"] haben, ist es [Kopierstiftzusatz, gestr.: „nun"] deutlich, daß es sich hier nicht um ein [ersetzt: „irgendein noch so tief liegendes"] menschliches Verhalten handeln kann".

„Liebe" sein, und das nicht darum, weil in jedem menschlichen Verhalten immer noch ein „Rest" von Selbstsucht vorhanden ist, der die Liebe gänzlich verdunkelt, sondern weil Liebe überhaupt etwas ganz anderes ist als hier darunter verstanden ist. Liebe ist auch nicht die unmittelbare Personbeziehung, das Eingehen auf das Persönliche, auf das Individuelle, im Gegensatz zum Gesetz des Sachlichen, der unpersönlichen Ordnung. Abgesehen davon, daß hier „Persönliches" und „Sachliches"[104] in ganz unbiblischer und abstrakter Weise auseinandergerissen sind, wird hier die Liebe zu einem – noch dazu nur partiellen! – Verhalten des Menschen. Die „Liebe" ist dann ein neben das niedere Ethos des rein Sach- und Ordnungsgemäßen als Vervollkommnung und Ergänzung tretendes höheres Ethos des Persönlichen. Dem entspricht es, wenn man zum Beispiel Liebe und Wahrheit miteinander so in Konflikt treten läßt, daß man die Liebe als das Persönliche der Wahrheit als dem Unpersönlichen überordnet, womit man sich in direkten Widerspruch zu dem Satz des Paulus setzt, daß die Liebe sich der Wahrheit freut (1 Kor 13[,6]). Die Liebe kennt den Konflikt, durch den man sie definieren möchte, gerade nicht, es gehört vielmehr zu ihrem Wesen, daß sie jenseits jeder Entzweiung ist. Eine Liebe, die die Wahrheit antastet oder auch nur neutralisiert, nennt Luther mit klarem biblischem Blick eine „verfluchte Liebe"[105] und wenn sie auch im frömmsten Gewand aufträte. Eine Liebe, die nur das Gebiet der persönlichen menschlichen Beziehungen umfaßt, aber vor dem Sachlichen kapituliert, ist niemals die Liebe des Neuen Testaments.

---

104 Auf „Ethik"-Zettel Nr. 15 mit Kopierstift: „‚sachlich' – ‚persönlich'?" Vgl. die Kopierstift-Überschrift „‚Personal'- und ‚Sach'-Ethos" (auch bei Veränderungen in diesem Ms-Absatz ist Kopierstift verwendet) über dem mit Tinte geschriebenen Text DBW 16, 550–562, zu einer These in O. Dilschneider, Die evangelische Tat, 88 (in Bonhoeffers Exemplar angestrichen): „*Das evangelische Ethos ist Personalethos und nicht Realethos.*" Vgl. S. 293,19. □ 105 M. Luther, Sermon von Christus Brüdern und Schwestern (über Mt 12,46–50). 1528. WA 28, 24,27–30: „Also auch, wil dich dein weib man odder kinder hyndern von dem Euangelio, so sprich auch also: Verfluchet sey alle liebe, die mich von Gottes wort ziehen wil, und nur getrost urlaub geben und gesagt: Du bist nicht mein man, weib odder kind." (Die Luther-Stelle fand Lydia Quaas im Weimarana-Register Tübingen.) Der Ausdruck ‚*verfluchte Liebe*' ist auf „Ethik"-Zettel Nr. 11 notiert.

Wenn es also kein denkbares menschliches Verhalten gibt, das als solches unzweideutig als „Liebe“ angesprochen werden könnte, wenn „Liebe“ jenseits aller Entzweiung ist, in der der Mensch lebt, wenn aber alles, was Menschen als Liebe | verstehen und üben können, immer nur als menschliches Verhalten innerhalb der gegebenen Entzweiung denkbar ist, dann bleibt hier ein Rätsel, eine offene Frage,[106] was nun für die Bibel „Liebe“ noch sein könne.

Die Bibel versagt uns die Antwort nicht. Sie ist uns auch bekannt genug, nur daß wir sie immer wieder mißdeuten. Sie heißt: Gott ist Liebe (1 Joh 4,16). Dieser Satz ist zunächst um der Klarheit willen mit der Betonung des Wortes *Gott* zu lesen, während wir uns daran gewöhnt haben, das Wort Liebe zu betonen. *Gott* ist Liebe, das heißt nicht ein menschliches Verhalten, eine Gesinnung, eine Tat, sondern Gott selbst ist Liebe. Was Liebe ist, weiß nur, wer Gott kennt, nicht aber umgekehrt weiß man erst – und zwar von Natur –, was Liebe ist und daher dann auch, was Gott ist. Gott aber kennt niemand, es sei denn daß Gott sich ihm offenbare.[107] So weiß niemand was Liebe ist es sei denn in der Selbstoffenbarung Gottes. So ist also Liebe Offenbarung Gottes. Offenbarung Gottes aber ist Jesus Christus. „Darin ist erschienen die Liebe Gottes gegen uns, daß Gott seinen eingeborenen Sohn gesandt hat in die Welt, daß wir durch ihn leben sollen“ (1 Joh 4,9). Gottes Offenbarung in Jesus Christus, Gottes Offenbarung seiner Liebe, kommt aller unserer Liebe zu ihm zuvor. Nicht in uns, sondern in Gott hat die Liebe ihren Ursprung, nicht ein Verhalten des Menschen, sondern ein Verhalten Gottes ist die Liebe. „Darin steht die Liebe: nicht, daß wir Gott geliebt haben, sondern daß er uns geliebt hat und gesandt seinen Sohn zur Vergebung für unsere Sünden“ (1 Joh 4,10). Was Liebe ist, erkennen wir allein in Jesus Christus und zwar in seinem Tode für uns. „Daran haben wir erkannt die Liebe, daß er sein Leben für uns gelassen hat“ (1 Joh 3,16).[108] Auch hier wird keine allgemeine Definition der Liebe

106 Ersetzt: „ein dunkler Abgrund“. □ **107** Vgl. I Joh 4,7 f („... wer liebhat, der ist von Gott geboren und kennt Gott. Wer nicht liebhat, der kennt Gott nicht ...“). □ **108** In LB ist in I Joh 3,16 unterstrichen: „... daß Er sein Leben für uns gelassen hat; ... wir sollen auch das Leben für die Brüder lassen.“ I Joh gegeben etwa in dem Sinne, daß die Hingabe des Lebens für andere Liebe sei. Nicht dies Allgemeine, sondern das ganz und gar Einmalige der Hingabe[109] des Lebens Jesu Christi für uns wird | hier Liebe genannt. Liebe ist unlösbar mit dem Namen Jesu Christi als der Offenbarung Gottes verknüpft.[110] Auf die Frage, was Liebe sei, antwortet das Neue Testament ganz eindeutig, indem es ausschließlich auf Jesus Christus weist. *Er* ist die einzige Definition der Liebe. Es wäre aber wieder alles mißverstanden, wenn nun doch aus dem Blick auf Jesus Christus und sein Tun und Leiden eine allgemeine Definition der Liebe erhoben werden sollte. Nicht was er *tut* und *leidet*, sondern was *er* tut und leidet, ist Liebe. Liebe ist immer Er selbst. Liebe ist immer Gott selbst. Liebe ist immer Offenbarung Gottes in Jesus Christus.

Gerade die strengste Konzentration aller Gedanken und Sätze über die Liebe auf den Namen Jesu Christi darf nun diesen Namen nicht zu einem abstrakten Begriff degradieren, sondern es muß dieser immer in der konkreten Fülle der geschichtlichen Wirklichkeit eines lebendigen Menschen verstanden werden. So wird also – bei aller Wahrung des vorher Gesagten – erst das konkrete Tun und Leiden dieses Menschen Jesus Christus verständlich machen, was Liebe sei. Der Name Jesus Christus, in dem Gott sich selbst offenbart, legt sich selbst im Leben und Sterben Jesu Christi aus. Schließlich besteht ja auch das Neue Testament nicht in einer endlosen Wiederholung des Namens Jesu Christi, sondern das, was dieser Name umschließt, wird in Ereignissen, Begriffen und Sätzen, die uns verständlich sind, ausgelegt. So ist auch die Wahl des Begriffes „Liebe" – αγαπη nicht einfach willkürlich, sondern so sehr dieser Begriff durch die neutestamentliche Botschaft eine völlig neue Bestimmung erhält, so steht er doch nicht ohne jede Beziehung zu dem, was wir sprachlich unter „Liebe" verstehen; freilich liegt es nun doch nicht so, daß der biblische Begriff der Liebe eine be-

3,13–18 war im Finkenwalder Predigerseminar als Predigttext für den „Volkstrauertag", der seit 1936 offiziell „Heldengedenktag" (für die Gefallenen des [Ersten] Weltkriegs) hieß, vorgeschlagen worden; vgl. 1936/37 DBW 14, 768, 764. □ 109 „ganz … Hingabe" ersetzt: „geschichtlich Konkrete, daß die Hingabe". □ 110 Gestr.: „Liebe bleibt einmalige Gnade, einmalige Tat Gottes; denn Gott ist Liebe."

stimmte Gestalt dessen ist, was wir schon vor[her] allgem[ein] darunter verstanden haben, sondern es erweist sich vielmehr angesichts des biblischen Begriffes der Liebe gerade das Umgekehrte, nämlich | daß er und er allein die Grundlage, die Wahrheit und Wirklichkeit der Liebe ist und zwar so daß alles natürliche Denken über die Liebe nur soweit Wahrheit und Wirklichkeit hat, als es an diesem seinem Ursprung, also an der Liebe, die Gott selbst in Jesus Christus ist, teilhat.

Auf die Frage, worin die Liebe besteht, antworten wir also weiter mit der Schrift: in der Versöhnung des Menschen mit Gott in Jesus Christus.[111] Die Entzweiung des Menschen mit Gott, mit dem anderen Menschen, mit der Welt und mit sich selbst ist zu Ende. Der Ursprung ist ihm wiedergeschenkt.

Die Liebe bezeichnet also jene Tat Gottes am Menschen, durch die die Entzweiung, in der der Mensch lebte, überwunden ist. Diese Tat heißt Christus, heißt Versöhnung. So ist Liebe also etwas, was am Menschen geschieht, etwas Passives, etwas, worüber er von sich aus nicht verfügt, weil es schlechthin jenseits seiner Existenz in der Entzweiung liegt, Liebe bedeutet das Erleiden[112] der Umwandlung der gesamten Existenz durch Gott, das Hineingezogenwerden in die Welt, wie sie vor Gott und in Gott allein leben kann. Liebe ist also nicht Wahl des Menschen, sondern Erwählung des Menschen durch Gott.

In welchem Sinne kann dann aber noch von der Liebe als einem Tun des Menschen gesprochen werden, von der Liebe des Menschen zu Gott und zum Nächsten, wie es das Neue Testament doch deutlich genug tut? Was bedeutet es angesichts der Tatsache, daß *Gott* die Liebe ist, daß nun auch der Mensch lieben kann und soll? „Wir lieben ihn; denn er hat uns zuerst geliebt" (1 Joh 4,19),[113] das bedeutet, daß unsere Liebe zu Gott ausschließlich auf dem Geliebtwerden durch Gott beruht, daß

111 „in der Versöhnung ... Christus." ersetzt: „die von Gott selbst im Kreuz Jesu Christi gewirkte Versöhnung der Menschen mit Gott." – ‚... *weiter mit der Schrift*': Anknüpfung an S. 338,6. □ **112** Zu diesem Ausdruck s. DBW 4 (N), 148 („Dieses Tun selbst ist fortwährendes Erleiden"), u. ö. Vgl. Karl Barths Überlegungen 1955 zu „Tat der Liebe" als etwas ‚*Passives*': KD IV/2, 891 und 893. □ **113** Vgl. I Joh 4,19 a LB: „Lasset uns ihn lieben". Nach LB zitiert Bonhoeffer den Vers im Juni 1942 DBW 16, 309, in einem Entwurf über Johannes den Evangelisten.

mit anderen Worten unser Lieben nichts anderes sein kann als das Sichgefallenlassen der Liebe Gottes in Jesus Christus. „So jemand Gott liebt, der ist von ihm erkannt" (1 Kor 8,3), erkannt heißt in der biblischen Sprache erwählt,[114] erzeugt. Gott lieben heißt sich seine Erwählung, | seine Erzeugung in Christus gefallen lassen. Das Verhältnis von göttlicher und menschlicher Liebe ist also nicht so [zu] verstehen, daß die göttliche Liebe zwar der menschlichen zuvorkomme, aber doch nur zu dem Zweck, um die menschliche Liebe als ein der göttlichen Liebe gegenüber selbständiges, freies, eigenes Tun des Menschen in Bewegung zu setzen. Vielmehr gilt auch für alles über die *menschliche* Liebe zu Sagende, daß *Gott* die Liebe ist. Es ist die Liebe Gottes und keine andere –, weil es keine andere, ihr gegenüber selbständige, eigene freie Liebe gibt – mit der der Mensch Gott und den Nächsten liebt. Darin also bleibt die Liebe des Menschen rein passiv.[115] Gott lieben ist nur die andere Seite des von Gottgeliebtwerdens. Von Gott geliebt werden schließt das Gott lieben ein, nicht aber steht das Gottlieben neben dem von Gottgeliebtwerden.

Um das verständlich zu machen, bedarf der Begriff der Passivität[116] in diesem Zusammenhang noch eines klärenden Wortes. Es handelt sich hier – wie immer, wenn in der Theologie von der Passivität des Menschen gesprochen wird! – nicht um einen psychologischen, sondern um einen die Existenz des Menschen vor Gott betreffenden, also um einen *theologischen* Begriff. Passivität angesichts der Liebe Gottes bedeutet nicht jenes Gedanken, Worte und Taten ausschließende Ausruhen in

---

114 Vgl. DBW 4 (N), 189f. Auf die Ausführungen zu „erkannt" verweist Bonhoeffer in der „Nachfolge" mit seinem Register-Stichwort „Prädestination" (=„Erwählung"). Die ‚Erwählungslehre' ist in Karl Barths KD II/2 behandelt. □ **115** Vgl. den Ausdruck „mere passive" (lat., „rein passiv"; bei M. Luther z. B. WA 2, 421), der in Mitschriften im Finkenwalder Predigerseminar häufig auftaucht, s. DBW 4 (N), 221 Anm. 9. – Im Ms folgt, neuer Absatz, gestr.: „Wenn wir diesem Verständnis der Liebe als reiner Passivität noch mit Hemmungen gegenüberstehen, so hat". □ **116** ‚*Passivität*' s. in der ersten Fassung des Ms „Die Geschichte und das Gute" S. 225: „reinste Aktivität als Passivität"; an der entsprechenden Stelle in der zweiten Fassung S. 285 ist das Stichwort ausgespart, aber ähnlich wie in der ersten folgt: „Erst in dieser letzten Perspektive kann vom Guten im geschichtlichen Handeln gesprochen werden."

einer Liebe Gottes, die mir nur in solcher „stillen Stunde" gehört[117]. Die Liebe Gottes ist nicht nur jener Zufluchtshafen, in dem ich mich in Seenot berge. Von Gott geliebt werden verbietet dem Menschen keineswegs starke Gedanken und frohe Taten.[118] Als ganze Menschen, als denkende und handelnde Menschen, sind wir in Christus von Gott geliebt, mit Gott versöhnt. Als ganze Menschen, denkend und handelnd, lieben wir Gott und die Brüder[.][119]

---

117 „mir nur ... gehört" ersetzt: „sich mir nur ... offenbart". Bei ‚*stille Stunde*' mag auch die Übung der „stillen Zeit" in der (‚Oxford'-)Gruppenbewegung anklingen; vgl. dazu z. B. E. Brunner, Die Kirchen, die Gruppenbewegung, 41 f. □ **118** In der Passivität einbegriffene Aktivität sieht Bonhoeffer auch bei dem Handeln „in der Freiheit eigenster Verantwortung" (S. 225 und S. 285). □ **119** Unter der letzten Bogenzahl („XIII.") stehen nur noch acht Zeilen und zwei Worte, „nicht jenes [gestr.: „so oft"] Gedanken ... Brüder"; im letzten Satz ist etwas Tinte verwischt, er endet ohne Punkt.

Kirche und Welt I.[1]

Wir beginnen diesen Abschnitt,[2] indem wir auf eine der erstaunlichsten Erfahrungen aufmerksam machen, die wir in den Jahren der Bedrängnis alles Christlichen gemacht haben: es genügte gegenüber der Vergötterung des Irrationalen des Blutes, des Instinktes, des Raubtiers im Menschen[3] der Appell an die Vernunft, es genügte gegenüber der Willkür der Appell an das geschriebene Recht, gegenüber der Barbarei der Appell an Bildung und Humanität, gegenüber der Vergewaltigung der Appell an Freiheit, Toleranz und Menschenrechte, gegenüber der Politisierung[4] von Wissenschaft, Kunst und so weiter der Hinweis

1 Die Zahl „I." ist ein Zusatz (etwas unterhalb rechts von der Überschrift). Die Numerierung „1.)" bis „4.)" – kleine Zahl, mit Klammer – steht links oben auf den Bögen, bei dem dritten Bogen zusätzlich zu einer anscheinend versehentlich oben in die Mitte gesetzten Zahl. Kein anderes „Ethik"-Ms ist in dieser Form numeriert. Das Ms beginnt auf einem Doppelbogen mit Wasserzeichen „Dokumenten Papier". Solches Papier ist auch für das Ende des Ms „Die Liebe Gottes und der Zerfall der Welt" ab S. 334,31 und für die „Ethik"-Zettel Nr. 9 und Nr. 10 benutzt. Diese beiden Zettel betreffen Themen sowohl des Ms „Die Liebe Gottes ..." (Zettel Nr. 9 beginnt: „Liebe als Lebensgesetz") als auch der Skizze „Über die Möglichkeit des Wortes der Kirche an die Welt" (u. a. die Frage auf Zettel Nr. 9 „Gibt es für die Christen besondere ‚Gesetze', die für die Ungläubigen nicht gelten?" wird S. 359 f behandelt) und der zuletzt entstandenen „Ethik"-Manuskripte (Zettel Nr. 10 hat die Überschrift „*Das konkrete Gebot*", vgl. S. 392; mit der letzten Notiz auf diesem Zettel „Die Beratung – der Rat" vgl. S. 364. □ **2** Von ‚*Abschnitt*' ist in zwei verworfenen Satzanfängen nicht die Rede. □ **3** „der Vergötterung ... Menschen" ersetzt: „den entfesselten Raubtierinstinkten im". Vgl. O. Spengler, Jahre der Entscheidung, Seite VII (im Vorwort): „Irgend etwas *mußte* kommen, in irgendeiner Gestalt, um die tiefsten Instinkte unseres Blutes von diesem Druck [nämlich daß Deutschlands Zukunft in der Weltpolitik unmöglich gemacht wurde] zu befreien"; 14: „Der Mensch ist ein *Raubtier*". Spengler bezieht sich oft auf Nietzsche. Vgl. F. Nietzsche, Zarathustra III, Abschnitt „Von alten und neuen Tafeln" 22, Werke VI, 307 [KGW VI, 1, 259]: „... der Mensch nämlich ist das beste Raubthier." (Hinweis auf diese Nietzsche-Stelle: P. Köster, Nietzsche als verborgener Antipode, 397 Anm. 140.) □ **4** Auf „Ethik"-Zettel Nr. 123 in einer Vorformulierung des Ms-Beginns an entsprechender Stelle statt ‚*Politisierung*': „Gleichschaltung". Das nationalsozialistische Regime hatte von Anfang an in allen Bereichen des öffentlichen Lebens eine Politik der Gleichschaltung betrieben. Bonhoeffer benennt Kritik am NS-Regime, ohne daß die Zensur hätte nachweiauf die Eigengesetzlichkeit der verschiedenen Lebensbereiche, um sofort das Bewußtsein einer Art Bundesgenossenschaft[5] zwischen den Verteidigern dieser unter Anklage geratenen Werte und den Christen[6] wachzurufen. Vernunft, Bildung, Humanität, Toleranz, Eigengesetzlichkeit – alle diese Begriffe, die noch bis vor kurzem als Kampfparolen gegen die Kirche, gegen das Christentum, gegen Jesus Christus selbst gedient hatten,[7] fanden sich auf einmal überraschend dem Bereich des Christlichen ganz nahe gerückt. Dies geschah in einem Zeitpunkt, in dem alles Christliche wie nie zuvor in die Enge getrieben war, in dem die zentralen christlichen Glaubenssätze in härtester, kompromißlosester und aller Vernunft, Bildung, Humanität und Toleranz anstößigster Form herausgestellt wurden. Ja, in genau umgekehrtem Verhältnis zu der gewaltsamen Bedrängnis und Einengung alles Christlichen fiel diesem die Bundesgenossenschaft der genannten Begriffe zu, empfing es durch | sie eine nicht geahnte Weite. Dabei war es deutlich, daß es nicht die Kirche war, die den Schutz und die Bundesgenossenschaft der genannten Begriffe suchte, sondern es waren umgekehrt diese Begriffe, die irgendwie heimatlos geworden waren und nun Zuflucht suchten im Bereich des Christlichen, im Schatten der christlichen Kirche. Es entspräche keineswegs der Wirklichkeit, diese Erfahrung so zu deuten als hätte es sich dabei um eine reine Kampfgenossenschaft gehandelt, also um eine Zweckge-

---

sen können, daß diese Aussagen auf das Dritte Reich bezogen sind. – Ein Blatt der gleichen auffallenden Papiersorte wie für diesen ,,Ethik"-Zettel Nr. 123 (das Papier ähnelt in Qualität und Gestaltung dem der Doppelbögen mit Wasserzeichen ,,Dokumenten Papier") wurde benutzt für den Brief vom 24. 9. 1942 GS VI 576, der wie der Zettel und das Ms mit klarblauer Tinte geschrieben ist. □ **5** ,,sofort ... Bundesgenossenschaft" ersetzt: ,,hier sofort ein starkes Empfinden der Bundesgenossenschaft mit dem Christlichen". Das Stichwort ,*Bundesgenossenschaft*' sowie andere hier, S. 342 f, erscheinende Begriffe (,, ... Wissenschaft, Kunst ...") stehen auch S. 124, am Ende des Ms ,,Erbe und Verfall". □ **6** ,,den Verteidigern [ersetzt: ,,Anwälten"] ... Christen" ersetzt: ,,den in die Defensive geratenen Begriffen und dem Christlichen". □ **7** Gestr.: ,,wurden auf einmal von ihren Verfechtern wie von den Christen gleichsam als Erkennungszeichen einer gemeinsamen Front [ersetzt: ,,Sache"] empfunden. Das neu allgemein und leidenschaftlich erwachte Fragen nach dem Naturrecht, nach den Grund- und Menschenrechten empfand sich selbst als nah benachbart zum Christentum."

meinschaft, die mit der Beendigung des Kampfes wieder aufgelöst würde. Das Entscheidende ist vielmehr, daß eine Rückkehr zum Ursprung stattfand, – die selbständig gewordenen, entlaufenen Kinder der Kirche kehrten in der Stunde der Gefahr zu ihrer Mutter[8] zurück. Wenn sich auch in der Zeit der Entfremdung ihr Aussehen und ihre Sprache sehr verändert hatte, so erkannten sich im entscheidenden Augenblick Mutter und Kinder wieder. Vernunft, Recht, Bildung, Humanität, und wie die Begriffe alle heißen, suchten und fanden in ihrem Ursprung neuen Sinn und neue Kraft.[9]

Dieser Ursprung ist Jesus Christus. In Solowjeffs Erzählung vom Antichristen[10] wird in den letzten Tagen vor der Wiederkunft Christi von den Häuptern der verfolgten Kirchen die Frage erörtert, was jedem von ihnen das Allerteuerste im Christentum sei. Die entscheidende Antwort lautet: Das Allerteuerste im Christentum ist Jesus Christus selbst. Damit ist gesagt, daß dem Antichristen gegenüber nur eines Gewalt und[11] Bestand hat: Christus selbst. Nur was an ihm teilhat, kann bestehen und überwinden. Er ist die Mitte und die Kraft der Bibel, der Kirche, der Theologie, aber auch der Humanität, der Vernunft, des Rechtes, der Bildung. Zu ihm muß alles zurück, nur in seinem Schutz kann es leben. Es mag ein weithin unbewußtes[12] Wissen sein, aus dem heraus in der Stunde der letzten Bedrohung alles, was nicht dem Antichristen verfallen will, zu Christus Zuflucht nimmt. |

„Wer nicht wider uns ist, der ist für uns" (Mk 9,40). Christus zieht die Grenzen der Zugehörigkeit zu ihm weiter als es seine Jünger wünschen und tun. Hier im konkreten Fall, auf den sich das Wort Jesu bezieht, handelt es sich [um] einen Menschen, der

8 Ersetzt: „Heimat"; vgl. etwa August Winnigs Buchtitel „Heimkehr" (1935). □ **9** Vgl. „Recht, ... Bildung, Menschlichkeit ... Ursprung" auch S. 124. □ **10** A. D. Müller, Ethik, 150 Anm. 3, weist hin auf „die grandiose Vision Solovjeffs in den ‚Drei Gesprächen'"; 450 Anm. 3 genauer: im dritten dieser Gespräche. Solowjeffs Erzählung kannte Bonhoeffer schon, als er vom Herbst 1933 bis zum Frühjahr 1935 Auslandspfarrer in London war (Mitteilung: Wolf-Dieter Zimmermann). Im Sommer 1935 lasen die Kandidaten des ersten Kurses im Predigerseminar Finkenwalde sie auf Bonhoeffers Empfehlung. □ **11** „Gewalt und" ersetzt: „ewigen". □ **12** Vgl. die Randnotiz bei S. 162 (Anm. 95): „unbewußtes Christentum". Dazu ThDB 84 Anm. 10, vgl. 48 Anm. 71, 161 Anm. 13, 376 Anm. 81.

ohne persönlich Jünger und Nachfolger Jesu zu sein mit dem Namen Jesu Teufel austreibt. Jesus verbietet den Jüngern, ihm das zu verwehren; denn „niemand, der in meinem Namen eine Wundertat tut, mag mich alsbald schmähen" (Vers 39). Wo der Name Jesu noch genannt wird – und sei es in Unwissenheit, sei es nur in der Erkenntnis seiner objektiven Gewalt ohne daß der persönliche Gehorsam folgt, sei es stammelnd und verlegen – dort schafft sich dieser Name selbst einen Raum, zu dem die Schmähung Jesu keinen Zutritt hat, dort ist noch ein Bereich der Macht Christi, dort soll man nicht hindernd eingreifen, sondern den Namen Jesu Christi wirken lassen. Es ist eine Erfahrung unserer Tage, daß allein der ausgesprochene Name Jesu eine ungeahnte Gewalt ausübt und die Mühe, diesen Namen über die Lippen zu bringen,[13] mag mit einer Ahnung der ihm innewohnenden Gewalt zusammenhängen. Wo der Name Jesu Christi genannt wird, dort ist er Schutz und Anspruch. Das gilt für alle die Menschen, die in ihrem Kampf um Recht, Wahrheit, Menschlichkeit und Freiheit wieder den Namen Jesu Christi zu nennen gelernt haben, wenn auch vielfach zögernd, in echter Scheu. Dieser Name gewährt ihnen und den hohen Gütern, für die sie einstehen, Schutz, er ist zugleich der Anspruch auf diese Menschen und auf diese Güter.[14]

„Wer nicht für mich ist, der ist wider mich" (Mt 12,30).[15] Es ist derselbe Jesus, der dieses Wort spricht, und während für die

---

13 Vgl. DBW 5 (GL), 88: „Was kostet es oft, den Namen Jesus Christus selbst einem Bruder gegenüber über die Lippen zu bringen." □ **14** Vgl. S. 162 (Inanspruchnahme des Menschlichen und Guten und des Menschen, „der es selbst nicht mehr wagen würde, sich einen Christen zu nennen"). – Ab S. 344,26 ist das Ms auf porigen hellen Doppelbögen geschrieben mit Ausnahme des hier bis S. 347,4 Folgenden, das auf einem eingeschobenen Bogen mit Leinen-Struktur steht. In einer im Ms nach S. 344,25 gestrichenen Vorform war die Behandlung von Mt 12,30 neben Mk 9,40 nicht vorgesehen. □ **15** Mt 12,30 steht auch in Bonhoeffers Aufsatz „Zur Frage nach der Kirchengemeinschaft" 1936 DBW 14, 675, neben Mk 9,40. „Ethik"-Zettel Nr. 46 bezieht sich auf die beiden Bibelstellen „Wer nicht wider uns ist ..." und „Wer nicht für mich ist ...": „Mk 9,(39!)*40*. ˈ Mt 12,*30* ˈ als Motto(.?)"; das Papier dieses Zettels ist ein Kalenderblatt „10. Mai" (von 1939). Auf dem „Ethik"-Zettel Nr. 75, Kalenderblatt „9. Mai", ist u. a. notiert: „O. Piper Grundlagen der evangelischen Ethik"; in einer Anm. dieses Buches (zu Seite 239) irrtümlich „Mt. 9,40" (statt Mk) und „Mt. 12,38" (auf Zettel Nr. 46 ist die Korrektur zu Vers 30 unterstrichen). W. Kamlah, Christentum und Selbstbehauptung, 2, zu Mt 12,30: „...

Abstraktion hier ein unauflöslicher Widerspruch klafft, gehören in Wirklichkeit beide Sätze Jesu notwendig zu- | sammen. Wir haben auch hier wieder die lebendige Erfahrung für uns: als sich unter dem Druck antichristlicher Gewalten kleine bekennende Gemeinden sammelten, die in strenger Zucht der Lehre und des Lebens eine klare Entscheidung für oder wider Christus suchen mußten, als diese in den Kampf gestellten bekennenden Gemeinden gerade in der Neutralität vieler Christen die allergrößte Gefahr der inneren Zersetzung und Auflösung der Kirche, ja die eigentliche Christusfeindschaft erkennen mußten, als die Ausschließlichkeit der Forderung eines klaren Christusbekenntnisses die Schar der bekennenden Christen immer kleiner werden ließ,[16] als also das Wort: „wer nicht für mich ist, der ist wider mich" für die christliche Gemeinde konkrete Erfahrung wurde, – da empfing sie gerade durch diese Konzentration auf das Wesentliche eine innere Freiheit und Weite, die sie vor allen ängstlichen Grenzziehungen bewahrte, da sammelten sich um sie Menschen, die aus weiter Ferne kamen und denen sie ihre Gemeinschaft und ihren Schutz nicht versagen konnte, da fragte das verletzte Recht, die unterdrückte Wahrheit, die erniedrigte Menschlichkeit, die vergewaltigte Freiheit nach ihr oder vielmehr nach ihrem Herrn, Jesus Christus, da wurde ihr das andere Wort Jesu zur lebendigen Erfahrung: „wer nicht wider uns ist, der ist mit uns."[17]

Beide Worte gehören notwendig zusammen, das eine als der Ausschließlichkeitsanspruch, das andere als der Ganzheitsanspruch Jesu Christi. Je ausschließlicher, desto freier. Der isolierte Ausschließlichkeitsanspruch aber führt zu Fanatismus und Sektiererei,[18] der isolierte Ganzheitsanspruch zur Verwelt-

---

eine Entscheidung nicht für das Christentum ist doch eine Entscheidung gegen das Christentum." □ **16** Bonhoeffer schildert Erfahrungen im Kirchenkampf, die vor allem diejenigen Gemeinden machten, die sich mit dem kirchlichen Notrecht der Dahlemer Bekenntnissynode vom Oktober 1934 aus der Abhängigkeit vom NS-Regime lösten; sie wurden von den volkskirchlichen und staatsloyal-kompromißlerisch orientierten Kirchen scharf kritisiert und bei zugespitzten Konflikten mit dem NS-Regime alleingelassen. □ **17** Mk 9,40. □ **18** Als ‚*Fanatismus*' (im Sinne der Ausgrenzung aller nicht auf ein bestimmtes Bekenntnis Festgelegten) *miß*verstanden worden war Bonhoeffers eigene Äußerung im Aufsatz „Zur Frage nach der Kirchengemeinschaft" 1936 DBW 14, 676: „Wer sich wissentlich von der Bekennenden Kirche in Deutschland trennt, lichung und Selbstpreisgabe der Kirche. Je ausschließlicher wir Christus als unseren Herrn erkennen und bekennen, desto mehr enthüllt sich uns die Weite seines Herrschaftsbereiches.[19]

Es ist nun keine metaphysische Spekulation,[20] kein Theologu- | menon vom ,,Logos spermatikos",[21] sondern es ist das konkrete Erleiden der Rechtlosigkeit, organisierter Lüge, der Menschenfeindlichkeit und Gewalttat, es ist die Verfolgung des Rechtes, der Wahrheit, der Menschlichkeit, der Freiheit, wodurch Menschen, denen diese Güter teuer waren, in den Schutz Jesu Christi und damit unter seinen Anspruch getrieben wurden und wodurch die Gemeinde Jesu Christi die Weite ihrer Verantwortung erfuhr. Nicht die ruhige, stetige Machtentfaltung des Namens Christi, wie sie uns das Mittelalter darstellt, aber auch nicht der Versuch, den Namen Jesu Christi durch Verbindung mit[22] menschlichen Namen und Gütern vor der Welt zu recht-

---

trennt sich vom Heil." Eine Neigung zu engem (‚*sektiererischem*', um nicht zentraler Unterschiede willen sich absonderndem) Gruppenleben hatten die Berneuchener – ein Kreis, der in den zwanziger Jahren zum ersten Mal auf dem Gut Berneuchen, Neumark, zusammengekommen war –, zu denen die Familie von Wedemeyer gehörte; im November 1942 kämpfte Bonhoeffer um seine Verlobung mit Maria von Wedemeyer, s. 27. 11. 1942 DBW 16, 370. □ **19** Vgl. K. Barth, KD II/2, 632: „Der Wille Gottes ist zu allen Zeiten auch außerhalb der Kirche erfüllt worden ... weil Jesus ... faktisch der Herr der *ganzen* Welt ist, der auch da seine Diener hat, wo sein Name noch nicht oder nicht mehr erkannt und gepriesen ist. Seine Kirche darf ihn erkennen und preisen." – Hier endet der S. 345,23 beginnende Einschub. □ **20** Gestr.: „die den Zusammenhang zwischen Recht, Wahrheit, Menschlichkeit und wie diese Güter alle heißen und Jesus Christus wiederaufgedeckt hat". Die im Ms nach S. 344,25 gestrichene Vorform endet: „Das ist nicht irgendein metaphysischer Satz über die kosmische Bedeutung des Christus". R. Bultmann, Das Evangelium des Johannes, 21 Anm. 4, erwähnt zu Joh 1,3–4 (Verhältnis des Logos zur Welt), daß vielleicht Kol 1,16 f der „spekulative Gedanke" vorliegt: „der als Einheit hypostasierte κόσμος ist Gottes υἱός" („die als Einheit als Person vorgestellte Welt ist Gottes Sohn"). □ **21** Dt.: „samenhafte Vernunft" (von griech. σπέρμα, „Same", und λόγος, „Wort, Vernunft"); W. Bousset, Kyrios Christos, 322, formuliert: eingesäter „Logossame". Zum Auftreten des Ausdrucks in der Apologie Justins s. A. Harnack, Lehrbuch der Dogmengeschichte I, 383 Anm.: Nach Justin soll das jedem Menschen zugeteilte μέρος τοῦ σπερματικοῦ θείου λόγου („Teil der samenhaften göttlichen Vernunft") ihn dazu befähigen, in der Welt das dem Logos Verwandte zu erkennen, Apologie II, 13. □ **22** Gestr.: „hochgeachteten".

fertigen, zu Ehren zu bringen, zu verzieren, wie es die Apologeten der ersten christlichen Jahrhunderte unternahmen,[23] sondern dies im Leiden erwachte und geschenkte Wiedererkennen des Ursprungs[24], die unter Verfolgung geschehene Flucht zu Christus ist es, unter der sich uns heute das Verhältnis von Kirche und Welt darstellt.[25] Nicht Christus muß sich durch die Anerkennung der Güter des Rechtes, der Wahrheit, der Freiheit vor der Welt rechtfertigen, sondern diese Güter sind es, die der Rechtfertigung bedürftig geworden sind und ihre Rechtfertigung heißt allein Jesus Christus. Nicht eine ,,christliche Kultur" muß den Namen Jesu Christi vor der Welt noch akzeptabel machen[26], sondern der gekreuzigte Christus ist Zuflucht, Rechtfertigung, Schutz und Anspruch geworden für die ins Leiden gekommenen höheren Güter und ihre Verfechter. Es ist der in seiner Gemeinde verfolgte und leidende Christus, bei dem Recht und Wahrheit und Menschlichkeit und Freiheit Zuflucht suchen, es ist der in der Welt keine Herberge findende, aus der Welt verstoßene Christus der Krippe und des Kreuzes, in dessen Schutz man flieht und der so die ganze Weite seiner Macht erst offenbart. Das Kreuz Christi macht beide Worte wahr: ,,wer nicht für mich ist, der ist wider [mich]" und [,,]wer nicht wider uns ist, der ist für uns".[27] |

---

23 ‚*Apologeten*' (Griech.) sind (philosophische) Verteidiger des Christentums in der Alten Kirche, z. B. Justin, von dem A. Harnack, Lehrbuch der Dogmengeschichte I, ,,Viertes Capitel: Das kirchliche Christenthum und die Philosophie. Die Apologeten", spricht; 380: ,,Als einfacher Christ ist er [Justin] für die gehaßten und verfolgten Christen aufgetreten." 381: In Justins Auffassung ist ,,*der Lehrer Christus die menschgewordene Vernunft Gottes*". □ **24** ,,Wiedererkennen des Ursprungs" ersetzt: ,,Geheimnis". □ **25** ,,unter der sich ... darstellt." ist eine Randzufügung; hier erscheinen die Stichworte ,,Kirche und Welt", die den Ms-Titel S. 342 bilden. □ **26** ,,muß ... akzeptabel machen" ersetzt: ,,macht ... noch erträglich". Zu ‚*christliche Kultur*' vgl. z. B. die Bemerkung bei G. Ritter, Machtstaat und Utopie, 128, daß im Deutschland des 19. Jahrhunderts dem nationalliberalen Bürger ,,die ‚Kultur' als Endprodukt einer langen geistesgeschichtlichen Entwicklung die Stelle der Religion vertrat". Daß die Kultur christlich geprägt sei, wurde inmitten sonst christentumsferner Verhältnisse noch behauptet. Siehe im Abschnitt ,,Das ethische Problem und die Kultur" in Bonhoeffers Vorlesung ,,Die systematische Theologie des 20. Jahrhunderts" (nach Höreraufzeichnungen) 1931/32 DBW 11, 191: „Die wesentliche Funktion des Christentums [sei], die Klammer um den geistigen Besitz der Zeit darzustellen." □ **27** Mt 12,30 und Mk 9,40. Die beiden letzten Sätze

„Selig sind, die um Gerechtigkeit willen verfolgt werden; denn das Himmelreich ist ihrer" (Mt 5,10). Nicht von der Gerechtigkeit Gottes, also nicht von der Verfolgung um Jesu Christi willen ist hier die Rede, sondern seliggepriesen werden die um einer gerechten – und wir dürfen nun hinzufügen: einer wahren, guten, menschlichen – Sache willen Verfolgten[28] (vgl. 1 Petr 3,14 und 2,20). Die falsche Ängstlichkeit jener Christen, die jedem Leiden um einer gerechten, guten, wahren Sache willen ausweichen, weil sie angeblich nur bei einem Leiden um des ausdrücklichen Christusbekenntnisses willen ein gutes Gewissen haben könnten, jene[29] Engherzigkeit also, die jedes Leiden um einer gerechten Sache willen verdächtigt und von ihm abrückt, wird durch diese Seligpreisung Jesu kräftig ins Unrecht gesetzt. Jesus nimmt sich derer an, die um einer gerechten Sache willen leiden, auch wenn es nicht gerade das Bekenntnis seines Namens ist, er nimmt sie in seinen Schutz, in seine Verantwortung, in seinen Anspruch hinein. So wird der um einer gerechten Sache willen Verfolgte zu Christus geführt, so geschieht es, daß sich ein solcher in der Stunde des Leidens und der Verantwortung – vielleicht zum ersten Mal in seinem Leben, ihm selbst fremd und überraschend, aber doch eine innerste Notwendigkeit – auf Christus beruft und sich als Christ bekennt, weil ihm seine Zugehörigkeit zu Christus erst in diesem Augenblick aufgeht. Auch dies ist nicht Konstruktion, sondern Erfahrung, die wir gemacht [haben],[30] in der die Macht Jesu Christi über Bereiche des Lebens offenbar wurde, in denen sie bisher unbekannt geblieben war.

In festgefügten Zeiten, in denen das Gesetz regiert und der Übertreter des Gesetzes der Ächtung und Verstoßung verfällt, sind es die Gestalten des Zöllners und der Dirne, an denen das

---

(ab „Es ist der in seiner Gemeinde verfolgte ...") sind am Ms-Rand zugefügt. □ **28** Vgl. die Auslegung von Mt 5,10 in DBW 4 (N), 108. Es war eine weitverbreitete kirchliche Einstellung, zwar entschieden zum Einsatz für den Fortbestand der Kirche, viel zu wenig aber zu dem für Gerechtigkeit im Gemeinwesen bereit zu sein und daher auch am NS-Regime zwar die Elemente achristlicher Weltanschauung abzulehnen, dessen Untaten jedoch als außerhalb der kirchlichen Zuständigkeit liegend zu betrachten. Vgl. zur „Lehre von den Zwei Reichen" S. 45. □ **29** Zusatz, gestr.: „unchristliche". □ **30** Solche Erfahrung wurde in Verhandlungen vor nationalsozialistischen Gerichten gemacht.

Evangelium Jesu Christi sich den Menschen deut- | lich macht. „Die Zöllner und Dirnen mögen wohl eher ins Himmelreich kommen denn ihr" (Mt 21,31). Aus den Fugen gegangenen Zeiten, in denen Gesetzlosigkeit und Bosheit selbstherrlich triumphiert, wird sich das Evangelium eher an den Gestalten der wenigen übriggebliebenen Rechtlichen, Wahrhaftigen, Menschlichen erweisen. Andere Zeiten erlebten es, daß die Bösen zu Christus fanden und die Guten ihm fern blieben. Wir erleben es, daß die Guten Christus wiederfinden und die Bösen sich gegen ihn verstocken. Andere Zeiten konnten predigen:[31] ehe du nicht ein Sünder geworden bist wie dieser Zöllner und diese Dirne, kannst du Christus nicht erkennen und finden. Wir müßten eher sagen: ehe du nicht ein Gerechter geworden bist, wie diese um Recht, Wahrheit, Menschlichkeit Kämpfenden und Leidenden,[32] kannst du Christus nicht erkennen und finden. Es sind beides gleich paradoxe, an sich unmögliche Sätze. Aber sie bezeichnen die Situation. Christus gehört dem Bösen und dem Guten, er gehört ihnen beiden nur als Sündern, das heißt als in ihrem Bösen und in ihrem Guten vom Ursprung Abgefallenen, er ruft sie zum Ursprung zurück, daß sie nicht mehr Böse und Gute, sondern gerechtfertigte und geheiligte Sünder seien. Aber bevor wir dieses Letzte sagen, in dem Böse und Gute vor Christus eins sind und in dem der Unterschied aller Zeiten vor Christus aufgehoben ist, dürfen wir der Frage nicht aus dem Wege gehen, die uns durch unsere eigene Erfahrung und Zeit gestellt ist, nämlich was es bedeutet, daß die Guten Christus finden, mit anderen Worten *welches das Verhältnis Jesu Christi zu den Guten und dem Guten ist.*[33]

Immer wieder hat die Kirche, wo sie sich auf die Schrift gründete, über das Verhältnis Jesu Christi zu den Bösen und zum Bösen nachgedacht. In den reformatorischen Kirchen ist diese

31 Gestr.: „gehe unter die Bösen, nur dort". □ **32** Darin kann ein Hinweis auf die am aktiven Widerstand gegen das NS-Regime Beteiligten, wohl nicht zuletzt auch Atheisten und Kommunisten, liegen. □ **33** Gestr., neuer Absatz: „Es ist in der Tat so, daß uns das Verhältnis Jesu Christi zu den Bösen und zum Bösen bekannter [gestr: „und verständlicher"] ist". Diese Streichung ersetzt: „Es ist jedem, der auch nur die Evangelien kennt [ersetzt: „Wer diese Frage seltsam und überraschend findet, der hat vermutlich auch noch nicht erkannt, daß"]".

Frage beherrschend gewesen, ja es gehörte zu den entscheidenden Erkenntnissen der Reformation, hier das | evangelische Wort in neutestamentlicher Tiefe und Fülle gesprochen zu haben. Dagegen blieb die Frage nach dem Verhältnis des Guten zu Christus merkwürdig unberührt. Der Gute war hier entweder der Pharisäer und Heuchler, der von seiner Bosheit überzeugt werden mußte oder es war der aus seinem Bösen zu Christus Bekehrte und nun durch ihn zu guten Werken Instandgesetzte. *Das* Gute war dementsprechend entweder das splendidum vitium[34] des Heiden oder aber die Frucht des Heiligen Geistes. Damit war nun freilich die Frage nach dem Verhältnis Jesu Christi zum Guten keineswegs erschöpft, vielmehr wurde durch die Vernachlässigung dieser Frage aus dem Evangelium nur noch der Bekehrungsruf und Sündentrost für Trinker, Ehebrecher und Lasterhafte aller Art und das Evangelium verlor seine Kraft an den Guten. Über die Bekehrung des Guten zu Christus[35] wußte man wenig zu sagen.[1)]

[1)] Es bleibt eines der großen Verdienste Adolf Schlatters[36] – ganz abgesehen von den Lösungen, die er bietet, – diese Frage immer wieder gestellt zu haben; aber er blieb darin unverstanden und das konnte wohl auch nicht anders sein.[37]

34 Dt.: „glänzendes Laster"; so übersetzt G. Ritter, Machtstaat und Utopie, 147 Anm. 14 (zu Seite 19) die Augustin zugeschriebene Bezeichnung der „altrömischen Tugenden der Ruhmsucht und Freiheitsliebe, die Rom groß gemacht haben". (J. Mausbach, Die Ethik des Heiligen Augustinus II, 259: „... der Ausdruck splendida vitia findet sich überhaupt nicht bei Augustin." Hinweis: Dirk Schulz.) □ **35** Vgl. auf dem „*Christus und die Guten. (Das Gute.)*" überschriebenen „Ethik"-Zettel Nr. 20: „μετανοια [„Umkehr"] – vom Guten zu Christus ' 2 Tim 1,3 und 1 Tim 1,13". □ **36** Gestr.: „in der Schriftauslegung". A. Schlatter, Ethik, 15 Anm. 2: „Er kam nicht, um Gerechte zu rufen, Matth. 9,13. Die pharisäische Gerechtigkeit war eine Verschmelzung der griechischen ‚Tugend' mit dem jüdischen ‚Gesetz'. Darum blieb es für die Tugendlehrer ein Rätsel und ein Anstoß, warum Jesus die Gerechten unter den Bußruf gestellt habe." □ **37** Der Satz zu Schlatter, als Teil des laufenden Textes geschrieben, ist nachträglich umrahmt und als Anmerkung gekennzeichnet. Im Ms folgt, neuer Absatz, gestr.: „Wenn wir heute genötigt sind, gerade diese Frage neu zu durchdenken, dann wissen wir uns von zwei verhängnisvollen Mißdeutungen in gleicher Weise geschieden: *erstens*, von dem Verständnis des bürgerlich Guten als einer Vorstufe des Christlichen, wobei das Fortschreiten [ersetzt: „Übergang"] vom Guten zum Christlichen sich mehr oder weniger ohne Bruch vollzieht, *zweitens* von der Idealisierung jener biblischen"; vgl. S. 141: „... biblischen ‚Randgestalten' ".

Wenn wir uns genötigt sehen, nun gerade diese Frage neu zu stellen und zu durchdenken, so müssen wir vorausschicken, daß wir hier den Begriff des Guten zunächst in seiner größten Weite verstehen wollen, also einfach in seinem Gegensatz zum Lasterhaften, Gesetzlosen, Anstößigen, zur öffentlichen Übertretung des sittlichen Gesetzes, wie dieses auch im Einzelnen immer verstanden sei, mit biblischen Worten das Gute in seinem Gegensatz zum Zöllner und zur Dirne, wobei der Bereich des Guten die verschiedensten Abstufungen enthält von der rein äußerlichen Wahrung der Ordnung bis zur innerlichsten Selbstprüfung und Charakterbildung, bis zur persönlichen Aufopferung für die höchsten menschlichen Werte. Im berechtigten Affekt gegen eine bürgerliche Saturiertheit,[38] der das Gute einfach als Vorstufe des Christlichen galt, wobei der Aufstieg vom Guten zum Christlichen | sich mehr oder weniger ohne Bruch[39] vollziehen sollte, – im Protest gegen diese bequeme Verkehrung des Evangeliums ist uns nun im Laufe des 19. Jahrhunderts vereinzelt und dann besonders in den letzten 20 Jahren eine ebenso gefährliche Entstellung des Evangeliums im umgekehrten Sinne mit großer Leidenschaft vorgetragen worden. An die Stelle der Rechtfertigung des Guten ist die Rechtfertigung des Bösen getreten, an der Stelle der Idealisierung des Bürgerlichen gefiel man sich in der Idealisierung des Unbürgerlichen, des Ordnungswidrigen, des Chaotischen, des Anarchischen, des Katastrophalen; die göttlich verzeihende Liebe Jesu zu der großen Sünderin, zu der Ehebrecherin, zum Zöllner[40] wurde verzerrt zu einer – psychologisch oder politisch motivierten – christlichen Sanktionierung der unbürgerlichen „Randexistenzen"[41] der Prostituierten und des Vaterlandsverräters. Aus dem Evan-

---

38 „Im berechtigten Affekt" ersetzt: „Im Ressentiment". Auch am 30. 6. 1944 WEN 374 findet sich die Formulierung von „einer ‚bürgerlich-saturierten' Existenz". □ **39** Vgl. DBW 4 (N), 87f zu dem im Ruf Jesu in die Nachfolge „bereits vollzogenen Bruch", und S. 223,19f, wo (statt „pseudolutherische") zunächst formuliert war: „der bürgerliche Christus". □ **40** Vgl. Lk 7,36–50 (*Sünderin*); Joh 8,2–11 (*Ehebrecherin*); Lk 19,2–10 (*Zöllner*). □ **41** Dieser Ausdruck steht auf „Ethik"-Zettel Nr. 20. Romano Guardini – s. auch S. 141 Anm. 15 (R. Guardini, Religiöse Gestalten, 49) – benutzt bei der Schilderung von „Dostojewskijs Konzeption des ‚großen Sünders'" den Ausdruck: „Randnaturen durch und durch".

gelium der Sünder, um dessen Gewalt es ging, war, ohne daß man es wollte, eine Empfehlung der Sünde geworden. Das Gute – in seinem bürgerlichen Sinne – verfiel dem Gelächter.[42]

42 Vgl. A. von Martin, Die Religion in Jacob Burckhardts Leben und Denken, 217: Nach Burckhardts und Kierkegaards Ansicht habe Luther den „Plebejismus" auf den Thron gesetzt. „Diese Abkehr vom Aristokratischen ist für Burckhardt – wie für Nietzsche – ein Hauptcharakterzug auch der ganzen neuzeitlichen *Kultur*entwicklung (von Luther ... bis hin zu Zola)". Vgl. in Bonhoeffers Tegeler Romanfragment 1943 DBW 7, 102: Franz sah „nur noch die abgehungerten Arbeitergestalten aus Zolas Germinal" (Roman, der 1885 erschien). Vgl. auch im Tegeler Dramenfragment die Gestalt des Heinrich, der wie die Titelfigur von Georges Bernanos' „Tagebuch eines Landpfarrers" unter Seeleuten und Dirnen aufgewachsen ist (a.a.O., 38) und dessen Meinungsäußerungen über die „Masse" (64) an das Drama „Masse Mensch" des politisch engagierten Ernst Toller erinnern; Bonhoeffer schrieb über letzteres in den USA 1931 DBW 10, 398: „The decay of bourgeois society and ideals and the growth of a proletarian society is his [Tollers] theme. ... Toller will hold his place as a poet of the proletariat." („Der Verfall der bürgerlichen Gesellschaft und Ideale sowie das Wachsen einer proletarischen Gesellschaft ist sein Thema. ... [Trotz geringen literarischen Wertes] wird Toller seinen Platz als Dichter des Proletariats behaupten.") Toller verfaßte seine publikumswirksamen Bühnenstücke, die in den zwanziger Jahren Aufsehen erregten, während seiner Festungshaft 1919–1924. – Unterhalb des Textes am Ms-Rand: „Entwicklung". Unten auf der zur Hälfte leeren Ms-Seite ein großer schwarzer Tintenfleck. Der „Ethik"-Zettel Nr. 20, auf dem Vorformulierungen zu S. 352f stehen, nimmt Motive des Ms „Die letzten und die vorletzten Dinge" auf (u. a. „Das Gute gehört zu Christus als seinem Ursprung", ähnlich S. 161,23–25; auch „verlorener Sohn", erwähnt S. 161,28 (f), aber nicht im Ms „Kirche und Welt"; „Falscher Methodismus", vgl. S. 140f und 159) und endet: „Die öffentlichen Sünder immer im Zusammenhang für die Verstockung der Guten | Gefühlsmäßig etwa so: auch der gute Bürger vor Gott demütig, aber der Lasterhafte wirklich *nur* aus Gnade." Papier wie für diesen Zettel Nr. 20, nämlich dunkle brüchige Bögen, sind benutzt für Vorbereitungszettel zur Skizze „Über die Möglichkeit des Wortes der Kirche an die Welt" und für die Skizze selbst. – In den hier endenden Abschnitt über die relativ (im „Vorletzten") Guten ist Bonhoeffers enge Verbundenheit mit denen eingegangen, die, ohne bewußte Christen zu sein, im Widerstand Leib und Leben für Bildung, Humanität, Freiheit, Toleranz und Menschenrechte einsetzten.

Über die Möglichkeit des Wortes der Kirche an die Welt.[1]

1. Was steckt hinter dem in der ganzen Christenheit der Welt erwachenden Verlangen nach dem lösenden Wort der Kirche an die Welt? Im wesentlichen folgende Gedanken: Die sozialen, wirtschaftlichen, politischen etc. Probleme der Welt sind uns über den Kopf gewachsen, die vorhandenen ideologischen und praktischen Lösungsangebote versagen sämtlich; die Welt des technischen Fortschrittes ist damit an ihre Grenze gekommen; der Wagen ist in den Schlamm geraten[,] die Räder drehen sich mit Höchstgeschwindigkeit und können den Wagen doch nicht herausziehen; die Probleme sind in ihrer Breite und ihrer Art so allgemein menschlich, daß eine ganz grundsätzliche Hilfe nötig geworden ist; die Kirche hat angesichts des sozialen, ökonomischen, politischen, sexuellen, pädagogischen Problems bisher

1 Willem Visser 't Hooft plante, wie er am 4. 4. 1941 an Otto Salomon schrieb (Informationen über den Briefwechsel zwischen Visser 't Hooft und Salomon aus dem Nachlaß Otto Salomon, Deutsches Literaturarchiv Marbach, durch Ulrich Kabitz), eine Broschüre über „Das Reden der Kirche zur Welt". Mit Visser 't Hooft und Nils Ehrenström, laut Kalendernotizen des letzteren, besprach Bonhoeffer dieses Thema während der ersten – am 12. und 13. 3. 1941 – und während der zweiten Schweizer Reise, am 4. 9. 1941 (DBW 16, 160, 202): „Das Wort der Kirche an die Welt" in theologischer Hinsicht. Auf einem Zettel mit dem Datum „Di[enstag] 17." (November 1942), auf dem Namen wie der Gerhard Ritters und anderer Angehöriger des Freiburger Kreises erscheinen, hat Bonhoeffer notiert: „Verkündigung der Kirche an die Welt. Wort Gottes und Rat" (DBW 16, 362); ‚*Rat*' vgl. S. 364. – Die Skizze „Über die Möglichkeit des Wortes der Kirche an die Welt", in der Bonhoeffer besonders häufig von Abkürzungen Gebrauch macht, steht auf dunklen brüchigen Bögen, wie sie auch für die „Ethik"-Zettel Nr. 20 (zum Ms „Kirche und Welt I." S. 352f) und Nr. 118 und 100 (Vorbereitung des gesamten Textes „Über die Möglichkeit …", S. 354–364) benutzt sind. Sie ist mit Bleistift geschrieben. Eberhard Bethge, s. Vorwort von 1962 zu E^6, 17, nahm an, daß diese Papiersorte, „sehr schlechtes Konzeptpapier", nur mit Bleistift beschrieben werden konnte; aber auf dem „Ethik"-Zettel Nr. 20 steht auch eine Tinten-Notiz. Aus der Skizze „Über die Möglichkeit des Wortes der Kirche an die Welt" wäre ein Buch-Teil erst durch Ausarbeitung unter Weglassen der Gliederungsziffern geworden.

versagt; sie hat durch eigene Schuld ein Ärgernis gegeben, das die Menschen daran hindert, ihrer Botschaft zu glauben. ,,Weh dem, der eins dieser Kleinen ärgert . ." Mt 18,6. Die dogmatisch korrekte Ausrichtung der christlichen Verkündigung genügt nicht; eine allg[emeiner] eth[ischer] Prinzipien auch nicht; konkrete Weisung in der konkreten Situation ist nötig.[2] Die geistigen Kräfte, auf denen die Kirche ruht, sind noch nicht ausgeschöpft. Die Christen der Welt sind einander nähergerückt denn je. Gemeinsam müssen sie an die Aufgabe gehen, das Wort der Kirche zu sagen. Kurz: die Kirche soll *Lösungen* | für die ungelösten Fragen der Welt bieten und damit ihren Auftrag erfüllen und ihre Autorität wiederherstellen. Wir erkennen sofort, daß hier richtige und verkehrte Motive eng miteinander verwoben sind.[3]

2.) Wir fragen: Ist es richtig, daß es Aufgabe der Kirche ist, der Welt heute Lösungen für ihre Fragen anzubieten? *Gibt es überhaupt christliche Lösungen* für weltliche Probleme? Es kommt offenbar darauf an, was gemeint ist: meint man, daß das Christentum für *alle* sozialen, politischen Fragen der Welt eine Antwort hätte, sodaß man nur auf diese christlichen Antworten zu hören hätte, um die Welt in Ordnung zu bringen, so ist das offenbar ein Irrtum. Meint man, daß es vom Christentum her zu den weltlichen Dingen etwas Bestimmtes zu sagen gibt, so ist das richtig. Der Gedanke, daß die Kirche über die christliche

---

2 Visser 't Hooft wandte sich in einem Brief vom 21. 10. 1940 an Otto Salomon nachdrücklich gegen die stillschweigende Vermeidung konkreter Verkündigung der Kirche. A. Boyens, Kirchenkampf und Ökumene 1939–1945, 172 f und Anm. 112: Der Vergleich zwischen einem Memorandum Visser 't Hoofts zum Thema ,,Die ethische Wirklichkeit und Funktion der Kirche" (englisch Juni 1939 und Juni 1940, in deutscher Fassung April 1941) mit Bonhoeffers ,,Über die Möglichkeit des Wortes der Kirche an die Welt" ,,läßt interessante Parallelen erkennen, die nur aus dem gemeinsamen Gespräch zu erklären sind". □ **3** Der folgende Punkt entspricht dem Punkt ,,1." auf dem mit klarblauer Tinte beschriebenen ,,Ethik"-Zettel Nr. 121, der unter der Überschrift ,,Theologische Fragen" eine Punkte-Gliederung mit genauen Vorformulierungen enthält. In der oberen rechten Ecke der Zettel-Vorderseite steht, gestr.: ,,2." Der Zettel war vermutlich mit einer Büroklammer auf den Bögen der Skizze befestigt, ein seiner Größe (10,5 x 14,8 cm) entsprechendes Stück der obersten Seite ist weniger nachgedunkelt als der Rest der Seite.

Lösung aller weltlichen Probleme prinzipiell verfüge und sich nur noch nicht genug Mühe darum gegeben habe, ist besonders im angelsächsischen Denken verbreitet. Dazu ist zu sagen:

a.) Jesus beschäftigt sich so gut wie garnicht mit der Lösung weltlicher Probleme; wo er dazu aufgefordert wird, weicht er merkwürdig aus (Mt 22,15 Luk 12,13)[4] wie er überhaupt auf Fragen der Menschen fast nie direkt, sondern von einer ganz anderen Ebene her antwortet. Sein Wort ist nicht Antwort auf menschliche Fragen und Probleme, sondern die göttliche Antwort auf die göttliche Frage an den Menschen. Sein Wort ist wesentlich nicht von unten, sondern von oben her bestimmt,[5] nicht Lösung, sondern *Erlösung*. Nicht aus der Entzweiung menschlicher Problematik des Guten und des Bösen, sondern aus der vollständigen Einheit des Sohnes mit dem Willen des Vaters kommt sein Wort. Er steht jenseits aller menschlichen Problematik. Das muß zuerst einmal verstanden sein.[6] Weil Jesus statt der Lösung von Problemen die Erlösung des Menschen bringt, darum bringt er aber auch wirklich die Lösung aller menschlichen Probleme – ,,es | wird alles zufallen" – nur von ganz anderer Warte her.[7]

b.) Wer sagt uns eigentlich daß alle weltlichen Probleme gelöst werden sollen und können? Vielleicht ist Gott die Ungelöstheit dieser Probleme wichtiger als ihre Lösung, nämlich als Hinweis auf den Sündenfall des Menschen und auf Gottes Erlösung. Vielleicht sind die Probleme der Menschen so verstrickt, so falsch gestellt, daß sie eben wirklich nicht zu lösen

4 Vgl. S. 312 f (,,Man lese nur das 22. Kapitel des Matthäus-Evangeliums ...") und S. 314 (Lk 12,14). □ **5** Das ,*von oben her*' ist bezeichnend für Bonhoeffers Mandate-Begriff, vgl. S. 383 und S. 394. □ **6** Vgl. die Erörterungen im Ms ,,Die Liebe Gottes und der Zerfall der Welt" S. 312–315. □ **7** Zitiert ist aus Mt 6,33. – Auf dem diese Skizze vorbereitenden ,,Ethik"-Zettel Nr. 100 erscheint das Stichwort ,,Mandate": ,,Es gibt bestimmte Mandate Gottes: Ehe, Familie, Arbeit, Obrigkeit, Kirche ..."; gestr.: ,,Es ist etwas anderes, ob die Mandate [Zusatz: ,,menschl. Not"] ,Lösungen' sind *oder* das Wort Christi und seine Ausbreitung." Anschließend an diesen gestrichenen Satz – sein Inhalt ist in dem hier endenden Punkt ,,a.)" aufgenommen – steht auf dem Zettel Nr. 100 eine Vorformulierung dessen, was in den Punkten ,,b.)" und ,,c." jetzt folgt bis einschließlich des Hiob-Zitats; die Vorformulierung ist auf dem Zettel gestrichen.

sind. (Das Problem von Armen und Reichen wird sich eben nie anders lösen lassen, als indem es ungelöst bleibt.)[8]

c. Der gegen irgend[welche] weltlichen Übel organisierte Kampf der Kirchen, „campaigne", „crusade"[9] –, – eine Fortsetzung des mittelalterlichen Kreuzzugsgedankens, der im Luthertum fast vollständig überwunden worden ist – gehört in den angelsächsischen Ländern zu den charakteristischen Merkmalen kirchlichen Lebens. – Beispiele: Sklaverei, Prohibition, Völkerbund – aber gerade diese Beispiele zeigen zugleich die Krisis solcher „Kreuzzüge" – die Aufhebung der Sklaverei geschah etwa gleichzeitig mit der Entstehung des englischen Industrieproletariats, (man könnte sagen: die Welt läßt sich nicht um ihr Recht bringen), die Prohibition, hauptsächlich von den Methodisten erzwungen, führte zu schlimmeren Erfahrungen als die Zeit vorher, sodaß die Methodisten selbst für ihre Abschaffung eintraten (eine entscheidende Erfahrung für die amerikanischen Kirchen),[10] der Völkerbund, der die Überwindung des Nationalismus zum Ziel hatte, führte zu dessen äußerster Ver-

---

8 Bei G. W. F. Hegel, Religionsphilosophie nach Lasson XIV, 151 (der Umkreis ist von Bonhoeffer durchgearbeitet, vgl. IBF 8, 98 f), findet sich die Argumentation: Gebote wie Jesu Ratschlag „gebt eure Güter den Armen" (Mt 19,21: Rat an den reichen Jüngling) heben „sich selbst auf; denn wenn allgemein die Armen die Güter erhielten, so würden diese die Reichen, und es wäre dann wieder dasselbe Verhältnis". □ **9** ‚*Campaign*' (engl.; dt. „Kampagne", aus dem Französischen) meint eine zeitlich begrenzte, intensive öffentliche Aktion; ‚*crusade*' (engl., von lat. crux, „Kreuz"; dt.: „Kreuzzug") ist eine anhaltende Aktion, zu der – im ursprünglichen Sinne – von christlicher Seite aufgerufen wurde. □ **10** Vgl. auf „Ethik"-Zettel Nr. 15: „Die *Predigt der Gebote* ¦ Enthaltsamkeit U.S.A. ¦ *ohne* Evangelium *führt zur Katastrophe*." Das Stichwort ‚*Enthaltsamkeit*' auf Zettel Nr. 15 bezieht sich (im Sinne von: sich des Alkoholgenusses zu enthalten) auf die ‚*Prohibition*', das staatliche Verbot der Herstellung und des Verkaufs alkoholhaltiger Getränke. Über die Prohibition in den Vereinigten Staaten berichtet Bonhoeffer in „Protestantismus ohne Reformation" August 1939 DBW 15, 452, es sei „im wesentlichen der zähen Arbeit der hauptsächlich von Methodisten getragenen Women's Christian Temperance Union" gelungen, die Gesetzgebung [1920] durchzusetzen. „Das Prohibitionsgesetz ist es gewesen, das dem Verbrechertum in den großen Städten einen nie dagewesenen Auftrieb gegeben hat. Ein ‚christliches' Gesetz hat dem Staat zum Verderben gereicht und mußte – mit dem Einverständnis der Kirchen – [1933] zurückgenommen werden." Die Kirche der ‚*Methodisten*' ist in den Vereinigten Staaten eine der mitgliederstärksten evangelischen Gruppierungen (Denominationen).

schärfung.[11] Solche Erfahrungen geben für die Frage, wieweit die Kirche zur Lösung weltlicher Probleme berufen sei, ernstlich zu denken. „Gott in der Faust" Hiob 12,6.[12]

[d].)[13] Das Denken, das von den menschlichen Problemen ausgeht und von dorther nach Lösungen fragt, muß überwunden werden, es ist unbiblisch. Nicht von der Welt zu Gott, sondern von Gott zur Welt geht der Weg Jesu Christi und | daher der Weg alles christlichen Denkens. Das bedeutet, daß das Evangelium sein Wesen nicht darin hat, weltliche Probleme zu lösen[14] und daß darin auch nicht die wesentliche Aufgabe der Kirche bestehen kann. Daraus folgt nun allerdings nicht, daß die Kirche in dieser Hinsicht garkeine Aufgabe hätte. *Welches ihre legitime Aufgabe ist aber erkennen wir erst, wenn wir den rechten Ansatzpunkt gefunden haben.*

3. Das Wort der Kirche an die Welt kann kein anderes sein als das Wort Gottes an die Welt. Dieses heißt: Jesus Christus und das Heil in diesem Namen. In Jesus Christus ist Gottes Verhältnis zur Welt bestimmt, ein anderes Verhältnis Gottes zur Welt außer durch Jesus Christus kennen wir nicht. Daher gibt es auch für die Kirche kein anderes Verhältnis zur Welt als durch Jesus Christus; das heißt nicht von einem Naturrecht, Vernunftrecht, allgemeinen Menschenrecht aus, sondern *allein* vom Evangelium von Jesus Christus aus ergibt sich das richtige Verhältnis der Kirche zur Welt.

a. Das Wort der Kirche an die Welt ist das Wort vom Kommen Gottes ins Fleisch, von der Liebe Gottes zur Welt in der Sendung seines Sohnes, vom Gericht Gottes über den Unglauben; das Wort der Kirche ist der Ruf zur Umkehr, zum Glauben

---

11 Der ‚*Völkerbund*', auf der Versailler Friedenskonferenz von 1919 gegründet, war die erste große internationale Organisation für Weltfrieden und Völkerrecht. Die Staatenvereinigung bestand von 1920 bis 1946; viele Staaten kündigten die Mitgliedschaft auf, so Japan und Deutschland 1933 und Italien 1937. □ **12** In LB ist Vers 6 b („. . . Ruhe haben, die wider Gott toben, die ihren Gott in der Faust führen") mit Bleistift angestrichen sowie „ihren Gott in der Faust" unterstrichen. □ **13** In der Skizze steht hier ein „c.)", das aber dem „c." des vorigen Absatzes gleichgeordnet ist, also irrtümlich statt „d". Auf „Ethik"-Zettel Nr. 121 entspricht diesem Absatz kein neuer Unterpunkt. □ **14** Vgl. zu ‚*Lösung*' 30. 4. und 29. 5. 1944 WEN 307 und 341.

an Gottes Liebe in Christus, zum sich-bereiten auf die Wiederkunft Christi, auf das kommende Reich Gottes. Es ist also Wort der Erlösung für alle Menschen.

b. Das Wort von der Liebe Gottes zur Welt stellt die Gemeinde[15] in ein *verantwortliches* Verhältnis zur Welt. In Wort und Handeln hat die Gemeinde der Welt den Glauben an Christus zu bezeugen, allem Ärgernis zu wehren und dem Evangelium in der Welt Raum zu schaffen. Wo diese Verantwortung verleugnet wird, wird Christus verleugnet; denn es ist die Verantwortung, die der Liebe Gottes zur Welt entspricht.

c. Die Gemeinde erkennt und bezeugt Gottes *Liebe* zur Welt in Jesus Christus als *Gesetz* und als *Evangelium*. Beides | läßt sich niemals trennen, aber auch niemals identificieren. Es gibt keine Gesetzespredigt ohne Evangelium und keine Evangeliumspredigt ohne Gesetz.[16] Es ist also keinesfalls so, daß das Gesetz der Welt, das Evangelium aber der Gemeinde gelte, vielmehr gilt Gesetz und Evangelium in gleicher Weise der Welt und der Gemeinde. Was immer das Wort der Kirche an die Welt sei, es kann nur *Gesetz und Evangelium* sein.

1.) Damit ist bestritten, daß die Kirche zu der Welt von der Grundlage irgendwelcher mit der Welt gemeinsamer Vernunft- oder Naturrechtlicher Erkenntnisse her sprechen könnte, also unter zeitweiliger Absehung vom Evangelium. Das kann die Kirche der Reformation im Unterschied zur katholischen Kirche *nicht*,

2.) folgt daraus die Bestreitung einer doppelten kirchlichen Moral, nämlich einer solchen für die Welt und einer solchen für die Gemeinde, einer solchen für die Heiden und einer solchen für die Christen, einer solchen für den Christen im weltlichen Beruf und einer solchen für den homo religiosus.[17]

Das ganze Gesetz und das ganze Evangelium Gottes gehört in gleicher Weise allen Menschen. Der Einwand: die Kirche fordere in der Welt die Aufrechterhaltung der Rechtsordnung,

---

15 Ersetzt: „den Glaubenden". □ **16** Vgl. in dem Text „Die Lehre vom primus usus legis [vom „ersten ‚Brauch' des Gesetzes"] ..." DBW 16, 612: „Das Gesetz aber kann nicht ohne das Evangelium gepredigt werden." □ **17** Dt.: „religiöser Mensch". – Bis hierhin reicht der Unterpunkt „2.)"; diesen und den vorhergehenden Unterpunkt, „1.)", hat Bonhoeffer mit engerem Zeilenabstand als sonst geschrieben.

des Eigentums, der Ehre, vom Christen aber den Verzicht auf dies alles, in der Welt müsse Vergeltung und Gewalt, bei den Christen aber Vergebung und Unrechtleiden geübt werden, – dieser Einwand, der auf eine doppelte christliche Moral[18] hinauswill und weit verbreitet ist, geht von einem falschen Verständnis des Wortes Gottes aus. Wenn der Dekalog das Recht auf Leben, Ehe, Eigentum, Ehre des Menschen im Namen Gottes gewahrt wissen will, so bedeutet das nicht, daß diese Rechtsordnungen an und für sich einen absoluten göttlichen Wert hätten, sondern nur daß in und über ihnen Gott allein geehrt und angebetet sein will. Darum ist die | 2. Tafel von der ersten[19] niemals zu trennen. Die Ordnungen sind also nicht eine zweite göttliche Instanz neben dem Gott Jesu Christi, sondern sie sind der Ort, an dem der Gott Jesu Christi sich Gehorsam schafft; *nicht um die Ordnungen an sich*, sondern *um den Glaubensgehorsam in ihnen geht es in Gottes Wort.* Wiederum ist der Ruf Jesu, in seiner Nachfolge auf das eigene Recht zu verzichten, Leben, Ehe, Ehre, Eigentum hinzugeben um der Gemeinschaft mit Jesus willen[20] nicht eine Aufstellung einer neuen absoluten Wertetafel – also etwa Selbstverleugnung gegenüber Selbstbehauptung;[21] denn auch im Dekalog geht es nirgends um Selbstbehauptung, sondern allein um Gottes Recht und Ehre; sondern es geht Jesus wie dem Dekalog um den konkreten Gehorsam gegen Gott; dabei kann gerade im *Verzicht* auf das eigene Recht, Eigentum, Ehre um Gottes willen der wahre Ursprung

18 Zu Ernst Troeltschs These von der ‚*doppelten Moral*' und Gerhard Ritters Widerspruch dagegen vgl. S. 243 Anm. 95. □ **19** Die erste Tafel, beginnend mit „Ich bin der HErr, dein Gott ...", umfaßt nach lutherischer Zählung die ersten drei, nach reformierter Zählung die ersten vier Gebote, die zweite Tafel das vierte bzw. fünfte bis zehnte Gebot; s. Ex 20,2–17. In LB hat Bonhoeffer die reformierte Zählung eingetragen, bei welcher Vers 8 „Gedenke des Sabbattags ..." nicht das dritte, sondern das vierte Gebot ist. □ **20** Vgl. zu den Seligpreisungen in der Bergpredigt DBW 4 (N), 100–110; auf diese Auslegung („Verzicht auf ...") verweist S. 241. □ **21** Vgl. Wilhelm Kamlahs Buch-Thema „Christentum und Selbstbehauptung" (a. a. O., 36: „Verzicht auf die *Selbstbehauptung*" bei Jesus und der Gemeinde), dazu in der ersten Fassung des Ms „Die Geschichte und das Gute" S. 238 und die Notizen im Ms bei S. 242 (Anm. 88). Auf „Ethik"-Zettel Nr. 108 (Leinen-Papier wie der in das Ms „Kirche und Welt I." eingeschobene Bogen S. 345–347) ist argumentiert: „Es gibt eine *schöne Freiheit der Äußerung eigener Wünsche* gerade bei den *wirklich* (geistlich!) Selbstlosen."

dieser Gaben, also Gott selbst, höher geehrt werden als im Bestehen auf dem eigenen Recht, das das Recht Gottes dann leicht verdunkeln könnte. Die Forderung Jesu an den reichen Jüngling, von einem seiner Rechte zu lassen, macht es gerade deutlich, daß sein „Halten der zehn Gebote von Jugend auf" kein Gehorsam gegen Gott gewesen war, sondern ein Absehen von dem Lebendigen Gott mitten in der Wahrung der sogenannten göttlichen Ordnungen.[22] Dekalog und Bergpredigt sind also nicht zwei verschiedene ethische Ideale, sondern der *eine*[23] Ruf zum konkreten Gehorsam gegen den Gott und Vater Jesu Christi. Wo im Glauben an Gott die Ordnung des Eigentums bejaht und verantwortet wird, dort geschieht nichts anderes als wo im Glauben an Gott auf das Eigentum Verzicht geleistet wird. Weder der „Kampf ums Recht"[24] noch der „Verzicht auf Recht" sind an sich etwas, also etwa eigener Gegenstand der kirchlichen Verkündigung, aber im Glauben ist das eine wie das andere Unterwer- | fung unter Gottes alleiniges Recht.

Es gibt also nicht eine doppelte Wertetafel, für die Welt und für die Christen, sondern es ist das *eine* Glauben und Gehorsam fordernde Wort Gottes, das allen Menschen gilt. Dabei wäre es auch verfehlt, in der Verkündigung an die Welt stärker den Kampf um das Recht, in der Verkündigung an die Gemeinde stärker den Verzicht auf das Recht zu betonen. *Beides* gilt Welt und Gemeinde. Die Behauptung, mit der Bergpredigt lasse sich nicht regieren,[25] kommt aus einem Mißverständnis der Bergpredigt. Auch eine Staatsführung kann kämpfend und verzichtend Gott ehren und nur darum geht es der Verkündigung der Kirche. Es ist niemals die Aufgabe der Kirche dem Staat den natürlichen Selbsterhaltungstrieb zu predigen, sondern allein den Gehorsam gegen das Recht Gottes. Das ist zweierlei. *Die Verkündigung der Kirche an die Welt kann immer nur Jesus Chri-*

---

22 Mt 19,16–22. Vgl. DBW 4 (N), 63–65. □ **23** In der Skizze ist ‚*eine*' doppelt unterstrichen. □ **24** Vgl. S. 345,17. Den Ausdruck „Kampf ums Recht" benutzt Ernst Troeltsch im Aufsatz „Grundprobleme der Ethik", Gesammelte Schriften II, 661. Einen Rechtskampf gegen Willkürmaßnahmen des nationalsozialistischen Regimes führte die Bekennende Kirche; der Jurist Friedrich Justus Perels war stark daran beteiligt (sein Name steht auf dem Zettel mit dem Datum 17. 11. 1942 DBW 16, 362). □ **25** So Bismarck, Max Weber und andere; vgl. S. 229 sowie S. 239.

stus in Gesetz und Evangelium sein. Die zweite Tafel ist von der ersten nicht zu trennen.

[4].[26] Indem die Kirche Einzelne und Völker zum Glauben und Gehorsam gegen die Offenbarung Gottes in Jesus Christus ruft, bezeichnet sie zugleich einen Raum, in dem dieser Glaube und dieser Gehorsam zum mindesten nicht unmöglich gemacht wird, dieser Raum ist durch die zehn Gebote abgesteckt.[27] Wo keine sichtbare Übertretung der 10 Gebote ist, dort ist zum mindesten kein *Ärgernis* gegeben, das am Glauben hindert. Die Kirche kann zwar nicht eine konkrete irdische Ordnung, die aus dem Glauben an Jesus Christus notwendig folgt, verkündigen, aber sie kann und muß jeder konkreten Ordnung, die ein Ärgernis für den Glauben an Jesus Christus bedeutet, entgegentreten[28] und dadurch mindestens negativ die Grenzen abstecken für eine Ordnung, innerhalb deren Jesus Christus geglaubt und Gehorsam geleistet werden kann. Diese Grenzen sind in allgemeinster Form im Dekalog gezogen, | in concreto[29] werden sie immer neu bezeichnet werden müssen. In allem, was die Kirche zu den Ordnungen der Welt zu sagen hat, kann sie nur *Wegbereitend*[30] für das Kommen Jesu Christi wirken, wobei das wirkliche Kommen Jesu Christi selbst in dessen eigenster Freiheit und Gnade liegt. Weil Jesus Christus gekommen ist und wieder kommt, darum muß ihm überall in der Welt der Weg bereitet werden, darum allein also hat es die Kirche auch mit den weltlichen Ordnungen zu tun. Also: allein aus der Christuspredigt folgt das Wort der Kirche über die irdischen Ord-

26 In der Skizze irrtümlich ,,3.", wie schon bei dem vorigen Punkt S. 358; dem Punkt ,,3." auf ,,Ethik"-Zettel Nr. 121 (die Skizze schaltet den Punkten des Zettels Nr. 121 einen Punkt vor) entspricht dieser und der folgende Punkt. Bonhoeffers irrtümliche Punkte-Numerierung wird im folgenden in eckigen Klammern korrigiert. □ **27** Vgl. in einem Fragment der Finkenwalder NT-Vorlesung 1935/36, s. DBW 4 (N), 248 Anm. 26: ,,Dieser Raum, der *begründet* ist in der Gegenwart des Mensch gewordenen Christus, wird abgesteckt und begrenzt durch *die Gebote*." □ **28** Das Ernstnehmen dieser Aussage vom ‚*Ärgernis*', dem ‚*die Kirche entgegentreten*' muß, führt unvermeidlich in eine Fülle von Auseinandersetzungen mit dem NS-Regime, aber auch mit anderen Regimen. □ **29** Dt.: ,,konkret" (Gegensatz zu: in abstracto, ,,abstrakt"). □ **30** Auf „Ethik"-Zettel Nr. 118 ist der Ausdruck „*Wegbereitung*" (vgl. Brief 27. 11. 1940 DBW 16, 79, und S. 153–158) für die Skizze S. 354–364 notiert.

nungen, nicht aber gibt es eine eigene, an und für sich gültige Lehre der Kirche über ewige Ordnungen und Rechte der Natur und der Menschen, die auch unabhängig vom Glauben an Christus Anerkennung fordern könnte. Menschen- und Naturrechte gibt es nur von Christus her, das heißt aus Glauben.[31]

[5].) Die sich hier erhebende Frage, ob wirklich die Welt und die Menschen allein um des Glaubens an Jesus Christus willen da seien, ist in dem Sinne zu bejahen, daß Jesus Christus für die Welt und für den Menschen da war, das heißt daß dort wo alles auf Jesus Christus ausgerichtet wird, erst die Welt wirklich Welt und der Mensch wirklich Mensch wird, nach Mt 6,32[32]. Gerade in der Erkenntnis, daß alles Geschaffene um Christi willen da ist und in ihm Bestand hat (Kol 1,16 f) ist die Welt und der Mensch erst ganz ernst genommen.

[6].) Unter diesen Voraussetzungen gibt es nun auch ein bestimmtes Interesse der Kirche nicht nur an dem punctum mathematicum[33] des Glaubens, sondern auch an den empirischen Größen wie an der Bildung einer bestimmten Gesinnung in weltlichen Fragen und an bestimmten irdischen Zuständen. Es gibt zum Beispiel bestimmte Wirtschafts- oder Sozialgesinnungen und -zustände, die dem Glauben an Christus hinderlich sind, und das heißt auch das We- | sen des Menschen und der Welt zerstören. Es ist zum Beispiel die Frage, ob der Kapitalismus oder Sozialismus oder Kollektivismus[34] solche Glaubenhindernde Wirtschaftsgestalten sind. Für die Kirche gibt es hier ein *doppeltes Verhalten*: sie [wird] *einerseits* abgrenzend negativ in der Autorität des Wortes Gottes[35] solche Wirtschaftsgesinnungen oder -formen als verwerflich erklären müssen, die den

31 Gestr., neuer Punkt: „Von hier aus gibt es nun auch ein bestimmtes Interesse der Kirche nicht nur an der Bekehrung der Herzen, sondern an der Bildung einer bestimmten Gesinnung und bestimmter irdischer Zustände. Es gibt zum Beispiel bestimmte Wirtschafts- oder Sozialordnungen, in denen". Vgl. Punkt [6]. □ **32** Irrtümlich statt Mt 6,33; S. 356 ist Vers 33 zitiert. □ **33** Dt.: „mathematischer Punkt", ohne Ausdehnung im Raum. Bonhoeffer möchte das Interesse der Kirche auch auf Dinge gerichtet sehen, die Raum in der Welt einnehmen. □ **34** Vgl. S. 172: „Das Kollektiv ist der Gott". □ **35** „in der ... Gottes" ersetzt: „in ihrer Verkündigung".

Glauben an Christus offensichtlich hindern. *Andererseits* wird sie positiv nicht in der Autorität des Wortes Gottes, sondern nur in der Autorität des verantwortlichen Rates[36] christlicher Fachmänner ihren Beitrag zu einer Neuordnung geben können. Beide Aufgaben sind streng zu unterscheiden. Diese erste Aufgabe ist die des Amtes, die zweite die der Diakonie[37], die erste göttlich die zweite irdisch, die erste die des göttlichen Wortes, die zweite die des christlichen Lebens. Hier aber gilt: doctrina est coelum, vita est terra (Luther).[38]

[7]. Von hier aus löst sich das vielverhandelte Problem der *Eigengesetzlichkeit* der weltlichen Ordnungen. Die Betonung der Eigengesetzlichkeit zum Beispiel des Staates hat ihren Sinn gegenüber einer Heteronomie kirchlicher Theokratie;[39] vor Gott aber gibt es keine Eigengesetzlichkeit, sondern das Gesetz des in Jesus Christus offenbarten Gottes ist das Gesetz aller irdischen Ordnungen. Die Grenzen jeder Eigengesetzlichkeit werden in der kirchlichen Verkündigung des Wortes Gottes[40] offenbar, die konkrete Gestalt des göttlichen Gesetzes in Wirtschaft, Staat etc. muß von denen erkannt und gefunden werden, die verantwortlich in Wirtschaft und Staat arbeiten. Hier könnte, wenn es nicht mißverständlich wird, von einer relativen Eigengesetzlichkeit gesprochen werden.

[8]. Vernunft – Gesetz des Geschaffenen – Seienden[41]

---

36 Vgl. auf „Ethik"-Zettel Nr. 10 (Papiersorte wie für S. 334–344): „1. Die persönliche Erkenntnis des konkreten Willens Gottes ' 2. Die Verkündigung des konkreten Willens Gottes ... ' 3. Die Beratung – der Rat". □ **37** Ersetzt: „Laien"; auf „Ethik"-Zettel Nr. 121: „‚*Amt*' und ‚*Diakonie*'". □ **38** Dt.: „Lehre ist Himmel, Leben ist Erde"; M. Luther, Galaterbrief-Vorlesung 1531/1535 (WA 57, 13). Vgl. die Benutzung dieses Zitats DBW 4 (N), 291 Anm. 19), mit Bezug auf Irrlehre in der Kirche. □ **39** „Heteronomie" ist mit Kopierstift zugesetzt. Am Rand: „(Rom, aber auch USA, Prohibition z. B.)". □ **40** „des Wortes" ersetzt als Kopierstiftzusatz: „in der Autorität". □ **41** Was auf das Wort „Vernunft" folgt, ist mit Kopierstift geschrieben. Vgl. das S. 167 zu „Vernunft" als „Organ der Erkenntnis des Natürlichen" Ausgeführte.

Das „Ethische" und das „Christliche" als Thema.[1]

Eine christliche Ethik wird mit der Frage zu beginnen haben, ob und inwieweit das „Ethische" und „das Christliche" sich überhaupt als Thema behandeln lassen. Das ist nämlich keineswegs so selbstverständlich, wie man angesichts der Zuversichtlichkeit, mit der das immer wieder geschehen ist und geschieht, annehmen möchte. Ja, eigentlich wird der Bereich der christlichen Ethik überhaupt erst betreten, wo man erkannt hat, wie fragwürdig es ist, das „Ethische" und das „Christliche" zum Thema der eigenen Überlegung, der Diskussion oder gar einer wissenschaftlichen Darstellung zu machen.[2]

Es gibt eine Art, das „Ethische" zum Thema zu machen, die für eine christliche Ethik von vornherein ausscheidet. Die leise ironische Abwehrgeste gegen jeden Versuch, das Ethische zum selbständigen Thema der Erörterung werden zu lassen, wie sie Friedrich Theodor Vischer seinem „Auch Einer" in den Mund legt: „Das Moralische versteht sich immer von selbst", verrät – in gewissen Grenzen – vielleicht mehr Einsicht in das Wesen des „Ethischen" als manches Lehrbuch der christlichen Ethik.[3] Da-

1 Die Überschrift über einer verworfenen Vorform des Ms-Beginns – zwei Seiten und ein Wort auf einem Doppelbogen – endet mit Fragezeichen: „... als Thema?" Für das Ms wie für die Vorform sind Doppelbögen mit „Eichberger" Wasserzeichen benutzt. Die Bogen-Zahlen (ab „2.") stehen oben in der Mitte. □ **2** K. Barth, KD II/2, 620 (Druckfahnen dieses Bandes hatte Bonhoeffer vor Abfassung des Ms „Das ‚Ethische' und das ‚Christliche' ..." gelesen), unterscheidet von „der theologischen Ethik" eine „– sagen wir schlicht und unverbindlich ‚christliche' – Ethik", die man aber „in *wissenschaftlicher* Gestalt ... anzutreffen schwerlich erwarten" dürfe. Man könne „der Ansicht sein, daß solche Ethik in den Romanen von *Jeremias Gotthelf* ..., von *Dostojewski*, ... von *Theodor Fontane* ... vorgetragen worden sei". Barth nennt weitere Namen; Bücher der eben zitierten Autoren las Bonhoeffer in der Tegeler Haft. Vgl. Brief 3. 8. 1943 WEN 102 (Bezug auf Fontane-Lektüre): „Man lernt aus diesen Sachen oft mehr für die ‚Ethik' als aus Lehrbüchern." □ **3** Vgl. W. Lütgert, Religion des deutschen Idealismus III, 83: „Noch hört man den Ton, der bei Hegels letztem, bedeutenden Schüler [Friedrich Theodor] Vischer wieder und wieder anklingt: ‚Das Moralische versteht sich immer von selbst.'" Dieses Vibei handelt es sich nicht nur um die Abwehr des allzu lauten, aufdringlichen – gesprochenen oder geschriebenen – Wortes, sondern durchaus auch des entsprechenden inneren Vorganges. ,,Das Höhere versteht | sich ja immer von selbst! Für die Basis, die Vorbedingungen, muß gesorgt werden", sagt ,,Auch Einer".[4] Die große Entscheidung, die große Situation, ,,das obere Stockwerk" (Vischer) – das alles ist ohne viel Worte klar, selbstverständlich, einfach; aber schwierig, problematisch, der höchsten Aufmerksamkeit bedürftig ist das ,,untere Stockwerk"[5] der ,,disharmonischen Durchkreuzungen", der Unordnungen[6] und Zufälle, ,,ich kann sie nicht berechnen, nicht ordnen, sie laufen von und nach allen Seiten, sind rein unbestimmbar .. es gibt ja keinen Plan fürs Planlose, kein System fürs Systemlose," seufzt ,,Auch Einer".[7] Mit anderen Worten, es ist der Raum des Alltäglichen, der die wesentlichen Schwierigkeiten bereitet und den man erst einmal erlebt haben muß, um die Unzulänglichkeit, Unangebrachtheit, Unangemessenheit der Verkündigung allgemeiner moralischer Grundsätze ihm gegenüber zu empfinden. Ob ich einem in Not Geratenen helfe, einem Tierquäler in den Weg trete, das ist für ,,Auch Einer" kein Problem[8] –, ,,es versteht sich von selbst", – aber mit den kleinen Alltäglichkeiten, zum Beispiel mit dem ,,Schnupfen" oder mit

---

scher-Zitat, das sich auch z. B. bei F. Gogarten, Politische Ethik, 10, findet, erscheint auf den ,,Ethik"-Zetteln Nr. 73, 63 und 36. Auf Zettel Nr. 112, der Vorüberlegungen zu S. 365–373 ,,Mit-leben" enthält, steht der Name ,,Vischer". Der Ausspruch kehrt in Vischers Buch ,,Auch Einer" häufig wieder (Teil I: 25, 28, 45, 50, 78; Teil II: 15, 101 [1987: 25, 27, 39, 42, 61, 291, 349]). □ **4** Fr. Th. Vischer, Auch Einer II, 92 [1987: 343] (dort: ,,Vorbedingung"). □ **5** Vgl. Fr. Th. Vischer, Auch Einer I, 25 und 39 zum ‚*oberen*', 25 zur ,,Hundenot gleichzeitig im untern Stockwerk des Lebens". □ **6** Ersetzt: ,,der kleinen Teufel[eien]". □ **7** Fr. Th. Vischer, Auch Einer II, 76 [1987: 333]. Vor der zitierten Stelle: ,,A. E. wollte der Weltordnung – allerdings nur dem unteren Stockwerk derselben, denn an der Güte des oberen Stockwerks, des sittlichen Reiches, war er ja nicht verzweifelt – den Possen spielen, ihr einmal tabellarisch vor die Augen – als hätte sie solche – zu rücken, was für eine schlechte Ordnung sie sei. Also ein geordnetes Bild des Ungeordneten sollte aufgebaut, eine harmonische Übersicht über alle disharmonischen Durchkreuzungen sollte hergestellt werden." Der Versuch einer graphischen Darstellung scheitert. □ **8** Friedrich Theodor Vischers ,,Auch Einer" = ,,Albert Einhart" (II, 22) stirbt an der Verletzung durch einen Pferde-Mißhandler; II, 23: ,,Es ist doch so auf eine Art, wie wenn ich im Kriege gefallen wäre." [1987: 269 f.]

der ,,Tücke“, ,,mit der Tendenziosität des Objektes“, eben mit den tausenderlei ,,Durchkreuzungen“ des Großen und Prinzipiellen durch das Nebensächliche, Geringfügige, Zuwidere, Ärgerliche fertig zu werden, das ist etwas anderes.[9]

Das ,,Ethische“ als Thema hat seine bestimmte Zeit und seinen bestimmten Ort und das, weil der Mensch ein lebendiges und sterbliches Geschöpf in einer endlichen und zerbrechlichen Welt, nicht aber wesentlich und ausschließlich ein Student der Ethik ist. Es gehört zu den großen Naivetäten, oder richtiger Torheiten, der Ethiker, das geflissentlich zu übersehen und von der Fiktion auszugehen als habe der Mensch in jedem Augenblick seines Lebens eine letzte unendliche Wahl zu treffen, als müsse jeder Augenblick des Lebens eine bewußte Entscheidung zwischen Gut und Böse sein, als stehe | vor jeder Handlung des Menschen das mit deutlichen Buchstaben von einer göttlichen Polizei geschriebene Schild ,,Erlaubt“ oder ,,Verboten“, als müsse der Mensch ununterbrochen etwas Entscheidendes tun, einen höheren Zweck erfüllen, einer letzten Pflicht genügen. Es ist diese Verkennung des geschichtlichen menschlichen Daseins, in dem alles seine Zeit hat (Prediger Salomo 3) [–] essen, trinken, schlafen sogut wie bewußtes Sichentscheiden und Handeln, Arbeit und ausruhen, Zwecke erfüllen und zwecklos dasein, Pflichten genügen und Neigungen folgen, streben und spielen, entsagen und sich freuen[10] – es ist die anmaßliche Verkennung dieses geschöpflichen Daseins, die entweder zu verlogenster Heuchelei oder zum Irrsinn treiben muß, ja die den

---

9 ,,etwas anderes“ ersetzt: ,,eine Aufgabe“ (dem ,,Auch Einer“ Vischers macht diese Seite des Lebens unablässig zu schaffen). Vgl. Fr. Th. Vischer, Auch Einer I, 31 [1987: 29] (in einem schein-ernsten Gespräch mit einem Physiker): ,,... das ist die allgemeine Tendenziosität, ja Animosität des Objekts, des sogenannten Körpers, was die bisherige Physik geistlos mit Namen wie: Gesetz der Schwere, Statik und dergleichen bezeichnet hat, während es vielmehr aus Einwohnung böser Geister herzuleiten ist“; II, 62 [1987: 323]: ,,... Durchkreuzungen, denen das Leben und Tun des armen Sterblichen durch die Tücke jenes Etwas unterliegt, das wir in Kürze den kleinen Zufall nennen.“ Mit dem unüblichen Wort ‚*Tendenziosität*‘ bezeichnet Vischer: boshafte Eigensinnigkeit. ‚*Schnupfen*‘: a. a. O., passim! □ **10** Vgl. Koh 3,1–8 (,,Ein jegliches hat seine Zeit ...“), in LB markiert; auch Vers 13 (,,... der da isset und trinkt und hat guten Mut in aller seiner Arbeit“).

Ethiker zum gefährlichen Quälgeist und Tyrannen, zum Narren oder zur tragikomischen Figur werden läßt.

Gewiß hat das sogenannte „ethische Phänomen“, – also „das Erlebnis des Sollens“,[11] die bewußte grundsätzliche Entscheidung zwischen einem prinzipiell Guten und einem prinzipiell Bösen, die Ausrichtung des Lebens nach einer höchsten Norm, der ethische Konflikt und seine Lösung, – im menschlichen Dasein seinen notwendigen Ort und seine Zeit, und warum sollte es in dieser Begrenzung nicht auch zum Thema werden dürfen und müssen? Aber eben diese rechte Begrenzung des Ortes und der Zeit ist von entscheidender Wichtigkeit, wenn nicht jene krankhafte Überwucherung des Lebens durch das Ethische, jene abnorme Fanatisierung, jene gänzliche Moralisierung des Lebens eintreten soll, die zu dem dauernden urteilenden oder ermahnenden Dazwischenreden, Sichhineinmengen, Hineinkorrigieren in die Vorgänge des ungrundsätzlichen, konkreten Lebens führt. Das „ethische Phänomen“ – in dem soeben bezeichneten Sinne – ist in seinem Wesen mißverstanden, wenn man den Unbedingtheitscharakter des Soll-erlebnisses im Sinne eines ausschließlichen Totalitätsanspruchs versteht. Damit wäre die geschöpf- | liche Ganzheit des Lebens verletzt und zerstört. Die Begrenzung des ethischen Phänomens auf seinen Ort und seine Zeit bedeutet nicht seine Aufhebung, sondern gerade umgekehrt seine Inkraftsetzung. Man schießt mit Kanonen nicht auf Spatzen.

Das ethische Phänomen ist seiner inhaltlichen wie seiner erlebnismäßigen Seite nach ein Grenzereignis.[12] Das „Sollen“ gehört seinem Gehalt und seinem Erlebnis nach dorthin, wo etwas

11 F. Gogarten, Politische Ethik, 8, bezeichnet den „eigentlichen Kern des ethischen Phänomens als die Forderung des ‚Du sollst‘“ (die bei Gogarten folgenden Sätze – Unterscheidung des „Du sollst“-Sinns von dem „‚Man tut das und das‘-Sinn der ethischen Forderung“ – sind in Bonhoeffers Exemplar stark markiert). Vgl. H. Nohl, Die sittlichen Grunderfahrungen, 31: „Ein charakteristischer Vertreter für ein solches intellektualistisches Verfahren [gemäß der nach Nohl falschen „Forderung eines einheitlichen rationalen Zusammenhanges“] in neuerer Zeit will angesichts der inhaltlichen Verschiedenheit aller Moralen von der Absolutheit des Pflichtbewußtseins als einer sicheren Tatsache ausgehen: das Sollen, ganz unangesehen was gesollt wird, sei das höchste Ziel“. □ **12** Vgl. S. 273: „Grenzfälle“ im Gegensatz zum Normalen.

nicht ist,[13] sei es weil es nicht sein *kann* sei es weil es nicht *gewollt* wird. Daß ich in der Gemeinschaft einer Familie, einer Ehe, in einer Ordnung der Arbeit und des Eigentums lebe, ist primär eine frei bejahte Bindung, in der das „ethische Phänomen“, das Sollen, nach seiner objektiven und subjektiven Seite nicht in Erscheinung tritt, schlummert. Erst wo die Gemeinschaft zerbricht oder die Ordnung bedroht ist, meldet sich das Sollen zum Wort, um nach Wiederherstellung der Ordnung wieder zurückzutreten, zu verstummen. Allerdings verstummt es doch nur in seiner akuten Form der konkreten Forderung und Anklage. Als die Erfahrung nämlich, – die aus dem konkreten Zerbrechen einer Gemeinschaft entspringt, – daß jede Gemeinschaft im eigentlichen Sinne jederzeit im Zerbrechen ist, begleitet von nun an das Sollen als Bewußtsein der eigenen Grenze, also als Selbstbescheidung, als Resignation oder „Demut“ – im profanen Sinne des Wortes – das menschliche Leben; es ist dies die profane Analogie zur Erbsündenlehre. Aber sowohl in seiner akuten wie in seiner permanenten Gestalt bezeichnet das Sollen nach Gehalt und Erlebnis nur eine Grenzsituation, und es bedeutet die innere Auflösung des Sollens, wenn es aus einem Grenzbegriff zu einer pädagogischen Methode gemacht wird. Das Sollen ist immer ein „letztes“ Wort. Wo es zum Thema gemacht wird, muß dieser Charakter des qualitativ „Letzten“[14] immer gewahrt bleiben, und es kann gerade dieses qualitativ „Letzte“ unter Umständen | besser dadurch gewahrt sein, daß es gar nicht zum Thema gemacht wird, „weil es sich von selbst versteht“. Wo das Sollen als das, was sich von selbst versteht, zum Thema, zur Diskussion gestellt wird, dort wird es allzuleicht den Charakter des Letzten einbüßen und zu einem Vorletzten, zu einer Methode, werden.[15]

Nun gibt es unzweifelhaft[16] Situationen und Zeiten, in denen

13 Vgl. G. W. F. Hegel, Religionsphilosophie nach Lasson XII, 258 f, zu dem „nur moralischen Standpunkt, z. B. dem *Kants* und *Fichtes*“: „auf diesem *soll* das Gute immer erst realisiert | *werden* mit der Bestimmtheit, daß es bei diesem Sollen bleibe, als ob es nicht schon an und für sich da wäre“ (Markierungen in Bonhoeffers Exemplar); diese Stelle wurde im Hegel-Seminar 1933 besprochen, s. IBF 8, 20 und 93. □ **14** Vgl. S. 140 f. □ **15** Zu ‚*Methode*‘ vgl. S. 140 f und 159. Die Unterscheidung von ‚*Letztem*‘ und ‚*Vorletztem*‘, S. 140–144 dargelegt, ist hier vorausgesetzt. □ **16** Gestr.: „in der Geschichte“.

das Moralische sich nicht von selbst versteht, sei es darum, weil es nicht getan wird, sei es, weil es in seinem Inhalt fragwürdig geworden ist.[17] In solchen Zeiten wird das Ethische zum Thema. Das bringt einerseits eine erfrischende Vereinfachung der Lebensprobleme, eine Zurückführung auf große Grundlinien mit sich, eine Nötigung zu klaren inneren Entscheidungen und Stellungnahmen; die Diskussion wird unter solchen Umständen stärker als sonst durch Gesinnung, Werturteile, Überzeugungen, Beteuerungen, durch die Ausbrüche natürlicher Entrüstung und vorbehaltloser Bewunderung bestimmt sein;[18] es findet eine allgemeine Reduktion auf das Grundsätzliche und damit Einfache statt, das Interesse an den wirklichen Lebensvorgängen in ihrer Mehrschichtigkeit, Vieldeutigkeit tritt stark zurück hinter dem Prinzipiellen. Soziologisch bedeutet das die Außerkurssetzung einer vorwiegend intellektuell, relativistisch, individualistisch eingestellten Oberschicht und der durch sie diktierten Themastellung. Das Thema der öffentlichen Diskussion ist allgemeinverständlich geworden, sodaß sich jeder daran beteiligen kann. Anständigkeit der Gesinnung genügt, um gegenüber intellektueller und materieller Bestechlichkeit gemeinschaftsbildend zu wirken.[19] So reinigend und erneuernd und so notwendig aber auch solche Zeiten, in denen das Ethische zum Thema wird, für die menschliche Gemeinschaft sein mögen, so können sie doch – gerade dem Wesen *dieses* Thema's entsprechend – immer nur als notwendige Ausnahmezustände angesehen werden. Über ihre notwendige Dauer | hinaus ausgedehnt, werden sie in vielfacher Hinsicht verhängnisvoll: Das Ethische hört auf als „letztes" Wort verstanden zu werden und an seine

---

17 Vgl. S. 62: „... Bedrängnis durch die Fülle der Wirklichkeit konkreter ethischer Fragen" (infolge des nationalsozialistischen Versuchs, alle bisherigen Verhältnisse umzustürzen). □ **18** In einer früheren Formulierung, die durch einen Rand-Zusatz erweitert ist, folgte nach „... Werturteile bestimmt sein." gestr.: „Ist aber wieder eine Klärung und Festigung der inneren Verhältnisse und der geistigen Ordnung eingetreten". □ **19** Bonhoeffer spricht hier ohne Bedauern vom Einflußverlust traditioneller Herrschaftsschichten und Machteliten durch die nationalsozialistische Umformung der Gesellschaft und beobachtet Widerständigkeit gegen Druck, Gewalt und Korruption in der elementaren ‚*Anständigkeit der Gesinnung*'. Sich anständig, d. h. keinen anderen schädigend oder verratend, zu verhalten, war alltagssprachlich das, was die vom Nationalsozialismus nicht Verführten als das gebotene moralische Verhalten ansahen, das

Stelle tritt eine platte Moralisierung und hausbackene Pädagogisierung des ganzen Lebens, es kommt zu einer öden Monotonie und Uniformierung in allen Lebensfragen, zu einer trivialen Primitivierung aller kulturellen Funktionen, zu einer erzwungenen geistigen und gesellschaftlichen Nivellierung. Damit erleidet aber nicht nur die Fülle des Lebens, sondern gerade auch das Ethische in seinem Wesen die entscheidende Einbuße. Zeiten in denen das Ethische zum Thema wurde und werden mußte, müssen Zeiten folgen, in denen sich das Moralische wieder von selbst versteht, in denen man sich nicht nur an den Grenzen, sondern in der Mitte und Fülle des täglichen Lebens bewegt. Das gilt für das Leben des Einzelnen nicht weniger als für die menschliche Gemeinschaft. Soziologisch gesehen entspringt das hartnäckige Bemühen um das Beibehalten des ethischen Themas über die ihm gehörige Zeit hinaus dem unbefriedigten Verlangen jener Gesinnungstüchtigen, aber Lebensuntüchtigen, sich weiterhin Geltung zu verschaffen; dabei haben sie den Zeitpunkt verpaßt, den ihnen die Geschichte bot, sich in den Zeiten der gesellschaftlichen Umbildung unter dem Eindruck des ethischen Themas nicht nur durch Gesinnung sondern auch durch Lebensleistung zu qualificieren. Nun „da das Moralische sich wieder von selbst versteht“ und kein Thema mehr ist, sehen sie ihre Lebenschancen schwinden und beharren auf dem ethischen Thema und schließen sich damit vom Lebensvorgang endgültig aus.[20] Was hier von der menschlichen Gesellschaft gesagt [ist], hat seine genaue Analogie im individuellen Leben. Das krampfhafte Festhalten des ethischen Themas in der Gestalt der Moralisierung des Lebens ist die Folge der Furcht vor der Fülle des täglichen Lebens und des Bewußtseins der Lebensuntauglichkeit, es ist die Flucht in eine Posi- | tion neben dem wirklichen Leben[21], von der aus man nur noch überheblich und neidisch zugleich auf das Leben selbst sehen kann. Es sollte damit deutlich geworden sein, daß hier mit dem Leben auch das Ethische in seinem Wesen verloren gegangen ist, eben weil es in falscher Weise zum Thema wurde.

---

sich von selbst versteht. □ **20** Vgl. H. Nohl, Die sittlichen Grunderfahrungen, 150: „Der moralische Lebenstypus isoliert sich aus dem Leben.“ □ **21** „neben ... Leben“ ersetzt: „an den Grenzen des Lebens“.

Was ist nach alledem eine ,,Ethik“, die ja ihrer Begriffsbestimmung nach das Ethische zum Thema macht, und was ist der ,,Ethiker“? Wir können zunächst leichter sagen, was eine Ethik und der Ethiker jedenfalls nicht sein können:[22] eine Ethik kann nicht ein Buch sein, in dem aufgeschrieben steht, wie eigentlich alles in der Welt sein sollte, aber leider nicht ist, und der Ethiker kann nicht ein Mensch sein, der immer besser als andere weiß, was und wie etwas zu tun ist; eine Ethik kann nicht ein Nachschlagewerk sein für garantiert einwandfrei moralisches Handeln und der Ethiker kann nicht der kompetente Beurteiler und Richter jeder menschlichen Handlung sein; eine Ethik kann nicht eine Retorte zur Herstellung des ethischen oder christlichen Menschen sein und der Ethiker kann nicht die Verkörperung und der Idealtyp eines grundsätzlich moralischen Lebens sein.

Ethik und Ethiker reden nicht dauernd in das Leben hinein, aber sie machen auf die Störung und die Unterbrechung[23] aufmerksam, die alles Leben von seiner Grenze her durch das Sollen erfährt. Ethik und Ethiker wollen nicht das Gutsein an sich, also als Selbstzweck darstellen, sondern sie wollen, gerade indem sie streng vom ,,Ethischen“, von dem Grenzereignis des Sollens her sprechen, dafür Raum schaffend dazu helfen, *mitleben zu lernen.*

Mit-leben lernen innerhalb der Grenzen des Sollens, nicht als Zuschauer, Beurteiler, Richter außerhalb der Lebensvorgänge stehen, Mit-leben nicht aus dem Motiv des Sollens, sondern aus der Fülle der Lebensmotive, aus dem Natürlichen und Gewachsenen, aus dem frei Bejahten und Gewollten, nicht in humorloser Feind- | schaft gegen jede Lebenskunst, gegen jede Schwäche und Unordnung, nicht im mißtrauischen, beobachtenden Messen jedes Seienden am Sollen, nicht in der ängstlichen Unter-

22 1951 zitierte K. Barth, KD III/4, 9, das in diesem Absatz Folgende aus der 1949 erschienenen Erstausgabe der ,,Ethik“ Bonhoeffers. □ **23** Vgl. DBW 5 (GL), 84: ,,Wir müssen bereit werden, uns von Gott unterbrechen zu lassen“; K. Barth, Römerbrief, 410 (zu Röm 12,1): Was kann das hier ,,mit Nachdruck auftretende Problem der Ethik anderes bedeuten als die große Störung, die der Gedanke an Gott selbst für alles menschliche Tun bedeutet“; 412: ,,Laßt euch unterbrechen“.

ordnung alles Natürlichen unter das Pflichtgemäße, alles Freien unter das Notwendige, alles Konkreten unter das Allgemeine, alles Zwecklosen unter den Zweck, – so daß schließlich in groteske Überschreitung der Grenzen des „Ethischen“ der letzte Paragraph einer christlichen Ethik „Die sittlich erlaubte Erholung“ (Wilhelm Herrmann)[24] heißen muß! – Mit-leben innerhalb der Grenzen – aber eben nicht aus dem Motiv – des Sollens in der Fülle der konkreten Lebensaufgaben und -vorgänge mit ihrer unendlichen Mannigfaltigkeit der Motive.

Wir halten uns zunächst noch – unter vorläufiger Zurückstellung vieler bereits aufgeworfener Probleme – an die uns hier leitende Frage nach der Zeit- und Ortsbestimmtheit des Ethischen[25] und fügen zu dem schon Gesagten noch einige weitere diesbezügliche Bestimmungen hinzu.

Ein zeit- und ortloses ethisches Reden entbehrt der konkreten *Ermächtigung*[26], deren jedes echte ethische Reden bedarf. Es ist das jugendliche, anmaßliche, usurpatorische[27] Deklamieren ethischer Prinzipien, das bei allem subjektiven Ernst, mit dem es vorgetragen sein mag, dem Wesen des echten ethischen Redens – in vielleicht schwer zu definierender aber doch deutlich empfundener Weise – widerspricht. Zwar läßt sich gegen die Richtigkeit der Abstraktionen, Generalisierungen, Theorien oft nichts einwenden, dennoch mangelt ihnen das spezifische Gewicht ethischer Aussagen. Die Worte sind richtig, aber sie wiegen nicht. Sie müssen letztlich nicht als hilfreich, sondern als chaotisch empfunden werden. Es ist – aus irgendeinem dunkel, aber unabweislich sich aufdrängenden Sachverhalt heraus – einfach nicht möglich, nicht in der Ordnung, nicht sachentsprechend, wenn der junge Mann dem Kreis der Erfahrenen und Altgewordenen ethische All- | gemeinheiten vordeklamiert[28], und es wird sich immer wieder die für den Jugendlichen so ärgerliche, erstaunliche und unbegreifliche Situation ergeben, daß sein Wort im Leeren verhallt, während das Wort eines Al-

24 W. Herrmann, Ethik, § 31 (1901: 199). □ **25** Vgl. S. 367. □ **26** „entbehrt ... *Ermächtigung*“ ersetzt: „ist unmächtig“. Vgl. W. Lütgert, Ethik der Liebe, 269 f: Freiheit besteht „in der Ermäch- | tigung, positiv etwas zu tun, was man bisher nicht tun konnte“. □ **27** ‚*Usurpatorisch*‘ (Lat.): illegitim machtergreifend (statt ‚*ermächtigt*‘ zu werden). □ **28** Ersetzt: „Theorien vorhält“.

ten, auch wenn es inhaltlich gar nichts anderes enthält, gehört wird und Gewicht hat. Es wird ein Zeichen der Reife oder Unreife sein, ob man aus dieser Erfahrung die Erkenntnis gewinnt, daß es hier nicht um die sture Selbstzufriedenheit des Alters, um das ängstliche Nichtaufkommenlassen der Jugend, sondern um die Wahrung oder Verletzung eines ethischen Wesensgesetzes geht. Das ethische Reden bedarf einer Ermächtigung, die der Jugendliche sich auch aus dem reinsten Pathos ethischer Überzeugung einfach nicht selbst zu geben vermag. Für das ethische Reden kommt es nicht nur auf die inhaltliche Richtigkeit der Aussage, sondern auch auf die konkrete Ermächtigung zu dieser Aussage an, nicht nur auf das, was geredet wird, sondern auch darauf, wer redet.[29]

Worin besteht nun diese Ermächtigung, wem wird sie zuteil und *wer erteilt sie*?

Es gehört zum Wesen dieser Ermächtigung, in der ethisches Reden allein möglich ist, daß sie eine konkrete Begrenzung des ethischen Redens bedeutet. Es kann nicht im luftleeren Raum, das heißt in abstracto[30] ethisch geredet werden, sondern nur in konkreter Bindung. Das ethische Reden ist also kein System an sich richtiger Sätze, über das jeder jederzeit und allerorts verfügen kann, sondern es ist entscheidend an Personen, Zeiten und Orte gebunden. In dieser Bestimmtheit erleidet das Ethische keinen Verlust an Bedeutung, sondern es liegt in ihr gerade seine Ermächtigung, sein Gewicht, während in der Unbestimmtheit und allgemeinen Verfügbarkeit des Ethischen, seine Schwächung bis zur Ohnmacht liegt.

Ermächtigung zu ethischem Reden kann niemand sich selbst geben, sondern sie wird dem Menschen zuteil, sie fällt ihm zu,

---

29 Vgl. Bonhoeffer zu seiner eigenen Situation (als Siebenundzwanzigjähriger) am Anfang des Kirchenkampfs im Brief an Barth 24. 10. 1933 DBW 13, 13: „... ich geriet mit meinen Ansichten über die Sache immer mehr in die Isolierung ... ich fürchtete, daß ich mich aus Rechthaberei verrennen würde – und dabei sah ich garkeinen Grund dafür, daß ich jetzt gerade diese Dinge richtiger und besser sehen sollte, als so manche ganz tüchtige und gute Pfarrer, zu denen ich einfach aufsehe“. – In der Tegeler Haft notierte Bonhoeffer, NL A 86,15: „Es kommt nicht so sehr darauf an, *was* einer tut, als *wie* einer etwas tut, oder eigentlich: es kommt nur darauf an, *wer* es ist, der etwas tut.“ □ **30** Gegensatz zu ‚in concreto‘, vgl. S. 362.

und zwar primär nicht aufgrund subjektiver Leistun- | gen und Vorzüge, sondern aufgrund einer objektiven Stellung in der Welt. So ist es der Alte und nicht der Junge, der Vater und nicht das Kind, der Herr und nicht der Knecht, der Lehrer und nicht der Schüler, der Richter und nicht der Angeklagte, die Obrigkeit und nicht der Untertan, der Prediger und nicht das Gemeindeglied, denen die Ermächtigung zu ethischem Reden zufällt. Es ist die dem modernen Empfinden so überaus anstößige, aber dem Ethischen wesensgemäß innewohnende *Tendenz von oben nach unten*, die hierin zum Ausdruck kommt.[31] Ohne diese objektive Ordnung von oben und unten und ohne den – dem modernen Menschen so gänzlich verloren gegangenen – Mut, oben zu sein, verliert sich die ethische Rede im Allgemeinen, Gegenstandslosen, büßt sie ihr Wesen ein.

Das Ethische ist also nicht ein alle menschliche Ordnung nivellierendes, außer Kurs setzendes, sprengendes Prinzip, sondern es enthält in sich schon eine bestimmte Ordnung der menschlichen Gemeinschaft, es schließt bestimmte soziologische Autoritätsverhältnisse[32] in sich. Nur innerhalb derselben tritt es in Erscheinung, empfängt es die ihm wesentliche konkrete Ermächtigung.

Diese Sätze stehen in schroffem Gegensatz zu dem Verständnis des Ethischen als eines allgemeingültigen Vernunftprinzips, das die Aufhebung alles Konkreten, Zeit- und Ortbestimmten,

---

31 Zu ‚*oben und unten*‘ stehen Notizen auf zahlreichen „Ethik“-Zetteln (Nr. 111, 104, 109, 110, 87, 114, 115, 113), die das Ms „Das ‚Ethische‘ und das ‚Christliche‘ als Thema“ und die „Mandate“-Ausführungen vorbereiten. Die ‚*Anstößigkeit*‘ dieser seiner Sicht unterstrich Bonhoeffer bei ihrer Darlegung im Tegeler Dramenfragment (vgl. DBW 7, 32f: „Ich habe auch gesagt, es müsse ein Oben und ein Unten unter den Menschen geben und wer das nicht begriffe, der führe das Chaos über die Menschen. ... Sie sind mir fast an die Gurgel dafür gesprungen“); ähnlich im Romanfragment (vgl. a.a.O., 186: „War das, was Christoph wirklich meinte, denn so leicht mißzuverstehen ...?“). Bonhoeffers Betonung der ‚*Tendenz von oben nach unten*‘ hat ihren Grund nicht in einer Vorliebe für hierarchische gesellschaftliche Schichtungen, sondern entscheidend ist der theologische Gesichtspunkt, s. S. 383: „Das Gebot Gottes ... kommt von oben nach unten“. Zu der Gefährlichkeit der Tendenz von unten her s. S. 395–397. Vgl. aber auch das kleine Fragment „Der Blick von unten“ wohl Ende 1942 WEN 27. □ **32** Vgl. S. 287f: „Gehorsams- und Abhängigkeitsverhältnisse“ und „freie Verantwortung“.

aller Ordnungs- und Autoritätsverhältnisse und die Proklamation der Egalität[33] aller Menschen aufgrund der angeborenen allgemeinen Menschenvernunft in sich schließt. Man muß sich darüber klar sein und die Geschichte der letzten 150 Jahre hat es deutlich genug erwiesen, daß das eigentliche Ziel dieser neuen Auffassung des Ethischen, nämlich die Überwindung einer fossilen, durch das feindselige Gegenüber von Privilegierten und Nichtprivilegierten charakterisierten Gesellschaftsform, zugunsten einer allgemeinen Menschenverbrüderung, nicht nur nicht erreicht worden sondern | geradezu in sein Gegenteil umgeschlagen ist. Das Ethische als das Formal-Allgemeingültig-Vernünftige endete – in Ermangelung jedes Elements der Konkretion – zwangsläufig in der völligen Atomisierung[34] der menschlichen Gemeinschaft und des individuellen Lebens, im unbegrenzten Subjektivismus und Individualismus. Wo das Ethische unter Absehung von jeder Zeit- und Ortsbestimmtheit, unter Absehung von der Frage nach der Ermächtigung, unter Absehung von allem Konkreten gedacht wird, dort zerfällt das Leben in eine unendliche Zahl von unverbundenen Zeitatomen ebenso wie sich die menschliche Gemeinschaft in einzelne Vernunftatome auflöst. Es ist im Ansatz dasselbe, ob man das Ethische als das rein Formal[-]Allgemeingültige oder ob man es als die in jedem ,,Augenblick“, je und je gänzlich neu fallende, ,,existenzielle“ Entscheidung des Einzelnen versteht.[35] Zugrunde liegt die Zerstörung des Ethischen durch seine Ablösung von seiner konkreten Bestimmung. Das Ethische ist eben nicht wesentlich ein formales Vernunftprinzip, sondern ein konkretes Befehlverhältnis,[36] wie auch die formale Vernunft kein gemeinschaftsbildendes, sondern ein atomisierendes Prinzip ist und

---

33 ‚*Egalität*‘ (aus dem Französischen): Gleichheit; eine der Parolen der Französischen Revolution. Vgl. S. 108,7. □ **34** Vgl. A. F. C. Vilmar, Dogmatik II, 280: Wenn es gilt, ,,keine Gesetzgebung anzuerkennen, als die, an welcher man selbst Teil genommen“, wird dies ,,eine atomistische Masse präparieren“. □ **35** Auf ,,Ethik“-Zettel Nr. 104: ,,existenzielle – prinzipielle Ethik – *dieselben Ideale.*“ Eine Ethik, in der die existentielle Entscheidung jedes einzelnen je und je unvorhersehbar im gerade jetzt sich ereignenden Augenblick fällt, bezeichnete man seit den zwanziger Jahren als dezisionistisch. Zu ‚*Augenblick*‘ (in der Ethik) vgl. DBW 1 (SC), 28. □ **36** Vgl. S. 381: Anderes als vom ,,Ethischen“ im Sinne von ‚*Befehlverhältnis*‘ gilt vom Gebot Gottes; dieses ,,befiehlt nicht nur, sondern es erlaubt auch“.

Gemeinschaft nur in den konkreten, unendlich mannigfaltigen Verantwortungsverhältnissen der Menschen füreinander besteht. Andererseits darf nun doch nicht das in der Aufklärung für das Verständnis des Ethischen Errungene einfach über Bord geworfen werden. Polemisch[37] verstanden behält die Aufklärung gegen ein System, in dem die Gesellschaft in Privilegierte und Nichtprivilegierte zerfiel, recht. In der Tat hat das Ethische eine Beziehung zum allgemein menschlichen Vernünftigen und in der Tat bedeutet die ihm innewohnende Tendenz von oben nach unten alles andere als die Sanktionierung von Privilegien. Die Aufklärung hat uneingeschränkt recht in ihrem Hinweis darauf, daß sich das Ethische nicht auf eine abstrakte Gesellschaftsordnung, auf Re- | präsentanten bestimmter Gesellschaftsschichten, auf ,,Oben" und ,,Unten" an sich, sondern auf *Menschen* bezieht, sie hat von dort aus recht in ihrem Pathos, mit dem sie für die *gleiche Würde der Menschen* vor dem Ethischen eintritt. Unrecht hat sie erst, wo sie über diese polemischen Sätze hinaus den Menschen selbst wieder zu einer Abstraktion macht, mit der sie – im Namen der Egalität der Menschen und der Menschenwürde – gegen jede menschliche Ordnung zu Felde zieht; unrecht hat sie, wenn sie aus der menschlichen Vernunft, deren Wesen in dem freien Vernehmen und Bejahen der Wirklichkeit und das heißt hier konkreter ethischer Sätze besteht, ein formales abstraktes Prinzip macht, durch das alle Inhalte aufgelöst und zersetzt werden. Dennoch bleibt es gegenüber allen Versuchen das Ethische als die Sanktionierung von Privilegien zu mißbrauchen wichtig, das Korrektiv der Aufklärung im Sinne zu behalten.

Allerdings darf uns die Furcht vor dem Mißbrauch des Ethischen nicht dazu führen, die dem Ethischen innewohnende Tendenz von oben nach unten einfach zu unterschlagen. Wir kommen um die Tatsache nicht herum, daß das Ethische klare Verhältnisse inbezug auf Oben und Unten verlangt. Dabei ist Oben und Unten nicht einfach austauschbar je nach dem schwankenden Wert der subjektiven Leistung und Art. Das Obensein besteht nicht in dem subjektiven Wert dessen, der oben ist, sondern es hat seine Legitimation in einem konkreten objektiven

37 Zu Bonhoeffers Verständnis von ‚*polemisch*' vgl. S. 45 Anm. 45.

Auftrag. Der Handwerksmeister bleibt auch seinem begabteren Gesellen[38] gegenüber der Meister und der Vater bleibt auch gegenüber dem wertvolleren oder tüchtigeren Sohn der Vater.[39] Die Ermächtigung zum ethischen Reden bleibt unabhängig von der subjektiven Seite der Sache bei dem Meister, beim Vater. Die Ermächtigung gehört nicht zur Person, sondern zum Amt.

Damit ist zugleich für das ethische Reden eine gewisse Dauer und Stabilität der Autoritätsverhältnisse vorausgesetzt. Ech- | tes ethisches Reden erschöpft sich nicht in einer einmaligen Proklamation, sondern es will Wiederholung, Stetigkeit, es will Zeit. Eben darin liegt die Last, aber auch die Würde und die Glaubwürdigkeit ethischen Redens. Einmalige Pronunziamentos[40] sind nichts. Die Ermächtigung zum ethischen Reden erweist sich in der Treue, Bewährung, Dauer, Wiederholung.

Dies alles aber ist nur möglich aufgrund innerer Bejahung und entschlossenen Durchhaltens des Obenseins wie des Untenseins. Beides ist nur miteinander möglich. Nur durch Bejahen und Durchhalten des Obenseins gibt es ein Bejahen und Durchhalten des Untenseins und umgekehrt.[41] Wo es nicht mehr gewagt wird oben zu sein und wo man es nicht mehr

---

38 ,,Handwerksmeister ... Gesellen“ ersetzt: ,,Lehrer ... Schüler“. □ **39** Vgl. A. Harleß, Christliche Ethik, 231: ,,Der Segen, welchen die *Schranken* des Familienstandes in *persönlicher Ueber- und Unterordnung* bringen wollen, kann durch die Selbstsucht in gedoppelter Weise zerstört werden, nämlich durch Aufhebung der Schranke entweder in falscher Zuneigung der Familienglieder zu einander, oder in falscher Abneigung vor einander.“ □ **40** Diesen aus dem Italienischen übernommenen Ausdruck (für: Bekanntmachung, Proklamation) zitiert K. Jaspers, Die geistige Situation der Zeit, 13 (^{4}12), von Ranke; vgl. S. 121 Anm. 116. □ **41** Fortsetzung in einer gestrichenen Vorform: ,,Dabei fällt uns Heutigen das echte Obensein viel schwerer als das Untensein. Seit dem Abfall des Denkens von Christus [ersetzt: ,,vom Christentum“] begründen wir unser etwaiges Obensein nur noch [von] Unten her; wir wagen es nicht mehr, es als echtes Obensein von oben her zu begründen. Die Ermächtigung des Obenseins wird von unten her gewonnen und imgrunde empfinden wir im Untensein die eigentliche treibende Kraft für das Obensein. Man schämt sich, oben zu sein, weil man nichts mehr von dem Auftrag, dem Amt des Obenseins weiß. Daraus entsteht der [gestr.: ,,furchtbare“] ins Chaos treibende Mißbrauch des Obenseins zum persönlichen Interesse. Der Subjektivismus hat uns zu schwach werden lassen, um das Obensein als Auftrag, als Amt zu bejahen, zu tragen und durchzuhalten. Es ist deutlich, daß hier das Ethische nach einem letzten Fundament fragt.“ Dann folgt, nicht gestr., aber im letzten Satz dieses (mit ,,Dies

„nötig zu haben glaubt" unten zu sein, wo das Obensein seine Begründung nur von unten her sucht – also wo der Vater seine Autorität aus dem Vertrauen der Kinder oder die Obrigkeit die ihre aus ihrer Popularität herleitet – und wo dementsprechend im Untensein immer nur die Anwartschaft auf das Obensein, also der Sprengstoff für alles Obensein, gesehen wird, – dort entsteht kein echtes ethisches Reden mehr, dort bricht schon das ethische Chaos herein. Mit der Forderung der inneren Bejahung und des Durchhaltens des Oben- und Untenseins ist also die entscheidende Frage *nach dem Grunde der Ermächtigung* zur ethischen Rede aufgeworfen und mit dieser Frage greift das Ethische entscheidend über sich selbst hinaus.

Während das Bisherige sich – unserer Auffassung nach mit Recht – als allgemeine Phänomenologie des Ethischen[42] verstehen läßt, sind wir jetzt auf eine jenseits des Ethisch-Phänomenologischen liegende letzte Entscheidungsfrage gestoßen. *Welches ist der Grund der konkreten Ermächtigung zum ethischen Reden*? Zwei Antworten sind zunächst denk- | bar: entweder wird die Ermächtigung zum ethischen Reden ohne jeden weiteren Deutungsversuch positivistisch in der gegebenen Wirklichkeit gefunden oder es wird ein System von Ordnungen und Werten konstruiert, innerhalb dessen der Vater, der Meister, die Obrigkeit die Ermächtigung zugeschrieben erhalten. Es ist deutlich, daß die positivistische Begründung ein schwankender Boden ist, da sie über kein Kriterium jenseits der jeweils gegebenen – und möglicherweise immer wieder sich wandelnden – Wirklichkeit verfügt. Außerdem kann es der positivistischen Begründung nicht gelingen, die verschiedenen Autoritäten, die die Ermächtigung zum ethischen Reden für sich in Anspruch nehmen, also etwa Obrigkeit, Vater, Lehrer, Kirche gegeneinander abzugrenzen, vielmehr wird hier die faktische *Macht* als

---

alles aber ..." beginnenden) Absatzes ersetzt: „In der Frage nach dem Grunde der Ermächtigung zur ethischen Rede ist aber bereits über das Ethische hinausgegriffen." □ **42** Vgl. S. 368: das sogenannte „ethische Phänomen" („das Erlebnis des Sollens"). ‚*Phänomenologie*' (Griech.) war damals in der Philosophie die bevorzugte Methode des Erfassens des Wesens der gegebenen Erscheinungen (Phänomene); Bonhoeffer hatte sich, wie er im Lebenslauf zur Habilitation 1930 schrieb, „mit der Phänomenologie fortlaufend beschäftigt" (DBW 10, 190). Sein Weg zur Konkretion schließt phänomenologisches Erkennen ein.

der einzige Maßstab für die *Ermächtigung* gelten. So vermag der Positivismus das Ethische nicht zu begründen. Brauchbarer könnte zunächst der Versuch einer Systematik der Autoritäten und Ordnungen erscheinen, wie er immer wieder von christlichen Philosophen, – im vorigen Jahrhundert besonders von der konservativen Romantik, hervorragend von Julius Stahl,[43] im 20. Jahrhundert durch den Katholiken Max Scheler[44] –, unternommen worden ist. Der Vorzug gegenüber dem Positivismus ist offenkundig: hier gibt es jenseits des positiv Gegebenen Kriterien für die Ordnung der Autoritäten und ihrer Ermächtigungen. Diese Kriterien sind religiöser, genauer gesagt: christlicher Natur. Es handelt sich bei den konkreten Autoritäten um göttliche Einsetzungen, um *direkte Bekundungen des göttlichen Willens*, der Unterwerfung fordert. Damit wird zwar eine gewisse Unabhängigkeit von dem schwankenden Boden des jeweils positiv empirisch Gegebenen gewonnen, andererseits tritt an die Stelle des empirischen Positivismus ein metaphysisch-religiöser Positivismus, und es kann schon aus diesem Grunde auch hier nicht gelingen, die verschiedenen Autoritäten und Er- | mächtigungen ohne Willkürlichkeiten gegeneinander abzugrenzen. Entweder wird die Idee des Staates oder die der Vaterschaft oder die der Kirche zum beherrschenden Prinzip. Der Widerstreit, der sich aus der direkten göttlichen Einsetzung der mannigfaltigen Autoritäten ergibt, wird aufgrund einer mehr oder weniger willkürlichen Entscheidung zugunsten des Absolutheitsanspruchs einer dieser Autoritäten entschieden. Systematische Konstruktion oder metaphysische Ableitung führt zur Erstarrung des wirklichen Lebens.[45]

---

43 Bonhoeffer besaß Friedrich Julius Stahls „Rechts- und Staatslehre auf der Grundlage christlicher Weltanschauung“. □ **44** Zu der von Bonhoeffer geprüften und letzten Endes verworfenen Methode vgl. M. Scheler, Der Formalismus in der Ethik, 609 [GW II, 586] (zusammenfassend): Durch Verknüpfung der „Idee der Wertperson als höchsten Wertes [Anm. Schelers: „Gegenüber Personwerten (Tugenden), Sachwerten, Zustandswerten“] mit der Rangordnung der Modalitäten der Werte“ ergeben sich „die Typen des Heiligen, des Genius, des Helden, des führenden Geistes und des Künstlers des Genusses in der Rangordnung dieser Reihenfolge“. Auf den „Ethik“-Zetteln Nr. 64 und Nr. 66 hat Bonhoeffer eine Reihe von Gestalten notiert („Der Ritter ¦ Der Einfältige ...“), darunter an dritter Stelle „Der (Heilige) – Mönch“. □ **45** Ersetzt: „zu starrem Konservativismus“.

Die Frage nach dem Grund der konkreten Ermächtigung zu ethischem Reden bleibt also noch offen. Offen bleibt damit auch die Frage, warum das Ethische nicht als zeitloses Prinzip, sondern als zeit- und ortbestimmt verstanden werden muß. Offen bleibt schließlich die Frage, inwiefern und in welchen Grenzen das „Ethische“ zum Thema werden kann.

Damit werden wir zu dem jenseits des „Ethischen“ liegenden, allein möglichen Gegenstand einer „christlichen Ethik“ geführt – nämlich zu dem „*Gebot Gottes*“.[46]

Ohne es vielleicht zu wissen, sind wir in dem über das „Ethische“ Gesagten – auf Urgestein, das heißt auf ein Stück des Gebotes Gottes selbst gestoßen.

Das Gebot Gottes ist etwas anderes als das, was wir bisher als das „Ethische“ bezeichnet haben,[47] es umfaßt das ganze Leben, es ist nicht nur unbedingt, sondern es ist auch total. Es verbietet und befiehlt nicht nur, sondern es erlaubt auch. Es bindet nicht nur, sondern es gibt auch frei und zwar indem es bindet. Dennoch gehört das „Ethische“ – in noch zu erläuterndem Sinne – zu ihm. *Das Gebot ist die einzige Ermächtigung zur ethischen Rede.* |

Das Gebot Gottes ist die totale und konkrete Beanspruchung des Menschen durch den barmherzigen und heiligen Gott in Jesus Christus. Ohne hier schon eine allgemeine Lehre vom Gebot Gottes entwickeln zu können, geben wir die für unseren Zusammenhang wichtigsten Richtpunkte an.

Das Gebot Gottes ist nicht im Unterschied zum Ethischen die allgemeinste Zusammenfassung aller ethischen Sätze, nicht das Allgemeingültig-Zeitlose im Unterschied zum Geschichtlich-Zeitlichen, nicht das Prinzip im Unterschied zu seiner Anwendung, nicht das Abstrakte im Unterschied vom Konkreten, das Unbestimmte im Unterschied zum Bestimmten. Wäre es irgendetwas dergleichen, so hätte es aufgehört *Gottes* Gebot zu sein; denn es wäre dann uns jeweils überlassen aus dem Unbestimmten das Bestimmte, aus dem Prinzip die Anwendung, aus

46 Vgl. „Gebot Jesu“ DBW 4 (N), 216–218. Später, im Tegeler Dramenfragment, sagt der Agent des Todes, DBW 7, 61: „Trotzdem [obwohl die Menschen früherer Zeiten „es selbst ein Jammertal nannten“] liebten sie das Leben und nannten das Ganze – Gottes Gebot“. □ **47** Vgl. S. 368f: das Sollen.

dem Zeitlosen das Zeitliche zu machen; es würde damit gerade an der entscheidenden Stelle nicht mehr das Gebot, sondern unser Verständnis, unsere Auslegung, unsere Anwendung ausschlaggebend sein; aus dem Gebot Gottes würde wieder die eigene Wahl.[48]

Gottes Gebot ist Gottes Rede zum Menschen und zwar in ihrem Inhalt wie in ihrer Gestalt konkrete Rede zum konkreten Menschen. Gottes Gebot läßt dem Menschen keinen Raum zur Anwendung, zur Auslegung, sondern nur zum Gehorsam oder zu Ungehorsam. Gottes Gebot kann nicht zeit- und ortlos gefunden und gewußt, sondern nur in der Bindung an Ort und Zeit *gehört* werden. Gottes Gebot ist entweder bestimmt, klar, konkret bis ins Letzte oder es ist nicht Gottes Gebot.[49]

So bestimmt wie Gott zu Abraham und Jacob und Mose gesprochen hat, so bestimmt wie Gott in Jesus Christus zu den Jüngern und durch seine Apostel zu den Gemeinden sprach, so bestimmt spricht Gott zu uns oder er spricht garnicht.[50] Bedeutet das, daß wir in jedem Augenblick unseres Lebens durch irgendeine besondere unmittelbare göttliche Inspiration | das Gebot Gottes zu wissen bekommen können, daß Gott jeden Augenblick in unverkennbar eindeutiger Weise den ,,Akzent der Ewigkeit“[51] auf ein bestimmtes von ihm gewolltes Tun fallen läßt? Nein, es bedeutet dies nicht; denn die Konkretheit des göttlichen Gebotes besteht in seiner Geschichtlichkeit; es begegnet uns[52] in geschichtlicher Gestalt. Heißt dies nun, daß wir doch in letzter Ungewißheit den verschiedensten Ansprüchen

48 Vgl. „Zur theologischen Begründung der Weltbundarbeit“ 1932 DBW 11, 331–333. □ **49** Zur Ausdrucksweise ‚*oder ... ist nicht*‘ vgl. K. Barth, KD II/2, 598: „... oder sie ist nicht theologische Ethik“. Vgl. auf dem „*Das konkrete Gebot*“ überschriebenen „Ethik“-Zettel Nr. 10 (Papiersorte wie S. 334–344): „Der Wille Gottes ist immer konkret, oder er ist nicht der Wille *Gottes*.“ Auf den in der „Ethik“-Ausgabe 1949 abgedruckten Auszug aus diesem Zettel (E^1 221, = E^6 302f) ging Barth 1951 ein in KD III/4, 14f. □ **50** Vgl. in Barths Abschnitt „Die Bestimmtheit der göttlichen Entscheidung“, KD II/2 (737–791), 751–753 die Beispiele aus dem Alten und Neuen Testament. Siehe L. L. Rasmussen, A Question of Method, 122. □ **51** Ausdruck, den Bonhoeffer 1932 DBW 12, 230, bei der Besprechung von Karl Heims Buch „Glaube und Denken“ benutzte, vgl. S. 323; vgl. auch S. 323 Anm. 63 (K. Barth, Römerbrief, 282: „Inspirationen und Intuitionen sind *nicht* notwendig“). □ **52** „besteht ... uns“ ersetzt: „bedeutet, daß es in die Geschichte eingegangen ist“.

der geschichtlichen Mächte[53] ausgeliefert sind, daß wir also inbezug auf das Gebot Gottes im Dunkeln tappen? Nein, das heißt es darum nicht, weil Gott sein Gebot in bestimmter geschichtlicher Gestalt zu hören gibt.[54]

Die nun unausweichlich gewordene Frage, wo beziehungsweise in welcher geschichtlichen Gestalt Gott sein Gebot gibt, soll um der Einfachheit und Klarheit willen – selbst auf die Gefahr des groben Mißverständnisses hin – zunächst einmal thetisch[55] beantwortet werden: *Gottes in Jesus Christus geoffenbartes Gebot ergeht an uns in der Kirche, in der Familie, in der Arbeit und in der Obrigkeit.*

Als zunächst noch nicht voll verständliche, aber jederzeit im Auge zu behaltende Voraussetzung hat zu gelten, daß das Gebot Gottes immer das in Jesus Christus geoffenbarte Gebot Gottes ist und bleibt. Es gibt kein anderes Gebot Gottes, als das von ihm geoffenbarte und eben nach seinem Wohlgefallen in Jesus Christus geoffenbarte.

Das bedeutet: Das Gebot Gottes wächst nicht aus der geschaffenen Welt heraus, sondern es kommt von oben nach unten; es entspringt nicht aus der tatsächlichen Beanspruchung der Menschen durch irdische Mächte und Gesetze, – Selbsterhaltungstrieb, Hunger, Sexualität, politische Gewalt[56] –, sondern steht fordernd und richtend jenseits derselben. Das Gebot Gottes setzt ein unaufhebbares Oben und Unten auf Erden, unabhängig von den faktischen Machtverhältnissen. Es erteilt durch seine Setzung jene Ermächtigung zur ethischen Rede, von der oben gesprochen wurde, | beziehungsweise umfassender die Ermächtigung zur Verkündigung des göttlichen Gebotes.

---

53 Ersetzt: „Gestalten“; vgl. den Verwerfungssatz der These I der Barmer Theologischen Erklärung (in: K. D. Schmidt, Bekenntnisse 1934, 93): „Wir verwerfen die falsche Lehre, als könne und müsse die Kirche als Quelle ihrer Verkündigung außer und neben diesem einen Worte Gottes [Jesus Christus] auch noch andere Ereignisse und Mächte, Gestalten und Wahrheiten als Gottes Offenbarung anerkennen.“ □ **54** Ersetzt: „an bestimmte geschichtliche Gestalten gebunden hat.“ □ **55** ‚*Thetisch*‘ (Griech.): setzend, behauptend. □ **56** „entspringt ... Gewalt“ ersetzt: „hat mit der tatsächlichen Beanspruchung der Menschen durch irdische Gewalten – Selbsterhaltungstrieb, politische Macht – nichts zu tun, ist also keinesfalls mit ihr identisch“; der Zusatz „und Gesetze“ ersetzt: „Das Gebot Gottes steht immer jenseits aller menschlichen Gesetze.“

Weil Gottes Gebot das in Jesus Christus geoffenbarte Gebot ist, darum kann keine einzelne der zur Verkündigung des Gebotes ermächtigten Autoritäten sich selbst absolutsetzen. Nur indem Kirche, Familie, Arbeit und Obrigkeit sich gegenseitig begrenzen, indem sie neben- und miteinander jedes in seiner Weise das Gebot Gottes zur Geltung bringen, sind sie von oben her zur Rede ermächtigt. Keine dieser Autoritäten kann sich für sich allein mit dem Gebot Gottes identificieren. Darin gerade erweist sich die Überlegenheit des Gebotes Gottes, daß es diese Autoritäten zu einander, nebeneinander, miteinander und gegeneinander ordnet und daß nur in dieser Mannigfaltigkeit der konkreten Beziehungen und Begrenzungen das Gebot Gottes als in Jesus Christus offenbartes Gebot zur Geltung kommt.[57]

Gottes Gebot als das in Jesus Christus geoffenbarte ist immer ein konkretes Reden *zu* jemandem, niemals ein abstraktes Reden *über* etwas oder jemanden. Es ist immer Anrede, Beanspruchung und das in so umfassender und zugleich bestimmender Weise, daß es ihr gegenüber nicht mehr die Freiheit der Auslegung und der Anwendung, sondern nur noch die Freiheit des Gehorsams oder des Ungehorsams gibt.

Gottes in Jesus Christus geoffenbartes Gebot umfaßt das Ganze des Lebens, es bewacht nicht nur wie das Ethische die unüberschreitbaren Grenzen des Lebens, sondern es ist zugleich die Mitte und Fülle des Lebens. Es ist nicht nur Sollen, sondern auch Erlauben, es verbietet nicht nur, sondern es befreit zum echten Leben, es befreit zum unreflektierten Tun.[58] Es unterbricht nicht nur den Lebensvorgang dort wo er sich verfehlt, sondern es begleitet und führt ihn, ohne daß das immer ins Bewußtsein erhoben werden müßte. Gottes Gebot wird zur täglichen göttlichen Führung unseres Lebens. An | einem Beispiel verdeutlicht: Im Verhältnis des Kindes zu den Eltern ist Gottes Gebot nicht nur drohende, richtende Warnung gegen

---

57 Der Totalitätsanspruch des NS-Regimes zerstörte die Möglichkeit, daß Kirche, Familie, Arbeit und Obrigkeit sich gegenseitig begrenzten und förderten, da alles der Staatsgewalt unterworfen wurde und keine Eigenständigkeit mehr haben sollte. □ **58** Vgl. actus directus („unreflektiertes Tun“) im Unterschied zu actus reflexus („reflektiertes Tun“), DBW 2 (AS), 159 u. ö.; ThDB 83ff, 111.

das Kind, das sich gegen seine Eltern erhebt, sondern es begegnet dem Kind, es begleitet es und führt es in all den unzähligen Situationen, in denen es im täglichen Leben seine Eltern ehrt und liebt. Das Gebot Gottes existiert nicht nur in der solennen Form etwa des 4. Gebotes,[59] sondern auch in der Gestalt der alltäglichen Worte, Ermahnungen, Aufforderungen zu irgendwelchem konkreten Verhalten und Tun innerhalb der Familiengemeinschaft. Das bedeutet keine Zersplitterung, sondern gerade umgekehrt die umfassende Einheit des Gebotes Gottes und zugleich seine vollendete Konkretheit, es bedeutet, daß das Leben durch das Gebot nicht in unzählige neue Anfänge zerfällt, sondern eine klare Richtung, eine innere Stetigkeit und eine feste Geborgenheit erhält. Das Gebot Gottes wird zu dem Element, ,,in" dem man lebt, ohne daß man sich dessen immer wieder bewußt würde. Das Gebot als Element des Lebens bedeutet Freiheit der Bewegung und des Handelns, Freiheit von der Angst vor der Entscheidung, vor der Tat, es bedeutet Gewißheit, Ruhe, Zuversicht, Gleichmaß, Freude.[60] Nicht weil an den Grenzen meines Lebens ein drohendes ,,Du sollst nicht . . ." steht, sondern weil ich die in der Mitte und Fülle des Lebens mir begegnenden Gegebenheiten, Eltern, Ehe, Leben, Eigentum als Gottes heilige Setzung selbst bejahe, weil ich in ihnen lebe und leben will, ehre ich die Eltern, halte ich die Ehe, achte ich fremdes Leben und Eigentum.[61] Erst wenn mich das Gebot nicht nur als Übertreter der Grenzen bedroht, sondern wenn es mich durch seinen sachlichen Gehalt überführt, überwindet, befreit es mich von der Angst und Ungewißheit der Entscheidung. Wenn ich meine Frau liebe, wenn ich die Ehe als Gottes Setzung bejahe, dann stellt sich eine innere Freiheit und Gewißheit des Lebens und Handelns in der Ehe ein, die nicht mehr mißtrauisch | jeden eigenen Schritt beobachtet, jede eigene Tat infragezieht; das göttliche Verbot des Ehebruches ist dann nicht mehr der Mittelpunkt, um den mein ganzes Denken und

---

59 Ex 20,12: ,,Du sollst deinen Vater und deine Mutter ehren, auf daß du lang lebest im Lande, das dir der HErr, dein Gott, gibt." ‚*Solenn*' (Lat.): feierlich. □ **60** Vgl. Barths Abschnitt ,,Die Güte der göttlichen Entscheidung", KD II/2, 791–818 (Hinweis: L. L. Rasmussen, A Question of Method, 123). □ **61** Fünftes bis Siebentes Gebot: Ex 20,13–15. Vgl. 30. 4. 1944 WEN 307: ,,nicht an den Grenzen, sondern in der Mitte".

Handeln in der Ehe kreist, – *als ob Sinn und Ziel der Ehe geradezu in der Vermeidung des Ehebruches bestünde!* – sondern die gehaltene und frei bejahte Ehe, also das Hintersichlassen des Verbotes des Ehebruches ist vielmehr die Voraussetzung für die Erfüllung des göttlichen Auftrages der Ehe. Das göttliche Gebot ist hier zur Erlaubnis geworden, frei und gewiß in der Ehe zu leben.

Das Gebot Gottes ist die Erlaubnis als Mensch vor Gott zu leben.

Das Gebot Gottes ist *Erlaubnis.* Darin unterscheidet es sich von allen menschlichen Gesetzen, daß es die *Freiheit – gebietet.*[62] Darin erweist es sich als *Gottes* Gebot, daß es diesen Widerspruch aufhebt, daß das Unmögliche möglich wird, daß das, was jenseits alles Gebietbaren liegt, die Freiheit, sein eigentlicher Gegenstand ist. So hoch greift das Gebot Gottes, billiger ist es nicht. Erlaubnis, Freiheit bedeutet nicht, daß nun Gott dem Menschen doch noch ein Feld einräumt zur Betätigung nach eigener Wahl, frei von Gottes Gebot, sondern diese Erlaubnis, diese Freiheit entspringt ja gerade nur am Gebote Gottes, sie ist nur durch das Gebot und im Gebot Gottes möglich, sie ist niemals vom Gebot gelöst, sie bleibt *Gottes* Erlaubnis und als solche und nur als solche befreit sie von der quälenden Angst vor der jeweiligen Entscheidung und Tat zur Gewißheit der persönlichen Leitung und Führung durch das göttliche Gebot. Die kantisch-fichtesche Verwerfung des Begriffes des ,,Erlaubten" in der Ethik[63] besteht zu recht, wo unter dem Erlaubten

62 Vgl. K. Barth, KD II/2, 650: ,,Die Form, durch die das Gebot Gottes sich von allen anderen Geboten unterscheidet, die besondere Form ... besteht darin, daß es *Erlaubnis* ist: *Gewährung* einer ganz bestimmten *Freiheit.*" Daß in Bonhoeffers Ausführungen zu ,,*Gebot Gottes*" eine direkte Berührung mit Barths KD II/2 vorliegen müsse, hat Larry L. Rasmussen 1968 erschlossen (vgl. A Question of Method, bes. 121–124), ehe der 1981 entdeckte Briefwechsel mit Karl Barth, die 1982 veröffentlichte Schweizer Korrespondenz 1941/42, belegte, daß Bonhoeffer um den 13. Mai 1942 die Druckfahnen dieses KD-Bandes lesen konnte (DBW 16, 266f). Bonhoeffers Modifikation „Freiheit gebieten" (gegenüber „*Gewährung*" in Barths KD II/2) zitierte Karl Barth dann 1951 in KD III/4, 14. □ **63** Vgl. I. Kant, Metaphysik der Sitten (1797, ²1798), BA 21 (Werke IV, 329): „Eine Handlung, die weder geboten noch verboten ist, ist bloß *erlaubt* ... . Eine solche Handlung heißt sittlich-gleichgültig (indifferens, adiaphoron, res merae facultatis [„gleichgültig, bedeutungslos, lediglich freigedas dem Gebote Gottes gegenüber Neutrale, Unabhängige, Indifferente verstanden wird, sie hat aber unrecht, wenn sie damit den Begriff der Erlaubnis Gottes, der Erlaubnis, die aus dem Gebote Gottes hervorgeht, ausscheiden will zugunsten eines rei- | nen Pflichtbegriffs, der sich immer als zu eng erweisen muß, um das Ganze des menschlichen Lebens zu umfassen und zu tragen.[64]

Das Gebot Gottes erlaubt dem Menschen als Mensch vor Gott zu leben. Als Mensch, nicht nur als Subjekt ethischer Entscheidungen, als Student der Ethik. Was das umschließt, sagen wir am besten mit den Versen die Matthias Claudius unter der Überschrift: „Der Mensch“ geschrieben hat: Empfangen und ernähret – vom Weibe wunderbar / kömmt er und sieht und höret – und nimmt des Trugs nicht wahr; / gelustet und begehret – und bringt sein Tränlein dar; / verachtet und verehret, – hat Freude und Gefahr; / glaubt, zweifelt, wähnt und lehret – hält nichts und alles wahr; / erbauet und zerstöret – und quält sich immerdar; / schläft, wachet, wächst und zehret – trägt braun und graues Haar. / Und alles dieses währet, – wenn's hoch kommt, 80 Jahr. / Dann legt er sich zu seinen Vätern nieder, und er kömmt nimmer wieder. /.[65] Die Zeitlichkeit, die Fülle und die Hinfälligkeit des menschlichen Lebens hat hier einen unvergleichlichen Ausdruck gefunden. Um *dieses* Leben geht es, wenn wir vom Gebot Gottes reden und eben von *diesem* Leben weiß das „Ethische“ nichts. Das „Ethische“ kann dieses Leben immer nur unterbrechen wollen, es jeden Augenblick neu vor den Konflikt | seiner Pflichten stellen, das „Ethische“ kann dieses Leben immer nur sich selbst gegenüber fragwürdig werden lassen, es kann es nur auflösen[66] in unzählige Einzelent-

---

stellte Angelegenheit“]).“ BA 22 (Werke IV, 329): „Zu einer solchen gleichgültigen Handlung (adiaphoron), wenn man sie nach sittlichen Gesetzen betrachtet, würde kein besonderes Gesetz erfordert werden“, kein „Erlaubnisgesetz“. Für Fichte besteht das Wesen des Moralischen im Pflichtbewußtsein. Vgl. das Zitat aus G. W. F. Hegel, Religionsphilosophie nach Lasson XII, 258f, zu S. 369 Anm. 13 (Kants und Fichtes „Sollen“). □ **64** Mit Bleistift am Ms-Rand: „Claudius | Auch einer“ (ersteres: Hinweis auf Matthias Claudius, s. gleich im Text; letzteres: der Titel des Buches von Friedrich Theodor Vischer, vgl. S. 365f). □ **65** M. Claudius, Wandsbecker Bote, Vierter Teil, 470. Bei Claudius nach „... graues Haar“: „etc.“ □ **66** Änderung zu „atomisieren“ rückgängig gemacht.

scheidungen. Der *Fluß* des Lebens von der Empfängnis bis zum Grab ist dem Ethischen unbegreiflich, ,,vorethisch"; die Undurchsichtigkeit der Motive des Handelns, das Durchwachsensein jedes Tuns durch Bewußtes und Unbewußtes, Natürliches und Übernatürliches, Neigung und Pflicht, Egoistisches und Altruistisches, Gewolltes und Notwendiges, Aktives und Passives, so also daß jedes Tun zugleich ein Erleiden, ein An sich geschehen lassen ist und umgekehrt[67] – dies alles ist dem ,,Ethischen" zuwider, ist ihm ein Greuel; es will unter allen Umständen Klarheit, Geradlinigkeit, Reinheit, Bewußtheit der menschlichen Motive und Taten, es zerschneidet den knorrigen Wuchs des Lebens.[68] Das Gebot Gottes erlaubt dem Menschen Mensch zu sein vor Gott, es läßt dem Fluß des Lebens seinen Lauf, es läßt den Menschen essen, trinken, schlafen, arbeiten, feiern, spielen ohne ihn darin zu unterbrechen,[69] ohne ihn unausgesetzt vor die Frage zu stellen, ob er auch schlafen, essen, arbeiten, spielen dürfe, ob es nicht dringendere Pflichten für ihn gebe; es macht den Menschen nicht zum Beurteiler und Richter seiner selbst und seiner Taten, sondern es erlaubt ihm zu leben, zu handeln in Gewißheit und in Zuversicht zur Lenkung durch das göttliche Gebot. Die selbstquälerische und hoffnungslose Frage nach der Reinheit der Motive, die argwöhnische Selbstbeobachtung, das grelle und ermüdende Licht dauernder Bewußtheit, – dies alles hat mit dem Gebote Gottes, das die Freiheit zum leben und handeln schenkt, nichts zu tun. Daß die Wurzeln des menschlichen Lebens und Handelns im Dunkeln liegen, daß Tun und Erleiden, Bewußtes und Unbewußtes unentwirrbar sich verschlingen, ist in der Erlaubnis zum Leben durch Gottes Gebot mit eingeschlossen. Licht kommt in dieses Leben nur durch das Ergreifen dieser göttlichen Erlaubnis, von oben.

Vor Gottes Gebot ist der Mensch nicht der Herkules am Scheidewege[70] in Permanenz, nicht der ewig um die rechte |

---

67 Zu ‚*Aktives und Passives*‘ vgl. S. 225, zu ‚*Tun*‘ und ‚*Erleiden*‘ DBW 4 (N), 148, und S. 339–341. □ 68 Ersetzt: ,,Baumes". □ 69 Vgl. S. 372 (,,Unterbrechung" allen Lebens ,,von seiner Grenze her"); S. 384 (Gebot ,,unterbricht" nicht nur, sondern ,,begleitet"). K. Barth, KD II/2, 573: Ethik ,,sagt nicht nur Nein". □ 70 An die Fabel des Sophisten Prodikos, eines Zeitgenossen des Sokrates, von der Entscheidung des Herakles an der Wegegabelung für die Tugend gegen das Laster erinnert K. Barth, KD II/2, 573.

Entscheidung Ringende, im Konflikt der Pflichten Sich Aufreibende, immer wieder Scheiternde und neu Anfangende,[71] und Gottes Gebot selbst tritt nicht nur in jenen großen, bewegten, in höchster Bewußtheit erlebten Krisenmomenten des Lebens in Erscheinung. Vielmehr darf der Mensch vor Gottes Gebot nun einmal schon wirklich auf dem Wege sein (nicht immer erst am Scheideweg stehen), er darf die rechte Entscheidung einmal wirklich hinter sich haben (nicht immer nur vor sich), er darf ganz ohne inneren Konflikt das Eine tun und das andere (theoretisch-ethisch vielleicht ebenso Dringliche) lassen, er darf den Anfang schon gemacht haben und sich auf dem Wege vom Gebot wie von einem guten Engel[72] leiten, begleiten und bewahren lassen, und Gottes Gebot selbst kann nun in der Gestalt alltäglicher, scheinbar kleiner, bedeutungsloser Worte, Sätze, Winke, Hilfen dem Leben die einheitliche Richtung, die persönliche Führung geben.[73]

Nicht in der Vermeidung der Übertretung, nicht in der Qual des ethischen Konfliktes und der Entscheidung, sondern im frei bejahten selbstverständlichen Leben in der Kirche, in Ehe und Familie, in der Arbeit und im Staat hat das Gebot sein Ziel. Während das ,,Ethische" nur die Grenzen, das Formale, das Negative bestimmt, und es darum als Thema auch immer nur an der Grenze, formal, negativ möglich ist, geht es im Gebot Gottes um den positiven Gehalt und um die Freiheit des Menschen diesen positiven Gehalt zu bejahen. Das Gebot Gottes als Thema einer christlichen Ethik ist daher nur so möglich, daß der positive Gehalt und die Freiheit des Menschen zugleich im Auge behalten werden. Weder eine Kasuistik, das heißt eine Vorentscheidung für konkrete Fälle aufkosten der Freiheit des Menschen, noch eine formale Freiheitslehre aufkosten des positiven Gehalts[74] wird dem Gebot als Thema einer christlichen

---

71 Vgl. dann 1943 im Dramenfragment, DBW 7, 68 („Man kann nicht jeden Tag das Leben von vorn anfangen ..."). □ **72** Auf „Ethik"-Zettel Nr. 107 steht der Ausdruck: „Schlaf-Engel". Vgl. DBW 5 (GL), 63f, zu der Liedstrophe: „So unsre Augen schlafen schier, laß unser Herze wachen dir" (vgl. EG.BP 481,3; EG 469,3). □ **73** „in der Gestalt ... geben." ist die Aufnahme einer nach S. 388,30 gestrichenen Formulierung, die eine nach S. 386,7 gestrichene Vorformulierung leicht modifiziert. Diese Aussage und ihre Stellung im Zusammenhang ist also gründlich bedacht. □ **74** Vgl. „Formalismus und Kasuistik" S. 87, und auf

Ethik gerecht. Während es im ,,Ethischen“ letzten Endes darum ging, Raum abzustecken[75] und zu schaffen für das Mitleben | in der ganzen Fülle des Lebens, geht es im Gebot um dieses ,,Mitleben“[76] selbst in seinen konkreten Inhalten und in der in ihnen und durch sie ermöglichten Freiheit des Menschen. Damit aber wird deutlich, daß das Gebot Gottes auch das ,,Ethische“ mit umfaßt. Es ist dabei entscheidend, daß wir nicht umgekehrt sagen, daß das Ethische auch das Gebot umfasse; in diesem Falle nämlich wäre das Gebot als [das] Sekundäre nichts als der Spezialfall, als die konkrete ,,Anwendung“ des Ethischen, während vielmehr das Gebot in seinem konkreten Gehalt und in der durch ihn ermöglichten Freiheit des Menschen das ursprüngliche ist und aus sich heraus die Grenze setzt, den Raum schafft, innerhalb dessen es gehört und erfüllt werden kann. Aus der Mitte und Fülle des Lebens mit dem Gebot Gottes heraus entsteht die Grenze, nicht umgekehrt. – Wenn wir nun schließlich den philosophischen Begriff des ,,Ethischen“ durch den biblischen Begriff des ,,Gesetzes“ ersetzen, dann ergibt sich als Resultat, daß Gebot und Gesetz unauflöslich zueinander gehören, aber doch wohl zu unterscheiden sind und daß das Gesetz im Gebot miteingeschlossen ist, aus ihm heraus entsteht und zu verstehen ist.[77]

„Ethik“-Zettel Nr. 10: „Das kasuistische Mißverständnis des Konkreten ... Das formalistische Mißverständnis“. □ **75** Vgl. S. 362: Raum durch die Zehn Gebote abgesteckt. □ **76** Siehe S. 372f. □ **77** Zu ‚*Gesetz*‘ als konkreter Konsequenz des konkreten ‚*Gebotes*‘ vgl. die Meditation zu Ps 119,1–21 (‚Gesetz‘, ‚Satzungen‘, ‚Gebote‘) 1939/40 DBW 15, 499–537, und auf „Ethik“-Zettel Nr. 109: „Ps 119 | für die Seligkeit des Lebens in den Geboten.“ Daß Bonhoeffer ‚Gesetz‘ an die Stelle des philosophischen Begriffs des ‚Ethischen‘ setzt und vom umfassenderen, übergeordneten Begriff des ‚Gebotes‘ unterscheidet, ist bei ihm eine begriffliche Neuerung, die er nicht weiter ausgeführt hat.

Damit gliedern sich die nächstfolgenden Überlegungen von selbst in die zwei Teile: 1. Das konkrete Gebot Gottes 2. Das Gesetz.[78]

---

78 Ersetzt: „1. Das konkrete Gebot 2. Das Gesetz Gottes". ‚*Gesetz*' hatte Bonhoeffer S. 282 erläutert: „Gesetz der Gottes- und Nächstenliebe, wie es im Dekalog, in der Bergpredigt und in der apostolischen Paränese ausgelegt ist". Ausführungen zum *Dekalog* finden sich im „primus usus legis"-Text DBW 16, 605–607 – „primus usus" ist auf „Ethik"-Zettel Nr. 38 hinter „Kirche und Welt-(gestaltung)" notiert – und in der Skizze zur „Möglichkeit des Wortes der Kirche an die Welt" S. 360–362. Die Ausführungen zur *Bergpredigt* in der ersten Fassung von „Die Geschichte und das Gute" S. 228–230 und S. 234–244 sind in der zweiten Fassung ausgespart (wohl für spätere Behandlung vorgesehen). Zur *apostolischen Paränese* s. Teil II der „Nachfolge", DBW 4 (N), 215 ff. Vielleicht wollte Bonhoeffer in der Anfangszeit seiner Haft zum Thema der apostolischen Paränese weiterarbeiten; er schrieb am 25. 4. 1943 WEN 36, daß er „ein paar Kapitel paulinischer Ethik" ausgelegt habe; auf dem Tegeler Zettel NL A 86,5 sind Paulus-Stellen notiert, u. a. I Kor 7,6 zu „Vergunst (Erlaubnis)".

Das konkrete Gebot und die göttlichen Mandate.[1]

Gottes in Jesus Christus offenbartes Gebot in seiner das menschliche Leben umfassenden Einheit, in seiner ungeteilten Inanspruchnahme des Menschen und der Welt durch die versöhnende Liebe Gottes, begegnet uns konkret in vier verschiedenen, nur durch das Gebot selbst geeinten Gestalten: in der Kirche, in Ehe und Familie, in der Kultur, in der Obrigkeit.

Nicht irgendwo und überall, nicht in theoretischer Spekulation und nicht in privater Erleuchtung, nicht in geschichtlichen Mächten und nicht in bezwingenden Idealen ist Gottes Gebot zu finden, sondern allein darin, wo es sich selbst gibt. Nur wo Gott selbst dazu ermächtigt, kann Gottes Gebot gesagt werden und nur insoweit Gott ermächtigt, insoweit kann das Gebot Gottes legitim ausgerichtet werden. Nicht wo geschichtliche Mächte, starke Ideale, überzeugende Erkenntnisse sind, sondern wo in der Christusoffenbarung begründet göttliche Mandate sind, ist Gottes Gebot zu finden. Um solche Mandate Gottes handelt es sich in der Kirche, in Ehe und Familie, in der Kultur[2] und in der Obrigkeit. |

Unter ,,Mandat" verstehen wir den konkreten in der Christusoffenbarung begründeten und durch die Schrift bezeugten göttlichen Auftrag, die Ermächtigung und Legitimierung zur

---

1 Das Ms beginnt auf einer neuen Seite, der zweiten des Doppelbogens mit ,,Eichberger"-Wasserzeichen ,,9" (ab S. 389,17). Es ist vollständig auf ,,Eichberger" Doppelbögen geschrieben. Die Numerierung, immer oben in der Mitte, läuft weiter (,,10." bis ,,15."). □ **2** Das Mandat, das sonst ,,Arbeit" heißt, wird von dieser Stelle an (bis zum Abbruch des Ms) ,,Kultur" genannt. In den Notizen zu ,,Kultur" auf dem ,,Ethik"-Zettel Nr. 86 (u. a.: ,,Stände: Beamter, Soldat, Geistlicher, Gelehrter. *Prinzip der Stellvertretung*: der eine für den anderen – kämpft, arbeitet, verwaltet, studiert [Zusatz: ,,ist gebildet . ."], betet ...") steht „Gen 4ff". „Gen 4,17ff" ist in „Staat und Kirche" DBW 16, 526, und von daher im Einschub in das Ms „Christus, die Wirklichkeit und das Gute" S. 57 auf das Mandat der Arbeit bezogen. – Beim Weiterverfolgen der Gedanken zu „Kultur" in der Tegeler Haft kehrte Bonhoeffer zum Namen „Arbeit" für das Mandat zurück, vgl. 23. 1. 1944 WEN 216.

Ausrichtung eines bestimmten göttlichen Gebotes, die Verleihung göttlicher Autorität an eine irdische Instanz. Unter Mandat ist zugleich die Inanspruchnahme, die Beschlagnahmung und Gestaltung eines bestimmten irdischen Bereiches durch das göttliche Gebot zu verstehen. Der Träger des Mandats handelt in Stellvertretung, als Platzhalter des | Auftraggebers. Recht verstanden wäre auch der Begriff der ,,Ordnung"[3] hier verwendbar, nur daß ihm die Gefahr innewohnt, den Blick stärker auf das Zuständliche der Ordnung als auf die die Ordnung allein begründende göttliche Ermächtigung, Legitimierung, Autorisierung zu richten, woraus dann allzuleicht die göttliche Sanktionierung aller überhaupt existierenden Ordnungen und damit ein romantischer Konservativismus[4] folgt, der mit der christlichen Lehre von den 4 göttlichen Mandaten nichts mehr zu tun hat. Könnte der Begriff der Ordnung von diesen Mißdeutungen gereinigt werden, so wäre er wohl imstande das Gemeinte in starker und gewinnender Weise auszudrücken. Auch der seit der Reformationszeit bewährte Begriff des ,,Standes"[5] bietet sich hier an, aber er ist im Laufe der Geschichte so überwuchert, daß er in seiner ursprünglichen Reinheit einfach nicht aufgenommen werden kann. Zu viel von menschlicher Bevorrechtung, von Privilegien klingt in diesem Worte mit als daß man seine ursprüngliche demütige Würde noch heraushörte. Der Begriff des ,,Amtes" schließlich ist so profanisiert und so eng mit institutionell-bürokratischem Denken verbunden, daß die Erhabenheit des göttlichen Beschlusses in ihm nicht vernommen werden kann. So bleiben wir in Ermangelung eines besseren Wortes zunächst bei dem Begriff des Mandates, aber

---

3 Zu ,*Ordnung*' vgl. Luthers ,,ordo"-Lehre, auf die O. Dittrich, Geschichte der Ethik IV, 65 (,,drei Orden") verweist. Luther benutzte nicht gleichbleibend dieselben Begriffe (Orden, Stand, Hierarchie u. ä.), knüpfte aber an die traditionellen, seit Aristoteles gebräuchlichen, inhaltlich oft verwandelten Termini an: status oeconomicus, politicus, ecclesiasticus. Vgl. W. Maurer, Luthers Lehre von den drei Hierarchien. □ **4** Zum ,*romantischen Konservativismus*', der die überkommenen Ordnungen verklärt und deshalb gegenüber allem Neuen bevorzugt, vgl. schon oben, S. 380. Bonhoeffer scheut vor dem Begriff der ,*Ordnung*' wohl wegen seiner Verwendung durch die Erlanger Lutheraner Paul Althaus und Werner Elert zurück. □ **5** Auf dem ,,Ethik"-Zettel Nr. 1 (1940 geschrieben) sind als Begriffe erwogen: ,,Der Aufbau der Stände [gestr., Streichung durch Unterpunktierung rückgängig gemacht] Ämter? Berufe?"

doch mit dem Ziel, durch Klärung der Sache selbst zu einer Erneuerung und Wiedergewinnung der alten Begriffe der Ordnung, des Standes und des Amtes beizutragen.

Die göttlichen Mandate hängen allein an Gottes *einem* Ge- | bot, wie es in Christus offenbart ist. Sie sind von oben her in die Welt hineingesenkt als Gliederungen, – ,,Ordnungen" –, der Christuswirklichkeit, das heißt der Wirklichkeit der Liebe Gottes zur Welt und zu den Menschen, die in Jesus Christus offenbart ist.[6] Sie sind also keinesfalls aus der Geschichte herausgewachsen, sie sind nicht irdische Mächte, sondern göttliche Aufträge. Was Kirche, Ehe und Familie, Kultur und Obrigkeit ist, kann nicht anders als von oben her,[7] von Gott her, gesagt und verstanden werden. Die Träger des Mandats sind nicht Beauftragte von unten,[8] Vollstrecker und Exponenten menschlicher Willensbildungen, sondern im strengen unabdingbaren Sinne Beauftragte, Stellvertreter, Platzhalter Gottes. Das gilt ganz unabhängig von der Art und Weise des historischen Zustandekommens einer Kirche, einer Familie, einer Obrigkeit. So ist in dem Mandatsbereich ein unaufhebbares Oben und Unten gesetzt kraft göttlicher Ermächtigung.

Das Gebot Gottes will dem Menschen also immer in einem

---

6 Für diesen und den vorigen Satz (vom Absatzbeginn an) steht eine Vorformulierung auf dem „Ethik"-Zettel Nr. 114. Auf demselben Zettel: *„Einheit: als Gebot* und *ich"* (Anklang an die „Ich-bin"-Worte Jesu im Johannesevangelium, z. B. Joh 14,6). Vgl. S. 235, auch zu *‚hineingesenkt'* (Vortrag „Dein Reich komme" 1932 DBW 12, 268: „... von oben in den verfluchten Acker hineingesenkt"). □ **7** Vgl. Bonhoeffers Wiedergabe von Joh 19,11 in „Staat und Kirche" DBW 16, 515: Macht der Obrigkeit ist „Gabe von oben herab". □ **8** Die These, daß die Träger der Mandate ihren Auftrag nicht *‚von unten'* haben, scheint einen Vorbehalt gegenüber demokratischen Verfahren anzuzeigen. Wegen des im Dritten Reich eingeübten bedingungslosen Führergehorsams hätte nach Bonhoeffers Auffassung eine Regierung gleich nach einem Umsturz „zunächst nicht im angelsächsischen Sinn des Wortes demokratisch" aussehen können, s. die Stellungnahme zu William Patons Buch „The Church and the New Order" 1941 DBW 16, 541. Wie in dem „zunächst" angedeutet ist, wurde die Einführung demokratischer politischer Regelungen dennoch als notwendig betrachtet, vgl. dazu die vertraulichen „Erwägungen zur Nachkriegsregelung" („Some Considerations concerning the Post-War Settlement"), die Visser 't Hooft nach einem Gespräch mit Bonhoeffer während dessen erster Schweizer Reise am 12. 3. 1941 aufzeichnete, s. A. Boyens, Kirchenkampf und Ökumene 1939–45, 431f; vgl. DBW 16, 161.

irdischen Autoritätsverhältnis, in einer durch ein klares Oben und Unten bestimmten Ordnung begegnen. Aber dieses Oben und Unten bedarf sogleich der näheren Bestimmung: 1.) Es ist nicht identisch mit einem irdischen Machtverhältnis. Keinesfalls kann sich der Mächtigere gegenüber dem Schwächeren ohne weiteres auf das göttliche Mandat berufen. Vielmehr gehört es zum Wesen des göttlichen Mandates, daß es die irdischen Machtverhältnisse in seiner Weise korrigiert und ordnet. 2.) Ferner muß betont werden, daß das göttliche Mandat nicht nur das Oben, sondern eben auch das Unten schafft. Oben und Unten gehören in einer – später[9] noch näher zu bestimmenden – unauflöslichen einander begrenzenden Beziehung zueinander. 3.) Zwar ist das Oben und Unten ein Verhältnis nicht von Begriffen oder Dingen, sondern von Personen zueinander, aber eben von solchen Personen, die sich, ob oben [oder][10] unten, dem Auftrag Gottes und ihm | allein beugen. Auch der Herr hat einen Herren[11] und nur diese Tatsache begründet überhaupt sein Herrsein, ermächtigt, legitimiert ihn gegenüber dem Knecht. Herr und Knecht[12] schulden einander diejenige Ehre, die aus der jeweiligen Teilhabe an dem Mandat Gottes entspringt. Dem Mißbrauch des Obenseins zur Schädigung[13] dessen, der unten ist, steht gleichwertig und ebenso häufig der Mißbrauch des Untenseins gegenüber. Abgesehen von persönlichen Entgleisungen ist der Mißbrauch des Oben- wie des Untenseins zwangsläufig, wenn die Begründung von beidem im Mandate Gottes nicht mehr erkannt wird. Das Obensein wird dann als zufällige Gunst des Schicksals aufgefaßt, ergriffen und bedenkenlos ausgenutzt wie dementsprechend das Untensein als ungerechte Benachteiligung zu Empörung und Aufstand führen muß. Sobald aber einmal das Unten sich der in ihm wohnenden Gewalten bewußt geworden ist,[14] sobald der kriti-

9 Siehe S. 398. □ **10** Im Ms: „und". □ **11** Eph 6,9: „... ihr Herren, ... wisset, daß auch euer Herr im Himmel ist". □ **12** Vgl. G. W. F. Hegel, Phänomenologie, 146–150, vom Herausgeber Lasson mit der Überschrift „Herr und Knecht" versehen; Bonhoeffers Exemplar ist an dieser Stelle nicht aufgeschnitten. □ **13** „zur [gestr.: „materiellen oder geistigen"] Schädigung" ersetzt: „im Sinne einer privaten Nutznießung". □ **14** Vgl. DBW 3 (SF), 35, zu Gen 1,2: „Die finstere Tiefe ... beschließt in sich gerade in ihrem Tiefsein Macht, Gewalt", die, vom Ursprung „losgerissen, Aufruhr und Empörung sind". Vgl. S. 109 („... erhebt sich drohend und dunkel die Masse").

sche Augenblick erreicht ist, in dem wie durch einen plötzlichen Akt der Erkenntnis und der Selbstbefreiung das Unten sich die dunklen Kräfte der Zerstörung, der Verneinung, des Zweifels und der Auflehnung zuströmen und sich in diesen chaotischen Kräften allem Bestehenden, allem Oben gegenüber überlegen fühlt, ebenso bald hat sich das Verhältnis von Oben und Unten in sein Gegenteil verkehrt. Es gibt kein echtes Oben und Unten mehr, sondern was oben ist, zieht seine Ermächtigung und Legitimation allein von unten und das Unten sieht in dem, der – von unten her – oben ist, nur den personificierten Anspruch des Untenseins auf das Obensein. So wird das Unten hier zu einer ständigen und zwangsläufigen Bedrohung dessen, der oben ist, und dieser wieder kann angesichts der Bedrohung nur durch immer weiteres Aufwiegeln des Unten einerseits und durch Terror gegen die aufrührerischen Mächte des Unten andererseits seine Position „oben" halten.[15] Das Verhältnis von Oben und Unten ist in diesem Stadium der Umkehrung und der Auflösung | das der tiefsten Feindschaft, des Mißtrauens, des Betruges und des Neides. In dieser Atmosphäre aber gedeiht auch der rein persönliche Mißbrauch des Oben- und des Untenseins in sonst nie dagewesener Weise. Im Erschauern vor den Gewalten der Empörung muß die Tatsache, daß eine echte von oben her begründete Ordnung überhaupt möglich war als das erscheinen, was sie in Wirklichkeit ist: als ein Wunder.[16] Die echte Ordnung des Oben und Unten lebt aus dem Glauben an den Auftrag von „oben", an den „Herrn" der „Herren". Dieser Glaube allein bannt die dämonischen Gewalten,[17] die von unten

15 ‚*Aufwiegeln*' der Massen und ‚*Terror*', angsteinflößende Willkürgewalt, waren oft und wirksam benutzte Kampfmittel im Dritten Reich, krasse Beispiele für die Gefährlichkeit des Herrschaftsanspruchs von unten. □ **16** Anders als im Vortrag „Dein Reich komme" 19. 11. 1932 DBW 12, 273: „Das *Wunder* und *die Ordnung*, das sind die beiden Gestalten, in denen sich das Reich Gottes auf der Erde darstellt", nämlich Kirche und Staat. Nach 1933 erschien in Deutschland auch staatliche Ordnung einem ersehnten ‚*Wunder*' nahe, vgl. das zum κατέχων (dem „Aufhaltenden") S. 122–124 Ausgeführte. Charles C. West, Ground under our Feet, 263, macht aufmerksam auf die Nähe Bonhoeffers zu J. Calvin, Institutio IV, 20, 2: Es „gilt, daß die, die sie [die Hilfsmittel des bürgerlichen Regiments] dem Menschen *wegnehmen*, ihm sein *Menschsein rauben*". □ **17** In der Opposition sprach man von ‚*Dämonie*' Hitlers bzw. des Dritten Reiches. Indem G. Ritter, Machtstaat und Utopie, 33, Machiavellis her aufsteigen. Zerbricht dieser Glaube, dann bricht das ganze von oben her in die Welt gesenkte Gefüge wie nichts in sich zusammen. Die einen sagen: es war ein Volksbetrug, die anderen: es war ein Wunder. Gemeinsam muß beiden das Staunen über die Macht des Glaubens sein.

Nur in ihrem Miteinander, Füreinander und Gegeneinander bringen die göttlichen Mandate der Kirche, der Ehe und Familie, der Kultur und der Obrigkeit das Gebot Gottes, wie es in Jesus Christus geoffenbart ist, zu Gehör. Keines dieser Mandate besteht für sich allein und kann den Anspruch erheben, alle anderen zu ersetzen.[18] Die Mandate sind *miteinander* oder sie sind nicht göttliche Mandate. In ihrem Miteinander aber sind sie nicht isoliert, getrennt von einander, sondern aufeinander hin ausgerichtet. Sie sind *füreinander* oder sie sind nicht Gottes Mandate. In diesem Mit- und füreinander aber ist eins durch das andere begrenzt[19] und diese Begrenzung wird innerhalb des Füreinander notwendig als Gegeneinander erfahren. Wo dieses *Gegeneinander* nicht mehr da ist, dort ist nicht mehr Gottes Mandat.

---

politische Anschauung erörtert, spielt er verdeckt auf Hitler an: „Gehört es nicht wesentlich mit zur ‚*Dämonie*' der Macht, daß wer sie besitzt, von ihr wie besessen ist?" □ **18** Vgl. A. Harleß, Christliche Ethik, 212: „Indem das christliche Bewußtseyn die Wechselbeziehung erkennt, in welcher diese drei Grundformen der Gemeinschaft [Ehe und Familie, Staat, Kirche] sich in ihrem irdischen Bestande gegenseitig bedingen und durchdringen, ist es eben soweit entfernt, um dieser Wechselbeziehung willen die wesentliche Eigenthümlichkeit der einen Gemeinschaftsform zu der der andern machen zu wollen" (vgl. in Anm. 70 S. 55). Das nationalsozialistische Regime strebte Gleichschaltung zum totalen Staat an. Vgl. Lothar Helbings Hinweis auf den „Mythus vom Dritten Reich" mit „seiner großartigen Hoffnung auf eine endliche Vereinigung von Staatlichem und Religiösem" (L. Helbing, Der Dritte Humanismus, 18, mit dünnem welligem Seitenstrich in Bonhoeffers Exemplar). □ **19** O. Dittrich, Geschichte der Ethik IV, 64, referiert Luther, „Jesaja (E el [Erlanger Ausgabe, Exegetica opera latina] 23, 386)", Ennaratio capitis noni Esaiae [1543/44] 1546, WA 40 III, 648,27–31 (zu Jes 9,4 [Hauptzählung in LB neben „4": Vers 3]): Es kommt „darauf an, daß jede von den ‚*drei Hierarchien*', die sich so als ‚göttlich und von Gott eingesetzt' ergeben, ‚in ihren Grenzen erhalten werde ...; die Vermengung taugt hier nichts'" (... mixtura hic non valet). Die ‚*drei Hierarchien*' sind, s. die bei Luther folgenden Zeilen 32f: politia, oeconomia, Ecclesia („Politik", „Ökonomie", „Kirche"). Vgl. auf „Ethik"-Zettel Nr. 89: „Die Schranken gegen das Obensein – innere *Kontrollorgan*[e] oder gegenseitig Kirche, Staat, Familie" („innere" ist ein Zusatz).

Das Obensein steht also in einer dreifachen je in verschiedener Weise wirksam werdenden Begrenzung, durch den Auftraggeber, Gott, selbst, durch die anderen Mandate, und durch das Untensein. Diese Begrenzungen aber bedeuten zugleich | seinen Schutz. Der Schutz aber dient der Ermutigung zur Wahrnehmung des göttlichen Mandates, wie die Begrenzung die Warnung vor seiner Überschreitung ist. Schutz und Begrenzung sind zwei Seiten derselben Sache. Gott schützt, indem er begrenzt, Gott ermutigt, indem er warnt.

Wir sprechen nun zunächst nacheinander von dem Gebot Gottes in jedem der vier Mandate, dann von ihrem Miteinander, Füreinander und Gegeneinander.[20]

Das Gebot Gottes in der Kirche

In zweierlei Weise begegnet uns Gottes Gebot in der Kirche: in der Predigt und in der Beichte beziehungsweise der Kirchenzucht, das heißt öffentlich und verborgen, an die versammelten Hörer der Predigt[21] und an den einzelnen Menschen gerichtet. Beide Gestalten des göttlichen Gebotes gehören notwendig zusammen. Wo die Beichte beziehungsweise die Kirchenzucht[22] verloren gegangen ist, dort wird das Gebot Gottes in der Predigt nur als Verkündigung allgemeiner sittlicher Prinzipien ver-

---

20 Neben diesem Satz – Plan der Weiterarbeit – zwei Tintenstriche am Ms-Rand. Die Bitte um „Schilling: Moral Bd. II" – das Buch ist in „Staat und Kirche" DBW 16, 509, zitiert – im Brief 25. 4. 1943 WEN 37 deutet auf Beschäftigung mit den Mandaten Kirche und Obrigkeit. Überlegungen zum Mandat Ehe sind erkennbar in der „Traupredigt aus der Zelle" Mai 1943 WEN 53–59 (55: *„Gott gründet eine Ordnung, in der ihr in der Ehe miteinander leben könnt"*). Im Brief 23. 1. 1944 WEN 216 („Ehe, Arbeit, Staat und Kirche haben ihr konkretes göttliches Mandat") erwog Bonhoeffer das Verhältnis von Kultur und Bildung (und Freundschaft) zum Arbeitsbegriff. Die Fragen, ob die vier genannten Mandate die einzigen biblisch begründeten sind und ob von ihnen her zureichend das institutionelle Gefüge einer modernen Gesellschaft zu erfassen ist, sind in den bis 1943 entstandenen „Ethik"-Manuskripten nicht erörtert. □ **21** „versammelten … Predigt" ersetzt: „Gemeinde". □ **22** Zu ‚*Beichte*' und ‚*Gemeindezucht*' vgl. DBW 4 (N), s. Sachregister; beide Stichwörter stehen in Bonhoeffers eigenem Register zum Buch „Nachfolge". Im Finkenwalder Predigerseminar wurden die Kandidaten in den Sinn der Beichte eingeführt und zur Übung der persönlichen Beichte ermutigt. Gemeindezucht war Thema im letzten Finkenwalder Kurs (1937), s. DBW 14, 820 und 829–843.

standen, denen an sich jeder konkrete Anspruch mangelt. Wo aber die öffentliche Predigt gegenüber dem Beichtstuhl ganz in den Hintergrund tritt, dort mangelt es zwar nicht an Konkretion, aber es entsteht eine gefährliche gesetzliche Kasuistik, die die Freiheit des Glaubens zerstört[,] und die unvermeidliche Folge ist jenes dauernde heimliche Hineinreden in die anderen göttlichen Mandate, Familie, Kultur, Obrigkeit, und die Zerstörung des freien Miteinander der Mandate zugunsten der Absolutsetzung des kirchlichen Mandates. Es ist kein Zweifel, daß in diesen beiden Möglichkeiten die Schwächen der evangelischen und der katholischen Kirche berührt sind. Der evangelischen Kirche ging die konkrete Ethik verloren, als der Pfarrer sich nicht mehr dauernd vor | die Fragen und Verantwortlichkeiten des Beichtstuhls gestellt sah.[23] Unter fälschlicher Berufung auf die christliche Freiheit entzog er sich der konkreten Verkündigung des göttlichen Gebotes. So wird erst mit der Wiederentdeckung des göttlichen Amtes der Beichte die evangelische Kirche zu einer konkreten Ethik zurückfinden, die sie in der Reformationszeit besaß. Der katholische Geistliche wird während seines gesamten Studiums auf sein Amt als Beichtvater vorbereitet durch die Besprechung unzähliger ,,Casus",[24] in denen er zu entscheiden haben wird. Daß dadurch die Gefahr einer Vergesetzlichung und Pädagogisierung des göttlichen Gebotes sehr nahe liegt, kann nicht bezweifelt werden. Sie wird nur durch eine Wiederentdeckung des christlichen Predigtamtes überwunden werden können.

Gemeinsam ist den beiden Gestalten des göttlichen Gebotes in der Kirche, daß sie *Verkündigung göttlicher Offenbarung* sind. Das der Kirche gegebene Mandat ist das der *Verkündigung*. Gott will einen Ort, an dem sein Wort bis ans Ende der Welt immer wieder gesagt, ausgesprochen, ausgerichtet, ausgelegt, ausgebreitet wird. Das in Jesus Christus vom Himmel gekommene Wort will wiederkommen in der Gestalt menschlicher Rede. Das Mandat der Kirche ist das göttliche Wort. In

---

23 Vgl. DBW 5 (GL), 98: Es geht ,,in der Beichte um das Bekenntnis *konkreter* Sünden. Mit allgemeinen Sündenbekenntnissen pflegen sich die Menschen selbst zu rechtfertigen". □ **24** ,*Casus*' (lat., hier Plural) heißt im Singular: ,,Fall", ,,sittliches Problem"; vgl. dazu S. 87 Anm. 94.

diesem Wort will Gott selbst gegenwärtig sein. In der Kirche will Gott selbst zu Wort kommen.

Es ist das Wort der Offenbarung Gottes in Jesus Christus, das die Kirche verkündigt. Weil es also ein Wort ist, das aus keines Menschen eigenem Herzen, Verstand und Wesen, sondern aus dem Himmel, aus Gottes Willen und Erbarmen herab zum Menschen kommt, ein Wort aus Befehl und Einsetzung Jesu Christi, darum setzt es, indem es kommt, zugleich ein klares Gegenüber von Oben und Unten. Oben ist das Amt der Verkündigung, unten die hörende Gemeinde.[25] An der Stelle Gottes und Jesu Christi steht vor der Gemeinde der Träger des Predigtamtes mit seiner Verkündi- | gung. Der Prediger ist nicht der Exponent der Gemeinde, sondern – wenn der Ausdruck einmal gebraucht werden darf, – der Exponent Gottes gegenüber der Gemeinde. Er ist ermächtigt zur Lehre, zur Ermahnung und Tröstung, Sünde zu vergeben, aber auch Sünde zu behalten.[26] Er ist zugleich der Hirte, der Pastor, der Gemeinde. Dieses Amt ist unmittelbar von Jesus Christus[27] gesetzt, es empfängt seine Legitimation nicht durch den Willen der Gemeinde, sondern durch den Willen Jesu Christi. Es ist *in* der Gemeinde, nicht *durch* die Gemeinde gesetzt.[28] Es ist gleichzeitig mit der Gemeinde. Wo dieses Amt in der Gemeinde voll ausgeübt wird, dort werden alle anderen Ämter der Gemeinde, die doch nur dem Amt des göttlichen Wortes dienen können,

25 W. Lütgert, Ethik der Liebe, 72, referiert den Kirchenbegriff nach dem reformatorischen Bekenntnis: Bei der Auffassung, daß die „Verkündigung des Evangeliums und die Verwaltung der Sakramente ... die Pflicht und das Vorrecht des geistlichen Amtes" sei, habe die Gemeinde (außer dem Gebrauch der Sakramente) „keine andere Aufgabe als die, das Wort Gottes gläubig zu hören". Vgl. Melanchthons Tractatus de potestate papae („Traktat von der Macht des Papstes"), BSLK 479f: „Und tut die Person garnichts zu solchem Wort und Ampt, von Christo befohlen, es predige und lehre es, wer da woll', wo Herzen sind, die es glauben und sich daran halten, den wider- | fähret, wie sie es horen und glauben", zitiert in E. Schlink, Theologie der lutherischen Bekenntnisschriften, 327; zu dieser Schrift Schlinks s. DB 515: „Bonhoeffer begrüßte und empfahl sie überall." □ **26** „Sünde zu vergeben ... behalten." ersetzt: „und zur Bußzucht." □ **27** „Jesus Christus" ersetzt: „Gott". Vgl. Joh 21,15–17 („Weide meine Schafe!"); DBW 4 (N), 195. □ **28** So auch DBW 4 (N), 246. Hier im „Ethik"-Ms ist „in" doppelt unterstrichen. A. F. C. Vilmar, Dogmatik II, 278 (und bis 280), weist entschieden die „Theorieen" ab, „daß das *geistliche Amt aus der Gemeinde hervorgehe*".

lebendig; denn wo das Wort Gottes allein regiert, dort entsteht Glaube und Dienst. Die unter der Verkündigung des Wortes Gottes erwachende Gemeinde wird die Echtheit ihres Glaubens darin bewähren, daß sie das Predigtamt in seiner einzigartigen Herrlichkeit ehrt und ihm mit allen Kräften dient, nicht aber darin, daß sie unter Berufung auf ihren Glauben und auf das allgemeine Priestertum aller Gläubigen,[29] das Amt gering achtet, hindert oder gar in Abhängigkeit von sich zu bringen versucht.[30] Das Obensein des Predigtamtes wird gerade durch ein echtes Untensein der Gemeinde, das heißt durch Glauben, Beten, Dienen, nicht aber durch Unterminierung und Sprengung der göttlichen Ordnung und ein verkehrtes Obensein wollen der Gemeinde, vor Mißbrauch und Gefahr bewahrt.

Das Amt der Verkündigung als Zeugnis von Jesus Christus ist gebunden an die heilige Schrift. Es muß hier der Satz gewagt werden, daß die Schrift wesentlich dem Predigtamt zugehört, der Gemeinde aber die Predigt. Die Schrift will ausgelegt und gepredigt sein. Sie ist ihrem Wesen nach nicht[31] ein Erbauungsbuch der Gemeinde. Der ausgelegte Predigttext gehört der Gemeinde und von ihm aus gibt es | ein ,,Suchen in der Schrift, ob es sich also verhält", (Akta 17[,11]) wie die Predigt es verkündigt hat, gibt es also im Grenzfall die Notwendigkeit des Widerspruchs gegen die Predigt aufgrund der heiligen Schrift.[1)] Aber auch damit ist vorausgesetzt, daß die heilige Schrift ihrem

---

[1)] Im normalen Fall gehört die Prüfung der Predigt nicht in die Gemeinde, sondern in die kirchenregimentliche Visitation. Es ist ungesund, wenn die Gemeinde genötigt ist die Predigt immer kritisch prüfend zu hören.[32]

29 Vgl. DBW 1 (SC), 139, zu der ,,lutherischen Lehre vom Priestertum aller Gläubigen". □ **30** Die faktische Abhängigkeit des Predigtamtes von der Gemeinde, z. B. der bürgerlichen oder der deutsch-christlich und d. h. nationalsozialistisch dominierten, mußte Bonhoeffer um so mehr beschäftigen, als viele Gemeinden ihre zur entschiedenen Bekennenden Kirche gehörenden, dem NS-Regime kritisch gegenüberstehenden Pastoren zum Unterlassen von Protesten nötigten oder sie bei deren Folgen im Stich ließen. □ **31** ,,ihrem Wesen nach nicht" ersetzt: „nicht in erster Linie". □ **32** In der Tegeler Haft 1943 schilderte Bonhoeffer zu Beginn des Romanfragments eine solche ‚*ungesunde*' Situation, vgl. DBW 7, 81 („Liebe Frau Direktor, haben Sie denn wieder garnicht gemerkt, daß der Pfarrer Ihnen nach dem Munde geredet, aber nicht Gottes Wort gepredigt hat?").

Wesen gemäß dem Lehramt zugehört. Der Griff nach der heiligen Schrift von seiten des einzelnen Christen oder einer Gruppe von Christen unter Berufung auf das gleiche Recht aller Christen, auf die Mündigkeit im Glauben, auf die Evidenz des Schriftwortes ist durchaus noch kein Zeichen besonderer Ehrerbietung und besonderer geistlicher Erkenntnis des Wesens der göttlichen Offenbarung. Viel Übermut, Unordnung, Aufruhr und geistliche Verwirrung hat hier ihren Ursprung. Es entspricht der Heiligkeit der Schrift zu erkennen, daß es eine Gnade ist, zu ihrer Auslegung und Verkündigung berufen zu sein, aber daß es auch eine Gnade ist, nur der Hörer der Auslegung und Verkündigung sein zu dürfen.[33] Das Predigtbuch und das Gebetbuch als die vornehmlichen Bücher der Gemeinde, die heilige Schrift als Buch des Predigers, das könnte wohl ein angemessener Ausdruck des göttlichen Gegenüber von Gemeinde und Amt sein. Dabei muß es deutlich sein, daß diese Gedanken nicht einer pfäffischen Volkspädagogik[34], sondern der Offenbarung Gottes selbst entspringen.[2)]

Aufgrund der heiligen Schrift verkündigt das Predigtamt Jesus Christus als den Herrn und Erretter der Welt. Es | gibt keine

---

[2)] Daß es sich hier nicht um ein Bibelverbot, entsprechend etwa dem hinduistischen Verbot des Vedastudiums für die 4. Kaste,[35] handeln kann, ist selbstverständlich; es geht um die Erkenntnis des Ortes, der der Schrift wesensgemäß zukommt.[36]

33 Vgl. DB 506: Im Finkenwalder Predigerseminar 1935–1937 „begann die Predigtlehre [Bonhoeffers] mit der Erziehung zum Schwierigsten: dem eigenen Predigthören". □ **34** „muß ... Volkspädagogik" ersetzt: „handelt es sich nicht um pfäffische Pädagogik". ‚*Pfaffe*' ist seit der Reformation alltagssprachlich eingebürgert als Bezeichnung für einen engstirnig eifernden, ungerechtfertigt Ansprüche erhebenden Geistlichen. Oben am Ms-Rand, gestr.: „nicht nur pädagogisch, sondern theologisch!" □ **35** ‚*Veda*' heißt die älteste religiöse Literatur der arischen Inder; die ‚*vierte Kaste*' ist, im Unterschied zu den drei oberen Kasten, die Zusammenfassung aller niederen, die die Veden nicht lesen dürfen. □ **36** Zusatz Bonhoeffers: „(Katholische Lehre? .... [„...." von Bonhoeffer; darunter:] keine Begründung durch *Tradition*!)" Aus Sorge vor falschem Schriftgebrauch wandte sich die katholische Kirche gegen die Bibellesung in der Landessprache, z. B. Provinzkonzil Toulouse 1229. Paul IV 1559 und Pius IV 1564 schrieben für Bibellesung in der Landessprache die Erlaubnis des Bischofs vor. Protestantische Bibeln wurden zuletzt 1864 durch Pius IX verboten. Seit Leo XIII (1897/1902) trat ein Umschwung ein. Pius X empfahl 1907 den Besitz und das Lesen der Evangelien.

legitime kirchliche Verkündigung, die nicht Christusverkündigung wäre. Die Kirche hat nicht zweierlei Wort, ein allgemein-vernünftig-naturrechtliches und ein christliches, ein Wort also für die Ungläubigen, ein anderes für die Gläubigen.[37] Nur ein pharisäischer Dünkel kann die Kirche dazu führen, den einen die Christusverkündigung vorzuenthalten, den anderen nicht. Weil ihr Wort sein einziges Recht, seine einzige Autorisierung in dem Auftrag Jesu Christi hat, darum muß jedes Wort, das von dieser Autorisierung absieht, leerer Schall sein. In der Begegnung mit der Obrigkeit zum Beispiel, deren Mandat es gewiß nicht ist, Christus zu bekennen, die vielmehr auf ganz konkrete Mißstände angesprochen werden soll, deren Beseitigung zu ihrem göttlichen Mandat gehört, kann doch die Kirche nicht einfach aufhören Kirche zu sein, sondern nur indem sie ihr eigenstes Mandat erfüllt, kann sie legitim die Obrigkeit auf die Erfüllung ihres Mandates anreden. Die Kirche hat auch nicht zweierlei Gebot zu ihrer Verfügung, eines für die Welt ein anderes für die christliche Gemeinde, sondern ihr Gebot ist das in Jesus Christus offenbarte *eine* Gebot Gottes, das sie aller Welt verkündigt.

Dieses Gebot verkündigt die Kirche, indem sie Jesus Christus als Herrn und Heiland seiner Gemeinde und aller Welt bezeugt und damit in seine Gemeinschaft ruft.

Jesus Christus, der ewige Sohn beim Vater in Ewigkeit, – das bedeutet, daß nichts Geschaffenes gedacht und in seinem Wesen begriffen werden kann ohne Christus, den Mittler der Schöpfung. Durch ihn und zu ihm ist alles geschaffen und alles hat seine Existenz nur in ihm (Kol 1,15 ff).[38] Vergeblich ist es Gottes Willen mit dem Geschaffenen erkennen zu wollen außerhalb von Christus.[39]

Jesus Christus, der menschgewordene Gott, – das bedeutet, daß Gott alles menschliche Wesen leibhaftig angenommen hat, daß göttliches Wesen von nun an nicht anders als in menschli-

---

37 Vgl. in „Über die Möglichkeit des Wortes der Kirche an die Welt" S. 359 („Bestreitung einer doppelten kirchlichen Moral"). □ **38** Am Ms-Rand steht das Wort: „πρωτοτοκος" („der Erstgeborene"; Kol 1,15). □ **39** Der nächste Satz beginnt auf einem neuen Doppelbogen (mit der Bogen-Zahl „13"). Er lag wie der Rest des Ms und zahlreiche „Ethik"-Zettel auf dem Schreibtisch, als Bonhoeffer verhaftet wurde, vgl. DB 809.

cher Ge- | stalt gefunden werden kann, daß in Jesus Christus der Mensch dazu befreit ist vor Gott wirklich Mensch zu sein. Das „Christliche" ist nun nicht etwas jenseits des Menschlichen, sondern es will mitten im Menschlichen sein.[40] Das „Christliche" ist nicht ein Selbstzweck, sondern es besteht darin, daß der Mensch als Mensch vor Gott leben darf und soll. In der Menschwerdung bekundet Gott sich als den, der nicht für sich selbst sondern „für uns" da sein will. Als Mensch vor Gott zu leben angesichts der Menschwerdung Gottes kann also nur heißen, nicht für sich selbst sondern für Gott und die anderen Menschen dazusein.

Jesus Christus, der gekreuzigte Versöhner, – das bedeutet zunächst, daß die ganze Welt durch ihre Verwerfung Jesu Christi gott-los geworden ist und daß keine eigene Anstrengung diesen Fluch von ihr nimmt. Die Weltlichkeit der Welt hat ihre Signatur ein für allemal durch das Kreuz Christi empfangen. Aber weil das Kreuz Christi das Kreuz der Versöhnung der Welt mit Gott ist, darum steht gerade die gottlose Welt zugleich unter der Signatur der Versöhnung als der freien Setzung Gottes. Das Kreuz der Versöhnung ist die Befreiung zum Leben vor Gott mitten in der Gott-losen Welt,[41] es ist die Befreiung zum Leben in echter Weltlichkeit. Befreiung ist die Verkündigung vom Kreuz der Versöhnung, weil sie die vergeblichen Versuche hinter sich läßt, die Welt zu vergöttlichen, weil sie die Entzweiungen, Spannungen, Konflikte zwischen „Christlichem" und „Weltlichem" überwunden hat und zu einfältigem Tun und Leben im Glauben an die geschehene Versöhnung der Welt mit Gott ruft. Nur durch die Verkündigung des gekreuzigten Christus gibt es ein Leben in echter Weltlichkeit, also nicht im Widerspruch zur Verkündigung und auch nicht neben ihr her in irgendeiner Eigengesetzlichkeit des Weltlichen, sondern gerade „in, mit und unter"[42] der Christusverkündigung ist echtes welt-

---

40 Dies wird in den Briefen aus der Haft weitergeführt, s. ThDB 198, 212, vgl. 167–176. □ 41 Vgl. die Formulierung (1933) in DBW 3 (SF), 132, daß der von Gott abgefallene Mensch „ohne das Leben aus Gott vor Gott leben muß"; in der Haft 16. 7. 1944 WEN 394: „Vor und mit Gott leben wir ohne Gott." Vgl. S. 113. □ 42 Das ‚*in, mit und unter*' ist lutherische Abendmahlsterminologie (ThDB 309); vgl. M. Luther, Der große Katechismus. 1529/1538, BSLK 709,22–26: „Es ist der wahre Leib und Blut des HErrn Christi, in und unter

liches Leben möglich und wirklich. Ohne oder gegen die | Verkündigung des Kreuzes Christi gibt es keine Erkenntnis der Gott-losigkeit und Gottverlassenheit der Welt, vielmehr wird das Weltliche immer sein unstillbares Verlangen nach eigener Vergöttlichung zu befriedigen suchen. Wo aber das Weltliche *neben* der Christusverkündigung sein eigenes Gesetz aufrichtet, dort verfällt es ganz sich selbst und muß sich schließlich selbst an Gottes Statt setzen. In beiden Fällen hört das Weltliche auf weltlich zu sein, auf sich selbst gestellt will und kann das Weltliche nicht nur weltlich sein, sondern es sucht verzweifelt und krampfhaft nach der Vergöttlichung des Weltlichen und die Folge ist, daß gerade dieses betont und ausschließlich weltliche Leben einer unechten, halben Weltlichkeit verfällt; es fehlt die Freiheit und der Mut zur echten und ganzen Weltlichkeit[43], das heißt die Welt das sein zu lassen, was sie vor Gott in Wirklichkeit ist, nämlich eine in ihrer Gottlosigkeit mit Gott versöhnte Welt. Über die inhaltlichen Bestimmungen der „echten Weltlichkeit" werden wir später zu sprechen haben. Entscheidend ist hier nur, *daß es echte Weltlichkeit gerade und nur aufgrund der Verkündigung des Kreuzes Jesu Christi gibt.*

Jesus Christus, der auferstandene und erhöhte Herr – das bedeutet, daß Jesus Christus Sünde und Tod überwunden hat und der lebendige Herr ist, dem alle Gewalt gegeben ist im Himmel und auf Erden.[44] Alle Mächte der Welt sind ihm unterworfen und müssen ihm dienen, jede in ihrer Weise. Die Christusverkündigung gilt nun aller Kreatur als der befreiende Ruf unter die Herrschaft Jesu Christi. Keine irdischen Grenzen gelten für diese Verkündigung, sie ist ökumenisch das heißt den Erdkreis umfassend.[45] Die Herrschaft Jesu Christi ist keine Fremdherr-

---

[1538: „mit"] dem Brot und Wein durch Christus' Wort uns Christen befohlen zu essen und zu trinken." □ **43** „auf sich selbst gestellt ... ganzen Weltlichkeit" ersetzt mehrere verworfene Formulierungsversuche, darunter: „statt eines zu echter Weltlichkeit befreiten Lebens vor Gott" [ersetzt: „statt der Freiheit des Lebens vor Gott in der gott-losen Welt"]". □ **44** Vgl. Mt 28,18 b. □ **45** Im Ms verbindet ein Strich das Satzende „... jede in ihrer Weise." mit dem Beginn des jetzt folgenden Satzes („Die Herrschaft Jesu Christi ..."). Nach den beiden vom Verbindungsstrich übersprungenen Sätzen („Die Christusverkündigung ... den Erdkreis umfassend.") ist im Ms eine Zeile leergelassen. – Mit den Aussagen zu Jesus Christus S. 403–406 vgl. die früheren in DBW 4 (N), 301–302 (Menschengestalt, Todesgestalt, Gestalt des Verklärten und Auferstanschaft, sondern die Herrschaft des Schöpfers, Versöhners und Erlösers,[46] die Herrschaft dessen, durch den und zu dem hin alles Geschaffene ist, ja in dem allein alles Geschaffene seinen Ursprung, sein Ziel und sein Wesen findet.[47] Kein fremdes Gesetz zwingt Jesus Christus dem Geschaffenen auf, aber er duldet auch keine von seinem Gebot abgelöste „Eigengesetzlichkeit" des Geschaffenen. Das Gebot Jesu Christi, des lebendigen Herrn, befreit das Geschaffene zur Er- | füllung des ihm eigenen, – das heißt aber von seinem Ursprung, Ziel und Wesen in Jesus Christus her innewohnenden, – Gesetzes.[48] Das Gebot Jesu [Christi] begründet keine Herrschaft der Kirche über die Obrigkeit oder der Obrigkeit über die Familie oder der Kultur[49] über Obrigkeit und Kirche oder was immer hier an möglichen Herrschaftsverhältnissen gedacht werden mag. Zwar regiert das Gebot Jesu Christi Kirche, Familie, Kultur, Obrigkeit, doch so, daß es zugleich jedes dieser Mandate zur Wahrnehmung der ihm zukommenden Funktion befreit. Der von der Kirche verkündete Herrschaftsanspruch Jesu Christi bedeutet zugleich die Befreiung der Familie, der Kultur, der Obrigkeit zu ihrem eigenen – in Christus begründeten – Wesen.[3)] Erst aufgrund der aus der verkündigten Christusherrschaft entspringenden Befreiung gibt es jenes rechte Miteinander, Füreinander und Gegeneinander der göttlichen Mandate, von dem wir später ausführlich zu sprechen haben werden.

Wenn wir eben sagten, daß die Herrschaft des Gebotes Christi über alle Kreatur nicht mit der Herrschaft der Kirche gleichbedeutend sei, so haben wir damit ein entscheidendes Problem

---

[3)] Der Gegensatz von Heteronomie und Autonomie wird hier überwunden zu einer höheren Einheit, die wir als Christonomie bezeichnen können.

denen), und S. 80–83 (Gestalt des Menschgewordenen, Gekreuzigten und Auferstandenen). Die neuen Formulierungen prägte Bonhoeffer offenbar im Eingehen auf K. Barth, KD II/2, Abschnitt „Die Voraussetzung des göttlichen Gerichtes" (819–829), 824–827 (Hinweis: L. L. Rasmussen, A Question of Method, 124). □ **46** Vgl. S. 32. □ **47** Kol 1,16 b: „. . . es ist alles durch ihn und zu ihm geschaffen." Die auf „Ethik"-Zettel Nr. 30 notierte Formel „*Ursprung* und *Wesen* und *Ziel*" ist in der zweiten Fassung des Ms „Die Geschichte und das Gute" häufig verwendet. □ **48** Vgl. auf „Ethik"-Zettel Nr. 19: „Christus, das Lebensgesetz der Geschichte". □ **49** Ersetzt: „Wirtschaft".

des Mandates der Kirche berührt, dem wir nun nicht mehr aus dem Wege gehen dürfen.

Es ist das Mandat der Kirche, Gottes Offenbarung in Jesus Christus zu verkündigen.[50] Aber es ist das Geheimnis dieses Namens, daß er nicht nur einen einzelnen Menschen bezeichnet, sondern zugleich die ganze menschliche Natur[51] in sich beschließt. Jesus Christus kann immer nur als der bezeugt und verkündigt werden, in dem Gott die Menschheit leibhaftig angenommen hat. In Jesus Christus ist die neue Menschheit, ist die Gemeinde Gottes. In Jesus Christus ist das Wort Gottes und die Gemeinde Gottes unlösbar mitein- | ander verbunden. Wort Gottes und Gemeinde Gottes gehören durch Jesus Christus unscheidbar zusammen. Wo also Jesus Christus gemäß göttlichen Mandates verkündigt wird, dort ist immer auch Gemeinde. Das bedeutet zunächst nur dies, daß da Menschen sind, die das Wort von Christus annehmen, glauben, sich gefallenlassen im Unterschied zu anderen, die es nicht annehmen, sondern verwerfen, also daß da Menschen sind, die an sich geschehen lassen, was eigentlich von Gott her an allen Menschen geschehen sollte, Menschen also, die stellvertretend für die anderen Menschen, für die ganze Welt dastehen. Zwar sind es Menschen, die zugleich in Familie, Kultur und Obrigkeit ihr weltliches Leben führen und zwar als durch das Christuswort[52] zum Leben in der Welt Befreite, aber als Versammlung um das göttliche Wort, als in diesem Wort erwählte und lebende Menschen bilden sie nun doch auch ein Gemeinwesen, einen Körper für sich selbst, also im Unterschied zu den weltlichen Ordnungen. Um dieses eigene „Gemeinwesen" geht es nun und zwar zunächst in seiner notwendigen Unterscheidung von dem göttlichen Mandat der Verkündigung. Das Wort Gottes, wie es kraft göttlichen Mandates verkündigt wird, herrscht und regiert über alle Welt, das

---

50 Das Folgende bis S. 409,13 ist ein Einschub auf einem Doppelbogen („14 a"). Der Einschub begann zuerst, gestr.: „Aber schon indem der Name Jesus Christus ausgesprochen wird, ist bereits von einer vollzogenen Tatsache". Nachdem Bonhoeffer diesen Anfang verworfen hatte, drehte er den Doppelbogen im ganzen um – die gestrichenen Zeilen rückten damit ans Ende dieses Doppelbogens – und begann erneut. □ **51** „menschliche Natur" ersetzt: „Menschheit". Vgl. DBW 4 (N), 228 f, 231. □ **52** Ersetzt: „Gottes Wort".

„Gemeinwesen", das um dieses Wort herum entsteht, herrscht nicht über die Welt, sondern es dient ganz der Erfüllung des göttlichen Mandates. Das Gesetz dieses „Gemeinwesens" kann und darf niemals zum Gesetz der weltlichen Ordnungen werden, ohne eine Fremdherrschaft aufzurichten, wie umgekehrt das Gesetz einer weltlichen Ordnung niemals zum Gesetz dieses Gemeinwesens werden kann und darf.[53] Die Einzigartigkeit des göttlichen Mandates der Kirche besteht also darin, daß die Verkündigung der Christusherrschaft über alle Welt unterschieden bleiben muß von dem „Gesetz" der Kirche als Gemeinwesen, daß aber andererseits die Kirche als Gemeinwesen nicht von dem Amt der Verkündigung zu trennen ist. |

Die Kirche als eigenes Gemeinwesen dient der Erfüllung des göttlichen Mandates der Verkündigung und zwar in einer zweifachen Weise: *erstens*: indem alles in diesem Gemeinwesen ausgerichtet ist auf die wirksame Ausrichtung der Christusverkündigung an alle Welt, so also daß die Gemeinde selbst nur Werkzeug, nur Mittel zum Zweck ist; *zweitens*: indem eben in diesem Eintreten der Gemeinde für die Welt bereits das Ziel und der Anbruch der Erfüllung des göttlichen Mandates der Verkündigung geschehen[54] ist, so also daß die Gemeinde gerade indem sie selbst nur Werkzeug und Mittel zum Zweck sein will zum Ziel- und Mittelpunkt alles Handelns Gottes[55] mit der Welt geworden ist. Der Begriff der Stellvertretung bezeichnet diese doppelte Beziehung am Klarsten. Die christliche Gemeinde steht an der Stelle, an der die ganze Welt stehen sollte; insofern dient sie stellvertretend der Welt, ist sie um der Welt willen da. Andererseits kommt die Welt dort zu ihrer eigenen Erfüllung, wo die Gemeinde steht, die Gemeinde ist die „neue Schöpfung", die „neue Kreatur"[56], das Ziel der Wege Gottes auf Erden. In dieser doppelten Stellvertretung steht die Gemeinde

---

53 Vgl. in der dritten These der Barmer Theologischen Erklärung den Verwerfungssatz (K. D. Schmidt, Bekenntnisse 1934, 94): „Wir verwerfen die falsche Lehre, als dürfe die Kirche die Gestalt ihrer Botschaft und ihrer Ordnung ihrem Belieben oder dem Wechsel der jeweils herrschenden weltanschaulichen und politischen Überzeugungen überlassen." □ **54** Gestr.: „und gegenwärtig". □ **55** „alles Handelns" ersetzt: „des Willens"; das Wort „Gottes" ist im Ms versehentlich wiederholt. □ **56** II Kor 5,17: καινὴ κτίσις. Vgl. DBW 4 (N), 232: Die Kirche ist „der ‚*neue Mensch*'".

ganz in der Gemeinschaft und Nachfolge ihres Herrn, der gerade darin der Christus war, daß er ganz für die Welt und nicht für sich selbst da war.

Die Kirche als eigenes Gemeinwesen steht also unter einer doppelten göttlichen Bestimmung, der sie gerecht zu werden hat, der Ausrichtung auf die Welt und gerade darin der Ausrichtung auf sich selbst als der Stätte der Gegenwart Jesu Christi. Es ist die Eigenart der Kirche als eines eigenen Gemeinwesens, daß [sie] in der Um*grenzt*heit ihres eigenen geistigen und materiellen Bereiches die *Un*begrenztheit der Christusbotschaft zum Ausdruck bringt und daß gerade die Unbegrenztheit der Christusbotschaft wieder in die Begrenztheit der Gemeinde hineinruft.[57]

---

57 S. 407,5–409,13 „Aber ... hineinruft" ersetzt: „Aber indem die Kirche dies tut, tritt unter denen die ihr Wort hören eine Scheidung ein zwischen solchen die es annehmen, glauben, sich gelten lassen und solchen die es nicht annehmen, sondern verwerfen. Das Wort schafft sich [ersetzt: „Um das Wort herum entsteht"] eine Gemeinde. Diese Gemeinde besteht zwar aus Menschen, die zugleich in Familie, Kultur und Obrigkeit ihr weltliches Leben führen und zwar in der Befreiung durch das Wort von Jesus Christus, aber als Versammlung um das göttliche Wort [gestr.: „der Verkündigung"] ist die Gemeinde nun doch auch ein Gemeinwesen, ein Körper für sich selbst. Zwar bedeutet diese Versammlung nichts anderes, als daß hier Menschen sind, die an sich geschehen lassen, was eigentlich an allen Menschen geschehen sollte, die also stellvertretend für die ganze Welt als die ‚neue Schöpfung', ‚neue Kreatur' dastehen, und das in der Nachfolge ihres Herrn, der nichts für sich, sondern alles für die Welt sein wollte, und insofern ist [gestr.: „auch"] die Gemeinde nicht um ihrer selbst willen da, ist sie kein Selbstzweck, und doch ist sie gerade so und gerade darin, daß sie nichts für sich selbst sein will, das Ziel und der Anbruch der Erfüllung des göttlichen Mandates der Verkündigung. Die Gemeinde kämpft nicht für sich selbst, sie redet nicht in eigener Sache – jedenfalls sollte sie es nicht tun und wo sie es tut, und sie hat es oft genug getan, dort büßt sie etwas von ihrem göttlichen Auftrag ein – sondern sie kämpft und spricht, leidet und handelt gerade für die Anderen, für die Welt, für ihre Feinde, [gestr.: „sie hat nur ein Ziel: die Christusherrschaft über sich selbst und über die ganze Welt."] und das in der Gemeinschaft ihres Herrn Jesus Christus, der nicht in eigener Sache, sondern allein in der Sache Gottes und der Menschen handelt und leidet. Aber gerade indem die Gemeinde ihr eigenes Wesen allein in ihrem stellvertretenden Handeln für die Welt erkennt, erfüllt sie ihren göttlichen Auftrag, wird sie zum Ziel- und Mittelpunkt des Willens Gottes über die Menschen. Um ihrem Auftrag [ersetzt: „aber diesem Ziel"] dienen zu können bedarf die Gemeinde der eigenen Gestalt, Lebensform, Organisation. So sehr also das göttliche Mandat der Kirche die ganze Welt umfaßt und insofern jenseits aller Ortsgebundenheit steht

Es ist die Gefahr des Katholizismus, daß er die Kirche we-| sentlich als Selbstzweck versteht aufkosten des göttlichen Mandats der Wortverkündigung. Es ist umgekehrt die Gefahr der Reformation, daß sie aufkosten des eigenen Bereiches der Kirche allein das Mandat der Wortverkündigung ins Auge faßt und

---

[„und insofern ... steht" ist von unten auf der Ms-Seite hierher verwiesen], so ist mit der Erfüllung dieses Auftrages doch zugleich ein eigener kirchlicher Bereich, ein geistig und materiell umgrenzter ‚Raum' gesetzt. Es ist die spezifische Eigenart dieses kirchlichen Bereiches, daß er gerade in seiner Begrenztheit der Unbegrenztheit des göttlichen Auftrages der Verkündigung Ausdruck geben soll. [Neue Seite:] Wenn wir diesen geistig und materiell begrenzten Raum, den das göttliche Mandat der Verkündigung der Offenbarung in Jesus Christus fordert, Kirche nennen – und darin liegt die gefährliche aber unvermeidliche Zweideutigkeit dieses Begriffes –, so darf die Kirche in diesem Sinne eines eigenen Raumes nicht verwechselt werden mit dem der Kirche gegebenen göttlichen Mandat der Wortverkündigung. Das Wort Gottes, Jesu Christi, herrscht und regiert über alle Welt, die Kirche im Sinne des kirchlichen Raumes, wie wir ihn gleich näher bestimmen werden, herrscht nicht über die Welt, sondern sie lebt [gestr.: „ebenso wie die anderen Mandate"] unter einem eigenen, das heißt durch den Zweck der Ausführung des göttlichen Mandates allein bestimmten Gesetz. Insofern gibt es ein kirchliches Gesetz, das niemals zum Gesetz der Welt werden kann und darf, ohne eine Fremdherrschaft aufzurichten, wie es ein obrigkeitliches Gesetz gibt, das niemals über das kirchliche Gesetz herrschen kann und darf. Über beidem aber steht beherrschend und regierend [gestr.: „das Wort"] der Anspruch Jesu Christi auf Herrschaft über alle Welt, über Kirche, Familie, Kultur und Obrigkeit. Niemals aber darf dieser Anspruch Jesu Christi mit dem Gesetz der Kirche, das der Ausrichtung dieses Anspruches dient, verwechselt und vermischt werden. Darin besteht die Einzigartigkeit des Mandates der Kirche, daß dieser Unterschied unter allen Umständen gewahrt werden muß. Wird er übersehen, dann bricht das Chaos über die Welt, wenn es auch zunächst unter der Gestalt einer Theokratie oder eines Cäsaropapismus [ersetzt: „eines kirchlichen oder politischen Absolutismus"] verborgen ist." – Vgl. O. Dittrich, Geschichte der Ethik IV, 65: „... insbesondere der Cäsareopapismus, die Vereinigung des Staats- und geistlichen Regimentes in der Hand des Landesherrn, konnte ihm [Luther] nicht wohl etwas anderes sein als eine bloße, ebenso unheilvolle Umkehrung der Vereinigung von geistlichem und weltlichem Regiment in der Hand des Papstes." Zu ‚*Cäsaropapismus*' vgl. auch im Brief Karl Barths vom 5. 12. 1934 an Hans von Soden (in: H. Prolingheuer, Karl Barth, 271): „Der Sinn und Wille des Nationalsozialismus ist aber der, daß wir es in Adolf Hitler mit einem Zaren und Papst in einer Person, theologisch genaugenommen würde man zweifellos sagen müssen: mit einem inkarnierten Gott zu tun haben." – Im Anschluß an die lange Streichung mehrere verworfene Absatz-Anfänge, darunter: „Es ist absolut entscheidend für das rechte Verhältnis der göttlichen Mandate zueinander, wie das". Neben dem Beginn des folgenden Absatzes im Ms ein Seitenstrich.

damit die Selbstzwecklichkeit der Kirche, die gerade in ihrem Sein für die Welt besteht, fast ganz übersieht. Man braucht nur an die liturgische Armut und Unsicherheit unserer heutigen evangelischen Gottesdienste, – an die Schwäche der kirchlichen Ordnung und des kirchlichen Rechtes, – an das fast vollständige Fehlen einer echten Kirchenzucht, – an die Unfähigkeit weitester evangelischer Kreise, die Bedeutung von Zuchtübungen – also etwa geistlicher Exerzitien,[58] Askese, Meditation,[59] Kontemplation – überhaupt zu verstehen, – an die Unklarheit über den „geistlichen Stand" und seine besonderen Aufgaben,[60] – aber schließlich auch an die erschreckende Ratlosigkeit oder Überheblichkeit unzähliger evangelischer Christen angesichts von christlichen Eidesverweigerern, Kriegsdienstverweigerern[61] etc. – zu denken und zu erinnern, um alsbald zu empfinden, wo

---

58 Von ‚*geistlichen Exerzitien*' handelt besonders das Exerzitienbüchlein des Ignatius von Loyola. Statt ‚Exerzitien' steht in DBW 4 (N) – s. das dortige Register – die dt. Entsprechung „Übungen". □ **59** ‚*Meditation*' heißt in DBW 4 (N), 165, die (tägliche) „Betrachtung des Wortes Gottes". □ **60** Vgl. auch das von Bonhoeffer durchgearbeitete Kapitel „Vom geistlichen Amt" in A. F. C. Vilmars „Dogmatik", 271–282. □ **61** ‚*Eidesverweigerer*': 1938 wurde den Pfarrern auf Betreiben des Leiters der Kirchenkanzlei der Deutschen Evangelischen Kirche Dr. Friedrich Werner ein Eid auf Hitler abverlangt. Nur eine ganz kleine Minderheit hat schließlich diesen (sehr umstrittenen) Eid verweigert (vgl. DB 677–679). ‚*Kriegsdienstverweigerer*': Bonhoeffer selbst war seit 1932/33 von der Legitimität der Kriegsdienstverweigerung überzeugt und dazu entschlossen; diese Einstellung war damals ganz unüblich und weckte, wie Elisabeth Bornkamm berichtet, Angst um ihn, vgl. DBW 4 (N), 310 Anm. 15. Auf Kriegsdienstverweigerung stand Todesstrafe. Bonhoeffer übernahm nach dem Herbst 1940 Aufträge der Abteilung Abwehr des Oberkommandos der Wehrmacht, die von der in dieser Abteilung arbeitenden Widerstandsgruppe kamen. Wegen der Tätigkeit für die Abwehr war er „uk" (Abkürzung im Zweiten Weltkrieg: „unabkömmlich", weil in einer kriegswichtigen Stellung tätig), das heißt vom Wehrdienst freigestellt. Maria von Wedemeyer notierte am 15. 10. 1942 in ihrem Tagebuch über „ein sehr interessantes Gespräch mit Pastor Bonhoeffer": „... Er sagte, bei uns beruhe es auf Tradition, daß die Jungen sich freiwillig als Soldaten stellten und auch ihr Leben ließen für eine Sache, die sie möglicherweise gar nicht bejahten. Es müsse aber auch Menschen geben, die nur nach ihrer Überzeugung kämpfen könnten. Bejahten sie den Kriegsgrund, dann gut. Sei dies aber nicht der Fall, so könnten sie ihrem Vaterland am besten mit einem Wirken an der inneren Front, vielleicht auch einem Wirken gegen das Regime nützen. Es wäre daher ihre Aufgabe, so lang wie möglich vom Dienst der Wehrmacht fern zu bleiben – und sogar unter Umständen falls sie es mit ihrem Gewissen nicht vereinigen können, Kriegsverweigerer zu sein".

der Mangel der evangelischen Kirche liegt.[62] Das ausschließliche Interesse an dem göttlichen Mandat der Verkündigung und damit das Interesse an dem Auftrag der Kirche für die Welt hat dazu geführt, daß der innere Zusammenhang dieses Auftrags mit dem eigenen kirchlichen Bereich[63] übersehen wurde. Unter diesem Mangel mußte die Kraft, die Fülle, der Reichtum der Verkündigung selbst leiden, weil ihr der fruchtbare Boden fehlte. Bildlich gesprochen ist der Auftrag zur Verkündigung in die Gemeinde hineingesenkt wie das Samenkorn in den Acker. Ohne Bereitung des Bodens verkümmert der Same und wird um die in ihm wohnende Fruchtbarkeit gebracht.[64]

62 Ersetzt: „... den erschreckenden Mangel ... zu empfinden." □ **63** Gestr.: „und umgekehrt die Bedeutung des eigenen kirchlichen Bereiches für die Ausübung des Auftrages". □ **64** Vgl. Lk 8,14. Dieser Vers ist zitiert in DBW 4 (N), 168, zu: „Das Wort ist erstickt, wie das Samenkorn unter den Dornen". – Hier unterbrach am Montag, dem 5. April 1943, Bonhoeffers Verhaftung die Arbeit am Ms; s. DB 882 f. Seine Fortsetzungsplanungen finden sich S. 398 und 390. In der Haft blieb er gedanklich mit Problemen der Ethik beschäftigt. Überlegungen dazu stellte er auch in seinen literarischen Fragmenten (Drama und Roman) dar, s. DBW 7 (FT). Noch der letzte erhaltene Brief an Eberhard Bethge 23. 8. 1944 WEN 428 erwähnt „die große Arbeit", die unvollendet blieb.

Nachwort der Herausgeber

Die theologische Frage, wie die in Jesus Christus offenbar gewordene Wirklichkeit Gottes im menschlichen Leben in der Welt Gestalt gewinnen kann, ist die Ausgangsfrage in Dietrich Bonhoeffers konkreter Ethik. Den Gotteswillen und die Weltwirklichkeit heute und hier, eines nicht ohne das andere, sucht dieses ethische Denken zu erfassen. Die Weltwirklichkeit wird weder vergleichgültigt – sie wird vielmehr ganz neu erschlossen – noch überhöht, sondern ihr wird das Nein und Ja entgegengehalten, das Gottes Präsenz für sie bedeutet. Der Aufweis des Zusammenspiels von Gotteswirklichkeit und Weltwirklichkeit im glaubenden, erkennenden, tätigen Menschen ist das besondere Charakteristikum des ,,Ethik"-Buches von Dietrich Bonhoeffer.

In diesem Nachwort wird zunächst Bonhoeffers Beschäftigung mit ethischen Themen bis zum Beginn seiner Arbeit an ,,Ethik"-Manuskripten skizziert (I). Nach der Darstellung theologiegeschichtlicher Zusammenhänge (II) und einiger Beziehungen zwischen Bonhoeffers Manuskripten und der Zeitgeschichte (III) werden die Eigenart dieser ,,Ethik" (IV) sowie ihre zwiespältige Rezeption behandelt (V). Den Abschluß bilden Überlegungen zu der von Bonhoeffer möglicherweise geplanten Gliederung des Buches.

I

Entgegen den Erwartungen seiner Familie, in der ein kulturprotestantisches Klima mit starkem Interesse für Ethik herrschte, hat sich der Student der Theologie Dietrich Bonhoeffer mehr mit Dogmatik als mit Ethik befaßt. In seinen schriftlichen Arbeiten erscheinen ethische Passagen nur im Zusammenhang exegetisch-historischer Themen und religionsphilosophischer Auseinandersetzungen, etwa mit Friedrich Nietzsche. Ethik-Themen bestimmen nicht die Fragestellungen und beanspruchen kein eigenständiges Interesse. Die Dissertation ,,Sanctorum

Communio" ändert diesen Eindruck nicht. Als Bonhoeffer nach einem Habilitationsthema suchte, riet ihm Reinhold Seeberg, der seine Promotion betreut hatte, in einem Brief vergeblich, über die Geschichte der Ethik und der Sittlichkeit von der Bergpredigt bis zur Gegenwart im Sinne einer „ethischen Dogmengeschichte" zu arbeiten.[1] Bonhoeffer wählte das Thema „Akt und Sein".

Nicht akademisches Interesse, sondern die Sorge um die evangelische deutsche Auslandsgemeinde in Barcelona veranlaßte Bonhoeffer, sich der Problematik einer Ethik zu stellen. Als Vikar dieser Gemeinde hielt er im Februar 1929 den langen und wohl allzuschweren Vortrag „Grundfragen einer christlichen Ethik".[2] Bonhoeffer sah den Christen in der geradezu tragischen Situation, daß er immer wieder zwischen zwei einander widersprechenden Ordnungen Gottes zu wählen habe, der Geschichtsordnung und der Liebesordnung mit ihren je verschiedenen Geboten. Noch unter dem Eindruck des Ersten Weltkriegs erläuterte er dies am Beispiel des Soldaten: Ihm werde durch die Geschichtsordnung auferlegt, den Feind, der doch in der Liebesordnung sein Nächster sei, zu töten. Die Konkurrenz im Wirtschafts- und Geschäftsleben erlege ähnliches auf. Mit dieser Problemformulierung und seiner Lösung bewegte sich Bonhoeffer in ziemlicher Nähe zur neulutherischen Volkstumstheologie, in der das Volk als Geschichtsordnung Gottes galt, die Gehorsam und gegebenenfalls das Lebensopfer gebiete. Der Dialektischen Theologie hatten Paul Althaus und seine Erlanger Freunde mit großer Resonanz eine an den Ordnungen orientierte Ethik entgegengestellt. Wenige Jahre später und weiterhin in den „Ethik"-Manuskripten 1940–1943 bekämpfte Bonhoeffer gerade diese Position. Der Ethik-Vortrag aus Barcelona enthält indes auch manche Intentionen, die Bonhoeffer sein Leben lang vertreten hat: Christliche Ethik soll gegenwartsbezogen und konkret sein; sie hat nicht allgemeingültige, zeit- und situationslose Normen, Prinzipien und Gebote aufzustellen; nur denen wird sich der Blick auf die Ewigkeit recht erschließen, die der Erde treu bleiben und es ertragen, in die Stürme des Gewis-

[1] 19. 10. 1928 DBW 10, 105.
[2] 8. 2. 1929 DBW 10, 323–345.

sens hineingerissen zu werden. Die Bindung an die Erde illustrierte Bonhoeffer mit der griechischen Sage von dem Riesen Antäus, der aus der Berührung mit dem Erdboden seine gewaltige Kraft zog.[3]

Im Studienjahr am Union Theological Seminary in New York 1930/31 besuchte Bonhoeffer bevorzugt Veranstaltungen mit ethischen Themen, so besonders ein Seminar Reinhold Niebuhrs. Er setzte sich mit amerikanischem Pragmatismus und der Bewegung des Social Gospel auseinander und befaßte sich intensiv mit dem geistlichen Leben und den gesellschaftlichen Problemen der Schwarzen.[4] Einer seiner Mit-Stipendiaten war der französische christliche Pazifist Jean Lasserre. Hatte in Bonhoeffers Barcelona-Vortrag 1929 noch die „göttliche" Geschichtsordnung des Volkes als höchste verpflichtende Instanz gegolten, so enthält eine am 9. November 1930 in New York gehaltene Predigt den grundlegend anderen Gedanken, daß das eine Volk Jesu Christi in der ganzen Welt in ökumenischer, brüderlicher Gemeinschaft leben darf und zu unbedingtem Einsatz für den Frieden verpflichtet ist.[5] Hier liegt einer der Ursprünge für Dietrich Bonhoeffers an der Bergpredigt ausgerichtete ökumenische Friedensethik.[6]

Bei Bonhoeffers erster persönlicher Begegnung mit Karl Barth im Juli 1931 in Bonn kam es unbeschadet aller sonstigen Übereinstimmungen zu einer ersten Kontroverse über theologische Ethik. Angesichts der Konzentration der Ethik auf die konkrete Verkündigung der Kirche kritisierte Barth, Bonhoeffer „mache aus der Gnade ein Prinzip, und schlage damit alles andere tot",[7] das heißt er lasse relative ethische Kriterien nicht

---

[3] DBW 10, 344f. Auf die Antäus-Sage verwies Bonhoeffer dann wieder 1943 im Tegeler Dramenfragment, DBW 7, 69f.

[4] Vgl. im Bericht über den Studienaufenthalt 1930/31 DBW 10, 268–271 (William James) und 274f; s. Memorandum über das „social gospel" 1932 DBW 12, 203–212.

[5] Vgl. bes. DBW 10, 580f.

[6] Zu Bonhoeffers Friedensethik vgl. IBF 5.

[7] Brief an Erwin Sutz 24. 7. 1931 DBW 11, 20 (mit Bonhoeffers Replik: „Ich bestreite ihm natürlich das erste und möchte doch wissen, warum das andere alles *nicht* totgeschlagen werden soll"), vgl. a.a.O., 89. Um der Begegnung mit Barth willen war Bonhoeffer am 10. 7. 1931, bald nach der Rückkehr vom Studienjahr in den USA, nach Bonn gereist. Dem Schweizer Erwin Sutz, der den

gelten, er könne sie in seiner Art des ethischen Urteils nicht berücksichtigen.

Als Bonhoeffer Anfang September 1931 zu einem der europäischen Jugendsekretäre des Weltbundes für Freundschaftsarbeit der Kirchen gewählt wurde, fand er in der ökumenischen Arbeit ein aufregendes, wenn auch in Deutschland von nationalistischen Kreisen diffamiertes Aufgabengebiet. Bonhoeffer bemühte sich um die bisher fehlende theologische Begründung der Weltbundarbeit. ,,Im Grunde hängt das alles am Problem der Ethik, das heißt eigentlich an der Frage nach der Möglichkeit der Verkündigung des konkreten Gebotes durch die Kirche."[8]

Auch im akademischen Rahmen, nämlich während des Sommersemesters 1932 in seinem Seminar mit dem Thema ,,Gibt es eine christliche Ethik?",[9] erörterte Bonhoeffer die Grundprobleme. Die Ethik-Konzepte von Paul Althaus, Friedrich Gogarten und Emil Brunner befriedigten ihn nicht. Aus den Briefen an Erwin Sutz erkennt man, wie ihn die Frage der ethischen Konkretion in der Verkündigung umtrieb. ,,Mir spitzt sich das Problem immer schärfer und immer unerträglicher zu. Neulich habe ich über 2. Chronika 20,12 gepredigt. Da habe ich meine ganze Verzweiflung mal abgeladen."[10] Ihn beunruhigte zutiefst, daß in dieser Zuspitzung der ethischen Fragestellung auch Karl Barth nicht zu ihm stand. Was die Kirche als Gebot Gottes verkündete, was also jeweils im gegenwärtigen Augenblick den Inhalt ihrer Ethik ausmachte, das mußte mit Gewißheit gesagt

Kontakt vermittelt hatte, berichtete er von dem Besuch: „Wir kamen sehr bald auf das ethische Problem und haben lang diskutiert.“ Später habe er „noch die letzten zwei Seiten der Ethik II von Barth aus einem Kollegheft nachgelesen“ (24. 7. 1931 DBW 11, 20 und 18).

[8] Brief an Sutz August 1932 DBW 11, 100, vgl. im Vortrag „Zur theologischen Begründung der Weltbundarbeit“ 26. 7. 1932 DBW 11, 331–335.

[9] Vgl. 1932 DBW 11, 303–307, nach Wolf-Dieter Zimmermanns Hörermitschrift. Bonhoeffer lehrte seit dem Wintersemester 1931/32 als Privatdozent an der Berliner Universität.

[10] 17. 5. 1932 DBW 11, 89. II Chr 20,12b, in LB mit Bleistift unterstrichen und beidseitig doppelt angestrichen: „Wir wissen nicht, was wir tun sollen; sondern unsre Augen sehen nach dir.“ Oben auf der Seite Notiz von Bonhoeffers Hand: „In den unbeugsamen Geboten Gottes ruht die Welt. Das ist Gottes Treue.“ So begann er seine Predigt über den Vers am 8. 5. 1932 DBW 11, 416–423.

werden können. Aber Bonhoeffer fand, „daß unsere Kirche heute das konkrete Gebot nicht sagen kann", und formulierte angesichts der Unfähigkeit kirchlicher Verkündigung, Glauben zu erwecken, den verzweifelten Satz: „Die Unsichtbarkeit macht uns kaputt."[11]

Ein nächster Schritt ist dokumentiert in Bonhoeffers Wintervorlesung 1932/33 über Genesis 1–3, die unter dem Titel „Schöpfung und Fall" veröffentlicht wurde.[12] Dieser Vorlesung war eine Wendung vorangegangen, die rückblickend im Januar 1936 als eine Befreiung durch die Bibel beschrieben ist.[13] In dem „Ethik"-Manuskript „Die Liebe Gottes und der Zerfall der Welt" dienten 1942 die Erkenntnisse der Genesis-Auslegung als Grundlage der theologisch-anthropologischen Ausführungen über die Entzweiung des Menschen mit seinem Ursprung.

Die Wendung zur Bibel war inhaltlich insbesondere eine Wendung zur Bergpredigt, also zu jenem Text, der in der Geschichte der Christenheit am eindringlichsten den Ruf in die Nachfolge, verbunden mit dem Gebot der Feindesliebe und der Verpflichtung zur Gewaltfreiheit, zu Gehör gebracht hat. Ergriffen von der Nachfolge-Wirklichkeit verlor Bonhoeffer in der „Not von 1933",[14] inmitten der tiefen Verwirrung seiner Kirche, die unvorbereitet in den Kirchenkampf hineintaumelte, nicht den klaren Blick dafür, daß der Nationalsozialismus mit seinem Rassismus und Antisemitismus von Christen eindeutig abgewiesen werden müßte. Freilich war die unvermeidliche Folge solchen Widerspruchs das Hervorbrechen der Christentumsfeindlichkeit, die anfangs verschleiert wurde, aber bald immer offener zur Unterdrückung der Kirchen und zur Verfolgung ihrer entschiedensten Mitglieder führte.

Wichtig wurde Bonhoeffers Friedensethik besonders für die Konferenz des Weltbundes für Freundschaftsarbeit der Kirchen und des Weltrates für Praktisches Christentum (Life and Work) in Fanø im August 1934. In einer Ansprache konzentrierte er sich bewußt auf den im Friedensevangelium begründeten Bei-

---

[11] An Helmut Rößler 25. 12. 1932 DBW 12, 39; 18. 10. 1931 DBW 11, 33.
[12] Siehe DBW 3.
[13] Brief an Elisabeth Zinn 27. 1. 1936 DBW 14, 112–114.
[14] 27. 1. 1936 DBW 14, 113.

trag der Kirchen zu Abrüstung, Kriegsverhinderung und internationaler Friedensordnung. Seine zentrale These lautete: Christen ,,können nicht die Waffen gegeneinander richten, weil sie wissen, daß sie damit die Waffen auf Christus selbst richteten". Das ,,eine *große ökumenische Konzil der Heiligen Kirche Christi* aus aller Welt" solle die Friedensbotschaft verkünden, die Botschaft der Kriegsverweigerung im Namen Christi. Die Kriegsfanfare könne schon sehr bald ertönen, und das Schweigen würde dann zu einer Mitschuld werden.[15] Bonhoeffers erregter, hellwacher Aufruf hatte unmittelbar eine starke Resonanz,[16] aber sonst keinen praktischen Erfolg. Kurze Zeit nach diesem Appell, als die nationalsozialistische Aufrüstungs- und Kriegsvorbereitungspolitik auf vollen Touren zu laufen begann, hatte der christliche und aller andere Pazifismus keine Chance mehr außer der einen, den Verfolgten und Flüchtigen in ihrer Not zu helfen. Bonhoeffers Friedensethik enthielt nicht kontext- und zeitlose Prinzipien. So bedeutete es für ihn keinen Bruch, daß er später neben der persönlichen Vermeidung des Kriegsdienstes an der Konspiration gegen das NS-Regime teilnahm.

Nachfolge war das Leitthema in Bonhoeffers Glauben, seinem Verhalten und seiner Rolle als Prediger und theologischer Lehrer im Kirchenkampf. Das Buch ,,Nachfolge", das aus Arbeiten vor und während der Zeit im Predigerseminar Finkenwalde 1935–1937 erwuchs,[17] war auch dazu bestimmt, den jungen Theologen der Bekennenden Kirche die geistlichen Voraussetzungen für ein Standhalten in der Unterdrückung, in ihrer äußeren Misere zu vermitteln. Viele Erkenntnisse der ,,Nachfolge" kehren in ,,Ethik"-Manuskripten wieder.[18] Die Terminologie einer Ethik kann sich nicht so eng an die Sprache der Bibel und der Verkündigung halten, wie es im Buch ,,Nachfolge" geschieht. Aber die Sache, um die es geht, ist in beiden Fällen die gleiche.

---

[15] 28. 8. 1934 DBW 13, 299f, 301.
[16] Vgl. DB 450.
[17] Siehe DBW 4 und DBW 14.
[18] Vgl. „Nachfolge" im Sachregister des vorliegenden Bandes, und im Herausgebernachwort zu DBW 4 den Abschnitt 323–325.

Wie sehr die fundamentalen Probleme christlicher Ethik Bonhoeffer im Frühjahr 1940 beschäftigten, zeigt ein Brief an die nach England emigrierte Familie Leibholz. Er nimmt die kritischen Einwände evangelischen Denkens gegen die an den Schöpfungsgedanken gebundene Naturrechtslehre auf, weil in ihr die Offenbarung relativiert werde. Dies ebenso zu vermeiden wie die Relativierung des Geschichtlich-Geschöpflichen sei „die gegenwärtige Problemstellung". Richtungsweisend sei der Versuch von Karl Barth: „Er bezieht (gut biblisch) alle Ordnungen der geschaffenen Welt streng auf Christus und sagt, daß sie nur von ihm her recht zu verstehen seien und an ihm ihre Ausrichtung finden müßten."[19] Daß Bonhoeffer genau in diesem Sinne vorging, drückt sich in den Überschriften des erstgeschriebenen „Ethik"-Manuskripts aus: „Christus, die Wirklichkeit und das Gute. Christus, Kirche und Welt."

Einfluß auf Bonhoeffers Interesse an Ethik-Problemen hatten seine drei Reisen 1941/42 in die Schweiz. Die Gespräche beim vorläufigen Weltkirchenrat in Genf mit Willem Visser 't Hooft, Nils Ehrenström und anderen, vor allem über die Friedensziele und die Aufgaben der Kirchen in der Nachkriegsordnung, konnten natürlich keinen direkten schriftlichen Niederschlag finden; das wäre Bonhoeffer von der Gestapo als Landesverrat ausgelegt worden. Aber Texte wie der „Über die Möglichkeit des Wortes der Kirche an die Welt" behandeln Themen, die in Genf erörtert wurden. Die Gespräche mit Karl Barth in Basel und der Einblick in die Druckfahnen der Kirchlichen Dogmatik II/2 trugen dazu bei, daß den „Ethik"-Manuskripten Bonhoeffers von 1942 etwas von der Frische eines neuen Anfangs anhaftet.[20]

II

Die theologiegeschichtlichen Zusammenhänge, in denen und gegen die Bonhoeffers Arbeit an den „Ethik"-Manuskripten sich bewegte, sind nicht leicht nachzuzeichnen. Seine Art,

[19] 7. 3. 1940 DBW 15, 298.

[20] Vgl. die Eröffnungspassagen von „Die Liebe Gottes und der Zerfall der Welt" und „Das ‚Ethische' und das ‚Christliche' als Thema".

Autoren, mit deren Gedanken er sich bei bestimmten Ausführungen beschäftigte, nicht zu nennen und nicht gegen Personen zu polemisieren, verdeckt die Bezüge zunächst. Aber bei genauerem Nachvollziehen enthüllt sich der Reichtum der geistigen Welt, die Bonhoeffer vertraut war und deren Gesprächspartner er sein wollte.

In Dietrich Bonhoeffers Studien- und akademischer Lernzeit 1924–1930 hatte sich die schwere Krise und radikale Umorientierung von Theologie und Ethik schon ausgewirkt. Angesichts des Weltkrieges und seines Ausgangs war der vorher herrschende protestantische Kulturoptimismus zerbrochen. Die liberale Theologie mit ihrer Betonung des „unendlichen Wertes der Menschenseele" (Adolf von Harnack) und ein Ethos, welches die annähernde Verwirklichung der Reich-Gottes-Idee von der fortschreitenden gemeinschaftlichen Versittlichung der Christen beziehungsweise der Menschheit erwartete (Albrecht Ritschl), lebten durch große alte Persönlichkeiten vertreten zwar noch weiter. Aber viele ihrer Voraussetzungen waren zerstört. Im protestantischen Vorkriegsmilieu hatten Religion, Kultur und Staat – letzterer repräsentiert von der Dynastie – sich im grundlegenden Einvernehmen entwickelt. Seit der Revolution am Ende des Weltkriegs war die traditionelle Verbindung von „Thron und Altar" verschwunden. Die Republik hatte die Trennung von Kirche und Staat vollzogen. Eine protestantische Ethik der öffentlichen, politischen Verantwortung, die dieser Situation angemessen war, gab es nicht.

Die einflußreichste und in ihrer Kritik an Liberalismus und Kulturprotestantismus radikalste Erneuerungsbewegung, die Dialektische Theologie, lenkte alle Aufmerksamkeit auf den „unendlichen qualitativen Unterschied"[21] zwischen Ewigkeit und Zeit, zwischen Gott und Mensch, und traute allein der biblischen Offenbarung in Jesus Christus als dem Wort Gottes zu, diese Kluft in Erkenntnis und Existenz zu überbrücken. Der Ethik schien hier nur ein schmaler Rückhalt zu bleiben.

Die parallele Erneuerungsbewegung im Luthertum, die von Karl Holl und anderen inaugurierte Lutherrenaissance, hing

---

[21] So formulierte Karl Barth, mit Verweis auf Kierkegaard, im Vorwort von 1921 zur zweiten Auflage seines Römerbrief-Kommentars.

wie die Dialektische Theologie einer Wort-Gottes- und Offenbarungstheologie an. Aber sie ergänzte diese hinsichtlich der sozialen Dimension durch eine Volkstumstheologie. Von Paul Althaus, Werner Elert, Emanuel Hirsch und anderen wurde insbesondere seit der Mitte der zwanziger Jahre „das Volk" als die natürliche Ordnung oder Schöpfungsordnung Gottes begriffen, aus der der Christ die ethischen Kriterien seines politischen und gesellschaftlichen Verhaltens abzuleiten habe.[22] Diese Höchstbewertung des Volkes berührte sich eng mit der damaligen Strömung völkischen Denkens.

Im Widerspruch zu „natürlicher Theologie" dieser Art entwickelte Karl Barth eine – seit 1927 nicht mehr „dialektische" – offenbarungstheologische Ethik, die er 1928/29 in Münster und 1930/31 in Bonn vortrug, aber wegen noch ungelöster Probleme nicht publizierte. Bonhoeffer konnte also nicht durch Veröffentlichungen, sondern nur durch seinen Besuch bei Barth im Juli 1931 einen fragmentarischen Einblick gewinnen. Von diesem ersten persönlichen Kontakt an verfolgte er aufmerksam, wie Barths Ethik sich weiterentwickelte. Barth integrierte die Ethik in die Dogmatik. Gegenläufig zu Barth suchte Emil Brunner über eine theologische Anthropologie eine sowohl individuell wie sozial bedeutsame Ethik zu entwickeln. Er veröffentlichte 1932 das von Bonhoeffer sehr beachtete, freilich auch kritisierte Werk „Das Gebot und die Ordnungen", in dem sich eine Rehabilitierung naturrechtlich begründeter christlicher Ethik ankündigte. Friedrich Gogarten und Rudolf Bultmann, beide einst in der Dialektischen Theologie führende Gestalten, verneinten in den späten zwanziger Jahren überhaupt die Möglichkeit einer besonderen christlichen Ethik. Gogarten verfaßte 1932 eine „Politische Ethik" mit einer verhängnisvollen Tendenz zur Staatshörigkeit. Beim Anbruch des nationalsozialistischen Regimes und des Kirchenkampfs war die evangelische Ethik so zerklüftet, daß sie auf Anfragen der Gemeinden nicht im Konsens, sondern nur unter Verschärfung der internen Konflikte antworten konnte.

Die neulutherische Ethik, die weitgehend durch die Volks-

---

[22] Eine anti-„dialektische" neulutherische Theologie proklamierte Paul Althaus auf dem Kirchentag in Königsberg 1927.

tumstheologie bestimmt wurde und von daher mit dem völkischen Denken der Nationalsozialisten und der von ihnen gesteuerten Deutschen Christen Kontakt finden konnte, proklamierte ihre sogenannte Zwei-Reiche-Lehre, die bis 1933 keineswegs herausragendes Merkmal der lutherischen Konfession gewesen war. In der neuen politischen Situation aber berief man sich, anachronistisch verkürzend, auf Luthers Aussagen zu Reich Gottes und Reich der Welt beziehungsweise zum geistlichen und weltlichen Regiment Gottes. Tatsächlich war dies ein Rückgriff auf dichotomische Denkformen des ausgehenden 19. Jahrhunderts, in denen, auch unter dem Einfluß des Neukantianismus, die scharfe Trennung von Evangelium und Gesetz, Glaube und Vernunft, Kirche und Staat beziehungsweise Gesellschaft gefordert wurde, am wirkungsvollsten von Friedrich Naumann. Diese Trennung bekam 1933 eine unerwartete Funktion: Existierten Kirche und Staat nach Gottes Willen mit je eigenem Auftrag unabhängig voneinander, dann war die Kirche von der ihre Existenz bedrohenden Aufgabe entlastet, rechtsbrecherischem staatlichem Handeln die Gebote Gottes und die Stimme des Evangeliums entgegenzuhalten und so den Vernichtungswillen des NS-Regimes auf sich zu ziehen. Die auf solche Entlastung hinauslaufende Einstellung galt Bonhoeffer als pseudolutherisch, pseudoreformatorisch. Seine neulutherischen Gegner gingen von einer Entgegensetzung von Gesetz und Evangelium aus und behaupteten, das Gesetz Gottes werde für den Christen konkret in den sittlichen Forderungen der natürlichen Ordnungen, nämlich Familie, Volk und Rasse, und auf diese habe das Evangelium keinen Einfluß. Die Ordnungstheologie hatte sich gegenüber der lutherischen Dogmatik, die das Evangelium von der rechtfertigenden Gnade lehrte, verselbständigt. Damit wurde die ideologische Anpassung an vorfindliche Ordnungen, insbesondere die im Dritten Reich, gefördert. Die Deutschen Christen, Vorkämpfer nationalsozialistischen Einflusses in den evangelischen Kirchen, – und leider nicht nur sie – schlossen sich sogar bedenkenlos und aktiv der Rassenideologie des Dritten Reiches an.

Durch die pseudolutherischen Irrwege seiner Zeit ließ Bonhoeffer sich nicht davon abhalten, lutherische Ethiken zu Rate zu ziehen. Werke des Erlanger Theologen Franz Hermann

Reinhold von Frank, des Lehrers seines Doktorvaters Reinhold Seeberg, waren ihm aus seiner Studentenzeit vertraut.[23] Wohl auch angeregt durch die Bücher aus der Bibliothek seines Urgroßvaters Carl August von Hase, die in seinen Besitz übergegangen waren,[24] hatte er eine gute Kenntnis theologischer Literatur des 19. Jahrhunderts erworben. Theologie des beginnenden 20. Jahrhunderts war Thema seiner ersten Vorlesung als Privatdozent gewesen; Naumann und Troeltsch zogen dabei seine Aufmerksamkeit an.[25] Spätestens für seine Dissertation hatte er sich eingehend mit Max Weber befaßt, mit dem die Familie Bonhoeffer seit langem bekannt war; es bestand eine alte Freundschaft zwischen Karl Bonhoeffer und Max Webers Bruder Alfred. Friedrich Nietzsche und Max Scheler – mit dem Werk ,,Der Formalismus in der Ethik und die materiale Wertethik" aus den Jahren des Ersten Weltkriegs – hatten auf die evangelische Ethik eingewirkt; seit Dietrich Bonhoeffers Schulzeit beziehungsweise Studienzeit beeinflußten diese Vertreter philosophischer Ethik sein Ethik-Verständnis. Zu den Philosophen, die ihn beim Schreiben der ,,Ethik"-Manuskripte anregten, gehörte Karl Jaspers durch seine Nietzsche-Interpretation und besonders durch das Göschen-Bändchen ,,Die geistige Situation der Zeit". Von den zeitgenössischen Autoren konsultierte Bonhoeffer vorzugsweise diejenigen, die klar in Opposition gegen nationalsozialistische Politik standen und dafür zum Beispiel den Verlust des akademischen Lehramts in Kauf genommen hatten wie Alfred von Martin und Herman Nohl. Eingehend beschäftigte er sich mit der 1938 postum erschienenen Ethik Wilhelm Lütgerts, dessen Voluntärassistent er 1929/30 gewesen war. Die schroffe Abwehr derzeitiger sogenannter ,,Sozialethik"[26] läßt darauf schließen, daß Bonhoeffer die Ethik Reinhold Seebergs in der dem Nationalsozialismus gleichgeschalteten, postum durch den Sohn Erich Seeberg herausgebrachten Fassung von 1936 kannte. Bonhoeffer las außerdeut-

---

[23] Vgl. DB 118f; S. 80f Anm. 64.

[24] Vgl. Eberhard Bethges Bericht „Über die Restbibliothek Dietrich Bonhoeffers", NL 172.

[25] Vgl. in „Die Geschichte der systematischen Theologie des 20. Jahrhunderts" (nach Joachim Kanitz' Hörernachschrift) 1931/32 DBW 11, 188–190.

[26] S. 36.

sche Autoren wie Jacques Maritain, der nach dem Kriege Botschafter Frankreichs beim Vatikan wurde. Romano Guardinis Dostojewski-Interpretation und Josef Piepers Rezeption der Theologie des Thomas von Aquin mögen ihn zu dem „tapferen, kräftigen Griff in die alte und neue katholische Weisheit"[27] ermutigt haben, der in der protestantischen Theologie damals unüblich war. Daß Bonhoeffer in kritischer Würdigung der katholischen Ethik den Begriff des Natürlichen vom Evangelium her wiedergewinnen wollte,[28] war ein kühnes Programm inmitten der Defizite evangelischer Ethik um 1940, aber eben darum sowohl aktuell dringlich, zum Beispiel im Hinblick auf „Euthanasie", als auch theologiegeschichtlich höchst bedeutsam.

Bonhoeffers Position ist am ehesten in der Nähe der Theologie und Ethik Karl Barths zu suchen. Aber auch diesem übermächtigen Lehrer und Freund gegenüber verhielt er sich kritisch, weil eigene Voraussetzungen und Intentionen ihn oft zu andersgearteten Fragestellungen und Antworten nötigten.

III

In Zeiten, in denen die Lebensordnungen fest und allgemein anerkannt sind, mag das Ethische vor allem als theoretisches Problem behandelt werden. Bonhoeffer aber wurde durch äußerst konkrete und gefährliche Probleme bedrängt und wollte gerade sie erörtern, als er seine „Ethik"-Manuskripte schrieb. Jede Analyse und Interpretation dieser Manuskripte wird also ihre zeitgeschichtlichen Bezüge berücksichtigen müssen. Erschwert wird dies dadurch, daß Bonhoeffer wegen seiner Mitarbeit in einer konspirativen Widerstandsgruppe zur Geheimhaltung und Tarnung seiner Einstellung verpflichtet war. Viele Kollisionen mit Organen des NS-Regimes lagen beim Beginn des Schreibens für seine „Ethik" schon hinter ihm: 1936 Entzug der akademischen Lehrbefugnis und 1938 Aufenthaltsverbot für Berlin, 1937 Auflösung des von ihm geleiteten Predigerseminars

[27] Notiz auf dem „Ethik"-Zettel (Kalenderblatt) Nr. 76.
[28] S. 165.

Finkenwalde und im März 1940 Liquidierung von dessen getarnter Fortführung in den sogenannten Sammelvikariaten in Pommern. Er bekam dann im September 1940 Reichsredeverbot und die Auflage, sich in Schlawe in Pommern regelmäßig bei der Polizei zu melden, und im März 1941 das Verbot jeder schriftstellerischen Betätigung. Bonhoeffer mußte als Verdächtiger mit Haussuchungen rechnen, durch die seine Manuskripte in die Hände der Gestapo gelangen konnten. Zwar bot seine kaum leserliche Schrift einen gewissen Schutz. Aber wenn die Entzifferung dennoch gelang, durften sich keine Äußerungen finden, welche Anklagen wegen „Volksverhetzung", „Staatsfeindschaft" oder ähnlicher Delikte begründen oder schriftliche Belege für die Existenz und Tätigkeit der konspirierenden Gruppe liefern konnten. Seine Kritik am Dritten Reich mußte Bonhoeffer daher so verschlüsseln, daß ihr eigentlicher Sinn Nationalsozialisten verborgen, Oppositionellen aber erkennbar blieb. In der Nachkriegsrezeption hat man diese Eigenart der „Ethik"-Manuskripte kaum durchschaut.

In den knapp drei Jahren der Arbeit für die „Ethik" änderte sich die Lage Deutschlands mit rasender Geschwindigkeit. Die ersten Manuskripte wurden nach dem nicht erwarteten triumphalen Sieg im Westfeldzug 1940 geschrieben. Hitlers Herrschaft schien auf unabsehbare Zeit gefestigt. Hingegen von Anfang 1942 an, nach dem Scheitern der Offensive gegen Moskau, und vollends seit Anfang 1943, nach der Vernichtung der deutschen 6. Armee vor Stalingrad, wurde Hitlers „Endsieg" immer unwahrscheinlicher. Zwischen den Phasen des Kriegs- und Zeitgeschehens und den Zeiträumen der Arbeit an „Ethik"-Manuskripten[29] bestehen enge Beziehungen, wenn auch die zeitlichen Grenzen sich nicht decken. Im folgenden sollen einige Beispiele der Korrelation zwischen Inhalten der Manuskripte und Zeitereignissen erörtert werden. Wir konzentrieren uns dabei auf zwei Tätigkeitsfelder Bonhoeffers: die Bekennende Kirche und den politischen Widerstand.

Während der *Zeiträume I und II* schien für die evangelischen Kirchen der Kampf gegen das NS-Regime, soweit sie ihn ge-

[29] Siehe oben im Herausgeber-Vorwort S. 16 f die Rekonstruktion der Entstehungsfolge der „Ethik"-Manuskripte.

führt hatten, endgültig verloren. Hitlers große Erfolge in Polen und Frankreich drängten auch denen, die nicht seine Anhänger waren, die Frage auf, ob die Ablehnung des Nationalsozialismus noch der geschichtlichen Realität angemessen sei. Auf die Kirchen brauchte das Regime kaum noch Rücksicht zu nehmen. Schon probte man im ,,Warthegau", der als bisher polnisches Territorium dem Reich einverleibt war, ein Kirchenprogramm der Zukunft. Die evangelischen Gemeinden verloren ihren Status als Körperschaften öffentlichen Rechtes und wurden in ihren Verbindungen untereinander und nach außen radikal beschnitten. Vereine mit Einzelpersonen als Mitgliedern sollten sie künftig sein, Kultvereine. Wie im Entwurf einer Eingabe an die Wehrmacht im Herbst 1941 argumentierte Bonhoeffer, daß Kirchenzugehörigkeit sich nicht auf den ,,Raum eines Kultvereins" beschränke, sondern ,,Zeugnis an die Welt" bedeute.[30]

In einer solchen Situation dunkelster Zukunftsperspektiven entstand das erste Manuskript: ,,Christus, die Wirklichkeit und das Gute. Christus, Kirche und Welt." Allem Augenschein setzte Bonhoeffer die Glaubensentscheidung entgegen, ,,daß die Wirklichkeit Gottes sich überall als die letzte Wirklichkeit erweise",[31] und leitete daraus den Auftrag ab, von der Begründung aller Wirklichkeit in Jesus Christus Zeugnis zu geben. Dem wirkte das Regime freilich kräftig entgegen. Durch gezielte Einberufungen von Pfarrern schwächte es vor allem die Bekennende Kirche, deren entschiedener Flügel nach Beobachtungen des Sicherheitsdienstes der SS immer noch hartnäckige Resistenz zeigte. Ein großer Teil der Schüler Bonhoeffers war eingezogen und fiel in den nächsten Jahren an der Front.

,,Ethik als Gestaltung", das als zweites entstandene Manuskript, befaßte sich mit dem aktuellen Phänomen, daß auch die Repräsentanten angesehener ethischer Traditionen nicht imstande waren, den Verlockungen und Drohungen, den Täuschungen und Verdrehungen in der nationalsozialistischen Wirklichkeit standzuhalten. In die mangelnde Standfestigkeit, die Verführbarkeit und den Opportunismus zum Beispiel der Hochschullehrer hatte Bonhoeffer erschütternde Einblicke.

[30] Dezember 1941 DBW 16, 228–233; S. 49f.
[31] S. 32.

Seine Analyse des Versagens der geistigen Elite[32] gehört zu den eindrucksvollsten Dokumenten, die aus dem Widerstand überliefert sind. Auch die militärische Elite, die allein die Mittel zum Sturz Hitlers in der Hand hatte, aber im entscheidenden Augenblick sich nicht entschließen konnte zu handeln, versagte durch ihr Mißverstehen traditioneller Pflichtethik.

,,Erbe und Verfall", das im Herbst 1940 als drittes begonnene Manuskript, verurteilte getarnt in der Form einer Darlegung abendländischer Kriegstraditionen den totalen, den Ausrottungs- und Vernichtungskrieg,[33] der schon in diesem Herbst 1940 in der Behandlung des besiegten polnischen Volkes kraß in Erscheinung trat.

Im *Zeitraum II* vom November 1940 bis zum Februar 1941 ging Bonhoeffer auf zwei Vorgänge ein, die dem Zentrum nationalsozialistischer Rassenideologie entsprangen: die Zwangssterilisation und die ,,Euthanasie", welche durch die eben anlaufende, von Hitler selbst ohne alle gesetzliche Absicherung befohlene Tötungsaktion von sogenanntem lebensunwertem Leben gerade jetzt bedrängende Aktualität hatte.[34] Seine ablehnenden Ausführungen zu dieser ,,Euthanasie" beendete Bonhoeffer mit dem Satz aus dem 2. Buch Mose: ,,Den Unschuldigen .. sollst du nicht erwürgen". Der Vater Karl Bonhoeffer und der Schwager Hans von Dohnanyi berieten und unterstützten Friedrich von Bodelschwingh und Paul Braune in ihrem Bemühen, die Mordaktion zu stoppen. Braune mußte die Ausarbeitung einer Denkschrift mit einer langen KZ-Haft büßen. Für die Kirchen hatte die Vernichtung ,,unwerten" Lebens eine gesteigerte Bedeutung, weil viele der für die Tötung vorgesehenen Kranken in kirchlichen Anstalten lebten. Hier hat man sich den undurchsichtigen, zunächst als organisatorische Notwendigkeit getarnten ,,Verlegungen" der Kranken oft gar nicht oder nur spät und meist nur mit Teilerfolgen verweigert.

In den Monaten nach dem Zeitraum II, im Sommer und Herbst 1941, überarbeitete und ergänzte Bonhoeffer seine Manuskripte aus dem Zeitraum I. Inzwischen hatte der Ver-

---

32 S. 64–67 und Ende 1942 WEN 12–14 (in „Nach zehn Jahren").

33 S. 99f.

34 S. 209–211 und S. 184–191.

nichtungskrieg gegen die Sowjetunion begonnen, und nach den ersten großen Erfolgen wurde nun die Vernichtung der Juden vorbereitet. Vom 19. September 1941 an mußten Juden einen diskriminierenden gelben Stern sichtbar an der Kleidung tragen. Mitte Oktober erfolgten die ersten Deportationen jüdischer Bürger aus Berlin in den Osten. Bonhoeffer und Friedrich Justus Perels sammelten Fakten über dieses Geschehen und seine Auswirkungen, und Dohnanyi gab den Bericht an führende oppositionelle Militärs weiter in der Hoffnung, den Willen zum Umsturz zu stärken.[35] An den Rand der zweiten Manuskriptseite von ,,Erbe und Verfall" schrieb Bonhoeffer jetzt: ,,Der Jude hält die Christusfrage offen. Er ist das Zeichen der freien Gnadenwahl und des verwerfenden Zornes Gottes, ,schau an die Güte und den Ernst Gottes' (R 11,22). Eine Verstoßung d. Juden aus dem Abendland muß die Verstoßung Christi nach sich ziehen; denn Jesus Christus war Jude."[36] Wohl unter dem unmittelbaren Eindruck von Deportationen erklärte Bonhoeffer hier die theologisch gebotene Solidarität mit den Juden und die Schicksalsgemeinschaft der Kirche mit ihnen.

Im Auftrag der Abwehr – genauer: der Widerstandsgruppe in ihr – bereiste Bonhoeffer im März und September 1941 die Schweiz. In den angelsächsischen Ländern hatten die Kirchen begonnen, Friedensziele zu erörtern. Für die Planer des Umsturzes in Deutschland war es von großer Bedeutung, diese Ziele zu kennen, die Fortdauer der eigenen konspirativen Bemühungen vertrauenswürdigen Personen im Ausland mitzuteilen und bei ihnen zu erkunden, welche Bedingungen die Deutschen nach einem Sturz Hitlers zu erwarten hatten. Noch stand Deutschland auf der Höhe seiner militärischen Macht und schien in der Lage zu sein, selbst Bedingungen für die Beendigung des Krieges zu stellen. Die Kirchen mußten sich über eine Nachkriegsordnung Gedanken machen. Bonhoeffers väterlicher Freund Bischof Bell hatte 1940 ein Taschenbuch ,,Christianity and World Order" veröffentlicht. Ihm folgte im Juli 1941 von William Paton, Visser 't Hoofts Kollegen in Genf beziehungsweise London, das Buch ,,The Church and the New Or-

[35] 18. und 20. 10. 1941 DBW 16, 212–217.

[36] S. 95.

der". In den ersten Septembertagen 1941 in Genf konnte Bonhoeffer ein Memorandum zu Patons Buch aus deutscher Sicht verfassen. Visser 't Hooft fertigte danach eine englische Fassung an und ließ sie, natürlich ohne Nennung des deutschen Gewährsmannes, in London verbreiten, wo die Regierung Winston Churchills strikt alle Friedensdiskussionen zu unterdrükken suchte. Für Bonhoeffers Arbeit an seiner „Ethik" waren die vertrauten Gespräche mit den gut informierten Genfer Ökumenikern von großer Bedeutung. Dabei wurden auch theologische Fragen intensiv verhandelt.[37]

Bonhoeffers Arbeit im *Zeitraum III* stand unter neuen Vorzeichen. Die deutsche Offensive war Ende 1941 vor Moskau verlustreich gescheitert, und zeitweise schien in diesem Winter 1941/42 der Zusammenbruch der deutschen Front unvermeidlich. Während der zweiten Schweizer Reise im September 1941 schon hatte Bonhoeffer trotz aller Siegesmeldungen Visser 't Hooft erklärt: „Ich meine, daß wir beim Anfang vom Ende stehen. Denn da [aus der Sowjetunion] kommt Hitler niemals mehr heraus."[38] Er hatte auf dieser Reise vorgeschlagen, daß Karl Barth das dringliche Thema „christliche Verantwortung" bearbeiten möge. Nun wandte er sich selbst dem Thema zu und schrieb die beiden Fassungen von „Die Geschichte und das Gute". Der Abschnitt über das Moment der Freiheit in der Struktur verantwortlichen Lebens spiegelt deutlich die Situation der in der Konspiration Verantwortlichen.[39] Ohne den Verzicht auf Rechtfertigung durch irgendein Gesetz oder Recht würden die Tötung Hitlers und der Umsturz nicht zu bewerkstelligen sein. Der furchtbare Ernst dieser auch in der Konspiration umstrittenen Frage trieb Bonhoeffer zu einem radikalen Nachdenken über jene Verantwortung, die in bestimmten Situationen unausweichliche Schuld bewußt auf sich nimmt.[40]

In den deutschen Kirchen traten neue Initiativen im Sinne eines innerkirchlichen Einigungswerkes hervor. Doch wurden die repressiven Maßnahmen gegen die Kirchen nicht geringer.

---

[37] Vgl. die Kalendernotiz von Nils Ehrenström 4. 9. 1941 DBW 16, 202.
[38] DB 824.
[39] Vgl. S. 283–285.
[40] S. 275f.

Bischof Bell erinnerte sich 1957, daß ihm Bonhoeffer Ende Mai 1942 beim Treffen in Sigtuna in Schweden von intensiver Arbeit an der „Ethik" und der Vorbereitung von Gutachten für den Bruderrat der Bekennenden Kirche erzählt habe. Mit hoher Wahrscheinlichkeit sind die Texte „‚Personal'- und ‚Sach'ethos" und „Die Lehre vom primus usus legis ..."[41] für den altpreußischen Bruderrat geschrieben, von dem er den Auftrag zu wissenschaftlicher Arbeit hatte. Bonhoeffer hat seine Mitarbeit in der Bekennenden Kirche zu keiner Zeit aufgegeben.

In der zweiten Jahreshälfte 1942, dem *Zeitraum IV*, war Bonhoeffer wegen vorliegender Verdächtigungen zu Auslandsreisen nicht zugelassen und arbeitete vorwiegend in Berlin.[42] Jetzt beschrieb er in dem Abschnitt „Kirche und Welt I." eine angesichts des elenden Zustandes der Kirchen und der Bedrängnis alles Christlichen erstaunliche Entwicklung: Verteidiger menschlicher Werte, die durch die Nationalsozialisten diffamiert wurden, suchten die Bundesgenossenschaft mit den Kirchen, von denen man sich bei der Durchsetzung von Vernunft, Recht, Bildung, Humanität und Toleranz einst mühsam emanzipiert hatte.[43] Hierin sah Bonhoeffer ein verheißungsvolles Geschehen, insbesondere für die Zeit nach Hitler. Ebenfalls in diesem Zeitraum fragte er, wie „dem in der ganzen Christenheit der Welt erwachenden Verlangen nach dem lösenden Wort der Kirche an die Welt" in theologisch legitimer Weise entsprochen werden könne.[44] Er nahm also ein mit den Genfer Ökumenikern im Vorjahr, 1941, erörtertes Thema auf. In dem Text „Nach zehn Jahren. Rechenschaft an der Wende zum Jahr 1943" durchdachte Bonhoeffer für Familienangehörige und Freunde in der Konspiration, „was sich uns in diesen Zeiten als gemeinsame Erfahrung und Erkenntnis aufgedrängt hat".[45] Den Beginn des im Herbst 1940 geschriebenen Manuskripts „Ethik als Gestaltung" benutzte er als Vorlage, die er abwan-

[41] Siehe DBW 16, 550–562 und 600–619.

[42] Vgl. im Entwurf eines Schreibens an Oberkriegsgerichtsrat Manfred Roeder Sommer 1944 DBW 16, 415.

[43] S. 342–344.

[44] S. 354.

[45] WEN 11.

delte und durch Neues ergänzte. „Ob es jemals in der Geschichte Menschen gegeben hat, die in der Gegenwart so wenig Boden unter den Füßen hatten ... wie wir?" Zum Stichwort „Civilcourage" registrierte er, „daß eine entscheidende Grunderkenntnis dem Deutschen noch fehlte: die von der Notwendigkeit der freien, verantwortlichen Tat auch gegen Beruf und Auftrag". Neu war auch ein Abschnitt über die Dummheit und ihre Verbreitung infolge politischer oder religiöser, den Menschen die Selbständigkeit nehmender Machtentfaltung. Was er über die „immanente Gerechtigkeit der Geschichte" sagte, das enthielt zugleich sein Urteil über die Zukunft des Dritten Reiches: „Es *ist* einfach in der Welt so eingerichtet, daß die grundsätzliche Achtung der letzten Gesetze und Rechte des Lebens zugleich der Selbsterhaltung am dienlichsten ist, und daß diese Gesetze sich nur eine ganz kurze, einmalige, im Einzelfall notwendige Überschreitung gefallen lassen".[46] Er rechnete langfristig also mit einer Selbstzerstörung des NS-Regimes. Der Text wurde geschrieben, als sich die Katastrophe des deutschen Angriffs vor Stalingrad anbahnte. Von dieser Zeit an wurden praktische Umsturzpläne zielbewußter betrieben. Die Attentatsversuche vom 13. und 21. März 1943 scheiterten freilich an unglücklichen Umständen.

Zuletzt, im *Zeitraum V*, ging Bonhoeffer auf Anregungen durch den Band II/2 von Karl Barths Kirchlicher Dogmatik ein, dessen Druckfahnen er im Mai 1942 auf seiner dritten Schweizer Reise gelesen hatte. Sie betrafen vor allem das Gebot Gottes als den „allein möglichen Gegenstand einer ‚christlichen Ethik'".[47] Das bedeutete nicht eine Preisgabe des bisher Erarbeiteten, sondern den Versuch, mit diesem Gesichtspunkt eigene Überlegungen zu verbinden. Seinem 1940 zuerst begonnenen „Ethik"-Manuskript hatte er 1941 einen Einschub zugefügt, in dem von vier Mandaten die Rede ist.[48] Im Zeitraum V wollte er zwei „Teile" ausarbeiten, deren erster das konkrete Gebot im Verhältnis zu den vier Mandaten behandeln sollte.[49]

[46] WEN 12, 15, 16–18, 20. Vgl. auch die Überlegungen zu necessità („Notwendigkeit") S. 272–274.

[47] S. 381.

[48] S. 54–60.

[49] S. 390.

Zum Vernehmen des göttlichen Gebotes gehört einerseits das gehorsame Hören, Sichentscheiden und Tun im Augenblick, ein existentieller Akt der Freiheit, der durch keine Kasuistik und Prinzipienlehre vorweggenommen werden kann. Andererseits liegt im göttlichen Gebieten eine Konstanz, eine Richtung, eine Kontinuität. „Das Gebot Gottes als Thema einer christlichen Ethik ist daher nur so möglich, daß der positive Gehalt und die Freiheit des Menschen zugleich im Auge behalten werden." Was mit positivem Gehalt gemeint ist, wird in der Mandatelehre ausgeführt. „Unter Mandat ist zugleich die Inanspruchnahme, die Beschlagnahmung und Gestaltung eines bestimmten irdischen Bereiches durch das göttliche Gebot zu verstehen." Bonhoeffer hatte die Willkür des NS-Regimes im Umgang mit der Ehe, der Arbeit beziehungsweise Kultur, der obrigkeitlichen Ermächtigung und den Kirchen gesehen. Für einen Neuanfang, nachdem der Willkür ein Ende gesetzt sein würde, mußten die Strukturen des öffentlichen Lebens gründlich bedacht werden. Bonhoeffer wollte, daß „romantischer Konservativismus", „die göttliche Sanktionierung aller überhaupt existierenden Ordnungen", ausgeschlossen sei.[50] Er benutzte den Begriff Mandate in Ermangelung eines besseren nur vorläufig. Nachdrücklich stellte er heraus, daß sich der Mächtigere gegenüber dem Schwächeren nicht auf ein göttliches Mandat berufen könne, daß dieses vielmehr die irdischen Machtverhältnisse korrigiere und auch dem „Untensein" Stand und Recht zuspreche.[51] Die vulgärdemokratische Auffassung, daß das Volk „unten" sei und daß alles „Obensein" von hierher legitimiert, aber auch in seiner Existenz bedroht werde, hatte Bonhoeffer in seiner schlimmsten Variante, der schein-plebiszitären „Führer"-Demokratie, vor Augen. Daraus läßt sich der Nachdruck erklären, mit dem Bonhoeffer für die Anerkennung der Unterscheidung von Oben und Unten eintritt. Bei ihm hat diese Unterscheidung primär einen theologischen, nicht einen politisch-gesellschaftlichen Sinn. Über Bonhoeffers Auffassung vom Weg zu einer demokratischen Verfassungsordnung ergibt sich aus ihr keine unmittelbare Auskunft. Aber die Terminologie von

50 S. 389 und 393.
51 Vgl. S. 395.

„oben" und „unten" erinnert an die Begriffe Obrigkeitsstaat und Untertanenstand, die Karl Barth in dem Aufsatz „Rechtfertigung und Recht" von 1938 benutzte. Barth stellte die Frage, ob man „in der legitimen Verlängerung der Linie von Römer 13" von einem demokratischen Staatswesen sprechen könne, und bejahte sie entschieden.[52] An diesen Aufsatz Barths hat Bonhoeffer mit hoher Wahrscheinlichkeit 1941 in seinem Text „Staat und Kirche", der die früheste Formulierung der Mandatelehre enthält, angeknüpft.

Als Gestalten des Gebots sind die Mandate – Arbeit/Kultur, Ehe, Obrigkeit, Kirche – Ausdruck der liebevollen Zuwendung Gottes zur Welt, der durch sie Leben ermöglicht und bereichert. In dieser Funktion, in ihrem positiven Gehalt, sind sie darauf angelegt, daß der Mensch sie annimmt, sie bejaht, sie in Freiheit gestaltet. Im Gebot geht es um das in Freiheit vollzogene „Mitleben" „in der ganzen Fülle des Lebens".[53] Wer eine Ehe führt, wer Arbeit leistet beziehungsweise Kultur schafft, politische Ordnung gestaltet, kirchliches Leben aufbaut, der soll sich daran erinnern, daß er inmitten aller anderen Aufträge einen Auftrag „von oben" hat, vor Gott verantwortlich ist und also mit seinem Handeln auf Gottes Gebieten antwortet. Man muß den responsorischen Charakter der Mandatelehre Bonhoeffers erfassen, will man sich nicht in naheliegende Mißverständnisse dieser unausgeführten Theorie verfangen.

Der totale Staat hatte alle Gebiete des Lebens sich unterworfen und sich einzuverleiben versucht. Auf diese Verkehrung des Lebens reagiert Bonhoeffers Mandatelehre unmittelbar. „Nur in ihrem Miteinander, Füreinander und Gegeneinander bringen die göttlichen Mandate ... das Gebot Gottes, wie es in Jesus Christus geoffenbart ist, zu Gehör. Keines dieser Mandate besteht für sich allein und kann den Anspruch erheben, alle anderen zu ersetzen." Die Mandate sind miteinander, füreinander und gegeneinander da. Bonhoeffer deckt ihren kooperativen, subsidiären und polemischen Charakter auf. „Wo dieses *Gegeneinander* nicht mehr da ist, dort ist nicht mehr Gottes Mandat"[54] – ein Satz, der grundlegende Konsequenzen hat für das

[52] Vgl. K. Barth, Rechtfertigung und Recht, 42–44.
[53] S. 390.
[54] S. 397.

Verhältnis von Kirche und Staat und in Bonhoeffers Situation ein oppositionelles Verhältnis der Kirche zu dem Staat, der selbst die Regie in der Kirche an sich riß, begründete.

Die angeführten Beispiele aus den Zeiträumen der Arbeit für die „Ethik" belegen, daß in diesem Konzept so intensiv und so bewußt wie wohl in keiner anderen protestantischen Ethik vorher die zeitgeschichtlichen Ereignisse und auch das kirchliche, theologische und ethische Scheitern an ihnen verarbeitet worden sind. Sie sind Voraussetzungen dafür, daß Bonhoeffer bestimmte Themen aufgriff, sie geben die Rahmenbedingungen, die Grenzen vor, innerhalb derer er sich äußern durfte, ohne sich der Gestapo auszuliefern, sie veranlaßten Tarnung, Chiffrierung, Umschreibung bei vielen Äußerungen und sie boten sich als das Geschehen dar, in das Bonhoeffer denkend, schreibend und lehrend, insbesondere im Blick auf die Zeit nach Hitler, eingreifen wollte. Daß ein Vertreter christologischer Offenbarungstheologie so den konkreten Geschehnissen zugewendet war, mag verwundern; es entspricht ja gängigen Vorurteilen, Offenbarungstheologie für abstrakt zu halten. Bonhoeffer repräsentiert die gegenteilige Erkenntnis: „In Christus begegnet uns das Angebot, an der Gotteswirklichkeit und an der Weltwirklichkeit zugleich teil zu bekommen, eines nicht ohne das andere."[55]

IV

Wir wissen nicht, wie Bonhoeffers „Ethik" ausgesehen hätte, wenn es ihm vergönnt gewesen wäre, die noch unvollendeten und die geplanten Manuskripte zu Ende zu schreiben. Aber auch schon in den vorliegenden Manuskripten und Notizzetteln treten manche Eigenarten deutlich hervor. Sicher wollte er nicht auf den gebahnten Wegen vorliegender Ethik-Konzepte weitergehen. Das geben kritische Bemerkungen deutlich zu erkennen.[56] Auf den „Ethik"-Zettel Nr. 1 schrieb er den Untertitel: „Versuch einer christlichen Ethik". Es sollte sich also um einen

[55] S. 40.
[56] Vgl. z. B. S. 41, 163–165.

experimentellen Vorstoß in bisher nicht zureichend bedachte Dimensionen handeln.

Der Kontrast gegenüber ethischen Traditionen tritt kräftig, ja schroff hervor. Die Anfangspassagen von drei Manuskripten,[57] die jeweils wie der Anfang des geplanten Buches klingen, sprechen übereinstimmend davon, daß „christliche Ethik" allem sonstigen Nachdenken über Ethik als eine „Zumutung sondergleichen" erscheinen müsse. Das üblicherweise erstrebte Wissen um Gut und Böse, welches das Ich und durch dieses die Welt gut werden lassen möchte, verkennt, „daß diese Wirklichkeiten des Ich und der Welt selbst noch eingebettet liegen in eine ganz andere letzte Wirklichkeit, nämlich die Wirklichkeit Gottes, des Schöpfers, Versöhners und Erlösers".[58] Christliche Ethik muß von dieser theologischen Prämisse, dieser Glaubensentscheidung ausgehen. Ihr geht es um das „*Wirklichwerden der Offenbarungswirklichkeit Gottes in Christus unter seinen Geschöpfen*".[59] Nicht ein abstrakter Wirklichkeitsbegriff wird zugrunde gelegt, sondern ein inkarnatorisch-christologisch bestimmter. Gottes allumgreifende Wirklichkeit ist in der Menschwerdung, dem Wort und Geschick Jesu Christi der Weltwirklichkeit zugewendet und will im ganz Konkreten, in den Freuden und Leiden des Menschseins bestimmend sein. So wird die Welt mit Gott versöhnt. Eine Ethik, die ihren Grund in der Versöhnung hat, überwindet die Welt der Entzweiung, der unlösbaren Konflikte und verheißt im Sinne des Neuen Testaments: „Das Leben und Handeln der Menschen hat nichts Problematisches, Gequältes, Finsteres, sondern etwas Selbstverständliches, Freudiges, Gewisses, Klares."[60] Dieser Ton eignet auch Bonhoeffers „Ethik"-Manuskripten, obwohl sie doch in Zeiten großer Gefahr und böser Belastungen geschrieben sind.

Die traditionelle ethische Frage nach dem Guten ist damit nicht so erledigt, wie es in reformatorischen Traditionen erscheint. Dort wird im Gefolge der Rechtfertigungslehre die erbarmende Zuwendung Jesu Christi zum Sünder, zum Verlore-

---

[57] S. 31, 301, 365.
[58] S. 32.
[59] S. 34.
[60] S. 311.

nen, zum Zerbrochenen gepredigt, der allein aus Gnaden freigesprochen wird. Bonhoeffer ergänzt überraschend diese Sicht mit der These: „Was an Menschlichem und Gutem in der gefallenen Welt gefunden wird, es gehört auf die Seite Jesu Christi."[61] Gewiß sind diese „Guten", die um Recht, Wahrheit und Menschlichkeit in der Welt kämpfen und leiden, auch vergebungsbedürftige Sünder. Aber Christus nimmt sie gerade auch in ihren Stärken für sich in Anspruch, und sie dürfen für ihre unvermeidliche Schuld bei ihm Vergebung erbitten, die keine „billige Gnade" ist. Diese Thematik des von Christus beanspruchten Guten, die nicht zuletzt durch Erfahrungen Bonhoeffers im Widerstand provoziert wurde, durchzieht seine ganze Arbeit an der „Ethik".

Wer eine Ethik mit den großen biblischen Aussagen über die Offenbarung Gottes, die Inkarnation und die Versöhnung der Welt in Christus beginnt, muß zusehen, daß diese nicht den Charakter metaphysischer Abstraktion tragen, sondern in sich die Möglichkeit bergen, bis in die Konkretionen vorzudringen, die eine Ethik auszeichnen sollen. Diesen Zusammenhang, den man auch als die Verbindung von Dogmatik und Ethik begreifen kann,[62] hat Bonhoeffer in vielen Varianten bedacht. „In der Menschwerdung bekundet Gott sich als den, der nicht für sich selbst sondern ‚für uns' da sein will."[63] Entsprechend sollen auch wir nicht für uns selbst, sondern antwortend für Gott und verantwortend für andere Menschen dasein. In den „Ethik"-Manuskripten sind Formeln der Gefängnistheologie Bonhoeffers schon angelegt: Jesus – der Mensch für andere; neues Leben als „Dasein-für-andere" in Teilnahme am Sein Jesu. „Die Kirche ist nur Kirche, wenn sie für andere da ist." „Das ‚Für-andere-Dasein' Jesu ist die Transzendenzerfahrung!"[64] Nicht durch Anpassung an den Zeitgeist erreicht Bonhoeffer die Konkretion christlicher Ethik, sondern durch eine das wirkliche Menschsein einschließende Auslegung der fundamentalen

[61] S. 161, vorbereitet auf „Ethik"-Zettel Nr. 21: Das Gute „gehört auf die Seite Jesu Christi"; vgl. S. 350 und dazu „Ethik"-Zettel Nr. 20: „Das Gute gehört zu Christus als seinem Ursprung".

[62] S. 34.

[63] S. 404.

[64] WEN 414f.

Glaubenssätze. Eine der charakteristischen Operationen in diesem Bemühen ist die Unterscheidung und Zuordnung von Letztem und Vorletztem, präzisiert durch die Vorstellung der Wegbereitung. Das Vorletzte, in welchem es um das Menschsein, das Gutsein, das Natürliche, die Stellvertretung für andere geht, wird durch seine Bezogenheit auf das Letzte, die Rechtfertigung aus Glauben, aus Gnaden allein, nicht außer Kraft gesetzt, sondern durch sie erhält es die Bestimmtheit und die Grenzen, die für ethisches Erkennen und Handeln grundlegend sind. Wäre das Letzte nur die Erledigung, die Annullierung des Vorletzten, so gäbe es hier keine Unterschiede, so könnte auch das Gute im Vorletzten nicht für Jesus in Anspruch genommen werden. Auch Bonhoeffers Ausführungen über das Natürliche und die Geschichte sind durch solche Erkenntnis der Bedeutung des Vorletzten bestimmt.

Bonhoeffer empfand mit Schmerz, daß der evangelischen Ethik ein Begriff des Natürlichen verlorengegangen war. Er wollte ihn vom Evangelium her wiedergewinnen, nicht also vom Gesetz. Ausgehend von diesem hatte man trügerische ,,Ordnungen" bis hin zu Volk und Rasse als ethisch maßgebend, ja als ,,Schöpfungsordnungen" deklariert, ohne zu bedenken, daß sich die Schöpfung dem gefallenen Menschen entzieht und verbirgt. Bonhoeffer argumentiert: ,,Das Natürliche ist das nach dem Fall auf das Kommen Jesu Christi hin Ausgerichtete."[65] Das Unnatürliche ist entsprechend das Sich-Verschließende. Von dieser dogmatischen Bestimmung des Natürlichen ausgehend entwickelt Bonhoeffer als der erste deutschsprachige Theologe eine detaillierte Lehre von den ,,Rechten des natürlichen Lebens", welche dem beim Individuum ansetzenden westlichen Menschenrechtsverständnis als eigenständige Variante zur Seite tritt. Beim ,,Recht auf das leibliche Leben" geht es um Themen, die zum Teil damals ebensosehr wie heute eine brennende Aktualität hatten, wie „Euthanasie", Zwangssterilisation, Folter, Schwangerschaftsabbruch. Bezeichnend ist der Vorrang der Rechte vor den Pflichten: „Gott gibt, bevor er fordert."[66] Über „Die natürlichen Rechte des geistigen Le-

[65] S. 165.
[66] S. 173.

bens" enthält das Manuskript, an dem Bonhoeffer nicht mehr weiterarbeiten konnte, nur wenige Sätze.

Führte das theologisch-ethische Erfassen des Natürlichen zu einer Lehre von den Rechten des Menschen, so führte das entsprechende Begreifen der Geschichte zu einer Verantwortungsethik. Max Webers Fassung dieses Begriffs hatte bis dahin kaum Eingang in die evangelische Ethik gefunden. Bonhoeffer deckte die theologische Dimension des Begriffes auf und erörterte die „Struktur" und den „Ort" des verantwortlichen Lebens.[67] Verantwortung hieß für ihn, mit dem ganzen eigenen Leben, wie es sich handelnd realisiert, auf das Leben Jesu Christi Antwort zu geben. Wenn Jesu Leben aber in Stellvertretung und Schuldübernahme ganz und gar Leben für andere war, dann muß ein christliches Verständnis von Verantwortung auch die einem jeden von Gott auferlegte „Mitverantwortung für den Gang der Geschichte" umfassen. Auch hier geht es nicht um die traditionelle ethische Frage „Wie handle ich gut?"; vielmehr gilt: „Die letzte verantwortliche Frage ist nicht, wie ich mich heroisch aus der Affäre ziehe, sondern wie eine kommende Generation weiterleben soll."[68] Dies schrieb Bonhoeffer, als er in der Konspiration, durch kein Gesetz, keinen Auftrag einer legalen Autorität, keine gesicherte Zukunftserkenntnis gedeckt, die Schuld, die unvermeidlich bei einem Umsturz ihm zufallen würde, auf sich zu nehmen bereit war. Hier ging es um eine der Verantwortung eigene wagnishafte Freiheit, die nur allzuleicht durch Willkür gefährdet werden konnte. Aber in Bonhoeffers „Ethik" stand dieser radikalen Freiheit die Orientierung an den „Mandaten" Gottes gegenüber, die immer nur als ihr konträrer Partner und nicht als statische Ordnungsbegriffe interpretiert werden sollten.

Jede, gerade auch eine theologische Ethik ist zu prüfen, wie sie zur Erfahrung, zur Wahrnehmung und Verarbeitung von Wirklichkeit anleitet. Bonhoeffer war tief bestürzt über die „Dummheit" seiner Zeitgenossen – nicht über eine intellektuelle Schwäche, sondern über den Verlust der Wahrnehmungsfähigkeit, des Wirklichkeitssinnes unter dem Druck der Macht,

[67] S. 253 f, 256, 289.

[68] WEN 16.

wogegen keine Belehrung helfen könne, sondern nur innere und äußere Befreiung.[69] „Der befreite Blick auf Gott und auf die Wirklichkeit, wie sie in Gott allein Bestand hat, vereinigt Einfalt und Klugheit." „In dem Tatsächlichen das Bezeichnende zu erkennen ist Klugheit."[70]

Jede wissenschaftliche Ethik bedient sich mehr oder minder explizit einer Reihe von Methoden. In Bonhoeffers Argumentation fällt ein Verfahren besonders auf: Probleme werden erfaßt, indem zunächst extreme Wahrnehmungen derselben oder Einstellungen zu ihnen einander konfrontiert werden, zum Beispiel eine radikale und eine kompromißhafte, eine proletarische und eine bürgerliche, eine revolutionäre und eine konservative Auffassung. Keine dieser Wahrnehmungsweisen und der ihnen entsprechenden Begriffe erfaßt Wirklichkeit adäquat. Jede wird geprüft, um an ihr das Falsche zu tilgen, das Rechte zu identifizieren und so auf einer höheren Ebene der gedanklichen Bewegung das Wirklichkeitsgemäße zu erkennen. Nur so kann der verantwortlich Lebende und Handelnde „sich das Wesen der Welt jeweils neu aufschließen" lassen[71] – und eben daran ist Bonhoeffer bei seinem Drängen auf Konkretion gelegen. Seine Ethik vermag in erstaunlicher Weise den Zusammenhang tiefster Glaubenssätze mit der Wahrnehmung wirklichkeitsgemäßer Weltverantwortung aufzuweisen.

V

Der Publikation der „Ethik"-Manuskripte durch Eberhard Bethge 1949 folgte eine herbe Enttäuschung: Eine starke und vor allem eine qualifizierte Resonanz blieb aus. „Was mir hier bei uns vor Augen gekommen ist, waren immer nur Inhaltsreferate; keiner wagt eine Stellungnahme."[72] Zur „Ethik" erschienen in den ersten drei Jahren 14 – 11 – 1 Besprechungen, zu

[69] WEN 17f.

[70] S. 68.

[71] S. 267.

[72] Brief von Eberhard Bethge an Erwin Sutz 15. 5. 1950. Dieser Abschnitt des Nachworts verwertet Studien von Jörg Dinger über Bethges Dokumentensammlung zu Bonhoeffers Werken.

dem 1951 erschienenen Buch ,,Widerstand und Ergebung" hingegen 20 – 59 – 24. Die ,,Ethik"-Manuskripte gerieten sehr bald in den Schatten der vorwiegend in der Form persönlicher Briefe geschriebenen Aufzeichnungen Bonhoeffers in der Haft, die leichter zugänglich schienen.

Karl Barth freilich ging sogleich im ethischen Teil der Schöpfungslehre seiner Kirchlichen Dogmatik 1951 intensiv auf Bonhoeffers ,,Ethik" ein. Mit scharfem Blick erkannte er die unmittelbare Nähe zu seinen Intentionen. ,,Dieselbe Ausrichtung auf den dogmatischen Zusammenhang ist aber auch der geistvollen ,Ethik' von Dietrich Bonhoeffer . . . nachzurühmen."[73] Überlegungen und Zitate aus den ,,Ethik"-Manuskripten fügte er in seinen Gedankengang ein, vielleicht ohne sich klarzumachen, wie sehr Bonhoeffer auf Ausführungen zur Ethik in früheren Bänden der Kirchlichen Dogmatik eingegangen war. So ergab sich ein weitgehendes Einverständnis, insbesondere bei dem christologischen Verständnis des Gebotes Gottes und der daraus resultierenden Ablehnung von Kasuistik und Prinzipienethik. Konsens signalisierte Barth auch gegenüber Bonhoeffers Behandlung einer Reihe von konkreten ethischen Problemen. Bei der Mandatelehre konnte er wohl der Intention folgen – christliche Ethik wird über die Hinweise auf das göttliche Gebieten je und je in einer Situation auch nach ,,Konstanten" des Gebotes fragen. Aber die biblische Begründung und die Auswahl von vier Mandaten und deren Charakterisierung als Autoritätsverhältnisse leuchteten ihm nicht ein. Vielmehr war dies für ihn mit einem ,,kleinen Geschmack von norddeutschem Patriarchalismus" behaftet, ein Urteil, das bis heute häufig wiederholt worden ist. Mit Bonhoeffers Mandatelehre, äußerte Barth 1952, habe er sich ,,weidlich herumgeschlagen".[74] Ernst Wolf hingegen bildete in Vorlesungen in vielen Varianten Bon-

---

[73] KD III/4, 2. Vgl. a. a. O., 9 (Zitat von S. 372), 14 (Gebot Gottes, S. 381 f; Freiheit gebieten, S. 386), 14 f (zum ,,Ethik"-Zettel Nr. 10), 21 f (Würdigung der ,,Mandate"), 22 (,,*warum* nun gerade jene vier . . . Mandate und keine anderen?"), 23 (,,Oben und unten", ,,Patriarchalismus"), 460 (das ,,Umsichtigste" zum Selbsttöten habe Dietrich Bonhoeffer geschrieben), 463 (Zitat von S. 194 f), 513 (zum Tyrannenmord – Bonhoeffer war ,,eigentlich Pazifist"), 687 (zu ,,Beruf"), 751 (,,Ehre" sei nicht erwogen).

[74] K. Barth in: MW I, 121.

hoeffers Mandatelehre zu einer theologischen Institutionenlehre weiter.[75]

Die wissenschaftliche evangelische Theologie in Deutschland war im ersten Nachkriegsjahrzehnt kaum mit ethischen, theoretischen und praktischen Fragen der Neuorientierung von Gesellschaft und Kirche befaßt. Viel mehr erregte sie der Streit um Rudolf Bultmanns Programm der Entmythologisierung des Neuen Testaments. Aus Martin Heideggers Philosophie übernahmen viele, ohne sich um das politisch-weltanschauliche Versagen dieses Mannes im Jahre 1933 zu kümmern, die entscheidenden Anregungen für existentiale Interpretation, für Hermeneutik und Sprachphilosophie beziehungsweise Sprachtheologie und wandten sich schroff gegen das Theologiekonzept Karl Barths und seiner Freunde. Die Alternative Bultmann oder Barth wurde auch der Bonhoefferrezeption aufgezwungen. Bonhoeffers fragmentarischem Theologieentwurf im Gefängnis 1944 entnahm man Motive und Thesen, die denen Bultmanns verwandt zu sein schienen, wie zum Beispiel ,,nichtreligiöse Interpretation biblischer Begriffe", und konzentrierte die Diskussion auf die hermeneutische Ebene. Der Rezeption von Bonhoeffers ,,Ethik" war diese Diskussionslage hinderlich. Wo man das Buch anführte, wurde es vorwiegend instrumentell benutzt, nämlich als Stütze für bestimmte systematisch-theologische Interpretationen der Spättheologie Bonhoeffers.

Für die meisten Schüler und Freunde Bonhoeffers war dieser Umgang mit seinem theologischen Vermächtnis befremdlich. Auf mehreren Tagungen in den fünfziger Jahren, deren Ergebnis sich in der Reihe ,,Die Mündige Welt" niederschlug, versuchten sie die Eigengestalt der Theologie Bonhoeffers herauszuarbeiten. Aber der einzige Universitätslehrer unter den Schülern Bonhoeffers, Gerhard Ebeling, war dominant an der Weiterentwicklung der hermeneutischen Perspektive aus der Heidegger-Bultmann-Diskussion, zugleich aber auch im Hinblick auf die Lutherinterpretation interessiert. Sein Vortrag ,,Die ‚nicht-religiöse Interpretation biblischer Begriffe'", als Aufsatz

[75] Vgl. die von Theodor Strohm 1975 herausgegebene Druckfassung: E. Wolf, Sozialethik, bes. 169–171.

zuerst 1955 veröffentlicht,[76] war so bemerkenswert, daß nahezu alle Aufsätze und Bücher im deutschsprachigen Raum, die sich während des nächsten Jahrzehnts mit Bonhoeffers Gefängnistheologie befaßten, auf diese Untersuchung verwiesen, wenn auch überwiegend kritisch. Ebeling hat die „Ethik" zwar zur Kenntnis genommen, aber in zentralen Hinsichten uminterpretiert. Entscheidend dafür war es, daß er die Bonhoeffer-Texte von einer für sie nicht zentralen Fragestellung her interpretierte, nämlich der Beziehung von „Gesetz und Evangelium". Für Ebeling stand die ganze Wirklichkeit des Menschen unter der Signatur eines Gesetzes, das ihr den Charakter der unerfüllten und unerfüllbaren Forderung gibt, den Menschen an der Wirklichkeit scheitern läßt und so zur Voraussetzung der Evangeliumspredigt wird. In der Ethik mußte dann das Hauptgewicht auf dem Aushalten, dem Ertragen des Druckes dieser negativen Wirklichkeit liegen.[77] Das aber widersprach der bei Bonhoeffer durch die Beziehung des Letzten auf das Vorletzte gesicherten Orientierung der christlichen Ethik an der in Jesus Christus geschehenen Versöhnung. Sie spricht den Glaubenden nicht als Menschen der Entzweiung und des Konfliktes an, sondern läßt ihn mitten in einem diesseitigen, weltlichen Leben dem Gebot Gottes in seiner befreienden, wegweisenden Kraft folgen. Entsprechend häufte sich bei aller Bewunderung für Ebelings Gelehrsamkeit der entschiedene Widerspruch gegen dessen umformende Bonhoefferinterpretation.[78]

Ein beträchtlicher Teil der Bonhoefferforschung wurde, überwiegend nach dem Stadium der Tagungsdiskussionen um die „Mündige Welt", in Dissertationen geleistet. Eröffnet wurde die Reihe durch den bis heute lebhaft umstrittenen Beitrag Hanfried Müllers.[79] Er statuiert eine scharfe Zäsur zwischen Bonhoeffers „progressiver" Spättheologie und den davorliegenden Konzepten. Abschnitte der „Ethik" wie „Ethik als Gestaltung" und „Erbe und Verfall" werden wegen ihrer –

[76] In der Zeitschrift für Theologie und Kirche; 1956 in MW II.
[77] MW II, 65, 67, 72.
[78] Vgl. K. Wilkens, Die Frage Dietrich Bonhoeffers und unsere Antwort.
[79] H. Müller, Von der Kirche zur Welt, masch. Dissertation 1956, als Buch 1961, [2]1966.

im bürgerlichen Widerstand gegen das Hitlerregime weit verbreiteten – christlich-abendländischen Vorstellungen zur Negativfolie für den zukunftsträchtigen Fortschritt von „Widerstand und Ergebung". Erst hier habe, so Müller, Bonhoeffer ein Theologiekonzept vorgelegt, das in eine sozialistische Zukunft vorverweise und auch Vertretern marxistischen Denkens etwas bedeuten könne. Aus der „Ethik" war dies schwerlich abzuleiten, und viele Bonhoefferkenner in der DDR haben sich gegen solche Adaptierung Bonhoeffers an den „real existierenden Sozialismus" gewehrt.

Der Entgegensetzung von Bonhoeffers Spättheologie und der „Ethik" widersprechend bemühte sich Heinrich Ott, die Kontinuität zwischen beiden herauszuarbeiten. Er gewann mit den „Ethik"-Manuskripten eine breitere Interpretationsbasis für die in vielen Aussagen allzu knappen Gefängnisbriefe.

Unabhängig von der langsam abebbenden Diskussion um die Schlagworte „mündige Welt" und „nichtreligiöse Interpretation biblischer Begriffe" erschienen Studien, die wichtige Themen aus der „Ethik" aufnahmen, so zum Beispiel von Jürgen Moltmann und Ernst Wolf.[80] Man hatte nun weithin die Existenz der „Ethik" Bonhoeffers zur Kenntnis genommen, zitierte sie hier und da und diskutierte einzelnes. So konnte Bethge im Juli 1962 das Vorwort schon zu einer sechsten, nunmehr neugeordneten Auflage schreiben. Eine solche Auflagenhöhe hat wohl keine andere deutschsprachige evangelische Ethik in der Nachkriegszeit erreicht. Das Buch verbreitete sich stark unter jungen Theologen und auch außerhalb der akademischen Welt.

Die Wirkungsgeschichte des Werkes und der Gestalt Dietrich Bonhoeffers kam auf ein neues Niveau, als Bethge 1967 seine Bonhoefferbiographie vorlegte. Hatte man bisher immer nur bestimmte Textgruppen beachtet und diskutiert, so konnte man nunmehr den Weg Bonhoeffers im ganzen überblicken. Auch die fortschreitende Publikation der „Gesammelten Schriften", deren letzter, sechster Band 1974 erschien, förderte die Erwei-

---

[80] J. Moltmann, Die Wirklichkeit der Welt und Gottes konkretes Gebot nach Dietrich Bonhoeffer; Ders., Herrschaft Christi und soziale Wirklichkeit nach Dietrich Bonhoeffer; E. Wolf, Das Letzte und das Vorletzte.

terung des Blickfeldes. In lebhaftem Austausch mit Bethge legte Ernst Feil 1971 eine erste Gesamtdarstellung der Theologie Bonhoeffers aufgrund dieser erweiterten Kenntnisse vor. Obwohl die drei thematischen Gesichtspunkte „Hermeneutik – Christologie – Weltverständnis" den Leitfaden abgaben, kamen hier zentrale Inhalte der „Ethik"-Manuskripte in ihrer Verbindung mit anderen Schriften Bonhoeffers zur Sprache. Feils Ergebnis war, „daß auch die letzte Theologie Bonhoeffers als kontinuierliche Fortsetzung seiner voraufgegangenen theologischen Bemühungen anzusprechen ist"[81] – eine sorgfältig begründete Absage an alle Versuche, die Bedeutung der „Ethik" mit dem Argument zu schmälern, daß sie durch die neuen Erkenntnisse der Gefängnistheologie „überholt" sei.

Mit Bethges Neuordnung der „Ethik" und seiner Bonhoefferbiographie begann eine neue Phase der Rezeption, die sich nun auch in bedeutendem Umfang im nicht-deutschsprachigen Raum, vor allem in den USA vollzog. Im englischen Sprachraum erschien die Übersetzung der ersten Auflage der „Ethik" 1955. Nachdem in einem ersten Stadium Bonhoeffer-Texte und -Interpretationen oft recht sorglos und ungenau bekanntgemacht worden waren, überwog bald eine präzisere Bearbeitung. James Gustafson behandelte Bonhoeffers Ethik im zweiten Kapitel seines Buches „Christ and the Moral Life" 1968. Das Interesse am „Ethik"-Buch trat in den sechziger Jahren häufig hinter dem an den Briefen und Aufzeichnungen aus der Haft zurück, die im Kontext des amerikanischen Säkularismus verstanden wurden.[82] Andere, so John D. Godsey und Clifford Green, versuchten die Entwicklung der Theologie Bonhoeffers insgesamt zu analysieren. Allmählich setzte sich in Übereinstimmung mit Eberhard Bethge und Ernst Feil die Auffassung durch, daß unbeschadet des Durchbruchs zu neuen Erkenntnissen und Formulierungen in den Gefängnisbriefen Bonhoeffers Werk durch eine starke Kontinuität bestimmt sei, so daß eine Abwertung der „Ethik" gegenüber den Gefängnisbriefen nicht

[81] E. Feil, Die Theologie Dietrich Bonhoeffers, 323.

[82] Vgl. z. B. Arbeiten von William Hamilton, Paul van Buren, Harvey Cox und John Phillips. Bibliographische Angaben s. das Literaturverzeichnis II in E. Feil, Die Theologie Dietrich Bonhoeffers, 402–422.

in Frage kam. Sie fand bis in die Gegenwart in amerikanischen Untersuchungen mehr Aufmerksamkeit als in deutschsprachigen. Dissertationen über die „Ethik" waren in der englischsprachigen Welt 1970 bereits zahlreicher als solche über die Aufzeichnungen aus der Haft. Larry L. Rasmussen untersuchte schon 1972 den Zusammenhang zwischen Bonhoeffers „Ethik" und der Teilnahme am Widerstand gegen Hitler;[83] John de Gruchy setzte dies im Blick auf die Situation in Südafrika fort.[84] James H. Burtness schrieb sein Buch „Shaping the Future" 1985 speziell über Bonhoeffers „Ethik". Eine Gruppe von Autoren befaßte sich in dem von William Jay Peck herausgegebenen Band „New Studies in Bonhoeffer's Ethics" 1987 mit Problemen der „Ethik", wofür Clifford Green einen Beitrag zur chronologischen und sachlichen Neuordnung beisteuerte. Die Internationale Bonhoeffer Konferenz in Amsterdam 1988 hatte die „Ethik" als Schwerpunktthema; den Band mit den Konferenzbeiträgen „Bonhoeffer's Ethics: Old Europe and New Frontiers" gaben Guy Christopher Carter, René van Eyden und Hans Dirk van Hoogstraten heraus. James Patrick Kelley bedenkt bei der Ausarbeitung der Buchfassung seiner Dissertation „Revelation and the Secular in the Theology of Dietrich Bonhoeffer" von 1980 die Bedeutung des bisher zu wenig beachteten „Ethik"-Kapitels „Christus, die Wirklichkeit und das Gute. Christus, Kirche und Welt", das in DBW 6 gemäß der Entstehungsfolge nun an den Anfang gerückt ist.

Die wachsende Einsicht, daß eine starke Kontinuität in Bonhoeffers Schriften vorherrsche, führte dazu, daß sich die Forschung vorwiegend zunächst einmal den frühen Schriften Bonhoeffers zuwandte. Die Ergiebigkeit dieses Verfahrens kann man an dem 1989 erschienenen Buch „Theologische Ethik im Kampf gegen den Nationalsozialismus" von Christoph Strohm erkennen. Hier werden, nach Bethges Biographie, erstmalig für die Bonhoefferinterpretation die Gebiete der Kirchenkampffor-

---

[83] L. L. Rasmussen, Dietrich Bonhoeffer: Reality and Resistance. Eine neuere Publikation Rasmussens behandelt Bonhoeffers Bedeutung für Nordamerikaner (Ders., Dietrich Bonhoeffer: His Significance for North Americans).

[84] J. W. de Gruchy, Bonhoeffer and South Africa. Theology in Dialogue (veröffentlicht in den USA).

schung, der Widerstandsforschung und der Theologiegeschichte auf dem methodischen Niveau heutiger Zeitgeschichtsforschung zusammengeführt. Für die Zeit der „Ethik“-Manuskripte ist das erst noch zu leisten.

Eine Reihe wissenschaftlicher Tagungen der Sektion Bundesrepublik Deutschland des Internationalen Bonhoeffer Komitees hat seit Mitte der siebziger Jahre Themen der Bonhoefferforschung diskutiert; wichtige Beiträge sind in der Reihe „Internationales Bonhoeffer Forum“ veröffentlicht. Die Entwicklung von Bonhoeffers Ethik-Konzept wurde besonders behandelt in den 1982 erschienenen Bänden IBF 3 „Ethik im Ernstfall“ und IBF 5 „Frieden – das unumgängliche Wagnis“. In den Kirchen im Gebiet und in der Zeit der DDR hat Bonhoeffer als Theologe und als Person eine große Bedeutung gehabt. Eine spezielle Untersuchung zu Bonhoeffers „Ethik“ veröffentlichte Joachim Wiebering 1985: „Zwei Räume – zwei Reiche?“

In der Bundesrepublik erschien an repräsentativem Ort, in der Theologischen Realenzyklopädie, 1981 ein Artikel zu Dietrich Bonhoeffer, den Gerhard Krause verfaßt hat. Er meint, daß den „Ethik“-Manuskripten „ein Leitbegriff der Ethik“ fehle, daß viele längst geläufige ethische Gedanken in „unausgeglichenen Neuansätzen“ zum Zwecke der Selbstklärung hier predigthaft-essayistisch in „Zwiesprache mit Eingeweihten“ vorgetragen würden.[85] Dazu bedarf es hier keiner Stellungnahme. Verwunderlich ist, wie dieser Artikel an jenen Ort geriet. Kritische Anfragen an Bonhoeffers christologisches Konzept enthält der Beitrag von 1987 „Christologie und Ethik“ von Martin Honekker.

Georg Huntemanns Buch „Der andere Bonhoeffer“ von 1989, für die Evangelikalen geschrieben, beginnt mit einem Paukenschlag: Bonhoeffer werde für die Evangelikalen „Kirchenvater der Zukunft sein – oder die Evangelikalen werden keine Zukunft haben“.[86] Huntemann findet bei Bonhoeffer ein biblisches Ethos, welches das Natürliche berücksichtigt, sich aber gegen alle Übergriffe wendet. Bonhoeffers „Ethik“ wird für antimodernistische Ordnungsethik in einer Einseitigkeit in An-

[85] G. Krause, Art. Bonhoeffer, in: TRE VII, 61.
[86] G. Huntemann, Der andere Bonhoeffer, 11.

spruch genommen, die ihre Kritik an allem Ordnungskonservativismus vergessen lassen möchte.

Die Bonhoefferforschung in Japan geht ihre eigenen Wege. In der hier nur auswahlsweise skizzierten Rezeptionsgeschichte von Bonhoeffers „Ethik" haben wir darauf verzichtet, japanische und weitere bemerkenswerte Beispiele, seien es niederländische, englische, französische, italienische, spanische, skandinavische, koreanische, südafrikanische oder lateinamerikanische, des Umgangs mit der „Ethik" anzuführen. Vielleicht ist jetzt erst die Zeit gekommen, in der sich ein breiteres, internationales Interesse der wissenschaftlichen Erforschung dieser Manuskripte zuwendet.

VI

In der vorliegenden Ausgabe sind die Manuskripte in der Reihenfolge abgedruckt, in der sie, abgesehen von späteren Ergänzungen, vermutlich geschrieben worden sind. Bonhoeffer folgte nicht einer am Anfang entworfenen und dann feststehenden Gliederung. Offenbar änderten sich seine Vorstellungen über die Gliederung des geplanten Buches beim Fortgang der Arbeit mehrmals. Dementsprechend konnte zum Beispiel für ein spät geschriebenes Manuskript ein Platz zwischen schon viel früher geschriebenen Manuskripten vorgesehen sein. Es muß also zwischen der Schreib- oder Entstehungsfolge und einigen von Bonhoeffer zu verschiedenen Zeiten geplanten Sachreihenfolgen unterschieden werden. Die Anordnung der Manuskripte in der vorliegenden Ausgabe richtet sich, wie im Herausgebervorwort dargelegt, nach der Schreibreihenfolge. Hier im Nachwort versuchen wir, Bonhoeffers Weg zu der in einem späten Stadium der Arbeit beabsichtigten Sachreihenfolge nachzuzeichnen. Deren Rekonstruktion kann nur auf Indizien beruhen, da Bonhoeffer selbst für die letzten Zeiträume seiner Arbeit an „Ethik"-Manuskripten eine Gliederung nicht notiert hat.

Ein erster Abschnitt stellt vor allem Notizen auf „Ethik"-Zetteln Bonhoeffers vor, die Teil-Gliederungsentwürfe enthalten. Dann folgen Hinweise auf formale Anzeichen, insbesondere unterschiedliche Arten der Numerierung von Manuskript-bögen durch Bonhoeffer. Schließlich wird von den angeführten Indizien her eine Sachreihenfolge rekonstruiert, wie Bonhoeffer sie sich 1942/43 für die vorliegenden, die schon vorbereiteten und die in Aussicht genommenen Manuskripte vorgestellt haben mag.

1. Den frühesten Gliederungsentwurf enthält vermutlich der „Ethik"-Zettel Nr. 21. Er trägt die Überschrift „*Das natürliche Leben*". Inmitten von vielerlei Notizen erscheint die Themenreihe:

„Christus und das natürliche Leben
Christus und das Gute
Christus und das Böse
Christus und die Geschichte"

Diese Reihe wurde aller Wahrscheinlichkeit nach notiert, bevor Bonhoeffer mit dem Schreiben von „Ethik"-Manuskripten anfing. Formale Indizien wie Papierformat und königsblaue Tinte deuten auf den Sommer 1940. Wie jede Zeile mit „Christus und ..." beginnt, so beginnen auch die beiden Überschriften des zuerst geschriebenen Manuskripts mit „Christus ...": „Christus, die Wirklichkeit und das Gute. Christus, Kirche und Welt."

Bonhoeffer hat nicht gleich die ersten Manuskripte im Herbst 1940 dieser Themenreihe folgend geschrieben. Aber im Winter 1940/41 in Ettal orientierte er sich an ihr. Im Manuskript „Die letzten und die vorletzten Dinge" schrieb er, daß ein „dreifaches als Vorletztes angesprochen" werde: „*das Menschsein, das Gutsein und das Bösesein*".[87] Der Rückgriff auf die Themenreihe des Zettels Nr. 21 ist deutlich. Dem Stichwort „Menschsein" entspricht auf Zettel Nr. 21 „das natürliche Leben", wie das in Ettal anschließend geschriebene Kapitel „Das natürliche Leben" zeigt: Das natürliche menschliche Leben ist das erste Thema, das als ein Vorletztes behandelt wird. Sein Vorhaben, die drei Themen Menschlich-Natürliches, Gutes und Böses zu behandeln, änderte er ab, indem er im Manuskript „*das Bösesein*" ausstrich und „dreifaches" in „zweifaches" veränderte. Dem Kapitel „Das natürliche Leben" sollte ein „Kapitel vom

[87] Vgl. S. 151.

,Guten'" folgen.[88] So war die weitere Planung im Winter 1940/41. Zum Thema des „Guten", auch in Verbindung mit dem „Bösen", gab es schon eine Reihe von Vorbereitungszetteln, die Bonhoeffer im Herbst 1940 ausgearbeitet hatte, ehe er nach Ettal fuhr.

Vermutlich im September 1940, während der Arbeit am Manuskript „Ethik als Gestaltung", notierte Bonhoeffer auf dem Zettel Nr. 38 unter der Überschrift „*Grundlagen*" folgende Titelformulierungen:

„Ethik als Gestaltung"
„Erbe und Verfall"
„Schuld und Rechtfertigung"
„Kirche und Welt(gestaltung)"
„Die vorletzten und die letzten Dinge"
„Der neue Mensch"

Diese Reihe von Titelformulierungen ist mit Inhalts-Stichworten durchsetzt. Besonders zahlreich sind die Stichworte zu „Erbe und Verfall"; doch bis zu den hier auf dem Zettel Nr. 38 notierten Gesichtspunkten für dieses Manuskript kam er während der Arbeit im Herbst 1940 nicht mehr. Er hat sie aufgegriffen, als er im nächsten Jahr an „Erbe und Verfall" zu arbeiten fortfuhr.[89]

In engem Zusammenhang mit Zettel Nr. 38 steht Zettel Nr. 1; dieser beginnt mit Überschriften, die man als Buchtitel lesen kann:

„*Grundlagen und Aufbau einer künftigen Welt*", verändert zu

„*Grundlagen und Aufbau der mit Gott versöhnten Welt* (eines geeinten Abendlands).

Versuch einer christlichen Ethik."

Darunter folgt:

„*Grundlagen* .....
Aufbau :"

Außer „....." steht zu „Grundlagen" auf diesem Zettel nichts; das auf Zettel Nr. 38 Notierte ist wohl vorausgesetzt. Zu „Aufbau" sind fünf Gliederungspunkte angeführt:

---

[88] Vgl. S. 176 Anm. 41.
[89] Vgl. S. 119 Anm. 108.

„1.) Der Aufbau des persönlichen Lebens"
„2.) Der Aufbau der Stände Ämter? Berufe?"
„3.) Der Aufbau der Gemeinschaften"
„4.) Der Aufbau der Kirche"
„5.) Aufbau des christlichen Lebens in der Welt."

Die ersten drei Gliederungspunkte werden durch Stichworte genauer bestimmt. Diesem Zettel Nr. 1 zufolge sollte im Herbst 1940 die „Ethik" also die beiden Teile „Grundlagen" und „Aufbau" haben. Im Winter in Ettal erwog Bonhoeffer die Bezeichnungen „‚Wegbereitung und Einzug' – entsprechend der Zweiteilung des Buches (die vorletzten und die letzten Dinge)".[90]

In einem Brief aus Klein-Krössin auf kariertem Papier berichtete Bonhoeffer Eberhard Bethge am Mittwoch, dem 9. Oktober 1940, er schreibe „die Disposition des Ganzen" und es werde „wohl die Woche noch darüber hingehen".[91] Mit dieser Bemerkung können nicht die Zettel Nr. 38 und Nr. 1 gemeint sein. Sie sind auf linierten Bögen geschrieben, von denen Bonhoeffer wohl schon im September nach dem ersten Drittel des Manuskripts „Ethik als Gestaltung" zu karierten Bögen wechselte.[92] Vor allem aber hätte er für diese beiden Zettel schwerlich vier Tage oder mehr benötigt. Die im Brief vom 9. Oktober erwähnte „Disposition des Ganzen" ist wohl auf etwa zehn karierten Zetteln erarbeitet, also auf Papier der auch für den Brief benutzten Sorte. Eine auffallende Stichwort-Übereinstimmung bekräftigt diese Annahme. In dem Brief wie auf dem „Ethik"-Zettel Nr. 50, einem karierten Bogen, findet sich die von Josef Pieper übernommene Wendung „selbstlose Selbstliebe",[93] beidemal in Anführungszeichen. Der Zettel Nr. 50 trägt die Überschrift: „Das natürliche Leben." Eine Behandlung des Themas „Bildung" ist auf dem karierten Zettel Nr. 62 vorbereitet; dieses Thema gehört für Bonhoeffer zu den natürlichen Rechten des geistigen Lebens. Die meisten der karierten Zettel, nämlich Nr. 63–67, handeln vom „Guten", Nr. 68 vom

---

[90] 27. 11. 1940 DBW 16, 79; vgl. S. 153 („Wegbereitung").
[91] 9. 10. 1940 DBW 16, 66.
[92] Papierwechsel: S. 72,3/4.
[93] J. Pieper, Zucht und Maß, 17.

„Guten" und vom „Bösen" und Nr. 69 ausschließlich vom „Bösen". Die Themenreihung „das natürliche Leben", „das Gute", „das Böse" auf Zettel Nr. 21 aus dem Sommer 1940 ist in der Dispositionsarbeit im Oktober 1940 also deutlich wiederzuerkennen. Der karierte Zettel Nr. 61 enthält unter der Überschrift „*Die vorletzten Dinge*" Vorformulierungen für das im November in Ettal geschriebene Manuskript „Die letzten und die vorletzten Dinge", in dem die oben schon erwähnte Planung steht, „ein zweifaches [vor der Streichung: „dreifaches"] als Vorletztes" zu behandeln: Menschsein und Gutsein (und Bösesein).[94]

Das vierte Thema in der kleinen Reihe auf Zettel Nr. 21, nämlich „Christus und die Geschichte", stand bei dieser Planung in Ettal noch aus. Als Bonhoeffer 1942 ein neues „Ethik"-Manuskript in zwei Fassungen erarbeitete, gab er ihm den Titel: „Die Geschichte und das Gute". Hierin ist in anderem Sinn vom Guten die Rede als in den Notizen auf den „Das Gute" überschriebenen karierten Zetteln Nr. 63–67, die von Menschlich-Gutem im Sinne von Tugenden handeln. Aber Christus und die Guten, im Unterschied zu lasterhaften Menschen, blieb auch Ende 1942 noch ein Thema Bonhoeffers für seine „Ethik".[95]

Nach dem 9. Oktober 1940 bis zum Winter 1942/43 scheint Bonhoeffer zur Gliederung seines „Ethik"-Buches auf Zetteln nichts mehr notiert zu haben. Allerdings finden sich auf dem späten Zettel Nr. 108, der bei der Verhaftung auf dem Schreibtisch lag, folgende durch eine Linie eingegrenzte Zeilen:

„*Das Gute in der Geschichte*
Das Gute Gottes
Die Rechtfertigung des Einzelnen
Das Notwendige Tun, nicht Gutsein wollen
Das ‚*Leben*'"

Hat Bonhoeffer sich hier unter dem Generalthema „Das Gute in der Geschichte" die Themenfolge in seinem „Ethik"-Buch vergegenwärtigt? Im letzten Zeitraum vor seiner Verhaf-

[94] S. 151.
[95] Vgl. S. 350–353.

tung im April 1943 war das „Mit-leben lernen" ein zentrales Thema.[96]

2. Wir haben bisher Zettel-Inhalte daraufhin betrachtet, was sie für die Planung des „Ethik"-Buches aussagen. Darüber hinaus deutet sich in formalen Besonderheiten an, daß die geplante Sachreihenfolge von Manuskripten im Buch anders sein sollte als die Entstehungsfolge der Manuskripte.

Ein Anzeichen ist die Art, in der Bonhoeffer Manuskript-Bögen numerierte. Er gab nicht jeder Seite, sondern nur jedem DIN-A-4-Bogen (zwei Seiten) oder -Doppelbogen (vier Seiten) eine Zahl. Die erste Zahl steht normalerweise auf dem zweiten Bogen. Eine neue Numerierung beginnt also gewöhnlich mit der Ziffer „2", meist mit, manchmal auch ohne Punkt, die oben in der Mitte plaziert ist. Durchweg steht auf der ersten Seite des ersten Bogens oben in der Mitte nur der unterstrichene Manuskript-Titel.

Aus diesem Schema fällt das 1942 im Zeitraum III entstandene Manuskript „Die Geschichte und das Gute" heraus. In beiden Fassungen beginnt die Numerierung mit einer „15." auf der ersten Seite, links oberhalb des zentrierten unterstrichenen Manuskript-Titels. Nun findet sich auf dem Zettel Nr. 31, der den Beginn der ersten Fassung von „Die Geschichte und das Gute" vorbereitet, ebenfalls links oben eine „*15.*", groß und unterstrichen. Die Absicht, das neue Manuskript an ein älteres, dessen letzter Bogen die Zahl „14" trägt, anzuschließen, ist klar zu erkennen. Der letzte Bogen des Manuskripts „Ethik als Gestaltung" ist mit „14." numeriert. Bonhoeffer hatte 1940 danach sogleich das Manuskript „Erbe und Verfall" begonnen und dessen ersten Bogen mit einer „15." links oben versehen. Da der Zettel Nr. 31 und beide Fassungen von „Die Geschichte und das Gute" exakt diese Art der Numerierung wiederholen, ist anzunehmen, daß Bonhoeffer das Manuskript von 1942 unmittelbar an „Ethik als Gestaltung" anschließen lassen und „Erbe und Verfall" wegrücken wollte. Es erscheint durchaus plausibel, theologische Überlegungen zum Geschehen des Guten in der Geschichte und zur Verantwortung den christlich-

[96] Vgl. S. 372 f.

geschichtsphilosophischen Betrachtungen von ,,Erbe und Verfall" vorzuschalten.

Das Manuskript ,,Die Liebe Gottes und der Zerfall der Welt", 1942 im Zeitraum IV geschrieben, ist als einziges der ,,Ethik"-Manuskripte mit römischen Ziffern numeriert. Das läßt vermuten, daß ihm eine besondere Stellung zugedacht war. Die Anfangspassagen sind literarisch-formal und inhaltlich geeignet, das geplante Buch zu eröffnen. In ganz grundsätzlicher Weise wird christliche aller sonstigen Ethik entgegengesetzt. Das Manuskript knüpft an Besinnungen zur Ethik anhand biblischer Texte an, die Bonhoeffer seit 1932/33 erarbeitet hatte: an die Auslegung der ersten drei Genesis-Kapitel in der publizierten Vorlesung ,,Schöpfung und Fall" und an neutestamentliche Exegese im Buch ,,Nachfolge". Bonhoeffer bevorzugte es, vom Offenbarungswort der Bibel auszugehen. All das bestätigt, daß Bethges Entscheidung bei der 6. Auflage der ,,Ethik", dieses Manuskript an den Anfang zu stellen, sachgemäß war.

Im Zeitraum IV gleich anschließend an ,,Die Liebe Gottes und der Zerfall der Welt" schrieb Bonhoeffer ,,Kirche und Welt I."; aber die Bogen-Numerierung läuft nicht weiter. Sie ist vielmehr wiederum singulär: Am oberen linken Rand der Bögen stehen kleine arabische Ziffern mit Punkt und Klammer, bei ,,1.)" beginnend. Nun pflegte Bonhoeffer Texte, die er zu verschiedenen Zeiten geschrieben hatte, aber hintereinander anordnen wollte, sorgfältig miteinander zu verklammern. Dieses Verfahren ist bei dem Buch ,,Nachfolge" deutlich zu erkennen, da dessen einzelne Textstücke klar zu datieren sind. Wahrscheinlich stellte Bonhoeffer beim Schreiben von ,,Kirche und Welt I." eine Stichwort-Verklammerung her. Auf den Anfangsseiten dieses Manuskripts kehren in auffälliger Häufung Stichworte wieder, die auch am Ende von ,,Erbe und Verfall" vorkommen: ,,Bundesgenossenschaft" und eine Aufreihung von Begriffen wie ,,Recht" und ,,Bildung".[97] Auf dem ,,Ethik"-Zettel Nr. 38 war 1940 nach dem Titel ,,Schuld und Rechtfertigung" als nächstes notiert: ,,Kirche und Welt(gestaltung) usus primus". 1942 wollte Bonhoeffer anscheinend ein Manuskript

[97] Vgl. S. 342–344 mit S. 124.

mit dem Titel „Kirche und Welt" direkt nach „Erbe und Verfall" einordnen.

Die „I." läßt eine Fortsetzung erwarten. Auch ist die Notiz „usus primus" auf dem Zettel Nr. 38 in „Kirche und Welt I." noch nicht berücksichtigt. Aber Bonhoeffers These zum Verhältnis des „ersten Brauchs des Gesetzes" zur Evangeliumsverkündung[98] spielt eine wesentliche Rolle in „Über die Möglichkeit des Wortes der Kirche an die Welt": „Was immer das Wort der Kirche an die Welt sei, es kann nur *Gesetz und Evangelium* sein."[99] Die Skizze „Über die Möglichkeit ..." kann eine Vorarbeit für einen späteren Abschnitt unter dem Titel „Kirche und Welt" sein. Zur Ausführung nahm Bonhoeffer sich 1942 nicht mehr die Zeit.

Wenn Bonhoeffer „Kapitel" beziehungsweise eigenständige Teile seines „Ethik"-Buches, die nach dem aktuellen Stand der Planung aufeinander folgen sollten, im gleichen Zeitraum niederschrieb, dann führte er die Numerierung der Bögen weiter.[100] Das zeigt sich, wie bei „Ethik als Gestaltung" und „Erbe und Verfall" im Zeitraum I und bei den beiden in Ettal entstandenen Manuskripten, deutlich auch bei den zwei Manuskripten des Zeitraums V: Das zweite beginnt innerhalb eines Doppelbogens, die Numerierung wird weitergeführt.[101]

3. Die genannten Zettelnotizen und Beobachtungen an Manuskripten sprechen dafür, daß die Schreibreihenfolge der im ersten, zweiten und fünften Arbeitszeitraum entstandenen Manuskripte auch die Sachreihenfolge sein sollte. Die im dritten und vierten Zeitraum entstandenen Manuskripte hätten nach dem Stand der Planung vom Frühjahr 1943 einen von der Schreibrei-

---

[98] Vgl. DBW 16, 612, im Gutachten „Die Lehre vom primus usus legis nach den lutherischen Bekenntnisschriften und ihre Kritik": *„Der primus usus legis kann nicht von der Verkündigung des Evangeliums getrennt werden."*

[99] S. 359.

[100] Die ersten im Zeitraum I nacheinander entstandenen Manuskripte, nämlich das „Christus, die Wirklichkeit und das Gute. Christus, Kirche und Welt" überschriebene und „Ethik als Gestaltung", sind nicht durchnumeriert. Als das erste „Ethik"-Manuskript entstand, gab es noch keine Buch-Planung. Der als erster beschlossene „Kapitel"-Titel war „Ethik als Gestaltung", s. Zettel Nr. 38.

[101] Vgl. S. 392.

henfolge abweichenden Platz bekommen. Unsere aufgrund der angeführten Indizien vorgenommene Rekonstruktion einer Abfolge-Planung muß hypothetisch bleiben, zumal Bonhoeffer nach dem 5. April 1943 in der Haft, auf andere Weise, für seine „Ethik" weiterarbeitete.

Rekonstruktionsversuch eines Anordnungsplans Bonhoeffers für seine „Ethik"-Manuskripte 1943

„Die Liebe Gottes und der Zerfall der Welt"
„Christus, die Wirklichkeit und das Gute. Christus, Kirche und Welt"
„Ethik als Gestaltung"
„Die Geschichte und das Gute"
  „*Die Struktur des verantwortlichen Lebens*"
  „*Der Ort der Verantwortung*"
„Erbe und Verfall"
„Kirche und Welt" (unabgeschlossen)
„Schuld, Rechtfertigung, Erneuerung"
„Die letzten und die vorletzten Dinge"
„Das natürliche Leben"
  (Zwei Sachbereiche:)
  „*Das Recht auf das leibliche Leben*"
  „*Die natürlichen Rechte des geistigen Lebens*" (kaum Text)
Kapitel vom „Guten" (nur Zettel, kein Text)
„Das ‚Ethische' und das ‚Christliche' als Thema"
„Das konkrete Gebot und die göttlichen Mandate"
  „*Das Gebot Gottes in der Kirche*" (unabgeschlossen)
  (Kein Text, Planung 1943:)
  „*Das Gebot Gottes in Ehe und Familie*"
  „*Das Gebot Gottes in der Arbeit*"[102]
  „*Das Gebot Gottes in der Obrigkeit*"
  „*Das Miteinander, Füreinander und Gegeneinander der Mandate*"
„Das Gesetz"[103]

---

[102] So 1941–43 und wieder 1944; 1943 im Manuskript „Das konkrete Gebot und die göttlichen Mandate": „Kultur".

[103] Vgl. S. 282: „Gesetz der Gottes- und der Nächstenliebe, wie es im Deka-

„Persönlich mache ich mir Vorwürfe, die Ethik nicht abgeschlossen zu haben", schrieb Bonhoeffer an Bethge, sobald ein freundlicher Wachmann im Gefängnis für die Möglichkeit von Briefen an den Freund sorgte, „... und es tröstete mich etwas, daß ich das Wesentliche Dir gesagt hatte; und wenn Du es auch nicht mehr wüßtest, so würde es doch irgendwie indirekt wieder auftauchen. Außerdem waren meine Gedanken ja auch noch unfertig."[104] Die vorliegende Ausgabe der „Ethik"-Manuskripte als Band 6 der Dietrich Bonhoeffer Werke zeigt, daß die Gedanken für eine Ethik, jedenfalls in ihren großen Linien, keineswegs so „unfertig" sind, wie die Worte Bonhoeffers im November 1943 suggerieren könnten. Für sein Fragment einer konkreten Ethik auf der im Buch „Nachfolge" gewonnenen Grundlage[105] trifft vielmehr zu, was er Anfang 1944 über das „Unvollendete, Fragmentarische unseres Lebens" schrieb: „Wenn auch die Gewalt der äußeren Ereignisse unser Leben in Bruchstücke schlägt, wie die Bomben unsere Häuser, so soll doch möglichst noch sichtbar bleiben, wie das Ganze geplant und gedacht war, und mindestens wird immer noch zu erkennen sein, aus welchem Material hier gebaut wurde oder werden sollte."[106]

log, in der Bergpredigt und in der apostolischen Paränese ausgelegt ist". – So würden aufeinanderfolgen: zuerst biblische, dann theologisch-methodologische Grundlegung, Hinführung zu konkreter Ethik, Verantwortung und Geschichte, Kirche und Welt, Eschatologie und Ethik; Rechte des Menschseins (zunächst war anschließend vorgesehen: die entsprechenden Pflichten), Menschlich-Gutes (Modifikation herkömmlicher Tugendethik, nicht ausgeführt), philosophische und christliche Ethik, das konkrete Gebot (Vertiefung herkömmlicher Pflichtenethik) und das Gesetz.

104 18. 11. 1943 WEN 147.

105 Vgl. oben den Anfang des Herausgebervorworts S. 7f.

106 An die Eltern 20. 2. 1944 WEN 242.

Zeittafel

1940

Februar

27. Mi Brief aus Sigurdshof an die Eltern DBW 15, 293: „Von der Auflösung der pommerschen Irrenanstalten [„Euthanasie"-Maßnahmen] wird Papa ja sicher ausführlich gehört haben"

März

7. Do Brief aus Sigurdshof an Gerhard Leibholz DBW 15, 297f: „In den letzten Tagen … viel über unser altes Diskussionsthema [Naturrecht] nachgedacht und gelesen". „Die Lehre von der lex naturae, die dem Katholizismus zugrunde liegt, setzt ja mehrere Rechtsgebilde sui generis (Familie, Wirtschaft, etc. …) voraus, die alle eine Quelle haben, den Schöpfer der Welt"; Karl Barth bezieht „alle Ordnungen der geschaffenen Welt streng auf Christus"

18. Mo Gestapo schließt die – in der Sicht des NS-Regimes illegalen – Theologen-Ausbildungsstätten in Köslin und Sigurdshof Bonhoeffer in Berlin

April

9. Deutsche Invasion in Dänemark und Norwegen

Mai

7. Di Braune und von Bodelschwingh bei Karl Bonhoeffer wegen Rat und Hilfe gegen die „Euthanasie"-Maßnahmen

9. Do Braune bei Hans von Dohnanyi

10. Angriff auf Holland, Belgien, Luxemburg und Frankreich

Juni

5. Mi Erste Visitationsreise nach Ostpreußen

10. Italien tritt in den Krieg ein

14. Kampflose Besetzung von Paris

21. Fr Karte aus Königsberg an die Eltern DBW 16, 46: „… hinter allem, was man sieht, stehen ja jetzt andre Erlebnisse, mit denen man sich fortgesetzt auseinandersetzt, bis in die Träume"

21. Im Wald bei Compiègne, an der Stätte des Waffenstillstands vom 11. 11. 1918, Übergabe der deutschen Bedingungen für den von französischer Seite erbetenen Waffenstillstand

22. Abschluß des Waffenstillstandes zwischen Deutschland und Frankreich

25. Di Zurück in Berlin

Juli

7. So Zweite Visitationsreise nach Ostpreußen

14. So Freizeit von studierenden Angehörigen der BK mit Bonhoeffer in Bloestau wird nach Spitzelbericht polizeilich, durch Gestapo angeführt, aufgelöst

17. Mi Datum in Bonhoeffers Exemplar von Nicolai Hartmanns „Ethik“, gekauft wohl in Königsberg (von dort Brief 16. 7. DBW 16, 47f)

26. Fr Datum auf der Vervielfältigung „Von der Dankbarkeit der Christen“ durch den Rat der Bekenntnissynode Pommern (NL A 62,7 vgl. DBW 16, 490)

29. Mo Zurück in Berlin

August

1. Do Statt der geplanten Ankunft in Klein-Krössin (so im Brief 16. 7. DBW 16, 47) in Berlin, dort vorläufige Verabredungen mit der Abwehr (DB 783)

7. Mi Aufenthalt in Klein-Krössin (bei Ruth von Kleist-Retzow)

13. Di Zurück nach Berlin

17. Sa Brief an Hans Werner Jensen DBW 16, 56: „In Ihr Buch [zum Thema Ehe] habe ich erst kurz hineingesehen; ich werde es aber demnächst im Zusammenhang einer eigenen Arbeit genauer lesen können“

18. So Beim Gottesdienst von Günther Dehn in Friedenau

22. Do Reichssicherheitshauptamt verhängt gegen Dietrich Bonhoeffer Redeverbot wegen volkszersetzender Tätigkeit (DB 784)

25. So Dritte Visitationsreise nach Ostpreußen

26. Mo Brief aus Königsberg an Bethge NL A 59,2 (1) geschrieben mit königsblauer Tinte (DBW 16, 60): „der Aufenthalt in Berlin verschlägt mir immer wieder sozusagen die geistliche Lebensluft“

September

4. Mi Meldepflicht am offiziellen Wohnsitz Schlawe / Pommern

15. So Brief aus Berlin an das Reichssicherheitshauptamt DBW 16, 62: „In bewußter Bejahung dieses geistigen Erbes und dieser inneren Haltung meiner Familie kann ich den Vorwurf ‚volkszersetzender Tätigkeit‘ nicht hinnehmen“; Unterschrift auf dem Durchschlag NL A 61,2 (3) mit königsblauer Tinte
Abfahrt nach Klein-Krössin

– Zeitraum I der Arbeit an „Ethik“-Manuskripten –

27. Dreimächtepakt Deutschland–Italien–Japan

Oktober

8. Di Karte aus Klein-Krössin an die Eltern NL A 59,1 (4): „hier sehr ruhig bei der Arbeit", „neulich einige Kisten mit Büchern [der Finkenwalder Bibliothek, die in Stettin-Altdamm eingelagert waren, durchgesehen (Brief 9. 10. DBW 16, 66) und] zur Fracht gegeben" nach Berlin

9. Mi. Brief an Eberhard Bethge NL A 59,2 (2) auf kariertem Papier (DBW 16, 65f): „Die Arbeit geht voran; ich schreibe die Disposition des Ganzen ... Es wird wohl die Woche noch darüber hingehen"; Stichwort „selbstlose Selbstliebe"

20. So Wieder in Berlin

22. Beginn der Judendeportationen aus dem südwestdeutschen Raum nach Gurs in Südfrankreich (vgl. DB 818)

28. Erfolgloser italienischer Einmarschversuch in Griechenland

30. Mi Nach München (DBW 16, 67), Zuordnung zur Abwehr-Dienststelle

November

4. Mo Brief aus München (DBW 16, 67f), Rückkehr nach Berlin vorgesehen

13. Mi Brief aus Berlin (DBW 16, 69)

14. Do Von Berlin nach Jena

15. Fr In Jena (DB 786), Wolfgang Staemmler (Rat der ApU) „teilte mir mit, daß man Wert darauf legt, daß ich jetzt wissenschaftlich arbeite" (Brief 16. 11. DBW 16, 72; Staemmler wurde am 16. 11. verhaftet)

16. Sa Von Jena nach München

– Zeitraum II der Arbeit an „Ethik"-Manuskripten –

17. So Gast in der Benediktinerabtei Ettal bis Februar 1941, Zugang zur Bibliothek (DBW 16, 72)

27. Mi Brief aus Ettal an Bethge DBW 16, 79: „Heute ist mir ein möglicher Titel für mein Buch eingefallen: ‚Wegbereitung und Einzug' – entsprechend der Zweiteilung des Buches (die vorletzten und die letzten Dinge)"

28. Do Brief aus Ettal DBW 16, 80: „Die Arbeit geht einigermaßen voran"; abends nach München

29. Fr Brief aus München DBW 16, 83: „Das Unübersteigliche [des Gebirges] legt sich manchmal wie eine Last auch auf die Arbeit"; zurück nach Ettal

Dezember

9. Mo Brief aus Ettal DBW 16, 92: „Ich beginne jetzt mit dem Teil

über das ‚natürliche Leben' … gefährliche Materie, aber gerade darum so reizvoll"

13. Fr Brief aus Ettal DBW 16, 99: Christoph von Dohnanyi, Neffe Bonhoeffers, in Ettal, ist an Grippe erkrankt, Bonhoeffer muß die Pflege bestreiten. „Meine Arbeit litt natürlich auch darunter"

21. Sa Justizminister Franz Gürtner in Ettal bei Bonhoeffer

26. Do Brief aus Ettal an Jensen DBW 16, 101 f: „Ich bin seit Oktober mit[ten] in der wissenschaftlichen Arbeit"

1941

Januar

15. Mi Brief aus Ettal an Bethge DBW 16, 106 f: „Ich sitze wieder an der Arbeit". „Lies mal Ex. 23,7" [angesichts akuter „Euthanasie"-Maßnahmen]

19. So Brief aus München DBW 16, 110: „Wie gefällt Dir der letzte Puritaner [Roman von George Santayana]? Der Reinhold Schneider [Buch „Macht und Gnade"] ist sehr gut"

20. Mo Brief aus Ettal DBW 16, 114: „In meiner Arbeit bin ich jetzt gerade bei der Frage der Euthanasie angekommen. … Ich finde die katholischen Ethiken in vieler Hinsicht sehr lehrreich und praktischer als die unseren. Bisher hat man ihnen das immer als ‚Kasuistik' angekreidet. Heute ist man dankbar für vieles; gerade auch zu meinem augenblicklichen Thema"

25. Sa Brief aus Ettal DBW 16, 117: „Ich habe mich manchmal durch den Oliver [in Santayanas Roman] getroffen gefühlt"

31. Fr Brief aus München DBW 16, 121 f: „Mit großer Freude lese ich den R. Schneider". „Es gibt manchmal Wochen, in denen ich sehr wenig in der Bibel lese … Dann greife ich eines Tages wieder dazu und auf einmal ist alles so viel stärker … kein gutes Gewissen dabei … Aber dann frage ich mich, ob nicht vielleicht auch diese Menschlichkeit mitgetragen ist und wird vom Wort Gottes"

Februar

10. Mo Brief aus Ettal DBW 16, 138 f: „jetzt bei der Frage der Ehe", Gattenwahl, Sterilisation, Empfängnisverhütung, hier ist „die katholische Moral tatsächlich fast unerträglich gesetzlich"

14. Fr Brief aus Ettal DBW 16, 144: „habe in den letzten Tagen gerade wieder ganz gut schreiben können"

15. Sa Brief aus Ettal DBW 16, 147: „Sonst geht es in den letzten Tagen ganz gut voran. Mit den schwierigen Sterilisations-, Verhütungs- etc. -fragen bin ich jetzt fertig geworden. Jetzt geht es

zum natürlichen Recht auf Arbeit, Freiheit, Denken. Manchmal erschrecke ich und fürchte, daß neben dem Geist auch die σαρξ [das „Fleisch"] kräftig mitarbeitet"

23. So In München

24. Mo Erste Reise in die Schweiz

März

4. Di Bonhoeffer abends bei Barth, 6. und 7. März vormittags bei Barth

8. Sa Bonhoeffer in Genf (DBW 16, 159), liest während seines Aufenthalts im Büro des Weltkirchenrats ökumenische Veröffentlichungen (DB 818)

12. Mi Kalendernotiz von Nils Ehrenström von Besprechungen mit Bonhoeffer in Genf DBW 16, 160: vormittags, mit Willem A. Visser 't Hooft, „notes for a memo on Christian peace aims: his critique of our outline for the volume in Ecclesia Militans on ‚Verkündigung der Kirche im Krieg'" („Notizen für ein Memorandum über christliche Friedensziele: seine [Bonhoeffers] Kritik an unserem Entwurf für den Band ... in Ecclesia Militans [ökumenische Veröffentlichungsreihe ab 1941]"), nachmittags über „studies on the social function of the Church, and on the changing RC – Protestant relations in Germany" („Untersuchungen zu der gesellschaftlichen Funktion der Kirche und den sich wandelnden römisch-katholisch–protestantischen Beziehungen in Deutschland")

13. Do Kalendernotiz Ehrenström DBW 16, 160: „debate on ‚Church and world' in relation to V. H.'s memo" („Diskussion über ‚Kirche und Welt' mit Bezug auf Visser 't Hoofts Memorandum", nämlich „The Ethical Reality and Function of the Church" vom Juni 1939, überarbeitet Juni 1940 [deutsche Fassung „Die ethische Wirklichkeit und Funktion der Kirche" April 1941])

15. Sa Kalendernotiz Ehrenström DBW 16, 161: „A theol. colloquium on the ethical proclamation and action of the Church, internally and vis à vis the world, its legitimacy and its forms" („Ein theologisches Kolloquium über die ethische Verkündigung und Betätigung der Kirche, nach innen und gegenüber der Welt, ihre Legitimität und ihre Formen") mit Bonhoeffer

19. Mi Druck- und Veröffentlichungsverbot DBW 16, 171: Durch die Reichsschrifttumskammer wird Bonhoeffer „jede Betätigung als Schriftsteller untersagt"

24. Mo Zurück aus der Schweiz in München

26. Mi In Halle bei Ernst Wolf: Beratung wegen des Veröffent-

lichungsverbots (DB 820; Bethge war Bonhoeffer entgegengefahren)
27. Do In Berlin „nach fünfmonatiger Abwesenheit" (Brief 31. 3. DBW 16, 174)

– Zwischenperiode –

April
1. Di Wieder in Ettal
6. Deutscher Feldzug in Griechenland und Jugoslawien
8. Di In Friedrichsbrunn zu Osterferien mit den Eltern (DB 821)
13. So Ostern
22. Di In Friedrichsbrunn Protestschreiben gegen das Veröffentlichungsverbot und Brief an die Eltern DBW 16, 177 und 176: „In den letzten Tagen bin ich nun gut zur Arbeit gekommen"; beide Schriftstücke, NL A 61,4 (6) und 59,1 (14), auf linierten Bögen [wie Zettel NL A 74,43 und 45 zum Text „Staat und Kirche"]
25. Fr In Berlin (Brief DBW 16, 177)
28. Mo Für „ein paar Tage nach Pommern", Klein-Krössin (Brief DBW 16, 177)

Mai
14. Mi Brief aus München an Jensen (DBW 16, 180f)
18. So In Berlin („erster warmer Frühlingstag")
30. Fr Brief an Karl Barth DBW 16, 182: „In der letzten Zeit bin ich, gerade auch sehr gefördert durch meine Reise, in meiner Arbeit ganz schön vorangekommen"; im Besitz von Karl Barths KD II/1

Juni
1. So Pfingsten
4. Mi Brief an Richard Grunow DBW 16, 183: „Mehr als 3 Monate hat es gedauert, bis mich Dein Buch ‚Wir fragen [die Bibel] …' erreicht hat. Es blieb während meiner Reisen x-mal liegen und wurde falsch nachgeschickt"
22. Einfall deutscher Truppen in die Sowjetunion
22. So Bei Eberhard Bethges Predigt in Potsdam
≈29. Karte aus Klein-Krössin an die Eltern DBW 16, 186: „Seit ein paar Tagen genieße ich nun wieder die Ruhe des ländlichen Lebens. Ich komme gut zur Arbeit"

Juli
5. Sa Brief aus Klein-Krössin (DBW 16, 186f)
12. Sa Nach Berlin (Brief DBW 16, 186)
15. Di Nach München (Brief DBW 16, 186)

August

3. So In Kieckow Trauerfeier für an der Ostfront gefallene Angehörige der Familie von Kleist-Retzow, darunter ein ehemaliger Konfirmand Bonhoeffers

5. Di In Klein-Krössin

15. Fr Wohl aus Berlin persönlicher Rundbrief an die Finkenwalder (DBW 16, 191–195)

24. So Ruth von Kleist an Bethge DBW 16, 196: „Eine neue Zugehörigkeit zu dem furchtbaren Geschehen ist in mir wach geworden [durch die Nachrichten über Gefallene]. ... Man will irgendwie nicht ausgeschlossen sein von dem, was als unerbittliches Schicksal und Schuld über uns gekommen ist. Und das ist es auch, ... was mich jetzt zum ersten Mal unsicher werden läßt an Ihrem und Dietrichs Weg in dieser Zeit"

25. Mo Nach München (und Ettal)

28. Do Brief aus München an Bethge DBW 16, 200: „Auch das Amt setzt eine Gleichgestalt mit Christus voraus"

29. Fr Zweite Reise in die Schweiz

31. So Bonhoeffer bei Barth in Basel

September

1. Verordnung zum Tragen des gelben Judensterns und zum Führen jüdischer Vornamen ergeht, ab 19. 9. in Kraft

4. Do Kalendernotiz von Ehrenström in Genf DBW 16, 202: Bonhoeffer und Visser 't Hooft „discussing the theological problems of ‚Das Wort der Kirche an die Welt'" („diskutieren die theologischen Probleme von ..."); Bonhoeffer verfaßt in den ersten Septembertagen ein Memorandum zu William Patons Buch „The Church and the New Order" (DB 829)

19. Fr Bonhoeffer bei Barth in Basel; Brief aus Zürich an Familie Leibholz DBW 16, 204: „I hope to find sufficient time to finish a book on which I have been working for about a year now" („Ich hoffe genügend Zeit zu finden, ein Buch fertigzustellen, an dem ich jetzt seit etwa einem Jahr arbeite")

22. Mo Charlotte von Kirschbaum, Basel, an Pfarrer Paul Vogt (DBW 16, 207f), berichtet von drei Themen, „die Bonhoeffer als die derzeit aktuellsten beschrieb [und Bearbeiter-Vorschlag]: Geschichte und Enderwartung (W[ilhelm] Vischer), Christliche Verantwortung (K. Barth) und Sündenvergebung (Pf[arrer Alfred] de Quervain)"

25. Do Brief aus Zürich an Bischof George Bell, dessen Buch „Christianity and World Order" Bonhoeffer gelesen hat (DBW 16, 210f)

26. Fr Zurück aus der Schweiz, wohl nach Berlin

Oktober

16. Erste nächtliche Massendeportation von Juden aus Berliner Häusern

18./20. Abfassung zweier Berichte (wohl durch Perels zusammen mit Dietrich Bonhoeffer) für Generale über die Judendeportationen aus Berlin (DBW 16, 212–217)

November

17. Mo Brief an Christoph Bethge (geboren 1920) mit Rückschau auf die Zeit um 1926 (DBW 16, 222f): „Alte Vorurteile der Völker gegeneinander wichen einer in den abendländischen Völkern auflebenden Hoffnung auf ein besseres, fruchtbareres Zusammenleben in friedlichem Geist"; heute Zwanzigjährige werden „völlig von der Gegenwart in Anspruch genommen". „Die Unverantwortlichkeit der Zukunft gegenüber ist Nihilismus, die Unverantwortlichkeit der Gegenwart gegenüber ist Schwärmerei"

22. Sa Rundbrief an die Finkenwalder DBW 16, 227: „Der Brief blieb liegen, da ich mehrere Wochen [in Berlin] mit einer Lungenentzündung zu tun hatte"

Dezember

7. Japanischer See- und Luftangriff auf Pearl Harbor

8. Kriegserklärung der Vereinigten Staaten von Amerika und Großbritanniens an Japan

11. Kriegserklärung Deutschlands und Italiens an die Vereinigten Staaten von Amerika

12. Fr Ruth von Kleist an Bonhoeffer, der in Kieckow ist (DBW 16, 234): „Ich habe noch 500 Blatt Schreibmaschinenpapier und 200 Bogen Kanzleipapier … soll ich das Paket nach Berlin schicken?"

14. So Brief aus Kieckow (DBW 16, 235)

16. Offensive deutscher Truppen ist vor Moskau steckengeblieben. Hitler befiehlt fanatischen Widerstand

21. So Zurück nach Berlin

– Zeitraum III der Arbeit an „Ethik"-Manuskripten –

1942

Januar

20. „Wannsee-Konferenz" (Berlin): Koordination von Maßnahmen zur „Endlösung der Judenfrage"

März

Beginn schwerer Luftangriffe auf deutsche Städte

1. So Aus Berlin Rundbrief an die Finkenwalder (DBW 16, 240–242)

24. Di Brief an Ernst Wolf, erfreut über Bultmanns Entmythologisierungsaufsatz „Neues Testament und Mythologie“, Verweis auf Bultmanns Johannes-Kommentar (DBW 16, 248)
31. Di Nach Klein-Krössin

April

5. So Ostern in Kieckow
8. Mi Durch Hans von Dohnanyi nach Berlin zurückgerufen (DB 846)
9. Do Erster Testamentbrief für Eberhard Bethge (DBW 16, 255)
10. Fr Nach Skandinavien (Norwegen und Stockholm) mit Helmuth James von Moltke
18. Sa Zurück aus Skandinavien

Mai

≈ 11. Dritte Reise in die Schweiz
13. Mi Aus Zürich Brief an Karl Barth DBW 16, 266f: „mit den Druckfahnen“ von KD II/2 für etwa acht Tage an den Genfer See, um „wenigstens den 2. Teil“ durchzuarbeiten
21. Do Aus Zürich an Familie Leibholz DBW 16, 274: „I am travelling a good deal and my work at home is going on“ („Ich bin ziemlich viel auf Reisen und meine Arbeit zu Hause geht weiter“)
24. So Pfingsten
25. Mo Besuch bei Karl Barth in Basel. Abends in Zürich, Brief an Siegmund-Schultze DBW 16, 279: Bonhoeffer meint, er habe „voraussichtlich in nächster Zeit mit einem Einberufungsbefehl zu rechnen“
26. Di Zurück aus der Schweiz nach Berlin
30. Sa Flug nach Stockholm
31. So In Sigtuna Gespräch mit dem Bischof von Chichester George K. A. Bell. Bell notiert (DBW 16, 298): „In 1941–2 he [Bonhoeffer] had worked on a Book on Ethics, and memos for Brethren's Council, and in evening political activity“ („1941/42 hatte er an einem Buch über Ethik und Gutachten für den Bruderrat gearbeitet, und abends politische Aktivität“); Gefahr seiner Einberufung zum Militärdienst

Juni

2. Di Rückflug nach Berlin
Für einige Tage in Klein-Krössin; Begegnung mit Maria von Wedemeyer, die vom 2. bis 5. Juni dorthin kommt (im Juli in Marias Tagebuch Stichwort „heiraten“)
7. So Bei Eberhard Bethges Predigt in Friedenau
16. Di Wohl beim Freiburger Kreis (Gerhard Ritter; vgl. DB 871f)
18. Do Brief aus dem Zug nach München an Christoph Bethge, dessen

Geburtstag der 18. 6. ist (DBW 16, 312): „Glied in der langen Folge dieser Geschlechter …, die für ein schönes, echtes und – frommes Deutschland gearbeitet und gelebt haben … und wenn es auch weniger Dein Tun als Dein Sein ist, auf das es hier ankommt"

20. Sa Brief aus München (DBW 16, 321)

21. So In Berlin für drei Tage zur Besprechung mit Hans von Dohnanyi

25. Do Brief im Zug nach München an Eberhard Bethge DBW 16, 325: „Meine in der letzten Zeit doch stark auf dem weltlichen Sektor liegende Tätigkeit gibt immer wieder zu denken. … ich erkenne, daß ich ‚geistlich' viel reichere Zeiten gehabt habe. Aber ich spüre, wie in mir der Widerstand gegen alles ‚Religiöse' wächst. … da ich glaube, daß mir hier jetzt ein Knoten platzen soll, lasse ich den Dingen ihren Lauf und setze mich nicht zur Wehr." Erwähnung Maria von Wedemeyers

26. Fr Flug nach Venedig mit Hans von Dohnanyi

Juli

9. Do Brief aus Rom an Familie Leibholz (DBW 16, 338f)

10. Fr Zurück aus Italien nach Berlin

20. Mo In Klein-Krössin angemeldet (DBW 16, 324), aber in Berlin

August

3. Mo Eltern Bonhoeffer an Eberhard Bethge: „sprich mit Dietrich über Probleme seiner Arbeit"

10. Mo Zur ersten Versammlung der „Primus usus legis"-Kommission der ApU-Synode in Magdeburg (DB 796)

– Zeitraum IV der Arbeit an „Ethik"-Manuskripten –

18. Di In Klein-Krössin auf eine Woche (bis zum 25.; danach in Berlin)

22. Sa Marias Vater fällt bei Stalingrad

September

≈ 1. In Klein-Krössin; Begegnung mit Maria von Wedemeyer

3. Do In Berlin

18. Fr Brief aus Berlin (DBW 16, 358f)

22. Di Für 1 ½ Tage bei Kleists in Klein-Krössin

24. Do Brief aus Berlin (DBW 16, 359f), Papier wie „Ethik"-Zettel Nr. 123 mit der Vorformulierung des Beginns von „Kirche und Welt I."

Oktober

2. Fr Bei Ruth von Kleist im Krankenhaus (Augenoperation) in Ber-

lin Treffen mit Maria von Wedemeyer (Maria zur Pflege ihrer Großmutter Kleist in Berlin; Maria-Tagebuch: „sehr anderes Wiedertreffen als im Juni")

3. Sa Nach München (DB 878) bis 10. 10.

9. Fr Wohl in Freiburg bei Erik Wolf mit Gerhard Ritter

10. Sa Brief aus München (DBW 16, 363–365)

13. Di Operation der Großmutter Kleist geschehen

14. Mi Statt auf einer Reise für die Abwehr auf den Balkan und in die Schweiz (DB 878) zurück in Berlin

15. Do Mit Maria von Wedemeyer eingeladen von Schleichers, Gespräch über Kriegsdienstverweigerung

18. So Morgenandacht im Krankenhaus bei der Großmutter Kleist und Maria über Eph 5,15–21

25. So Wieder Morgenandacht im Krankenhaus („... ungetröstet ...")

26. Mo In Berlin. – Marias Bruder Maximilian fällt an der Ostfront

November

5. Do Brief aus München (DBW 16, 366f)

7. Sa Brief aus Klein-Krössin (DBW 16, 368)

8. Alliierte Landung in Nordafrika

13. Fr Brief an Maria: „Die letzten Wochen hier [in Berlin] sind schlimm gewesen ... kaum eine ruhige halbe Stunde ... In der nächsten Woche bin ich doch noch hier"

15. So Brief aus Berlin (DBW 16, 368f)

17. Di Datum auf einem Zettel für den Freiburger Kreis (DBW 16, 360–362). – Ruth von Wedemeyer (Marias Mutter) nach Klein-Krössin, dort mit Maria und der Großmutter Kleist einen Abend zusammen

19. Do Ruth von Wedemeyer teilt Dietrich Bonhoeffer, der in Berlin ist, telefonisch mit: keine Briefe an Maria

23. Deutsche 6. Armee im Raum Stalingrad von sowjetischen Truppen eingeschlossen

24. Di In Pätzig bei Ruth von Wedemeyer (Dienstag bis Mittwoch mittag), um Marias Hand angehalten, ein Jahr zu warten beschieden. Reaktion in großer Traurigkeit: „Ein Jahr ist sehr lang!"

27. Fr Brief aus Berlin an Bethge (DBW 16, 369–371) über Aussprache mit Ruth von Wedemeyer wegen der Tochter Maria

29. So Rundbrief an die Finkenwalder DBW 16, 373: „Seit alten Zeiten gilt in der christlichen Kirche die acedia – die Traurigkeit des Herzens, die ‚Resignation' – für eine der Todsünden"; 12 Uhr nachts Brief an Eberhard Bethge DBW 16, 372f: „Morgen hoffe ich endlich mal wieder zum Schreiben zu kommen"

Dezember

12. Sa In Halle in Bachs H-Moll-Messe
24. Do Zu Weihnachten „Nach zehn Jahren“ überreicht an Familie und Freunde

– Zeitraum V der Arbeit an ,,Ethik“-Manuskripten –

1943

Januar

13. Mi Maria gibt schriftlich ihr Jawort
14. Forderung bedingungsloser Kapitulation auf der Konferenz (bis 25. 1.) in Casablanca
17. So Dietrich erhält Marias Brief vom 13.; weiterhin ein Jahr Wartezeit. Brief an Maria (Aussicht auf Reise, Zeitpunkt ungewiß, Dauer vier Wochen)
18. Mo In Berlin
21. Do Brief Marias: bitte keine Briefe
23. Sa Brief an Maria ohne Kenntnis des Briefes von Maria: ,,Man hält den Atem an“ bei den Ereignissen in der Welt

Februar

2. Ende des Kampfes in Stalingrad
4. Do In Berlin
8. Mo Nach München. Eberhard an Renate Bethge (DBW 16, 383): Dietrich „las mir ein Stück draus [aus der „Arbeit“] vor, das er grade geschrieben hatte“
12. Fr Statt einer Reise für die Abwehr in die Schweiz Rückkehr nach Berlin
18. Goebbels ruft in einer großen propagandistischen Rede im Berliner Sportpalast den ,,totalen Krieg“ aus

März

9. Di Telefongespräch Marias mit Dietrich
13. Versuch eines Attentats auf Hitler, aber die Zündung der Zeitbomben versagt
15. Mo Vortrag bei der zweiten Sitzung der ,,Primus usus legis“-Kommission in Magdeburg
21. ,,Heldengedenktag“. Ein Attentat ist arrangiert, kann aber nicht durchgeführt werden, weil Hitler seinen Zeitplan ändert
24. Mi Dietrich bei Ruth von Kleist im Krankenhaus in Stettin
26. Fr Maria in Hannover (,,. . . komme in den nächsten Tagen wirklich zur Krankenpflege“)
28. So Telefongespräch Marias mit Dietrich

30. Di Brief an Maria: „. . . nicht nur draußen, sondern auch hier drin Gefahr . . . Ich fahre jetzt auf mehrere Wochen nach Rom“
31. Mi In Berlin. 75. Geburtstag Karl Bonhoeffers
April
5. Mo Verhaftung durch die Militärgerichtsbarkeit unter Beteiligung der Gestapo und Verbringung in das Wehrmachtuntersuchungsgefängnis Tegel

Synopse der Manuskriptanordnungen seit 1949

E¹ (1949)	E⁶ (1963)	DBW 6 (1992)
Ethik als Gestaltung	Die Liebe Gottes …	Christus … das Gute
Erbe und Verfall		Ethik als Gestaltung
Schuld, Rechtfertigung …	Kirche und Welt	Erbe und Verfall
Christus … das Gute		Schuld, Rechtfertigung …
	Ethik als Gestaltung	
Die letzten … Dinge	Erbe und Verfall	Die letzten … Dinge
Das Natürliche	Schuld, Rechtfertigung …	Das natürliche Leben
	Die letzten … Dinge	Die Geschichte … [1]
Die Liebe Gottes …	Das Natürliche	Die Geschichte … [2]
Kirche und Welt		
	Christus … das Gute	Die Liebe Gottes …
		Kirche und Welt I.
Die Geschichte … [2]	Die Geschichte … [2]	Über die Möglichkeit …
Das „Ethische“ …	Das „Ethische“ …	Das „Ethische“ …
Das konkrete Gebot …	Das konkrete Gebot …	Das konkrete Gebot …
Anhang	**Anhang**	**DBW 16**
… primus usus legis …	… primus usus legis …	Staat und Kirche
„Personal“- und „Sach“ethos	„Personal“- und „Sach“ethos	„Personal“- und „Sach“ethos
Staat und Kirche	Staat und Kirche	… primus usus legis …
Über die Möglichkeit …	Über die Möglichkeit …	… Die Wahrheit sagen
… Die Wahrheit sagen	… Die Wahrheit sagen	

Literaturverzeichnis

Mit „NL-Bibl." sind die Bücher gekennzeichnet, von denen sich ein Exemplar in Bonhoeffers Restbibliothek findet (s. Nachlaß Dietrich Bonhoeffer. Ein Verzeichnis. Archiv – Sammlung – Bibliothek, erstellt von D. Meyer in Zusammenarbeit mit E. Bethge, München 1987, 171–239).

a) Von Bonhoeffer benutzte Literatur

Althaus, Paul, Religiöser Sozialismus. Grundfragen der christlichen Sozialethik, Gütersloh 1921 (NL-Bibl. 4. 2)

–, Der Geist der lutherischen Ethik im Augsburgischen Bekenntnis, München 1930 (NL-Bibl. 4. 1)

Barth, Karl, Der Römerbrief, 2. Abdruck der neuen Bearbeitung von 1922, München ³1923

–, Das Wort Gottes und die Theologie. Gesammelte Vorträge, München 1924 (NL-Bibl. 3 B 11)

–, Rechtfertigung und Recht (Theologische Studien, Heft 1), Zürich 1938 (vgl. Literaturverzeichnis b)

–, Die Kirchliche Dogmatik. Zweiter Band: Die Lehre von Gott. Zweiter Halbband, Zürich 1942 (zitiert: KD II/2)

Baumgarten, Otto, Politik und Moral, Tübingen 1916 (NL-Bibl. 4. 4: „Rüdiger s[einem]. l[ieben]. Dietrich 1942", nicht ganz aufgeschnitten, etliche Bleistiftstriche, „?" und „!")

Die *Bekenntnisschriften* der evangelisch-lutherischen Kirche, hg. im Gedenkjahr der Augsburgischen Konfession 1930, 2 Bde., Göttingen 1930 (Bd. II: NL-Bibl. 2 C 3, viele Striche und Notizen; Bd. I verschollen) (zitiert: BSLK)

Bell, George K. A., Christianity and World Order (Penguin Books), London 1940

Die *Bibel* oder die ganze Heilige Schrift des Alten und Neuen Testaments nach der deutschen Übersetzung D. Martin Luthers. Durchgesehen im Auftrag der Deutschen Evangelischen Kirchenkonferenz. Mitteloktav-Ausgabe, Stuttgart 1911 (NL-Bibl. 1 A 6) (zitiert: LB)

Bismarck, Otto von, Gedanken und Erinnerungen, Stuttgart (1898) 1920 (NL-Bibl. 10. 5: nur Bd. 2, Bd. 1 ging verloren; Konfirmationsgeschenk für Dietrich Bonhoeffer 1921) [Ungekürzte Ausgabe, Neuauflage, München 1989]

Bonhoeffer, Dietrich, Nachfolge (1937), München ²1940

Brown, William Adams, Church and State in Contemporary America: A study of the problems they present and the principles which should determine their relationship, New York 1936

Brunner, Emil, Das Gebot und die Ordnungen. Entwurf einer protestantisch-theologischen Ethik, Tübingen 1932 (NL-Bibl. 4. 6: Striche und Zeichen)

–, Die Kirchen, die Gruppenbewegung und die Kirche Jesu Christi, Berlin 1936 (NL-Bibl. 2 C 4. 4: wenige Striche)

Brunstäd, Friedrich, Die Idee der Religion. Prinzipien der Religionsphilosophie, Halle an der Saale 1922

Bultmann, Rudolf, Das Evangelium des Johannes (Kritisch-exegetischer Kommentar über das Neue Testament. Zweite Abteilung), Göttingen ¹⁰1941 [Bultmann verfaßte die 10. Auflage dieses Kommentars in der von Heinrich August Wilhelm Meyer begründeten Kommentarreihe]

Catechismus ex Decreto Consilii Tridentini ad Parochos Pii Quinti Pont., Lipsiae 1840 (NL-Bibl. 6 B 7) [= Catechismus Romanus; in deutscher Fassung: Katechismus nach dem Beschlusse des Konzils von Trient für die Pfarrer. Auf Befehl der Päpste Pius V. und Klemens XIII. herausgegeben. Übersetzt nach der zu Rom 1955 veröffentlichten Ausgabe mit Sachregister, Kirchen/Sieg 1970]

Cervantes Saavedra, Miguel de, Obras Completas, Madrid [ohne Jahr] (NL-Bibl. 8 C 9)

Claudius, Matthias, ASMUS omnia sua Secum portans oder Sämtliche Werke des Wandsbecker Boten (Pantheon-Ausgabe [im Besitz von Renate Bethge]), Berlin 1941 [Neudruck der Erstausgabe (1775–1812): München 1976]

Dilschneider, Otto, Die evangelische Tat. Grundlagen und Grundzüge der evangelischen Ethik, Gütersloh 1940 (NL-Bibl. 4. 9: wenige Striche und Zeichen)

Dittrich, Ottmar, Geschichte der Ethik. Die Systeme der Moral vom Altertum bis zur Gegenwart (4 Bde.; I und II: 1923, III: 1926), IV: Von der Kirchenreformation bis zum Ausgang des Mittelalters. Erste [einzige] Abteilung: Die Reformatoren und der lutherisch-kirchliche Protestantismus, Leipzig 1932 (NL-Bibl. 4. 10: etliche Seiten aufgeschnitten, nur wenige Striche)

Dostojewski, Fjodor Michailowitsch, Die Brüder Karamasoff. Roman in zwei Bänden, München 1908 (NL-Bibl. 8 C 11)

Drews s. M. Luther, Disputationen

Elert, Werner, Der christliche Glaube. Grundlinien der lutherischen Dogmatik, Berlin 1940 (NL-Bibl. 3 B 22)

Evangelisches Gesangbuch für Brandenburg und Pommern, hg. von den Provinzialkirchenräten von Brandenburg und Pommern, Berlin/Frankfurt an der Oder 1931 (zitiert: EG.BP)

Frank, Franz Hermann Reinhold von, System der christlichen Sittlichkeit, Erste Hälfte, Erlangen 1884 (NL-Bibl. 4. 12: Striche)

Gogarten, Friedrich, Politische Ethik. Versuch einer Grundlegung, Jena 1932 (NL-Bibl. 4. 14: Striche, Zeichen, Anmerkungen)

Guardini, Romano, Religiöse Gestalten in Dostojewskijs Werk, Leipzig ²1939 (NL-Bibl. 8 B 2: etliche Bleistiftstriche) [¹1933: Der Mensch und der Glaube. Versuche über die religiöse Existenz in Dostojewskijs großen Romanen; ³1947]

Harleß, G. C. Adolf, Christliche Ethik, Stuttgart 1842

Harnack, Adolf, Das Wesen des Christentums. Sechzehn Vorlesungen vor Studierenden aller Facultäten im Wintersemester 1899/1900 an der Universität Berlin gehalten von Adolf Harnack, 70. Tausend, Leipzig 1926 (NL-Bibl. 3 B 30: „Herrn stud. theol. Bonhöffer mit bestem Weihnachtsgruß. 24. 12. 25. Berlin, v. Harnack")

–, Die Mission und Ausbreitung des Christentums in den ersten drei Jahrhunderten, Leipzig 1902, ⁴1924 (letztere Auflage: NL-Bibl. 2 C 1. 11 [wirkt kaum benutzt])

Hartmann, Nicolai, Ethik, Berlin/Leipzig ²1932 (NL-Bibl. 4. 17: „17. 7. 40" [offenbar in Königsberg gekauft], Striche)

Hegel, Georg Wilhelm Friedrich, Phänomenologie des Geistes. Nach dem Texte der Originalausgabe herausgegeben von Georg Lasson, Sämtliche Werke II, Leipzig ³1928 (NL-Bibl. 7 A 26: etliche Striche, großenteils nicht aufgeschnitten)

–, Vorlesungen über die Philosophie der Religion. Nach den vorhandenen Manuskripten vollständig neu herausgegeben von G. Lasson. Erster Teil: Begriff der Religion, Sämtliche Werke XII, Leipzig 1925; Dritter Teil: Die absolute Religion, Sämtliche Werke XIV, Leipzig 1929 (NL-Bibl. 7 A 26: viele Striche) (zitiert: Hegel, Religionsphilosophie nach Lasson XII bzw. XIV)

Heidegger, Martin, Sein und Zeit, Halle an der Saale 1927

Heim, Karl, Glaube und Denken. Philosophische Grundlegung einer christlichen Lebensanschauung, Berlin ²1931 (Exemplar Eberhard Bethges), ³1934 (Dietrich Bonhoeffer vom Verfasser überreicht) (NL-Bibl. 3 B 34: Striche)

Helbing, Lothar, Der Dritte Humanismus, Berlin 1932 (NL-Bibl. 7 A 28: gelegentliche, teils kräftige, teils dünne Bleistiftstriche [ein 1928 zum erstenmal niedergeschriebenes, für humanistische Erziehung plädierendes, im Frühjahr 1932 veröffentlichtes Buch, im Dritten Reich 3. veränderte Auflage 1935])

Hello, Ernest, Welt ohne Gott (Original: Philosophie et athéisme, [postum] Paris 1888; ⁴1923), Leipzig 1938

Herrmann, Wilhelm, Ethik, Leipzig/Tübingen 1901 (letzter Hand: Tübingen ^{5}1913)

Heuß, Theodor, Friedrich Naumann. Der Mann, das Werk, die Zeit, Stuttgart/Berlin 1937 (NL-Bibl. 10. 46)

Holbein, Hans (der Jüngere), Bilder zum Alten Testament – Historiarum Veteris, München 1923 (NL-Bibl. 9. 16)

Holl, Karl, Gesammelte Aufsätze zur Kirchengeschichte, Bd. I: Luther (darin 155–287: Der Neubau der Sittlichkeit), Tübingen $^{2+3}$1923 (zitiert: Luther)

Huxley, Aldous, Point Counter Point, London und New York [mehrere Verlage] 1928 [dt.: Kontrapunkt des Lebens, Leipzig 1930]

Ibsen, Henrik, Brand. Ein dramatisches Gedicht, Leipzig [ohne Jahr] (NL-Bibl. 8 C 25: Striche)

Jaspers, Karl, Die geistige Situation der Zeit (Sammlung Göschen 1000), Berlin ^{4}1932 (NL-Bibl. 7 A 32: Etikett „Ernst Muschket Buchhandlung Bunzlau", manche Seiten am Falz noch verklebt, wahrscheinlich Eberhard Bethges Exemplar), ^{5}1932 [Abdrucke der im Sommer 1932 bearbeiteten 5. Auflage nach Ende des Dritten Reiches: Sammlung Göschen 3000; 8. Abdruck 1979] (zitiert wird nach der Paginierung als Göschen-Bändchen 3000)

–, Nietzsche. Einführung in das Verständnis seines Philosophierens, Berlin/Leipzig 1936 (NL-Bibl. 7 A 34: Striche)

Jensen, Hans-Werner, Christliche und nichtchristliche Eheauffassung dargestellt am Konfuzianismus. Eine missionswissenschaftliche Untersuchung (Allgemeine Missions-Studien, Heft 24), Gütersloh 1940 (NL-Bibl. 7 B 10: „Vom Verfasser überreicht z. Zt. im Felde"; wenige Striche)

Kamlah, Wilhelm, Christentum und Selbstbehauptung. Historisch-philosophische Untersuchung [zu Augustin], Frankfurt am Main 1940 (NL-Bibl. 2 C 1. 13: ganz wenige Striche)

Katholischer Katechismus für das Bistum Berlin, Berlin 1934 (NL-Bibl. 6 B 22)

Kierkegaard, Søren, Der Begriff der Angst, Jena 1923 (NL-Bibl. 7 A 39: Striche und Anmerkungen)

–, Der Einzelne und die Kirche. Über Luther und den Protestantismus. Übersetzung und Vorwort von Wilhelm Kütemeyer, Berlin 1934 (NL-Bibl. 7 A 40: Striche)

Künkel, Fritz, Krisenbriefe. Die Beziehungen zwischen Wirtschaftskrise und Charakterkrise, Schwerin in Mecklenburg 1932 (NL-Bibl. 7 C 9)

–, Die Arbeit am Charakter. Die neuere Psychotherapie in ihrer Anwendung auf Erziehung, Selbsterziehung und seelische Hilfestellung, Schwerin in Mecklenburg ^{21}1935 (NL-Bibl. 7 C 8)

Loyola, Ignatius von, Geistliche Übungen. Nach dem spanischen Urtext übertragen von A. Feder S.J., Regensburg ^{5}1932 (NL-Bibl. 6 B 26)

Lütgert, Wilhelm, Die Religion des deutschen Idealismus und ihr Ende, Bd. III: Höhe und Niedergang des Idealismus (Beiträge zur Förderung christlicher Theologie, Reihe 2 Bd. 10), Gütersloh 1925

–, Ethik der Liebe (Beiträge zur Förderung christlicher Theologie, Reihe 2 Bd. 39), Gütersloh 1938 (NL-Bibl. 4. 24: recht zahlreiche Bleistiftstriche, auch „!" und „?", besonders dicht im Kapitel über den Staat 213–231)

Luthardt, Christoph Ernst, Kompendium der theologischen Ethik, Leipzig 1896

Luther, Martin, Werke. Kritische Gesamtausgabe (Weimarer Ausgabe), Weimar 1883 ff (zitiert: WA)

–, Disputationen Dr. Martin Luthers in den Jahren 1535–1545 an der Universität Wittenberg gehalten, hg. von Paul Drews, Göttingen 1895 (NL-Bibl. 2 C 3. 19)

Machiavellis Buch vom Fürsten. Nach A. W. Rehbergs Übersetzung mit Einleitung und Erläuterung neu herausgegeben von Dr. Max Oberbreyer, Leipzig [ohne Jahr] (NL-Bibl. 4. 26)

Maritain, Jacques, Die Zukunft der Christenheit, Köln 1938 (NL-Bibl. 6 B 27: hin und wieder Striche)

Martin, Alfred von, Nietzsche und Burckhardt, München 1941 [^{2}1942; das Buch wurde von der nationalsozialistischen Presse als gegen „die nationalsozialistische Weltanschauung" gerichtet charakterisiert; Basel ^{3}1945 mit Untertitel: Zwei geistige Welten im Dialog; München ^{4}1947]

–, Die Religion in Jacob Burckhardts Leben und Denken. Eine Studie zum Thema Humanismus und Christentum, München 1942 [das Buch wurde von der Gestapo im März 1943 beschlagnahmt; ^{2}1947]

Meinecke, Friedrich, Die Idee der Staatsräson in der neueren Geschichte (1924), 3. durchgesehene Auflage München/Berlin/Oldenburg 1929 (NL-Bibl. 2 A 15: Striche) [Neuausgabe: Friedrich Meinecke Werke, Bd. 1, München (1957) ^{2}1960]

Müller, Alfred Dedo, Ethik. Der evangelische Weg der Verwirklichung des Guten, Berlin 1937 (NL-Bibl. 4. 32: wenige Striche)

Naumann, Friedrich, Briefe über Religion. Mit Nachwort „Nach 13 Jahren", Berlin ^{7}1917 (NL-Bibl. 7 B 14: Markierungen wohl nicht von Bonhoeffer)

Niebuhr, Reinhold, Moral Man and Immoral Society: A Study in Ethics and Politics, New York/London 1932 (NL-Bibl. 4. 33, erhalten von Paul Lehmann am 4. 4. 1933)

Nietzsche, Friedrich, Werke [in 16 Bänden] Erste Abtheilung, I–VIII [diese ersten acht Bände enthalten die von Friedrich Nietzsche selbst zum Druck gebrachten Werke], Leipzig 1899 (NL-Bibl. 7 A 61) (zitiert: Werke) [vgl. Literaturverzeichnis b: Sämtliche Werke. Kritische Gesamtausgabe (zitiert: KGW)]

Nohl, Herman, Die sittlichen Grunderfahrungen. Eine Einführung in die Ethik, Frankfurt am Main 1939 (NL-Bibl. 4. 34: Bleistiftstriche, auch „!" und „?") [²1947]

Novum Testamentum Graece et Germanice. Das Neue Testament griechisch und [luther-]deutsch, hg. von Eberhard Nestle und neu bearbeitet von Erwin Nestle, Stuttgart ¹³1929 (NL-Bibl. 1 A 4) (zitiert: „Nestle")

Oertzen, Friedrich Wilhelm von, Junker. Preußischer Adel im Jahrhundert des Liberalismus, Oldenburg in Oldenburg/Berlin 1939

Oettingen, Alexander von, Die Moralstatistik und die christliche Sittenlehre. Versuch einer Socialethik, Erlangen 1868–1873

Paton, William, The Church and the New Order, London [Juli] 1941

Pieper, Josef, Die Wirklichkeit und das Gute, Leipzig 1935 (NL-Bibl. 4. 36: Bleistiftstriche, „!" und „?")

–, Über die Hoffnung, Leipzig ²1938 (NL-Bibl. 3 B 55: Bleistiftstriche, auch „!"; zu Seite 43 [Stichwort „Jugendlichkeit"] Notiz „Ps 103" [Vers 5 b])

–, Zucht und Maß. Über die vierte Kardinaltugend, München 1939 (NL-Bibl. 4. 37: „Bonhoeffer 1940", Kopierstift- und Bleistiftstriche, auch „!")

–, [Neuausgabe (einmalige Sonderausgabe): Das Viergespann. Klugheit, Gerechtigkeit, Tapferkeit, Maß, München 1964]

Piper, Otto, Die Grundlagen der evangelischen Ethik, Bd. I, Gütersloh 1928

Ritter, Gerhard, Machtstaat und Utopie. Vom Streit um die Dämonie der Macht seit Machiavelli und Morus, Berlin/München 1940 [erste Anzeige im Börsenblatt (Börsenverein des deutschen Buchhandels) Montag, 14. 10. 1940 (Seite 4771); Deutsche Bücherei Leipzig Eingangsstempel: 19. 10. 1940; allgemeine Auslieferung normalerweise drei Wochen später] [5., umgearbeitete Neuauflage: Die Dämonie der Macht. Betrachtungen über Geschichte und Wesen des Machtproblems im politischen Denken der Neuzeit, Stuttgart 1947]

Rothe, Richard, Theologische Ethik, 5 Bde., Wittenberg ²1867–1871 völlig neu ausgearbeitet (NL-Bibl. 4. 41: in Bd. I etliche Striche)

Rüdiger, Horst, Wesen und Wandlung des Humanismus (Europa-Bibliothek), Hamburg 1937 (NL-Bibl. 7 A 65: „Bonhoeffer, München 1941", Bleistiftstriche)

Ruland, Ludwig, Handbuch der praktischen Seelsorge, 5 Bde., Münster 1930–1940

Scheler, Max, Der Formalismus in der Ethik und die materiale Wertethik. Neuer Versuch der Grundlegung eines ethischen Personalismus (1913–1916), Halle ^{2}1921 (NL-Bibl. 4. 42: Unterstreichungen und Anmerkungen) [Neuausgabe: Gesammelte Werke, hg. von Maria Scheler, Bd. 2, Bern 1954 (zitiert: GW II)]

Schilling, Otto, Lehrbuch der Moraltheologie (2 Bde.), Bd. II: Spezielle Moraltheologie, München 1928 (NL-Bibl. 6. 41: ,,Bonhoeffer 1940", Markierungen)

Schlatter, Adolf, Die christliche Ethik, Stuttgart ^{2}1924 mit Nachtrag (NL-Bibl. 4. 45: etliche Striche)

Schmidt, Kurt Dietrich (Hg.), Die Bekenntnisse und grundsätzlichen Äußerungen zur Kirchenfrage, Bd. II: Das Jahr 1934, Göttingen 1935 (NL-Bibl. 2 C 4. 2 b) (zitiert: Bekenntnisse 1934)

Schneider, Reinhold, Macht und Gnade. Gestalten, Bilder und Werte in der Geschichte, Leipzig 1940 [11.–15. Tausend Wiesbaden 1946]

Schütz, Paul, Zwischen Nil und Kaukasus. Ein Reisebericht zur religionspolitischen Lage im Orient, München 1930 (NL-Bibl. 9. 31)

–, Säkulare Religion (Beiträge zur systematischen Theologie 2), Tübingen 1932

Solowjeff (Solowjow), Wladimir Sergejewitsch, Drei Gespräche über Krieg, Fortschritt und das Ende der Weltgeschichte mit Einschluß einer kurzen Erzählung vom Antichrist (1899/1900), in: Ausgewählte Werke, 5 Bde., Stuttgart 1914 ff [Neuausgabe: Deutsche Gesamtausgabe der Werke von Wladimir Solowjew in 8 Bden., hg. von W. Szylkarski/L. Müller/W. Lettenbauer, Bd. VIII, München 1980]

Spengler, Oswald, Der Untergang des Abendlandes. Umrisse einer Morphologie der Weltgeschichte [Neubearbeitung], 2 Bde., München 1923 (NL-Bibl. 7 A 83: ein Strich)

–, Der Mensch und die Technik. Beitrag zu einer Philosophie des Lebens, München 1931 (NL-Bibl. 7 A 82: Strich)

–, Jahre der Entscheidung. Erster Teil: Deutschland und die weltgeschichtliche Entwicklung, München 1933 (NL-Bibl. 2 A 22: etliche Striche)

Spranger, Eduard, Lebensformen. Geisteswissenschaftliche Psychologie und Ethik der Persönlichkeit, Halle ^{7}1930 (NL-Bibl. 7 A 84)

Stahl, Friedrich Julius, Rechts- und Staatslehre auf der Grundlage christlicher Weltanschauung, Heidelberg 1846 (NL-Bibl. 7 C 16)

Troeltsch, Ernst, Die Soziallehren der christlichen Kirchen und Gruppen (Gesammelte Schriften, Bd. I/1), Tübingen 1912 [Nachdruck: Aalen 1965 = 2. Nachdruck der Ausgabe Tübingen 1922]

–, Grundprobleme der Ethik. Erörtert aus Anlaß von Herrmanns Ethik (1902), in: Ders., Zur religiösen Lage, Religionsphilosophie und Ethik (Gesammelte Schriften, Bd. II), Tübingen 1913, 551–572 (Gesammelte Schriften Bd. II–IV: NL-Bibl. 7 A 87; in Bd. II wenige Striche)

Vilmar, August Friedrich Christian, Dogmatik. Akademische Vorlesungen, Bd. (I und) II, Gütersloh 1874 (NL-Bibl. 3 B 71: handschriftlicher Namenszug, Striche im Teil über die Kirche)

Vischer, Friedrich Theodor, Auch Einer. Eine Reisebekanntschaft (1879), Stuttgart/Leipzig ²1879 [Zweite, durchgesehene Auflage im Jahr der Erstauflage] [Neuausgabe: Frankfurt am Main 1987]

Weber, Max, Gesammelte Aufsätze zur Religionssoziologie, Bd. I, Tübingen 1920 (darin 17–206: Die protestantische Ethik und der Geist des Kapitalismus) (Bde. II und III: NL-Bibl. 7 C 19)

b) Von den Herausgebern benutzte Literatur

Abegg, Lily, Yamato. Der Sendungsglaube des japanischen Volkes, Frankfurt am Main 1936

Althaus, Paul, Die letzten Dinge. Entwurf einer Eschatologie, Gütersloh 1926 (NL-Bibl. 3 B 3: „Bonhoeffer 1927")

Baldwin, Stanley, Service of Our Lives. Last Speeches as Prime Minister [Reden 1935–1937], London 1937

Balz, Horst/Schneider, Gerhard, Exegetisches Wörterbuch zum Neuen Testament, Bd. II, Stuttgart/Berlin/Köln/Mainz 1981

Barth, Karl, Theologische Existenz heute! [Schriftenreihe, Heft 1], München 1933

–, Evangelium und Gesetz (Theologische Existenz heute 32), München 1935 [= (Neue Folge) 50, München 1956]

–, Die Kirchliche Dogmatik, 4 Bde., München/Zürich 1932–1967 (zitiert: KD)

–, Rechtfertigung und Recht (Vortrag, gehalten in verschiedenen Pfarrvereinen im Juni 1938), in: Eine Schweizer Stimme 1938–1945 (zuerst erschienen 1945), Zollikon-Zürich ³1989, 13–57 (vgl. Literaturverzeichnis a)

Beckmann, Joachim (Hg.), Kirchliches Jahrbuch für die Evangelische Kirche in Deutschland 1933–1944. 60.–71. Jahrgang, Gütersloh ²1976

Bernanos, Georges, Tagebuch eines Landpfarrers, Wien 1936 (NL-Bibl. 8 C 5)

Bethge, Eberhard, Dietrich Bonhoeffer. Theologe – Christ – Zeitgenosse. Eine Biographie (1967), Gütersloh ⁸1994 (zitiert: DB)

–, Dietrich Bonhoeffer und die Juden, in: E. Feil/I. Tödt (Hg.), Konsequenzen (IBF 3), München 1980, 171–214

–, Vorwort vom 9. April 1948 (11–13), Vorwort zur neugeordneten 6. Auflage [vom Juli 1962] (14–17), Nachwort (397–399), in: D. Bonhoeffer, Ethik, München 1981 (zitiert nach: E^6)

–, In Zitz gab es keine Juden. Erinnerungen aus meinen ersten vierzig Jahren, München 1989

–, Otto Dibelius. Autobiographisches, in: W. Huber (Hg.), Protestanten in der Demokratie. Positionen und Profile im Nachkriegsdeutschland, München 1990

„*Biblische Beurteilung*" (Gutachten über die Ausmerzung lebensunwerten Lebens) s. W. Niesel (Hg.), Um Verkündigung und Ordnung der Kirche

Blasquez, Niceto, Die traditionelle kirchliche Morallehre über den Suizid, in: Concilium 21 (1985), 205–212

Boberach, Heinz (Hg.), Berichte des SD und der Gestapo über Kirchen und Kirchenvolk in Deutschland 1934–1944 (Veröffentlichungen der Kommission für Zeitgeschichte bei der Katholischen Akademie in Bayern, Reihe A: Quellen, Bd. 12), Mainz 1971

Bonhoeffer, Dietrich, Werke, 16 Bde., hg. von E. Bethge u. a., München / Gütersloh 1986 ff (zitiert: DBW):

1: Sanctorum Communio. Eine dogmatische Untersuchung zur Soziologie der Kirche (1930), hg. von J. von Soosten, München 1986 (auch zitiert: SC)

2: Akt und Sein. Transzendentalphilosophie und Ontologie in der systematischen Theologie (1931), hg. von H.-R. Reuter, München 1988 (auch zitiert: AS)

3: Schöpfung und Fall. Theologische Auslegung von Genesis 1–3 (1933), hg. von M. Rüter und I. Tödt, München 1989 (auch zitiert: SF)

4: Nachfolge (1937), hg. von M. Kuske und I. Tödt, München 1989, Gütersloh ²1994 (auch zitiert: N)

5: Gemeinsames Leben (1938). Das Gebetbuch der Bibel (1940), hg. von G. L. Müller und A. Schönherr, München 1987 (auch zitiert: GL bzw. GB)

7: Fragmente aus Tegel (1943/44), hg. von R. Bethge und I. Tödt, Gütersloh 1994 (auch zitiert: FT)

8: Widerstand und Ergebung (1943–1945), hg. von Chr. Gremmels, E. und R. Bethge, Gütersloh 1998

9: Jugend und Studium 1918–1927, hg. von H. Pfeifer, München 1986

10: Barcelona, Berlin, Amerika 1928–1931, hg. von R. Staats und H. Chr. von Hase, München 1991

11: Ökumene, Universität, Pfarramt 1931–1932, hg. von E. Amelung und Chr. Strohm, Gütersloh 1994
12: Berlin 1932–1933, hg. von C. Nicolaisen und E.-A. Scharffenorth, Gütersloh 1997
13: London 1933–1935, hg. von H. Goedeking, M. Heimbucher und H.-W. Schleicher, Gütersloh 1994
14: Illegale Theologenausbildung: Finkenwalde 1935–1937, hg. von O. Dudzus und J. Henkys, Gütersloh 1996
15: Illegale Theologenausbildung: Sammelvikariate 1937-1940, hg. von D. Schulz, Gütersloh 1998
16: Konspiration und Haft 1940–1945, hg. von J. Glenthøj, U. Kabitz und W. Krötke, Gütersloh 1996
Zettelnotizen für eine „Ethik“ (Ergänzungsband zu DBW 6), hg. von I. Tödt, Gütersloh 1993

–, Ethik, zusammengestellt und hg. von E. Bethge (1949, neugeordnet ^{6}1963), München ^{11}1985 (zitiert: E^{1} bzw. E^{6})

–, Gesammelte Schriften, 6 Bde., hg. von E. Bethge, München 1958–1974 (zitiert: GS)

–, Widerstand und Ergebung. Briefe und Aufzeichnungen aus der Haft, hg. von E. Bethge (1951), Neuausgabe 1970, München ^{3}1985 (zitiert: WEN; vgl. DBW 8)

Bonhoeffer, Karl, Ansprache [als Vorsitzender des deutschen Vereins für Psychiatrie], in: Allgemeine Zeitschrift für Psychiatrie 76 (1920/1921), 32

–, Das manisch-depressive Irresein, in: Die psychiatrischen Aufgaben bei der Ausführung des Gesetzes zur Verhütung erbkranken Nachwuchses mit einem Anhang: Die Technik der Unfruchtbarmachung. Klinische Vorträge im erbbiologischen Kurs Berlin März 1934, herausgegeben in Gemeinschaft mit K. Albrecht, J. Hallervorden, K. Pohlisch, H. Schulte, H. Seelert, R. Thiele, G, A. Wagner von K. Bonhoeffer, Berlin 1934, 54–62

–, Ein Rückblick auf die Auswirkung und die Handhabung des nationalsozialistischen Sterilisationsgesetzes, in: Der Nervenarzt 20 (1949), 1–5

Bousset, Wilhelm, Kyrios Christos. Geschichte des Christusglaubens von den Anfängen des Christentums bis Irenaeus (1913), Göttingen ^{2}1921

Boyens, Armin, Kirchenkampf und Ökumene 1939–45. Darstellung und Dokumentation unter besonderer Berücksichtigung der Quellen des Ökumenischen Rates der Kirchen, München 1973

Brunner, Emil, Die Bedeutung des Alten Testaments für unseren Glauben, in: Zwischen den Zeiten 8 (1930), 30–48

Bryce, James, The American Commonwealth (1888), Chicago 1891

Bultmann, Rudolf, Neues Testament und Mythologie, in: Ders., Offenbarung und Heilsgeschehen (Beiträge zur Evangelischen Theologie, Bd. 7 [herausgegeben von E. Wolf]), München 1941, 27–69

Calvin, Johannes, Unterricht in der christlichen Religion (Institutio Christianae Religionis). Nach der letzten Ausgabe übersetzt und bearbeitet von Otto Weber, Neukirchen 1955 (zitiert: Institutio)

Carter, Dan T., Scottsboro: A Tragedy of the American South, Baton Rouge/Oxford 1971

Denzinger, Heinrich (Hg.), Enchiridion Symbolorum et Definitionum (1854)

Denzinger, Henricus/Schönmetzer, Adolfus (Hg.), Enchiridion Symbolorum definitionum et declarationum de Rebus fidei et morum, Freiburg im Breisgau u. a. ³⁶1976

Diekamp, Franz/Jüssen, Klaudius, Katholische Dogmatik nach den Grundsätzen des heiligen Thomas, Bd. II, Münster ¹⁰1952

Dierks, Margarete, Jakob Wilhelm Hauer 1881–1962. Leben – Werk – Wirkung, Heidelberg 1986

Donkan, Rupert [Anton Zischka], Die Auferstehung Arabiens. Ibn Sauds Weg und Ziel, Leipzig u. a. 1935

Dörner, Klaus, Was unterscheidet die heutigen Überlegungen zur Sterilisation von Menschen mit geistiger Behinderung von den Zwangssterilisationen der NS-Zeit?, in: Th. Strohm/J. Thierfelder (Hg.), Diakonie im „Dritten Reich". Neuere Ergebnisse zeitgeschichtlicher Forschung (Veröffentlichungen des Diakoniewissenschaftlichen Instituts an der Universität Heidelberg 3), Heidelberg 1990, 323–337

Duchrow, Ulrich, Christenheit und Weltverantwortung. Traditionsgeschichte und systematische Struktur der Zweireichelehre (Forschungen und Berichte der Evangelischen Studiengemeinschaft 25; 1970), Stuttgart ²1983

Durkheim, Émile, Le Suicide. Étude de sociologie (1897), Paris 1960

Ebeling, Gerhard, Die „nicht-religiöse Interpretation biblischer Begriffe", in: Zeitschrift für Theologie und Kirche 52 (1955), 296–360; auch in: MW II (1956), 12–73; jetzt in: Ders., Wort und Glaube, Tübingen ²1962, 90–160 (= engl. Ders., Word and Faith, Philadelphia 1963)

Evangelisches Gesangbuch in den Gliedkirchen der Evangelischen Kirche in Deutschland, seit 1994 (zitiert: EG)

Exegetisches Wörterbuch zum Neuen Testament s. Balz

Feil, Ernst, Die Theologie Dietrich Bonhoeffers. Hermeneutik, Christologie, Weltverständnis (Gesellschaft und Theologie. Systematische Beiträge 6), München/Mainz (1971) ⁴1991; engl. Philadelphia 1985 (im Sinne eines Gesamtregisters zitiert: ThDB)

Fortlage, Karl (Carl), System der Psychologie als empirischer Wissenschaft (2 Bde.), Bd. I, Leipzig 1855

Frey, Christopher, Theologische Ethik (Neukirchener Arbeitsbücher), Neukirchen-Vluyn 1990

Godsey, John D., Bonhoeffer's Doctrine of Love, in: W. J. Peck, New Studies (s. Literaturverzeichnis c), 189–234

Gogarten, Friedrich, Verhängnis und Hoffnung der Neuzeit. Die Säkularisierung als theologisches Problem, Stuttgart 1953

Graf, Friedrich Wilhelm, Kulturprotestantismus. Zur Begriffsgeschichte einer theologiepolitischen Chiffre, in: Archiv für Begriffsgeschichte 28 (1984), 214–268

–, Kulturluthertum und Eigengesetzlichkeit. Bemerkungen zum Verhältnis von Theologiegeschichtsforschung und Kirchlicher Zeitgeschichte, in: Evangelische Arbeitsgemeinschaft für kirchliche Zeitgeschichte, Mitteilungen, Folge 7, 1987, 14–63

Green, Clifford J., The Text of Bonhoeffer's *Ethics*, in: W. J. Peck, New Studies (s. Literaturverzeichnis c), 3–66

Gremmels, Christian, Mündigkeit – Geschichte und Entfaltung eines Begriffs, in: Die Mitarbeit. Zeitschrift zur Gesellschafts- und Kulturpolitik 18 (1969), 360–372

Greschat, Martin (Hg.), Die Schuld der Kirche. Dokumente und Reflexionen zur Stuttgarter Schulderklärung vom 18./19. Oktober 1945, München 1982

Gütt, Arthur/Rüdin, Ernst/Ruttke, Falk (Hg.), Zur Verhütung erbkranken Nachwuchses. Gesetz und Erläuterungen, München 1934

Harnack, Adolf, Lehrbuch der Dogmengeschichte, Bd. I: Die Entstehung des kirchlichen Dogmas, Freiburg im Breisgau 1886

Hegel, Georg Wilhelm Friedrich, Grundlinien der Philosophie des Rechts oder Naturrecht und Staatswissenschaft im Grundrisse (Bd. VII der Jubiläumsausgabe in zwanzig Bänden, hg. von H. Glockner), Stuttgart-Bad Cannstatt [4]1964

Heidelmeyer, Wolfgang (Hg.), Die Menschenrechte. Erklärungen, Verfassungsartikel, Internationale Abkommen, Paderborn 1972

Herrmann, Wilhelm, Die sittlichen Weisungen Jesu (1904), Göttingen [2]1907 [jetzt in: Ders., Schriften zur Grundlegung der Theologie, Bd. I, hg. von P. Fischer-Appelt (Theologische Bücherei 36/I), München 1966, 200–241]

Hirsch, Emanuel, Nietzsche und Luther, in: Ders., Lutherstudien, Bd. II, Gütersloh 1954, 168–206 [aus: Luther-Jahrbuch 2/3 (1920/21), 61–106]

Holl, Karl, Die Geschichte des Worts Beruf, in: Ders., Gesammelte Aufsätze zur Kirchengeschichte, Bd. III: Der Westen, Tübingen 1928, 189–219

Howe, Günter, Gott und die Technik. Die Verantwortung der Christenheit für die wissenschaftlich-technische Welt. Eine Vorlesung für Hörer aus allen Fachbereichen. Hg. von Hermann Timm. Mit einer Einführung von Heinz Eduard Tödt, Hamburg/Zürich 1971

Huber, Wolfgang, „Eigengesetzlichkeit" und „Lehre von den zwei Reichen", in: Ders., Folgen christlicher Freiheit. Ethik und Theorie der Kirche im Horizont der Barmer Theologischen Erklärung (Neukirchener Beiträge zur Systematischen Theologie, Bd. 4), Neukirchen-Vluyn 1983, 53–70

Huber, Wolfgang/Reuter, Hans-Richard, Friedensethik, Stuttgart/Berlin/Köln 1990

Huntemann, Georg, Der andere Bonhoeffer. Die Herausforderung des Modernismus, Wuppertal 1989

Immer, Karl (Hg.), Bekenntnissynode der Deutschen Evangelischen Kirche Barmen 1934. Vorträge und Entschließungen. Im Auftrage des Bruderrates der Bekenntnissynode herausgegeben, Wuppertal-Barmen 1934

Internationales Bonhoeffer Forum 3, hg. von E. Feil/I. Tödt: Konsequenzen. Dietrich Bonhoeffers Kirchenverständnis heute, München 1980 (zitiert: IBF 3)

Internationales Bonhoeffer Forum 4, hg. von W. Huber/I. Tödt: Ethik im Ernstfall. Dietrich Bonhoeffers Stellung zu den Juden und ihre Aktualität, München 1982 (zitiert: IBF 4)

Internationales Bonhoeffer Forum 5, hg. von H. Pfeifer: Frieden – das unumgängliche Wagnis. Die Gegenwartsbedeutung der Friedensethik Dietrich Bonhoeffers, München 1982 (zitiert: IBF 5)

Internationales Bonhoeffer Forum 8, hg. von I. Tödt: Dietrich Bonhoeffers Hegel-Seminar 1933. Nach den Aufzeichnungen von Ferenc Lehel, München 1988 (zitiert: IBF 8)

Jone, Heribert, Katholische Moraltheologie. Unter besonderer Berücksichtigung des Codex Iuris Canonici sowie des deutschen, österreichischen und schweizerischen Rechtes, Paderborn (1930) [18]1961

Kant, Immanuel, Werke in sechs Bänden, hg. von W. Weischedel, Wiesbaden bzw. Darmstadt 1956–1964 (zitiert: Werke) [= 10 Bde., Darmstadt 1968; = 12 Bde., Frankfurt am Main 1968]

Klemperer, Victor, LTI. Notizbuch eines Philologen (1947), Leipzig [4]1987

Koch, Anton, Lehrbuch der Moraltheologie, Freiburg 1910

Koellreutter, Otto, Der verfassungsrechtliche Aufbau des gegenwärtigen Japan, in: Reichsverwaltungsblatt, Berlin 1940, Heft 6, 54 f

Köster, Peter, Nietzsche als verborgener Antipode in Bonhoeffers „Ethik", in: Nietzsche-Studien. Internationales Jahrbuch für die Nietzsche-Forschung 19 (1990), 367–418

Krause, Gerhard, Art. Bonhoeffer, Dietrich (1906–1945), in: Theologische Realenzyklopädie, Bd. VII, 55–66 (zitiert: TRE VII)

Kroner, Richard, Von Kant zu Hegel (2 Bde.), Tübingen 1921/1924

Kuske, Martin, Das Alte Testament als Buch von Christus. Dietrich Bonhoeffers Wertung und Auslegung des Alten Testaments, Berlin 1970 und Göttingen 1971; engl. Philadelphia 1976

Lamettrie, Julien Offray de, L'homme machine, Leiden 1748 (dt. Leipzig 1909)

Lovin, Robin, Biographical Context, in: W. J. Peck, New Studies (s. Literaturverzeichnis c), 67–101

Luther, Martin, Ennaratio capitis noni Esaiae, collecta per M. Joh. Frederum. 1546. 17. Dezember 1543 bis Mitte Januar 1544, in: D. Martini Lutheri exegetica opera latina, Bd. 23, Erlangen 1861, 303–438

Maron, Gottfried, „Niemand soll sein eigener Richter sein". Eine Bemerkung zu Luthers Haltung im Bauernkrieg, in: Luther. Zeitschrift der Luther-Gesellschaft 46 (1975), 60–75

Maurer, Wilhelm, Luthers Lehre von den drei Hierarchien und ihr mittelalterlicher Hintergrund (Bayerische Akademie der Wissenschaften. Philosophisch-historische Klasse. Sitzungsberichte Jahrgang 1970, Heft 4), München 1970

Mausbach, Joseph, Die Ethik des Heiligen Augustinus, Bd. II, Freiburg im Breisgau 1909

–, Katholische Moraltheologie (3 Bde.), Bd. III: Spezielle Moral. Der irdische Pflichtenkreis (1918), Münster 1938

Mayer, Rainer, Christuswirklichkeit. Grundlagen, Entwicklung und Konsequenzen der Theologie Dietrich Bonhoeffers (Arbeiten zur Theologie, Reihe II, Bd. 15) (1969), Stuttgart ^{2}1980

Mejcher, Helmut, Saudi-Arabiens Beziehungen zu Deutschland in der Regierungszeit von König 'Abd al-'Aziz Ibn Sa'ud, in: L. Schatkowski Schilcher/C. Scharf (Hg.), Der Nahe Osten in der Zwischenkriegszeit 1919–1939. Die Interdependenz von Politik, Wirtschaft und Ideologie, Stuttgart 1989, 109–127

Migne, Jacques Paul (Hg.), Patrologia Graeca, Paris 1857–1860

–, Patrologia Latina, Paris 1878–1890

Mikusch, Dagobert von, König Ibn Sa'ud. Das Werden eines Staates, Leipzig 1942

Miyata, Mitsuo, [in japanischer Sprache] Die Friedenstaube und der Leviathan, Tokyo 1988

–, Bonhoeffer und Japan. Der kaiserliche Faschismus als politische Religion [deutsche Fassung eines Textes aus: Ders., Die Friedenstaube], in: Ökumenische Rundschau 39 (1990), 162–181

–, Bonhoeffer und die politische Religion in Deutschland und in Japan, in: Communio Viatorum 32 (1989), 111–132

Möser, Peter, Gewissenspraxis und Gewissenstheorie bei Dietrich Bonhoeffer, masch. Dissertation Heidelberg 1985

Die *Mündige* Welt (5 Bde.), München 1955–1969 (I: 1955; II: 1956; III: 1960; IV: 1963; V: 1969) (zitiert: MW)

Nachlaß Dietrich Bonhoeffer. Ein Verzeichnis. Archiv – Sammlung – Bibliothek, erstellt von D. Meyer in Zusammenarbeit mit E. Bethge, München 1987 (zitiert: NL)

Niebuhr, H. Richard, Der Gedanke des Gottesreichs im amerikanischen Christentum (Original: The Kingdom of God in America, 1937), dt. Ausgabe von R. M. Honig, New York 1948

Niesel, Wilhelm (Hg.), Um Verkündigung und Ordnung der Kirche. Die Bekenntnissynoden der Evangelischen Kirche der altpreußischen Union 1934–1943, Bielefeld 1949; darin 117–121: Biblische Beurteilung (Gutachten über die Ausmerzung lebensunwerten Lebens, in Auftrag gegeben von der neunten Bekenntnissynode der ApU in Leipzig 12./13. 10. 1940) (zitiert: „Biblische Beurteilung")

Nietzsche, Friedrich, Sämtliche Werke. Kritische Gesamtausgabe, hg. von Giorgio Colli und Mazzino Montinari, Berlin/New York 1967–1977 (zitiert: KGW)

Ortega y Gasset, José, Der Aufstand der Massen (spanisches Original Madrid 1930), Stuttgart 1931 (u. ö.)

Pangritz, Andreas, Karl Barth in der Theologie Dietrich Bonhoeffers – eine notwendige Klarstellung (Dahlemer Heft Nr. 9), Berlin 1989

Peck, William Jay, The Euthanasia Text-Segment, in: W. J. Peck (Hg.), New Studies (s. Literaturverzeichnis c), 141 – 165

Pelikan, Herbert Rainer, Die Frömmigkeit Dietrich Bonhoeffers. Dokumentation, Grundlinien, Entwicklung, Wien/Freiburg/Basel 1982

Prolingheuer, Hans, Der Fall Karl Barth 1934–1935. Chronographie einer Vertreibung, Neukirchen-Vluyn 1977

Rasmussen, Larry L., A Question of Method, in: W. J. Peck, New Studies (s. Literaturverzeichnis c), 103–138

Rathenau, Walther, Zur Kritik der Zeit, Berlin (1912) $^{10+11}$1917

Rauschning, Hermann, Die Revolution des Nihilismus. Kulisse und Wirklichkeit im Dritten Reich, Zürich 1938

–, Gespräche mit Hitler, Zürich 1940 [Neuausgabe: Wien 1973]

Rosenberg, Alfred, Der Mythus des 20. Jahrhunderts, München 1930

Rothuizen, Gerard Th., Who am I? Bonhoeffer and Suicide, in: W. J. Peck, New Studies (s. Literaturverzeichnis c), 167–185

Scharffenorth, Gerta, Den Glauben ins Leben ziehen. . . . Studien zu Luthers Theologie, München 1982

Schlink, Edmund, Theologie der lutherischen Bekenntnisschriften (Einführung in die evangelische Theologie, Bd. VIII; 1940), München ³1947

Schmitt, Carl, Der Begriff des Politischen, München 1932, Hamburg ³1933 [Neuausgabe des Textes von 1932: Berlin 1963]

Schwarz, Reinhard, Luthers Lehre von den drei Ständen und die drei Dimensionen der Ethik, in: Lutherjahrbuch 45 (1978), 15–34

Schweitzer, Albert, Kultur und Ethik, München 1923

Seeberg, Reinhold, Christliche Ethik (dritte Auflage von: System der Ethik, 1911, ²1920; postum hg. von Erich Seeberg), Stuttgart 1936

Strohm, Christoph, Theologische Ethik im Kampf gegen den Nationalsozialismus. Der Weg Dietrich Bonhoeffers mit den Juristen Hans von Dohnanyi und Gerhard Leibholz in den Widerstand (Heidelberger Untersuchungen zu Widerstand, Judenverfolgung und Kirchenkampf 1), München 1989

Tillmann, Fritz, Die katholische Sittenlehre. Die Verwirklichung der Nachfolge Christi. Die Pflichten gegen sich selbst und gegen den Nächsten (Handbuch der katholischen Sittenlehre IV/2), Düsseldorf 1936

Tödt, Heinz Eduard (Hg.), Wie eine Flaschenpost. Ökumenische Briefe und Beiträge für Eberhard Bethge, München 1979

–, Dietrich Bonhoeffers ökumenische Friedensethik, in: IBF 5 (1982), 85–117

Toller, Ernst, Masse Mensch. Ein Stück aus der sozialen Revolution des 20. Jahrhunderts, Potsdam 1920 [Gesammelte Werke, Bd. 2: Dramen und Gedichte aus dem Gefängnis (1918–1924), München 1978, 63–112]

Vogel, Traugott, „Christusgemäßes Handeln ist wirklichkeitsgemäßes Handeln". Ein Grundsatz theologischer Ethik ausgelegt von Dietrich Bonhoeffer, in: R. Schröder u. a. (Hg.), Wahrzeichen (Freundesgabe zum 50. Geburtstag von Wolf Krötke), Berlin 1988, 438–461

Walter, Franz, Die Euthanasie und die Heiligkeit des Lebens. Die Lebensvernichtung im Dienste der Medizin und Eugenik nach christlicher und monistischer Lehre, München 1935

Weber, Max, Politik als Beruf (Vortrag vom Oktober 1919), in: Ders., Gesammelte politische Schriften (Berlin 1921: 396–450), neu hg. von Johannes Winckelmann, Tübingen ²1958, 493–548

–, Gesamtausgabe, hg. von Horst Baier, M. Rainer Lepsius, Wolfgang J. Mommsen, Wolfgang Schluchter, Johannes Winckelmann (†), Bd. I/19, Tübingen 1989

West, Charles C., Ground under our Feet. A Reflection on the World-

liness of Dietrich Bonhoeffer's Life and Thought, in: W. J. Peck, New Studies (s. Literaturverzeichnis c), 235–273
Winnig, August, Heimkehr, Hamburg 1935
Wolf, Ernst, Königsherrschaft Christi und lutherische Zwei-Reiche-Lehre (Referat vor der 14. Deutschen Pfarrerkonferenz in London November 1963), in: H. G. Ulrich (Hg.), Evangelische Ethik. Diskussionsbeiträge zu ihrer Grundlegung und ihren Aufgaben (Theologische Bücherei. Neudrucke und Berichte aus dem 20. Jahrhundert. Studienbücher, Bd. 83), München 1990, 75–97
–, [postum:] Sozialethik. Theologische Grundfragen, hg. von Theodor Strohm, Göttingen 1975
Wolgast, Eike, Die Wittenberger Theologie und die Politik der evangelischen Stände. Studien zu Luthers Gutachten in politischen Fragen (Quellen und Forschungen zur Reformationsgeschichte, Bd. XLVII), Gütersloh 1977

c) Auswahlbibliographie zur ,,Ethik"

Bartl, Klaus, Theologie und Säkularität. Die theologischen Ansätze Friedrich Gogartens und Dietrich Bonhoeffers zur Analyse und Reflexion der säkularisierten Welt, Frankfurt am Main/Bern/New York/Paris 1990
Bayer, Oswald, Christus als Mitte. Bonhoeffers Ethik im Banne der Religionsphilosophie Hegels, in: Berliner Theologische Zeitschrift 2 (1985), 259–276
Beckmann, Klaus-Martin, Die Mandatenlehre und die nichtreligiöse Interpretation biblischer Begriffe bei Dietrich Bonhoeffer, in: Evangelische Theologie 28 (1968), 202–219
Bethge, Eberhard, Bonhoeffer's Pacifism: Some Comments, in: Newsletter, International Bonhoeffer Society, English Language Section, Nr. 12, April 1978, 6f
Burtness, James H., Shaping the Future. The Ethics of Dietrich Bonhoeffer, Philadelphia 1985
Butler, William Warren, A Comparison of the Ethics of Emil Brunner and Dietrich Bonhoeffer with special attention to the Orders of Creation and the Mandates, PhD dissertation Emory University 1970
Carter, Guy Christopher/Eyden, René van/Hoogstraten, Hans Dirk van (Hg.), Bonhoeffer's Ethics: Old Europe and New Frontiers, Kampen, The Netherlands 1991
Coles, Norman, Ethics and politics: a dispute about interpreting

Bonhoeffer's „Ethics", in: Friends Quarterly 1970 (Oktober), 608–616

Connor, William Fulton, The Natural Life of Man and its Laws: Conscience and Reason in the Theology of Dietrich Bonhoeffer, PhD dissertation Vanderbilt University 1973

–, The Laws of Life: A Bonhoeffer Theme with Variations, in: Andover Newton Quarterly 1977 (November), 101–110

Feil, Ernst, Dietrich Bonhoeffers ökumenische Ethik. Ein Gesprächsbeitrag angesichts restaurativer und revolutionärer Tendenzen, in: Stimmen der Zeit 207 (1989), 760–770

Forell, George, Realized Faith, the Ethics of Dietrich Bonhoeffer, in: Martin E. Marty (Hg.), The Place of Bonhoeffer, New York 1962, 199–224

Friesen, Leroy Gene, A Comparative Analysis of the Ethical Methodologies Employed by Dietrich Bonhoeffer in his Ethics Fragments, PhD dissertation University of Iowa 1972

Funamoto, Hiroki, Penultimate and Ultimate in Dietrich Bonhoeffer's Ethics, in: Alastair Kee/Eugene T. Long (Hg.), Being and Truth, London 1986, 376–392

–, A Survey of the Fundamental Motifs of Dietrich Bonhoeffer's Ethics and their Limitations, with Special Reference to his Importance to the Church in Japan, PhD dissertation St. Andrews 1982

Gruchy, John W. de, Bonhoeffer and South Africa. Theology in Dialogue, Grand Rapids 1984

–, Dietrich Bonhoeffer. Witness to Jesus Christ, London 1988

Gualtieri, Antonio R., Law, Freedom and Casuistry in the Ethics of Dietrich Bonhoeffer, PhD dissertation McGill University Montreal 1963

Gustafson, James, Christ and the Moral Life, New York 1968 (bes. Kapitel 2 des Buches)

Honecker, Martin, Christologie und Ethik. Zu Dietrich Bonhoeffers Ethik, in: Altes Testament und christliche Verkündigung (Festschrift Antonius H. J. Gunneweg), hg. von Manfred Oeming und Axel Graupner, Stuttgart/Berlin/Köln/Mainz 1987, 148–164

Jonsen, Albert R. S.J., Dietrich Bonhoeffer, in: Ders., Responsibility in Modern Religious Ethics, Washington 1968, 107–132

Koch, Robert, The Theological Responses of Karl Barth and Dietrich Bonhoeffer to Church-State-Relations in Germany, PhD dissertation Northwestern University 1988

Kohler, R. F., The Christocentric Ethics of Dietrich Bonhoeffer, in: Scottish Journal of Theology 23.1 (Februar 1970), 27–40

Krötke, Wolf, Die Barmer Theologische Erklärung und die Theologie Dietrich Bonhoeffers, in: Ders., Die Universalität des offenbaren

Gottes. Gesammelte Aufsätze (Beiträge zur evangelischen Theologie 94), München 1985, 95–108

Laney, James Thomas, An Examination of Bonhoeffer's Ethical Contextualism, in: Abram John Klassen (Hg.), A Bonhoeffer Legacy: Essays in Understanding, Grand Rapids 1981, 294–313

Lovin, Robin W., Christian Faith and Public Choices: The Social Ethics of Barth, Brunner and Bonhoeffer, Philadelphia 1984

McClendon, James William Jr., Dietrich Bonhoeffer, in: Ders., Systematic Theology: Ethics, Nashville 1986, 187–208 (Kapitel 7 des Buches)

Meyers, Leonard Lee, Reactions to Relativism: an investigation into the ethical thought of Reinhold Niebuhr and Dietrich Bonhoeffer, PhD dissertation University of Iowa 1967

Moltmann, Jürgen, Herrschaft Christi und soziale Wirklichkeit nach Dietrich Bonhoeffer (Theologische Existenz heute 71), München 1959

–, Die Wirklichkeit der Welt und Gottes konkretes Gebot nach Dietrich Bonhoeffer, in: MW III (1960), 42–67

Müller, Hanfried, Von der Kirche zur Welt. Ein Beitrag zu der Beziehung des Wortes Gottes auf die societas in Dietrich Bonhoeffers theologischer Entwicklung (1961), Leipzig und Hamburg-Bergstedt [2]1966

Niebuhr, Reinhold, Review of D. Bonhoeffer, ,,Ethics", in: Union Seminary Quarterly Review 11 (Mai 1956), 57f

Ott, Heinrich, Wirklichkeit und Glaube. Erster Band: Zum theologischen Erbe Dietrich Bonhoeffers, Zürich 1966

Peck, William Jay (Hg.), New Studies in Bonhoeffer's Ethics (Toronto Studies in Theology, Volume 30, Bonhoeffer Series Number 3), Lewiston, New York/Queenstown, Ontario 1987

Rasmussen, Larry L., Dietrich Bonhoeffer: His Significance for North Americans, Minneapolis 1989

–, Dietrich Bonhoeffer: Reality and Resistance, Nashville 1972 (ursprünglich: Dietrich Bonhoeffer: Reality and Resistance, Christology and Conspiracy, ThD dissertation Union Theological Seminary New York 1970)

Rhoades, Yolande Jaqueline Muris, Faith and Responsibility in H. Richard Niebuhr and Dietrich Bonhoeffer: a comparison of their concepts of God and their understandings of Christian ethics, PhD dissertation Emory University 1969

Schmidt, Karl Theodore, Rediscovering the Natural in Protestant Theology, Minneapolis 1962 (bes. Kapitel VI: Bonhoeffer: Full-Length Illustration)

Schoelles, Patricia, Discipleship and Social Ethics: A Christian View of

Social Ethics in the Light of the Work of Dietrich Bonhoeffer, Juergen Moltmann and Johannes B. Metz, PhD dissertation University of Notre Dame 1982

Sherman, Franklin, The Problem of a ‚Trinitarian' social ethics; a study in the theological foundations of Christian social ethics, with special reference to Werner Elert and Dietrich Bonhoeffer, PhD dissertation University of Chicago 1961

Smith, William Oliver, Christ and Ethics in Dietrich Bonhoeffer, ThD dissertation Pacific School of Religion 1968

Tödt, Heinz Eduard, Conscientious Resistance: Ethical Responsibility of the Individual, the Group and the Church, in: J. D. Godsey/G. B. Kelly (Hg.), Ethical Responsibility: Bonhoeffer's Legacy to the Churches, New York/Toronto 1981, 17–41

West, Peggy Joy, Camus and Bonhoeffer. A Comparison of their Relational Ethic for a Secular World, PhD dissertation University of Arkansas 1974

Wiebering, Joachim, Zwei Räume – zwei Reiche? Bonhoeffers „Ethik" in ihrem Verhältnis zur Tradition der lutherischen Sozialethik, in: Bonhoeffer-Studien. Beiträge zur Theologie und Wirkungsgeschichte Dietrich Bonhoeffers. Im Auftrage des Bonhoeffer-Komitees beim Bund der Evangelischen Kirchen in der Deutschen Demokratischen Republik hg. von Albrecht Schönherr und Wolf Krötke, Berlin und München 1985, 73–85

Wilcken, John, The Ecclesiology of *Ethics* and the Prison Writings, in: A. J. Klassen (Hg.), A Bonhoeffer Legacy: Essays in Understanding, Grand Rapids 1981, 195–203

Wilkens, Klaus, Die Frage Dietrich Bonhoeffers und unsere Antwort. Einblicke in das Gespräch über die Theologie Bonhoeffers, in: Verkündigung und Forschung. Theologischer Jahresbericht 1958/59, München 1960–1962, 157–172

Willis, Robert E., Bonhoeffer and Barth on Jewish Suffering: Reflections on the Relationship between Theology and Moral Sensibility, in: Journal of Ecumenical Studies 24 (Herbst 1987), 598–615

Wolf, Ernst, Das Letzte und das Vorletzte. Zum theologischen Denken von Dietrich Bonhoeffer, in: MW IV (1963), 17–32

Abkürzungsverzeichnis

A. a. O.	Am angegebenen Ort
Abs.	Absatz
Abt.	Abteilung
A. C.	Augsburgische Konfession, Confessio Augustana
Act	Acta Apostolorum, Apostelgeschichte
Anm.	Anmerkung
Apk, Apok	Apokalypse, Offenbarung des Johannes
ApU	Kirche der Altpreußischen Union
Art.	Artikel
AS	D. Bonhoeffer, Akt und Sein (s. Literaturverzeichnis b)
Aufl.	Auflage
Bd.	Band
Bde.	Bände
bes.	besonders
BK	Bekennende Kirche
BSLK	Die Bekenntnisschriften der evangelisch-lutherischen Kirche (s. Literaturverzeichnis a)
bzw.	beziehungsweise
CA	Confessio Augustana, Augsburgische Konfession
ca.	circa, ungefähr
Chr	Chronikbuch
CIC	Codex Iuris Canonici
D	Denzinger (s. Literaturverzeichnis b)
DB	E. Bethge, Dietrich Bonhoeffer (s. Literaturverzeichnis b)
DBW	D. Bonhoeffer, Werke, 16 Bde., hg. von E. Bethge u. a., 1986ff (s. Literaturverzeichnis b)
DDR	Deutsche Demokratische Republik (1949–1990)
Ders.	Derselbe (Autor)
dgl.	dergleichen
d. h.	das heißt
Di	Dienstag
DIN	Deutsche Industrie-Normen (z. B. für Papiermaße)
Do	Donnerstag
DS	Denzinger-Schönmetzer (s. Literaturverzeichnis b)
dt.	deutsch, deutsche Übersetzung

E[1]	E. Bethge (Hg.), Dietrich Bonhoeffer, Ethik, 1. Auflage
E[6]	E. Bethge (Hg.), Dietrich Bonhoeffer, Ethik, neugeordnete 6. Auflage (vgl. Literaturverzeichnis b)
ebd.	ebenda
EG	Evangelisches Gesangbuch (s. Literaturverzeichnis b)
EG.BP	Evangelisches Gesangbuch für Brandenburg und Pommern (s. Literaturverzeichnis a)
engl.	englisch
Eph	Epheserbrief
etc.	et cetera („und die übrigen"), und so weiter
Ex	Exodus, 2. Buch Mose
Ez	Ezechiel
f	folgende Seite bzw. folgender Vers
ff	folgende Seiten bzw. folgende Verse
Fr	Freitag
FS	Festschrift
FT	D. Bonhoeffer, Fragmente aus Tegel (s. Literaturverzeichnis b)
Gal	Galaterbrief
geb.	geboren(e)
Gen	Genesis, 1. Buch Mose
gest.	gestorben
Gestapo	Geheime Staatspolizei (im Dritten Reich)
gestr.	gestrichen
GB	D. Bonhoeffer, Das Gebetbuch der Bibel (s. Literaturverzeichnis b: DBW 5)
GG	Grundgesetz der Bundesrepublik Deutschland vom 23. 5. 1949
GL	D. Bonhoeffer, Gemeinsames Leben (s. Literaturverzeichnis b)
Griech., griech.	Lehnwort aus dem Griechischen, griechisch
GS	D. Bonhoeffer, Gesammelte Schriften (s. Literaturverzeichnis b)
GW	M. Scheler, Gesammelte Werke. Neuausgabe (s. Literaturverzeichnis b)
Hebr	Hebräerbrief
Hes	Hesekiel (Ezechiel)
Hg.	Herausgeber
hg.	herausgegeben
IBF	Internationales Bonhoeffer Forum. Forschung

	und Praxis 1 ff, München 1976 ff (s. Literaturverzeichnis b)
Jac, Jak	Jakobusbrief
Jer	Jeremia
Jes	Jesaja
Joh	Johannesevangelium bzw. Johannesbrief
KD	K. Barth, Die Kirchliche Dogmatik (s. Literaturverzeichnis a und b)
KGW	F. Nietzsche, Sämtliche Werke. Kritische Gesamtausgabe, hg. von G. Colli und M. Montinari (s. Literaturverzeichnis b)
Koh	Kohelet, Prediger Salomo
Kol	Kolosserbrief
Kor, K	Korintherbrief
KZ	Konzentrationslager
Lat., lat.	Lehnwort aus dem Lateinischen, lateinisch
LB	Die Bibel nach der Übersetzung Martin Luthers (s. Literaturverzeichnis a)
Lev	Leviticus, 3. Buch Mose
Lk, Luk	Lukasevangelium
masch.	maschinenschriftlich
Mi	Mittwoch
Mk	Markusevangelium
mm	Millimeter
Mos, Mo, M	(1.–5.) Buch Mose
Ms	Manuskript
Mt, Mth, Matth	Matthäusevangelium
MW	Die Mündige Welt I–V, München 1955–1969
N	D. Bonhoeffer, Nachfolge (s. Literaturverzeichnis a, und b: DBW 4)
„Nestle"	Das Neue Testament griechisch und deutsch (s. Literaturverzeichnis a)
NL	Nachlaß Dietrich Bonhoeffer (s. Literaturverzeichnis b)
NL A	(im Nachlaß befindliches) von Bonhoeffer selbst gefertigtes Schriftstück
NL-Bibl.	Verzeichnis der Restbibliothek Bonhoeffers, in: Nachlaß Dietrich Bonhoeffer (s. Literaturverzeichnis b)
Nr.	Nummer
NS	Nationalsozialismus, nationalsozialistisch
NSDAP	Nationalsozialistische Deutsche Arbeiterpartei
N. T.	Neues Testament

Petr	Petrusbrief
PG	Patrologia Graeca (nach Migne, s. Literaturverzeichnis b)
PhD	Philosophiae Doctor, Doktor der Philosophie
Phil	Philipperbrief
PL	Patrologia Latina (nach Migne, s. Literaturverzeichnis b)
Pred	Prediger Salomo, Kohelet
Ps	Psalm
Röm, R	Römerbrief
S	Seite (Dietrich Bonhoeffers Abkürzung)
S.	Seite (bei Querverweisen im vorliegenden Band)
s.	siehe
Sa	Samstag, Sonnabend
SA	Sturmabteilung (Organisation in der NSDAP)
Sam	Samuelbuch
SC	D. Bonhoeffer, Sanctorum Communio (s. Literaturverzeichnis b)
SD	Sicherheitsdienst
SF	D. Bonhoeffer, Schöpfung und Fall (s. Literaturverzeichnis b)
Sir	Jesus Sirach
S.J.	Societas Jesu, Jesuitenorden
So	Sonntag
sog.	sogenannt
SS	Schutz-Staffel (Organisation in der NSDAP)
STh	Thomas von Aquin, Summa Theologiae
ThD	Theologiae Doctor, Doktor der Theologie
ThDB	E. Feil, Die Theologie Dietrich Bonhoeffers (s. Literaturverzeichnis b)
Thess	Thessalonicherbrief
Thr	Threni, Klagelieder Jeremias
Tim	Timotheusbrief
Tit	Titusbrief
TRE	Theologische Realenzyklopädie, Berlin/New York 1977 ff
u. a.	und andere(s), unter anderem
u. ö.	und öfter
USA	United States of America (Vereinigte Staaten von Amerika)
V.	Vers
vgl.	vergleiche

WA	M. Luther, Werke, Weimarer Ausgabe (s. Literaturverzeichnis a)
WA.BR	M. Luther, Werke, Weimarer Ausgabe: Briefe
WEN	D. Bonhoeffer, Widerstand und Ergebung. Neuausgabe (s. Literaturverzeichnis b)
z. B.	zum Beispiel
z. T.	zum Teil
z. Zt.	zur Zeit
|	Seitenwende (Anfang einer neuen Buchseite)
[...]	Zufügung der Hg.
≈	ungefähr
'	Zeilenwechsel bzw. Zwischenraum (bei der Wiedergabe von Notizen u. a.)

Register

Kursive Seitenzahlen verweisen auf Vorwort, Anmerkungen und Nachwort der Herausgeber

A) BIBELSTELLEN

Die Bezeichnungen und die Reihenfolge der biblischen Bücher entsprechen dem Abkürzungsverzeichnis der Theologischen Realenzyklopädie, zusammengestellt von S. Schwertner, Berlin / New York 1976

I Korintherbrief

II Korintherbrief

Galaterbrief

Epheserbrief

Philipperbrief

Kolosserbrief

I Thessalonicherbrief

II Thessalonicherbrief

B) PERSONEN

Das Register führt alle vorkommenden Personen, insbesondere auch die Autoren zitierter Literatur auf. Unberücksichtigt bleiben die Herausgeber und Übersetzer von zitierten Werken sowie in Buchtiteln genannte Eigennamen; Stellen, an denen die Siglen DB und ThDB für Eberhard Bethges Bonhoefferbiographie bzw. Ernst Feils Monographie über die Theologie Dietrich Bonhoeffers stehen, sind nicht nachgewiesen. Darüber hinaus sind den erwähnten Personen, sofern ihr Wirken nicht erst nach 1945 begann, ausgewählte biographische Angaben beigegeben.

C) SACHEN UND ORTE

DIE HERAUSGEBER

ILSE TÖDT geb. Loges, geb. 1930 in Hannover. Studium an der Technischen Hochschule Hannover, den Universitäten Göttingen, Hamburg und Frankfurt am Main sowie an der Ohio State University, Columbus, Ohio, unter anderem der völkerkundlichen Religionswissenschaft; 1957 Promotion (Dr. phil.) in Göttingen. Seit 1961 Mitarbeit (Übersetzer- und Herausgebertätigkeit) an der Forschungsstätte der Evangelischen Studiengemeinschaft (FEST) in Heidelberg. Seit 1992 Mitglied des Herausgeberkreises der Dietrich Bonhoeffer Werke. 1995 Ehrendoktorat (theol.) der Universität Basel.

HEINZ EDUARD TÖDT, geb. 1918 in Wester Bordelum, Nordfriesland. Nach Arbeitsdienst und Militärdienst, fünf Jahren Kriegseinsatz an der Front und fünf Jahren in sowjetischer Kriegsgefangenschaft Studium der Theologie in Bethel, Basel, Göttingen und Heidelberg, 1957 Promotion (Dr. theol.). 1957–1961 theologische Leitung des Evangelischen Studienwerks Villigst bei Schwerte an der Ruhr. Ab 1961 Kollegiumsmitglied der Forschungsstätte der Evangelischen Studiengemeinschaft (FEST) in Heidelberg. An der Universität Heidelberg ab 1963 Professor für Systematische Theologie, Ethik, Sozialethik; nach der Emeritierung 1983 Leitung eines Forschungsseminars zur Kirchlichen Zeitgeschichte. Mitarbeit in der Ökumene, besonders im Lutherischen Weltbund. Sprecher des Herausgeberkreises der Dietrich Bonhoeffer Werke. Gestorben am 25. Mai 1991. Buchveröffentlichungen: Der Menschensohn in der synoptischen Überlieferung, Gütersloh 1959, ^{5}1984, englisch 1965; (mit Günter Howe) Frieden im wissenschaftlich-technischen Zeitalter. Ökumenische Theologie und Zivilisation, Stuttgart 1966; (mit Trutz Rendtorff) Theologie der Revolution. Analysen und Materialien, Frankfurt 1968; (mit Wolfgang Huber) Menschenrechte – Perspektiven einer menschlichen Welt, Stuttgart 1977, München ^{3}1988, japanisch 1980, ^{3}1984; Perspektiven theologischer Ethik, München 1988; Theologische Perspektiven nach Dietrich Bonhoeffer, hg. von Ernst-Albert Scharffenorth, Gütersloh 1993; Komplizen, Opfer und Täter des Hitlerregimes. Zur „inneren Geschichte" von protestantischer Theologie und Kirche im „Dritten Reich", hg. von Jörg Dinger und Dirk Schulz, Gütersloh 1997.

ERNST FEIL, geb. 1932 in Dorsten, Kreis Recklinghausen. 1952–1960. Studium der Theologie, Graezistik und Philosophie in Münster, Innsbruck und München. Nach Mitarbeit am Katholisch-Ökumenischen Institut der Universität Münster und höherem Schuldienst 1963–1971 Assistent am Fundamentaltheologischen Seminar der Katholisch-Theologischen Fakultät der Universität Münster, 1970 Promotion (Dr. theol.). 1971–1975 Professor für Katholische Theologie an der Pädagogischen Hochschule Ruhr, Abteilung Dortmund. Seit 1975 Professor an der Universität München. Mitglied des Herausgeberkreises der Dietrich Bonhoeffer Werke. Buchveröffentlichungen: Die Theologie Dietrich Bonhoeffers. Hermeneutik – Christologie – Weltverständnis, München 1971, ^{4}1991, englisch 1985; Religio. Die Geschichte eines neuzeitlichen Grundbegriffs vom Frühchristentum bis zur Reformation, Göttingen 1986; Antithetik neuzeitlicher Vernunft. „Autonomie – Heteronomie" und „rational – irrational", Göttingen 1987; Religio II. Die Geschichte eines neuzeitlichen Grundbegriffs zwischen Reformation und Rationalismus (ca. 1540–1620), Göttingen 1997.

CLIFFORD J. GREEN, geb. 1934 in Sidney, Australien. Studium der Theologie in Melbourne, London, Genf und New York. 1961 nach drei Jahren Gemeindepfarramt Ordination. 1972 Promotion (PhD) am Union Theological Seminary, New York. Professor für Religion 1966–1972 am Wellesley College, Massachusetts, 1972–1979 am Goucher College, Maryland. Seit 1981 Professor für Theologie und Ethik am Hartford Seminary, Connecticut. Präsident der International Bonhoeffer Society, English Language Section, 1972–1992. Seit 1993 Executive Director (sowie Bandherausgeber) für das Übersetzungsprojekt Dietrich Bonhoeffer Works English. Buchveröffentlichungen: The Sociality of Christ and Humanity. Dietrich Bonhoeffer's Early Theology, 1927–1933, Missoula 1975; (als Mitverfasser) Critical Issues in Modern Religion, Englewood Cliffs 1973, 1990; (als Herausgeber) Dietrich Bonhoeffer, Fiction from Prison, Philadelphia 1981, sowie Karl Barth. Theologian of Freedom, London 1988; Churches, Cities and Human Community. Urban Ministry in the United States, 1945–1985, Grand Rapids 1996.